4

6

7

MEINE
GUTE
ALTE
ZEIT

AGATHA CHRISTIE

MEINE GUTE ALTE ZEIT

EINE AUTOBIOGRAPHIE

SCHERZ

Bildhinweise zu Abbildungen auf dem Vor- und Rücksatzpapier:
1 Agatha Christie mit ihrer Tochter Rosalind
2 Im Partykleid der guten alten Zeit
3 Mit ihrem ersten Mann, Archibald Christie, 1919
4 Porträt der Vierjährigen
5 Badegesellschaft in Schottland (A. Ch. rechts außen)
6 Haus Greenway – 7 Auf einer Ägyptenreise – 8 Brautbild der Mutter
9 Agathas zweiter Ehemann, der Archäologe Max Mallowan
10 In Paris, 1906 – 11 Kinderbild – 12 Frühstück in Bagdad
13 Haus Greenway – 14 Mit ihrem Vater und dem ersten Hund Toby
Medaillon auf dem Schutzumschlag:
Pastellporträt der jungen Agatha Christie von Olive Snell

Sonderausgabe 1990
zu Agatha Christies 100. Geburtstag
Einzig berechtigte Übertragung aus dem Englischen
von Hans Erik Hausner.
Titel der englischen Originalausgabe «Agatha Christie: An Autobiography».

INHALT

EINLEITUNG

NIMRUD, IRAK, 2. April 1950

Nimrud ist der heutige Name des alten Kalach, der militärischen Hauptstadt der Assyrer. Unser Expeditionshaus ist aus Lehmziegeln gebaut. Es macht sich auf der Ostseite des Grabungshügels breit und besitzt ein Wohn- und Eßzimmer, eine Küche, einen kleinen Dienstraum, ein Arbeitszimmer, ein Zeichenbüro, einen großen Lagerraum für die archäologischen Funde und eine winzige Dunkelkammer (wir schlafen alle in Zelten). Aber in diesem Jahr ist noch ein weiterer Raum dazugekommen; er mißt etwa drei Quadratmeter, hat einen gepflasterten Fußboden, Binsenmatten und zwei grobe, bunte kleine Teppiche. An der Wand hängt das Bild eines jungen irakischen Malers: zwei Esel, die durch den Souk spazieren – das Ganze eine verwirrende Vielfalt heiter getönter Kuben. Ein Fenster geht nach Osten auf die schneebedeckten Berge Kurdistans hinaus. An der Außenseite der Tür ist ein Kärtchen befestigt, auf dem in Keilschrift BEIT AGATHA (Agathas Haus) zu lesen steht.

Das also ist mein «Haus», in dem ich die Möglichkeit haben soll, völlig ungestört zu arbeiten und mich ernsthaft dem Geschäft des Schreibens zu widmen. Mit dem Fortgang der Ausgrabungen wird mir jedoch vermutlich keine Zeit mehr dazu bleiben. Die einzelnen Gegenstände werden gesäubert und repariert werden müssen. Man wird sie fotografieren, etikettieren, katalogisieren und verpacken müssen. Aber in den ersten ein, zwei Wochen sollte mir doch eine gewisse Zeit der Muße vergönnt sein.

Ich muß erwähnen, daß meiner Konzentration Grenzen gesetzt werden. Auf dem Dach über mir springen arabische Arbeiter herum; sie sind guter Dinge, unterhalten sich lautstark und verändern emsig den Standort schwankender Leitern. Hunde bellen, Truthähne schlingen schmatzend ihr Futter herunter. Das Pferd des Polizeibeamten rasselt an seiner Kette, Fenster und Tür wollen nicht zubleiben und springen abwechselnd auf. Ich sitze an einem relativ festen Holztisch, auf dem eine phantasievoll bemalte Blechdose steht, wie sie Arabern als Reisetasche dient. Dahinein beabsichtige ich, die maschinegeschriebenen Blätter meines Manuskripts zu tun.

Eigentlich sollte ich einen Krimi schreiben, doch der natürliche Drang des Schriftstellers, alles zu Papier zu bringen, nicht nur das, was er sollte, erweckt ganz unerwartet in mir das Verlangen, meine Autobiographie zu schreiben. Dieses Verlangen, so wurde mir versichert, überkommt früher oder später jeden. Jetzt hat es plötzlich mich überkommen.

Wenn ich es recht bedenke, ist Autobiographie ein viel zu großartiges Wort. Es erweckt die Vorstellung einer zielbewußten Erforschung des eigenen Lebens. Es setzt die Aufzählung von Namen, Zeitpunkten und Orten in ordentlicher, chronologischer Folge voraus. Ich aber habe nur vor, in einen Glückstopf zu greifen und eine Handvoll ganz verschiedener Erinnerungen herauszuziehen.

Das Leben scheint mir aus drei Teilen zu bestehen: aus der packenden und zumeist auch erfreulichen Gegenwart, die von Minute zu Minute mit schicksalhafter Schnelligkeit auf uns einstürmt; aus der nur schwach erhellten, ungewissen Zukunft, für die man jede Menge interessanter Pläne – je kühner und unwahrscheinlicher, desto besser – ersinnen kann und auch seinen Spaß daran haben sollte, weil es ja doch immer ganz anders kommt, als man erwartet; und drittens aus der Vergangenheit, den Erinnerungen und Wirklichkeiten, auf denen unser gegenwärtiges Leben beruht, aus jener Vergangenheit, die uns plötzlich durch einen Duft, durch die Form eines Hügels, durch ein altes Lied wieder nahegebracht wird, durch irgend etwas an sich Belangloses, das uns veranlaßt, mit sonderbar wehmütiger und fast unerklärlicher Freude die Worte zu sprechen: «Ich erinnere mich . . .»

Erinnerungen . . . Sie gehören zu den Entschädigungen des Alters und ganz gewiß auch zu dessen Freuden.

Bedauerlicherweise hegt man oft nicht nur den Wunsch, sich zu erinnern, sondern über das, woran man sich erinnert, auch zu reden. Und das, man darf es nicht vergessen, langweilt andere Menschen. Warum sollte sie interessieren, was letztlich *dein* Leben ist und nicht das ihre? Wenn junge Menschen dir gelegentlich zuhören, bist du für sie oft nur ein Gegenstand, der ihr historisches Interesse weckt.

«Sie erinnern sich ja wohl noch an die Zeit des Krimkriegs?» erkundigt sich ein wohlerzogenes junges Mädchen.

Ein wenig gekränkt erwidere ich, daß ich nun *so* alt auch nicht bin. Desgleichen verwahre ich mich mit Entrüstung dagegen, beim

Indischen Aufstand dabeigewesen zu sein. Wohl aber gebe ich zu, daß mein Gedächtnis bis zum Burenkrieg zurückreicht – denn schließlich hat mein Bruder daran teilgenommen.

Das erste deutliche Bild, das in meiner Erinnerung auftaucht, ist das eines Markttags, an dem ich mit meiner Mutter durch die Straßen von Dinard gehe. Ein Junge mit einem großen, vollen Korb rennt in mich hinein, schürft mir die Haut am Arm und stößt mich beinahe um. Es tut weh. Ich fange an zu weinen. Ich bin, glaube ich, etwa sieben Jahre alt.

Meine Mutter, die Wert auf Haltung in der Öffentlichkeit legt, weist mich zurecht: «Denk an unsere tapferen Soldaten in Südafrika!»

«Ich will kein tapferer Soldat sein», plärre ich. «Ich will viel lieber feige sein!»

Was bestimmt die Auswahl von Erinnerungen? Das Leben zieht vorbei wie Bilder auf einer Leinwand. Schnipp! Hier bin ich, ein Kind, das an seinem Geburtstag Eclairs ißt. Schnapp! Zwei Jahre sind vergangen, ich sitze auf Großmutters Schoß, werde feierlich zurechtgemacht wie ein Huhn vor dem Braten und kann mich kaum halten vor Lachen über diesen spaßigen Vergleich.

Es sind nur Augenblicke – dazwischen liegen lange Zeiträume von Monaten oder sogar Jahren. Wo war man damals? Ich muß an Peer Gynts Frage denken: «Wo war ich, ich, der ganze Mensch, der wahre Mensch?»

Den ganzen Menschen lernen wir nie kennen, doch ahnen wir gelegentlich, in einem kurzen Augenblick, den wahren. Und diese Momentaufnahmen, glaube ich, sind das, was unsere Erinnerungen ausmacht, denn mögen sie auch unbedeutend scheinen, so stellen sie doch der Seele Innerstes und das wahre Ich dar, wie es wirklich ist.

Ich bin heute der gleiche Mensch wie jenes ernste kleine Mädchen mit den flachsblonden Ringellocken. Das Gehäuse, in dem unser Geist herbergt, wächst und entwickelt Instinkte, Neigungen, Empfindungen und intellektuelle Fähigkeiten, aber ich, die wahre Agatha, bin die gleiche. Die ganze Agatha kenne ich nicht. Die kennt, so glaube ich, nur Gott allein.

Da sind wir also alle, die kleine Agatha Miller, die große Agatha Miller, Agatha Christie und Agatha Mallowan; wir gehen unseren Weg – wohin? Das weiß man nicht – und natürlich ist es gerade das, was unser Leben so spannend macht. Ich habe das Leben immer spannend gefunden und finde es heute noch so.

Weil wir so wenig davon wissen – nur die eigene kleine Rolle

– kommt man sich wie ein Schauspieler vor, der im ersten Akt bloß ein paar Sätze zu sprechen hat. Er hat nur einen maschinegeschriebenen Text mit den Stichworten; mehr weiß er nicht. Er hat das Stück nicht gelesen. Warum sollte er auch? Er hat nichts weiter zu sagen als: «Die Pferde sind gesattelt, Madam.» Dann fällt er der Vergessenheit anheim.

Wenn sich am Tag der Vorstellung der Vorhang hebt, hört er das ganze Stück, und mit den anderen tritt auch er am Schluß an die Rampe und dankt für den Applaus.

Teil zu sein von etwas, das man überhaupt nicht versteht, ist, so meine ich, einer der faszinierendsten Aspekte des Lebens.

Ich lebe gern. Ich bin manchmal völlig verzweifelt, fürchterlich unglücklich und von Leid gequält gewesen, aber ich habe dennoch immer das sichere Gefühl gehabt, daß schon allein am Leben zu sein eine großartige Sache ist.

So habe ich nun also vor, die Freuden der Erinnerung zu genießen und, ohne mich zu beeilen, hin und wieder ein paar Seiten zu schreiben – eine Arbeit, die vermutlich Jahre dauern wird. Aber warum spreche ich von Arbeit? Es ist die Befriedigung eines Wunsches. Ich sah einmal eine alte chinesische Schriftrolle, die mir sehr gut gefiel. Ein Mann war darauf zu sehen, der unter einem Baum saß und mit Bindfaden Figuren formte. Die Überschrift lautete: «Alter Mann, die Freuden der Muße genießend.» Ich habe es nie vergessen.

Nachdem nun klargestellt ist, daß ich die Freuden der Erinnerung zu genießen gedenke, sollte ich vielleicht beginnen. Und obwohl ich nicht glaube, daß es mir möglich sein wird, streng chronologisch vorzugehen, kann ich wenigstens versuchen, am Anfang anzufangen.

ERSTES KAPITEL

EINE GLÜCKLICHE KINDHEIT

O! ma chère maison; mon nid, mon gîte
Le passé l'habite . . . O ma chère maison

Eine glückliche Kindheit zu haben, ist eines der wertvollsten Dinge, die einem im Leben passieren können. Ich hatte eine sehr glückliche Kindheit. Ich hatte ein schönes Zuhause und einen Garten, den ich liebte; eine weise und geduldige Kinderfrau; einen Vater und eine Mutter, die einander vergötterten, eine ausgezeichnete Ehe führten und wunderbare Eltern waren.

Wenn ich zurückblicke, habe ich das Gefühl, daß unser Haus ein wirklich glückliches Haus war. Das lag vornehmlich an meinem Vater, denn er war ein sehr liebenswürdiger Mann. Die Eigenschaft der Liebenswürdigkeit wird heutzutage nicht sonderlich hoch eingeschätzt. Die Leute wollen eher wissen, ob ein Mann klug und fleißig ist, ob er zum Wohl der Gemeinschaft beiträgt, ob er in der Ordnung der Dinge «zählt».

Nach heutigen Vorstellungen würde man wohl keine sehr hohe Meinung von meinem Vater haben. Er war ein Nichtstuer. Zu seiner Zeit privatisierte man, und wenn man über ein eigenes Vermögen verfügte, arbeitete man nicht. Zudem vermute ich stark, daß Arbeit meinem Vater nicht besonders gelegen hätte.

Jeden Morgen verließ er das Haus in Torquay und begab sich in seinen Club. In einer Kutsche kehrte er zum Mittagessen zurück. Anschließend eilte er abermals in den Klub, spielte den ganzen Nachmittag Whist und war rechtzeitig wieder daheim, um sich zum Dinner umziehen zu können. In der Sommersaison verbrachte er seine Tage im *Cricket Club,* dessen Präsident er war. Gelegentlich organisierte er auch Liebhaberaufführungen. Er besaß eine ungeheure Zahl von Freunden und liebte es, sie als Gäste bei sich zu sehen. Wir hatten jede Woche eine große Dinnerparty daheim, und für gewöhnlich dinierten er und Mutter zwei- oder dreimal in der Woche auswärts.

Erst später wurde mir klar, wie beliebt er war. Nach seinem Tod kamen Briefe aus aller Welt. Und die Handwerker der Stadt, Kutscher, Angestellte – immer wieder trat irgendein alter Mann auf mich zu und sagte: «Ach, ich erinnere mich noch gut an Mr. Miller. Ich werde ihn nie vergessen. Heutzutage gibt es nicht mehr viele wie ihn.»

Dabei hatte er keine hervorstechenden Eigenschaften. Er war nicht besonders intelligent. Ich denke, er hatte ein schlichtes und gutes Herz und zeigte echtes Interesse an seinen Mitmenschen. Er besaß einen ausgeprägten Sinn für Humor, und es fiel ihm leicht, die Leute zum Lachen zu bringen. Es war nichts Niedriges an ihm, er kannte keinen Neid, und er war unglaublich großzügig. Er besaß natürliche Fröhlichkeit und heitere Gelöstheit.

Meine Mutter war ganz anders: eine fesselnde, nicht leicht zu durchschauende Persönlichkeit, zielbewußter als mein Vater, überraschend originell in ihrer Denkweise, in quälende Hemmungen verstrickt und im Grunde ihres Herzens, glaube ich, von einer angeborenen Schwermut befangen.

Dienstboten und Kinder waren ihr herzlich zugetan und gehorchten ihrem leisesten Wink. Sie hätte eine ausgezeichnete Erzieherin abgegeben. Was immer sie sagte, für uns war's sogleich packend und bedeutsam. Wiederholungen langweilten sie, und sie sprang in einer Weise von einem Thema zum anderen, daß sich die Fäden eines Gesprächs zuweilen verwirrten. Vater pflegte ihr vorzuwerfen, sie hätte keinen Humor. Dann protestierte sie in gekränktem Ton: «Nur weil ich gewisse Geschichten von dir nicht komisch finde, Fred . . .», und Vater brüllte vor Lachen.

Sie war etwa zehn Jahre jünger als er und hatte ihn schon als zehnjähriges Kind hingebungsvoll geliebt. In der Zeit, da er als flotter junger Mann zwischen New York und Südfrankreich hin- und herflatterte, war sie, ein schüchternes, stilles Mädchen, daheim gewesen, hatte an ihn gedacht, hin und wieder ein Gedicht in ihr Poesiealbum geschrieben und eine Brieftasche für ihn bestickt. Übrigens behielt Vater diese Brieftasche sein Leben lang.

Eine typisch viktorianische Liebesgeschichte, hinter der aber eine reiche Fülle tiefer Gefühle steckte.

Ich interessiere mich für meine Eltern nicht nur, weil sie meine Eltern waren, sondern auch, weil sie etwas überaus Seltenes zustande brachten: eine glückliche Ehe. Bis zum heutigen Tage habe ich nur vier wirklich erfolgreiche Ehen gesehen. Gibt es ein Rezept für diese Art von Erfolg? Ich glaube kaum.

Meine Mutter, Clara Boehmer, hatte selbst keine sehr glückliche Kindheit. Bei einem Sturz vom Pferd erlitt ihr Vater, ein Offizier im Argyll Highlanders Regiment, tödliche Verletzungen, und meine Großmutter, eine reizende junge Witwe von siebenundzwanzig Jahren, blieb mit vier Kindern und einer bescheidenen Witwenpension zurück. Ihre ältere Schwester, die kurz zuvor einen reichen Amerikaner als dessen zweite Frau geheiratet hatte, schrieb ihr und bot ihr an, eines der Kinder zu adoptieren und als ihr eigenes großzuziehen.

Dieses Angebot glaubte die bekümmerte junge Witwe, die verzweifelte Anstrengungen unternahm, mit Näharbeiten das Nötige dazuzuverdienen, um ihre vier Kinder zu ernähren und aufzuziehen, nicht ausschlagen zu können. Von den drei Jungen und dem Mädchen fiel ihre Wahl auf das Mädchen. Meine Mutter verließ daher Jersey und kam in ein ihr fremdes Haus im Norden Englands. Ich glaube, daß ihr Groll, das schmerzliche Gefühl, unerwünscht zu sein, ihre Einstellung zum Leben beeinflußte. Sie begann an sich selbst zu zweifeln und der Zuneigung ihrer Umgebung mit Mißtrauen zu begegnen. Ihre Tante war eine liebenswürdige Frau, gutmütig und großherzig, jedoch außerstande, sich in die Empfindungen eines Kindes einzufühlen. Meine Mutter genoß alle die sogenannten Vorteile eines behaglichen Daheims und einer guten Erziehung – doch was sie verlor und was sich durch nichts ersetzen ließ, das war das sorglose Leben mit ihren Brüdern in ihrem eigenen Heim. In Leserbriefen in Zeitungen habe ich zu wiederholten Malen Anfragen besorgter Eltern gesehen, ob sie ein Kind «wegen der Vorteile, die ich ihm nicht bieten kann – wie etwa eine erstklassige Erziehung» –, der Obhut anderer Menschen anvertrauen sollten. Immer wieder drängt es mich, ihnen zuzurufen: «Tut es nicht!» Das eigene Heim, die eigene Familie, Liebe und das Gefühl, dazuzugehören – was ist dagegen die beste Erziehung der Welt?

Meine Mutter war todunglücklich in ihrem neuen Leben. Nacht für Nacht weinte sie sich in den Schlaf, wurde immer dünner und blasser und schließlich so krank, daß die Tante den Arzt kommen ließ. Er war ein älterer, erfahrener Mann, und nachdem er die Kleine untersucht und mit ihr gesprochen hatte, ging er zu ihrer Tante und sagte: «Das Kind hat Heimweh.» Die Tante war überrascht und wollte es nicht glauben. «Aber nein», sagte sie, «das ist völlig unmöglich. Clara ist ein gutes stilles Kind, sie macht uns nie Ärger, und sie ist sehr glücklich.» Aber der alte Arzt ging zu dem Mädchen zurück und sprach noch einmal mit ihm. Sie hatte Brüder, nicht wahr? Wie viele? Wie hießen sie? Es dauerte gar nicht lange, und sie brach in bittere Tränen aus, und die ganze Wahrheit kam an den Tag.

Da sie sich nun den Kummer von der Seele geredet hatte, löste sich die Spannung, doch das Gefühl, «nicht erwünscht zu sein», blieb. Ich glaube, sie hat es meiner Großmutter bis zu ihrer letzten Stunde angekreidet. Sie schloß sich eng an ihren amerikanischen «Onkel» an. Er war damals schon ein kranker Mann, hatte aber Zuneigung zu der stillen, kleinen Clara gefaßt. Sie pflegte zu ihm zu kommen und ihm aus ihrem Lieblingsbuch *Der König vom Goldenen Fluß* vorzulesen. Doch die einzigen wirklichen Lichtblicke in ihrem Leben waren die regelmäßigen Besuche des Stiefsohns ihrer Tante – ihres sogenannten «Vetters» Fred. Er war damals ein junger Mann von etwa zwanzig Jahren und immer besonders freundlich zu seiner kleinen «Base». Eines Tages, als sie knapp elf war, hörte sie, wie er zu seiner Stiefmutter sagte: «Was für schöne Augen Clara hat!»

Clara, die sich immer für furchtbar unansehnlich gehalten hatte, ging nach oben und musterte sich im großen Spiegel des Toilettentisches ihrer Tante. Vielleicht waren ihre Augen wirklich ganz hübsch? Sie fühlte sich unendlich ermutigt. Von diesem Tag an gehörte ihr Herz für immer Fred.

«Fred», sagte ein alter Freund der Familie drüben in Amerika zu dem lebenslustigen jungen Mann, «eines Tages wirst du deine kleine englische Base heiraten.»

«Clara?» erwiderte er erstaunt. «Sie ist doch nur ein Kind!»

Aber er empfand immer eine besondere Zuneigung zu dem Mädchen, das ihn so schwärmerisch verehrte. Er bewahrte ihre kindlichen Briefe auf, die Gedichte, die sie ihm schickte, und nach einer langen Reihe von Liebeleien mit amüsanten Mädchen und schönen Frauen der New Yorker Gesellschaft (darunter auch Jenny Jerome, die spätere Lady Randolph Churchill) kehrte er nach England in die Heimat zurück und bat die stille kleine Base, seine Frau zu werden.

Es ist typisch für meine Mutter, daß sie ihn ohne Zögern abwies.

«Warum eigentlich?» fragte ich sie einmal.

«Weil ich rundlich war», gab sie mir zur Antwort.

Ein außergewöhnlicher, aber für sie durchaus triftiger Grund.

Mein Vater ließ es sich nicht verdrießen. Er kam ein zweites Mal, und bei dieser Gelegenheit überwand meine Mutter ihre Zweifel und willigte, wenn auch zögernd, ein, seine Frau zu werden – nicht ohne die Befürchtung zu äußern, er würde «von ihr enttäuscht» sein.

So heiratete sie also, und auf dem Hochzeitsbild, das ich besitze, ist ein ernstes, liebreizendes Gesicht mit dunklem Haar und großen haselnußbraunen Augen zu sehen.

Bevor meine Schwester geboren wurde, gingen sie nach Torquay, damals ein elegantes Seebad, das jenes Ansehen genoß, zu dem später die Riviera gelangte, und mieteten dort möblierte Zimmer. Mein Vater war von Torquay begeistert. Er liebte das Meer. Einige seiner Freunde lebten in Torquay, andere, Amerikaner, verbrachten dort den Winter. Meine Schwester Madge wurde in Torquay geboren, und bald danach schifften sich meine Eltern nach Amerika ein, wo sie ihren ständigen Wohnsitz zu nehmen gedachten. Vaters Großeltern lebten noch, und er hing sehr an ihnen. Sie konnten es kaum erwarten, seine Frau und sein Töchterchen zu sehen. Während ihres Aufenthalts in Amerika wurde mein Bruder geboren. Einige Zeit später beschloß Vater, nach England zurückzukehren. Kaum war er dort eingetroffen, riefen ihn geschäftliche Schwierigkeiten wieder nach New York. Er schlug Mutter vor, in Torquay ein möbliertes Haus zu nehmen und da auf seine Rückkehr zu warten.

Also ging Mutter sich möblierte Häuser in Torquay ansehen. Sie kam wieder und verkündete triumphierend: «Fred, ich habe ein Haus gekauft.»

Vater wäre beinahe vom Stuhl gefallen. Er hatte immer noch die Absicht, in Amerika zu leben.

«Aber warum hast du das getan?» fragte er.

«Weil es mir gefallen hat», antwortete Mutter.

Wie sich herausstellte, hatte sie etwa fünfunddreißig Häuser besichtigt, doch nur eines gefiel ihr. Die Besitzer wollten es aber nicht vermieten, sondern verkaufen. Daraufhin wandte sich Mutter, die von ihrem Stiefvater zweitausend Pfund geerbt hatte, an meine Tante, die ihr Sachwalter war, und zusammen kauften sie unverzüglich das Haus.

«Aber wir bleiben doch nur ein Jahr», stöhnte Vater, «allerhöchstens!»

Mutter, von der wir immer behaupteten, sie besäße hellseherische Fähigkeiten, antwortete, daß sie es ja wieder verkaufen könnten. Aber vielleicht ahnte sie schon, daß ihre Familie noch viele Jahre in diesem Haus wohnen bleiben würde.

«Ich war gleich in das Haus verliebt, als ich es betrat», rechtfertigte sie sich, «es hat eine wunderbar friedliche Atmosphäre.»

Das Haus gehörte einer Familie namens Brown. Es waren Quäker, und als Mutter Mrs. Brown zögernd ihr Bedauern darüber aussprach, daß sie das Haus nun verlassen müßten, in dem sie so lange Jahre gewohnt hatten, sagte die alte Dame in sanftem Ton: «Der Gedanke, daß du und dein Kind hier leben werden, macht mich glücklich, meine Tochter.» Es klang, sagte Mutter, wie ein Segensspruch.

Ich glaube wirklich, daß ein Segen auf diesem Haus ruhte. Es war eine ganz gewöhnliche Villa und stand nicht im eleganten Viertel von Torquay – nicht in den Warberrys oder den Lincombes –, sondern am anderen Ende der Stadt im älteren Teil von Tor Mohun. Damals führte die Straße, an der es stand, fast ohne Übergang in die üppige Landschaft Devons mit ihren Feldern und Pfaden. Die Villa trug den Namen «Ashfield» und ist mit Unterbrechungen mein Leben lang mein Zuhause gewesen.

Denn Vater ließ sich am Ende doch nicht in Amerika nieder. Torquay gefiel ihm so gut, daß er beschloß, da zu bleiben. Mit seinem Klub, seinem Whist und seinen Freunden richtete er sich häuslich ein. Mutter haßte es, an der Küste zu leben, gesellschaftliche Veranstaltungen waren ihr zuwider, und sie beherrschte kein einziges Kartenspiel. Dennoch lebte sie glücklich im Hause Ashfield, gab große Dinnerparties und übernahm gesellschaftliche Pflichten. An ruhigen Abenden pflegte sie Vater mit ungeduldigem Verlangen über Neuigkeiten aus der Stadt zu befragen und was sich heute im Klub ereignet hatte.

«Nichts», antwortete Vater mit heiterer Miene.

«Aber Fred, irgendwer muß doch irgend etwas Interessantes gesagt haben!»

Vater zerbricht sich den Kopf, um ihr gefällig zu sein, aber es fällt ihm nichts ein. Schließlich erzählt er, daß M. immer noch zu knausrig ist, um sich eine Zeitung zu kaufen. Er kommt in den Klub, liest dort sein Leibblatt und kann es nicht lassen, die Neuigkeiten an die anderen Mitglieder weiterzugeben. «He, Freunde, was sagt ihr dazu? An der indischen Nordwestgrenze . . .» Man ist sehr verärgert, denn M. ist eines der reichsten Mitglieder.

Mutter, die das alles schon einmal gehört hat, ist nicht zufriedengestellt. Vater verfällt wieder in stille Beschaulichkeit. Er lehnt sich in seinen Sessel zurück, streckt die Beine dem Kaminfeuer entgegen und kratzt sich am Kopf (ein Zeitvertreib, der ihm untersagt ist).

«Woran denkst du, Fred», erkundigt sich Mutter.

«An nichts», antwortet mein Vater wahrheitsgetreu.

«Aber du kannst nicht an *nichts* denken!»

Seine Antwort gibt Mutter immer wieder Rätsel auf. Für sie ist das unvorstellbar. Gleich fliegenden Schwalben schießen ihr die Gedanken durch den Kopf. Weit davon entfernt, nichts zu denken, denkt sie für gewöhnlich an drei Dinge zur selben Zeit.

Erst viele Jahre später wurde mir klar, daß die Vorstellungen meiner Mutter stets ein wenig von der Wirklichkeit abwichen. Sie sah das Universum viel farbiger, als es tatsächlich war, die Menschen besser oder schlechter, als sie schienen. Vielleicht, weil sie in ihrer Kindheit ausgeglichen und verhalten gewesen war und ihre Gefühle nicht an die Oberfläche hatte gelangen lassen, neigte sie dazu, die Welt als Kette dramatischer, wenn nicht gar melodramatischer Ereignisse wahrzunehmen. Ihre schöpferische Vorstellungskraft war so stark, daß sie nie imstande war, die Dinge als alltäglich oder gewöhnlich anzusehen. Auch hatte sie intuitive Momente; sie wußte plötzlich, was ein Mensch gerade dachte. Als mein Bruder ein junger Mann war und in der Armee diente, geriet er einmal in finanzielle Schwierigkeiten, von denen die Eltern nichts wissen sollten. Wie er nun eines Abends mit sorgenvoller Miene dasaß, musterte sie ihn plötzlich und sagte: «Hör mal, Monty, du warst bei einem Geldverleiher. Denkst du daran, ein Darlehen auf das Testament deines Großvaters aufzunehmen? Das solltest du nicht. Es wäre besser, du gingest zu Vater und redetest mit ihm.»

Mit dieser ihrer Gabe überraschte sie die Familie immer wieder von neuem. Meine Schwester sagte einmal: «Wenn ich etwas habe, das Mutter nicht wissen soll, wage ich nicht, auch nur daran zu denken, wenn sie im Zimmer ist.»

2

Es ist schwer, sich auf seine erste Erinnerung zu besinnen. Ich erinnere mich genau an meinen dritten Geburtstag. Die Wichtigkeit meiner Person beherrschte mein Bewußtsein. Wir tranken Tee im Garten – in jenem Teil des Gartens, wo später zwischen zwei Bäumen eine Schaukel hin- und herschwingen sollte.

Ich sehe einen Teetisch, bedeckt mit mancherlei Kuchen und meiner Geburtstagstorte, komplett mit Zuckerglasur und Kerzen in der Mitte. Drei Kerzen. Und dann eine aufregende Episode: eine winzige rote Spinne, so klein, daß ich sie kaum sehen kann, läuft über das weiße Tischtuch. Und Mutter sagt: «Es ist eine Glücksspinne, Agatha, eine Glücksspinne zu deinem Geburtstag . . .» Und dann verblaßt die Erinnerung bis auf die bruchstückhafte Reminiszenz eines endlosen Disputs über die Frage, wie viele Eclairs mein Bruder essen dürfte.

Die wunderschöne, sichere und doch so aufregende Welt der Kindheit. In meiner war es vielleicht der Garten, der mich mehr als alles andere gefangennahm und mir von Jahr zu Jahr mehr bedeutete. Schon in meiner frühesten Vorstellung bestand er aus drei verschiedenen Teilen.

Da war zunächst der Gemüsegarten – umschlossen von einer hohen Mauer, die an die Straße grenzte –, der mich nur insofern interessierte, als er Himbeeren und grüne Äpfel lieferte, die ich in großen Mengen verzehrte. Es war der Gemüsegarten und nicht mehr. Er besaß nichts, was mich hätte bezaubern können.

Dann gab es den eigentlichen Garten – eine Rasenfläche, die sich talwärts senkte und über die eine Anzahl höchst interessanter pflanzlicher Gebilde verstreut war: eine Steineiche, eine Zeder, ein besonders hoher Mammutbaum sowie zwei Tannen, die, ich weiß nicht mehr wie, etwas mit meinen Geschwistern zu tun hatten. Ich erinnere mich auch noch an einen von mir so genannten Terpentinbaum, der einen klebrigen, stark riechenden Saft absonderte, den ich sorgsam auf Blättern sammelte und für einen «sehr kostbaren Balsam» hielt. Und schließlich, als alles überbietende Pracht, die Rotbuche – der größte Baum im ganzen Garten und der liebenswürdige Spender von Bucheckern, die ich mit Vergnügen verspeiste.

Der dritte Teil war das Wäldchen. In meiner Vorstellung war es und ist es heute noch so groß wie ein richtiger Wald. Ein Pfad schlängelte sich durch das Gehölz, das hauptsächlich aus Eschen bestand und alles besaß, was zu einem Wald gehört: geheimnisvolles Dunkel, Schrecknis, heimliches Entzücken, Unzugänglichkeit und weite Ferne . . .

Der Pfad führte zum Tennis- oder Krocketplatz, der sich auf einem Plateau vor dem Speisezimmerfenster befand. Sobald man aus dem Wäldchen kam, war der Zauber dahin. Man war in die Welt des Alltags zurückgekehrt. Die Röcke hochgerafft und mit einer Hand festgehalten, spielten die Damen Krocket oder, Strohhüte auf den Köpfen, Tennis.

Wenn ich die Wonnen des «im Garten Spielens» ausgekostet hatte, kehrte ich in die Nursery, ins Kinderzimmer, zurück, wo mich Nursie, ein Fixpunkt meines Daseins, erwartete. Vielleicht spielte ich meine Spiele darum nur neben ihr und um sie herum, nie aber ganz mit ihr, weil sie eine alte Frau war und Rheuma hatte. Ich schuf mir eine eigene Welt und erfand mir meine eigenen Spielgefährten. Die erste Gruppe – die mir nur mehr als Name erinnerlich ist – war die der «Kätzchen». Ich weiß heute nicht mehr, wer die «Kätzchen» waren und ob ich selbst dazu gehörte. Eines hieß Klee, ein anderes Schwarznase, und es gab noch drei andere. Ihre Mutter hatte ich auf den Namen Mrs. Benson getauft.

Nursie war viel zu klug, um mit mir über sie zu reden oder auch nur zu versuchen, sich an den gemurmelten Gesprächen zu beteiligen, die zu ihren Füßen geführt wurden. Wahrscheinlich war sie froh, daß es mir so leichtfiel, mich allein zu unterhalten.

Und doch war es ein ganz furchtbarer Schock für mich, als ich eines Tages die Treppe vom Garten heraufkam, um meinen Tee zu trinken, und das Hausmädchen Susan sagen hörte:

«An Spielsachen scheint ihr nicht viel zu liegen, stimmt's? Womit spielt sie denn nun wirklich?»

Und Nursies Antwort: «Ach, sie stellt sich vor, sie ist ein Kätzchen und spielt mit anderen Kätzchen.»

Das Wissen, daß jemand – Nursie nicht ausgenommen – über meine Kätzchen Bescheid wußte, traf mich bis ins Innerste. Ich nahm mir vor, bei meinen Spielen nie wieder ein Wort laut werden zu lassen. Die Kätzchen waren meine Kätzchen und gehörten nur mir allein.

Natürlich muß ich Spielzeug gehabt haben. Ich muß sogar eine ganze Menge gehabt haben, denn ich war ein Kind, das zärtlich geliebt und sehr verwöhnt wurde. Ich erinnere mich an einige Puppen: an Phoebe, die ich nicht allzu sehr mochte, und an eine andere, die Rosalind hieß oder Rosy. Sie hatte lange goldblonde Haare, und ich fand sie ganz wunderschön, aber ich spielte nicht viel mit ihr. Die Kätzchen waren mir lieber.

Nach den Kätzchen kam Mrs. Green. Mrs. Green hatte hundert Kinder, und die für mich wichtigsten hießen Pudel, Hörnchen und Baum. Diese drei begleiteten mich bei allen meinen Heldentaten im Garten. Sie waren keine richtigen Kinder und keine richtigen Hunde, sondern eine nicht näher zu beschreibende Mischung aus beiden.

Wie alle gut erzogenen Kinder mußte auch ich einmal am Tag «einen Spaziergang machen». Das tat ich höchst ungern. Insbesondere war es mir zuwider, daß ich mir die Stiefelchen zuknöpfen mußte – eine leider unerläßliche Prozedur. Ich trödelte und ließ die Füße schleifen und stand es überhaupt nur durch, wenn Nursie mir Geschichten erzählte. Es waren insgesamt sechs Geschichten, die ihr Repertoire ausmachten und die all die Kinder der verschiedenen Familien, bei denen sie gedient hatte, in den Mittelpunkt stellten. Ich habe keine im Gedächtnis behalten, aber ich weiß noch, daß eine mit einem Tiger in Indien zu tun hatte, eine andere mit Affen und eine dritte mit einer Schlange. Es waren sehr aufregende Geschichten, und ich durfte mir aussuchen, welche ich hören wollte. Nursie wiederholte sie immer wieder, ohne das geringste Zeichen von Überdruß erkennen zu lassen.

Manchmal – und das war eine besondere Vergünstigung – durfte ich Nursie ihre schneeweiße Rüschenhaube abnehmen. Irgendwie verlor sie damit ihren offiziellen Status und wurde zur Privatperson. Mit größter Vorsicht knüpfte ich ihr dann ein breites blaues Seidenband ins Haar – mit angehaltenem Atem, denn für eine Vierjährige ist es keine leichte Sache, eine Schleife zu binden. Dann trat ich einen Schritt zurück und rief begeistert: «Oh, Nursie, du bist wunderschön!»

Worauf sie lächelte und mit ihrer sanften Stimme erwiderte: «Bin ich das, mein Schätzchen?»

Nach dem Tee wurde ich in ein gestärktes Musselinkleid gesteckt und ging in den Salon hinunter, um Mutter Gelegenheit zu geben, mit mir zu spielen.

Der Reiz von Nursies Geschichten lag darin, daß es immer dieselben waren, so daß Nursie das beständige Element in meinem Leben darstellte, während Mutter mich damit bezauberte, daß sie immer neue Geschichten erzählte, und daß wir fast nie dasselbe Spiel zweimal spielten. Eine Geschichte, erinnere ich mich, handelte von einer Maus namens Hellauge. Hellauge hatte verschiedene Abenteuer zu bestehen, aber eines Tages teilte Mutter mir zu meinem Leidwesen mit, daß es keine Geschichte von Hellauge mehr zu erzählen gab. Ich war den Tränen nahe, als Mutter sagte: «Aber ich werde dir eine Geschichte von einer sonderbaren Kerze erzählen.» Ich bekam zwei Kapitel von der «sonderbaren Kerze» zu hören – eine Art Detektivgeschichte, wenn ich mich recht entsinne –, als wir unglücklicherweise Hausgäste bekamen, so daß Spiele und Geschichten vorübergehend in Vergessenheit gerieten. Als die Besucher wieder gingen und ich das Ende der Geschichte zu hören begehrte – sie war im aufregendsten Moment unterbrochen worden, als der Bösewicht gerade Gift in die Kerze rieb –, sah Mutter mich verständnislos an und schien die Sache völlig vergessen zu haben. Diese Fragment gebliebene Geschichte geht mir immer noch im Kopf herum.

Ich habe nur wenige Erinnerungen an meine Geschwister, was vermutlich damit zusammenhängt, daß sie im Internat waren. Mein Bruder war in Harrow, meine Schwester in Brighton in der Miss Lawrences' School. Mutter wurde als äußerst fortschrittlich angesehen, weil sie ihre Tochter in ein Pensionat schickte, und

Vater als äußerst großzügig, weil er es gestattete. Aber Mutter liebte es, Experimente anzustellen.

Ihre eigenen Experimente hatten hauptsächlich mit Fragen des Glaubens zu tun. Ihr war, glaube ich, eine von Natur aus mystische Sinneshaltung zu eigen. Um ein Haar wäre sie in die katholische Kirche aufgenommen worden, vollzog dann eine Schwenkung zum Unitarismus (was die Tatsache verständlich macht, daß mein Bruder nie getauft wurde), wandelte sich in der Folge zu einer angehenden Theosophin, faßte aber eine Abneigung gegen Mrs. Besant, als sie sie predigen hörte. Nachdem sie sich kurz, aber intensiv mit dem Zoroastrismus beschäftigt hatte, kehrte sie, zu Vaters großer Erleichterung, in den sicheren Hafen der englischen Staatskirche zurück. Auf ihrem Nachttisch stand ein Bild des Heiligen Franz, und in der *Nachfolge Christi* las sie Tag und Nacht. Das gleiche Buch liegt auch immer neben meinem Bett.

Vater war ein strenggläubiger Christenmensch von harmlosem Gemüt. Er sprach jeden Abend seine Gebete und ging jeden Sonntag zur Kirche. Seine Einstellung zur Religion war von Sachlichkeit und Nüchternheit geprägt und von keinerlei weltbewegenden Zweifeln getrübt – aber wenn Mutter schmückendes Beiwerk vorzog, sollte ihm auch das recht sein. Wie ich schon sagte: er war ein sehr liebenswürdiger Mann.

Ich glaube, er fühlte sich erleichtert, als Mutter noch rechtzeitig in den Schoß der englischen Staatskirche zurückkehrte, um es möglich zu machen, mich in der Pfarrkirche taufen zu lassen. Ich erhielt die Namen Mary nach meiner Großmutter, Clarissa nach meiner Mutter, und – einer Überlegung in letzter Minute folgend – Agatha. Eine Freundin von Mutter machte ihr diesen Vorschlag auf dem Weg zur Kirche, sie meinte, es wäre ein hübscher Name.

Meine eigenen religiösen Ansichten übernahm ich hauptsächlich von Nursie. Sie war Bibelchristin, ging daher nicht zur Kirche und las ihre Bibel daheim. In meiner Überzeugung, der göttlichen Gnade teilhaftig geworden zu sein, legte ich eine geradezu unerträgliche Überheblichkeit an den Tag. Ich weigerte mich, am Sonntag zu spielen, zu singen oder auf dem Klavier zu klimpern, und sorgte mich ganz furchtbar um das Seelenheil meines Vaters, der an Sonntagnachmittagen bedenkenlos Krocket spielte und unbeschwert Witze über Geistliche machte – einmal sogar über einen Bischof.

Mutter, einst leidenschaftliche Verfechterin einer Ausbildung für Mädchen, hatte jetzt, in einer für sie charakteristischen Kehrtwendung, die entgegengesetzte Stellung bezogen. Bis zu seinem achten

Lebensjahr sollte es keinem Kind erlaubt sein zu lesen; das wäre besser für die Augen und auch für den Verstand.

Aber was mich betraf, scheiterten ihre Pläne. Wenn mir eine Geschichte vorgelesen wurde und sie mir gefiel, bat ich um das Buch und studierte die Seiten, die, zunächst unverständlich, dann allmählich doch einen Sinn ergaben. Wenn ich mit Nursie spazierenging, fragte ich sie, was die Aufschriften auf Ladenschildern und Plakatwänden bedeuteten. Und eines Tages stellte ich fest, daß ich ein Buch – *Der Engel der Liebe* hieß es – recht gut allein lesen konnte, was ich Nursie sogleich mit lauter Stimme demonstrierte.

«Ich fürchte, Ma'am», teilte Nursie Mutter am nächsten Tag mit, «Miss Agatha kann lesen.»

Mutter war sehr bekümmert – aber was sollte sie tun? Ich war noch keine fünf, und die Welt der Geschichtenbücher lag offen vor mir. Von da an waren Bücher meine liebsten Weihnachts- und Geburtstagsgeschenke.

Da ich nun lesen konnte, sollte ich auch schreiben lernen, meinte Vater. Das war nicht annähernd so vergnüglich. Immer noch tauchen abgegriffene Hefte in vergessenen Schubladen auf, voll Schnörkel und Schlingen oder wackligen Bs und Rs, die zu unterscheiden mir offenbar große Schwierigkeiten bereitete, weil ich lesen gelernt hatte, indem ich mir Worte, nicht Buchstaben, einprägte.

Dann sagte Vater, ich könnte genausogut auch rechnen lernen, und so setzte ich mich jeden Morgen nach dem Frühstück auf die Fensterbank im Speisezimmer und hatte wesentlich mehr Spaß mit Zahlen als mit den widerspenstigen Buchstaben des Alphabets.

Vater war mit meinen Fortschritten zufrieden und stolz auf mich. Er überreichte mir ein kleines Büchlein mit «Problemen». Ich liebte die «Probleme». Es waren nur Rechenaufgaben – einfach, aber in faszinierender Verpackung. «John hat fünf Äpfel, George hat sechs; wenn John George zwei Äpfel wegnimmt, wie viele wird George am Abend noch haben?» Und so weiter. Wenn ich heute an diese Frage denke, drängt es mich, zu antworten: «Hängt davon ab, ob George gern Äpfel ißt.» Damals aber schrieb ich eine Vier hin und hatte das Gefühl, ein schwieriges Problem gelöst zu haben. «Und John wird sieben haben», fügte ich aus eigenem Antrieb hinzu. Daß mir das Rechnen solchen Spaß machte, wunderte Mutter, die, wie sie offen zugab, nie mit Zahlen zurechtgekommen war.

Das nächste große Ereignis in meinem Leben war die Ankunft

eines Kanarienvogels. Er hieß Goldie und wurde sehr zahm. Er hüpfte im Kinderzimmer herum, saß manchmal auf Nursies Haube und auch auf meinem Finger, wenn ich ihn rief. Er war nicht nur mein Vogel, er brachte mich auch auf die Idee zu einer neuen heimlichen Heldensage. Ihre Hauptfiguren hießen Dickie und Dicksmistress. Sie ritten auf Streitrossen durch das Land (den Garten), hatten große Abenteuer zu bestehen und entkamen den bösen Räubern stets nur mit knapper Not.

Eines Tages aber brach die Katastrophe herein. Goldie verschwand. Das Fenster war offen, die Tür des Käfigs aufgeklinkt. Offenbar war er fortgeflogen. Ich weinte den ganzen Tag. Der Käfig wurde vor das Fenster gestellt und ein Stück Zucker zwischen die Gitterstäbe geklemmt. Mutter und ich gingen im Garten herum und riefen: «Dickie, Dickie, Dickie!» Dem Hausmädchen wurde die sofortige Entlassung angedroht, weil sie grinsend äußerte: «Den hat bestimmt schon die Katze gefressen» und damit bei mir einen frischen Tränenstrom auslöste.

Ich war schon zu Bett gebracht worden, lag da, zog immer noch hin und wieder die Nase hoch und hielt Mutters Hand fest umklammert, als ein munteres kleines Piepsen ertönte. Dickie kam von der Gardinenstange heruntergeschwirrt. Er flog einmal im Zimmer herum und hüpfte dann in seinen Käfig. Oh, welch unendliches Entzücken! Den ganzen Tag – diesen ganzen nicht enden wollenden, trauervollen Tag – hatte Dickie auf der Gardinenstange gesessen.

Nach den Gepflogenheiten jener Tage nutzte Mutter die Gelegenheit.

«Siehst du nun», sagte sie, «wie dumm du warst? Du hast ganz umsonst geweint. Weine nie über etwas, bevor du ganz sicher bist.»

Ich versprach ihr, daß ich das nie wieder tun würde.

3

Die überragende Gestalt in meiner frühen Kindheit war Nursie. Und unser beider Welt war das Kinderzimmer.

Ich sehe die Tapete noch vor mir – malvenfarbige Schwertlilien, die sich die Wände hochrankten. Ich pflegte im Bett zu liegen und sie im matten Schein von Nursies Öllampe auf dem Tisch zu betrachten. Ich fand das Muster wunderschön. Ich habe mein Leben lang eine Schwäche für Mauve gehabt.

Nursie saß am Tisch und nähte oder flickte. Rund um mein Bett stand ein Paravent, und ich sollte längst schlafen, aber ich war meistens wach, bewunderte die Schwertlilien, versuchte herauszubekommen, wie genau sie sich ineinander verflochten, und dachte mir neue Abenteuer für die Kätzchen aus. Um halb zehn brachte Susan das Tablett mit dem Abendessen für Nursie herauf. Susan war ein großes, breitschultriges Mädchen, schwerfällig und tapsig in ihren Bewegungen, und neigte dazu, Dinge umzuwerfen. Sie führte mit Nursie ein kurzes Gespräch im Flüsterton, und als sie gegangen war, kam Nursie und guckte über den Paravent.

«Ich dachte mir doch, daß du noch wach sein würdest. Du willst wohl ein Stück kosten, nicht wahr?»

«Ach ja, bitte, Nursie.»

Ein köstlicher Bissen saftigen Steaks wurde mir in den Mund gesteckt. Ich kann mir nicht vorstellen, daß Nursie jeden Tag Steak zum Nachtmahl hatte, aber in meiner Erinnerung ist es immer Steak.

Eine andere wichtige Persönlichkeit im Haus war Jane, unsere Köchin, die mit der gelassenen Überlegenheit einer Königin über ihr Reich herrschte. Sie war Küchenmädchen gewesen, als sie, eine schlanke Neunzehnjährige, zu meiner Mutter kam. Sie blieb vierzig Jahre bei uns und wog mindestens fünfundneunzig Kilo, als sie uns verließ. In dieser ganzen Zeit ließ sie nie eine Gefühlsregung erkennen, doch als sie endlich dem Drängen ihres Bruders nachgab, nach Cornwall zu kommen und ihm den Haushalt zu führen, rollten beim Abschied dicke Tränen über ihre Wangen. Sie nahm einen Koffer mit – vermutlich den gleichen, mit dem sie gekommen war. In all diesen Jahren hatte sie keine Besitztümer erworben. Sie war, aus heutiger Sicht gesehen, eine wunderbare Köchin, aber Mutter klagte gelegentlich darüber, daß sie keine Phantasie hätte.

«Ach, du liebe Zeit, was wollen wir denn heute abend zum Nachtisch machen? Schlagen Sie doch etwas vor, Jane.»

«Wie wäre es mit einem schönen Steinpudding, Ma'am?»

Steinpudding war das einzige, was Jane jemals vorschlug, aber aus irgendeinem Grunde reagierte Mutter allergisch darauf und sagte nein, das wollten wir nicht haben, lieber etwas anderes. Ich weiß bis heute nicht, was ein Steinpudding ist. Mutter wußte es auch nicht – sie meinte, es klänge einfach fade.

Als ich Jane «kennenlernte», war sie schon massig – die dickste Frau, die ich je gesehen habe. Sie hatte ein glattes Gesicht und trug ihr Haar in der Mitte gescheitelt – schönes, natürlich lockiges

Haar, im Nacken zu einem Knoten gerafft. Ihre Kinnbacken waren ständig in Bewegung, weil sie immer etwas aß – einen Tortenrest, einen frischen Teekuchen, ein Plätzchen. Sie kam mir vor wie eine große sanftmütige Kuh, die unermüdlich wiederkäute.

In der Küche wurde herrlich geschmaust. Nach einem reichlichen Frühstück gab es um elf einen köstlichen Kakao und dazu eine Schüssel mit frischen Plätzchen und Korinthenbrötchen oder vielleicht heißem Marmeladegebäck. Das Mittagessen begann, nachdem wir das unsere beendet hatten, und bis drei Uhr war die Küche tabu. Mutter gab mir die strikte Anweisung, die Küche unter keinen Umständen zu betreten, wenn dort gegessen wurde: «Die Zeit gehört ihnen, und wir dürfen sie dabei nicht stören.»

Das Personal leistete unglaublich viel Arbeit. Für Jane gehörte es zur täglichen Routine, für sieben oder acht Personen Mahlzeiten mit fünf Gängen zu kochen. Bei großen Dinnerparties für zwölf oder mehr Gäste gab es für jeden Gang eine Alternative – zwei Suppen, zwei Fischgerichte, etc. Das Hausmädchen putzte etwa vierzig Silberrahmen, dazu silberne Toilettengarnituren, füllte und leerte ein tragbares «Sitzbad» (wir hatten zwar ein Badezimmer, aber Mutter empfand es als Zumutung, eine Wanne zu benützen, die schon andere benützt hatten), brachte viermal im Tag heißes Wasser in die Schlafzimmer, machte im Winter in den Schlafzimmern Feuer und besserte nachmittags die Bett- und Tischwäsche aus. Das Stubenmädchen reinigte unvorstellbare Mengen von Silbergeschirr und wusch die Gläser mit liebender Sorge in einer Schüssel aus Papiermaché; überdies bediente sie bei Tisch.

Trotz dieser schweren Pflichten waren die Dienstboten, glaube ich, mit ihrem aktiven Leben zufrieden und glücklich, wohl weil sie wußten, daß sie geschätzt wurden – als Experten, die die Arbeit von Experten verrichteten. Als solche genossen sie Prestige, auf Ladenangestellte und ihresgleichen blickten sie mit Verachtung herab.

Wäre ich heute ein Kind, würde mich, glaube ich, der Mangel an Dienstboten am meisten stören. Für ein Kind waren sie der farbigste Teil des Alltags. Kindermädchen speisten es mit Platitüden ab, die Dienstboten lieferten dramatische Episoden, Unterhaltung und jede Art von nicht weiter spezifiziertem, aber amüsantem Wissen. Sie waren alles andere als Sklaven, im Gegenteil, häufig waren sie viel eher Tyrannen. Sie kannten, wie man damals sagte, ihren Platz, aber damit war nicht Unterwürfigkeit gemeint, sondern Stolz, der Stolz des Professionals. Im ersten Dezennium dieses Jahrhunderts besaßen die Dienstboten ein ausgedehntes Fachwissen. Stubenmädchen mußten groß sein, nett aussehen, gute Zeugnisse vorweisen können und die richtige Stimme haben, um «Rheinwein oder Sherry?» zu murmeln.

Ich bezweifle, daß es heute noch so etwas wie einen richtigen Dienstboten gibt. Vielleicht humpeln noch ein paar Siebzig- und Achtzigjährige herum, aber sonst kennt man ja nur mehr die Tagesmädchen, die Aufwärterinnen, die Hausgehilfinnen, die Raumpflegerinnen und die charmanten jungen Frauen, die sich ein bißchen was dazuverdienen wollen – stundenweise, wie es ihnen paßt, und so, daß sie ihre Kinder nicht zu vernachlässigen brauchen. Sie alle sind liebenswerte Amateure, sie erweisen sich oft als Freunde, aber nur selten erwecken sie in uns die Bewunderung, die wir unserem Hauspersonal entgegenbrachten.

Dienstboten waren natürlich kein besonderer Luxus – nicht nur die Reichen konnten sich welche leisten; der Unterschied bestand lediglich in der Anzahl. Sie verfügten über Butler und Lakaien und Hausmädchen und Stubenmädchen und Kammerzofen und so fort. Wenn man die Wohlstandsleiter herabstieg, erblickte man früher oder später jenes Wesen, das Barry Pain in seinen reizenden Büchern *Eliza* und *Elizas Gatte* so trefflich beschrieben hat: «Das Mädchen».

Unsere Dienstboten haben für mich weit mehr Wirklichkeit als Mutters Freundinnen und meine entfernten Verwandten. Ich muß nur die Augen schließen, um Jane zu sehen, wie sie majestätisch, mit gewaltigem Busen, mächtigen Hüften und einem gestärkten Band, das ihre Taille umschloß, die Küche durchschreitet. Ihre Fettleibigkeit schien ihr nie irgendwelche Beschwerden zu machen, nie schmerzten sie die Füße, die Knie oder die Knöchel, und falls sie erhöhten Blutdruck hatte, wußte sie bestimmt nichts davon. Soweit ich zurückdenken kann, war sie niemals krank. Sie war von olympischer Verfassung. Vielleicht hatte sie Gefühle, aber sie zeigte sie nicht. Weder mit Koseworten noch mit Zeichen des Unwillens ging sie verschwenderisch um; nur an Tagen, da sie mit der Vorbereitung einer großen Dinnerparty beschäftigt war, schien eine leise Erregung sie ein wenig aus der Ruhe zu bringen: eine leichte Röte überzog dann ihre Wangen, sie preßte die Lippen zusammen, und eine dünne Falte grub sich in ihre Stirn. Das waren auch die Tage, da ich mit Entschiedenheit aus der Küche verbannt wurde. «Nein, Miss Agatha, heute habe ich keine Zeit – ich habe eine Menge zu tun. Da hast du eine Handvoll Rosinen, und jetzt geh schön in den Garten, und quäl mich nicht länger.» Von Janes Worten wie immer sehr beeindruckt, zog ich sofort ab.

Janes hervorstechendste Eigenschaften waren Verschwiegenheit und Zurückhaltung. Wir wußten, daß sie einen Bruder hatte, sonst aber war uns nur wenig über ihre Familie bekannt. Sie sprach nie von ihren Verwandten. Sie kam aus Cornwall. Sie nannte sich Mrs. Rowe, doch das war nur ein Höflichkeitstitel. Wie alle guten Bediensteten kannte sie ihren Platz – der gleichbedeutend war mit ihrem Befehlsbereich. Und sie machte allen, die im Hause arbeiteten, klar, daß sie das Kommando führte.

Jane muß sehr stolz gewesen sein auf die köstlichen Speisen, die sie für uns zubereitete, aber sie zeigte es nicht und sprach nie darüber. Wenn man ihr Komplimente machte, nahm sie diese ohne Zeichen von Genugtuung entgegen, aber ich glaube doch, daß es ihr Freude machte, wenn Vater am Morgen nach einem Dinner in die Küche kam und ihr zu ihrer Kunst gratulierte.

Ich erinnere mich auch noch an Barker, eines der Hausmädchen, das mir wieder einen anderen Ausblick auf das Leben eröffnete. Ihr Vater war ein besonders strenggläubiger Plymouthbruder und sie sich ihrer Sündhaftigkeit, wenn sie vom rechten Wege abwich, wohl bewußt. «Verdammt in alle Ewigkeit werde ich sein, das ist mal sicher», erklärte sie mit fast heiterem Sinn. «Ich weiß nicht, was mein Vater sagen würde, wenn er wüßte, daß ich in einem Gottesdienst der englischen Staatskirche war. Das schlimmste ist, mir hat es gefallen. Die Predigt des Vikars hat mir gefallen und das Singen auch.»

Eines Tages hörte Mutter, wie ein Kind, das zu Besuch gekommen war, geringschätzig zum Stubenmädchen sagte: «Pah! Du bist ja nur ein Dienstbote!» Prompt stellte sie es zur Rede.

«Ich will nie wieder hören, daß du so zu einem Dienstboten sprichst. Dienstboten müssen mit ausgesuchter Höflichkeit behandelt werden. Sie verrichten mit viel Geschicklichkeit Arbeiten, die du nicht ohne lange Lehrzeit ausführen könntest. Und denke immer daran, daß sie dir nicht widersprechen dürfen. Du mußt immer höflich sein zu Menschen, deren Stellung es ihnen nicht erlaubt, zu dir unhöflich zu sein. Wenn du unhöflich bist, werden sie dich verachten, und mit Recht, denn dein Betragen ist nicht so, wie man es von einer Dame erwartet.»

Daß man «eine kleine Dame» zu sein hatte, wurde einem in jenen Tagen unermüdlich eingebleut. Unter anderem auch mit folgenden kuriosen Ermahnungen:

«Laß immer einen kleinen Rest auf deinem Teller zurück!» – «Trink nie mit vollen Mund!» – «Denk daran, daß du einen Brief nicht mit zwei Halfpenny-Marken frankieren darfst, außer es ist eine Rechnung für einen Handwerker!» Und natürlich: «Zieh dir saubere Unterwäsche an, wenn du auf eine Reise gehst. Es könnte sein, daß du einen Unfall hast.»

Der Nachmittagstee in der Küche hatte oft die Form eines gesellschaftlichen Beisammenseins. Jane hatte unzählige Freundinnen, und fast jeden Tag kam die eine oder andere zu Besuch. Jane holte Tablette mit heißen Plätzchen aus dem Ofen. In meinem ganzen Leben habe ich keine solchen Plätzchen mehr bekommen, wie Jane sie produzierte. Sie waren knusprig und glatt und voller Korinthen und schmeckten himmlisch. Trotz ihrer geistig ein wenig trägen Art gebärdete sich Jane zuweilen als richtiger Zuchtmeister. «Ich bin noch nicht fertig, Florence», sagte sie, wenn eine ihrer Freundinnen vorzeitig vom Tisch aufstand, und Florence setzte sich wieder und murmelte verlegen: «Tut mir leid, Mrs. Rowe.»

Köchinnen in höherem Alter wurden mit «Mrs.» angeredet, und von Stubenmädchen erwartete man, daß sie «passende Namen» hatten, wie zum Beispiel Jane, Mary oder Edith. Namen wie Violet, Muriel, Rosamund usw. galten nicht als passend, und die Dame des Hauses erklärte rundheraus: «Solange Sie bei uns im Dienst stehen, werden Sie ‹Mary› heißen.» Stubenmädchen, die ein gewisses Alter erreicht hatten, wurden mit ihrem Zunamen gerufen.

Reibungen zwischen «Küche» und «Kinderzimmer» waren nichts Ungewöhnliches. Aber Nursie, wenngleich sie auf ihren Rechten bestand, war ein friedliebender Mensch und wurde von den jüngeren Mädchen respektiert und oft auch zu Rate gezogen.

Ich weiß nicht, wie alt Nursie war, als sie zu uns kam, und was Mutter bewog, eine so bejahrte Frau in ihre Dienste zu nehmen, aber sie sagte immer: «Von dem Augenblick an, da Nursie ihre Arbeit begann, brauchte ich mir keine Sorgen mehr um dich zu machen. Ich wußte, du bist in guter Hand.»

Als die Volkszählung kam, mußte Vater Namen und Alter aller Personen, die im Hause wohnten, in eine Liste eintragen.

«Eine peinliche Sache», meinte er verdrießlich. «Die Dienstboten haben es nicht gern, wenn man sie nach ihrem Alter fragt. Und was mache ich mit Nursie?»

Nursie wurde gerufen. Die Hände vor ihrer schneeweißen Schürze gefaltet, stand sie da und richtete ihre sanften, alten Augen fragend auf Vater.

«Also sehen Sie», sagte er, nachdem er ihr mit wenigen Worten erklärt hatte, was ein Zensus ist, «ich muß von allen das Alter angeben. Äh . . . was soll ich bei Ihnen hinschreiben?»

«Was Sie belieben, Sir», antwortete Nursie höflich.

«Ja schon, aber ... äh ... ich muß es wissen.»

«Was Ihnen angebracht scheint, Sir.» Nursie ließ sich nicht in die Enge treiben.

Da sie seiner Schätzung nach mindestens fünfundsiebzig war, riskierte er einen Vorschlag: «Äh ... äh ... neunundfünfzig? Stimmt das so ungefähr?»

Ein schmerzlicher Schatten flog über ihr runzliges Gesicht. «Seh ich denn wirklich schon so alt aus, Sir?» fragte sie bangend.

«Nein, nein ... aber was soll ich denn nun hinschreiben?»

Nursie hielt die Stellung. «Was Sie für richtig befinden, Sir», antwortete sie würdevoll.

Worauf Vater die Zahl vierundsechzig hinschrieb.

An meinem fünften Geburtstag bekam ich einen Hund. Es war das beseligendste Ereignis meines Lebens. So rauschhaft war meine Freude, daß ich kein Wort hervorbrachte. Ich konnte nicht einmal danke sagen. Ich konnte meinen wunderschönen Hund kaum ansehen. Ich wandte mich sogar von ihm ab. Ich mußte unbedingt allein sein, um mit dieser unglaublichen Glückseligkeit ins reine zu kommen. Ich zog mich, glaube ich, in die Toilette zurück – genau der richtige Ort, um in Ruhe nachzusinnen. Toiletten waren in jenen Tagen bequeme und sehr geräumige Anlagen. Ich klappte den schweren Mahagonideckel zu, setzte mich drauf, starrte blinden Auges auf den Stadtplan von Torquay, der an der Wand hing, und überließ mich meinen Vorstellungen.

Ich habe einen Hund ... einen Hund ... es ist ein Hund, der mir gehört ... mein eigener Hund ... es ist ein Yorkshire-Terrier ... mein Hund ... ganz allein mein Hund ...

Mutter erzählte mir später, daß Vater sehr enttäuscht gewesen war über die Art, wie ich sein Geschenk in Empfang genommen hatte.

«Ich dachte, das Kind würde sich freuen», sagte er. «Sie scheint sich überhaupt nichts aus dem Tier zu machen.»

Meine stets verständnisvolle Mutter meinte, daß ich ein wenig Zeit brauchte. «Sie kann es noch nicht so richtig fassen.»

Der vier Monate alte Yorkshire-Terrier war mittlerweile traurig in den Garten hinausgewandert, wo er sich unserem Gärtner, einem brummigen Mann namens Davey anschloß. Der Hund war von einem Gelegenheitsgärtner gezüchtet worden, und als er sah, wie ein Spaten in die Erde getrieben wurde, kam er zu der Überzeugung, daß hier ein Ort war, wo er sich zu Hause fühlen konnte. Er setzte sich auf den Gartenweg und sah dem Graben aufmerksam zu.

Hier fand ich ihn ein wenig später, und hier knüpften wir unsere Bekanntschaft an. Wir waren beide schüchtern und konnten uns nur zögernd entschließen, einander entgegenzukommen. Aber noch bevor die Woche zu Ende ging, waren Tony und ich unzertrennlich. Tony war ein wunderbarer Hund für ein Kind; er war gutmütig, liebevoll und für alles zu haben. Ihm wurde die Auszeichnung zuteil, in meine neue heimliche Heldensage aufgenommen zu werden. Zu Dickie (Goldie, der Kanarienvogel) und Dicksmistress (ich) gesellte sich nun Lord Tony.

In diesen ersten Jahren erinnere ich mich weniger an meine Schwester als an meinen Bruder. Meine Schwester war nett zu mir, während mein Bruder mich mit Gör titulierte und von oben herab behandelte – so daß ich natürlich seine Gesellschaft suchte, wann immer er es mir erlaubte. Ganz deutlich erinnere ich mich noch, daß er weiße Mäuse hielt. Ich wurde Mr. und Mrs. Mäuserich und ihrer Familie vorgestellt. Nursie rümpfte die Nase. Sie stänken, sagte sie. Natürlich stanken sie.

Wir hatten schon einen Hund im Haus, einen alten Dandy Dinmont namens Scotty, der meinem Bruder gehörte. Mein Bruder, nach dem besten Freund meines Vaters in Amerika Louis Montant genannt, wurde nur Monty gerufen, und er und Scotty waren unzertrennlich. Fast schon automatisch mahnte Mutter: «Laß dich von dem Hund nicht abschlecken, Monty!» Monty, flach auf dem Fußboden neben Scottys Körbchen, den Arm liebevoll um den Hals des Hundes geschlungen, hörte gar nicht hin. «Der Hund riecht entsetzlich!» sagte Vater. Scotty war damals fünfzehn Jahre alt, und nur ein eingefleischter Hundenarr konnte diese Anschuldigung in Abrede stellen. «Rosen!» murmelte Monty zärtlich. «Nach Rosen riecht er!»

Doch ach! Scotty wurde das Opfer eines tragischen Unfalls. Langsam in seinen Bewegungen und halb blind begleitete er Nursie und mich auf unserem täglichen Spaziergang, als, während wir die Straße überquerten, der Karren eines Händlers um die Ecke geschossen kam und ihn überfuhr. Wir brachten ihn in einer Kutsche nach Hause, und Mutter schickte nach dem Tierarzt, aber wenige Stunden später starb Scotty. Monty war mit Freunden segeln gegangen. Mutter zerbrach sich den Kopf, wie sie es ihm beibringen sollte. Sie ließ den Kadaver ins Waschhaus legen und wartete unruhig auf die Rückkehr meines Bruders. Doch statt wie sonst gleich ins Haus zu kommen, ging er unglücklicherweise zuerst zum Waschhaus hinüber, weil er sich ein paar Werkzeuge holen wollte, die er brauchte. Dort fand er den toten Scotty. Er ging gleich wieder fort und muß stundenlang herumgelaufen sein. Erst kurz vor Mitternacht kam er heim. Unsere Eltern waren so verständnisvoll, daß sie über Scottys Ende gar nicht mit ihm sprachen. Er grub Scotty selbst ein Grab im Hundefriedhof in einer Ecke des Gartens, wo im Lauf der Jahre jeder unserer Hunde einen kleinen Grabstein mit seinem Namen bekam.

Mein Bruder, der dazu neigte, mich unbarmherzig zu hänseln, pflegte mich «dürres Huhn» zu nennen. Worauf ich ihm jedesmal den Gefallen tat, in Tränen auszubrechen. Warum mich diese Bezeichnung so wütend machte, weiß ich nicht. Da ich eine Heulsuse war, lief ich dann schluchzend zu Mutter: «Ich bin doch kein dürres Huhn, nicht wahr, Mutti?» Worauf Mutter sehr gelassen erwiderte: «Wenn du nicht geneckt werden willst, warum läufst du dann Monty immerzu nach?»

Auf diese Frage gab es keine Antwort, aber die Faszination, die mein Bruder auf mich ausübte, war so groß, daß ich mich nicht von ihm fernhalten konnte. Er war in einem Alter, in dem kleine Schwestern einem Jungen lästig fallen und auf die Nerven gehen. Manchmal war er so gnädig, mir Zugang zu seiner «Werkstatt» zu gewähren, wo er eine Drehbank stehen hatte, und mir zu gestatten, ihm Holzstücke und Werkzeuge zu halten und zu reichen. Aber früher oder später wurde das dürre Huhn aufgefordert zu verschwinden.

Einmal zeigte er sich mir so gewogen, daß er sich aus eigenen Stücken erbötig machte, mich in seinem Boot mitzunehmen. Er besaß ein kleines Dinghy, mit dem er in der Tor Bay segelte. Zur allgemeinen Überraschung erhielt ich die Erlaubnis, mitzufahren. Nursie, die damals noch bei uns war, sprach sich entschieden gegen das Unternehmen aus, ihrer Meinung nach würde ich naß und schmutzig werden, mir das Kleid zerreißen, einen Finger einklemmen und fast sicher ertrinken. «Junge Herren wissen nicht, wie man auf ein kleines Mädchen aufpaßt.»

Mutter sagte, sie glaube, ich wäre vernünftig genug, um nicht ins Wasser zu fallen, und daß ich eine Erfahrung machen würde. Vielleicht wollte sie auch auf diese Weise Monty zeigen, wie hoch sie ihm seine ungewöhnliche Selbstlosigkeit anrechnete. Wir gingen also durch die Stadt und auf den Segelsteg. Monty brachte das

Boot zur Treppe, und Nursie reichte mich zu ihm hinunter. Im letzten Augenblick bekam Mutter es mit der Angst zu tun.

«Du mußt vorsichtig sein, Monty. Sehr vorsichtig! Und bleib nicht zu lange weg. Du wirst doch gut auf sie aufpassen, nicht wahr?»

«Es wird ihr nichts passieren», gab mein Bruder, der sein großherziges Angebot vielleicht schon bereute, kurz zurück. Zu mir sagte er: «Bleib da sitzen, wo du bist, und verhalte dich ruhig. Und rühr um Gottes willen nichts an.»

Gestalten einer griechischen Tragödie gleich standen Mutter und Nursie am anderen Ende des Landestegs und blickten uns nach. Während Nursie, dem Weinen nahe, drohendes Unheil prophezeite, versuchte Mutter ihre Befürchtungen zu zerstreuen. Wahrscheinlich dachte sie daran, wie wenig seefest sie selbst war. «Ich glaube nicht, daß sie je wieder segeln gehen wird. Die See ist doch recht bewegt.»

Ihr Ausspruch war nur allzu wahr. Grün im Gesicht, wurde ich wenig später wieder zurückgebracht, nachdem ich, wie mein Bruder es ausdrückte, dreimal «die Fische gefüttert» hatte. In höchstem Maß verärgert, setzte er mich an Land. Die Frauen wären doch alle gleich, meinte er.

4

Ich war noch keine fünf Jahre alt, als ich die Angst kennenlernte. An einem schönen Frühlingstag gingen Nursie und ich spazieren. Wir hatten die Eisenbahngleise überquert, schlenderten den Weg nach Shiphay hinauf und pflückten Primeln vor den Hecken.

Ein Tor stand offen, wir gingen hinein und pflückten weiter. Unser Korb war schon fast voll, als eine zornige, rauhe Stimme uns anbrüllte: «Was treibt ihr denn da?»

Es war, so schien es mir, ein Riese von Mann, erbost, mit rotem Kopf.

Nursie sagte, wir täten nichts Böses, wir pflückten nur Primeln.

«Ihr habt ohne Erlaubnis mein Land betreten, das habt ihr getan! Raus mit euch! Wenn ihr nicht in einer Minute durch das Tor seid, koche ich euch bei lebendigem Leib, verstanden?»

Verzweifelt zerrte ich an Nursies Hand. Nursie konnte nicht so schnell gehen und versuchte es auch gar nicht. Panische Angst schüttelte mich. Als wir wieder auf dem Weg waren, zitterten mir vor Erleichterung die Knie. Ich war leichenblaß und fühlte mich elend.

«Liebchen», sagte Nursie, als sie es bemerkte, «du hast doch nicht geglaubt, daß er es ernst meint? Daß er uns kochen will, meine ich?»

Ich nickte stumm. Ich hatte es deutlich vor mir gesehen. Ein großer, dampfender Kessel auf dem Feuer, in den ich gesteckt wurde. Meine lauten Hilfeschreie.

Nursie sprach beruhigend auf mich ein. Das wäre nur so eine Redensart, ein Scherz, sozusagen. Kein netter Mann, nein, ein sehr grober, unfreundlicher Mann, aber er hatte es nicht ernst gemeint. Es war ein Spaß.

Für mich war es kein Spaß gewesen, und noch heute läuft es mir kalt über den Rücken, wenn ich über ein Feld gehe. Seit jenem Tag bin ich nie wieder so abgrundtief erschrocken.

In meinen Alpträumen habe ich diese Episode allerdings nicht wieder durchlebt. Alle Kinder haben Alpträume, und meine drehten sich um einen Menschen, den ich «Pistolenmann» nannte. Ich hatte nie etwas über eine Figur dieser Art gelesen. Ich nannte ihn Pistolenmann, weil er mit einer Pistole bewaffnet war, nicht, weil ich Angst hatte, daß er auf mich schießen würde. Die Pistole gehörte einfach zu seiner Erscheinung, der eines Franzosen in graublauer Uniform, eine Art Dreispitz auf dem Kopf, das gepuderte Haar zu einem Zopf geflochten. Die Pistole war eigentlich mehr eine Muskete. Seine bloße Anwesenheit war erschreckend. Die Träume fingen ganz normal an: eine Teegesellschaft oder eine Promenade mit verschiedenen Leuten, für gewöhnlich irgendeine bescheidene Festlichkeit. Dann überkam mich plötzlich Unbehagen: es war jemand da, der nicht hierhergehörte. Angst stieg in mir auf. Dann sah ich ihn – er saß am Teetisch, spazierte den Strand entlang, nahm an einem Spiel teil. Seine blaßblauen Augen begegneten den meinen, und ich erwachte schreiend. «Der Pistolenmann, der Pistolenmann!»

«Miss Agatha hat heute nacht wieder von ihrem Pistolenmann geträumt», berichtete Nursie Mutter am nächsten Morgen.

«Was ist denn so Schreckliches an ihm, Liebchen?» fragte mich Mutter dann. «Was glaubst du denn, was er dir tun will?»

Ich wußte nicht, warum er mich so erschreckte. Später veränderte sich der Traum, in dem Maß, wie der Pistolenmann sich veränderte: Wir saßen manchmal um einen Teetisch, und ich richtete meine Blicke auf eine Freundin oder auch ein Mitglied der Familie, als mir plötzlich klarwurde, daß es nicht Dorothy war oder Phyllis oder Monty oder Mutter oder wer immer. Die blaßblauen Augen in dem vertrauten Gesicht begegneten den meinen, und ich wußte: in Wirklichkeit war es der Pistolenmann!

Mit vier Jahren verliebte ich mich. Der Gegenstand meiner Leidenschaft war ein Kadett aus Dartmouth, ein Freund meines Bruders. Mit seinen goldblonden Haaren und blauen Augen weckte er die romantischsten Gefühle in mir. Er selbst konnte nicht ahnen, welche Empfindungen er wachrief. Bar jeglichen Interesses an der «kleinen Schwester» seines Freundes Monty würde er, hätte man ihn gefragt, vermutlich der Meinung Ausdruck gegeben haben, daß ich ihn nicht mochte. Der Überschwang meiner Gefühle nötigte mich, die entgegengesetzte Richtung einzuschlagen, wenn ich ihn kommen sah, und, wenn wir bei Tisch saßen, den Kopf abzuwenden. Mutter stellte mich sanft zur Rede.

«Ich weiß, du bist schüchtern, Schätzchen, aber du mußt höflich sein. Es ist taktlos, wenn du immerzu von Philip den Kopf abwendest, und wenn er zu dir spricht, etwas Unverständliches murmelst. Auch wenn du ihn nicht magst, höflich mußt du sein.»

Ich ihn nicht mögen! Sie hatte ja keine Ahnung. Wenn ich es mir jetzt überlege: wie leicht doch eine junge Liebe zu befriedigen ist! Sie fordert nichts – keinen Blick, kein Wort. Sie ist tiefste Bewunderung, nichts weiter. Davon erfüllt, fühlt man sich wie im siebenten Himmel und malt sich im Geist heldische Situationen aus, in welchen man dem Geliebten von Nutzen sein kann. Man geht in ein Seuchenhaus, um ihn zu pflegen. Rettet ihn aus dem Feuer. Schützt ihn vor einer tödlichen Kugel. Keiner dieser Wachträume hat je ein Happy-End. Man findet selbst den Tod in den Flammen, wird erschossen oder geht an der Seuche zugrunde. Der Held weiß nicht einmal, daß man ihm sein Leben geopfert hat.

Die Monate vergingen. Philip wurde Leutnant zur See und verließ die *Britannia.* Mit der Zeit verblaßte sein Bild. Die Liebe verging und kehrte erst drei Jahre später zurück, als ich für einen großen, dunklen, jungen Hauptmann schwärmte, der meiner Schwester den Hof machte.

Ashfield war Zuhause und wurde als solches angesehen; Ealing aber war ein begeisterndes Erlebnis. Es besaß die romantische Ausstrahlung eines fremden Landes. Eine seiner Herrlichkeiten war die Toilette – einschließlich des wunderbar großen Sitzbrettes aus Mahagoni. Wenn ich darauf saß, fühlte ich mich wie eine Königin auf dem Thron. Hierher zog ich mich des Morgens zurück, nahm feierlich Platz, neigte huldvoll mein Haupt, gewährte Audienzen, streckte meine Hand aus, um sie küssen zu lassen – bis ich dringend aufgefordert wurde, herauszukommen, weil auch andere die Toilette aufzusuchen wünschten. An der Wand hing eine farbige Karte von New York, die mich sehr interessierte. Es gab mehrere amerikanische Buntdrucke im Haus. Im Gastzimmer gab es einige, die mir besonders gut gefielen. Eines, «Wintersport» betitelt, zeigte einen Mann auf einer Eisdecke, der durch ein kleines Loch einen Fisch herauszog. Es schien mir ein eher trübseliger Sport zu sein.

Da Vater die Nichte seiner Stiefmutter (der englischen zweiten Frau seines amerikanischen Vaters) geheiratet hatte, und da er sie Mutter rief, während seine Gattin sie weiterhin Tantchen nannte, lautete ihre offizielle Bezeichnung «Omatante». In den letzten Jahren seines Lebens war mein Großvater ständig zwischen New York, wo seine Firma ihren Sitz hatte, und Manchester, wo sich die englische Niederlassung befand, hin- und hergependelt. Er war der Held einer typischen amerikanischen Erfolgsgeschichte. Als armer Junge war er aus Massachusetts nach New York gekommen, hatte als Laufbursche in einer Firma angefangen und es mit den Jahren zum Teilhaber gebracht. Er erwarb ein großes Vermögen. Hauptsächlich, weil er seinen Mitmenschen zu sehr vertraute, ließ mein Vater es dann aber dahinschwinden. Was noch übrig blieb, brachte mein Bruder im Eiltempo durch.

Nicht lange bevor er starb, hatte mein Großvater ein großes Haus in Cheshire gekauft. Er war damals schon ein kranker Mann, und seine zweite Frau wurde in verhältnismäßig jungen Jahren Witwe. Sie blieb eine Zeit in Cheshire wohnen, kaufte aber dann in Ealing ein Haus, das damals praktisch «auf dem Land» stand. Wie sie oft erzählte, gab es ringsum nur Felder. Als ich sie das erste Mal besuchen kam, konnte ich das kaum glauben. Ganze Reihen sauberer Häuschen erstreckten sich nach allen Richtungen.

Omas Haus und Garten übten eine besondere Faszination auf mich aus. Ich teilte das Kinderzimmer in mehrere «Territorien» auf. Der vordere Teil hatte ein Erkerfenster und auf dem Fußboden einen gestreiften Läufer, er wurde von mir «Murielzimmer» genannt (vielleicht, weil man diese Art Fenster damals «Oriels» nannte). Der hintere Teil, mit einem Brüsseler Teppich ausgelegt, war der Speisesaal. Verschiedene Matten und Linoleumflecken wies ich anderen «Räumen» zu. Vor mich hinmurmelnd schritt ich geschäftig und wichtigtuerisch von einem Raum meines Hauses zum anderen.

Nicht weniger faszinierend war Omatantes Bett, ein riesiges Himmelbett aus Mahagoni, eingeschlossen von roten Damastvorhängen. Es war ein Federbett, und früh am Morgen, bevor ich mich anzog, kam ich ins Zimmer gehuscht und hüpfte hinein. Oma war schon um sechs Uhr wach und hieß mich immer freundlich willkommen. Unten war der Salon, voll von Möbeln mit reicher Intarsienarbeit und Meißener Porzellan. Wegen des draußen errichteten Observatoriums war der Raum aber in immerwährende Düsternis gehüllt. Der Salon wurde nur bei Einladungen benützt. Daneben lag das Frühstückszimmer, wo sich meistens eine Nähmamsell aufhielt. Dabei fällt mir jetzt ein, daß Nähmamsellen in jenen Tagen das unvermeidliche Zubehör eines Haushalts darstellten. Zwischen ihnen allen bestanden gewisse Ähnlichkeiten: sie hatten normalerweise sehr feine Manieren, lebten in beengten Verhältnissen und wurden von der Dame des Hauses und der Familie mit ausgesuchter Höflichkeit, vom Personal hingegen höchst unliebenswürdig behandelt. Sie bekamen ihr Essen aufs Zimmer und waren, soweit ich mich entsinnen kann, nicht imstande, Kleider zu liefern, die paßten. Alle waren entweder zu eng oder hingen in losen Falten herunter. Die Antwort auf allfällige Bemängelungen lautete für gewöhnlich: «Ach ja, aber Miss James hat so ein schweres Leben gehabt!»

Im Speisezimmer verbrachte Oma ihr Leben in viktorianischer Behaglichkeit. Sie saß entweder am großen Mitteltisch in einem enormen Ledersessel und schrieb Briefe oder ruhte in einem großen Samtfauteuil vor dem Kamin. Auf den Tischen, auf dem Sofa und auf einigen Stühlen türmten sich Bücher – Bücher, die hier ihren Platz hatten, und solche, die aus lose gebundenen Paketen hervorguckten. Oma kaufte immerzu Bücher, für sich und für Geschenke, und am Ende wurden die Bücher zuviel für sie, und sie vergaß, wem sie sie hatte schicken wollen. Oder sie entdeckte, daß «der liebe kleine Junge von Mr. Bennett», von ihr unbemerkt, achtzehn geworden war und sich kaum noch für *Die Jungens von St. Guldred's* oder *Timothy Tigers Abenteuer* interessieren dürfte.

Eines der großen morgendlichen Ereignisse war Omas Visite der Speisekammer, die neben der Seitentür lag, die in den Garten führte. Ich war immer gleich zur Stelle, und dann rief Oma: «Was kann ein kleines Mädchen hier nur wollen?» Erwartungsvoll stand das kleine Mädchen da und spähte in die Tiefen der Kammer. Reihen von Gläsern mit Marmeladen und Eingemachtem, Kisten mit Datteln, Obstkonserven, Feigen, Reineclauden, Kirschen, kandierte Angelikawurzel, Päckchen mit Rosinen und Korinthen, pfundweise

Butter und Säcke voll Zucker, Tee und Mehl. Hier wurden alle Lebensmittel aufbewahrt und jeden Tag im Hinblick auf den Speisezettel feierlich herausgegeben. Auch wurde eine gründliche Untersuchung darüber vorgenommen, auf welche Weise die Zuteilungen des vergangenen Tages verwertet worden waren. Oma hielt offene Tafel für alle, war jedoch jeglicher Verschwendung abhold. War für den Bedarf des Tages gesorgt, und erwies sich die Rechnung des vergangenen Tages als zufriedenstellend, öffnete Oma ein Glas Reineclauden, und ich lief fröhlich und mit vollen Händen in den Garten hinaus.

Wie sonderbar ist es doch, wenn man an seine Kindheit zurückdenkt, daß das Wetter an bestimmten Orten immer das gleiche zu sein scheint. In Torquay ist es immer ein Herbst- oder Winternachmittag. Im Kamin brennt ein Feuer, auf dem Kamingitter hängt Wäsche zum Trocknen, und draußen wirbeln Blätter durch die Luft oder manchmal auch – das war besonders aufregend – Schneeflocken. Im Garten in Ealing ist es immer Sommer, ein zumeist heißer Sommer. Ich spüre noch, wie mir, wenn ich durch die Seitentür gehe, die trockene heiße Luft entgegenschlägt. Auch dieser kleine Flecken grünen Rasens, von Rosenbäumchen eingeschlossen, war eine Welt für sich. Das wichtigste waren die Rosen. Die verblühten Köpfchen wurden täglich entfernt, die anderen Rosen geschnitten, ins Haus gebracht und in vielen kleinen Vasen arrangiert. Oma war unmäßig stolz auf ihre Rosen; ihre Größe und Schönheit schrieb sie dem Inhalt der Nachttöpfe zu. «Flüssiger Dünger, meine Liebe – es gibt nichts Besseres! Niemand hat solche Rosen wie ich!»

Sonntags kamen meine andere Großmutter und für gewöhnlich ein oder zwei Onkel zum Mittagessen. Es war ein herrlicher viktorianischer Tag. Oma Boehmer, die Mutter meiner Mutter, kurz Oma B. genannt, traf gegen elf Uhr ein. Sie keuchte ein wenig, weil sie sehr korpulent war, noch beleibter als Omatante. Nachdem sie, aus London kommend, eine Aufeinanderfolge von Zügen und Omnibussen durchgestanden hatte, dachte sie zunächst nur daran, ihre Knopfstiefel loszuwerden. Ihr Dienstmädchen Harriet pflegte sie auf diesen Reisen zu begleiten. Harriet kniete vor ihr nieder, um ihr die Stiefel auszuziehen und sie durch ein Paar bequemer Pantoffeln zu ersetzen. Dann ließ sich Oma B. mit einem tiefen Seufzer am Speisezimmertisch nieder, und die zwei Schwestern widmeten sich ihren Sonntagvormittag-Geschäften. Diese bestanden aus langwierigen und komplizierten Abrechnungen. Oma B. erledigte eine große Anzahl Einkäufe im «Army and Navy»-Kaufhaus in der Victoria Street. Das «Army and Navy»-Kaufhaus war für beide Schwestern der Mittelpunkt der Welt. Listen, Preise und Rechnungen wurden von den beiden frohgestimmt und eingehend überprüft. Sie unterhielten sich über die Qualität der Waren: «Es hätte dir auch nicht gefallen, Margaret. Keine gute Qualität – kein Vergleich mit dem letzten pflaumenfarbigen Samt.» Dann holte Omatante ihre große Geldtasche hervor, die mir immer ehrfürchtige Scheu einflößte, und die ich als äußeres und sicheres Zeichen immensen Reichtums ansah. Das mittlere Fach enthielt eine Menge Goldsovereigns, und der Rest war prall mit Halfcrowns und Sixpence gefüllt – da und dort fand sich auch ein Fünf-Schilling-Stück. Nun wurden die Rechnungen für Reparaturen und kleine Einkäufe beglichen. Das «Army and Navy»-Kaufhaus lieferte natürlich auf Rechnung – ich glaube, daß Omatante stets ein Geldgeschenk einschloß, um Oma B.s Zeitaufwand und Mühe abzugelten. Die Schwestern waren einander zugetan, aber es gab auch reichlich Streitigkeiten und Eifersüchteleien zwischen den zwei Frauen. Es machte ihnen beiden Spaß, die andere zu hänseln und ihr eins auszuwischen. Oma B. war, nach eigenen Angaben, die Schönheit der Familie gewesen. Omatante pflegte das abzustreiten. «Mary (oder Polly, wie sie sie nannte) hatte ein hübsches Gesicht, das schon», sagte sie, «aber meine Figur hatte sie natürlich nicht. Männer legen Wert auf eine gute Figur.»

Nachdem die sonntägliche Rechnerei beendet und die Liste der Besorgungen für die kommende Woche fertiggestellt war, erschienen die Onkel. Onkel Ernest bekleidete eine Stellung im Innenministerium, und Onkel Harry war Direktor des «Army and Navy»-Kaufhauses. Der älteste Onkel, Onkel Fred, befand sich bei seinem Regiment in Indien. Der Tisch wurde gedeckt und das Sonntagessen aufgetragen.

Ein monumentaler Braten, dann Kirschtorte mit Sahne, ein Riesenstück Käse und schließlich Obst – serviert auf den schönsten Desserttellern, die man sich vorstellen kann. Ich habe sie noch; achtzehn, glaube ich, von den ursprünglichen vierundzwanzig, und für mehr als sechzig Jahre ist das gar nicht so schlecht. Die Ränder sind hellgrün, mit goldenen Bogen verziert, und in der Mitte eines jeden Tellers ist eine andere Frucht zu sehen. Meine liebste Frucht war und ist heute noch die Feige, eine saftige, purpurrote Feige. Für meine Tochter Rosalind war es immer die Stachelbeere, eine ungewöhnlich große und delikate Stachelbeere. Dazu gab es auch noch einen herrlichen Pfirsich, rote Johannisbeeren, weiße Johannisbeeren, Himbeeren, Erdbeeren und viele andere. Der Höhepunkt des Mahls war gekommen, sobald diese Teller, jeder mit Spitzendecken und Fingernapf, auf den Tisch gestellt wurden. Jetzt mußte einer nach dem anderen raten, welche Frucht auf seinem Teller zu sehen war. Warum uns dieses Spiel so viel Spaß machte, kann ich heute nicht mehr sagen, aber es war immer ein aufregender Augenblick, und wenn man richtig riet, hatte man das Gefühl, etwas höchst Anerkennenswertes vollbracht zu haben.

Nach solch lukullischem Mahl wurde geschlafen. Omatante zog sich auf ihren Fauteuil vor dem Kamin zurück. Oma B. ließ sich auf dem weinfarbenen Ledersofa nieder, und über ihre gewaltigen Formen wurde ein Afghan gebreitet. Was die Onkel machten, weiß ich nicht mehr. Kann sein, daß sie spazierengingen, vielleicht zogen sie sich aber auch nur in den Salon zurück. Das Frühstückszimmer konnten sie nicht benützen, weil es das Heiligtum von Miss Grant war, die damals die Stellung einer Nähmamsell bekleidete. «So ein trauriger Fall, meine Liebe», pflegte Oma ihren Freundinnen zuzuflüstern, «so ein armes Geschöpf, deformiert, nur ein einziger Ausgang, wie beim Huhn!» Dieser Satz fesselte mich immer wieder, weil ich nicht wußte, was er bedeutete. Von was für einem Ausgang war da die Rede?

Nachdem alle außer mir zumindest eine Stunde fest geschlafen hatten – ich pflegte mich vorsichtig im Schaukelstuhl zu schaukeln –, wurde «Schulmeister» gespielt. Sowohl Onkel Harry wie auch Onkel Ernest taten sich in diesem Spiel hervor. Wir saßen alle in einer Reihe, und wer immer Schulmeister war, schritt, mit einem Knüppel aus Zeitungspapier bewaffnet, vor uns auf und ab und schleuderte uns in barschem Ton Fragen entgegen: «Wann wurde die Nadel erfunden? Wie hieß die dritte Frau Heinrichs VIII.? Auf welche Weise kam William Rufus zu Tode? Von welchen Krankheiten wird der Weizen befallen?» Wer eine richtige Antwort gab, rückte um einen Platz vor, wer sie verfehlte, rückte zurück. Das war wohl der viktorianische Vorläufer der Quizspiele, die uns heutzutage so viel Spaß machen. Anschließend setzten sich die Onkel ab, sie hatten ihre Pflichten gegenüber Mutter und Tante erfüllt. Oma B. blieb noch zum Tee, dann kam der schreckliche Augenblick, wenn Harriet mit den Knopfstiefeln erschien und sich daran machte, die Füße ihrer Herrin hineinzupressen. Bejammernswert war es, dabei zuzusehen, und es muß schrecklich gewesen sein, die Tortur über sich ergehen zu lassen. Oma B.s arme Knöchel waren am Ende des Tages angeschwollen wie Puddinge. Um die Knöpfe mit Hilfe eines Stiefelknöpfers in ihre Löcher zu zwängen, bedurfte es angestrengten und quälenden Kneifens und

Quetschens, das ihr spitze Schmerzensschreie entlockte. Oh, diese Knopfstiefel! Warum trug man sie nur? Wurden sie von Ärzten empfohlen? War es ein sklavisches Opfer, das man der Mode brachte? Ich weiß, es hieß, Stiefel wären gut für Kinderfüße, um die Knöchel zu stützen und zu stärken, aber dieses Argument ließ sich doch kaum auf eine alte Dame von siebzig anwenden!

Ealing hatte in jener Zeit die gleichen charakteristischen Merkmale wie Cheltenham oder Leamington Spa. Der «frischen Luft» und der Vorteile wegen, die die Nähe Londons bot, versammelte sich dort eine große Zahl pensionierter Armee- und Marineoffiziere. Oma führte ein in jeder Hinsicht gesellschaftsbezogenes Leben – sie war zeit ihres Lebens eine gesellige Frau. Ihr Haus war immer voll von alten Obersten und Generälen, für die sie Westen und Jacken bestickte und Bettsocken strickte: «Ich hoffe, Ihre Frau wird nichts dagegen haben», sagte sie, wenn sie ihnen die Geschenke überreichte, «ich möchte keine Scherereien haben!» Die alten Herren gaben galante Antworten und entfernten sich, stolz auf die Wirkung ihrer männlichen Reize, mit dem Gefühl, immer noch ein ganzer Kerl zu sein. Ihr verstaubt-schneidiges Auftreten schüchterte mich ein. Ich fand die Scherze, die mich belustigen sollten, überhaupt nicht witzig, und ihre listig-schelmische, spöttische Art machte mich nervös.

«Und was möchte die junge Dame zum Nachtisch? Etwas Süßes für die kleine Süße? Ein Pfirsich vielleicht? Oder eine von diesen goldenen Reineclauden, die so gut zu deinen blonden Locken passen?»

Rot vor Verlegenheit bat ich um einen Pfirsich.

«Und welcher Pfirsich soll es sein? Such dir einen aus.»

«Bitte», murmelte ich, «ich möchte den größten und den besten.»

Brüllendes Gelächter. Ohne es zu wissen, schien ich eine witzige Bemerkung gemacht zu haben.

«Du darfst nie das größte Stück verlangen», erklärte mir Nursie später. «Das klingt gefräßig.»

Ich war bereit zuzugeben, daß es gefräßig klang, aber was war daran so spaßig?

Wenn es um gutes Betragen in der Gesellschaft ging, war Nursie in ihrem Element.

«Du mußt schneller essen. Nimm doch einmal an, du würdest, wenn du erwachsen bist, bei einem Herzog dinieren.»

Nichts erschien mir unwahrscheinlicher, aber ich schloß die Möglichkeit nicht aus.

«Dort wird es einen Butler geben und mehrere Lakaien, und im gegebenen Moment nehmen sie dir den Teller weg, ob du nun aufgegessen hast oder nicht.»

Der Gedanke ließ mich erblassen, und ich nahm energisch meinen Hammelbraten in Angriff.

Nursie wußte häufig Episoden aus dem Leben der Aristokratie zu erzählen. Sie spornten meinen Ehrgeiz an. Ich wollte unbedingt eines Tages den Titel Lady führen dürfen. Aber Nursies gesellschaftliches Wissen machte mir einen Strich durch die Rechnung.

«Das wirst du niemals dürfen», sagte sie.

«Niemals?» Ich war entsetzt.

«Niemals», sagte Nursie, eine Realistin reinsten Wassers. «Um eine Lady Agatha zu sein, müßtest du schon so geboren werden. Du müßtest die Tochter eines Herzogs, eines Marquis oder eines Earls sein. Wenn du einen Herzog heiratest, wirst du Herzogin, aber nur, weil dein Mann diesen Titel besitzt. Das hat dann nichts mit deiner Geburt zu tun.»

Darüber sollte man sich schon früh im Leben klarwerden, das ist wichtig. Es gibt Dinge, die man einfach nicht haben kann – natürliche Locken im Haar, schwarze Augen (wenn man blaue hat) oder eben den Titel einer Lady Agatha.

Im großen und ganzen halte ich den Snobismus meiner Kindheit, also den meiner Geburt, für erträglicher als den des Reichtums oder den intellektuellen Snobismus. Der intellektuelle Snobismus scheint mir heute eine besondere Form von Neid und Mißgunst hervorzubringen. Die Eltern sind entschlossen, alles zu tun, um ihre Sprößlinge brillieren zu lassen. «Wir haben große Opfer gebracht, um dir eine gute Erziehung zu ermöglichen», sagen sie. Das Kind fühlt sich schuldbeladen, wenn es ihre Hoffnungen nicht erfüllen kann. Die Leute sind so schrecklich sicher, daß alles nur eine Frage der günstigen Gelegenheit ist – nicht der natürlichen Eignung.

Ich glaube, daß die viktorianischen Eltern vernünftiger dachten und mehr Verständnis für ihre Kinder hatten und für das, was sie brauchten, um ein glückliches und erfolgreiches Leben zu führen. Man bemühte sich weit weniger, mit den Nachbarn Schritt zu halten. Die Viktorianer beurteilten ihre Kinder leidenschaftslos und schätzten ihre Fähigkeiten realistisch ein. Aus A. würde offensichtlich eine «Schönheit», aus B. der Kopf der Familie werden, C. würde unansehnlich bleiben und war ganz gewiß kein intellektueller Typ. Für Sozialarbeit war sie noch am besten geeignet ... Natürlich lagen sie manchmal falsch, aber im großen und ganzen funktionierte das System.

Im Gegensatz zum Großteil unserer Freunde waren wir nicht sehr wohlhabend. Als Amerikaner hielt man Vater automatisch für «reich». Man hielt alle Amerikaner für reich. In Wahrheit war er einigermaßen gut situiert. Wir hatten weder einen Butler noch einen Lakai. Wir hatten keinen Wagen mit Kutscher und Pferden. Wir hatten drei Dienstboten, für jene Zeit ein Minimum. Wenn ich mich an einem feuchten Tag mit einer Freundin zum Tee treffen wollte, ging ich in Regenmantel und Galoschen zweieinhalb Kilometer zu Fuß. Für ein Kind wurde keine Mietskutsche bestellt, außer wenn es in einem empfindlichen Kleid zu einer großen Party ging.

Andererseits waren die Mahlzeiten, die den Gästen in unserem Haus vorgesetzt wurden, unglaublich aufwendig nach modernen Maßstäben – heute müßte man einen Chef- und einen Hilfskoch dazu engagieren. Unlängst fiel mir das Menü einer unserer Dinnerparties (für zehn Personen) in die Hände. Die Speisenfolge begann mit (nach Wahl) klarer oder eingemachter Suppe, dann gab es gekochten Steinbutt oder Schollenfilet, darauf ein Sorbet, anschließend Hammelrücken und – eigentlich nicht ganz passend – Hummermayonnaise. Zum Nachtisch wurden Pudding Diplomatique, Charlotte Russe und Obst serviert. All diese Arbeit bewältigte Jane ohne jede Hilfe.

Bei uns war es meine Schwester, die schon früh als «Kopf der Familie» anerkannt wurde. Die Vorsteherin ihrer Schule in Brighton riet, sie an das Women's College in Girton gehen zu lassen. Vater nahm den Vorschlag ungnädig auf. «Wir wollen aus Madge keinen Blaustrumpf machen», meinte er. «Sie soll ihre Ausbildung in Paris erhalten.» Also fuhr meine Schwester nach Paris, äußerst befriedigt, da sie keinerlei Lust hatte, nach Girton zu gehen. Sie war witzig, sehr unterhaltsam, schlagfertig und erfolgreich in allem, was sie anpackte. Mein Bruder, ein Jahr jünger als sie, besaß großen persönlichen Charme. Er hatte eine Vorliebe für Literatur, war aber nicht sonderlich intelligent. Meine Eltern waren sich, glaube ich, darüber im klaren, daß er «der Schwierige» sein würde. Er interessierte sich für Maschinenbau. Vater hatte gehofft, er würde in eine Bank eintreten, erkannte jedoch, daß ihm die notwendigen Voraussetzungen für eine erfolgreiche Karriere fehlten. Also begann er mit Maschinenbau – und kam auch da nicht weit, weil ihm die Mathematik Schwierigkeiten machte.

Was mich betrifft, wurde ich stets, wenn auch auf nette Weise, als die «Langsame» angesehen. Meine Mutter und meine Schwester reagierten ungewöhnlich schnell – ich kam da nicht mit. Außerdem sprach ich undeutlich. Es fiel mir immer schwer, in Worte zu fassen, was ich sagen wollte. «Agatha ist so schrecklich langsam», hieß es. Das war die Wahrheit, ich wußte es und akzeptierte es. Es störte mich nicht, und es kränkte mich nicht. Ich hatte mich damit abgefunden, «die Langsame» zu sein. Ich war schon über zwanzig, als mir klar wurde, daß der Bildungsstand bei uns daheim ungewöhnlich hoch gewesen war und ich genauso schnell oder noch schneller als der Durchschnitt reagierte. Meine Aussprache ist immer noch undeutlich. Wahrscheinlich ist das einer der Gründe, warum ich Schriftstellerin geworden bin.

Die Trennung von Nursie war der erste große Schmerz in meinem Leben. Einer ihrer früheren Pfleglinge besaß ein Gut in Somerset und hatte sie seit einiger Zeit gedrängt, sich zur Ruhe zu setzen. Er bot ihr ein behagliches Häuschen auf seinem Besitz an, wo sie und ihre Schwester ihre Tage beschließen konnten. Schließlich traf sie ihre Entscheidung. Es war Zeit, mit der Arbeit aufzuhören.

Ich vermißte sie schrecklich. Ich schrieb ihr jeden Tag – ein unbeholfenes, kurzes Briefchen mit vielen orthographischen Fehlern. Schreiben und Buchstabieren fiel mir immer fürchterlich schwer. Meine Briefe waren nicht sehr originell. Der Text war fast immer der gleiche: «Liebste Nursie, ich vermisse Dich sehr. Ich hoffe, es geht Dir gut. Tony hat einen Floh. Alles Liebe und viele, viele Küsse. Von Agatha.»

Mutter stellte mir die Marken für diese Briefe zur Verfügung, aber nach einer Weile fühlte sie sich genötigt, einen sanften Protest einzulegen.

«Ich glaube nicht, daß du jeden Tag schreiben mußt. Vielleicht zweimal die Woche?»

Ich war fassungslos.

«Aber ich denke doch jeden Tag an sie. Ich *muß* schreiben!»

Sie seufzte, erhob aber keinen Einwand. Trotzdem übte sie einen leisen Druck aus. Es dauerte jedoch Monate, bis ich meine Korrespondenz, wie sie vorgeschlagen hatte, auf zwei Briefe in der Woche beschränkte. Nursie selbst kam mit der Feder nicht allzu gut zurecht, überdies war sie vermutlich zu klug, um mich in meiner hartnäckigen Anhänglichkeit zu bestärken. Zweimal im Monat schrieb sie mir freundliche, harmlose Episteln. Mutter war, glaube ich, ein wenig darüber beunruhigt, daß es mir so schwerfiel, sie zu vergessen. Sie erzählte mir später, daß sie die Sache mit Vater durchgesprochen und daß er ihr mit einem unerwarteten Zwinkern geantwortet hatte: «Als Kind hast du auch ständig an mich gedacht, als ich nach Amerika ging.» Mutter meinte, das wäre etwas ganz anderes gewesen.

«Hast du geglaubt, ich würde zurückkommen und dich heiraten, wenn du erwachsen bist?» fragte er.

«Natürlich nicht», erwiderte Mutter, gab aber dann zögernd zu, daß auch sie ihre Vision gehabt hätte. Es war ein typisch viktorianisches, sentimentales Phantasiebild gewesen. Vater – so ihr Wachtraum – war eine glänzende, aber unglückliche Ehe eingegangen. Nach dem Tod seiner Frau kehrte er enttäuscht zu seiner stillen Base Clara zurück. Doch ach, die arme Clara war eine hilflose Invalide, mußte ständig auf dem Sofa liegen und segnete ihn schließlich mit ihrem letzten Atemzug. Sie lachte, als sie es ihm erzählte.

Früher Tod und Invalidität gehörten ebenso zur Tradition einer romantischen Verbindung wie heute Zähigkeit und Härte. Soweit ich das beurteilen kann, hätte keine junge Frau damals jemals zugegeben, sich einer blühenden Gesundheit zu erfreuen. Oma erzählte mir immer mit großem Behagen, wie zart sie als Kind gewesen war. «Ich hatte keine Hoffnung, alt zu werden.» Oma B. aber meinte dazu: «Margaret war immer sehr robust. Ich war zart.»

Omatante wurde zweiundneunzig, Oma B. sechsundachtzig, und ich persönlich bezweifle, daß sie überhaupt je von zarter Konstitution waren. Aber außerordentliche Empfindlichkeit, wiederholte Ohnmachtsanfälle und schon früh eintretender Verfall (Schwindsucht) waren zeitgemäß. So fixiert war Oma auf diese Geisteshaltung, daß sie häufig besondere Anstrengungen unternahm, um meinen verschiedenen Verehrern unter dem Siegel der Verschwiegenheit kundzutun, wie schrecklich zart und gebrechlich ich wäre, und daß ich kaum sehr alt werden würde. Ich war achtzehn, als einer meiner Begleiter mich besorgt fragte: «Wirst du dich auch nicht verkühlen? Deine Großmutter hat mir gesagt, wie zart du bist.» Entrüstet teilte ich ihm mit, daß ich mich immer der besten Gesundheit erfreut hatte, worauf sich sein Gesicht wieder erhellte.

«Aber warum sagt dann deine Großmutter, du wärest zart?» Ich mußte ihm erklären, daß Oma ihr Bestes tat, um mich interessant zu machen. Als sie selbst noch jung war, erzählte sie mir einmal, brachten junge Damen beim Abendessen, wenn Herren am Tisch saßen, kaum mehr als ein paar Bissen herunter. Später wurden vollbeladene Tablette in die Schlafzimmer hinaufgebracht.

Krankheit und früher Tod waren auch in Kinderbüchern ein beliebtes Thema. *Unsere unschuldige Violet* war eines meiner Lieblingsbücher. Die kleine Violet, schon auf der ersten Seite eine engelsgleiche Invalide, starb auf der letzten Seite im Kreise ihrer trauernden Familie einen erbaulichen Tod. Das tragische Geschehen wurde von ihren zwei schlimmen Brüdern Punny und Firkin gemildert, die unentwegt Böses im Schilde führten. In *Vier Schwestern,* einer an sich heiteren Geschichte, war die rosige Beth das Opfer. Der Tod von Klein-Nell im *Raritätenkabinett* läßt mich kalt und bereitet mir ein gewisses Unbehagen, aber natürlich rührte das Pathos dieser Erzählung zu Dickens' Zeiten ganze Familien zu Tränen.

Als Einrichtungsstück wird heute das Sofa oder die Couch mit dem Psychoanalytiker in Zusammenhang gebracht – doch in viktorianischer Zeit war es der Inbegriff von frühem Tod, Siechtum und, ganz groß geschrieben, romantischer Liebe. Ich neige zu der Ansicht, daß die viktorianische Frau und Mutter davon bestens zu profitieren verstand. Oft ließ sie sich, sobald sie in die Vierzig gekommen war, häuslich darauf nieder und verbrachte hier ein höchst geruhsames Leben. Die Plackerei im Haushalt blieb ihr fortan erspart. Ihr Mann las ihr jeden Wunsch von den Augen ab, die Töchter standen ihr ohne zu murren bereitwillig zu Diensten. Freundinnen kamen in Scharen, um sie zu besuchen, und bewunderten ihre Seelenstärke und Geduld unter so widrigen Umständen. Hätte ein Arzt ein organisches Leiden an ihr feststellen können? Vermutlich nicht. Sicher tat ihr der Rücken weh, sicher hatte sie es mit den Beinen – wie wir alle, wenn wir älter werden. Das Sofa war das Allheilmittel.

Ein anderes Lieblingsbuch von mir handelte von einem kleinen deutschen Mädchen (natürlich invalid und verkrüppelt), die darnieder lag und den ganzen Tag aus dem Fenster schaute. Ihre Pflegerin, eine egoistische und vergnügungssüchtige junge Frau, lief eines Tages aus dem Zimmer, um einer Prozession zuzusehen. Die Invalide beugte sich zu weit hinaus, fiel aus dem Fenster und segnete das Zeitliche. Quälende Gewissensbisse der Pflegerin, kummerbeladen bis ans Ende ihrer Tage. Alle diese traurigen Bücher las ich mit großem Vergnügen.

Und dann gab es natürlich auch die Geschichten aus dem Alten Testament, an welchen ich mich schon in frühester Jugend ergötzt hatte. Der Kirchgang war einer der Höhepunkte der Woche. Die

Pfarrkirche von Tor Mohun war die älteste Kirche Torquays. Torquay war ein moderner Kurort, aber Tor Mohun der ursprüngliche Stadtkern. Die alte Kirche war recht klein, und darum beschloß man, eine zweite, größere zu bauen. Das geschah zu der Zeit, als ich geboren wurde, und mein Vater stiftete einen Geldbetrag in meinem Namen, um mich zur Mitgründerin zu machen. Er erklärte mir das zum gegebenen Zeitpunkt, und ich kam mir sehr wichtig vor. «Wann kann ich zur Kirche gehen?» drängte ich ständig – bis der große Tag kam. Ich saß neben Vater ziemlich weit vorn und verfolgte den Gottesdienst in seinem großen Gebetbuch. Er hatte mir schon vorher gesagt, daß ich, wenn ich wollte, schon vor der Predigt gehen könne, und als es so weit war, flüsterte er mir zu: «Möchtest du gehen?» Ich schüttelte energisch den Kopf und blieb. Er nahm meine Hand in die seine, und ich saß zufrieden da und tat mein Möglichstes, um nicht herumzuzappeln.

Die sonntäglichen Kirchenbesuche machten mir große Freude. Bisher hatte es zu Hause ganz spezielle Geschichtenbücher gegeben, die nur sonntags gelesen werden durften (ein festliches Vergnügen), und Bücher mit Geschichten aus der Bibel, die mir vertraut waren. Die Geschichten aus dem Alten Testament sind durch jene dramatische Verknüpfung von Ursache und Wirkung gekennzeichnet, nach der der kindliche Sinn verlangt: Joseph und seine Brüder, sein blutiger Rock, sein Aufstieg zum Wesir des Pharao und das dramatische Finale mit der Verzeihung, die er seinen bösen Brüdern gewährt. Moses und der brennende Dornbusch war eine Lieblingsgeschichte von mir. So auch die von David und Goliath.

Es ist erst ein oder zwei Jahre her, daß ich auf dem Grabungshügel in Nimrud stand und dem örtlichen Vogelverscheucher zusah, einem alten Araber, der mit einer Schleuder und einer Handvoll Steine die Feldfrüchte gegen Horden von Raubvögeln verteidigte. Während ich seine Treffsicherheit und die Tödlichkeit seiner Waffe bewunderte, erkannte ich zum ersten Mal, daß Goliath sich im Nachteil befand. Von Anfang an hatte David die bessere Ausgangsstellung; er besaß eine auf eine weite Strecke wirksame Waffe, sein Gegner besaß überhaupt keine.

In meiner Kinderzeit kamen viele interessante Leute zu uns, und es ist bedauerlich, daß ich mich kaum ihrer entsinne. Von Henry James weiß ich nur noch, daß Mutter sich über ihn ärgerte, weil er darauf bestand, seinen Tee mit einem in zwei Teile gebrochenen Stück Zucker zu süßen – zweifellos eine Marotte, denn es wäre auch mit einem ganzen Stück gegangen. Rudyard Kipling kam zu

Besuch, und auch da erinnere ich mich nur an ein Gespräch meiner Mutter mit einer Freundin über die Frage, warum er eigentlich seine Frau geheiratet hatte.

Obwohl ich zu den Teegesellschaften meist hinunterkam – in einem weißen Musselinkleid mit gelber Seidenschärpe –, ist mir kaum einer der Gäste im Gedächtnis haften geblieben. Meine Phantasiegestalten waren für mich immer wirklicher als die Menschen aus Fleisch und Blut, die mir begegneten. Ich erinnere mich aber an eine gute Freundin meiner Mutter, eine Miss Tower – vornehmlich deshalb, weil ich mir unendliche Mühe gab, ihr auszuweichen. Sie hatte schwarze Augenbrauen und riesengroße weiße Zähne, und ich dachte für mich, daß sie wie ein Wolf aussähe. Sie hatte die Gewohnheit, sich auf mich zu stürzen und mich stürmisch abzuküssen. «Ich könnte dich fressen!» rief sie dann. Ich hatte immer Angst, sie würde es wirklich tun. Mein ganzes Leben habe ich es stets unterlassen, über Kinder herzufallen und sie unaufgefordert zu liebkosen. Die armen kleinen Dinger, wie sollen sie sich verteidigen? Die liebe Miss Tower, so lieb und gut und Kindern so zugetan – aber ohne jedes Verständnis für ihre Gefühle.

Lady MacGregor war eine Stütze der Gesellschaft in Torquay, und zwischen ihr und mir bestand ein heiteres, freundschaftliches Verhältnis. Ich lag noch im Kinderwagen, als sie eines Tages auf mich zutrat und mich fragte, ob ich wüßte, wer sie wäre. Wahrheitsgemäß antwortete ich, daß ich es nicht wüßte. «Sag deiner Mutter», trug sie mir auf, «daß du heute Mrs. Snooks begegnet bist.» Sobald sie wieder fort war, machte Nursie mir Vorhaltungen. «Das war Lady MacGregor – du kennst sie doch sehr gut.» Aber seitdem begrüßte ich sie stets mit Mrs. Snooks; das war unser privater kleiner Scherz.

Ein Spaßvogel war auch mein Pate, Lord Lifford, damals noch Captain Hewitt. Eines Tages erschien er vor unserem Haus. Als er hörte, daß Mr. und Mrs. Miller ausgegangen waren, sagte er unbekümmert: «Ach, das macht nichts. Ich werde im Salon warten», und versuchte, sich am Stubenmädchen vorbeizuschieben. Das gewissenhafte Stubenmädchen schlug ihm die Tür vor der Nase zu und stürzte nach oben, um aus dem bequem gelegenen Fenster der Toilette zu ihm hinunterzurufen. Schließlich überzeugte er sie davon, daß er ein Freund der Familie war, er sagte zu ihr: «Und ich weiß auch, in welchem Raum Sie sich befinden – es ist das WC.» Dieser Beweis für seine Ortskenntnisse überzeugte sie, und sie ließ ihn eintreten.

In jenen Tagen war man, was die Toiletten betraf, überaus taktvoll. Undenkbar, sich von jemandem, der nicht zum innersten Kreis der Familie gehörte, beim Betreten oder Verlassen des Raumes sehen zu lassen – besonders schwierig in unserem Haus, da die Toilette auf halber Höhe der Treppe lag und von der Halle aus gut sichtbar war. Das schlimmste war natürlich, wenn man gerade drinnen war und unten Stimmen hörte. Unmöglich, herauszukommen. Man mußte eingeschlossen bleiben, bis die Luft wieder rein war.

Von meinen Freundinnen aus der Kinderzeit weiß ich nicht mehr viel.

Ich erinnere mich an Dorothy und Dolrie; sie waren jünger als ich, Kinder mit Polypen in der Nase, und ich fand sie furchtbar langweilig. Wir tranken Tee im Garten, liefen um die große Stechpalme um die Wette und verzehrten «zähe Kuchen» (wie man dort die Brötchen nannte) mit Devonshire-Sahne. Ich kann mir nicht vorstellen, warum uns das Spaß machte. Ihr Vater, Mr. B., war meines Vaters bester Freund. Kurz nachdem wir uns in Torquay niedergelassen hatten, setzte Mr. B. Vater davon in Kenntnis, daß er heiraten wollte. Eine wunderbare Frau – so sprach er von ihr – «und es macht mir Angst, Joe» – seine Freunde nannten Vater immer Joe – «es macht mir richtig Angst, wie diese Frau mich liebt!»

Kurz darauf kam eine Freundin von Mutter zu Besuch. Sie war äußerst beunruhigt. Sie hatte jemanden in ein Hotel in North Devon begleitet und war dort auf eine groß gewachsene, recht hübsche junge Frau aufmerksam geworden, die sich in der Hotelhalle in lautem Ton mit einer Freundin unterhielt.

«Ich habe meinen Fisch an Land gezogen, Dora», erklärte sie triumphierend. «Ich habe ihn so weit, daß er mir aus der Hand frißt.»

Dora beglückwünschte sie, und die beiden Damen unterhielten sich ungeniert über Eheverträge und, im Zusammenhang damit, Vermögensübertragungen. Dann fiel der Name des an Land gezogenen Fisches: Mr. B.

Vater und Mutter hielten eine lange Besprechung ab. Was, wenn überhaupt, sollten sie tun? Konnten sie zulassen, daß der arme B. auf so schändliche Weise dieser geldgierigen Frau ins Netz ging? War es schon zu spät? Würde er ihnen glauben, wenn sie ihm sagten, was sie gehört hätten?

Schließlich kam Vater zu einer Entscheidung. Man würde B. überhaupt nichts sagen. Er war kein dummer Junge. Er hatte mit offenen Augen seine Wahl getroffen.

Ob Mrs. B. ihren Mann wegen seines Geldes heiratete oder nicht, sie wurde ihm eine ausgezeichnete Frau, und sie schienen außerordentlich glücklich miteinander zu sein. Sie bekamen drei Kinder, waren praktisch unzertrennlich, und man konnte sich keine harmonischere Ehe vorstellen. Der arme B. starb schließlich an Zungenkrebs und wurde während seiner langen Leidenszeit hingebungsvoll von seiner Frau gepflegt. Es war eine gute Lehre, sagte Mutter einmal. Man müsse sich davor hüten, die Nase in anderer Leute Angelegenheiten zu stecken.

Ich hatte noch eine andere Freundin. Sie hieß Margaret. Sie war, was man eine halboffizielle Freundin nennen könnte. Wir besuchten einander nicht zu Hause, unternahmen aber gemeinsame Spaziergänge. (Margarets Mutter hatte orangefarbene Haare und sehr rosige Wangen. Ich vermute, man hielt sie für «flott», und Vater erlaubte Mutter nicht, eine Beziehung mit ihr anzuknüpfen.) Unsere Kindermädchen dürften befreundet gewesen sein. Margaret war ein großes Plappermaul und brachte mich einmal in entsetzliche Verlegenheit. Sie hatte gerade ihre Vorderzähne verloren und sprach so undeutlich, daß ich sie nicht verstehen konnte. Es ihr zu sagen, wäre aber herzlos von mir gewesen, und darum antwortete ich ihr auf gut Glück und fühlte mich immer unbehaglicher. Schließlich ließ sie es sich einfallen, mir eine Geschichte zu erzählen. Es handelte sich um irgendwelche vergifteten Bonbons, aber was mit ihnen geschah, habe ich nie erfahren. Das ging so, für mich unverständlich, eine lange Weile, bis sie freudestrahlend ausrief: «Ift daf nift eine hübfe Geschifte?» Ich stimmte ihr begeistert zu. «Meinft du, fie hätte lieber . . .» Ich fiel ihr ins Wort. «Jetzt werde ich dir eine Geschichte erzählen, Margaret.» Sie sah mich unschlüssig an. Offenbar gab es im Zusammenhang mit den vergifteten Bonbons ein kniffliges Problem, über das sie sprechen wollte, aber ich wußte mir keinen Rat mehr.

«Es geht dabei um . . . um . . . einen Pfirsichkern», improvisierte ich wild drauflos. «U-um eine Fee, die in einem Pfirsichkern wohnt.»

«Erpfähl doch», sagte Margaret.

Ich erzählte. Ich erzählte, bis Margarets Haustür in Sicht kam.

«Daf war eine hübfe Gefichte», sagte Margaret anerkennend. «Auf welchem Märchenbuch haft du fie?»

Ich hatte sie aus keinem Märchenbuch. Sie kam aus meinem Kopf. Ich glaube nicht, daß es eine besonders gute Geschichte war. Aber ihr hatte ich es zu danken, daß ich nicht so taktlos sein und Margaret ihre fehlenden Zähne zum Vorwurf machen mußte. Ich antwortete ihr, daß ich mich nicht erinnern könne, aus welchem Märchenbuch die Geschichte war.

Ich war fünf Jahre alt, als meine Schwester «ausgebildet» aus Paris zurückkam. Ich erinnere mich an die Aufregung, als sie in Ealing aus einer Kutsche stieg. Sie trug einen flotten kleinen Strohhut und einen weißen Schleier mit schwarzen Punkten und erschien mir wie ein völlig neuer Mensch. Sie war sehr nett zu ihrer kleinen Schwester und erzählte mir viele Geschichten. Sie bemühte sich auch, etwas zu meiner Bildung beizutragen, indem sie mich mit Hilfe eines Leitfadens, der *Le Petit Précepteur* hieß, Französisch lehrte. Sie war, fürchte ich, keine gute Lehrerin, und ich faßte eine heftige Abneigung gegen das Buch. Zweimal versteckte ich es geschickt hinter anderen Büchern, aber es dauerte immer nur sehr kurze Zeit, bis es wieder zum Vorschein kam.

Also mußte ich mir etwas anderes einfallen lassen. In einer Ecke des Zimmers stand ein riesiger Glaskasten mit einem ausgestopften, weißköpfigen Seeadler, Vaters ganzer Stolz. Heimlich ließ ich den *Le Petit Précepteur* hinter dem Adler in einen nicht einzusehenden Winkel des Zimmers gleiten. Mit bestem Erfolg. Es vergingen mehrere Tage, und selbst eine gründliche Suche verlief ergebnislos.

Mutter aber machte meine Pläne mühelos zunichte. Sie setzte einen Preis aus – eine ganz besonders leckere Schokolade –, der demjenigen zufallen sollte, der das Buch fand. Ich ging ihr in die Falle. Nachdem ich mich überall umgesehen hatte, kletterte ich schließlich auf einen Stuhl, guckte hinter den Adler und rief mit überraschter Stimme: «Ach, da ist es ja!» Die Strafe folgte auf dem Fuße. Ich wurde gescholten und für den Rest des Tages ins Bett gesteckt.

Meine Schwester hatte ein Spiel erfunden, das mich gleichzeitig bezauberte und zu Tode erschreckte. Es hieß «Die ältere Schwester». Es ging davon aus, daß es in unserer Familie eine ältere Schwester gab, älter als Madge und ich. Sie war wahnsinnig und lebte in einer Höhle bei Corbin's Head, kam aber manchmal zu uns nach Hause. Im Aussehen war sie von meiner Schwester nicht zu unterscheiden, wohl aber in ihrer Stimme. Es war eine erschrekkende, weiche, ölige Stimme.

«Du weißt, wer ich bin, nicht wahr, Schätzchen? Ich bin deine Schwester Madge. Du glaubst doch nicht, ich wäre jemand anders, oder? So etwas kommt dir doch nicht in den Sinn, nicht wahr?»

Panische Angst befiel mich. Natürlich wußte ich, daß es nur Madge war, die mir etwas vormachte – aber war sie es auch wirklich? Diese Stimme, diese Augen, die mich so tückisch von der Seite ansahen. Es war die ältere Schwester!

Mutter wurde böse. «Ich will nicht, daß du das Kind noch länger mit diesem dummen Spiel ängstigst, Madge!»

Madges Antwort klang vernünftig: «Aber sie bittet mich doch darum.»

Das stimmte. «Wird die ältere Schwester bald wieder kommen?» pflegte ich sie zu fragen.

«Ich weiß nicht. Möchtest du, daß sie kommt?»

«Ja . . . ja . . . ich . . .» Wollte ich es wirklich? Ich denke schon.

Meiner Bitte wurde nie sofort stattgegeben. Zwei Tage später klopfte es an der Zimmertür, und die Stimme sagte: «Kann ich hereinkommen, meine Liebe? Ich bin deine ältere Schwester . . .»

Noch Jahre danach brauchte Madge nur mit der Stimme der älteren Schwester zu sprechen, und schon lief es mir kalt über den Rücken.

Warum gefiel es mir so gut, mich ängstigen zu lassen? Warum hören Kinder so gerne Geschichten von Bären, Wölfen und Hexen? Lehnt sich etwas in uns gegen ein zu sicheres Leben auf? Brauchen die Menschen ein gewisses Ausmaß von Gefahren in ihrem Dasein? Drängt es uns instinktiv, gegen etwas zu kämpfen, es zu überwinden – uns selbst zu bestätigen? Es ist wie mit den meisten Dingen im Leben: man möchte sich ein wenig das Fürchten lehren lassen – aber nicht zuviel.

Madge muß eine begabte Geschichtenerzählerin gewesen sein. Ihr Bruder, als er noch klein war, konnte nicht genug bekommen. «Erzähl sie mir noch einmal.»

«Hab keine Lust.»

«Ach, bitte!»

«Nein, ich will nicht.»

«Bitte! Ich tue alles.»

«Läßt du mich in deinen Finger beißen?»

«Ja.»

«Ich werde fest zubeißen. Vielleicht beiße ich ihn dir ab.»

«Das ist mir gleich.»

Madge tut ihm den Gefallen und erzählt ihm die Geschichte noch einmal. Dann nimmt sie seinen Finger und beißt hinein. Monty brüllt. Mutter kommt. Madge wird gescholten.

«Aber wir haben es doch so ausgemacht», sagt sie, ohne sich reumütig zu zeigen.

Ich erinnere mich gut an die erste Geschichte, die ich niederschrieb. Die handelnden Personen waren die vornehme Lady Madge (die Gute) und die blutige Lady Agatha (die Böse), und es ging um die Erbschaft eines Schlosses.

Ich zeigte Madge die Geschichte und schlug ihr vor, sie szenisch darzustellen. Sie sagte sofort, daß sie lieber die blutige Lady Madge spielen wollte, ich könne die vornehme Lady Agatha sein.

«Aber willst du denn nicht die Gute sein?» fragte ich sie entgeistert. Nein, antwortete meine Schwester, es mache doch viel mehr Spaß, die Böse zu sein. Mir konnte es recht sein, denn es war nur Höflichkeit gewesen, die mich veranlaßt hatte, Lady Madge die Aura der Vornehmheit zu verleihen.

Ich erinnere mich, daß Vater herzlich über meine Bemühungen lachte, und Mutter meinte, ich sollte den Ausdruck «blutig» vielleicht besser nicht gebrauchen, denn es sei kein sehr nettes Wort. «Aber sie war blutig», rechtfertigte ich mich. «Sie hat eine Menge Leute umgebracht. So wie Maria die Blutige, die die Menschen auf dem Scheiterhaufen hat verbrennen lassen.»

Märchenbücher spielten in meinem Leben eine große Rolle. Oma schenkte sie mir zum Geburtstag und zu Weihnachten. *Das Gelbe Märchenbuch, Das Blaue Märchenbuch,* und so weiter. Ich fand sie alle herrlich und las sie immer wieder von neuem.

Man betrachtete das Lesen von Geschichtenbüchern als ein wenig zu vergnüglich, um eine Tugend darin zu erblicken. Keine Geschichtenbücher vor dem Mittagessen. Vormittags sollten die Kinder etwas «Nützliches» tun. Noch heute habe ich Schuldgefühle, wenn ich mich nach dem Frühstück hinsetze, um einen Roman zu lesen.

Einige Zeit bevor Nursie uns verließ, fuhren meine Eltern nach Amerika und blieben zwei oder drei Monate fort. Nursie und ich übersiedelten nach Ealing, wo ich mich sehr wohl fühlte. Die Stütze von Omas Haushalt war eine alte verrunzelte Köchin namens Hannah. Sie war so mager wie unsere Jane dick, eine Bohnenstange mit tief durchfurchtem Gesicht und herunterhängenden Schultern. Sie kochte herrlich. Einmal fiel ich bei ihr in Ungnade, als ich sie fragte, was Innereien wären. Offenbar waren Innereien etwas, über das gut erzogene junge Damen keine Fragen stellten. Ich wollte sie hänseln, indem ich in der Küche hin- und herlief und immerfort rief: «Was sind Innereien, Hannah? Jetzt frage ich dich schon zum dritten Mal: Was sind Innereien?» etc. Schließlich holte Nursie mich aus der Küche und schimpfte mich aus, aber Hannah sprach zwei Tage kein Wort mit mir.

Während meines Aufenthalts in Ealing muß man mich wohl zum Diamantenen Jubiläum mitgenommen haben, denn vor kurzem fiel mir ein Brief in die Hände, den Vater mir aus Amerika geschrieben hat. Er ist im Stil jener Zeit abgefaßt und daher Vaters gesprochenem Wort äußerst unähnlich – man schlug beim Briefschreiben einen ganz bestimmten, schwülstigen Ton an, während Vater sich einer zumeist lockeren, ein klein wenig derben Redeweise befleißigte.

> «Du mußt sehr artig zu der lieben Omatante sein, Agatha. Du weißt, wie gut sie immer zu dir gewesen ist. Wie ich höre, wirst Du dieses wunderbare Schauspiel miterleben können. Du wirst es nie vergessen, so etwas sieht man nur einmal im Leben. Du mußt ihr sagen, wie dankbar Du ihr bist, welche Freude sie Dir damit gemacht hat. Ich wollte, ich könnte dabei sein und Mutter auch. Ich weiß, daß Du es nie vergessen wirst.»

Vater war ein schlechter Prophet, denn ich *habe* es vergessen. Wie schwer man es doch mit Kindern hat! Wenn ich zurückblicke, was ist mir im Gedächtnis haften geblieben? Unwichtige Dinge: die Eigenheiten unserer Nähmamsellen, die Brotkringel, die ich in der Küche fabrizierte, wie Oberst F. aus dem Mund roch – und was habe ich vergessen? Ein einmaliges Schauspiel – und um mir die Möglichkeit zu geben, es zu sehen und zu genießen, hatte jemand viel Geld ausgegeben! Was für ein schlechtes, undankbares Kind!

Das erinnert mich an ein Zusammentreffen – so sonderbar, daß man es nicht für möglich halten würde. Es muß bei Königin Viktorias Beerdigung gewesen sein. Sowohl Omatante wie auch Oma B. wollten den Leichenzug sehen. In einem Haus in der Nähe von Paddington hatten sie ein Fenster gemietet, dort wollten sie einander am Tag des Begräbnisses treffen. Um nicht zu spät zu kommen, erhob sich Oma in ihrem Haus in Ealing schon um fünf Uhr früh, sie wollte rechtzeitig im Bahnhof Paddington eintreffen. Nach ihren Berechnungen würde sie drei Stunden Zeit haben, um ihren Aussichtspunkt zu erreichen. Aber ihre Rechnung ging leider nicht auf. Die Straßen waren verstopft. Kurz nachdem sie den Bahnhof Paddington hinter sich gelassen hatte, konnte sie weder vor noch zurück. Zwei Sanitäter holten sie aus der Menge und versicherten ihr, daß ein Weiterkommen unmöglich war. «Aber ich muß weiter!» rief Oma. «Ich muß!» Heiße Tränen stürzten ihr aus den Augen. «Ich habe mein Zimmer, ich habe meinen Platz, die zwei ersten Sitze im zweiten Fenster im zweiten Stock, damit ich hinunterschauen und alles sehen kann. Ich muß weiter!» – «Das ist unmöglich, Ma'am, die Straßen sind verstopft, seit einer halben Stunde kommt keiner mehr durch.»

Oma weinte noch heftiger. «Ich fürchte, Ma'am, Sie werden nichts sehen können», sagte der freundliche Sanitäter, «aber ich bringe Sie jetzt da an die Ecke zu unserer Ambulanz. Dort können Sie sich hinsetzen, und wir geben Ihnen eine gute Tasse Tee.» Immer noch schluchzend ging Oma mit. Neben der Ambulanz saß eine ihr nicht unähnliche Gestalt, eine ebenfalls weinende, massige Gestalt in schwarzem Samt mit schwarzen Glasperlen. Die Gestalt blickte auf – zwei schrille Schreie gellten durch die Luft: «Mary!» – «Margaret!» Zwei gewaltige, glasperlenbehängte Busen trafen aufeinander.

5

Wenn ich darüber nachdenke, was mir in meiner Kindheit das größte Vergnügen bereitet hat, sollte ich meinen Reifen an die erste Stelle setzen. Ein einfaches Gerät, und es kostete – wieviel? Sixpence? Einen Schilling? Ganz bestimmt nicht mehr.

Und welch unschätzbare Wohltat für Eltern, Kindermädchen und Dienstboten. An schönen Tagen geht Agatha mit dem Reifen in den Garten und fällt niemandem mehr zur Last, bis es Zeit zum Essen ist.

Der Reifen war für mich abwechselnd ein Pferd, ein Seeungeheuer und ein Eisenbahnzug. Den Reifen über die Gartenwege schlagend, war ich ein Ritter in schimmernder Rüstung auf großer Fahrt, eine Hofdame auf ihrem weißen Zelter, Klee (eines der «Kätzchen») auf der Flucht aus dem Gefängnis, oder – nicht ganz so romantisch – Lokomotivführer, Schaffner oder Fahrgast der drei Eisenbahnlinien, die ich mir ausgedacht hatte.

Es waren drei verschiedene Linien: die Ringbahn mit acht Stationen, die etwa drei Viertel des Gartens umspannte; die Bottichbahn, eine kurze Strecke, die vom Gemüsegarten zu einem großen Wasserbottich führte, der unter einer Kiefer stand; und die Terrassenbahn, die rund um das Haus lief.

Ich kann heute nicht begreifen, warum es mir solchen Spaß machte, den Reifen vor mir herzutreiben. Ich blieb immer wieder stehen und rief: «Maiglöckchenbeet! Umsteigen in die Ringbahn! Bottich! Endstation! Alles aussteigen!» Das machte ich stundenlang, und es war bestimmt eine gute Leibesübung. Ich übte auch fleißig die Kunst, den Reifen so zu werfen, daß er zu mir zurückkehrte – ein Trick, den mir einer unserer Besucher, ein Marineoffizier, beigebracht hatte.

Für Regentage war Mathilde da. Mathilde war ein großes amerikanisches Schaukelpferd; meine Geschwister hatten es als Kinder in Amerika geschenkt bekommen. Es war nach England mitgenommen worden und führte nun als kümmerliches Wrack – die Farben abgeschlagen, schweif- und mähnenlos – ein geruhsames Leben in einem kleinen Gewächshaus, das seitlich an das Haus angrenzte – nicht zu verwechseln mit dem «Wintergarten», eine mit einer hochfliegenden Bezeichnung bedachte Baulichkeit, die Töpfe mit Pelargonien und Begonien, alle Arten von Farnen auf reihenweise angeordneten Gestellen und mehrere große Palmen enthielt. Jenes kleine Gewächshaus, K.K. (oder vielleicht auch Kai Kai?) benannt – warum, weiß ich nicht – ermangelte jeglichen Gewächses und beherbergte statt dessen Krocketschläger, Reifen, Bälle, zerbrochene Gartenstühle, alte lackierte Eisentische, ein halb vermodertes Tennisnetz und Mathilde.

Mathilde hatte enorm viel zu bieten – weit mehr als jedes englische Schaukelpferd, das mir je untergekommen ist. Es sprang in die Höhe, vor und zurück, und war, wenn scharf geritten, durchaus imstande, seinen Reiter abzuwerfen. Seine Federn hätten geölt werden müssen, sie verursachten ein gewaltiges Quietschen, was das Vergnügen aber noch erhöhte. Auch dies eine ausgezeichnete Leibesübung. Kein Wunder, daß ich ein mageres Kind war.

Mathildes Gefährte im Kai war Truelove – ebenfalls transatlantischen Ursprungs. Truelove war ein kleines, bemaltes Pferdchen mit einem Karren und Pedalen – die allerdings nicht mehr funktionierten. Eine reichliche Dosis Öl hätte diesem Übelstand vermutlich abgeholfen – aber es gab eine einfachere Methode, um sich Truelove dienstbar zu machen. Wie alle Gärten in Devon lag auch der unsere auf einem Hang. Meine Methode bestand darin, daß ich Truelove auf den höchsten Punkt eines langen, grasreichen Hangstückes hinaufzog, mich vorsichtig hineinsetzte, einen ermunternden Schrei ausstieß und losfuhr – langsam zuerst, dann immer schneller, während ich mit den Füßen bremste, bis wir unten bei der Schuppentanne zum Stehen kamen. Dann zog ich Truelove wieder hinauf. Das Spiel begann von neuem.

Als Nursie uns verließ, verlor ich natürlich auch eine Spielgefährtin. Tief traurig wanderte ich im Haus herum, bis der Reifen mein Problem löste. Wie alle Kinder versuchte auch ich, Menschen dazu zu bewegen, mit mir zu spielen – zuerst meine Mutter, dann die Dienstboten. Aber in jenen Tagen mußte ein Kind, wenn niemand da war, dessen Aufgabe es gewesen wäre, sich mit ihm abzugeben, allein spielen. Die Dienstboten waren gutmütige Leute, aber sie hatten ihre Arbeit – und nicht zu knapp –, und so hieß es dann: «Jetzt geh schön, Agatha. Ich habe noch eine Menge zu tun.» Jane versüßte die bittere Pille oft mit einer Handvoll Sultaninen oder einem Stück Käse, aber mit der Auflage, daß ich es im Garten verzehren müsse.

So schuf ich mir also meine eigene Welt und meine eigenen Spielgefährten. Ich bin sicher, daß mir das gut tat. Ich habe mein ganzes Leben nie darunter gelitten, «nichts zu tun» zu haben. Unendlich viele Frauen leiden darunter. Sie leiden an Einsamkeit und Langeweile. Überflüssige Zeit ist für sie ein Alptraum und keine Freude. Wenn dauernd Dinge getan werden, um dich zu unterhalten, gewöhnst du dich natürlich daran. Und wenn nichts für dich getan wird, fühlst du dich verloren.

Daran liegt es wohl, daß die Kinder, die ja heute fast alle zur Schule gehen, wo alles für sie getan wird, in der Ferienzeit so hoffnungslos außerstande sind, ihre eigenen Ideen zu entwickeln. Ich bin immer wieder überrascht, wenn so ein Kind zu mir kommt und sagt: «Bitte. Ich habe nichts zu tun.» Kopfschüttelnd antworte ich:

«Du hast doch eine Menge Spielsachen, nicht wahr?»

«Eigentlich nicht».

«Wieso? Du hast zwei Eisenbahnzüge, Spielzeugautos und einen Malkasten. Und Bausteine. Kannst du nicht damit spielen?»

«Ich kann doch nicht ganz allein damit spielen!»

«Warum nicht? Mal dir einen Vogel, schneide ihn aus, mach mit den Bausteinen einen Käfig, und steck den Vogel in den Käfig.»

Das Gesicht erhellt sich, und ich habe fast zehn Minuten Ruhe.

Wenn ich in die Vergangenheit zurückblicke, kommt mir eine Tatsache immer stärker zum Bewußtsein: meine Vorlieben sind im wesentlichen die gleichen geblieben. Womit ich als Kind gerne spielte, damit habe ich auch in meinem späteren Leben gern gespielt.

Mit Häusern, zum Beispiel.

Ich hatte, glaube ich, eine ausreichende Menge von Spielsachen: ich besaß ein Puppenbett mit richtigen Laken und Decken, und den Familienbaukasten, der von meinen Geschwistern auf mich übergegangen war. Ein Teil meines Spielzeugs war übrigens selbst gefertigt. Ich schnitt Bilder aus alten Illustrierten und klebte sie in

Albums aus braunem Packpapier. Überzählige Tapetenrollen wurden in Streifen geschnitten und über Schachteln geklebt. Es war eine gemächliche und vergnügliche Beschäftigung.

Doch die Hauptquelle häuslicher Kurzweil war zweifellos mein Puppenhaus. Es war die übliche Ausführung mit einer Vorderfront, die sich aufklappen ließ und den Blick auf Küche, Wohnzimmer und Salon unten, und Schlaf- und Badezimmer oben freigab. Besser gesagt, so fing es an. Das Mobiliar wurde Stück für Stück dazugekauft. Es gab damals eine riesige Auswahl von Puppenmöbeln in den Geschäften, und gar nicht teuer. Mein Taschengeld war für damalige Begriffe reichlich bemessen. Es bestand aus den Kupfermünzen, die Vater jeden Morgen gerade in seinem Besitz hatte. Ich besuchte ihn in seinem Ankleidezimmer, wünschte ihm einen guten Morgen und wandte mich dann dem Toilettentisch zu, um zu sehen, was das Schicksal mir für diesen Tag zugemessen hatte. Zwei Pence? Fünf Pence? Einmal sogar ein Elfpencestück! An manchen Tagen überhaupt nichts. Die Ungewißheit machte das Spiel noch reizvoller.

Meine Einkäufe waren fast immer die gleichen. Ein paar Bonbons – «gekochte» Bonbons, die einzigen, die Mutter für gesund hielt – erstanden bei Mr. Wylie, der in Tor einen Laden hatte. Die Bonbons wurden an Ort und Stelle fabriziert, und wenn man durch die Tür trat, wußte man sofort, was an diesem Tag hergestellt wurde: der köstliche Duft von Sahnekaramellen schlug einem entgegen, das scharfe Aroma von Pfefferminze, das schwer zu bestimmende Aroma von Ananas, der schwache Duft des Gerstenzuckers (fade), der praktisch nach gar nichts roch, und das überwältigende Bukett, wenn «Birnendrops» an der Reihe waren.

Es kostete alles acht Pence das Pfund. Ich gab ungefähr vier Pence in der Woche aus – je einen Penny für vier verschiedene Sorten. Ein Penny mußte für heimatlose, verwahrloste Kinder gespendet werden (die Sammelbüchse stand auf einem Tisch in der Halle), und ab September wurden ein paar Pence abgezweigt, um für Weihnachtsgeschenke gerüstet zu sein. Mit dem Rest bestritt ich die Ausgaben für die Einrichtung und Ausstattung meines Puppenhauses.

Was für bezaubernde Dinge es da zu kaufen gab! Mein Salon hatte eine Garnitur Stühle, die mit blauer Seide bespannt waren und die ich mit der Zeit um ein Sofa und einen ziemlich großen vergoldeten Lehnsessel vermehrte. Es gab Toilettentische mit Spiegeln, polierte runde Eßzimmertische und eine scheußliche, orangerote Speisezimmergarnitur. Es gab Lampen und Tafelaufsätze und

Blumentöpfe und schließlich alles mögliche Haushaltszubehör wie Bürsten und Kehrichtschaufeln, Besen und Eimer und Kasserollen.

Bald sah mein Puppenhaus wie ein Möbellager aus.

Wäre es möglich ... könnte ich ... noch ein zweites Puppenhaus haben?

Mutter war nicht der Ansicht, daß ein kleines Mädchen zwei Puppenhäuser haben sollte. Wie aber wäre es, schlug sie vor, mit einem kleinen Schrank? Also erwarb ich einen Schrank. Es war die Lösung. Vater hatte schon vor Jahren einen großen Raum im Obergeschoß anbauen lassen, um zwei zusätzliche Schlafzimmer einzurichten. Meine Geschwister benutzten ihn als Spielzimmer, und das blieb er schließlich auch. An den Wänden standen Bücherregale und Schränke, aber die Mitte des Raumes war unbesetzt und frei. Mein Schränkchen hatte vier Fächer, und Mutter fand verschiedene hübsche Tapetenreste, die sie als Teppiche auf die Borde aufklebte. Das ursprüngliche Puppenhaus stand nun oben auf dem Schrank, so daß ich jetzt ein sechsstöckiges Haus besaß.

Mein Haus benötigte natürlich auch eine Familie, die darin wohnte. Ich erstand einen Vater und eine Mutter, zwei Kinder und ein Dienstmädchen. Mutter nähte ein paar Kleider für sie und klebte dem Vater sogar einen schwarzen Bart und einen Schnurrbart auf. Vater, Mutter, zwei Kinder, ein Mädchen. Es war perfekt. Soviel ich weiß, dichtete ich ihnen keine besonderen Persönlichkeiten an, sie wurden nie «Menschen» für mich – sie existierten nur, um das Haus zu bewohnen. Aber wenn ich die Familie um den Eßzimmertisch setzte, paßten sie wirklich hinein.

Zusätzliches Vergnügen bereitete mir das Umziehen. Eine Schachtel diente als Möbelwagen. Die Möbel wurden aufgeladen, ich zog den Wagen an einer Schnur ein paar Mal im Zimmer herum, bis er im «neuen Haus» eintraf. (Das geschah mindestens einmal in der Woche.)

Ich sehe jetzt ganz klar, daß ich noch immer nicht aufgehört habe, mit Häusern zu spielen. Ich habe unzählige Häuser besucht, gekauft, getauscht, eingerichtet, ausgestattet und baulich verändern lassen. Häuser! Gott segne die Häuser!

Zurück in die Vergangenheit! Woran erinnert man sich nicht alles! Man erinnert sich an glückliche Stunden, man erinnert sich – sehr lebhaft, will mir scheinen – an Angst. Sonderbarerweise ist es schwer, sich Schmerz und Bekümmernis ins Gedächtnis zurückzurufen. Damit will ich nicht sagen, daß ich es nicht kann – ich kann es, aber ohne etwas dabei zu empfinden. In solchen Fällen stehe ich nicht auf der Bühne, ich stehe in den Kulissen. Ich sage: «Das war Agatha, sie war schrecklich unglücklich. Das war Agatha, wie sie Zahnschmerzen hatte.» Aber ich fühle weder das Unglück noch die Zahnschmerzen. Umgekehrt kann mich der Duft eines Lindenbaums an die Vergangenheit erinnern, und plötzlich denke ich an einen Tag, den ich unter Linden verbracht habe, an die Freude, mit der ich mich zu Boden warf und den Duft des heißen Grases einatmete, an das beglückende Gefühl eines Sommers, in der Nähe ein Zederbaum, dahinter der Fluß ... das Gefühl, mit dem Leben eins zu sein. In diesen Augenblicken ergreift es mich von neuem.

Ich erinnere mich an ein Feld voll Butterblumen. Ich kann nicht älter als fünf gewesen sein, denn Nursie war bei mir. Es war in Ealing, und wir wohnten bei Omatante. Wir schritten einen Hang hinauf, an der St. Stephen's Church vorbei. Es gab dort damals nur Felder, und wir kamen zu einem, das mit Butterblumen übersät war. Wir gingen – das weiß ich – recht oft dahin. Mir scheint, daß ich schon seit vielen Jahren kein solches Feld mehr gesehen habe. Ich habe ein paar Butterblumen auf einem Feld gesehen, aber das war schon alles. Ein großes Feld übersät mit goldgelben Butterblumen, das ist schon etwas Besonderes. Ich genoß den Anblick damals, und ich genieße ihn jetzt, in diesem Augenblick.

Was hat einem im Leben am meisten Freude gemacht? Ich würde sagen, daß das bei allen Menschen verschieden ist. In meinem Fall scheinen es fast immer die stillen Stunden des täglichen Lebens gewesen zu sein. Ich war am glücklichsten, wenn ich Nursies graues Haupt mit blauen Schleifen schmücken durfte, wenn ich mit Tony spielte, ihm mit einem Kamm den Scheitel auf seinem breiten Rücken zog, wenn ich auf – für mich – echten Pferden über den Fluß setzte, den meine Phantasie durch den Garten strömen ließ. Wenn ich meinen Reifen die Ringbahn entlang schlug. Fröhliche Spiele mit meiner Mutter. Oder wenn Mutter mir in späteren Jahren aus Dickens vorlas und allmählich schläfrig wurde; dann rutschte ihr die Brille über die Nase, ihr Kopf fiel nach vorn, und ich mahnte sie zaghaft: «Mutter, du schläfst ein!» – Worauf sie sehr würdevoll erwiderte: «Keineswegs, Liebling. Ich bin überhaupt nicht schläfrig!» Wenige Minuten später war sie eingeschlafen. Ich erinnere mich noch, wie absurd sie aussah, mit der Brille auf der Nasenspitze, und wie sehr ich sie in diesem Augenblick liebte.

Der Gedanke mutet seltsam an, aber wir erkennen erst dann, daß wir einen Menschen wirklich lieben, wenn er lächerlich aussieht. Jemanden bewundern, weil er schön, amüsant oder charmant ist, das kann jeder, aber seiner Sache sicher sein wird er erst, wenn eine Spur Lächerlichkeit das Bild ergänzt. Ich möchte jedem Mädchen, das ans Heiraten denkt, einen Rat geben: «Stell dir einmal vor, er wäre schrecklich verkühlt. Er niest und schneuzt und schnupft, nuschelt durch die Nase, die Augen tränen ihm ... was würdest du für ihn empfinden?» Das ist wirklich ein guter Test. Man muß, glaube ich, für seinen Mann jene Liebe im Herzen tragen, die gleichbedeutend ist mit Zärtlichkeit, die echte Zuneigung mit einschließt und einen Schnupfen oder gewisse Verschrobenheiten ohne Selbstüberwindung in Kauf zu nehmen vermag. Das erotische Verlangen kann man als gegeben voraussetzen.

Aber für die Ehe braucht es mehr als nur blinde Verliebtheit. Ich huldige der altmodischen Ansicht, daß Respekt vonnöten ist. Respekt – nicht zu verwechseln mit Bewunderung. Einen Mann sein Leben lang zu bewundern, würde allzu sehr ermüden, fürchte ich. Davon würde man – im übertragenen Sinn – einen steifen Hals bekommen. Respekt aber, das ist etwas, worüber man nicht nachzudenken braucht; er ist da, und dafür ist man dankbar. Die Frau will das Gefühl haben, daß sie sich auf den Mann verlassen, seinem Urteil vertrauen und, wenn es schwierige Entscheidungen zu treffen gibt, sie diese getrost ihm überlassen kann.

Die vielen Kleinigkeiten, die großen und kleinen Ereignisse eines Lebens – welch ein Krimskrams! Was von all dem war wirklich wichtig? Was steckt hinter der Auswahl, die das Gedächtnis trifft? Was veranlaßt uns, dies oder jenes in unsere Erinnerung aufzunehmen? Es ist, als ob man auf dem Dachboden vor einer großen Kiste mit Trödel und Ramsch stünde, die Hände hineinsteckte und sagte: «Ich nehme das – und das – und das.»

Man frage drei oder vier verschiedene Personen, was sie, sagen wir, von einer Auslandsreise im Gedächtnis behalten haben; man wird überraschend unterschiedliche Antworten erhalten. Ich erinnere mich an einen fünfzehnjährigen Jungen, Sohn von Freunden, der als Teil seiner Sommerferien nach Paris mitgenommen wurde. «Nun, mein Junge», wurde er nach seiner Rückkehr gefragt, «was hat dich in Paris am meisten beeindruckt? Was ist dir in Erinnerung geblieben?» Er antwortete ohne Zögern: «Die Schornsteine. Die Häuser haben dort ganz andere Schornsteine als unsere Häuser hier in England.»

Von seinem Standpunkt aus eine durchaus vernünftige Beobachtung. Es war ein optisches Detail, das ihn wirklich beeindruckt hatte, das für ihn den Unterschied zwischen Paris und London ausmachte. Er schlug später eine künstlerische Laufbahn ein.

In diesem Zusammenhang eine andere Erinnerung. Als mein Bruder wegen Invalidität aus dem Dienst ausscheiden mußte und aus Ostafrika nach London zurückkehrte, brachte er seinen eingeborenen Diener Shebani mit. Begierig, diesem einfachen Afrikaner die Herrlichkeiten Londons zu offenbaren, mietete mein Bruder einen Wagen und ließ sich mit Shebani durch die ganze Stadt fahren. Er zeigte ihm die Westminster Abbey, den Buckingham Palace, die St. Paul's Cathedral, das Rathaus, den Hyde Park, und so weiter. Als sie wieder daheim waren, fragte er Shebani: «Was hältst du von London?» Shebani rollte die Augen. «Es ist wunderbar, Bwana, eine wunderbare Stadt. Nie hätte ich gedacht, daß ich so etwas zu sehen bekommen würde.» Mein Bruder nickte befriedigt. «Und was hat dich am meisten beeindruckt?» fragte er. Die Antwort kam wie aus der Pistole geschossen: «Oh, Bwana, das Fleisch in den Geschäften. So wunderbare Geschäfte. Überall hängt das Fleisch in großen Stücken, und niemand stiehlt es! Nein, die Leute gehen ganz ruhig daran vorbei. Wie reich, wie groß muß ein Land sein, daß so viel Fleisch ganz offen in den Läden hängt!»

Ein Standpunkt. Der Standpunkt eines Kindes. Wir alle haben ihn einmal eingenommen, sind aber mittlerweile so weit davon abgekommen, daß es uns schwerfällt, dahin zurückzukehren. Ich erinnere mich, daß ich meinem Enkel Mathew zusah, als er vielleicht zweieinhalb Jahre alt war. Er wußte nicht, daß ich ihn beobachtete. Er stieg sehr vorsichtig die Treppe herunter. Es war für ihn eine Leistung, die er zum ersten Mal vollbrachte, und er war stolz darauf, aber doch auch ein wenig ängstlich. «Das ist Mathew, der die Treppe hinuntersteigt», murmelte er. «Das ist Mathew. Mathew steigt die Treppe hinunter. Das ist Mathew, der die Treppe hinuntersteigt.»

Ich frage mich, ob das Leben für uns alle auf diese Weise beginnt, daß wir, sobald wir überhaupt denken könne, sozusagen in der dritten Person von uns denken. Habe ich einmal zu mir gesagt: «Das ist Agatha in ihrem Sonntagskleid, die jetzt ins Speisezimmer hinuntergeht?» Es ist, als ob der Körper, in dem unser Geist herbergt, uns anfangs fremd wäre. Wir kennen seinen Namen, wir unterhalten eine Verbindung mit ihm, aber wir haben uns noch nicht ganz mit ihm identifiziert. Wir sind Agatha, die spazierengeht, Mathew, der die Treppe hinuntersteigt. Wir sehen uns, aber wir fühlen uns noch nicht so recht.

Und eines Tages beginnt der nächste Abschnitt unseres Lebens. Plötzlich heißt es nicht mehr: «Das ist Mathew, der die Treppe hinuntersteigt.» Plötzlich bin ich es, der die Treppe hinuntersteigt. Im Augenblick, da wir das «Ich» erreichen, tun wir den ersten Schritt in die Richtung des eigenen, persönlichen Lebens.

ZWEITES KAPITEL

SPIEL UND ERNST

1

Solange man nicht den Blick auf seine eigene Vergangenheit zurückwendet, wird einem nicht klar, wie ungewöhnlich das Bild ist, das ein Kind sich von der Welt macht. Der Blickwinkel ist völlig verschieden von dem eines Erwachsenen, die Dinge stehen in keinem Verhältnis zueinander.

Kinder sind durchaus imstande, alles, was um sie herum vorgeht, auf intelligente Weise zu bewerten. Sie besitzen ein recht gutes Urteilsvermögen, das ihnen gestattet, Charaktere und Menschen richtig zu taxieren. Aber es scheint ihnen nie in den Sinn zu kommen, sich über das Wie und Warum der Dinge den Kopf zu zerbrechen.

Ich war etwa fünf Jahre alt, als Vaters finanzielle Lage anfing, ihm Sorgen zu machen. Er war der Sohn eines reichen Mannes und hatte es als selbstverständlich betrachtet, daß er immer über ein sicheres Einkommen verfügen würde. Mein Großvater hatte ein kompliziertes System von Stiftungen errichtet, die nach seinem Tode wirksam werden sollten. Ursprünglich gab es vier Treuhänder. Der erste war sehr alt und zog sich von allen Geschäften zurück, der zweite wurde in eine Nervenheilanstalt eingeliefert, und die anderen zwei, Männer in Vaters Alter, starben bald darauf. Ob es bloße Unfähigkeit war oder ob es im Zuge der Neubesetzungen jemandem gelang, sich auf unrechte Weise zu bereichern, weiß ich nicht. Die Lage wurde jedenfalls immer schlimmer.

Vater war bestürzt und niedergeschlagen, doch da er keine geschäftliche Erfahrung besaß, wußte er nicht, was er tun sollte. Er schrieb an den guten alten Soundso und an andere gute alte Freunde. In ihren Antworten versuchten sie, ihm Mut zu machen, und gaben der schlechten Wirtschaftslage, der Geldabwertung und anderen Dingen die Schuld. Zu dieser Zeit fiel ihm das Legat einer älteren Tante zu, das ihn für ein oder zwei Jahre über die Runden brachte, während das Einkommen, das ihm hätte ausbezahlt werden sollen, einfach nicht eintraf.

Zur gleichen Zeit auch begann er zu kränkeln. Er erlitt wiederholt «Herzanfälle», ein unverbindlicher Terminus, der alles mögliche bedeuten konnte. Es waren wohl die finanziellen Sorgen, die seine Gesundheit angriffen. Es wurde zunächst für nötig befunden, sparsamer zu leben. Die in jenen Tagen als zweckdienlich angesehene Methode bestand darin, für eine kleine Weile Aufenthalt im Ausland zu nehmen, wo die Lebenskosten niedriger waren. Man vermietete sein Haus einschließlich Dienerschaft zu einem angemessenen Zins und ging nach Südfrankreich, wo man in einem halbwegs erschwinglichen Hotel logierte.

Ich war, glaube ich, sechs Jahre alt, als eine solche Übersiedlung stattfand. Ashfield wurde programmgemäß vermietet – an Amerikaner, die einen guten Mietpreis zahlten –, und die Familie bereitete ihre Abreise vor. Wir wollten nach Pau in Südfrankreich. Ich war natürlich sehr aufgeregt. Wo wir hinfuhren, sagte Mutter, würden wir Berge sehen. Ich stellte viele Fragen über diese Berge. Waren sie sehr sehr hoch? Höher als der Kirchturm von St. Mary? Ich kannte nichts Höheres. Ja, sie waren viel, viel höher. Sie waren Hunderte, Tausende von Fuß hoch. Ich zog mich mit Tony in den Garten zurück, um mir das durch den Kopf gehen zu lassen. An einem großen Stück Brot kauend, versuchte ich mir ein Bild von Bergen zu machen. Ich legte den Kopf zurück und starrte zum Himmel hinauf. So also würden die Berge aussehen – ihre Gipfel würden sich in den Wolken verlieren. Der Gedanke flößte mir ehrfürchtige Scheu ein. Mutter liebte das Gebirge. Ich war ganz sicher, daß die Berge ein ganz großes Erlebnis für mich sein würden.

Unsere Reise ins Ausland brachte etwas für mich sehr Schmerzliches mit sich: ich mußte mich von Tony trennen. Er wurde zu Froudie, einem früheren Stubenmädchen, in Kost gegeben. Froudie, die mit einem Zimmermann verheiratet war und nicht weit von uns wohnte, war durchaus bereit, Tony bei sich aufzunehmen.

Aus heutiger Sicht gesehen, reiste man damals unter außergewöhnlichen Umständen. Es gab natürlich keine Reisepässe und keine Formulare, die man ausfüllen mußte. Man kaufte die Fahrkarten und bestellte Schlafwagenabteile – das war alles. Ganz einfach. Aber das Packen! Ich weiß nicht, woraus das Gepäck der restlichen Familie bestand, aber ich kann mich recht gut erinnern, was Mutter mitnahm. Da waren zunächst drei Reisekisten. Die größte war über einen Meter hoch und hatte zwei Einsätze. Dann gab es Hutschachteln, große Lederkoffer, drei Schrankkoffer und einige amerikanische Überseekoffer, wie man sie damals in den Gängen von Hotels sah. Sie waren enorm groß und bestimmt übermäßig schwer.

Zumindest eine Woche lang vor unserer Abreise war Mutter in ihrem Schlafzimmer von Koffern umgeben. Da wir nach damaligen Begriffen nicht reich waren, hatten wir keine Kammerzofe, und Mutter mußte das Packen alleine besorgen. Vorher aber kam noch, was wir «Aussortieren» nannten. Die Schubladen und die großen Schränke standen weit offen, während Mutter unter anderem Kunstblumen aussortierte, sowie allen möglichen Krimskrams, den sie als «meine Bänder» und «meinen Schmuck» bezeichnete.

Schmuck bestand nicht so wie heute aus ein paar «echten Stükken» und großen Mengen von Modeschmuck. Von Straß abgesehen, galt es als «geschmacklos», Imitationen zu gebrauchen. Mutters wertvollster Schmuck bestand aus «meiner Brillantspange, meinem Brillantdiadem und meinem Brillantring». Der Rest ihrer Schätze war ebenfalls echt, aber nicht gar so kostbar, dennoch für uns alle von großem Interesse. Dazu gehörte «meine indische Halskette», «meine florentinische Garnitur», «meine venezianische Halskette», «meine Kameen» und so weiter. Und dann besaß sie auch noch sechs Broschen, für die meine Schwester und ich ein persönliches und lebhaftes Interesse bekundeten. Das waren «die Fische», fünf kleine Fische aus Brillanten, «die Mistel», eine kleine mit Diamanten und Perlen besetzte Brosche, «mein Parmaveilchen», eine Emailbrosche in der Form eines Parmaveilchens, «meine Heckenrose», ebenfalls eine Blumenbrosche, und, die schönste von allen, «mein Esel», eine Barockperle in der Form eines Eselskopfes, in Brillanten gefaßt. Die Empfängerinnen aller dieser Schmuckstücke nach dem Ableben meiner Mutter standen bereits fest. Madge würde das Parmaveilchen (ihre Lieblingsblume), das Brillantdiadem und den Escl bekommen. Für mich war die Rose, die Brillantspange und die Mistel bestimmt. Dieser Zuteilung von Besitz für die Zukunft wurde in meiner Familie ausgiebig gefrönt, eine Gepflogenheit, die keinerlei trübe Gedanken an den Tod aufkommen ließ, wohl aber eine von herzlichen Gefühlen getragene Würdigung zu erwartender Gaben in sich schloß.

Haus Ashfield war voll von Ölbildern, die mein Vater kaufte. Es war damals Mode, die Wände so dicht wie möglich mit Bildern zu behängen. Eines war mir versprochen worden – ein großes Seestück mit einer einfältig lächelnden jungen Frau, die einen Knaben in ihrem Netz fängt. Als Kind war sie für mich Inbegriff der Schönheit, und es ist betrüblich festzustellen, wie wenig ich davon hielt, als die Zeit kam, die Bilder zu verkaufen. Selbst sentimentale Regungen konnten mich nicht bewegen, auch nur ein einziges zu behalten. Während Vater in Bildern einen durchwegs schlechten

Geschmack bewies, war jedes einzelne Möbelstück, das er kaufte, ein Juwel. Er hatte eine Schwäche für Möbel vergangener Stilepochen, und die Sheraton-Schreibtische und die Chippendale-Stühle, die er erwarb – oft zu erstaunlich niedrigen Preisen, weil damals Bambus die große Mode war –, es ist ein Vergnügen, mit ihnen zu leben und sie zu besitzen.

Er, meine Mutter und meine Großmutter teilten eine Leidenschaft: sie sammelten Porzellan. Als Oma zu uns zog, brachte sie ihr Dresden und ihr Capo di Monte mit und füllte damit unzählige Schränke im Hause Ashfield. Es mußten sogar zusätzliche Schränke angeschafft werden, um alles unterzubringen. Kein Zweifel, wir waren eine Familie von Sammlern, und ich habe diese Leidenschaft geerbt. Bedauerlich ist nur, daß man keine Rechtfertigung hat, selbst eine Sammlung anzulegen, wenn man eine schöne Porzellan- und Möbelsammlung erbt. Aber die Sammelleidenschaft will befriedigt werden, und so habe ich eine hübsche Anzahl von Papiermaché-Möbeln und kleinen Kunstgegenständen zusammengetragen.

Als der große Tag kam, war ich so aufgeregt, daß mir ganz übel wurde und ich kein Wort hervorbringen konnte. Wenn mich etwas heftig bewegt, pflegt mich das der Sprache zu berauben. Das erste deutliche Bild von unserer Reise ist der Moment, da wir in Folkestone an Bord gingen. Mutter und Madge nahmen die Fahrt über den Kanal durchaus ernst. Sie waren keineswegs seefest und zogen sich sofort in die Toiletten zurück oder legten sich nieder, schlossen die Augen und hofften, ohne allzu großes Ungemach nach Frankreich zu gelangen. Trotz der schlechten Erfahrung, die ich in einem kleinen Dinghy gemacht hatte, war ich davon überzeugt, seefest zu sein. Vater bestärkte mich in diesem Glauben, und so blieb ich bei ihm auf Deck. Es war vermutlich eine völlig ruhige Überfahrt, aber ich rechnete es nicht dem Meer als Verdienst an, sondern meiner eigenen Fähigkeit, den Wellenbewegungen zu widerstehen. Wir legten in Boulogne an, und ich war stolz, als mein Vater verkündete: «Agatha ist ein ganz tüchtiger Seemann.»

Aufregend war auch das Zubettgehen im Schlafwagen. Ich fuhr in einem Abteil mit Mutter und wurde in das obere Bett verfrachtet. Mutter hatte eine große Vorliebe für frische Luft, und die Dampfheizung im «Wagon Lits» war eine Qual für sie. Immer, wenn ich aufwachte, sah ich, wie sie den Kopf aus dem Fenster steckte und in großen Zügen die Nachtluft einatmete.

Früh am Morgen kamen wir in Pau an. Wir bestiegen den wartenden Hotelwagen und trafen wenig später beim Hotel Beauséjour ein. Das Hotel hatte eine große Terrasse, mit Aussicht auf die Pyrenäen.

«Da!» sagte Vater. «Siehst du? Das sind die Pyrenäen. Die mit Schnee bedeckten Berge.»

Ich sah. Es war eine der größten Enttäuschungen meines Lebens, eine Enttäuschung, die ich nie vergessen habe. Wo war die himmelstürmende Höhe, hoch, hoch hinauf, über alle Grenzen des Bewußtseins und des Verstandes hinaus? Statt dessen sah ich in einiger Entfernung etwas am Horizont, das mir wie eine Reihe von Zähnen vorkam, die kaum handbreit über die Ebene hinausragten. Waren das Berge? Ich sagte nichts, aber noch heute fühle ich diese entsetzliche Enttäuschung.

2

Wir blieben wohl etwa sechs Monate in Pau. Es war ein völlig neues Leben für mich. Vater und Mutter und Madge entfalteten ungeheure gesellschaftliche Aktivität. Vater traf mehrere amerikanische Freunde, er lernte Hotelgäste kennen, und überdies hatten wir Empfehlungsschreiben für eine Menge Leute, die dort weilten.

Für mich engagierte Mutter eine Art Kinderfräulein-Gouvernante – eine junge Engländerin, die aber ihr ganzes Leben in Pau verbracht hatte und Französisch ebenso gut wie Englisch sprach, wenn nicht sogar noch besser. Von ihr sollte ich Französisch lernen. Aber die Erwartungen meiner Mutter erfüllten sich nicht. Miss Markham erschien jeden Morgen, um mit mir spazierenzugehen. Dabei lenkte sie meine Aufmerksamkeit auf verschiedene Objekte und wiederholte ihre Bezeichnung auf französisch. «*Un chien.*» «*Une maison.*» «*Un gendarme.*» «*Le boulanger.*» Pflichtschuldigst wiederholte ich die Wörter, aber wenn ich etwas zu fragen hatte, fragte ich natürlich auf englisch, und Miss Markham antwortete mir auf englisch. Es waren ermüdende Tage für mich: die endlosen Spaziergänge in Gesellschaft Miss Markhams; sie war nett, freundlich, gewissenhaft und langweilig.

Mutter erfaßte sehr bald, daß ich bei Miss Markham niemals Französisch lernen würde und daß ich Französischstunden von einer Französin bekommen müsse, die jeden Nachmittag kommen würde. Diese Neuerwerbung war Mademoiselle Mauhourat. Sie war groß, strotzte vor Gesundheit und bevorzugte als Kleidung zahllose kleine, braune Umhänge.

Mademoiselle Mauhourat war eine sehr überschwengliche Person, und Überschwang schüchterte mich ein. Es fiel mir immer schwerer, auf ihr girrendes Quieken geziemend zu reagieren. *«Oh, la chère mignonne! Qu'elle est gentille, cette petite! Oh, la chère mignonne! Nous allons prendre des leçons très amusantes, n'est-ce pas?»* Ich sah sie höflich, aber kühl an, ich glaubte nicht, daß dieser Unterricht wirklich lustig sein würde. Wenn Mutter mir dann einen strengen Blick zuwarf, murmelte ich nicht eben überzeugend: *«Oui, merci»*, was ungefähr das Total meiner damaligen Französischkenntnisse darstellte.

Die Französischstunden gingen friedlich weiter. Wie immer war ich willig, aber offenbar auch schwer von Begriff. Mutter, die schnelle Erfolge schätzte, war mit meinen Fortschritten nicht zufrieden.

«Sie kommt nicht so voran, wie sie sollte», klagte sie bei Vater.

«Laß ihr doch Zeit, Clara», erwiderte mein stets verständnisvoller Vater. «Laß ihr Zeit. Die Frau kommt doch erst seit zehn Tagen.»

Aber Mutter war nicht der Mensch, der anderen Zeit ließ. Der Höhepunkt kam, als ich an einer leichten Grippe erkrankte, die dann in eine Schleimhautentzündung überging. Ich hatte Fieber und fühlte mich gar nicht wohl. Als Rekonvaleszentin mit leichter Temperatur konnte ich den Anblick Mademoiselle Mauhourats nicht ertragen!

«Bitte, erlaß mir heute nachmittag die Französischstunde», bettelte ich. «Ich möchte nicht.»

Mutter war immer verständnisvoll, wenn es gute Gründe gab. Sie stimmte zu. Als Mademoiselle Mauhourat zur gewohnten Zeit mit ihren Umhängen erschien, erklärte ihr Mutter, daß ich immer noch Fieber hätte und zu Hause bleiben müsse. Es wäre vielleicht besser, die Stunde für heute ausfallen zu lassen. Mademoiselle Mauhourat war nicht zu halten. Aufgeregt, mit flatternden Umhängen, die Hände zusammenschlagend, eilte sie an mein Bett und beugte sich schwer atmend über mich. *«Oh, la pauvre mignonne, la pauvre petite mignonne!»* Sie würde mir vorlesen, sagte sie, sie würde mir Geschichten erzählen.

Ich warf Mutter verzweifelte Blicke zu. Ich konnte es nicht ertragen! Ich konnte es keine Sekunde länger ertragen! Mademoiselle Mauhourats Stimme gellte mir in den Ohren. Schrill, quäkend – alles, was mir an einer Stimme mißfiel. Meine Augen bettelten: «Erlöse mich von ihr! Bitte erlöse mich von ihr!» Mit fester Hand schob Mutter Mademoiselle Mauhourat zur Tür.

«Ich halte es für besser, wenn Agatha heute nachmittag Ruhe hat», sagte sie. Sie begleitete sie hinaus, kam zurück und sah mich kopfschüttelnd an. «Alles schön und gut», meinte sie, «aber du brauchst nicht so schreckliche Gesichter zu schneiden.»

«Gesichter?»

«Ja. Alle diese Grimassen und die Blicke, die du mir zugeworfen hast. Mademoiselle Mauhourat hat bestimmt gemerkt, daß du sie forthaben wolltest.»

Ich war bestürzt. Ich hatte nicht unhöflich sein wollen.

«Aber Mama», wandte ich ein, «ich habe doch keine französischen Gesichter geschnitten. Es waren englische Gesichter.»

Mutter fand das sehr spaßig und erklärte mir, daß Gesichterschneiden eine Art internationaler Sprache wäre, die man in allen Ländern verstand. Trotzdem berichtete sie Vater, daß Mademoiselle Mauhourat anscheinend nicht die richtige wäre und daß sie sich anderweitig umsehen würde. Vater hatte nichts dagegen. «An Agathas Stelle», sagte er, «würde ich diese Frau genauso unerträglich finden.»

Befreit von den Liebesdiensten Mademoiselle Mauhourats und Miss Markhams begann ich mich meines neuen Lebens zu erfreuen. Im Hotel wohnte auch Mrs. Selwyn, die Witwe oder vielleicht auch die Schwiegertochter von Bishop Selwyn, und ihre zwei Töchter, Dorothy und Mary. Dorothy (Dar) war ein Jahr älter als ich, Mary ein Jahr jünger. Bald waren wir unzertrennlich.

Mir selbst überlassen, war ich ein gutes, artiges und gehorsames Kind. In Gesellschaft anderer Kinder allerdings war ich stets für jeden Schabernack zu haben. Im besonderen machten wir drei den unglücklichen Kellnern an der *table d'hôte* das Leben sauer. Einmal leerten wir alle Salzfässer aus und füllten sie mit Zucker. An einem anderen Abend schnitten wir Schweinchen aus Orangenschalen und legten sie, kurz bevor die Glocke zur *table d'hôte* geläutet wurde, auf alle Teller.

Diese französischen Kellner waren die gutmütigsten Menschen, die man sich vorstellen kann. Dabei denke ich vor allem an Victor, unseren eigenen Kellner. Er war ein kleiner, breitschultriger Mann mit einer langen höckerigen Nase. Nach meinem Dafürhalten stank er ganz entsetzlich – es war meine erste Begegnung mit Knoblauch. Trotz aller Streiche, die wir ihm spielten, grollte er uns nicht und bemühte sich sogar, besonders nett zu uns zu sein. Wenn wir nie in ernste Schwierigkeiten gerieten, so nur, weil der gute Victor sich nie bei der Direktion oder bei unseren Eltern über uns beklagte.

Meine Freundschaft mit Dar und Mary bedeutete mir weit mehr als irgendeine meiner bisherigen Freundschaften. Möglicherweise hatte ich ein Alter erreicht, in dem ich dazu neigte, lieber an gemeinschaftlichen Unternehmungen teilzunehmen, als auf eigene Faust an die Dinge heranzugehen. Zusammen trieben wir viel Unfug und hatten eine Menge Spaß in diesen Wintermonaten. Natürlich gerieten wir durch unsere Streiche oft in Schwierigkeiten, aber nur in einem Fall empfanden wir gerechten Zorn über eine Rüge, die uns erteilt wurde.

Mutter und Mrs. Selwyn saßen friedlich plaudernd zusammen, als das Zimmermädchen ihnen eine Botschaft überbrachte: «Mit besten Empfehlungen von der belgischen Dame, die im Nebentrakt des Hotels wohnt. Wissen Mrs. Selwyn und Mrs. Miller, daß ihre Töchter auf der Brüstung des vierten Stocks spazierengehen?»

Man stelle sich die Gefühle der zwei Mütter vor, als sie in den Hof hinaus eilten, nach oben sahen und drei Gestalten erblickten, die fröhlich im Gänsemarsch über einen knapp dreißig Zentimeter breiten Mauersims balancierten. Es kam uns keinen Augenblick in den Sinn, daß wir uns in Gefahr befanden. Wir hatten eines der Stubenmädchen über Gebühr gepiesackt, und es war ihr gelungen, uns in eine Besenkammer zu locken und dann die Tür von außen zuzuschließen. Triumphierend hatte sie den Schlüssel im Schloß umgedreht. Wir waren sehr empört. Was war zu tun? Die Kammer hatte ein kleines Fenster. Dar steckte den Kopf hinaus und sagte, sie hielte es für möglich, uns durchzuwinden und dann auf dem Sims um die Ecke zu gehen und durch ein offenes Fenster wieder ins Haus zu gelangen. Gesagt, getan. Dar schlängelte sich als erste durch, dann ich, dann Mary. Zu unserer Freude stellten wir fest, daß es ganz leicht war, über den Mauervorsprung zu gehen. Ob wir unterwegs hinunterschauten, weiß ich nicht, aber selbst wenn wir es getan hätten, ich glaube nicht, daß uns schwindlig geworden wäre und daß wir heruntergefallen wären. Immer wieder faßt mich Entsetzen, wenn ich Kinder sehe, die, die Zehen über den Rand, ohne jedes Schwindelgefühl oder andere Erwachsenenwehwehchen an einem Abgrund stehen und hinunterschauen.

Wir brauchten nicht weit zu gehen. Die ersten drei Fenster waren zu, aber das nächste, das in eine der Toiletten führte, stand offen. Kaum waren wir drin, wurden wir zu unserer Überraschung mit der Aufforderung konfrontiert, sofort in Mrs. Selwyns Zimmer zu kommen. Beide Mütter waren ernstlich böse. Wir konnten nicht begreifen, warum. Wir wurden für den Rest des Tages ins Bett geschickt. Unsere Verteidigung wurde einfach nicht akzeptiert.

«Aber du hast uns nie etwas gesagt», rechtfertigten wir uns vor den Müttern. «Du hast uns nie gesagt, daß wir nicht auf dem Sims rund ums Haus gehen dürfen.»

Wir zogen uns mit dem Gefühl ins Bett zurück, daß uns grobes Unrecht geschehen war.

Mutter beschäftigte sich mittlerweile immer noch mit dem Problem meiner Erziehung. Sie und meine Schwester ließen sich in einem Modesalon der Stadt Kleider machen, und dort fiel ihr Auge auf eine junge Schneiderin, deren Hauptaufgabe es war, Änderungen abzustecken und der Zuschneiderin Nadeln zu reichen. Diese war eine spitzzüngige Frau mittleren Alters, und die Geduld und die Gutmütigkeit des jungen Mädchens veranlaßten Mutter, einige Erkundigungen über sie einzuziehen. Sie hieß Marie Sijé und war zweiundzwanzig Jahre alt. Ihr Vater war Eigentümer eines kleinen Cafés. Sie hatte eine ältere Schwester, die im gleichen Salon arbeitete, zwei Brüder und eine kleinere Schwester. Sie war sprachlos, als Mutter sie ganz beiläufig fragte, ob sie Lust hätte, nach England zu kommen. Sie war von dem Vorschlag ebenso überrascht wie begeistert.

«Ich muß natürlich noch mit Ihrer Mutter reden», sagte meine Mutter. «Es könnte ihr nicht recht sein, daß ihre Tochter so weit fort geht.»

Mutter besuchte Madame Sijé, und die beiden Damen besprachen alles genau und eingehend. Dann weihte Mutter Vater in ihre Pläne ein.

«Aber Clara», protestierte Vater, «das Mädchen ist doch keine Gouvernante!»

Marie, erwiderte Mutter, wäre genau die Person, die sie brauchten. «Sie kann kein Englisch, kein einziges Wort. Agatha wird Französisch lernen müssen. Sie ist ein wirklich gutherziges und gutmütiges Mädchen und kommt aus einer anständigen Familie. Sie würde uns gern nach England begleiten und könnte für uns auch nähen und Kleider machen.»

«Bist du auch ganz sicher, Clara?» fragte Vater zweifelnd.

Meine Mutter war immer sicher.

«Es ist die perfekte Lösung», erklärte sie.

Und wie so oft bei Mutters wunderlichen Einfällen, behielt sie auch diesmal recht. Ich brauche nur die Augen zu schließen, um die liebe Marie so zu sehen, wie ich sie damals sah. Rundliches, rosiges Gesicht, Stupsnase, dunkles Haar zu einem Knoten gerafft. Mit schlotternden Knien, wie sie mir später erzählte, kam sie am ersten Morgen in mein Zimmer. Sie hatte sich gut vorbereitet und mühsam die englischen Sätze gelernt, mit welchen sie mich begrüßte: «Guten Morgen, Miss. Ich hoffe, Sie sind wohlauf.» Leider war ihre Aussprache so schlecht, daß ich kein Wort verstand. Mißtrauisch musterte ich sie. An diesem ersten Tag waren wir wie zwei Hündchen, die sich eben erst kennengelernt haben. Wir redeten wenig und beäugten uns furchtsam. Marie bürstete mir das Haar – sehr blondes Haar, zu Ringellocken gedreht – und hatte solche Angst, mir weh zu tun, daß sie es kaum wagte, die Bürste zu gebrauchen. Ich wollte ihr sagen, sie müsse viel fester bürsten, aber das war natürlich unmöglich, weil ich ihre Sprache nicht kannte.

Wie es möglich war, daß Marie und ich in weniger als einer Woche miteinander reden konnten, weiß ich nicht. Ein Wort hier, ein Wort da, und ich konnte mich auf französisch verständlich machen. Mehr noch: schon eine Woche später waren wir gute Freundinnen geworden. Mit Marie spazierenzugehen, machte Spaß. Alles, was ich mit Marie unternahm, machte Spaß.

Im Frühsommer wurde es heiß in Pau, und wir reisten ab. Wir verbrachten eine Woche in Argelès, eine weitere in Lourdes und fuhren dann nach Cauterets am Fuß der Pyrenäen. Es war ein wunderschönes Stück Erde. Jeden Morgen gingen wir über einen Bergpfad, der zu den Thermalquellen führte, wo wir alle ein paar Becher scheußlich schmeckenden Wassers tranken. Nachdem wir auf diese Weise etwas für unsere Gesundheit getan hatten, kauften wir uns eine Stange *sucre d'orge*. Mutter zog Anis vor, das ich nicht ausstehen konnte. Auf den Zickzackwegen rund um das Hotel entdeckte ich bald einen höchst vergnüglichen Sport: auf dem Hosenboden durch den Kiefernwald zu rodeln. Marie schüttelte mißbilligend den Kopf, aber ich bedaure, festhalten zu müssen, daß Marie von Anfang an nicht imstande war, mir gegenüber ihre Autorität geltend zu machen. Wir waren Freundinnen und Spielkameraden, aber der Gedanke, zu tun, was sie mir sagte, kam mir nie in den Sinn.

Mit der Autorität ist das so eine Sache. Mutter besaß sie in vollem Maß. Sie war selten böse, hob kaum jemals die Stimme, aber sie brauchte nur in leisem Ton eine Anweisung zu geben, und schon wurde sie befolgt. Daß andere Leute diese Gabe nicht besaßen, verwunderte sie immer wieder. Als sie in späteren Jahren bei uns wohnte – ich war schon das erste Mal verheiratet und hatte mein eigenes Kind – beklagte ich mich über ein paar lästige Jungen, die im Nachbarhaus wohnten und immer durch die Hecke zu uns herüberkamen. Alle meine Aufforderungen, sie sollten sich verziehen, halfen nichts.

«Wie ungewöhnlich», sagte Mutter, «warum sagst du ihnen nicht einfach, sie sollen fortgehen?»

«Versuch du es doch einmal», antwortete ich, und gerade in diesem Augenblick erschienen die zwei kleinen Jungen, riefen wie gewohnt «Blablabla, wir bleiben da!» und warfen Kies auf den Rasen. Einer fing an, einen Baum zu beschießen, schnaufte und brüllte. Mutter fixierte ihn.

«Ronald», sagte sie. «Ist das dein Name?»

Ronald gab zu, daß er so hieß.

«Bitte spielt nicht so nahe. Ich habe es nicht gern, wenn ich gestört werde. Geht ein bißchen weiter weg.»

Ronald sah sie an, pfiff seinem Bruder, und beide zogen ab.

«Du siehst, Liebling», sagte Mutter. «Es ist ganz einfach.»

Für sie war es wirklich einfach. Ich bin überzeugt, Mutter wäre ohne jede Schwierigkeit fähig gewesen, mit einem Haufen jugendlicher Rechtsbrecher fertig zu werden.

Im Hotel in Cauterets wohnte ein etwas älteres Mädchen, dessen Mutter mit den Selwyns befreundet war. Sie hieß Sybil Patterson, und ich verehrte sie. Ich fand sie wunderschön, am meisten bewunderte ich ihre schwellenden Formen. Busen war damals sehr in Mode. Meine Großmutter und meine Großtante hatten sehr großzügige Kurven, und es fiel ihnen schwer, sich ohne «Kollision» mit schwesterlichen Küssen zu begrüßen. Während ich die Busen erwachsener Frauen als selbstverständlich betrachtete, rief die Tatsache, daß Sybil einen besaß, neidvolle Instinkte in mir wach. Sybil war vierzehn. Wie lange sollte ich noch zuwarten, bis auch mir diese prächtigen Attribute gegeben würden? Acht Jahre? Noch acht Jahre lang eine Bohnenstange? Ich sehnte diese Zeichen weiblicher Reife herbei. Nun ja, es hieß, sich in Geduld üben. In acht Jahren – vielleicht schon in sieben, wenn ich Glück hatte – würden meiner hageren Gestalt auf wunderbare Weise zwei große Rundungen entsprießen. Ich brauchte nur zu warten.

Die Selwyns blieben nicht so lange wie wir in Cauterets. Sie reisten ab, und ich hatte die Wahl zwischen zwei anderen Freundinnen: eine kleine Amerikanerin, Marguerite Prestley, und eine Engländerin, Margaret Home. Meine Eltern hatten sich in der Zwischenzeit mit Margarets Eltern angefreundet und hofften jetzt natürlich, daß Margaret und ich uns in gleicher Weise zusammenschließen würden. Wie das in solchen Fällen schon ist, zog ich die Gesellschaft von Marguerite Prestley bei weitem vor, die Redewendungen und Worte gebrauchte, die ich nie zuvor gehört hatte. Wir erzählten einander viele Geschichten. Eine von Marguerites Erzählungen, die ich ganz besonders aufregend fand, hatte die Gefahren zum Inhalt, die dem Menschen drohten, der einem *scarrapin* begegnete.

«Aber was ist denn ein *scarrapin*?» fragte ich immer wieder.

Marguerite lieferte mir nur eine dürftige Beschreibung dieses schreckenerregenden Geschöpfes. Ich wandte mich an Marie, aber die hatte auch nie etwas von *scarrapins* gehört. Schließlich ging ich Vater an. Auch er hatte anfangs gewisse Schwierigkeiten, bis es ihm endlich dämmerte. «Du meinst wahrscheinlich einen Skorpion», sagte er.

Und damit verflog der geheime Zauber. Ein Skorpion erschien mir nicht annähernd so schreckenerregend wie der imaginäre *scarrapin*.

Zwischen Marguerite und mir kam es zu einer heftigen Auseinandersetzung über die Frage, wer die Babies bringe. Ich versicherte Marguerite, daß es die Engel wären, die die Babies brächten. Nursie hatte mich diesbezüglich genau informiert. Marguerite hingegen behauptete steif und fest, daß Babies zum Lagerbestand der Ärzte gehörten, die sie dann in ihren schwarzen Taschen ins Haus trugen. Als unser Disput immer mehr an Heftigkeit zunahm, schlichtete Fanny, Marguerites amerikanisches Kindermädchen, taktvoll den Streit.

«Genauso ist es, meine Schätzchen», sagte sie. «Amerikanische Babies kommen in den Taschen der Ärzte, und die englischen werden von Engeln gebracht. Ganz einfach.»

Wir waren befriedigt und stellten die Feindseligkeiten ein.

Vater und Madge machten viele Ausflüge zu Pferd, und eines Tages wurde mein Wunsch erfüllt – man teilte mir mit, daß ich sie bei ihrem nächsten Ausritt begleiten dürfe. Heiße Freude durchzuckte mich. Mutter hegte die Befürchtung, daß mir etwas zustoßen könnte, aber Vater zerstreute schnell ihre Zweifel.

«Wir haben einen Führer dabei», beruhigte er sie. «Er hat Erfahrung mit Kindern und wird darauf sehen, daß sie nicht herunterfällt.»

Am nächsten Morgen kamen die drei Pferde, und es ging los. Im Zickzack trotteten wir über steil ansteigende Pfade, und ich genoß jeden Augenblick. Hin und wieder pflückte der Führer kleine Blumensträuße und gab sie mir, damit ich sie in mein Hutband steckte. Soweit ging alles wunderbar, bis wir am Gipfel anlangten und der Führer sich selbst übertreffen wollte. Er kam zu uns zurückgelaufen, zwischen den Fingern einen herrlichen Schmetterling, den er gefangen hatte. «*Pour la petite demoiselle!*» rief er, nahm eine Nadel von seinem Rockaufschlag, durchbohrte den Schmetterling und steckte ihn mir an den Hut! Das Entsetzen dieses Augenblicks! Der quälende Schmerz, der mich durchzuckte, als der arme Schmetterling verzweifelt mit den Flügeln schlug. Und ich konnte natürlich nichts sagen! So viele widersprechende Gefühle bewegten mich. Dies war eine freundliche Geste von seiten des Führers. Er hatte mir den Falter gebracht. Es war ein ganz besonderes Geschenk. Konnte ich ihm weh tun und ihm sagen, daß ich es nicht haben wollte? Wie sehr wünschte ich, er würde ihn wieder fortnehmen! Und während dieser ganzen Zeit das Flattern dieses sterbenden Schmetterlings! Das grauenhafte Klopfen der Flügel an meinem Hut! Ich fing an zu weinen.

Je mehr man mich fragte, desto unmöglicher wurde es mir zu antworten. «Was hast du denn?» wollte Vater wissen. «Tut dir etwas weh?»

«Vielleicht macht ihr das Pferd Angst», mutmaßte meine Schwester.

Nein, sagte ich, und noch einmal nein. Ich hatte keine Angst und mir tat auch nichts weh.

«Müde?» fragte Vater.

«Nein», antwortete ich.

«Also was ist los?»

Aber ich konnte es nicht sagen. Natürlich konnte ich es nicht sagen. Der Führer stand daneben und sah mich aufmerksam und verwundert an. «Sie ist eben noch zu jung», meinte Vater, «wir hätten sie nicht mitnehmen sollen.»

Meine Tränen flossen nur noch reichlicher. Ich wußte, daß ich ihm und meiner Schwester den Tag verdarb, aber ich konnte mir nicht helfen. Ich konnte nur hoffen und beten, daß er oder Madge erraten würden, was in mir vorging. Einmal mußten sie doch den Schmetterling sehen, einmal mußten sie doch sagen: «Vielleicht mag sie den Schmetterling nicht auf ihrem Hut.» Sobald sie das sagten, würde alles gut sein. Aber ich konnte es ihnen nicht sagen. Es war schrecklich. Ich wollte nichts essen. Ich saß da und weinte, und der Schmetterling schlug mit den Flügeln. Schließlich hörte er auf zu schlagen.

Wir ritten wieder hinunter – Vater zornig, Madge ärgerlich, der Führer immer noch freundlich und liebenswürdig und verständnislos. Gott sei Dank dachte er nicht daran, mir einen zweiten Schmetterling zu schenken, um mich aufzuheitern. In gedrückter Stimmung kamen wir unten an und gingen gleich ins Wohnzimmer, wo Mutter uns erwartete.

«Ach herrje», sagte sie, «was ist passiert? Hat Agatha sich weh getan?»

«Ich weiß es nicht», antwortete mürrisch mein Vater. «Ich weiß nicht, was mit ihr los ist. Wahrscheinlich hat sie irgendwelche Schmerzen. Seit Mittag weint sie ununterbrochen und hat auch nichts gegessen.»

«Was hast du, Agatha?» fragte Mutter.

Ich konnte es ihr nicht sagen. Ich sah sie nur kläglich an, während mir die Tränen über die Wangen rollten. Sie musterte mich nachdenklich und sagte dann: «Wer hat ihr den Schmetterling an den Hut gesteckt?»

Es sei der Führer gewesen, antwortete meine Schwester.

«Ich verstehe», sagte Mutter und dann zu mir: «Das hat dir nicht gefallen, nicht wahr? Er lebte noch, und du dachtest an seine Leiden?»

Oh, diese herrliche Erleichterung, diese wundervolle Entspannung, wenn jemand weiß, was in deinem Kopf vorgeht, und es dir sagt und dich damit endlich von der schweren Last des Schweigens befreit! In höchster Erregung schlang ich meine Arme um ihren Hals. «Ja, ja, ja!» schluchzte ich. «Er hat geflattert! Er hat mit den Flügeln geschlagen! Aber der Mann war so lieb und hat es so gut gemeint. Ich konnte nichts sagen.»

Sie verstand alles und streichelte mich sanft.

«Ich kann mir gut vorstellen, was du dabei gefühlt hast», sagte sie. «Aber jetzt ist es vorbei, und wir reden nicht mehr darüber.»

Damals merkte ich zum ersten Mal, daß meine Schwester eine außergewöhnliche Anziehungskraft auf die jungen Männer in ihrer Umgebung ausübte. Sie war ein sehr attraktives Mädchen, hübsch, ohne eigentlich schön zu sein, und hatte Vaters geistige Beweglichkeit geerbt. Es war ungemein amüsant, mit ihr zu plaudern. Überdies ging eine sehr starke sexuelle Ausstrahlung von ihr aus. Die jungen Männer fielen um wie die Kegel. Es dauerte nicht lange, und Marie und ich begannen über ihre verschiedenen Verehrer, was man auf dem Rennplatz ein Wettbuch nennt, anzulegen. Stundenlang diskutierten wir ihre Chancen.

«Ich glaube, Mr. Palmer wird das Feld behaupten. Was meinen Sie, Marie?»

«C'est possible. Mais il est trop jeune.»

Ich gab ihr zu bedenken, daß er etwa gleich alt war wie Madge, aber Marie versicherte mir, daß er *«beaucoup trop jeune»* wäre.

«Ich, ich tippe auf Sir Ambrose», sagte Marie.

Ich widersprach. «Er ist doch viele Jahre älter als sie, Marie.» Das mochte sein, erwiderte sie, aber es wirke sich günstig für die Haltbarkeit einer Ehe aus, wenn der Mann älter als seine Frau war. Sie fügte hinzu, daß Sir Ambrose eine sehr gute Partie wäre, mit der jede Familie einverstanden sein könnte.

«Gestern hat sie Bernard eine Blume ins Knopfloch gesteckt», berichtete ich, aber Marie hielt nicht viel von dem jungen Bernard. Er wäre kein *«garçon sérieux»*.

Ich erfuhr eine Menge über Maries Familie. Ich kannte die Gewohnheiten ihrer Katze und wie sie es zustande brachte, im Kaffeehaus zwischen den Gläsern herumzuwandern und sich mittendrin schlafenzulegen, ohne auch nur ein einziges zu zerbrechen. Ich wußte, daß ihre Schwester Berthe älter als sie und ein sehr stilles Mädchen, und daß ihre kleine Schwester Angèle der Liebling der ganzen Familie war. Marie vertraute mir auch ein großes Geheimnis an: daß die Familie früher einmal Shije, und nicht Sijé geheißen hatte, und daß sie sehr stolz darauf waren. Zwar erfaßte ich nicht, worauf dieser Stolz gegründet war – um die Wahrheit zu sagen, ich erfasse es heute noch nicht –, aber ich stimmte ihrer Meinung völlig bei und beglückwünschte sie zu so prominenten Ahnen.

Hin und wieder las Marie mir aus französischen Büchern vor, wie das auch Mutter tat. Aber der große Tag kam, da mir die *Mémoires d'un Âne* in die Hand fielen und ich herausfand, daß ich es allein genauso gut lesen und auch verstehen konnte, wie wenn es mir jemand vorgelesen hätte. Alle Welt beglückwünschte mich, nicht zuletzt Mutter. Endlich konnte ich Französisch!

Ende August verließen wir Cauterets und fuhren nach Paris. Ich habe diesen Sommer noch heute als einen der schönsten meines Lebens in Erinnerung. Was hat er mir nicht alles gegeben! Den erregenden Reiz des Neuen. Bäume – unerschöpfliche Quelle frohsinnigen Genießens. (War es Zufall, daß ich einem meiner ersten Phantasiegefährten den Namen «Baum» gab?) Eine neue und reizende Freundin, meine liebe, stupsnasige Marie. Ausritte auf Maultierrücken. Spaß mit der Familie. Meine amerikanische Freundin Marguerite. Die pittoreske Exotik eines fremden Landes. Aber es sind nicht die einzelnen Dinge, die, in Gruppen angeordnet und miteinander verbunden, in meiner Erinnerung fortleben. Es ist Cauterets – das Städtchen, das lange, enge Tal mit seiner kleinen Eisenbahn, seinen baumbestandenen Hängen und den hohen Bergen.

Ich bin nie wieder dahin zurückgekehrt. Ich bin froh darüber. Vor ein oder zwei Jahren dachten wir daran, die Sommerferien dort zu verbringen. «Ich würde es gerne wiedersehen», sagte ich, ohne nachzudenken, und meinte es auch so. Doch dann fiel mir ein, daß ich ja gar nicht zurück konnte. Man kann niemals an einen Ort zurückkehren, der nur mehr in der Erinnerung lebt. Man würde ihn nicht mit den gleichen Augen sehen – selbst in dem unwahrscheinlichen Fall, daß sich nichts verändert haben sollte. Was vorbei ist, ist vorbei.

Kehre nie an einen Ort zurück, wo du glücklich gewesen bist. Solange du fortbleibst, bleibt er für dich lebendig. Kehrst du zurück, zerstörst du ihn.

Es gibt noch andere Stätten, an die zurückzukehren ich mich geweigert habe. Eine davon ist das Grab Scheich Adis im nördlichen Irak. Wir besuchten es, als ich das erste Mal nach Mosul kam. Es war damals nicht ganz leicht, Zutritt zu erlangen. Man brauchte einen Erlaubnisschein und mußte sich bei der Polizeistation in Ain Sifni, unterhalb der Felsen des Dschebel Maclub melden.

Von einem Polizisten begleitet, wanderten wir einen gewundenen Pfad hinauf. Es war Frühling, frisch und grün, und wilde Blumen blühten am Wegrand. Ein Gebirgsbach schlängelte sich durch die Wiesen. Hin und wieder begegneten wir Ziegen und Kindern. Dann erreichten wir die heilige Stätte der Jesiden. Die friedliche Ruhe des Ortes ist mir von neuem gegenwärtig – der mit Fliesen ausgelegte Hof, die in die Tempelmauer gemeißelte schwarze Schlange. Dann der behutsame Schritt *über* und nicht *auf* die Schwelle in die kleine dunkle Grabkammer. Wir saßen im Hof unter einem sanft rauschenden Baum. Einer der Jesiden brachte uns Kaffee, nachdem er zuvor sorgfältig ein schmutziges Tischtuch vor uns ausgebreitet hatte. Wir blieben lange Zeit sitzen, ohne daß uns jemand Informationen aufgedrängt hätte. Ich hatte eine vage Vorstellung, daß die Jesiden Teufelsanbeter waren, und daß sie Luzifer, den «Engelpfau» verehrten. Es erscheint mir noch heute sonderbar, daß die Anbeter des Satans unter den verschiedenen religiösen Sekten dieses Teils der Erde die Friedlichsten sein sollen. Als die Sonne sich zu senken begann, traten wir den Rückweg an.

Soviel ich weiß, veranstaltet man dort jetzt Besichtigungsfahrten. Das «Pilgerfest» ist zu einer Touristenattraktion geworden. Ich erlebte das Heiligtum noch in den Tagen seiner Unschuld. Ich werde es niemals vergessen.

3

Zuerst ging's also nach Paris und dann weiter nach Dinard. Es ist ärgerlich, feststellen zu müssen, daß mir von Paris nicht viel mehr als mein Hotelzimmer in Erinnerung geblieben ist; es hatte schokoladebraun bemalte Wände, auf welchen es völlig unmöglich war, die Moskitos zu sehen.

Es gab Myriaden von Moskitos. Sie pfiffen und summten die ganze Nacht, und unsere Gesichter und Arme waren mit ihren Bissen bedeckt. (Äußerst demütigend für meine Schwester Madge, der ihr Teint damals sehr am Herzen lag.) Wir blieben nur eine Woche in Paris und verbrachten anscheinend unsere ganze Zeit damit, Moskitos zu töten. Wir salbten uns mit allen möglichen sonderbar riechenden Ölen, stellten Weihrauchspiralen ans Bett, kratzten uns unaufhörlich und ließen heißes Kerzenwachs auf die Bisse tropfen. Endlich, nachdem meine Eltern der Hotelleitung energische Vorhaltungen gemacht hatten (der Direktor behauptete, es gäbe gar keine Moskitos), wurde uns der aufregende Genuß zuteil, unter Moskitonetzen schlafen zu dürfen. Es war August und siedend heiß, und unter dem Netz muß es wohl noch heißer gewesen sein.

Es ist anzunehmen, daß man mir einige Sehenswürdigkeiten von Paris zeigte, aber sie hinterließen keinen Eindruck bei mir. Ja, ich erinnere mich, daß man mich auf den Eiffelturm mitnahm, aber es ging mir so wie das erste Mal mit den Bergen: ich sah mich in meinen Erwartungen getäuscht. Das einzige Souvenir unseres Aufenthalts in der französischen Hauptstadt war ein neuer Spitzname für mich: *Moustique* – Mücke.

Nein, das stimmt nicht. Bei diesem Besuch in Paris machte ich das erste Mal Bekanntschaft mit den Vorläufern des Maschinenzeitalters. Die Pariser Straßen waren voll von jenen neumodischen Vehikeln, die man *automobiles* nannte. Stinkend, hupend, mit allerlei Geräten bestückt, gefahren von Männern mit Mützen und Schutzbrillen, rasten sie durch die Straßen (nach heutigen Begriffen «rasten» sie vermutlich recht langsam, aber damals brauchten sie ja nur mit den Pferden zu konkurrieren). Es war verwirrend. Vater sagte, man würde sie bald überall sehen, aber wir glaubten ihm nicht. Ich beobachtete sie ohne großes Interesse. Meine Liebe gehörte nach wie vor den Eisenbahnen.

«Wie schade, daß Monty nicht da ist», meinte Mutter. «Sie würden ihm sicher gefallen.»

Es berührt mich sonderbar, wenn ich auf diesen Abschnitt meines Lebens zurückblicke. Mein Bruder scheint darin nicht in Erscheinung zu treten. Das liegt vermutlich daran, daß er mich damals recht wenig beachtete. Ich erfuhr erst später, daß Vater sich große Sorgen um ihn machte. Er mußte Harrow verlassen, weil er nicht fähig war, seine Prüfungen zu bestehen. Ich glaube, er arbeitete zuerst auf einer Werft am Dart; später ging er nach Lincolnshire im Norden. Die Berichte über seine Fortschritte waren enttäuschend. Man sagte es Vater ohne Umschweife: «Er wird nie weiterkommen. Ihm fehlt die Mathematik, verstehen Sie? Sie zeigen ihm etwas Praktisches – das nimmt er an. Er ist ein guter praktischer Arbeiter. Aber zu mehr wird er es im Maschinenbau nicht bringen.»

In vielen Familien gibt es ein Mitglied, das für die anderen eine Quelle des Verdrusses und der Sorge ist. In unserer Familie war mein Bruder Monty dieses Mitglied. Bis an sein Lebensende hat er uns immer Kopfschmerzen bereitet. Ich habe mich oft gefragt, ob es nicht irgendwo einen Platz gegeben hätte, an den er gepaßt haben würde. Wäre er als Ludwig II. von Bayern zur Welt gekommen, er hätte ein Leben nach seinem Geschmack führen können. Ich sehe ihn in einem leeren Theater sitzen und eine Oper genießen, die für ihn allein aufgeführt wird. Er war enorm musikalisch, hatte eine gute Baßstimme und spielte mehrere Instrumente nach Gehör. Aber ihm fehlte die nötige Ausdauer, um Musiker zu werden, und ich glaube auch nicht, daß er je daran dachte. Er hatte ausgezeichnete Manieren, viel Charme und war sein Leben lang von Menschen umgeben, die danach strebten, ihn aller Sorgen und Mühen zu entheben. Es gab immer jemanden, der bereit war, ihm Geld zu leihen. Wenn er und meine Schwester ihr Taschengeld bekamen – er war damals sechs Jahre alt – geschah immer wieder das gleiche. Monty gab seines am ersten Tag aus. Im Lauf der Woche schob er dann eines Tages plötzlich meine Schwester in einen Laden, verlangte schnell für drei Pence Bonbons und sah Madge herausfordernd an, ob sie es wohl wagen würde, nicht zu zahlen. Sie zahlte. Natürlich ärgerte sie sich darüber und zankte ihn nachher heftig aus. Monty lächelte gelassen und bot ihr ein Bonbon an.

Das war eine Einstellung, die er sein Leben lang beibehielt. Es war, als ob sich alle verschworen hätten, für ihn Sklavendienste zu leisten. Immer wieder haben Frauen zu mir gesagt: «Wissen Sie, Sie verstehen Ihren Bruder Monty nicht. Er braucht Mitgefühl.» Wir verstanden ihn nur zu gut. Zugegeben, es war unmöglich, sich nicht zu ihm hingezogen zu fühlen. Er sah seine Fehler ein, und er war immer ganz sicher, daß in Zukunft alles anders werden würde. Er war, glaube ich, der einzige Junge, dem in Harrow gestattet wurde, weiße Mäuse zu halten. «Wissen Sie», erklärte sein Hausaufseher meinem Vater, «er scheint so großes Interesse für Naturgeschichte zu haben, daß ich es für zulässig hielt, ihm diese Vergünstigung zu gewähren.» Die Familie allerdings war der Meinung, Monty interessiere sich überhaupt nicht für Naturgeschichte. Er wollte weiße Mäuse halten und nichts weiter!

Die Frage, was er werden sollte, löste sich von selbst. Der Burenkrieg brach aus. So gut wie alle jungen Männer, die wir kannten, meldeten sich freiwillig – und Monty natürlich auch. (Er hatte sich gelegentlich herabgelassen, mit meinen Zinnsoldaten zu spielen, hatte sie in Schlachtordnung aufgestellt und ihren Kommandanten Captain Sturmbock getauft. Um Abwechslung in das Spiel zu bringen, schnitt er später Captain Sturmbock wegen Verrats den Kopf ab. Ich weinte heiße Tränen.) Vater muß Erleichterung verspürt haben – vielleicht würde Monty in der Armee Karriere machen.

Der Burenkrieg war wohl der letzte in der Reihe jener Kriege, die man als «alte» bezeichnen könnte. Es waren Kriege, die weder die Heimat noch das eigene Leben ernstlich berührten. Es waren heroische Bilderbuchkriege, in denen tapfere Soldaten und schneidige junge Männer kämpften. Wenn sie starben, starben sie einen ruhmreichen Heldentod in der Schlacht. Häufiger aber kamen sie, die Brust mit Abzeichen bedeckt, wieder nach Hause. Sie fühlten sich als Frontkämpfer des Empires, sie waren Teil von Kiplings Gedichten und jener Partien Englands, die auf der Landkarte rosa waren. Es kommt einem heute absonderlich vor, daß es Leute gab – junge Mädchen insbesondere – die nichts Besseres zu tun hatten, als weiße Federn an junge Männer zu verteilen, die ihrer Meinung nach ihre Pflicht, für ihr Vaterland zu sterben, sträflich vernachlässigten.

Ich erinnere mich kaum noch an den Ausbruch des Burenkriegs. Man betrachtete ihn nicht als einen bedeutenden Waffengang – es handelte sich ja bloß darum, «Krüger eine Lektion zu erteilen». Wie immer waren die Engländer optimistisch: «In ein paar Wochen ist alles vorbei.» 1914 hörte man die gleiche Phrase: «Bis Weihnachten ist alles vorbei.» Und 1940: «Es hat keinen Sinn, für diese kurze Zeit, die Teppiche einzumotten» – so die Admiralität, als sie mein Haus mit Beschlag belegten – «bis zum nächsten Frühjahr ist alles vorbei.»

Mir ist also nur eine fröhliche Stimmung in Erinnerung geblieben, ein Lied mit einer hübschen Melodie – «Der zerstreute Bettler» – und muntere junge Männer, die von Plymouth heraufkamen, um ein paar Tage Urlaub bei uns zu verleben. Eine Szene ist mir im Gedächtnis haften geblieben. Es war ein paar Tage bevor sich das dritte Bataillon des Royal-Welsh-Regimentes nach Südafrika einschiffen sollte. Monty hatte einen Freund aus Plymouth mitgebracht, wo sie damals stationiert waren. Dieser Freund, Ernest Mackintosh – aus unbekannten Gründen von uns Billy genannt – sollte mir mein Leben lang ein guter Freund und mehr Bruder sein, als Monty es war. Er war ein sehr fröhlicher und charmanter junger Mann. Wie die meisten jungen Männer aus unserem Kreis, war er mehr oder weniger in meine Schwester verliebt. Die zwei Burschen hatten gerade ihre Uniformen erhalten und waren von den ungewohnten Wickelgamaschen fasziniert. Sie wickelten sie um den Hals, bandagierten ihre Köpfe damit und machten allerlei Späße. Auf einem Bild, das ich noch besitze, stehen sie in unserem Wintergarten mit den Wickelgamaschen um den Hals. Ich übertrug meine kindliche Heldenverehrung auf Billy Mackintosh. Auf meinem Nachttisch stand eine Fotografie von ihm mit Vergißmeinnicht umkränzt.

Von Paris ging es nach Dinard in der Bretagne.

In Dinard lernte ich schwimmen und war unglaublich stolz, als ich die ersten sechs Züge machte, ohne unterzugehen.

Und ich erinnere mich an die Brombeeren – noch nie zuvor hatte ich so große, fette, saftige gesehen. Marie und ich pflückten ganze Körbe voll und verzehrten sie gleichzeitig in riesigen Mengen. Diese Überfülle erklärte sich aus dem Umstand, daß die Bewohner dieser Gegend sie für giftig hielten. *«Ils ne mangent pas de mûres»*, berichtete Marie verwundert. *«‹Vous allez vous empoisonner›*, sagen sie.» Aber Marie und ich kannten keine solchen Bedenken und vergifteten uns hemmungslos jeden Nachmittag.

In Dinard packte mich zum ersten Mal das Theaterfieber. Vater und Mutter hatten ein großes Doppelzimmer mit einem riesigen Erker, eigentlich einem Alkoven, der durch einen Vorhang abgetrennt war. Ideal für Theateraufführungen. Inspiriert von einer Pantomime, die ich zu Weihnachten gesehen hatte, zwang ich Marie zum Dienst, und es gab jeden Abend Vorstellungen der verschiedensten Märchen. Ich suchte mir die Figur aus, die ich darstellen wollte, und Marie mußte alle anderen spielen.

Den Blick zurückwerfend, empfinde ich Dankbarkeit für die außerordentliche Güte meiner Eltern. Ich kann mir nichts Langweiligeres vorstellen, als Abend für Abend nach dem Dinner heraufzukommen und eine halbe Stunde zuzusehen und zu applaudieren, während Marie und ich in unseren improvisierten Kostümen posierten und umherstolzierten. Wir produzierten uns in Aschenbrödel, Dornröschen, Die Schöne und das Tier und ähnlichem. Am liebsten spielte ich Hosenrollen. Unsere Bühnensprache war Französisch, denn Marie konnte ja kein Englisch. Was für ein gutmütiges Ding sie doch war! Nur ein einziges Mal streikte sie, und das aus Gründen, die ich einfach nicht begreifen konnte. Sie sollte das Aschenbrödel spielen, und ich bestand darauf, sie müsse ihre Haare herunterlassen. Man kann sich doch Aschenbrödel nicht mit einem Knoten auf dem Kopf vorstellen! Aber Marie, die, ohne zu murren, schon das Tier gespielt hatte, die Rotkäppchens Großmutter gewesen war – Marie, die gute Feen und böse Feen und häßliche alte Frauen gespielt hatte – mit Tränen in den Augen weigerte sie sich plötzlich, die Rolle des Aschenbrödels zu übernehmen.

«*Mais pourquois pas, Marie?*» drängte ich. «Es ist doch eine sehr schöne Rolle. Sie ist die Heldin. Alles dreht sich nur um sie.»

Unmöglich, erklärte Marie, sie könne unmöglich das Aschenbrödel spielen. Ihr Haar herunterlassen, mit gelösten Haaren um die Schultern vor Monsieur erscheinen! Darum also ging es. In diesem Aufzug vor Monsieur aufzutreten, erschien Marie undenkbar und schockierend. Rätselnd, wie ihr Verhalten zu erklären sei, gab ich nach. Wir fabrizierten eine Art Kapuze, die Maries Knoten bedeckte, und damit war das Problem gelöst.

Was für sonderbare Tabus es doch gibt! Ich denke da an das Töchterchen einer meiner Freundinnen – ein nettes, liebenswertes kleines Mädchen von vier Jahren. Ein französisches Kindermädchen wurde angestellt. Es gab die übliche Besorgnis, ob die beiden miteinander «auskommen» würden, aber es ließ sich alles prächtig an. Das kleine Mädchen ging mit Madeleine spazieren, plapperte mit ihr und zeigte ihr ihre Spielsachen. Erst beim Schlafengehen flossen Tränen, als Joan es standhaft ablehnte, sich von Madeleine baden zu lassen. Verwundert gab die Mutter am ersten Tag nach, sie konnte verstehen, daß das Kind vielleicht zu der Fremden noch kein rechtes Zutrauen gefaßt hatte. Doch die Kleine blieb auch die nächsten zwei, drei Tage bei ihrer Weigerung. Alles war eitel Wonne und Sonnenschein bis zur Bade- und Schlafenszeit. Erst am vierten Tag kam Joan bitterlich weinend zu ihrer Mutter, vergrub ihr Köpfchen in ihrem Schoß und sagte: «Du verstehst das nicht, Mama, du scheinst das nicht zu verstehen. Wie kann ich eine Fremde meinen Körper sehen lassen?»

So war es auch mit Marie. Sie stolzierte in Hosen herum, zeigte in manchen Rollen auch ein gutes Stück Bein, aber vor Monsieur wollte sie ihr Haar nicht herunterlassen.

Ich könnte mir vorstellen, daß unsere Theateraufführungen anfangs sehr spaßig waren, und zumindest Vater amüsierte sich königlich. Aber wie langweilig mußten sie mit der Zeit geworden sein! Und doch waren meine Eltern viel zu gütig, um mir offen heraus zu sagen, daß es ihnen lästig war, Abend für Abend heraufzukommen. Gelegentlich drückten sie sich unter dem Vorwand, daß sie mit Freunden dinierten, aber im großen und ganzen hielten sie standhaft durch. Ich aber genoß es, mich vor ihnen zu produzieren.

Wir blieben den ganzen September in Dinard. Vater hatte ein paar alte Freunde getroffen: Martin Pirie, dessen Frau und zwei Söhne, die dort ihre Ferien verbrachten. Martin Pirie und Vater waren in Vevey zur Schule gegangen und seitdem gute Freunde. Lilian Pirie, seine Frau, war eine der bemerkenswertesten Persönlichkeiten, die mir je begegnet sind. Die Figur, die Victoria Sackville-West so wunderbar in ihrem Buch *Erloschenes Feuer* gezeichnet hat, erinnert mich ein wenig an Mrs. Pirie. Sie hatte etwas Ehrfurchtgebietendes, etwas Zurückhaltendes an sich. Sie besaß eine wunderschöne klare Stimme, edle Züge und strahlende blaue Augen. Ihre Handbewegungen waren stets anmutig. In Dinard lernte ich sie kennen, sah sie aber dann oft wieder und blieb mit ihr in Verbindung, bis sie als Achtzigjährige starb.

Sie war einer der wenigen Menschen, die mir begegnet sind, die sich eines wahrhaft umfassenden Geistes rühmen durfte. Jedes ihrer Häuser war originell und aufsehenrregend eingerichtet. Sie machte die schönsten Stickereien, es gab kein Buch und kein Stück, das sie nicht gelesen und gesehen hatte, und sie wußte immer etwas Treffendes dazu zu sagen.

Junge Menschen scharten sich um sie und schätzten ein Gespräch mit ihr. Auch als sie schon über siebzig war, bedeutete es ein wunderbar erfrischendes Erlebnis, einen Nachmittag mit ihr zu verbringen. Ich habe nie einen Menschen gekannt, der die Kunst der Muße in so vollem Maß besessen hätte. Das eine oder andere interessante Buch neben sich, für gewöhnlich mit einer von ihr selbst entworfenen Nadelarbeit beschäftigt, empfing sie ihren Besucher in einem Lehnsessel in ihrem schönen Salon. Sie erweckte in ihm den Eindruck, als hätte sie den ganzen Tag, die ganze Nacht, ja monatelang Zeit, mit ihm zu reden. Ihre kritischen Äußerungen waren scharf und klar. Obwohl sie über jedes erdenkliche abstrakte Thema zu sprechen wußte, erlaubte sie sich nur selten persönliche Bemerkungen. Aber es war ihre herrliche Stimme, die mich am meisten faszinierte. Man findet solche Stimmen so selten. Auf Stimmen habe ich immer sehr empfindlich reagiert. Eine häßliche Stimme stößt mich ab, ein häßliches Gesicht nicht unbedingt.

Vater war hocherfreut, seinen alten Freund Martin wiederzusehen. Mutter und Mrs. Pirie hatten viel miteinander gemein und vertieften sich sofort in ein angeregtes Gespräch – über japanische Kunst, wenn ich mich recht entsinne. Einer der Söhne, Harold, studierte in Eton, der andere, Wilfred, der zur Marine wollte, vermutlich in Dartmouth. Wilfred wurde später einer meiner besten Freunde, aber aus Dinard weiß ich nur zu berichten, daß es von ihm hieß, er lache laut heraus, sobald er irgendwo eine Banane sah. Was mich veranlaßte, ihn aufmerksam zu beobachten. Natürlich nahmen die beiden Jungen nicht die geringste Notiz von mir. Von einem Studenten aus Eton und einem Marinekadetten konnte man ja auch wirklich nicht erwarten, daß sie sich so weit erniedrigen würden, einem kleinen Mädchen von sieben Jahren ihre Aufmerksamkeit zu schenken.

Von Dinard fuhren wir auf die Insel Guernsey, wo wir den Großteil des Winters verbrachten. Als Geburtstagsgeschenk bekam ich drei äußerst bunte und exotisch gefiederte Vögel. Sie hießen Kiki, Tou-tou und Bébé. Kurz nachdem wir auf Guernsey eingetroffen waren, starb Kiki, der immer ein zartes Tierchen gewesen war. Er war noch nicht so lange in meinem Besitz, als daß sein Verlust mich sehr tief getroffen hätte – schließlich war ja Bébé, ein bezauberndes Vögelchen, mein Liebling –, um so mehr aber genoß ich das Vergnügen, das ich mir mit den Trauerfeierlichkeiten nach seinem Hinscheiden bescherte. Eine Prozession zog aus der Stadt St. Peter Port in eine Gegend im Hochland, wo ein Plätzchen gefunden wurde, das für die Beerdigungszeremonie geeignet erschien. Dort wurde Kiki würdig in einer von Mutter gestifteten, mit Seidenbändern ausgeschlagenen Schachtel zur letzten Ruhe gebettet.

Das war natürlich alles höchst befriedigend, aber noch lange nicht das Ende. «*Visiter la tombe de Kiki*» wurde zu einem meiner liebsten Spaziergänge!

Das große Ereignis in St. Peter Port war der Blumenmarkt. Es gab dort wunderhübsche Blumen jeder Art und sehr billig. Wie Marie behauptete, geschah es immer an den kältesten und windigsten Tagen, daß «Miss» auf die Frage «Und wo gehen wir heute spazieren, Miss?» mit Vorliebe antwortete: *«Nous allons visiter la tombe de Kiki.»* Schwere Seufzer Maries. Drei Kilometer bei diesem unangenehmen kalten Wind! Aber ich blieb hart. Ich zerrte sie zum Markt, wo wir frische Kamelien und andere Blumen kauften, und dann begaben wir uns, von Wind und oft auch Regen gepeitscht, auf den langen Weg zu Kikis Ruhestätte, wo wir das Blumenbukett feierlich auf sein Grab legten. Manchen Leuten muß es wohl im Blut liegen, daß sie an Beerdigungen und Totenfeiern Gefallen finden. Wie wäre es wohl ohne diese Eigenart der menschlichen Natur um die Archäologie bestellt? Wenn in meiner Kindheit anstelle des Kindermädchens jemand anders mit mir spazierenging – ein Dienstmädchen zum Beispiel –, besuchten wir unweigerlich einen Friedhof.

Wie herzerquickend sind doch diese Szenen auf dem Père Lachaise in Paris, wo ganze Familien die Gräber besuchen und sie für Allerseelen schmücken! Es ist fürwahr ein geheiligter Brauch, die Toten zu ehren. Und eines weiß ich: Wie arm eine Familie auch sein mag, sie spart vor allem für ihre Bestattungskosten. Ein liebes altes Weiblein, das einmal für mich gearbeitet hatte, sagte: «Harte Zeiten, Schätzchen. Ja, ich habe harte Zeiten durchgemacht. Aber wie schwer es mir auch zusammengegangen ist, ich habe so viel Geld gespart, um mich anständig begraben zu lassen, und das werde ich auch nie anrühren. Nein, niemals, und wenn ich hungern müßte!»

4

Manchmal denke ich, daß ich in meinem früheren Leben – wenn man an die Seelenwanderung glaubt – ein Hund gewesen sein muß. Ich kann viele «hündische» Gewohnheiten an mir entdecken. Wenn jemand etwas unternimmt oder irgendwohin geht, will ich immer mit von der Partie sein – und bin es auch. So benahm ich mich auch, als wir nach dieser langen Abwesenheit nach Hause zurückkehrten, genau wie ein Hund. Ein Hund läuft immer im ganzen Haus herum, untersucht alles, schnüffelt hier und schnüffelt dort, erkundet mit seiner Nase, was vorgefallen ist, und besucht alle seine Lieblingsplätzchen. Ich tat genau das gleiche. Ich wanderte durch das Haus und dann in den Garten hinaus und besuchte meine Lieblingsplätze: den Bottich, den Baum mit der Schaukel, das Versteck an der Mauer, von wo aus ich, ohne gesehen zu werden, die Straße überblicken konnte. Ich prüfte meinen Reifen und brauchte eine ganze Stunde, um mich zu überzeugen, daß alles so war, wie ich es zurückgelassen hatte.

Die größte Veränderung war an meinem Hund Tony zu bemerken. Bei unserer Abreise war Tony ein kleiner, niedlicher Yorkshire-Terrier gewesen. Dank Froudies liebender Sorge und endloser Fütterung war er jetzt rund wie eine Kugel. Froudie war in jeder Beziehung Tonys Sklavin geworden, und als Mutter und ich hingingen, um ihn nach Hause zu holen, hielt sie uns einen langen Vortrag über seine Schlafgewohnheiten, seine Lieblingsspeisen, womit er in seinem Körbchen zugedeckt werden müsse und zu welcher Tageszeit er gerne auf die Straße geführt werden wollte. «Und er frißt nur aus der Hand», erklärte Froudie stolz. «Ja, ja, ich muß ihn selbst füttern, Bissen für Bissen.»

Ein Stirnrunzeln meiner Mutter verriet mir, daß Tony bei uns daheim nicht ganz diese Behandlung zuteil werden würde. Wir nahmen ihn in der Kutsche mit, die wir zu diesem Zweck gemietet hatten, dazu sein Körbchen und seine sonstige Habe. Natürlich war Tony hoch erfreut, uns zu sehen, und schleckte mich liebevoll ab. Als ihm sein Futter gebracht wurde, erwies sich Froudies Hinweis als richtig. Tony beäugte die Schüssel, sah Mutter an, sah mich an, tat ein paar Schritte zur Seite, setzte sich und wartete wie ein Grandseigneur darauf, aus der Hand gefüttert zu werden. Ich gab ihm ein Stückchen, das er huldvoll annahm, aber Mutter stoppte das.

«Das geht nicht», sagte sie. «Er wird sich daran gewöhnen müssen, selbst zu fressen wie früher. Laß die Schüssel dort stehen. Früher oder später wird er es sich überlegen.»

Aber Tony dachte nicht daran. Er saß nur da, und niemals habe ich einen Hund gesehen, der so von gerechtem Zorn ergriffen gewesen wäre. Seine großen, traurigen braunen Augen blickten von einem zum anderen und zurück auf seine Schüssel. Ganz deutlich sagte er: «Ich will mein Nachtessen. Seht ihr denn das nicht? Gebt es mir.» Aber Mutter blieb hart.

«Selbst wenn er heute nichts frißt», sagte sie, «morgen wird er.»

«Glaubst du nicht, daß er verhungern wird?» fragte ich.

Nachdenklich betrachtete Mutter Tonys übermäßig breiten Rücken. «Ein bißchen hungern», meinte sie, «würde ihm äußerst gut bekommen.»

Erst am nächsten Abend kapitulierte Tony, wahrte aber das Gesicht, indem er nur fraß, wenn niemand im Zimmer war. Danach gab es keine Schwierigkeiten mehr. Die Tage, da man ihn wie einen Großherzog behandelt hatte, waren vorüber, und Tony akzeptierte diese Tatsache. Aber er vergaß nicht, daß er ein Jahr lang der verhätschelte Liebling in einem anderen Haus gewesen war. Ein Wort des Tadels genügte, und schon schlich er sich davon und trottete zu Froudie hinunter, wo er sich offenbar beklagte, daß er bei uns nicht gebührend geschätzt wurde. Diese Gewohnheit behielt er lange Zeit bei.

Zusätzlich zu ihren anderen Pflichten war Marie jetzt auch noch Tonys Kindermädchen. Es war recht lustig anzusehen, wenn wir unten spielten und Marie mit vorgebundener Schürze erschien und höflich verkündete: *«Monsieur Tony pour le bain.»* Monsieur Tony versuchte sofort, sich unter dem Sofa zu verkriechen und in Sicherheit zu bringen, denn er hielt nicht viel von seinem wöchentlichen Bad. Mit hängenden Ohren wurde er fortgetragen, und Marie berichtete später stolz, wieviel tote Flöhe auf dem Badewasser geschwommen waren.

Hunde scheinen heutzutage nicht annähernd so viele Flöhe mit sich herumzutragen wie in meiner Kinderzeit. Trotz zahlreicher Bäder, trotz Bürstens und Kämmens waren alle unsere Hunde immer voller Flöhe. Vielleicht trieben sie sich damals mehr in Ställen herum und spielten mit anderen von Flöhen heimgesuchten Freunden, als sie es heute tun. Andererseits waren sie weit weniger verwöhnt und nicht ständig beim Tierarzt, wie das heute üblich ist. Ich glaube nicht, daß Tony jemals ernstlich krank gewesen wäre.

Um Kinder wird heute auch mehr Aufhebens gemacht als damals. Erhöhten Temperaturen wurde nicht allzu große Wichtigkeit beigemessen. Erst eine über vierundzwanzig Stunden anhaltende Temperatur von achtunddreißig Grad ließ den Besuch eines Arztes als nötig erscheinen. Hatte man ein Übermaß an grünen Äpfeln verzehrt, konnte es schon mal vorkommen, daß man Opfer eines Gallenfieberanfalls wurde. Vierundzwanzig Stunden Bettruhe – verbunden mit Hungerdiät – erwiesen sich für gewöhnlich als wirksames Heilmittel.

Das Essen war immer gut und abwechslungsreich. Möglicherweise neigte man dazu, kleine Kinder zu lange mit Milch und stärkereichen Nahrungsmitteln zu verköstigen. Ich allerdings naschte schon in zartestem Alter von den Steaks, die Nursie zum Abendessen heraufgeschickt wurden, und nicht durchgebratenes Roastbeef war immer eines meiner Lieblingsgerichte. Auch dicke Sahne wurde in Mengen verzehrt – sie schmecke doch viel besser als Lebertran, pflegte Mutter zu sagen. Wir aßen sie als Brotaufstrich und manchmal auch mit dem Löffel. Keine Frage: Sahne war für mich ein Hochgenuß und wird es vermutlich immer sein.

Mutter, die, wie in anderen Dingen, auch beim Essen Abwechslung liebte, pflegte von Zeit zu Zeit einen Fimmel zu haben. «Das Ei ist nahrhafter», lautete einmal die Devise – worauf es praktisch zu jeder Mahlzeit Eier gab, bis Vater Einspruch erhob. Dann kam die Fischzeit: wir lebten von Seezunge und Weißfisch und vermehrten unsere grauen Zellen. Allerdings kehrte Mutter nach solchen diätetischen Ausflügen meist bald wieder zu einer normalen Kost zurück; so wie sie nach Abstechern in die Theosophie und den Unitarismus, nach einem Flirt mit dem Buddhismus, und nachdem sie um ein Haar Katholikin geworden wäre, am Ende wieder in den Schoß der englischen Staatskirche zurückkehrte.

Es war schön, heimzukommen und alles wieder so vorzufinden, wie ich es verlassen hatte. Nur eines hatte sich verändert, und das zum Guten. Ich hatte jetzt meine mir ergebene Marie.

Bis ich mich entschloß, eine Hand in die Kiste meiner Erinnerungen zu stecken, hatte ich kaum mehr an Marie gedacht – sie war einfach Marie und Teil meines Lebens. Was um ein Kind herum vorgeht, das ist seine Welt, und dazu gehören auch die Menschen, die sie bevölkern. Marie – frisch, fröhlich, lächelnd, immer freundlich – war ein sehr geschätztes Mitglied unseres Haushalts.

Heute frage ich mich: Was waren ihre Gefühle? Ich glaube, daß sie in diesem halben Jahr, das wir auf Reisen in Frankreich und auf den Kanalinseln verbrachten, sehr glücklich war. Sie sah viel Neues, das Leben in den Hotels war angenehm, und merkwürdigerweise faßte sie Zuneigung zu ihrem Schützling. Natürlich möchte ich glauben, daß sie mich gern hatte, weil ich ich war – aber Marie hatte ein Herz für Kinder und würde jedem Kind zugetan gewesen sein, das ihr anvertraut worden wäre – ausgenommen jene jugendlichen Monstren, auf die man zuweilen stößt. Ich war ihr gewiß nicht übermäßig gehorsam; ich fürchte, die Franzosen besitzen nicht die Gabe, sich Gehorsam zu verschaffen. Ich betrug mich in mancher Hinsicht abscheulich. Ganz besonders war mir das Zubettgehen zuwider. Ich erfand ein herrliches Spiel, das darin bestand, daß ich von einem Möbelstück zum anderen hüpfte, auf die Schränke kletterte, von Tischen und Kommoden heruntersprang – alles, ohne auch nur ein einziges Mal den Fußboden zu berühren. «Oh, Miss, Miss!» seufzte Marie. «*Madame votre mère ne serait pas contente!*» Aber *Madame ma mère* hatte keine Ahnung, was ich da oben trieb. Wäre sie unerwartet im Kinderzimmer aufgetaucht, sie würde die Augenbrauen hochgezogen und gesagt haben: «Agatha! Warum bist du nicht im Bett?» Es hätte keiner weiteren Ermahnung bedurft, und ich wäre in zwei Minuten im Bett gewesen. Marie verpetzte mich nie bei der Obrigkeit, sie seufzte, sie flehte mich an, aber sie verpetzte mich nicht. Mag sein, daß ich ihr den Gehorsam schuldig blieb, dafür schenkte ich ihr meine Liebe.

Nur ein einziges Mal habe ich sie wirklich verletzt, und das ohne Absicht. Es geschah nach unserer Rückkehr nach England, im Laufe eines Gesprächs über dies oder jenes, das im übrigen völlig friedlich verlief. «*Ma pauvre fille*», sagte ich, um ihr meinen Standpunkt noch deutlicher zu machen, «*vous ne savez donc pas les chemins de fer sont* ...» Worauf Marie zu meiner grenzenlosen Überraschung in Tränen ausbrach. Ich starrte sie an. Ich wußte nicht, was ich davon halten mußte. Weshalb sollte eine Bemerkung über Eisenbahnen sie so erschüttern? Endlich stammelte sie schluchzend eine Erklärung. Ja, sie war wirklich ein *pauvre fille*. Ihre Eltern waren arm, nicht reich wie die Eltern von Miss. Sie hatten ein Kaffeehaus, und die ganze Familie mußte arbeiten. Aber es war nicht *gentille*, es war nicht *bien élevée* von der lieben Miss, ihr ihre Armut vorzuwerfen.

«Aber Marie», protestierte ich, «so habe ich es doch überhaupt nicht gemeint!» Es schien unmöglich, sie davon zu überzeugen, daß ich keinen Augenblick an ihre Armut gedacht hatte, daß *ma pauvre fille* nur eine aus meiner Ungeduld geborene Redensart war. Ich hatte die Gefühle der armen Marie verletzt, und es bedurfte einer halben Stunde Beteuerungen, Zärtlichkeiten und wiederholter Versicherungen meiner Zuneigung, bevor sie sich endlich beruhigte. Dann war alles wieder gut, aber in Zukunft achtete ich streng darauf, diese Redewendung nie wieder zu gebrauchen.

Ich vermute, daß Marie sich in unserem Haus in Torquay zum ersten Mal einsam fühlte und von starkem Heimweh befallen wurde. In den Hotels hatte es andere Kindermädchen, Gouvernanten, Kammerzofen und dergleichen aus aller Herren Länder gegeben – und die Trennung von ihrer Familie war ihr nicht zu Bewußtsein gekommen. Hier in England war das anders. Wenn ich mich recht entsinne, hatten wir damals ein ziemlich junges Hausmädchen und ein etwa dreißig Jahre altes Stubenmädchen, aber ihre Einstellung zum Leben war so ganz anders als die von Marie, daß sie sich völlig fremd gefühlt haben muß. Die beiden mokierten sich über die Einfachheit ihrer Kleidung und über die Tatsache, daß sie keinen Penny für Handschuhe, Bänder und sonstigen Putz ausgab.

Marie erhielt einen für ihre Begriffe phantastisch hohen Lohn.

Sie ersuchte Monsieur jeden Monat, er möge die Freundlichkeit haben, den Großteil ihres Gehalts an ihre Mutter in Pau zu überweisen. Sie behielt nur eine winzig kleine Summe für sich. Das war ganz natürlich und schicklich für sie; sie sparte für ihre *dot*, jene bedeutungsvolle Geldsumme, die alle französischen Mädchen damals (und vielleicht auch noch heute, das weiß ich nicht) fleißig für die Mitgift zur Seite legten – eine absolute Notwendigkeit für die Zukunft, weil sie ohne diesen Brautschatz unter Umständen überhaupt nicht heiraten konnten. Es war eine gute und vernünftige Idee und ist, soviel ich weiß, jetzt auch in England üblich, weil junge Menschen möglichst bald ein Haus erwerben wollen. Deshalb sparen der Mann und das Mädchen auf dieses Ziel hin. Doch in der Zeit, von der ich erzähle, sparten die Mädchen nicht für die Ehe – das war Sache des Mannes. Ihm oblag die Sorge für sein Heim, seine Frau, für Kleidung und Nahrung. Für die «besseren» Dienstboten und die unteren Schichten der Ladenmädchen war es deshalb auch ganz normal, das Geld, das sie verdienten, für die lustigen Dinge des Lebens auszugeben. Sie kauften sich neue Hüte, bunte Blusen und hin und wieder eine Halskette oder eine Brosche. Und da war nun Marie in ihrem einfachen schwarzen Kostüm, ihrer kleinen Toque und ihren schlichten Blusen, die nie ihre Garderobe ergänzte und nie etwas Unnötiges kaufte. Ich glaube nicht, daß es böser Wille war, aber sie lachten sie aus, sie verachteten sie. Marie war sehr unglücklich.

Mit viel Verständnis und Güte gelang es Mutter, ihr über die ersten vier oder fünf Monate hinwegzuhelfen. Sie hatte Heimweh, sie wollte nach Pau zurück. Aber Mutter sprach mit ihr und tröstete sie. Sie wäre ein gescheites Mädchen, sagte sie ihr, den englischen Mädchen an Klugheit und Weitblick voraus, und täte genau das Richtige. Sie nahm sich, glaube ich, auch Jane und die beiden Dienstboten vor und wies sie darauf hin, daß sie die kleine Französin unglücklich machten. Marie lebte hier fern von ihrer Heimat, und sie sollten sich einmal überlegen, wie sie sich in einem fremden Land fühlen würden. Nach ein oder zwei Monaten fand Marie ihr fröhliches Wesen wieder.

«Aber bekamst du denn keinen Unterricht?» könnte der eine oder andere Leser fragen, der die Geduld aufgebracht hat, mir bis hierher zu folgen.

Meine Antwort lautet schlicht: «Nein, ich bekam keine Unterrichtsstunden.»

Ich war damals etwa neun Jahre alt, und die meisten Kinder meines Alters hatten Gouvernanten, deren Aufgabe es aber in erster Linie war, die ihnen anvertrauten Kinder zu beaufsichtigen und zu beschäftigen. Was sie ihren Schützlingen an «Wissen» vermittelten, blieb ausschließlich dem Geschmack der jeweiligen Gouvernante überlassen.

Ich erinnere mich undeutlich an die eine oder die andere Gouvernante in befreundeten Familien. Die eine schwor auf Dr. Brewers *Child's Guide to Knowledge*, einen Vorläufer unserer modernen Quizbücher. Einige der dort erworbenen Wissenskörnchen habe ich im Gedächtnis behalten: «Von welchen drei Krankheiten wird der Weizen befallen? – Schimmel, Brand und Rost.» – «Welches ist der wichtigste Fabrikationszweig der Stadt Redditch? – Nadeln.» – «Wann war die Schlacht von Hastings? – 1066.» Sie haben mich mein Leben lang begleitet – bedauerlicherweise hatten sie nie irgendwelchen praktischen Wert für mich.

Eine andere Gouvernante unterrichtete ihre Schüler beinahe nur in Naturgeschichte. Es wurde eine Unmenge von Blättern und Blüten und Beeren gesammelt und anschließend zerschnitten und zerteilt. Es war unglaublich langweilig. «Ich hasse dieses ewige In-Stücke-Reißen», vertraute mir meine kleine Freundin an. Ich war ganz ihrer Meinung, und mein Leben lang habe ich vor dem Wort Botanik gescheut wie ein nervöses Pferd.

Mutter war in ihrer Jugend zur Schule gegangen, in eine Lehranstalt in Cheshire. Sie schickte meine Schwester Madge in eine öffentliche Elementarschule, huldigte aber jetzt der Anschauung, die beste Methode, Mädchen zu erziehen, bestünde darin, ihnen soweit wie möglich ihre Freiheit zu lassen, ihnen gutes Essen und frische Luft zu geben und ihrer geistigen Entwicklung in keiner Weise Zwang anzutun. (Natürlich galt nichts von all dem für Knaben; für sie war eine streng konventionelle Erziehung vorgesehen.)

Wie schon erwähnt, hatte Mutter eine Theorie, wonach einem Mädchen das Lesen erst mit acht Jahren gestattet werden sollte. Da ihr das in meinem Fall mißlungen war, durfte ich lesen, soviel ich wollte, und ich nahm jede Gelegenheit wahr, das auch zu tun. Das sogenannte Schulzimmer war ein großer, fast ganz von Büchergestellen eingefaßter Raum im Obergeschoß des Hauses. Es gab Regale mit Kinderbüchern – *Alice im Wunderland* und *Alice hinter den Spiegeln*, sentimentale viktorianische Erzählungen und daneben jede Menge von Schulbüchern, Erzählungen und Romanen. Ich las wahllos, was mir in die Hände fiel – auch Dinge, die ich zwar nicht verstand, die mich aber dennoch fesselten.

Bei meiner Lektüre geriet ich auch an ein französisches Theaterstück. Vater kam dazu, als ich es las. «Wo hast du denn das her?» fragte er und nahm es mir entsetzt aus der Hand. Es war ein Werk aus einer Reihe französischer Romane und Theaterstücke, die er, da nur für den Gebrauch Erwachsener bestimmt, üblicherweise im Rauchzimmer unter Verschluß hielt.

«Es lag im Schulzimmer», antwortete ich.

«Da hat es nichts zu suchen», sagte er. «Es gehört in meinen Schrank.»

Ich überließ es ihm ohne Bedauern. Offen gestanden, ich hatte kaum die Zusammenhänge erkannt. Ich kehrte beglückt zu *Mémoires d'un Âne, Sans Famille* und anderen harmlosen französischen Büchern zurück.

Irgendwelchen Unterricht muß ich wohl genossen haben, aber ich bekam nie eine Gouvernante. Ich lernte Mathematik mit Vater, der mich in die Welt der Bruchrechnung und Dezimalzahlen einführte. Ich erreichte schließlich den Punkt, wo soundso viele Kühe soundso viel Gras fressen, und mit Wasser gefüllte Fässer in soundso viel Stunden . . . Ich fand es sehr aufregend.

Meine Schwester war jetzt offiziell «gesellschaftsfähig» geworden, was eine große Zahl von Parties, Kleidern, Besuchen in London und so weiter mit sich brachte. Das wieder hielt Mutter in Atem, so daß sie weniger Zeit für mich hatte. Das Gefühl, daß sich alles um Madge drehte, machte mich manchmal eifersüchtig. Mutter selbst hatte keine sehr schöne Mädchenzeit gehabt. Obwohl ihre Tante eine reiche Frau war und häufig den Atlantik mit ihr überquert hatte, war es ihr nie nötig erschienen, sie in irgendeiner Form in die Gesellschaft einzuführen. Omatante bestellte sich zwar sehr teure und elegante Kleider in den besten Pariser Salons, betrachtete aber Clara immer nur als Kind und kleidete sie entsprechend. Wieder diese schrecklichen Nähmamsellen! Mutter war fest entschlossen, daß ihre Töchter all die hübschen Sachen und den modischen Krimskrams haben sollten, den sie hatte entbehren müssen. Daher ihr Interesse und ihre Freude an Madges Garderobe und später auch an meiner.

Und damals waren Toiletten noch Toiletten! Rüschen, Krausen, Volants, Spitzen, komplizierte Säume und Besätze: verschwenderisch in Material und Ausführung schleppten sie über den Boden und mußten anmutig mit einer Hand hochgehalten werden. Dazu gab es noch kleine Umhänge oder Mäntel oder Federboas.

Auch die Frisuren waren damals noch Frisuren – nicht so wie heute, wo man sich mit dem Kamm durch das Haar fährt, und die

Sache ist erledigt. Das Haar wurde gelockt und gekräuselt und eingedreht, über Nacht mit Lockenwicklern gequält und mit der heißen Brennschere gewellt. Wenn eine junge Dame auf den Ball ging, fing sie mindestens zwei Stunden vorher an, sich die Haare zu machen; allein für die Frisur brauchte sie eineinhalb Stunden.

Das war freilich nicht meine Welt. Es war die Welt der Erwachsenen, von der ich mich fernhielt. Was Marie und mich nicht daran hinderte, über die Toiletten der Mademoisellen zu diskutieren.

Der Zufall wollte es, daß wir in unserer Straße keine Nachbarn mit Kindern in meinem Alter hatten. Darum organisierte ich mir, wie ich es schon früher getan hatte, meinen eigenen Kreis von Freundinnen – als Nachfolgerinnen von Pudel, Eichhörnchen, Baum und den viel strapazierten Kätzchen. Diesmal erfand ich mir eine Schule – aber nicht, weil ich den dringenden Wunsch verspürte, zur Schule zu gehen. Nein, ich war ganz einfach der Ansicht, daß eine Schule sich am besten dazu eignete, für sieben Mädchen verschiedenen Alters und unterschiedlichen Aussehens den Hintergrund abzugeben. Jedes Mädchen mußte eine andere Herkunft haben und aus einem anderen Milieu kommen. Die Schule selbst hatte keinen Namen; sie war einfach die Schule.

Die ersten Mädchen, die ich in meiner Schule aufnahm, hießen Ethel Smith und Annie Gray. Ethel war elf und Annie war neun. Ethel Smith war dunkel und hatte lange Haare. Sie war klug, tat sich bei Spielen hervor, hatte eine tiefe Stimme und muß ziemlich maskulin ausgesehen haben. Annie Gray, ihre beste Freundin, war das genaue Gegenteil. Sie hatte flachsblondes Haar und blaue Augen, war schüchtern und nervös und weinte leicht. Sie hing an Ethel, die sie bei jeder Gelegenheit in Schutz nahm. Ich hatte beide gern, gab aber der beherzten und lebensvollen Ethel den Vorzug.

Bald kamen zwei weitere Mädchen hinzu: Isabella Sullivan war sehr reich und wunderschön, sie hatte goldblondes Haar und braune Augen. Sie war elf. Ich mochte Isabella nicht – ich mochte sie ganz und gar nicht. Sie war «weltlich». (Weltlich war ein oft gebrauchtes Wort in den Geschichtenbüchern jener Zeit.) Isabella war zweifellos der Inbegriff weltlicher Gesinnung. Sie spielte sich groß auf, prahlte mit ihrem Reichtum und trug Kleider, die viel zu teuer für sie und zu «erwachsen» für ein Mädchen ihres Alters waren. Elsie Green war ihre Cousine. Elsie hatte etwas von einer Irin. Sie hatte blaue Augen und dunkles lockiges Haar, war immer fröhlich und lachte viel. Sie kam ganz gut mit Isabella aus, putzte sie aber manchmal herunter. Elsie war arm; sie trug Isabellas abgelegte Kleider.

Mit diesen vier Mädchen kam ich eine Zeitlang gut aus. Sie fuhren auf meiner Ringbahn, ritten, verrichteten Gartenarbeiten und spielten häufig Krocket. Ich organisierte Wettkämpfe und Turniere. Meine große Hoffnung war immer, daß Isabella nicht gewinnen würde. Ich schwindelte nicht, tat aber sonst alles, um sie nicht gewinnen zu lassen – wenn sie an der Reihe war, hielt ich das Schlagholz nur nachlässig, spielte unüberlegt, zielte überhaupt nicht, und doch: je ungeschickter ich spielte, desto erfolgreicher schien Isabella abzuschneiden. Es war höchst ärgerlich.

Nach einer Weile kam mir der Gedanke, daß es doch recht nett wäre, auch ein paar jüngere Mädchen in meiner Schule zu haben. Ich nahm zwei Sechsjährige auf, Ella White und Sue de Verte. Ella war gewissenhaft, fleißig und langweilig. Sie hatte buschiges Haar und war eine annehmbare Krocketspielerin. Sue de Verte war eher farblos – im Aussehen wie auch im Charakter. Irgendwie konnte ich sie weder sehen noch fühlen. Sie und Ella waren eng befreundet. Während Ella für mich ein offenes Buch war, blieb Sue verschwommen und veränderlich. Diesen Eindruck hatte ich vermutlich nur deshalb, weil Sue in Wirklichkeit ich selbst war. Wenn ich mit den anderen plauderte, war es immer Sue, die sich mit ihnen unterhielt, nicht Agatha, und damit wurden Sue und Agatha zu zwei Facetten ein und desselben Wesens. Sue war eigentlich nur Beobachterin und gehörte nicht zu den *dramatis personae*. Das siebente Mädchen in meiner Sammlung war Sues Stiefschwester, Vera de Verte. Vera war schrecklich alt – sie war dreizehn. Noch war sie nicht attraktiv, würde aber später einmal eine strahlende Schönheit sein. Ein Geheimnis umgab ihre Geburt. Sie hatte strohblondes Haar und vergißmeinnichtblaue Augen.

Eine zusätzliche Hilfe für meine «Mädchen» war eine Mappe mit Bildern aus der Königlichen Akademie, die meine Großmutter in ihrem Haus in Ealing hatte. Sie versprach mir, daß sie eines Tages mir gehören würde, und wenn es draußen regnete, saß ich stundenlang davor und studierte sie – nicht wegen der künstlerischen Befriedigung, sondern um die passenden Porträts für meine Mädchen zu finden. Ein von Walter Crane illustriertes Buch, das ich zu Weihnachten bekommen hatte – *The Feast of Flora* – war mit Bildern von Blumen in Menschengestalt ausgestattet. Ein ganz besonders reizendes zeigte eine von Vergißmeinnicht umrankte Gestalt, die zweifelsohne Vera de Verte darstellte. Chaucers Gänseblümchen war Ella, und die anmutig dahinschreitende Kaiserkrone Ethel.

Die «Mädchen» leisteten mir noch manches Jahr Gesellschaft;

natürlich veränderten sie mit der Zeit ihre Persönlichkeit – so wie auch ich älter wurde. Sie spielten Instrumente, agierten in Opern, übernahmen Rollen in Theaterstücken und Singspielen. Selbst als ich schon erwachsen war, dachte ich gelegentlich an sie und teilte die verschiedenen Kleider in meinem Garderobeschrank auf sie auf. Ich erinnere mich, daß Ethel in einem dunkelblauen Tüllkleid mit weißen Lilien auf der Schulter sehr gut aussah. Die arme Annie bekam nie viel zum Anziehen. Aber ich war immer fair gegen Isabella und gab ihr ein paar wirklich schöne Roben – meist Seide oder bestickter Brokat. Wenn ich ein Kleid weghänge, sage ich manchmal noch heute leise zu mir: «Ja, das würde Elsie gut stehen, grün war immer ihre Farbe.» Oder: «Dieses dreiteilige Jersey-Set würde Ella wirklich sehr gut passen.» Ich muß lachen, wenn ich das tue – um so mehr als die «Mädchen» ja – im Gegensatz zu mir – nicht älter geworden sind. Älter als dreiundzwanzig habe ich sie mir nie vorgestellt.

Mit der Zeit kamen noch weitere vier Mädchen hinzu: Adelaide, die älteste von allen, hochgewachsen, hübsch und ein wenig überklug, Beatrice, eine fröhliche, springlebendige kleine Elfe und die jüngste von allen, sowie zwei Schwestern, Rose und Iris Reed. Im Zusammenhang mit diesen beiden hatte ich romantische Anwandlungen. Iris hatte einen Verehrer, der ihr Gedichte schrieb und sie «Moorlilie» nannte, Rose war sehr mutwillig, spielte aller Welt Schabernack und flirtete heftig mit den jungen Herrn ihrer Umgebung. Einige Mädchen wurden von mir verheiratet, andere nicht. Ethel blieb ledig und lebte zusammen mit der sanftmütigen Annie in einem kleinen Häuschen – ein passendes Arrangement, wie ich heute finde: sie würden genau das getan haben, wenn es sie wirklich gegeben hätte.

Bald nach unserer Rückkehr wurde ich von Fräulein Uder in die herrliche Welt der Musik eingeführt. Fräulein Uder war eine gedrungene, drahtige, energische kleine Deutsche. Ich weiß nicht, wieso sie gerade in Torquay Musikunterricht erteilte – ich habe nie etwas über ihr Privatleben gehört. Eines Morgens erschien Mutter mit Fräulein Uder im Schulzimmer; sie wünsche, erklärte sie, daß Agatha Klavierspielen lernen solle.

«Ach!» sagte Fräulein Uder, die perfekt Englisch sprach, aber mit hartem deutschem Akzent. «Dann wollen wir gleich zum Klavier.» Und wir gingen zum Klavier – zum Schulzimmerklavier natürlich, nicht zum großen Flügel im Salon.

«Bleib da stehen», kommandierte Fräulein Uder. Ich blieb links vom Klavier stehen. «Das», sagte sie und hämmerte so stark auf die Taste, daß ich um das Instrument bangte, «das ist die Note C. Verstehst du? Das ist die Note C. Das ist die C-Dur-Skala.» Sie spielte die Tonleiter. «Jetzt spielen wir den C-Dur-Akkord, so. Und jetzt wieder die Tonleiter. Die Noten heißen C, D, E, F, G, A, H, C. Verstehst du?»

Ich bejahte. Soviel hatte ich nämlich schon vorher gewußt.

«Du bleibst da stehen, wo du die Tasten nicht sehen kannst», wies Fräulein Uder mich an. «Ich spiele jetzt das C und dann eine andere Note, und du sollst mir sagen, welche es ist.» Sie schlug das C und dann eine andere Taste an. «Was ist das?»

«E», antwortete ich.

«Ganz richtig. Gut. Jetzt versuchen wir es noch einmal.» Wieder hämmerte sie auf das C und dann auf eine zweite Taste. «Und das?»

«A», schlug ich vor.

«Ach, das ist ja prima! Gut. Das Kind ist musikalisch. Du hast Gehör, ja. Wir werden famos miteinander auskommen.»

Um ehrlich zu sein, ich hatte nicht die leiseste Ahnung, welche Noten sie gespielt hatte. Ich hatte einfach geraten. Aber wie auch immer: da es gut angefangen hatte und beide Seiten guten Willen zeigten, ging es flott weiter. Es dauerte nicht lange, und das Haus hallte von Skalen und Arpeggios und schließlich auch von den Klängen des *Fröhlichen Landmanns* wider. Der Musikunterricht machte mir große Freude. Sowohl Vater wie auch Mutter spielten Klavier. Mutter spielte Mendelssohns *Lieder ohne Worte* und verschiedene andere Stücke, die sie in ihrer Jugend gelernt hatte. Sie spielte gut, war aber, glaube ich, keine begeisterte Musikliebhaberin. Vater war von Natur aus musikalisch. Er konnte alles nach Gehör spielen und trug uns wunderschöne amerikanische Lieder, Negrospirituals und andere Stücke vor. Nach dem *Fröhlichen Landmann* studierte Fräulein Uder die *Träumerei* und einige andere reizende Melodien von Schumann mit mir ein. Ich übte fleißig – ein bis zwei Stunden am Tag. Nach Schumann kam Grieg, der mich begeisterte – *Erotique* und *Erstes Frühlingsrauschen* waren meine Lieblingsstücke. Als ich endlich so weit war, daß ich den *Morgen* aus der *Peer-Gynt-Suite* spielen konnte, war ich außer mir vor Entzücken. Wie die meisten Deutschen, war auch Fräulein Uder eine ausgezeichnete Lehrerin. Mit dem Spiel von hübschen Melodien war es leider nicht getan, es gab Unmengen von Czernys Etüden, die ich nicht ganz so eifrig übte. Doch Fräulein Uder ließ nicht mit sich spaßen. «Du mußt ein gesundes Fundament haben», sagte sie. «Die Liedchen, ja, das sind nette kleine Spielereien, das sind Blumen, die blühen und abfallen, aber du mußt Wurzeln haben, kräftige Wurzeln und Blätter.»

Dann gab es auch noch die Tanzstunden, die einmal in der Woche in einem Saal stattfanden, der sich etwas pompös «Athenaeum» nannte und über einer Konditorei lag. Ich muß schon sehr früh in die Tanzstunde gegangen sein – mit fünf oder sechs, glaube ich, denn ich erinnere mich, daß Nursie noch da war und mich hinbegleitete. Die Kleinsten fingen mit der Polka an, und zwar so, daß sie drei Mal aufstampfen mußten: rechts, links, rechts – links, rechts, links. Ziemlich lästig für die Leute, die unten in der Konditorei ihren Tee tranken. Als ich heimkam, brachte Madge mich ein wenig aus der Fassung. «So tanzt man keine Polka», sagte sie. «Man schiebt einen Fuß vor, zieht den anderen nach . . . so, siehst du?» Ich war ziemlich erstaunt, aber anscheinend erachtete Miss Hickey, die Tanzlehrerin, es als zweckmäßig, die Schülerinnen zuerst mit dem Rhythmus der Polka und erst dann mit den Schritten vertraut zu machen.

Miss Hickey war eine wunderbare, wenn auch Angst einflößende Frau. Sie war groß und stattlich, hatte ihr graues Haar zu einer exquisiten Frisur im Pompadourstil gerafft und trug lange, wallende Kleider. Mit ihr Walzer zu tanzen – aber das kam natürlich erst viel später – war ein erschreckendes Erlebnis. Sie hatte zwei Assistentinnen, die ältere zählte achtzehn oder neunzehn Jahre; Aileen, die jüngere, war dreizehnjährig. Aileen war ein liebes Ding, die hart arbeitete, und wir hatten sie alle sehr gern. Helen, die ältere, war ein wenig furchteinflößend und gab sich überhaupt nur mit wirklich guten Tänzerinnen ab.

Die Tanzstunden begannen mit einem «Expander» genannten Muskelstrecker zur Kräftigung von Brust und Armen. Damit übte man fleißig während einer halben Stunde. Dann kam die Polka, die von allen gemeinsam getanzt wurde, sobald sie die Schritte gelernt hatten. Die älteren Mädchen tanzten mit den jüngeren. Die Polka war lustig, aber nicht aufregend. Auf die Polka folgte die Eröffnungspolonaise, bei der man in Paaren durch die Saalmitte hinaufschritt, an den Wänden entlang wieder zurückkehrte und anschließend verschiedene Tanzfiguren bildete. Bei der Polonaise hatte man Partner, die man selbst aufforderte – was wiederholt zu Eifersüchteleien führte. Natürlich wollten alle Helen oder Aileen als Partnerinnen haben, aber Miss Hickey achtete streng darauf, daß keine der Schülerinnen sie monopolisierte. Nach der

Polonaise wurden die Kleineren in einen Nebensaal geführt, um dort Polka und später Walzerschritte zu üben, oder auch Schritte für ihre Phantasietänze, bei denen sie sich besonders ungeschickt anstellten. Die Großen übten ihre Phantasietänze unter der Aufsicht von Miss Hickey im großen Saal. Gelehrt wurden ein französischer Tamburin, ein spanischer Kastagnettentanz oder ein Fächertanz.

Und weil gerade vom Fächertanz die Rede ist: Ich erwähnte einmal gegenüber meiner Tochter Rosalind und ihrer Freundin Susan, sie waren damals achtzehn oder neunzehn, daß ich in meiner Jugend einen Fächertanz getanzt hatte. Ich wunderte mich über ihr verschmitztes Lachen.

«Aber doch nicht wirklich, Mutter! Einen Fächertanz! Stell dir vor, Susan!»

«Ich dachte immer, ihr Viktorianer hättet es mit der Moral so genau genommen», sagte Susan.

Es dämmerte uns bald, daß wir unter Fächertanz kaum das gleiche verstanden!

Schließlich kamen die komplizierten Tanzfiguren des Lanciers. Aber man brachte uns auch den schwedischen Bauerntanz und den sogenannten *Sir Roger de Coverley* bei. Diese beiden waren besonders wichtig; man hätte sich sonst, wenn man zu Parties ging, seiner Ignoranz schämen müssen.

In Torquay besuchten fast ausschließlich Mädchen die Tanzstunde. In Ealing dagegen kam auch eine beträchtliche Anzahl von Jungen. Ich war damals etwa neun, sehr schüchtern und durchaus keine sehr gute Tänzerin. Ein ganz reizender Junge, vielleicht ein oder zwei Jahre älter als ich, trat auf mich zu und forderte mich auf, beim Lancier seine Partnerin zu sein. Verwirrt, mit niedergeschlagenem Blick, antwortete ich ihm, daß ich keinen Lancier tanzen könne. Es kam mich hart an, ich hatte noch nie einen so attraktiven Jungen gesehen. Er hatte dunkles Haar und lachende Augen. Als der Lancier begann, setzte ich mich betrübt nieder, aber schon Sekunden später war Mrs. Wordsworth' Assistentin zur Stelle. «Nein, nein, Agatha, wir lassen keine Tänze aus.»

«Ich kann keinen Lancier tanzen, Miss.»

«Das wirst du sehr schnell lernen. Jetzt müssen wir dir einen Partner suchen.»

Sie bekam einen sommersprossigen, rotblonden, stupsnasigen, mit Polypen gesegneten Jungen zu fassen. «So. Das ist William.» Während des Tanzes traf ich auf den ersten Jungen und seine Partnerin. «Mit mir wolltest du nicht tanzen, und jetzt bist du doch da», flüsterte er mir zornig zu. «Das war gar nicht nett von dir.» Ich versuchte ihm zu sagen, daß ich nichts dafür konnte, daß man mich gezwungen hatte – aber beim Lancier hat man keine Zeit, lange Erklärungen abzugeben. Bis zum Ende der Tanzstunde warf er mir immer wieder vorwurfsvolle Blicke zu. Ich hoffte, wir würden uns nächste Woche wieder begegnen, aber leider sah ich ihn nie wieder – eine der traurigen Liebesgeschichten des Lebens!

Der Walzer war der einzige Tanz, der mir in meinem späteren Leben nützlich sein sollte, aber ich habe ihn nie gern getanzt. Ich mag den Rhythmus nicht, und ich wurde immer schrecklich schwindlig, besonders wenn ich Miss Hickey zur Partnerin hatte.

Fräulein Uder verschwand aus meinem Leben; ich weiß nicht wie und wann. Vielleicht kehrte sie nach Deutschland zurück. Ihren Platz nahm später ein junger Mann, ein gewisser Mr. Trotter ein; er war Organist an einer der Kirchen und ein eher deprimierender Lehrer. Ich mußte mich mit einem ganz neuen Stil befreunden. Ich mußte praktisch am Boden sitzen und mit den Händen nach oben langen, um die Tasten zu erreichen, und dann noch aus dem Handgelenk spielen. Nach Fräulein Uders Methode saß man hoch und spielte aus den Ellbogen.

5

Es muß kurz nach unserer Rückkehr von den Kanalinseln gewesen sein, als die Krankheit meines Vaters ihre ersten Schatten warf. Er hatte sich schon in Frankreich nicht wohl gefühlt und zweimal einen Arzt aufgesucht. Der zweite Arzt hatte eine ziemlich beunruhigende Diagnose gestellt – auf eine Nierenkrankheit. Nach unserer Rückkehr zog er unseren Hausarzt zu Rate, der sich dieser Diagnose nicht anschloß und ihn zu einem Spezialisten schickte. Der Schatten war da, ein leiser Schatten, von einem Kind nur als eine jener atmosphärischen Störungen empfunden, die für die psychische Welt das sind, was ein sich nähernder Gewittersturm für die physische bedeutet.

Die Medizin schien nicht viel zu helfen. Vater konsultierte zwei oder drei Spezialisten. Der erste sagte, es wäre zweifellos eine Herzgeschichte. Ich weiß die Einzelheiten nicht mehr, ich erinnere mich nur an ein Gespräch zwischen Mutter und meiner Schwester und an die Worte «eine Entzündung der Nerven, die das Herz umgeben». Das klang sehr erschreckend.

In zunehmend kürzeren Intervallen bekam Vater in der Nacht Schmerzen und Atembeschwerden. Mutter wachte bei ihm, veränderte seine Lage und gab ihm die Medikamente, die der neue Arzt verschrieben hatte.

Und immer der rührende Glaube an den neuen Arzt, der zu Rate gezogen worden war, an die von ihm verordnete Diät oder Behandlung. Der Glaube richtet viel aus, kann aber letzten Endes das organische Leiden nicht heilen, das der Erkrankung zugrunde liegt.

Die meiste Zeit war Vater wohlauf und munter wie eh und je, aber die Stimmung im Haus veränderte sich. Er ging immer noch in den Klub, verbrachte die Sommertage auf dem Kricketplatz, erzählte amüsante Geschichten – er war derselbe gütige Mensch, den wir liebten. Er war nie böse oder gereizt, aber der Schatten der Angst lastete auf uns allen – natürlich auch auf Mutter, die tapfer versuchte, Vater neue Kraft zu geben und ihm einzureden, daß er besser aussah, sich besser fühlte und daß sein Gesundheitszustand sich gebessert habe.

Gleichzeitig verdunkelten sich auch die Schatten unserer finanziellen Sorgen. Das von meinem Großvater geerbte Vermögen war in Häusern in New York angelegt, aber die Baulichkeiten waren verpachtet und nicht frei. Wie es schien, standen sie in einer Gegend, wo der Boden wertvoll war, die Häuser selbst aber praktisch nichts abwarfen. Das wenige Einkommen, das uns hätte zufließen sollen, ging in Steuern und Reparaturen auf.

Nachdem ich Gesprächsfetzen aufgeschnappt hatte, die mir von großer Bedeutung zu sein schienen, eilte ich nach oben, um Marie im besten viktorianischen Stil mitzuteilen, daß wir ruiniert waren. Marie war nicht so verzweifelt, wie sie es meiner Meinung nach hätte sein sollen, muß aber Mutter gegenüber wohl ihr Mitgefühl zum Ausdruck gebracht haben.

«Also wirklich, Agatha!» hielt Mutter mir ein wenig ärgerlich vor. «Wir sind nicht ruiniert. Wir sind nur im Augenblick etwas im Druck, und wir werden sparen müssen.»

«Wir sind *nicht* ruiniert?» sagte ich tief bekümmert.

«Nein.»

Ich muß zugeben, daß ich enttäuscht war. In den vielen Büchern, die ich gelesen hatte, gingen die Leute häufig zugrunde, und das Thema wurde mit der ihm gebührenden Ernsthaftigkeit behandelt. Der Held drohte sich eine Kugel durch den Kopf zu jagen, die Heldin verließ in Lumpen gehüllt ihr Schloß, und so weiter.

«Ich habe gar nicht gewußt, daß du im Zimmer warst», sagte

Mutter. «Aber wenn du etwas mit anhörst, hast du es nicht vor anderen Leuten zu wiederholen, verstanden?»

Ich versprach, es nie wieder zu tun, fühlte mich aber ungerecht behandelt, denn ich war erst vor kurzem getadelt worden, weil ich über einen anderen Zwischenfall nicht berichtet hatte.

Tony und ich hatten eines Abends kurz vor dem Dinner unter dem Eßzimmertisch gesessen. Es war eines unserer Lieblingsplätzchen, bestens geeignet, Abenteuer in Gruften, Verliesen und ähnlichem zu bestehen.

Wir wagten kaum zu atmen, damit uns die bösen Räuber, die uns eingesperrt hatten, nicht hören sollten – ein schwieriges Unterfangen für Tony, der dick war und schnaufte – als Barter, das Hausmädchen, das dem Stubenmädchen bei den Mahlzeiten assistierte, mit der Suppenterrine ins Zimmer kam und sie auf die Wärmeplatte auf der Anrichte stellte. Sie hob den Deckel auf und steckte den großen Suppenlöffel hinein. Dann zog sie ihn voll wieder heraus und tat ein paar kräftige Schlucke. Lewis, das Stubenmädchen, kam herein und sagte: «Ich werde jetzt den Gong anschlagen . . .», unterbrach sich dann und rief: «Aber, Louie, was machst du denn da!»

«Ich stärke mich nur ein wenig», antwortete Barter mit einem herzlichen Lachen. «Mm, die Suppe ist nicht schlecht!» und nahm noch einen Schluck.

«Leg sofort den Löffel zurück und setz den Deckel auf!» sagte Lewis schockiert. «Also wirklich!»

Barter lachte ihr kehliges, gutmütiges Lachen, legte den Löffel zurück, setzte den Deckel auf und wollte gerade in die Küche verschwinden, um die Suppenteller zu holen, als Tony und ich unter dem Tisch hervorkamen.

«Ist die Suppe wirklich gut?» erkundigte ich mich.

«Ach du meine Güte! Wie du mich erschreckt hast, Kind!»

Ich war mäßig überrascht, erwähnte den Zwischenfall aber erst ein paar Jahre später. Mutter unterhielt sich mit Madge über unser früheres Hausmädchen Barter. «Ich erinnere mich auch an Barter», mischte ich mich plötzlich in das Gespräch. «Sie hat im Eßzimmer die Suppe aus der Terrine gegessen, bevor ihr alle zum Dinner kamt.»

«Aber warum hast du uns das nicht erzählt?» staunte Mutter. Ich starrte sie an. Warum hätte ich das denn erzählen sollen?

«Nun ja», antwortete ich, «es schien mir . . .» Ich nahm alle meine Würde zusammen und erklärte: «Es liegt mir nicht, Informationen aus der Hand zu geben.»

Dieser Ausspruch wurde mir noch lange im Scherz vorgehalten. «Es liegt Agatha nicht, Informationen aus der Hand zu geben!» Aber das stimmte. Es lag mir nicht. Wenn sie mir nicht relevant oder interessant erschienen, steckte ich alle Informationsschnitzel weg, die mir zugetragen wurden, heftete sie sozusagen in einen Ordner in meinem Kopf ein – für die übrigen Mitglieder meiner Familie, die allesamt extravertierte Plaudertaschen waren, eine unverständliche Gepflogenheit. Bei keinem von ihnen konnte man sich darauf verlassen, daß er ein ihm anvertrautes Geheimnis für sich behalten würde. Wenn Madge zu einem Ball oder zu einer Party ging, wußte sie nachher eine Unmenge amüsanter Dinge zu berichten. Ich hingegen war in dieser Beziehung vermutlich meinem Vater nachgeraten. Wenn ich gefragt wurde, ob sich etwas Spaßiges oder Interessantes ereignet hatte, antwortete ich spontan: «Nichts.» – «Was hat Mrs. Soundso bei der Party getragen?» – «Weiß ich nicht mehr.» – «Wie ich höre, hat Mrs. S. ihren Salon neu tapezieren lassen. In welcher Farbe?» – «Hab' nicht hingeschaut.» – «Oh, Agatha, du bist ein hoffnungsloser Fall, du bemerkst nie etwas!»

Ich pflegte meine Meinungen und Ansichten für mich zu behalten. Nicht daß ich eine Heimlichtuerin gewesen wäre. Es schien mir nur, daß die meisten Dinge nicht von Belang waren – wozu also lange darüber reden? Zweifellos war ich ein langweiliges Kind mit den besten Aussichten, die Sorte von Mensch zu werden, die sich besonders schwer in eine Gesellschaft einbeziehen läßt.

Ich habe auf Gesellschaften nie eine gute Figur gemacht und auch nie viel Gefallen an ihnen gefunden. Sicher hat es Kindergesellschaften gegeben, aber wohl kaum so viele wie heute. Ich erinnere mich, daß ich zum Tee Freundinnen besuchte und daß Freundinnen zu mir kamen. Daran fand ich Vergnügen und finde es heute noch. Ausstattungsparties gab es, glaube ich, in meiner Jugend nur um die Weihnachtszeit. Ich erinnere mich an eine Art Kostümball und an eine Gesellschaft, bei der es einen Zauberkünstler gab.

Mutter hatte für Parties nichts übrig. Die Kinder, meinte sie, erhitzten sich zu sehr, regten sich übermäßig auf und aßen zuviel; wenn sie dann nach Hause kamen, wurde ihnen oft übel. Vermutlich hatte sie recht. Nach dem Besuch vieler Kinderparties jeder Größenordnung bin ich zu dem Schluß gekommen, daß mindestens ein Drittel der Kinder sich dabei gar nicht richtig unterhält.

Bis zu zwanzig Teilnehmern ist eine Party noch überblickbar – sind es mehr, wird die Toilettenfrage zum zentralen Problem! Da kommen Kinder, die auf die Toilette gehen wollen, andere, die nicht gerne sagen, daß sie auf die Toilette gehen wollen, wieder andere, die bis zum letzten Augenblick warten, und so weiter. Ich erinnere mich an ein kleines Mädchen – es war ganze zwei Jahre alt –, dessen Mutter sich gegen den Rat ihrer erfahrenen Kinderfrau hatte überreden lassen, das Kind auf eine Party mitzubringen. «Annette ist doch so süß, sie muß kommen. Ich bin sicher, es wird ihr gefallen, und wir werden alle gut auf sie aufpassen.» Gleich nach ihrer Ankunft auf der Party setzte die Mutter – sicher ist sicher! – die Kleine aufs Töpfchen. In ihrer fieberhaften Erregung war Annette nicht imstande, ihr kleines Geschäft zu erledigen. «Na ja, vielleicht hat sie wirklich keine Not», sagte die Mutter hoffnungsfroh. Sie gingen hinunter, und gerade als der Zauberkünstler alle möglichen Dinge aus den Ohren und aus der Nase zog und die Kinder zum Lachen brachte, und als alle um ihn herumstanden und schrien und applaudierten, ereignete sich die Katastrophe.

«So etwas hast du noch nicht erlebt, meine Liebe», sagte eine ältere Tante, als sie Mutter über diesen Vorfall berichtete, «das arme Kind. Mitten auf den Fußboden. Wie ein Pferd.»

Marie muß einige Zeit vor meines Vaters Tod nach Frankreich zurückgekehrt sein – vielleicht ein oder zwei Jahre vorher. Sie hatte sich auf zwei Jahre verpflichtet, war aber mindestens ein Jahr länger geblieben. Sie hatte Heimweh nach ihrer Familie. Davon abgesehen, war sie ein vernünftiges und praktisch veranlagtes Mädchen und kam zu der Überzeugung, daß es an der Zeit war, sich nach guter alter französischer Art Gedanken über die Ehe zu machen. Von ihrem Lohn hatte sie sich eine hübsche kleine *dot* zusammengespart, und so verabschiedete sich Marie unter vielen Tränen und zärtlichen Umarmungen von ihrer «lieben Miss» und ließ mich sehr einsam zurück.

Aber schon vor ihrer Abreise hatten wir über die Frage, wen meine Schwester heiraten würde, Einigung erzielt. Wie ich bereits erzählt habe, war dies eines unserer ständigen Gesprächsthemen gewesen. Marie hatte stets auf *le Monsieur blond* getippt.

Mutter, die als Mädchen bei ihrer Tante in Cheshire lebte, hatte eine Schulfreundin, mit der sie sich sehr gut verstand. Als Annie Browne James Watts und Mutter ihren Stiefvetter Frederick Miller heiratete, versprachen sich die zwei Mädchen, daß sie einander nie vergessen und immer korrespondieren und Neuigkeiten austauschen würden. Und obwohl meine Großmutter von Cheshire nach

London zog, blieben die beiden jungen Frauen in Kontakt miteinander. Annie Watts hatte fünf Kinder, Mutter drei. Sie tauschten Fotografien ihrer Kinder in den verschiedenen Altersstufen und schickten ihnen Geschenke zu Weihnachten.

Als meine Schwester zu Besuch nach Irland fuhr, um sich zu entscheiden, ob sie sich mit einem gewissen jungen Mann verloben sollte, der sie unbedingt heiraten wollte, berichtete Mutter Annie Watts von Madges Reise, und Annie bat Madge, auf der Rückfahrt von Holyhead nach Abney Hall in Cheshire zu kommen. Sie hätte so gern eines von Mutters Kindern kennengelernt.

Nachdem Madge eine schöne Zeit in Irland verlebt und den Entschluß gefaßt hatte, Charlie P. nun doch nicht zu heiraten, unterbrach sie also ihre Rückreise und besuchte die Watts. James, der älteste Sohn, damals einundzwanzig oder zweiundzwanzig, war ein ruhiger, blonder junger Mann, der noch in Oxford studierte. Er hatte eine sanfte leise Stimme, redete nicht viel und schenkte meiner Schwester weit weniger Aufmerksamkeit, als das die meisten jungen Männer taten. Sie fand das so bemerkenswert, daß es ihr Interesse erregte. Sie gab sich große Mühe mit James, war sich aber nicht sicher, wie sie auf ihn gewirkt hatte.

In Wahrheit war er vom ersten Augenblick an bezaubert von ihr gewesen, aber es lag nicht in seiner Natur, solche Gefühle zu zeigen. Er war schüchtern und zurückhaltend. Im folgenden Sommer kam er uns besuchen. Er gefiel mir gleich sehr gut. Er war lieb zu mir und nahm mich immer ernst. Er machte keine dummen Witze und behandelte mich auch nicht wie ein kleines Kind. Auch auf Marie machte er einen guten Eindruck, und so kam es, daß wir uns in der Nähstube ständig über *le Monsieur blond* unterhielten.

«Ich glaube nicht, daß sie einander sehr mögen, Marie.»

«Ah, *mais oui*, er denkt sehr viel an sie und beobachtet sie, wenn sie es nicht merkt. O ja, *il est bien épris*. Und es würde eine gute Ehe sein. Er hat gute Aussichten und ist *tout à fait un garçon sérieux*. Er wird ein guter Ehemann sein.»

Vater war, glaube ich, der einzige, der ihn nicht mochte, aber das ist wohl unvermeidlich bei Vätern hübscher und charmanter Töchter – Schwiegersöhne wie die, die sie sich wünschen, gibt es gar nicht. Mütter haben angeblich eine ähnliche Einstellung, was die Frauen ihrer Söhne anbetrifft.

Eine der großen Freuden unseres Lebens war das Stadttheater. Wir waren alle Theaternarren in unserer Familie. Madge und

Monty gingen praktisch jede Woche, und ich durfte sie oft begleiten. Je älter ich wurde, desto häufiger ging ich mit. Wir saßen immer im Parkett – das Parterre galt als «unfein». Es kostete einen Shilling. Das Parkett begann zehn oder zwölf Reihen nach den Sperrsitzen, und dort saß die Familie Miller und genoß alle Arten von Theateraufführungen.

Ich weiß nicht, ob es das erste Stück war, das ich sah, eines der ersten war es sicher: *Herz ist Trumpf*, ein turbulentes Melodrama schlimmster Sorte. Ein schurkisches Weib kam darin vor, Lady Winifred, und ein wunderschönes Mädchen, das man um sein Vermögen betrogen hatte. Revolver wurden abgefeuert, und ich erinnere mich noch deutlich an die letzte Szene, in der ein junger Mann an einem Seil in den Alpen hing und dann das Seil zerschnitt und einen heldenhaften Tod starb, um das Mädchen zu retten, das er liebte – oder vielleicht auch den Mann, der das Mädchen, das er liebte, liebte!

Eines der großen Ereignisse des Jahres war die Torquay-Regatta, die am letzten Montag und Dienstag im August gesegelt wurde. Schon Ende Mai fing ich an, darauf zu sparen, denn wenn ich von der Regatta spreche, meine ich nicht so sehr den Wettkampf der Jachten, als vielmehr den darauffolgenden Jahrmarkt. Madge ging natürlich mit Vater zum Haldon Pier, um dem Segeln zuzusehen, und meistens hatten wir Gäste zu Hause, die abends am Regattaball teilnahmen. Madge segelte nie mehr als unbedingt nötig, denn sie war zeit ihres Lebens nicht seefest. Hingegen wurde den Booten unserer Freunde lebhaftes Interesse entgegengebracht. Es gab Picknicks und Parties, doch das war die gesellschaftliche Seite der Regatta, und ich war noch zu klein dafür.

Die große Freude meines Lebens, der ich erwartungsvoll entgegensah, war der Jahrmarkt. Es gab Karussells, wo man auf Pferden mit Mähnen saß, und eine Art Achterbahn, wo man steile Abhänge hinauf- und hinuntersauste. Nicht zu vergessen die Schaubuden – die Dame ohne Unterleib; Madame Arensky, die die Zukunft aus der Hand las; die menschliche Spinne, gar schrecklich anzusehen; der Schießstand, an dem Madge und Monty immer viel Zeit verbrachten und viel Geld ausgaben. An einem anderen Stand konnte man mit Bällen nach Kokosnüssen werfen, und Monty gewann immer eine ganze Menge davon und brachte sie mir nach Hause. Kokosnüsse liebte ich heiß. Hin und wieder durfte ich auch selbst werfen, wobei der Budenbesitzer mir zuvorkommenderweise erlaubte, so weit vorzutreten, daß ich manchmal eine Kokosnuß erwischte.

Wurfringe, Teufelsscheiben und Kettenflieger waren damals noch nicht bekannt. Es gab verschiedene Buden, die alles mögliche Zeug verkauften. Meine besondere Liebe galt den sogenannten Pennyäffchen. Sie kosteten einen Penny. Es waren flaumige, flockige kleine Figuren von Äffchen an einer langen Nadel, die man sich an den Mantel steckte. Jedes Jahr kaufte ich sechs bis acht Stück davon und verleibte sie meiner Sammlung ein – blau, grün, braun, rot, gelb. Mit den Jahren wurde es immer schwieriger, eine neue Farbe und ein neues Modell zu finden.

Das köstliche Nougat wurde nur auf dem Jahrmarkt feilgeboten. Hinter einem Tisch stand ein Mann vor einem riesigen weiß und rosa gefärbten Block Nougat, von dem er kleine Stücke abhackte und sie schreiend und gestikulierend versteigerte. «Nun, meine kleinen Freunde, sechs Pence für das Riesenstück hier! Gut, Schätzchen, ich schneide es dir in die Hälfte. Und wie wäre es jetzt mit dem da zu vier Pence?» und so weiter, und so weiter. Er hatte auch schon fertige Päckchen zu zwei Pence, aber der Spaß war, bei der Versteigerung mit dabei zu sein. «Da, für das kleine Fräulein. Ja, dreieinhalb Pence für dich.»

Goldfische kamen als Neuigkeit erst auf, als ich zwölf war. Es war eine große Sensation. Der ganze Stand war voll von Goldfischgläsern, jedes mit einem Fisch, und man warf Pingpongbälle danach. Wenn ein Ball in die Öffnung eines Glases fiel, hatte man gewonnen. Das war anfangs ein billiger Spaß. Als sie das erste Mal auf den Rummelplatz kamen, gewannen wir elf Stück und trugen sie triumphierend nach Hause, wo wir ihnen im Bottich ein neues Quartier anwiesen. Aber der Preis stieg sehr bald von einem Penny auf sechs Pence pro Ball.

Am Abend wurde ein Feuerwerk abgebrannt. Da wir es von unserem Haus aus nicht sehen konnten – oder nur die ganz hohen Raketen –, verbrachten wir den Abend meistens bei Freunden, die oberhalb des Hafens wohnten. Die Party begann um neun, es wurden Eiscrème, Limonade und Kekse gereicht. Auch das war in jenen Tagen ein Hochgenuß, der mir, da ich keinen Alkohol trinke, heute abgeht – die Garden Parties.

Die Garden Parties vor dem Ersten Weltkrieg waren eine aufregende Sache. Die Kinder wurden piekfein herausgeputzt: Schuhe mit hohen Absätzen, Musselinkleider mit blauen Schärpen, große italienische Strohhüte mit halbverblühten Rosen. Es gab herrliche Eiscrèmes – meist standen Erdbeer, Vanille, Pistazien, Orangen und Himbeeren zur Wahl – und dazu alle möglichen Kuchen und Sandwiches, Eclairs, Muskatellertrauben und Nektarinen. Daraus schließe ich, daß die Garden Parties praktisch immer im August stattfanden. Ich kann mich nicht entsinnen, daß es je Erdbeeren mit Schlagsahne gegeben hätte.

Allerdings mußte man, um hinzugelangen, einige Unbilden auf sich nehmen. Leute, die keine eigene Kutsche hatten, mieteten sich einen Wagen, wenn sie alt und gebrechlich waren; aber die Jüngeren, die aus den verschiedenen Teilen Torquays kamen, gingen zweieinhalb bis drei Kilometer zu Fuß; einige hatten das Glück, in der Nähe zu wohnen, andere aber mußten ein gutes Stück Weg zurücklegen, denn Torquay liegt über sieben Hügel verstreut. Keine Frage, daß es eine große Strapaze war, mit hochhackigen Schuhen, den langen Rock mit der linken Hand hochhaltend, einen Sonnenschirm in der rechten, Hügel hinaufzusteigen. Aber es war der Mühe wert, bei einer Garden Party dabeizusein.

Ich war elf Jahre alt, als mein Vater starb. Seine Gesundheit hatte sich allmählich verschlechtert, aber sein Leiden scheint nie genau diagnostiziert worden zu sein. Zweifellos schwächte auch die ständige finanzielle Sorge seine Widerstandskraft gegen jede Art von Krankheit.

Er war in Ealing gewesen, hatte eine Woche bei seiner Stiefmutter zugebracht und dann einige Freunde in London besucht, die ihm helfen sollten, einen Posten zu finden. Einen Posten zu finden, war damals nicht gerade leicht. Man war Rechtsanwalt oder Arzt, man war Gutsverwalter oder arbeitete im Staatsdienst, aber die große Welt der Geschäfte zahlte keine Gehälter, wie man sie heute gewöhnt ist. Es gab große Banken, wie etwa Pierpont Morgans, wo Vater einige Leute kannte, aber das waren natürlich alles hohe Beamte. Entweder man gehörte zu einer der Banken und hatte seit seiner Jugendzeit dort gearbeitet, oder man gehörte nicht dazu. Wie die meisten seiner Altersgenossen hatte auch Vater nie eine Ausbildung genossen.

Seine finanzielle Lage war ihm unverständlich – so unverständlich, wie sie nach seinem Tod auch seinem Testamentsvollstrecker war. Es stellte sich die Frage, wohin das Geld, das mein Großvater hinterlassen hatte, verschwunden war. Vater hatte in keiner Weise über seine vermeintlichen Verhältnisse gelebt. Auf dem Papier waren die Einkünfte vorhanden, aber nie in der Praxis, und dafür gab es immer plausible Erklärungen, aus welchen hervorgeht, daß es sich um einen vorübergehenden Verzug handelte: wichtige Reparaturarbeiten eben, weiter nichts. Die Treuhänder und ihre

Nachfolger hatten das Vermögen zweifellos schlecht verwaltet. Aber jetzt war es zu spät, um die Situation noch zu retten.

Er machte sich Sorgen, draußen war es kalt, er zog sich eine schwere Erkältung zu, die sich zu einer doppelseitigen Lungenentzündung entwickelte. Mutter wurde nach Ealing gerufen, und Madge und ich kamen bald nach. Er war schon sehr krank. Mutter wich Tag und Nacht nicht von seiner Seite. Wir hatten zwei Krankenschwestern im Haus. Unglücklich und verängstigt wanderte ich durch die Zimmer und betete andächtig, daß Vater gesund werden möge.

Ein Bild hat sich in mein Gedächtnis eingegraben. Es war Nachmittag. Ich stand auf dem Treppenabsatz. Plötzlich öffnete sich die Tür des Schlafzimmers meiner Eltern. Die Hände an die Schläfen gepreßt, kam Mutter herausgestürzt. Sie lief ins Nebenzimmer und schloß die Tür hinter sich zu. Eine Krankenschwester kam heraus und sprach zu Oma, die die Treppe heraufkam. «Es ist vorbei», sagte sie. Ich wußte, daß mein Vater tot war.

Natürlich nahm man ein Kind nicht zum Begräbnis mit. In einem seltsamen Zustand innerer Unruhe ging ich durch das Haus. Etwas Entsetzliches war geschehen, etwas Undenkbares. Die Jalousien waren geschlossen, die Lichter brannten. In ihrem Lehnsessel im Eßzimmer saß Oma und schrieb endlose Briefe. Von Zeit zu Zeit schüttelte sie traurig den Kopf.

Mutter lag in ihrem Zimmer. Sie war nur aufgestanden, um zur Beerdigung zu gehen. Zwei Tage lang nahm sie keine Nahrung zu sich – ich hörte, wie Hannah sich dazu äußerte. Ich erinnere mich Hannahs mit Dankbarkeit. Die liebe alte Hannah mit ihrem sorgenzerfurchten Gesicht! Sie rief mich in die Küche und sagte, sie brauche jemanden, der ihr beim Teiganrühren helfe. «Sie waren einander sehr zugetan», sagte sie immer wieder. «Es war eine gute Ehe.»

Ja, es war wirklich eine gute Ehe. Unter verschiedenen alten Sachen fand ich einen Brief, den Vater Mutter möglicherweise nur drei oder vier Tage vor seinem Tod geschrieben hat. Er schrieb, wie sehr er sich danach sehne, zu ihr nach Torquay zurückzukehren. Er habe in London nichts ausgerichtet, habe aber das Gefühl, daß er das alles vergessen würde, sobald er wieder bei seiner liebsten Clara wäre. Er habe es ihr schon oft gesagt, wieviel sie ihm bedeute, schrieb er weiter, aber er wolle es ihr noch einmal wiederholen. «Du hast meinem Leben erst Sinn gegeben. Kein Mann hat je so eine Frau gehabt. Mit jedem Jahr, das ich mit Dir verheiratet bin, liebe ich Dich mehr. Ich danke Dir für Deine Herzenswärme,

Deine Liebe und Zärtlichkeit. Gott segne Dich, mein Teuerstes. Wir werden bald wieder vereint sein.»

Ich fand diesen Brief in einer mit Stickerei verzierten Brieftasche. Es war die Brieftasche, die Mutter als junges Mädchen für ihn bestickt und ihm nach Amerika geschickt hatte. Er hatte sie immer aufgehoben und zwei Gedichte darin aufbewahrt, die sie ihm geschrieben hatte. Mutter legte diesen Brief dazu.

In jenen Tagen herrschte eine fast gespenstische Atmosphäre in dem Haus in Ealing. Es war voll raunender Verwandter – Oma B., die Onkel und ihre Frauen, Großtanten, Omas alte Busenfreundinnen – sie saßen herum, flüsterten und seufzten und schüttelten die Köpfe. Und alle trugen Trauer – auch ich hatte ein schwarzes Kleid an. Ich muß zugeben, daß meine Trauerkleidung damals mehr oder weniger mein einziger Trost war. Wenn ich mein schwarzes Kleid anzog, fühlte ich mich wichtig, ich spielte eine Rolle und gehörte dazu.

Immer mehr tuschelten sie: «Wirklich wahr, man muß Clara sagen, sie soll sich zusammennehmen!» Ab und zu richtete Oma das Wort an Mutter: «Möchtest du nicht diesen Brief lesen, den ich von Mr. B oder Mrs. C bekommen habe? Solch ein schöner Beileidsbrief – ich bin sicher, er würde dich ein wenig trösten.» Mutter erwiderte heftig: «Ich will ihn nicht sehen!»

Ihre eigenen Briefe machte sie auf, legte sie aber gleich wieder weg. Nur mit einem ging sie anders um. «Ist der von Cassie?» fragte Oma. «Ja, Tantchen, er ist von Cassie.» Sie faltete ihn zusammen und steckte ihn in die Tasche.

Cassie war meine amerikanische Patentante, Mrs. Sullivan. Wahrscheinlich habe ich sie schon als kleines Kind gesehen, aber ich erinnere mich erst an sie, als sie etwa ein Jahr später nach London kam. Sie war ein wunderbarer Mensch: eine kleine Frau mit weißen Haaren und dem heitersten, liebsten Gesicht, das man sich vorstellen kann. Sie barst förmlich vor Lebenskraft und strahlte eine natürliche Fröhlichkeit aus – obwohl sie ein unsagbar trauriges Leben hinter sich hatte. Ihr Mann, den sie sehr geliebt hatte, war ganz jung gestorben. Sie hatte zwei reizende Jungen gehabt, die an einer Lähmung starben. «Ein Kindermädchen muß sie ins feuchte Gras gesetzt haben», meinte meine Großmutter. In Wahrheit war es wohl Kinderlähmung gewesen, die man damals noch nicht erkannte. Man sprach von rheumatischem Fieber und sah dessen Ursache in der Feuchtigkeit. Wie auch immer, ihre zwei Kinder waren gestorben. Einer ihrer erwachsenen Neffen, der im selben Haus wohnte, war ebenfalls an dieser Lähmung erkrankt und lebte als Krüppel weiter. Aber trotz ihrer schmerzlichen Verluste war Tante Cassie fröhlich und heiter und zeigte mehr menschliches Mitgefühl als sonst jemand, den ich gekannt habe. Sie war der einzige Mensch, den Mutter damals hätte sehen wollen. «Sie versteht das. Mit tröstlichen Phrasen kann man niemandem helfen.»

Ich erinnere mich, daß die Familie mich als Abgesandte einsetzte, daß mich jemand – vielleicht Oma, vielleicht auch eine der Tanten – beiseite nahm und mir zuraunte, ich müsse meiner Mutter eine kleine Trösterin sein, müsse zu ihr ins Zimmer gehen und ihr dartun, daß Vater jetzt glücklich, daß er im Himmel, daß er zum ewigen Frieden eingegangen war. Das wollte ich gerne tun, denn es war das, was auch ich glaubte. Ein wenig zaghaft ging ich hinein, bewegt von jenem unbestimmten Gefühl, das Kinder überkommt, wenn sie etwas tun, das, wie man ihnen versichert hat, recht ist. Sie wissen auch selbst, daß es recht ist, können sich aber aus ihnen unverständlichen Gründen des Eindrucks nicht erwehren, daß es möglicherweise doch falsch ist. Ängstlich beklommen trat ich an das Bett und berührte Mutter am Arm. «Vater ist in den ewigen Frieden eingegangen, Mama. Er ist glücklich. Du würdest doch nicht wollen, daß er zurückkommt, nicht wahr?»

Mit einem Ruck setzte Mutter sich im Bett auf. So heftig war ihre Bewegung, daß ich erschrocken zurücksprang. «O doch, das würde ich», klagte sie mit leiser Stimme. «Ja, das würde ich. Ich würde alles menschenmögliche tun, um ihn zurückzuholen – einfach alles. Wenn ich könnte, ich würde ihn zwingen, zurückzukommen. Ich will ihn bei mir haben, hier und jetzt!»

Bestürzt wich ich zurück. «Schon recht, Liebling», sagte Mutter schnell. «Schon recht. Es ist nur, daß ich mich . . . daß es mir im Augenblick nicht sehr gut geht. Danke, daß du gekommen bist.» Sie küßte mich, und ich verließ getröstet das Zimmer.

DRITTES KAPITEL
ICH WERDE ERWACHSEN

1

Vaters Tod verlieh meinem Leben ein völlig neues Aussehen. Ich verließ meine Welt, die Welt eines Kindes, eine Welt der Sicherheit und Gedankenlosigkeit, um die ersten zögernden Schritte in die Welt der Wirklichkeit zu tun. Es ist wohl kaum zu bezweifeln, daß es der Familienvater ist, dem es obliegt, für die Beständigkeit des häuslichen Lebens zu sorgen. Wir alle lachen, wenn es heißt «Vater weiß es am besten», aber diese Phrase ist ein markantes Symptom spätviktorianischen Lebens. Der Vater als Mittelpunkt des Geschehens. Vater liebt Pünktlichkeit bei den Mahlzeiten; nach dem Essen will Vater seine Ruhe haben; Vater möchte jetzt mit dir vierhändig spielen. Du akzeptierst das alles, ohne zu zögern. Vater sorgt für deine Ernährung; Vater sieht darauf, daß Vorschriften eingehalten werden; Vater zahlt für die Klavierstunden.

Madge wuchs heran, und Vater war stolz auf sie und schätzte ihre Gesellschaft. Er fand Gefallen an ihrer Intelligenz, ihrer geistigen Wendigkeit, ihrer anziehenden Art, sie kamen ausgezeichnet miteinander aus. Ich glaube, daß er in ihr etwas von der Unbeschwertheit und dem Humor fand, die er bei Mutter vermutlich vermißte – aber er hatte auch eine Schwäche für seine kleine Agatha. Wir hatten unseren Lieblingsreim:

Agatha-Pagatha, schwarze Henn',
legt schöne Eier für Gentlemen,
legt mal sechse, legt mal sieben,
frißt kein Kraut und keine Rüben.

Sein eigentlicher Liebling aber war, glaube ich, Monty. Die Liebe, die er ihm schenkte, war stärker, als er sie für eine seiner Töchter empfinden konnte. Monty war ein liebevoller Sohn und seinem Vater sehr zugetan. Er war nur leider nicht imstande, im Leben zu Erfolg zu gelangen, und Vater machte sich große Sorgen darüber.

Montys glücklichste Zeit war die Zeit nach dem Burenkrieg. Monty erwarb ein Offizierspatent in einem regulären Regiment, den East Surreys, und ging mit seiner Truppe direkt von Südafrika nach Indien. Allem Anschein nach kam er gut voran und hatte sich an sein Leben in der Armee gewöhnt. Vater hatte zwar seine finanziellen Sorgen, aber wenigstens war Monty bis auf weiteres kein Problem mehr.

Ungefähr neun Monate nach Vaters Tod heiratete Madge James Watts, wenngleich es ihr widerstrebte, Mutter zu verlassen. Mutter selbst bestand auf der Hochzeit: Die beiden sollten nicht länger warten müssen. James' Vater wollte, daß sein Sohn jung heiratete. James hatte seine Studien in Oxford beendet und beabsichtigte, unverzüglich in das Geschäft seines Vaters einzutreten. Es würde ihn glücklich machen, sagte er, wenn er Madge heiraten und seinen eigenen Hausstand gründen könnte. Mr. Watts erklärte sich bereit, seinem Sohn ein Haus auf seinem Besitz bauen zu lassen; dort könne sich das junge Paar niederlassen. Und so wurde alles festgelegt.

Auguste Montant, der amerikanische Testamentsvollstrecker meines Vaters, kam aus New York und blieb eine Woche bei uns. Er war ein großgewachsener, beleibter Mann, jovial und sehr charmant, und niemand hätte Mutter mit mehr Güte begegnen können. Er sagte ihr offen, daß es mehr als übel um Vaters Hinterlassenschaft stand, und daß er von Anwälten und anderen Personen, die vorgegeben hatten, seine Interessen zu vertreten, äußerst schlecht beraten worden war. Man hatte versucht, die Häuser in New York mit halbherzigen Maßnahmen zu sanieren, und damit nichts anderes getan, als das Geld zum Fenster hinauszuwerfen. Es wäre besser, meinte er, einen beträchtlichen Teil der Baulichkeiten abzustoßen, um Steuern zu sparen. Das verbleibende Einkommen würde sehr gering sein. Der große Besitz meines Großvaters hatte sich in Luft aufgelöst. H. B. Claflin & Co., die Firma, in der er Teilhaber gewesen war, würde Oma, seiner Witwe, weiterhin ihr Einkommen anweisen; auch Mutter würde ein solches, wenngleich in wesentlich geringerer Höhe beziehen. Nach dem letzten Willen meines Großvaters würden wir drei Kinder jedes 100 Pfund im Jahr erhalten. Der Rest des immensen Vermögens war ebenfalls in Hausbesitz angelegt worden. Man hatte die Häuser dem Verfall preisgegeben oder sie in vergangenen Jahren zu einem Bruchteil ihres Wertes veräußert.

Nun erhob sich die Frage, ob Mutter es sich leisten konnte, weiter in Haus Ashfield zu leben. Ich glaube, daß sie die Lage viel richtiger einschätzte als jeder andere. Sie war überzeugt, daß es falsch wäre, hier wohnen zu bleiben. Das Haus würde Reparaturen brauchen, und es würde schwierig sein, mit so schmalen Einkünften durchzukommen – möglich, aber schwierig. Es wäre besser, dieses Haus zu verkaufen und irgendwo in Devonshire, vielleicht bei Exeter, ein kleineres zu beziehen, das mit weniger Geld unterhalten werden könnte.

Hier allerdings stieß sie auf den erbitterten Widerstand ihrer Kinder. Madge und ich und auch mein Bruder, der aus Indien schrieb, protestierten energisch gegen einen Verkauf Ashfields und baten sie, das Haus zu behalten. Wir sagten ihr, daß es unser Heim wäre und daß wir nicht ertragen könnten, uns davon zu trennen. Mein Schwager meinte, er könne immer einen kleinen Beitrag zu Mutters Einkünften erübrigen. Wenn Madge und er im Sommer auf Besuch kämen, könnten sie ebenfalls etwas zuschießen. Vielleicht gerührt von meinem leidenschaftlichen Eintreten für Ashfield, gab Mutter schließlich nach.

Heute weiß ich, daß es nicht klug war, es zu behalten. Wir hätten es verkaufen und ein anderes erwerben können, das wesentlich leichter zu führen gewesen wäre. Aber obwohl Mutter das damals klar erkannte und in späteren Jahren noch klarer erkannt haben muß, bereute sie ihren Entschluß nicht. Vielleicht weil Ashfield mir über so lange Jahre hin so viel bedeutet hatte. Es war immer für mich da, es war meine Vergangenheit, meine Zuflucht, der Ort, wo ich wirklich hingehörte. Mir hat es nie an Wurzeln gefehlt. Es mag töricht gewesen sein, daran festzuhalten, aber es gab mir etwas, das für mich wertvoll ist, einen Schatz von Erinnerungen. Es hat mir auch eine Menge Ärger gegeben, Sorgen und Kummer gemacht und Kosten verursacht – aber muß man nicht für alles, was man liebt, einen Preis bezahlen?

Vater starb im November, Madges Hochzeit fand im September darauf statt. Es war eine stille Feier ohne anschließenden Empfang – die Trauerzeit für Vaters Tod war noch nicht vorbei. Es war eine schöne Hochzeit; sie wurde in der alten Kirche in Tor abgehalten. Als erste Brautjungfer kam ich mir sehr wichtig vor und nahm begeistert an der Zeremonie teil. Die Brautjungfern waren weiß gekleidet und trugen weiße Blütenkränze im Haar.

Die Hochzeit fand um 11 Uhr vormittags statt, und das Hochzeitsmahl wurde in Haus Ashfield eingenommen. Das glückliche Paar erhielt eine Menge wunderschöner Geschenke, mußte aber alle nur möglichen Martern über sich ergehen lassen, die mein kleiner Vetter Gerald und ich ausgeheckt hatten. Aus allen Kleidungsstücken, die sie während der Flitterwochen aus ihren Koffern holten, rieselte Reis. Wir banden Seidenschuhe an ihren Wagen und schrieben mit Kreide drauf «Mrs. Jimmy Watts ist ein prima Name.» So fuhren sie in ihre Flitterwochen nach Italien.

Mutter zog sich erschöpft und weinend in ihr Bett, Mr. und Mrs. Watts in ihr Hotel zurück – auch Mrs. Watts vermutlich zu dem Zweck, sich gründlich auszuweinen. Hochzeiten scheinen nun einmal diese Wirkung auf Mütter zu haben. Die jungen Watts, Vetter Gerald und ich blieben uns selbst überlassen. Wir beäugten uns mit dem Argwohn fremder Hunde und versuchten uns zu entscheiden, ob wir uns mögen sollten oder nicht. Anfangs bestand ein starker Antagonismus zwischen Nan Watts und mir. Bedauerlicherweise, aber durchaus im Einklang mit den Gepflogenheiten jener Tage, waren wir von unseren respektiven Familien eine über die andere aufgeklärt worden. Man hatte Nan, die eine ungebärdige, ausgelassene Range war, wissen lassen, wie vorbildlich Agatha sich immer betrug, «so still und artig». Und während man Nan meinen Anstand und meine Ernsthaftigkeit pries, wurde mir von Nan berichtet. «Sie ist niemals schüchtern», hieß es, «antwortet immer, wenn sie gefragt wird – errötet nie, spricht nie undeutlich, sitzt nie stumm da.» Kein Wunder, daß wir uns mit einiger Feindseligkeit gegenübertraten.

Es folgte eine unbehagliche halbe Stunde, aber dann lösten sich die Spannungen. Am Ende gab es im Schulzimmer ein Hindernisrennen mit kühnen Sprüngen von aufeinandergestapelten Stühlen auf das breite und nicht mehr ganz neue Polstersofa. Wir lachten, schrien, kreischten und unterhielten uns königlich. Nan revidierte ihre Meinung über mich – das war kein stilles, artiges Mädchen, das sich da die Lunge aus dem Hals brüllte. Ich revidierte meine Meinung über Nan als eine hochnäsige Pute, die den Mund vollnahm und bei den Erwachsenen «in» war. Wir unterhielten uns prächtig und fanden einander sehr sympathisch – die Federn des Sofas hingegen waren auf ewig ruiniert! Anschließend bekamen wir belegte Brote zum Nachtmahl und gingen ins Theater zu den *Piraten von Penzance*. Damals begann eine Freundschaft, die – mit Unterbrechungen – viele Jahre lang andauerte. Wir ließen sie einschlafen, erneuerten sie, und wenn wir wieder zusammenkamen, schien sich nichts verändert zu haben. Nan ist eine der Freundinnen, die mir jetzt am meisten fehlen. Es gab nicht viele, mit denen ich so über Abney Hall und Ashfield und die alten Zeiten reden konnte, über unsere Lausbubenstreiche, unsere Verehrer und über die Theaterstücke, die wir aufführten.

Mit Madges Auszug aus Haus Ashfield begann der zweite Abschnitt meines Lebens. Ich war noch ein Kind, aber die erste Phase meiner Kindheit war zu Ende. Der leuchtende Glanz der Glückseligkeit, das an Verzweiflung grenzende Leid, die tiefe Bedeutung jedes einzelnen Lebenstages: das sind die Merkmale der Kindheit. Sicherheit gehört dazu, und das völlige Fehlen jedes Gedankens an das Morgen. Wir waren nicht mehr die Millers – die Familie Miller. Wir waren zwei Menschen, die in einem Haus wohnten: eine Frau mittleren Alters und ein unerfahrenes, naives Mädchen. Alles schien gleichgeblieben zu sein, aber die Atmosphäre hatte sich verändert.

Seit Vaters Tod erlitt Mutter immer wieder Herzanfälle. Sie setzten völlig unerwartet ein, und nichts, was die Ärzte ihr verschrieben, half. Ich lernte das Gefühl der Sorge um einen geliebten Menschen kennen, und weil ich doch noch ein Kind war, übertrieb ich diese Sorge. Mit klopfendem Herzen pflegte ich nachts aufzuwachen, überzeugt, daß Mutter tot war. Ich glaube, ich wußte, daß es töricht von mir war, so überspannten Gefühlen nachzugeben, aber ich konnte nichts dagegen tun. Ich stand auf, schlich den Gang hinunter, kniete, den Kopf an der Angel, vor Mutters Tür nieder und versuchte, sie atmen zu hören. Oft war ich schnell wieder beruhigt – ich hörte sie schnarchen. Mutter hatte einen eigenen Schnarchstil entwickelt: es begann ganz zart und pianissimo und steigerte sich zu einer mächtigen Explosion; danach pflegte sie sich auf die andere Seite zu legen, und mindestens dreiviertel Stunden lang war kein Schnarchen mehr zu vernehmen.

Wenn ich sie also schnarchen hörte, kehrte ich beruhigt ins Bett zurück und schlief weiter. Hörte ich nichts, blieb ich in angstvoller Erwartung hocken. Es wäre sicher vernünftiger gewesen, die Tür zu öffnen und ins Zimmer zu gehen, um mich zu vergewissern, aber irgendwie scheint mir das nicht eingefallen zu sein – oder vielleicht pflegte Mutter ihre Tür nachts zu verschließen.

Ich erzählte ihr nichts von diesen schrecklichen Angstzuständen, und ich glaube nicht, daß sie es je erfuhr. Wenn sie in die Stadt ging, hegte ich auch starke Befürchtungen, sie könnte überfahren worden sein. Das erscheint mir alles jetzt so dumm, so unnötig. Es dauerte vermutlich nur ein oder zwei Jahre und gab sich dann allmählich. Später schlief ich in Vaters Ankleideraum, der an ihr Schlafzimmer angrenzte, die Tür einen Spalt geöffnet, damit ich, wenn sie in der Nacht einen Anfall erleiden sollte, zu ihr eilen, ihr den Kopf halten und Brandy und Hirschhornsalz holen konnte. Mit dem Gefühl, in ihrer Nähe, in ihrer Reichweite zu sein, verschwanden die schrecklichen Angstzustände. Ich war wohl schon immer übermäßig mit Phantasie belastet. Das hat mir in meinem Beruf sehr viel geholfen – Vorstellungskraft gehört ja schließlich zum Handwerkszeug einer Romanschriftstellerin –, aber in anderen Beziehungen kann sie einem recht üble Streiche spielen.

Unsere Lebensverhältnisse änderten sich nach Vaters Tod. Mutter stellte ihre geselligen Aktivitäten praktisch ein; sie empfing nur mehr ein paar alte Freundinnen und sonst niemanden. Wir mußten sehr haushalten und an allen Ecken sparen. Wir hatten zwei Dienstboten statt drei. Mutter versuchte Jane klarzumachen, daß es uns nicht mehr so gut ging wie früher, und daß sie mit zwei jungen billigen Dienstmädchen würde auskommen müssen. Gleichzeitig wies sie Jane darauf hin, daß sie, die so herrlich zu kochen verstand, einen ansehnlichen Lohn beanspruchen könne, daß sie ein Recht darauf hätte. Mutter versprach deshalb, sich umzusehen und Jane eine Stelle zu verschaffen, wo sie ein anständiges Salär und ein Küchenmädchen zu ihrer Unterstützung erhalten würde. «Das haben Sie verdient», sagte Mutter.

Jane zeigte keine Gefühlsregungen, sie wiederkäute wie üblich. Sie nickte, kaute weiter und antwortete: «Sehr gut, Ma'am. Wie Sie meinen. Sie wissen es sicher am besten.»

Am nächsten Morgen aber kam sie wieder: «Ich hätte Sie gern kurz gesprochen, Ma'am. Ich habe mir das alles überlegt und möchte lieber hierbleiben. Ich habe Sie sehr gut verstanden, und ich wäre bereit, für weniger Lohn zu arbeiten, aber ich bin nun schon eine lange Zeit bei Ihnen. Mein Bruder drängt mich nämlich, zu ihm zu kommen und das Haus zu führen, und das will ich auch tun, sobald er in Pension geht. Das wird in vier oder fünf Jahren der Fall sein. Bis dahin würde ich gern hierbleiben.»

«Das ist sehr, sehr lieb von Ihnen», erwiderte Mutter gerührt.

«Ist schon recht», sagte Jane, die einen Horror vor Gefühlswallungen hatte, und verließ majestätisch den Raum.

Diese Vereinbarung hatte nur eine Schattenseite. Nachdem sie so lange Jahre auf ihre Weise gewirtschaftet hatte, fiel es Jane schwer, nicht in der gleichen Art fortzufahren. Wenn es Braten gab, gab es stets einen Riesenbraten. Kolossale Rindfleischpasteten, immense Torten und gewaltige gedämpfte Puddinge kamen auf den Tisch.

«Nur für zwei Personen, Jane», rief Mutter ihr immer wieder in Erinnerung, oder «nur für vier Personen», aber Jane hatte dafür kein Verständnis. Das Ausmaß von Janes persönlicher Gastfreundschaft stellte eine schreckliche Belastung für den Haushalt dar. Jeden Tag, den Gott werden ließ, kamen sieben oder acht ihrer

Freundinnen zum Tee und aßen feines Backwerk, Fruchtkuchen, Pfannkuchen, Plätzchen und Marmeladentorten in Mengen. Die Ausgaben für den Haushalt wurden immer höher, und in ihrer Verzweiflung fragte Mutter schließlich vorsichtig bei Jane an, ob sie es nicht im Hinblick auf die veränderten Verhältnisse so einrichten könnte, ihre Freundinnen nur mehr einen Tag in der Woche zu sich einzuladen.

Unsere Mahlzeiten unterschieden sich jetzt recht deutlich von den Festmahlen vergangener Tage. Mit den großen Diners war Schluß, und zum Abendessen hatten Mutter und ich Makkaroni mit Käse oder Reispudding oder ähnliches. Ich fürchte, daß wir Jane damit sehr betrübten. Allmählich gelang es Mutter auch, das Bestellen von Lebensmitteln an sich zu ziehen, was bisher Janes Aufgabe gewesen war. Vaters Freunde, wenn sie bei uns zu Gast waren, hatten es genossen, Jane zuzuhören, wenn sie in ihrer tiefen Baßstimme am Telefon Bestellungen aufgab: «Und dann brauch ich noch sechs Hummer, Hummer*weibchen*, und Garnelen – nicht weniger als . . .» Dieses «nicht weniger als» wurde zum geflügelten Wort in unserer Familie.

«Aber ich hab immer zwölf Stück Seezungen bestellt, Ma'am», sagte Jane bekümmert. Die Tatsache, daß es nicht genug Münder gab, um diese zwölf Stück Seezunge zu verzehren, schien ihr nicht in den Kopf zu wollen.

Auch mein eigenes Leben veränderte sich. Ich las Unmengen von Büchern – arbeitete mich durch die restlichen Werke Hentys durch und lernte Stanley Weyman kennen. (Was waren das doch für herrliche historische Romane! Erst kürzlich las ich *The Castle Inn* und dachte dabei, wie gut es geschrieben war.)

Wie für viele andere, war *Der Gefangene von Zenda* auch für mich die Einführung in die romantischen Abenteuer- und Liebesromane. Ich las es immer wieder. Leidenschaftliche Liebe ergriff mich – nicht zu Rudolf Rassendyll, wie man vermuten könnte, sondern zu dem wirklichen König, der in seinem Verlies schmachtete. Ich sehnte mich danach, ihm zu Hilfe zu eilen, ihn zu retten und ihm zu versichern, daß ich – Flavia natürlich – ihn liebe und nicht Rudolf Rassendyll. Ich las auch alles von Jules Verne auf Französisch – *Die Reise zum Mittelpunkt der Erde* war viele Monate lang meine Lieblingslektüre. Mir gefiel der Gegensatz zwischen dem besonnenen Neffen und dem übertrieben selbstsicheren Onkel. Bücher, die mir wirklich gefielen, las ich in Abständen immer wieder. Nach einem Jahr etwa wurde ich wankelmütig und erwählte mir einen neuen Lieblingsschmöker.

Dann gab es auch noch die Märchenbücher von L. T. Meade. Mutter mochte sie nicht; in diesen Romanen, sagte sie, wären die Mädchen sehr gewöhnlich und dächten nur daran, reich zu werden und schöne Kleider zu tragen. Manchmal las Mutter mir Bücher vor, so auch eines, *The Last Days of Bruce*, dem sie und ich aus vollem Herzen zustimmten. *Große Ereignisse der Geschichte* hieß ein Buch, das ich lesen mußte, um etwas daraus zu lernen. Man sollte jeweils ein Kapitel lesen und dann die Fragen beantworten, die in einem Anhang verzeichnet waren. Das war ein sehr gutes Buch. Es unterrichtete seine Leser über die wichtigsten Ereignisse in Europa und auch anderswo, die man dann mit der Geschichte der englischen Könige in Verbindung bringen konnte – angefangen bei Egbert! Wie beruhigend, aus berufenem Munde zu erfahren, daß Sowieso ein schlechter König war; solcher Information haftete eine biblische Endgültigkeit an. Ich kannte die Personalien aller englischen Könige und die Namen aller ihrer Frauen – ein Wissen, das mir nie besonders von Nutzen war.

Jeden Tag mußte ich buchstabieren üben. Vermutlich hat es mir gutgetan, aber ich war trotzdem eine schlechte Buchstabiererin und bin es bis heute geblieben.

Mein größtes Vergnügen waren die musikalischen und anderen Tätigkeiten, die ich zusammen mit einer Familie namens Huxley aufnahm. Dr. Huxley hatte eine kluge Frau undefinierbaren Charakters. Sie hatten fünf Töchter: Mildred, Sybill, Muriel, Phyllis und Enid. Dem Alter nach stand ich zwischen Muriel und Phyllis, und Muriel wurde meine ganz besondere Freundin. Sie hatte ein längliches Gesicht und Grübchen, was bei einem länglichen Gesicht ungewöhnlich ist, helles blondes Haar und lachte viel. Ich lernte sie alle in der wöchentlichen Gesangsstunde kennen. Etwa zehn Mädchen nahmen daran teil; wir sangen mehrstimmige Lieder und Oratorien unter der Leitung eines Gesangsmeisters, Mr. Crow. Wir hatten auch ein Orchester: Muriel und ich spielten Mandoline, Sybil und ein Mädchen namens Connie Stevens Violine, und Mildred Cello.

Die Huxleys waren eine unternehmungslustige Familie. Die Spießigeren unter den alten Bewohnern von Torquay betrachteten «diese Huxley-Mädels» ein wenig mit scheelen Augen – vor allem deshalb, weil sie, drei Mädchen in der ersten, zwei Mädchen und die Gouvernante in der zweiten Reihe, zwischen zwölf und eins auf dem «Strand», der Geschäftsstraße von Torquay, auf und ab zu spazieren pflegten; sie spazierten auf und ab, schwenkten die Arme, lachten und scherzten, und – dies wurde ihnen hauptsächlich übelgenommen – sie trugen keine Handschuhe! In jener Zeit waren solche Dinge Verstöße gegen die guten Sitten. Doch da Dr. Huxley der gesuchteste Arzt in Torquay war und man von Mrs. Huxley wußte, daß sie «gute Verbindungen» hatte, galten die Mädchen als «gesellschaftsfähig».

Aus heutiger Sicht gesehen, war die gesellschaftliche Struktur jener Tage doch recht sonderbar. Eine gewisse snobistische Einstellung gegenüber seinen Mitmenschen war wohl vorhanden; andererseits wurde eine bestimmte Art von Snobismus verachtet: Leute, die allzu häufig den Adel im Munde führten, lehnte man ab und lachte sie aus. Ich habe in meinem Leben drei verschiedene, aufeinanderfolgende Phasen beobachten können. In der ersten lauteten die Fragen etwa so: «Aber meine Liebe, wer ist sie denn eigentlich? Wo kommt sie her? Ist sie eine von den Yorkshire Twiddledos? Natürlich geht es ihnen schlecht, sehr schlecht sogar, aber sie ist eine geborene Wilmot.» Darauf folgte dann: «Ach ja, natürlich sind es schreckliche Leute, aber reich.» – «Haben die Leute, die ‹The Larches› gekauft haben, Geld?» – «Na ja, dann sollten wir sie eigentlich besuchen.» Die dritte Phase war wieder anders. «Aber sind es auch amüsante Menschen?» – «Natürlich geht es ihnen nicht sehr gut, und niemand weiß, wo sie herkommen, aber sie sind sehr, sehr amüsant.» Nach dieser Abschweifung in soziale Wertvorstellungen zurück zum Orchester.

Ob wir wohl einen furchtbaren Radau machten? Vermutlich. Aber wir hatten eine Menge Spaß dabei und erweiterten unser musikalisches Wissen. Und das Spielen im Orchester führte zu etwas noch Aufregenderem: die Aufführung einer komischen Oper von Gilbert und Sullivan.

Die Huxleys und ihre Freunde hatten bereits *Patience* auf die Bühne gebracht – das war bevor ich mich ihnen anschloß. Als nächstes Stück war *The Yeomen of the Guard* geplant, ein recht ehrgeiziges Unterfangen. Ich wundere mich noch heute, daß ihre Eltern ihnen nicht davon abrieten. Aber Mrs. Huxley war ein Muster an Zurückhaltung, wofür ich sie bewunderte, denn Eltern waren damals nicht sonderlich zurückhaltend. Es wurden also die Rollen ordnungsgemäß verteilt. Ich besaß eine kräftige Sopranstimme, die einzige Sopranstimme, die sie hatten, und war natürlich im siebenten Himmel, als man mir die Rolle des Obersten Fairfax anbot.

Es gab eine kleine Schwierigkeit mit Mutter, die in ihren Ansichten, womit ein Mädchen, wenn sie in der Öffentlichkeit erschien, ihre Beine bedecken konnte und womit nicht, ziemlich altmodisch war. Beine waren Beine und eindeutig unfein. Ich – in so etwas wie kurzen Hosen auftreten? Äußerst unschicklich, meinte Mutter. Ich war damals dreizehn oder vierzehn Jahre alt und schon 1,67 Meter groß. Bedauerlicherweise war von jenem vollen und üppigen Busen, den ich mir in Cauterets erhofft hatte, noch nichts zu sehen. Die Uniform des *Yeoman* wurde gebilligt, wenn auch mit sackartig herabhängenden Golfhosen, aber der elisabethanische Edelmann bot größere Schwierigkeiten. Es klingt heute läppisch, aber damals war es ein richtiges Problem. Doch wie auch immer: Mutter löste es, indem sie ihr Einverständnis gab – unter der Voraussetzung, daß ich, über eine Schulter geworfen, einen kaschierenden Umhang trüge. Also wurde aus einem Stück türkisfarbenem Samt ein Umhang gefertigt. Es ist nicht gerade leicht, mit einem Umhang aufzutreten, der von der einen Schulter fällt und über die andere geworfen wird, so daß dem Publikum der unzüchtige Anblick der Beine mehr oder weniger verborgen bleibt.

Soweit ich mich erinnern kann, hatte ich kein Lampenfieber. Für eine entsetzlich schüchterne Person, die es sehr oft kaum über sich bringt, einen Laden zu betreten, und die Zähne zusammenbeißen muß, bevor sie auf einer großen Party ihren Einzug hält, ist es doch recht sonderbar, daß es eine Tätigkeit gab, bei der ich überhaupt nie nervös war: beim Singen. Als ich später in Paris Klavier und Gesang studierte, verlor ich völlig die Nerven, wenn ich bei einem Schulkonzert Klavier spielen mußte; hatte ich zu singen, war ich die Ruhe selbst. Keine Frage, daß *The Yeomen of the Guard* einen Höhepunkt in meinem Dasein darstellte. Aber es war vielleicht ganz gut, daß wir keine weiteren Opern aufführten – ein Erlebnis, das einem einen echten Hochgenuß beschert, soll man nicht wiederholen.

2

Es muß irgendwann im März gewesen sein, als Mutter die Bemerkung fallen ließ, daß Madge ein Baby erwartete. «Madge ein Baby?» Ich kann mir auch heute noch nicht erklären, warum mir nie der Gedanke gekommen war, meine Schwester könnte ein Baby bekommen – in meiner Umgebung wurden ständig Babies geboren – aber es ist immer überraschend, wenn diese Dinge in der eigenen Familie passieren. Ich hatte meinen Schwager James – oder Jimmy, wie ich ihn nannte – begeistert willkommen geheißen und konnte ihn gut leiden. Dies aber war ein Ereignis völlig anderer Art.

Wie üblich brauchte ich eine Weile, um die Nachricht zu verdauen. Vermutlich saß ich zwei Minuten oder auch länger mit offenem Mund da. «Oh, das wird aufregend sein!» sagte ich dann. «Wann kommt es denn? Nächste Woche?»

«So bald nun auch wieder nicht», antwortete Mutter. «Irgendwann im Oktober.»

«Oktober?» Ich war tief bekümmert. Noch so lange warten zu müssen! Ich kann mich an meine damalige Einstellung zu Sex – ich war zwölf oder dreizehn – nicht mehr deutlich erinnern, aber ich glaube nicht, daß ich immer noch die Theorie von Ärzten mit schwarzen Taschen oder himmlischen Besuchern mit Flügeln akzeptierte. Ich wußte mittlerweile schon, daß es ein physischer Vorgang war, der aber in mir weder Neugier noch Interesse wachrief. Ich hatte mir meine eigene kleine Theorie zurechtgelegt. Zuerst war das Baby im Körper drin, und nach einer gewissen Zeit war es draußen. Ich dachte über den Mechanismus der Entwicklung nach und kam zu dem Schluß, daß der Nabel der Kernpunkt der Sache sein müsse. Wozu sonst sollte es gut sein, dieses runde Loch in meinem Bauch? Es schien keinen anderen Zweck zu haben, also mußte es etwas mit der Produktion von Babies zu tun haben.

Später erzählte mir meine Schwester, daß sie sehr präzise Vorstellungen gehabt hatte. Sie hatte gedacht, daß der Nabel ein Schlüsselloch wäre, daß es einen passenden Schlüssel dazu gäbe, der von der Mutter aufbewahrt und dann dem Ehemann übergeben wurde, der das Schloß in der Hochzeitsnacht öffnete. Das klang sehr vernünftig, und ich wunderte mich nicht, daß sie an ihrer Theorie eisern festhielt.

Ich ging mit der Neuigkeit in den Garten hinaus und dachte lange darüber nach. Madge würde also ein Baby bekommen. Das war eine feine Sache, und je länger ich darüber nachdachte, desto besser gefiel sie mir. Ich würde eine Tante werden – das klang herrlich erwachsen und bedeutend. Ich würde ihm Spielsachen kaufen, ich würde es mit meinem Puppenhaus spielen lassen, und ich würde es davor bewahren müssen, von Christopher, meinem Kätzchen, gekratzt zu werden. Aber bis Oktober war noch eine lange Zeit.

Irgendwann im August kam ein Telegramm, und Mutter mußte verreisen. Sie sagte, sie müsse eine Weile bei meiner Schwester in Cheshire bleiben. Omatante wohnte damals bei uns. Mutters plötzliche Abreise überraschte mich nicht sonderlich, und ich dachte auch nicht darüber nach, denn was immer Mutter tat, tat sie unerwartet, allem Anschein nach unvorbereitet und ohne Vorbedacht. Ich stand im Garten auf dem Tennisplatz und suchte hoffnungsvoll die Birnbäume nach einer Frucht ab, die vielleicht schon reif wäre. Alice kam, um mich ins Haus zu holen. «Es ist gleich Essenszeit, Miss Agatha, und Sie sollen hereinkommen. Eine Neuigkeit erwartet Sie.»

«Ach ja? Was denn für eine?»

«Sie haben einen kleinen Neffen bekommen», sagte Alice.

Einen Neffen?

«Aber ich sollte ihn doch erst im Oktober bekommen?» hielt ich ihr entgegen.

«Ja, es geht nicht immer alles so, wie man es sich denkt», sagte Alice. «Kommen Sie jetzt rein.»

Ich kam ins Haus und fand Oma mit einem Telegramm in der Hand in der Küche. Ich bombardierte sie mit Fragen. Wie sah das Baby aus? Wieso war es jetzt schon gekommen, statt erst im Oktober? Oma parierte meine Fragen mit jener Kunstfertigkeit, die den Viktorianern so vertraut war. Ich hatte sie offenbar bei einem obstetrischen Gespräch mit Jane unterbrochen, denn sie senkte sogleich die Stimme und murmelte etwas wie «Der andere Arzt hat gesagt, man solle die Wehen ruhig kommen lassen, aber der Spezialist blieb bei seiner Entscheidung.» Es klang alles sehr mysteriös. Als Oma anfing, die Hammelkeule zu zerlegen, fragte ich:

«Aber wie sieht es aus? Welche Haarfarbe hat es?»

«Es ist wahrscheinlich kahl. Babies bekommen ihre Haare nicht gleich.»

«Kahl?» wiederholte ich enttäuscht. «Wird sein Gesicht sehr rot sein?»

«Vermutlich.»

«Wie groß ist es?»

Oma überlegte , hörte auf zu tranchieren und maß eine Länge auf dem Tranchiermesser ab.

«So groß», sagte sie. Sie sprach mit der absoluten Gewißheit eines Menschen, der weiß, wovon er redet. Mir schien es ziemlich klein. Trotzdem machte diese Mitteilung einen gewaltigen Eindruck auf mich. Wenn mir heute ein Psychiater in einem Assoziationstest das Schlüsselwort «Baby» gäbe, ich würde zweifellos sofort mit «Tranchiermesser» assoziieren. Was er da wohl für einen Freudschen Komplex aus meiner Antwort herauslesen würde?

Ich war von meinem Neffen begeistert. Einen Monat später brachte Madge ihn nach Torquay mit, und als er zwei Monate alt war, wurde er in der alten Kirche von Tor getauft. Da Norah Hewitt, seine Patentante, nicht dabei sein konnte, durfte ich ihn halten und sie vertreten. Von Wichtigkeit erfüllt, stand ich neben dem Taufbecken, während Madge nervös um mich herumflatterte, um für den Fall gerüstet zu sein, daß ich ihn fallen ließ. Er wurde James getauft wie sein Vater und Großvater. In der Familie wollte man ihn Jack nennen.

Es war schön, Madge nach so langer Zeit wieder daheim zu haben. Ich konnte damit rechnen, daß sie mir Geschichten erzählen und mich unterhalten würde. Madge war es, die mir meine erste Sherlock-Holmes-Geschichte erzählte, und ich konnte gar nicht genug davon kriegen. Sie war eine herrliche Geschichtenerzählerin.

Vor ihrer Heirat hatte sie selbst angefangen, Geschichten zu schreiben. Viele ihrer Kurzgeschichten erschienen in *Vanity Fair*. Eine «Vain Tale» in *Vanity Fair* unterzubringen, wurde damals als beachtliche literarische Leistung angesehen, und Vater war sehr stolz auf sie. Sie schrieb eine Reihe von Geschichten aus dem Sportleben. Es waren amüsante und geistreiche Geschichten. Ich weiß nicht, ob sie weiter geschrieben haben würde, wenn sie nicht geheiratet hätte. Ich glaube nicht, daß sie sich jemals als seriöse Schriftstellerin sah; vermutlich wäre sie lieber Malerin geworden. Sie war einer jener Menschen, die fast alles, was sie sich vornehmen, auch ausführen können. Wenn ich mich recht entsinne, schrieb sie nach ihrer Heirat keine Kurzgeschichten mehr, aber zehn oder fünfzehn Jahre später fing sie an, für die Bühne zu arbeiten. Basil Dean vom Royal Theatre war der Produzent von *The Claimant*. Sie schrieb noch ein oder zwei andere Stücke, die aber nicht in London aufgeführt wurden. Sie war auch eine recht gute Amateurschauspielerin, und es ist keine Frage, daß Madge das Talent unserer Familie war.

Ich selbst hatte keine Ambitionen. Ich wußte, daß ich nichts wirklich gut konnte. Ich spielte gerne Tennis und Krocket, aber ich war nie eine erstklassige Spielerin. Wie interessant wäre es, wenn ich sagen könnte, daß ich immer schon Schriftstellerin werden wollte und fest entschlossen war, es eines Tages auch zu sein, aber offen gestanden, so ein Gedanke kam mir nie in den Sinn.

Dabei erschien ich doch tatsächlich mit elf Jahren schon in Druck! Das kam so: Die Straßenbahn kam nach Ealing – und löste sofort Proteststürme aus. So ein feines Wohnviertel, so breite Alleen, so schöne Häuser – und nun sollte eine Straßenbahn klappernd und rasselnd die Ruhe stören? Die Leute schrieben an die Zeitungen, an ihren Abgeordneten, an jeden, der ihnen gerade einfiel. Straßenbahnen waren so gewöhnlich, sie machten scheußlichen Lärm, die Gesundheit der Bewohner würde darunter leiden. Es gab eine ausgezeichnete Linie mit leuchtend rot gestrichenen Omnibussen zwischen Ealing Broadway und Shepherds Bush und eine andere außerordentlich brauchbare Linie, die zwischen Hanwell und Acton verkehrte. Dazu noch die gute alte Great Western Railway, von der Bezirksbahn ganz zu schweigen.

Es bestand einfach kein Bedarf an einer Straßenbahn. Aber sie kam unaufhaltsam, es gab Heulen und Zähneknirschen – und Agatha sah ihr erstes literarisches Werk veröffentlicht: ein Gedicht, das ich an dem Tag schrieb, da die Straßenbahn zum ersten Mal verkehrte. Es hatte fünf Strophen, und einer von Omas alten Galanen, der tapfere Leibwächter von Generälen, Oberstleutnants und Admirälen wurde von ihr dazu überredet, zur Lokalzeitung zu gehen und dem Herausgeber vorzuschlagen, es abzudrucken. Das tat er auch, und ich erinnere mich noch an die erste Strophe:

Die erste Trambahn sah ich fahren
in ihrer goldenroten Pracht
die Straße auf, die Straße nieder,
doch allzusehr hat es gekracht,
der Schreck mir fuhr in alle Glieder.

In der nächsten Strophe machte ich mich darüber lustig, daß der «(«Gleit)schuh drückte». (Es gab da einen Konstruktionsfehler im «Gleitschuh» oder wie das Ding hieß, das der Trambahn den Strom zuleitete, so daß es nach ein paar Stunden Fahrt kaputt ging.) Ich war stolz, mich gedruckt zu sehen, aber ich kann nicht behaupten, daß es mich dazu inspirierte, eine literarische Karriere ins Auge zu fassen.

Ich faßte nur eines ins Auge: eine glückliche Ehe. Diesbezüglich hatte ich größtes Selbstvertrauen – wie meine sämtlichen Freundinnen auch. Wir waren uns alle der Glückseligkeit bewußt, die uns erwartete, wir freuten uns auf die Liebe, freuten uns darauf, umsorgt, umhegt und bewundert zu werden, und hatten die feste Absicht, in wichtigen Dingen unseren Kopf durchzusetzen, gleichzeitig aber auch das Leben, die Karriere und den Erfolg unserer Ehemänner – wie es unsere stolze Pflicht sein würde – vor allen anderen Dingen an die erste Stelle zu setzen. Wir brauchten weder Aufputsch- noch Beruhigungsmittel, wir hatten Glauben und

Lebensfreude. Wir erlebten unsere persönlichen Enttäuschungen, aber im großen und ganzen machte das Leben Spaß. Vielleicht macht es den Mädchen auch heute noch Spaß, aber sie sehen mir wahrhaftig nicht danach aus. Vielleicht – ein passender Gedanke! – vielleicht finden sie Gefallen an der Melancholie, es gibt solche Leute. Vielleicht finden sie sogar an der Angst Gefallen. Denn das ist zweifellos ein Zeichen unserer Zeit: die Angst. Meinen Altersgenossinnen ging es oft schlecht, und sie hatten nicht einmal ein Viertel der Dinge, die sie sich wünschten. Wie kam es dann, daß wir unser Dasein so genossen? War es eine Art Lebenssaft, der in uns aufstieg und der jetzt versiegt ist?

Wir waren wie ungebärdige Pflanzen – vielleicht auch oft Unkraut –, aber wir ließen uns in unserem Wuchs nicht aufhalten. Gewaltsam und an den ungünstigsten Stellen drängten wir uns durch Ritzen und Sprünge in Steinplatten und Straßenpflaster, entschlossen, uns am Leben satt zu essen. Wir drängten der Sonne entgegen, bis jemand kam und uns niedertrat. Wir mochten verletzt sein, aber bald hoben wir wieder die Köpfe. Heutzutage scheint das Leben Unkrautvertilger zu versprühen (nach Bedarf!) – und wir können die Köpfe nicht mehr heben. Es soll Menschen geben, die kein «Recht auf Leben» haben. Uns hat nie jemand gesagt, daß wir kein Recht auf Leben hätten. Hätte es uns einer gesagt, wir würden es ihm nicht geglaubt haben. Nur ein Mörder besaß dieses Recht nicht. Heute ist ein Mörder der einzige, von dem man nicht sagen darf, er hätte sein Recht auf Leben verwirkt.

Das aufregend Schöne im Dasein eines Mädchens – einer Frau in ihrer embryonalen Phase – bestand darin, daß das Leben ein so wunderbares Glücksspiel war. Man wußte nicht, was die Zukunft bringen würde. Man brauchte sich nicht den Kopf darüber zu zerbrechen, was man tun oder sein sollte – die Biologie würde das entscheiden. Man wartete auf *den Mann,* und wenn dieser Mann kam, würde er das ganze Leben verändern. «Vielleicht werde ich einen Diplomaten heiraten . . . Ich glaube, das würde mir gefallen, zu reisen und fremde Länder kennenzulernen . . .» Oder: «Einen Seemann würde ich nicht heiraten wollen; wir müßten an der Küste leben.» Oder: «Vielleicht heirate ich einen Brückenbauer oder einen Forscher.» Die ganze Welt stand dir offen – nicht dem, was deiner Wahl entsprechen mochte, sondern dem, was das Schicksal dir bringen würde. Alles war möglich: es konnte sein, daß du einen Trunkenbold heiraten und sehr unglücklich werden würdest, aber das erhöhte nur noch das Gefühl erregender Spannung. Und man heiratete ja auch nicht einen Beruf, sondern einen

Mann. Wie die alten Kinderfrauen, Gouvernanten, Köchinnen und Hausmädchen zu sagen pflegten: «Eines Tages kommt der Richtige.»

Ich war noch sehr klein, als die alte Hannah, Omas Köchin, einer der hübscheren von Mutters Freundinnen einmal vor einem Ball beim Anziehen half. «Also, Miss Phyllis», sagte Hannah und machte sich daran, das enge Korsett zuzuschnüren, «stützen Sie sich ab und machen Sie das Kreuz hohl. Ich fange an zu ziehen. Halten Sie den Atem an.»

«Oh, Hannah, ich ertrage es nicht, es geht wirklich nicht. Ich kann nicht atmen.»

«Keine Bange, mein Schätzchen, Sie können wunderbar atmen. Sie werden nicht viel essen können, und das ist sehr gut, denn in der Öffentlichkeit sollen junge Damen nicht große Mengen verzehren, das ist nicht fein. Sie müssen sich wie eine richtige junge Dame benehmen. Es geht schon. Ich hole mal das Meßband. Na bitte – achtundvierzig. Ich könnte Sie auf sechsundvierzig bringen . . .»

«Achtundvierzig reicht vollkommen», keuchte das Opfer.

«Sie werden froh sein, wenn Sie einmal dort sind. Stellen Sie sich doch einmal vor, heute abend käme der Richtige. Würden Sie wollen, daß er Sie mit einer starken Taille sieht?»

Der Richtige. Man drückte es manchmal auch eleganter aus: «Der Mann, den das Schicksal dir bestimmt hat.»

«Eigentlich habe ich gar keine Lust, auf den Ball zu gehen.»

«O doch, mein Schätzchen. Denken Sie nur! Sie könnten dem Mann begegnen, den das Schicksal Ihnen bestimmt hat.»

Natürlich gab es immer Mädchen, die auf keinen Fall heiraten wollten, meist aus irgendwelchen edlen Beweggründen. Sie verspürten den Drang, Nonne zu werden oder Leprakranke zu pflegen, etwas Großartiges und Bedeutendes zu tun, sich selbst aufzuopfern. Für viele war das eine Phase, die sie durchmachen mußten. Der glühende Wunsch, Nonne zu werden, scheint bei protestantischen Mädchen weit beständiger zu sein als bei katholischen. Bei diesen handelt es sich zweifellos mehr um eine Berufswahl – um eine ganz normale Lebensform – die jedoch für eine Protestantin den Beigeschmack des religiösen Mystizismus besitzt und seltsam faszinierend auf sie wirkt. Auch der Beruf einer Krankenschwester wurde als heroische Lebensaufgabe betrachtet, der das Ansehen Miss Nightingales einen besonderen Glanz verlieh. Die Ehe aber stand im Mittelpunkt aller Überlegungen; wen man heiraten würde, das war die Frage, die alle bewegte.

Mit dreizehn oder vierzehn Jahren hatte ich das Gefühl, meinen

Freundinnen an Alter und Erfahrung ungeheuer weit voraus zu sein. Nicht länger sah ich mich von anderen Menschen beschützt. Ich war selbst zur Beschützerin geworden Ich fühlte mich für meine Mutter verantwortlich. Und ich versuchte, mich selbst zu erkennen: Was für eine Art Mensch war ich? Was konnte ich anpacken und mit Erfolg zu Ende führen? Für welche Dinge taugte ich und für welche nicht? Ich wußte, daß ich nicht imstande war, rasche Entscheidungen zu treffen; ich brauchte Zeit, um ein Problem sorgfältig zu prüfen, bevor ich mir darüber klar war, wie ich mich damit auseinandersetzen sollte.

Ich erkannte den Wert der Zeit. Das wunderbarste im Leben ist, Zeit zu haben. Ich glaube, die Menschen von heute haben nicht genug Zeit. Ich war in meiner Kindheit und in meiner Jugend so überaus glücklich, weil ich so viel Zeit hatte. Am Morgen schlug ich die Augen auf und fragte mich – noch bevor ich richtig wach war: «Na, was soll ich mit dem heutigen Tag anfangen?» Man hatte die Wahl, der Tag war da, er lag vor einem, und man konnte ihn nach Herzenslust planen. Womit ich sagen will, daß es nicht auch eine Menge Dinge gab, die ich zu tun hatte (Pflichten, nannten wir sie) – natürlich gab es sie. Im Hause waren Arbeiten zu verrichten: Silberrahmen mußten geputzt, Strümpfe gestopft werden. An manchen Tagen las ich ein Kapitel aus *Große Ereignisse der Geschichte,* an anderen ging ich in die Stadt, um die Rechnungen unserer Lieferanten zu begleichen. Es hieß Briefe schreiben und Eintragungen machen, Klavier üben oder sticken – aber ich konnte mir alle diese Dinge so einteilen, wie ich wollte. Ich konnte meinen Tag planen, ich konnte sagen: «Die Strümpfe stopfe ich erst nachmittags; vormittags gehe ich in die Stadt und nehme den Rückweg durch die andere Straße, um nachzusehen, ob jener Baum schon in Blüte steht.»

Beim Erwachen überkam mich stets ein Gefühl, ein doch gewiß für alle natürliches Gefühl – die Freude, am Leben zu sein. Ich will nicht sagen, daß man es bewußt empfindet – das ist nicht der Fall –, aber man ist da, man lebt, man schlägt die Augen auf, und ein neuer Tag ist angebrochen. Ein neuer Schritt ist zu tun auf dem Weg an einen unbekannten Ort, auf jenem faszinierenden Weg, der unser Leben ist.

Nicht jeder Tag ist unbedingt auch ein erfreulicher Tag. Nach dem ersten köstlichen Gefühl des «Ein neuer Tag! Wie herrlich!» erinnert man sich, daß man um halb elf beim Zahnarzt sein muß, und das ist nun gar nicht mehr so herrlich. Aber die erste Freude des Erwachens hat man genossen, und sie hilft einem weiter.

Natürlich hängt viel vom Temperament ab. Man ist eine Frohnatur oder von eher melancholischem Gemüt. Ich glaube nicht, daß sich da etwas ändern läßt, es ist eine Frage der Veranlagung: du bist glücklich, bis etwas auf dich zukommt, das dich unglücklich macht; oder du bist schwermütig, bis etwas dich deine Melancholie vergessen macht. Natürlich können glückliche Menschen auch mal unglücklich sein, schwermütige Menschen vergnügt und heiter. Aber wenn ich einem Kind bei der Taufe etwas schenken wollte, dies ist die Gabe, die ich ihm darbringen würde: ein von Natur aus sonniges Gemüt.

Es scheint die etwas sonderbare Meinung vorzuherrschen, daß Arbeit Anerkennung verdient. Wieso eigentlich? In alten Zeiten ging der Mann auf die Jagd, um sich zu ernähren und am Leben zu erhalten. Später dann rackerte er sich mit der Ernte ab, säte und pflügte, zum gleichen Zweck. Heute kriecht er schon früh aus den Federn, um den Zug um acht Uhr fünfzehn nicht zu verpassen, und sitzt den ganzen Tag im Büro – immer noch zum gleichen Zweck. Er tut es, um sich zu ernähren, ein Dach über dem Kopf zu haben und, wenn er Glück hat, noch ein bißchen weiter zu kommen und auch Komfort und Unterhaltung genießen zu können.

Es ist wirtschaftlich notwendig. Aber warum verdient es Anerkennung? «Müßiggang ist aller Laster Anfang», unterrichteten uns die Kindermädchen. Der kleine Georgie Stephenson gab sich vermutlich dem Müßiggang hin, als er beobachtete, wie sich der Deckel des Teekessels seiner Mutter hob und senkte. Weil er im Moment nichts Besseres zu tun hatte, fing er an, darüber nachzudenken ...

Ich glaube nicht, daß Not erfinderisch macht – meiner Meinung nach gehen Erfindungen aus dem Müßiggang hervor, wenn nicht sogar aus der Faulheit. Das Bestreben, sich Arbeit zu ersparen – das ist das große Geheimnis, das uns über eine Spanne von Äonen dazu gebracht hat, statt Feuersteine aneinander zu schlagen, die Waschmaschine anzudrehen!

Die Lage der Frau hat sich im Lauf der Jahre eindeutig verschlechtert. Wir Frauen waren richtige Idioten. Wir haben lautstark danach verlangt, Männerarbeit verrichten zu dürfen. Die Männer, die ja nicht dumm sind, befreundeten sich sehr schnell mit diesem Gedanken. Warum für eine Frau sorgen? Was ist schon dabei, wenn sie sich selbst erhält? Sie will es ja so haben. Bei Gott, ich werde ihnen nichts in den Weg legen!

Nachdem wir uns so geschickt als «schwaches Geschlecht» etabliert haben, ist es doch betrüblich, daß wir uns jetzt mit den

Frauen primitiver Völker auf eine Stufe stellen, jenen Frauen, die den ganzen Tag auf den Feldern schuften, kilometerweit gehen, um Kameldung einzusammeln, mit dem sie ihr Feuer nähren, und auf dem Treck Töpfe, Pfannen und Hausrat auf dem Kopf tragen, während der ausschließlich dekorative Herr und Gebieter voranschreitet – von Lasten unbeschwert bis auf eine tödliche Waffe, um seine Frauen verteidigen zu können.

Man muß es den viktorianischen Frauen lassen, sie verstanden es, ihre Männer dorthin zu bekommen, wo sie sie haben wollten. Sie verstanden es, die Welt von ihrer Zerbrechlichkeit, Anfälligkeit und Empfindsamkeit zu überzeugen, so daß sie unaufhörlich beschützt und umsorgt werden mußten. Führten sie denn ein so elendes, geknechtetes, unterdrücktes, demütiges Leben? Ich kann mich nicht daran erinnern. Den Blick zurückwendend, scheinen mir die Freundinnen meiner Großmütter ganz besonders zähe Damen gewesen zu sein, die es ausnahmslos ausgezeichnet verstanden, ihren Kopf durchzusetzen. Sie ließen sich nicht unterkriegen, sie waren willensstark, ungewöhnlich belesen und vielseitig gebildet.

Man mißverstehe mich nicht: sie bewunderten ihre Männer. Sie hatten die feste Überzeugung, daß es prächtige Gefährten waren – schneidig, mit dem Hang zur Sündhaftigkeit, leicht vom rechten Weg abzubringen! Im täglichen Leben setzte eine Frau ihren Kopf durch, während sie sich in einem Lippenbekenntnis zur männlichen Überlegenheit bekannte, um ihren Mann nicht das Gesicht verlieren zu lassen.

«Dein Vater weiß es am besten, Liebling», hieß es nach außen hin, aber die wahre Einstellung kam im privaten Gespräch zum Vorschein: «Du hast sicher ganz recht mit dem, was du gesagt hast, John, aber ich frage mich, ob du auch daran gedacht hast, daß . . .»

In einer Beziehung war der Mann unangreifbar: er war der Herr des Hauses. Wenn eine Frau heiratete, akzeptierte sie seine Lebensweise und die Stellung, die er in der Welt einnahm. Das scheint mir eine gesunde Grundlage für eine glückliche Zukunft zu sein. Wenn du dich mit dem Leben deines Zukünftigen nicht abfinden kannst, nimm den Job nicht – mit anderen Worten, heirate diesen Mann nicht. Da haben wir zum Beispiel einen Textilgroßhändler; er ist Katholik, er zieht es vor, am Stadtrand zu wohnen, er spielt Golf, und er verbringt seinen Urlaub gerne am Meer. *Das* heiratest du. Entschließe dich, an all dem Gefallen zu finden. So schwer wird es schon nicht sein.

Es ist erstaunlich, wieviel Gefallen man praktisch an allem und jedem finden kann. Man kann an jeder Speise und an jeder

Lebensweise Gefallen finden. Am Leben auf dem Lande, an Hunden, an Spaziergängen im Nebel, an Städten, Menschen, Krach und Radau. Auf der einen Seite wird dir Erholung und Entspannung geboten, du hast Zeit zum Lesen, Stricken und Sticken, und du kannst dir das Vergnügen gönnen, alle möglichen Dinge zu pflanzen. Auf der anderen Seite gibt es Theater, Kunstgalerien, gute Konzerte und die Gelegenheit, dich mit Freunden zu treffen, die du sonst nur selten zu Gesicht bekommen würdest. Ich besitze die Gabe, mich eigentlich an allem erfreuen zu können.

Als ich einmal mit dem Zug nach Syrien fuhr, unterhielt mich eine Reisegefährtin damit, daß sie mir einen Vortrag über den Magen hielt. «Geben Sie nie Ihrem Magen nach», riet sie mir. «Wenn Ihnen etwas nicht bekommt, sagen Sie sich: ‹Wer ist hier der Herr im Haus: ich oder mein Magen?›»

«Aber was tun Sie in einem solchen Fall wirklich?» fragte ich neugierig.

«Jeder Magen läßt sich erziehen. Zu Beginn nur in ganz kleinen Dosen. Ganz gleich, was es ist. Ich konnte zum Beispiel Eier nicht vertragen, und von geschmolzenem Käse bekam ich fürchterliche Schmerzen. Also: ein oder zwei Löffel voll weichgekochtes Ei zwei oder drei Mal die Woche, und dann ein bißchen mehr Rührei, und so weiter. Und jetzt kann ich jede Menge Eier essen. Genauso ging es mit dem geschmolzenen Käse. Vergessen Sie nie: Der Magen ist ein guter Diener, aber ein schlechter Herr.»

Ich war sehr beeindruckt, versprach, ihrem Rat zu folgen, und habe es auch getan – was mir, da ich einen ausgesprochen untertänigen Magen besitze, allerdings nicht sehr schwerfiel.

3

Nach Vaters Tod fuhr Mutter mit Madge nach Südfrankreich, und ich blieb – unter Janes wachsamem Auge – drei Wochen allein in Torquay. In dieser Zeit entdeckte ich einen neuen Sport und neue Freunde.

Rollschuhfahren auf dem Pier war ein Vergnügen, das damals hoch in Mode stand. Die Oberfläche des Piers war ziemlich rauh, und man fiel oft hin, aber es machte großen Spaß. Am Ende des Piers gab es eine Art Konzertsaal, der im Winter natürlich nicht verwendet wurde und als Rollschuhbahn zur Verfügung stand. Das war zwar weitaus nobler, aber der Pier war uns viel lieber. Wir hatten unsere eigenen Rollschuhe und zahlten zwei Pence Eintritt. Die Huxleys konnten bei diesem Sport nicht mitmachen, weil sie am Vormittag die Gouvernante hatten, und das galt auch für Audrey. Die Leute, mit denen ich Rollschuh fuhr, hießen Lucy. Sie waren zwar schon erwachsen, aber sehr nett zu mir. Sie wußten, daß ich allein in Torquay war, weil der Arzt Mutter Luftveränderung und Ruhe im Süden verordnet hatte.

So bedeutend ich mir in meiner Unabhängigkeit vorkam, konnte man dieser Selbständigkeit auch leicht müde werden. Es machte mir Spaß, den Speisezettel zusammenzustellen – oder mir einzubilden, daß ich ihn zusammenstellte. In Wirklichkeit bekam ich genau das vorgesetzt, was Jane sich schon vorher zu kochen entschieden hatte, aber sie verstand es vorzüglich, so zu tun, als zöge sie selbst meine ausgefallensten Vorschläge ernstlich in Erwägung. «Könnten wir Bratente mit Baisers haben?» fragte ich. Freilich, antwortete Jane, aber die Ente wäre erst noch zu bestellen, und die Baisers – im Augenblick hätte sie kein Eiweiß, und vielleicht sollten wir doch besser warten, bis sie für irgend etwas anderes Eigelb verwenden müsse. Schließlich bekam ich, was bereits in der Speisekammer vorbereitet war. Aber die liebe Jane war sehr taktvoll. Sie nannte mich immer Miss Agatha und gab mir das Gefühl, die Fäden der Macht in der Hand zu halten.

Damals also luden mich die Lucys ein, mit ihnen auf dem Pier Rollschuh zu fahren. Sie brachten mir bei, halbwegs aufrecht zu stehen, und ich war begeistert. Sie waren wohl eine der nettesten Familien, die ich je gekannt habe. Blanche, die älteste Tochter, ein außerordentlich hübsches Mädchen, war ein bißchen älter als meine Schwester und hatte schon vor ihr geheiratet. Reggie, der älteste Sohn, war in der Armee, der zweitälteste – etwa so alt wie mein Bruder – daheim, und auch die zwei jüngeren Töchter Marguerite und Muriel – Margie und Noonie für die Familie – waren bereits erwachsen. Zeit bedeutete ihnen nichts.

Nachdem wir eine gute Weile Rollschuh gelaufen waren, sah Noonie auf die Uhr. «Denk doch nur», sagte sie, «wie die Zeit vergeht. Es ist schon halb zwei.»

«Ach herrje», sagte ich. «Ich brauche mindestens zwanzig Minuten bis nach Hause.»

«Du gehst jetzt besser nicht nach Hause, Aggie. Du kommst mit uns und ißt mit uns zu Mittag. Wir können ja Ashfield anrufen.»

Ich ging also mit ihnen, und um halb drei kamen wir an, begrüßt von dem Hund Sam – «Ein Leib wie ein Faß, Atem wie ein Kanalrohr», pflegte Noonie ihn zu beschreiben. Irgendwo fand sich warm gestelltes Essen, und das verzehrten wir jetzt mit großem Appetit. Dann meinten sie, es wäre doch schade, jetzt schon heimzugehen, und wir machten es uns in ihrem Schulzimmer gemütlich, spielten Klavier und sangen dazu. Manchmal unternahmen wir Ausflüge zum Moor. Wir vereinbarten, uns am Bahnhof zu treffen, um mit einem bestimmten Zug zu fahren. Die Lucys kamen immer zu spät, und wir verpaßten stets den Zug. Sie verpaßten Züge, verpaßten Straßenbahnen, verpaßten alles, aber nichts brachte sie aus der Ruhe. «Was macht das schon?» sagten sie. «Es kommt bestimmt noch einer. Wozu sich ärgern?» Es war eine herrliche Atmosphäre.

Die Höhepunkte meines Lebens waren Madges Besuche. Sie kamen immer im August. Jimmy leistete ihr ein paar Tage Gesellschaft, mußte aber dann ins Geschäft zurück, und Madge blieb bis Ende September, und mit ihr auch Jack.

Jack war natürlich für mich ein nie versiegender Quell der Freude. Er war ein goldblonder kleiner Junge mit rosigen Wangen. Er sah zum Fressen aus, und wir nannten ihn manchmal tatsächlich *«le petit brioche»*. Er hatte ein sehr ungestümes Wesen, und der Begriff «Stille» war ihm fremd. Er war fürchterlich jähzornig und tat regelmäßig, was wir «explodieren» nannten. Er wurde ganz rot im Gesicht, dann violett, dann hielt er den Atem an, bis man wirklich glaubte, er würde platzen, und dann brach der Sturm los.

Er hatte eine ganze Reihe von Kinderfrauen, jede mit ihren Eigenheiten. Ich erinnere mich an eine besonders mürrische. Sie war alt und hatte ungepflegte, dichte graue Haare. Sie besaß große Erfahrung und war so ziemlich die einzige, die mit Jack fertig wurde, wenn er das Kriegsbeil ausgrub. Eines Tages war er wieder sehr ungezogen gewesen und ohne jeden Grund mit den Worten «du Idiot, du Idiot, du Idiot!» auf jeden von uns losgestürzt. Die Kinderfrau stellte ihn schließlich zur Rede. Wenn er nicht damit aufhöre, würde sie ihn bestrafen müssen, warnte sie ihn. «Ich will dir sagen, was ich tun werde», schrie er. «Wenn ich sterbe und in den Himmel komme, gehe ich sofort zum lieben Gott und sage ihm ‹du Idiot, du Idiot, du Idiot!›» Atemlos hielt er inne, um zu sehen, wie sie auf seine Lästerung reagieren würde. Die Kinderfrau legte ihre Arbeit in den Schoß, sah ihn über ihre Brillengläser hin an und antwortete ganz beiläufig: «Und du glaubst wirklich, daß der Allmächtige davon Notiz nehmen wird, was ein ungezogener kleiner Junge zu ihm sagt?» Jack wußte nichts zu erwidern.

Die nächste Kinderfrau war ein junges Mädchen namens Isabel.

Aus irgendwelchen Gründen neigte sie dazu, Dinge aus dem Fenster zu werfen. «Verflixte Schere», murmelte sie plötzlich und schleuderte sie auf den Rasen hinunter. Gelegentlich machte Jack sich erbötig, ihr dabei zu helfen. «Soll ich es aus dem Fenster werfen, Isabel?» fragte er und sah sie forschend an. Wie alle Kinder betete auch er meine Mutter an. Schon früh am Morgen kam er in ihr Bett gekrochen, und ich hörte sie durch die Wand meines Zimmers miteinander reden. Manchmal sprachen sie über das Leben, manchmal erzählte Mutter ihm eine Geschichte – eine Geschichte in Fortsetzungen, die alle von ihren Daumen handelten. Der eine hieß Betsy Jane und der andere Sary Anne. Der eine war ein guter, der andere ein schlechter Daumen, und bei allem, was sie taten und sagten, kam Jack nicht aus dem Lachen heraus. Er versuchte immer, an den Gesprächen Erwachsener teilzunehmen. Als eines Tages der Vikar zum Essen kam, entstand eine unerwartete Pause. «Ich weiß eine sehr lustige Geschichte über einen Bischof», piepste Jack. Er wurde von seiner Familie eiligst zum Schweigen gebracht, denn man wußte ja nie, womit er herausplatzen würde.

Wir pflegten die Weihnachten in Cheshire bei den Watts zu verleben. Um diese Zeit bekam Jimmy seinen Urlaub, und dann fuhr er mit Madge auf drei Wochen nach St. Moritz. Er war ein sehr guter Eisläufer, und deshalb behagte ihm diese Art von Urlaub am besten. Mutter und ich pflegten nach Cheadle hinaufzufahren, und da ihr neues Haus, das Manor Lodge hieß, noch nicht fertig war, verbrachten wir die Weihnachtsfeiertage mit den alten Watts, ihren vier Kindern und Jack auf Abney Hall. Für ein Kind war es ein wunderbares Haus, um darin Weihnachten zu feiern. Es besaß nicht nur eine Unzahl von Zimmern, Gängen, unerwarteten Stufen, Vordertreppen, Hintertreppen, Alkoven, Erkern – alles, was ein Kind sich nur wünschen kann –, sondern auch eine Orgel und drei verschiedene Klaviere, welche man spielen konnte. Was dem Haus fehlte, war Tageslicht. Es war ziemlich dunkel, ausgenommen der große Salon mit seinen grünen Seidentapeten und den großen Fenstern.

Abney war ein wahres Schlemmerparadies. Mrs. Watts' sogenannte Speisekammer grenzte an die Halle an. Sie hatte nichts mit Omas Speisekammer gemein, dieser uneinnehmbaren Festung, aus der nur zu gewissen Tageszeiten Lebensmittel ausgegeben wurden. Hier hatte jedermann freien Zutritt, und an den Wänden standen Regale voll mit Näschereien aller Art. Schokolade in Tafeln, Schokoladebonbons, Kekse, Pfefferkuchen, eingemachte Früchte, Marmeladen und so weiter.

Weihnachten war das Fest aller Feste; es wird mir immer unvergeßlich bleiben. Das Frühstück, wo jedes Kind schon sein Geschenk vorfand. Dann eilig zur Kirche und schnell wieder zurück, um weitere Geschenkpakete zu öffnen. Um zwei Uhr das Weihnachtsessen bei zugezogenen Vorhängen, hellem Licht und glitzernden Ornamenten. Austernsuppe (die ich nicht mochte), Steinbutt, gekochter Truthahn, gebratener Truthahn und ein riesiges Stück Roastbeef. Anschließend Plumpudding, Fleischpasteten, einen Auflauf und zum Nachtisch natürlich eine Menge köstlicher Süßigkeiten. In meinem Buch *Ein diplomatischer Zwischenfall* habe ich solch ein Festmahl ausführlich beschrieben. Es ist eines von jenen Dingen, die man in dieser Generation bestimmt nicht mehr erleben wird. Und ich bezweifle auch, daß es die Verdauung eines Menschen von heute durchstehen könnte. Unsere Verdauung allerdings stand es ausgezeichnet durch. An Verfressenheit wetteiferte ich mit Humphrey Watts, der altersmäßig nach James kam. Mit seinen einundzwanzig oder zweiundzwanzig war er etwa zehn Jahre älter als ich. Er war ein sehr gutaussehender junger Mann, dazu noch ein guter Schauspieler, unterhaltend und ein wunderbarer Geschichtenerzähler. So sehr ich dazu neigte, mich in Leute zu verlieben, in ihn verliebte ich mich nicht, was mich noch heute in Erstaunen setzt. Ich befand mich wohl noch in einem Stadium, in dem meine Affären ebenso romantisch wie unmöglich waren. Sie betrafen Personen des öffentlichen Lebens wie etwa den Bischof von London und König Alfons von Spanien, natürlich auch verschiedene Schauspieler. Ich weiß, daß ich mich unsterblich in Henry Ainley verliebte, als ich ihn in *The Bondman* erlebte.

Humphrey und ich aßen uns gewissenhaft durch das Weihnachtsdinner. Die Runde der Austernsuppe entschied er für sich, von da an aber ging es Kopf an Kopf. Beide aßen wir zuerst Truthahnbraten, dann gekochten Truthahn und schließlich vier oder fünf gewaltige Scheiben Roastbeef. Danach machten wir uns über den Plumpudding, die Fleischpasteten und den Auflauf her. Danach gab es Kekse, Trauben, Orangen und eingemachte Früchte. Am Nachmittag schließlich holten wir aus der Speisekammer noch einige Handvoll Pralinen, die uns besonders zusagten. War mir am nächsten Tag übel? Hatte ich Gallenbeschwerden? Nicht die Spur. Beschwerden hatte ich im September, wenn ich unreife Äpfel aß. Unreife Äpfel aß ich praktisch täglich, aber gelegentlich tat ich wohl des Guten zuviel.

Ich erinnere mich noch, welch ein Theater ich aufführte, als ich sechs oder sieben war und Pilze gegessen hatte. Um elf Uhr nachts wachte ich mit Schmerzen auf und stürzte in den Salon hinunter, wo meine Eltern mit Freunden zusammensaßen, und verkündete in dramatischem Ton: «Ich werde sterben! Ich habe mich mit Pilzen vergiftet!» Mutter beruhigte mich schnell, gab mir ein paar Schluck Brechwurzwein zu trinken – der in jenen Tagen in allen Medizinkästchen zu finden war – und versicherte mir, daß ich heute noch nicht sterben würde.

Jedenfalls erinnere ich mich nicht, zu Weihnachten jemals krank gewesen zu sein. Mit Nan Watts war es das gleiche, sie hatte einen unverwüstlichen Magen. Und wenn ich so zurückdenke, muß ich sagen, daß damals alle Leute recht gute Mägen hatten. Ich nehme an, daß manche Menschen Magen- oder Zwölffingerdarmgeschwüre hatten und aufpassen mußten, aber ich kann mich nicht erinnern, daß einer nur von Fisch oder Milch gelebt hätte. Eine bäurische, gefräßige Zeit? Ja, aber auch eine Zeit des Lebensgenusses und der Lebensfreude. Wenn ich bedenke, was ich in meiner Jugend gefuttert habe – denn ich war immer hungrig –, kann ich einfach nicht verstehen, wie ich es schaffte, so mager zu bleiben – eine richtige Hopfenstange.

Nach der wohltuenden Untätigkeit des Weihnachtsnachmittags – Untätigkeit für die Älteren; die Jungen lasen, besahen sich ihre Geschenke, knabberten Schokolade – gab es einen herrlichen Tee mit einer großen, mit Zuckerglasur überzogenen Weihnachtstorte und alles mögliche dazu, und ein Abendessen bestehend aus kaltem Truthahn und heißen Fleischpasteten. Gegen neun Uhr wurde der Weihnachtsbaum angezündet, an dem noch mehr Geschenke hingen. Ein wunderbarer Tag, an den man sich noch lange zurückerinnerte – bis zum nächsten Weihnachtsfest.

Auch während des Jahres kam ich mit Mutter nach Abney Hall, und es war immer wunderschön. Im Garten, unter der Auffahrt, gab es einen Tunnel, der mir für das historische Drama, das ich gerade im Geiste über die Bühne gehen ließ, von großem Nutzen war. Gestikulierend stolzierte ich dort herum und murmelte vor mich hin. Sicherlich dachten die Gärtner, ich wäre nicht ganz normal, aber ich versuchte nur, mich in meine Rolle hineinzuversetzen. Es kam mir nie in den Sinn, etwas aufzuschreiben – und was die Gärtner von mir dachten, interessierte mich herzlich wenig. Gelegentlich spaziere ich auch heute noch in der Gegend herum und murmle vor mich hin – wobei ich versuche, ein Kapitel, das nicht so recht vorangeht, «hinzukriegen».

Meine schöpferischen Kräfte entfaltete ich auch bei Sofakissen, die damals weitverbreitet waren. Daher waren bestickte Kissenüberzüge stets willkommen. In den Herbstmonaten war ich mit Feuereifer beim Sticken. Anfangs pflegte ich Abziehbilder zu kaufen, übertrug sie mit einem heißen Bügeleisen auf Satin und stickte dann mit Seide nach. Später kam ich von den Abziehbildern ab, weil es immer die gleichen Motive waren, und ich fing an, Blumenbilder von Porzellan zu kopieren. Wir hatten einige große Berliner- und Dresdnervasen mit wunderschönen Blumensträußen darauf; ich pauste sie ab, übertrug sie auf Satin und versuchte die Farben so getreu wie möglich nachzuahmen. Oma B. war sehr froh, als sie davon hörte; sie hatte in ihrem Leben so viel gestickt, daß ihr der Gedanke, eine Enkelin folge ihr auf diesem Wege, große Freude machte. Ihre eigene Kunstfertigkeit erlangte ich allerdings nicht, ich konnte nie so perfekt Landschaften und Figuren sticken wie sie. Ich besitze zwei Ofenschirme von ihr, beide exquisit gearbeitet: einen mit einer Schäferin, einen anderen mit einem Schäferpaar unter einem Baum, in dessen Rinde sie ein Herz schnitzen. Wie befriedigend muß doch diese Beschäftigung an den langen Winterabenden für die großen Damen zur Zeit der Wandteppiche von Bayeux gewesen sein!

Mr. Watts, Jimmys Vater, war ein Mensch, in dessen Gegenwart mich eine seltsame Scheu befiel. Er pflegte mich «Traumkind» zu nennen – ich wand mich jedesmal vor Verlegenheit. «Woran denkt jetzt unser Traumkind?» pflegte er zu sagen. Ich wurde puterrot im Gesicht. Oft bat er mich, ihm irgendwelche sentimentalen Lieder vorzuspielen und vorzusingen. Ich konnte ganz gut Noten lesen, und so schleppte er mich zum Klavier, und ich mußte ihm seine Lieblingslieder singen. Er war ein künstlerisch veranlagter Mensch und malte Landschaften mit Mooren und Sonnenuntergängen. Er war auch ein großer Möbelsammler, und seine Spezialität waren alte Eichenmöbel. Zusammen mit seinem Freund Fletcher Moss machte er auch gute Aufnahmen und veröffentlichte mehrere Bildbände mit Fotografien berühmter Häuser. Ich wollte, ich wäre ihm gegenüber nicht so schüchtern gewesen, aber ich war ja in einem Alter, in dem man ganz besonders gehemmt ist.

Viel lieber mochte ich Mrs. Watts. Sie war ein erfrischend lebhafter, durch und durch wirklichkeitsnaher Mensch. Nan, die zwei Jahre älter war als ich, gefiel sich in der Rolle eines *enfant terrible* und hatte besondere Freude daran, zu schreien, ungezogen zu sein und häßliche Worte zu gebrauchen. Es schmerzte Mrs. Watts, wenn Nan ihre «verflucht!» und «verdammt!» abfeuerte. Sie mochte es auch nicht leiden, wenn ihre Tochter auf Vorhaltungen mit «Ach, sei doch nicht so dumm, Mutter!» reagierte. Nie hätte sie sich gedacht, daß eine Tochter so zu ihrer Mutter sprechen könnte, aber in der Welt war eine Zeit angebrochen, wo man offen und unverblümt miteinander redete. Nun ja, die meisten Mütter müssen so ein Stadium durchmachen, in dem ihre Töchter sie auf diese oder jene Weise in eine harte Schule schicken.

Am zweiten Feiertag besuchten wir immer das Weihnachtsspiel in Manchester – und es waren ausgezeichnete Weihnachtsspiele. Auf der Heimfahrt im Zug sangen wir noch einmal alle Lieder durch, die wir gehört hatten.

Das Weihnachtsspiel in Manchester war nicht mein erstes. Oma hatte mich schon einmal ins Drury-Lane-Theater geführt. Dan Leno spielte die Märchenerzählerin. Ich kann mich noch gut an dieses Weihnachtsspiel erinnern. Ich träumte noch wochenlang von Dan Leno – für mich war er der wunderbarste Mensch, den ich kannte. Auch ein aufregender Zwischenfall ereignete sich an jenem Abend. In der Hofloge saßen die zwei kleinen Prinzen. Prinz Eddy, wie das Volk ihn nannte, ließ sein Programm und sein Opernglas über die Logenbrüstung fallen. Die Dinge fielen ins Parkett ganz nahe bei unserem Platz, und – welches Entzücken! – es kam nicht ein Beamter des königlichen Haushalts, um die Dinge heraufzuholen, sondern Prinz Eddy persönlich. Er entschuldigte sich sehr höflich und sagte, er hoffte, er hätte niemanden verletzt.

Bevor ich an jenem Abend einschlief, schwelgte ich in Phantasien: Eines Tages würde ich Prinz Eddy heiraten. Vielleicht könnte ich ihn noch vorher vor dem Ertrinken retten ... Die dankbare Königin würde ihre königliche Einwilligung geben. Oder vielleicht würde sich ein Unfall ereignen – es bestand die Gefahr, daß er verbluten könnte, und ich willigte in eine Bluttransfusion ein. Ich würde in den Adelsstand erhoben werden, und wir würden eine morganatische Ehe schließen. Aber selbst für eine Sechsjährige waren solche Phantasien ein wenig zu phantastisch, um von Dauer zu sein.

Im Alter von vier Jahren dachte sich mein Neffe Jack eine wirklich vorteilhafte königliche Verbindung aus. «Angenommen, Mutti», sagte er, «du würdest König Eduard heiraten. Dann würde ich Mitglied der königlichen Familie werden.» Meine Schwester meinte, man müsse an die Königin denken und letztlich auch an Jacks eigenen Vater. Jack fand die Lösung: «Angenommen, die Königin würde sterben, und angenommen, Vati ...», er senkte taktvoll die Stimme – «angenommen, Vati wäre nicht da, und angenommen, König Eduard würde ... würde dich sehen und ...», er brach ab und überließ den Rest unserer Vorstellung. Offenbar würde sich der König bis über beide Ohren verlieben und Jack im Nu sein Stiefsohn sein.

«Ich habe während der Predigt im Gebetbuch geblättert», vertraute Jack mir ein Jahr später an. «Ich habe nämlich daran gedacht, dich zu heiraten, wenn ich groß bin, aber da ist so ein Verzeichnis in der Mitte, und da steht, daß der Herr es mir nicht erlauben wird.» Er seufzte. Es wäre sehr schmeichelhaft für mich, sagte ich, daß er an mich gedacht hätte.

Es ist wirklich erstaunlich, wie konsequent die Menschen in ihren Einstellungen sind. Seit der Zeit, da er mit einem Kindermädchen auf die Straße ging, hegte Jack brennendes Interesse für alles Kirchliche. Wenn man ihn aus den Augen verlor, fand man ihn gewöhnlich in einer Kirche wieder, wo er selbstvergessen zum Altar hinaufstarrte. Bekam er farbiges Plastilin zum Spielen, so formte er daraus immer wieder Kruzifixe, Triptychons oder irgendwelche ekklesiastischen Verzierungen. Römisch-katholische Kirchen faszinierten ihn ganz besonders. Er änderte nie seinen Sinn und las mehr Kirchengeschichte als sonst jemand. Mit dreißig Jahren trat er in die römisch-katholische Kirche ein, ein schwerer Schlag für meinen Schwager, der für mich den Inbegriff eines «schwarzen Protestanten» darstellte. «Ich bin nicht voreingenommen», sagte er mit seiner sanften Stimme, «ich bin wirklich nicht voreingenommen. Ich muß nur immer wieder feststellen, daß die Katholiken allesamt schreckliche Lügner sind. Das ist kein Vorurteil, es ist einfach so.»

Auch Oma war eine typische schwarze Protestantin und genoß so richtig die Verruchtheiten der Baptisten. «Alle diese schönen Mädchen, die in den Klöstern verschwinden», sagte sie mit geheimnisumwitterter Stimme, «und man sieht sie nie wieder!» Ich könnte schwören, sie war überzeugt, daß alle Priester ihre Mätressen aus Spezialklöstern für schöne Mädchen bezogen.

Die Watts waren Nonkonformisten, Methodisten, glaube ich, was dazu geführt haben mag, daß sie alle Katholiken als Nachkommen der «Großen Hure von Babylon» ansahen. Wo Jack seine Passion für die römisch-katholische Kirche her hatte, kann ich mir nicht vorstellen. Er scheint sie von niemandem in seiner Familie geerbt zu haben, aber sie war immer vorhanden, schon in seinen Kinderjahren. Einer seiner Freunde sagte einmal zu ihm: «Ich weiß wirklich nicht, Jack, warum du nicht ein fröhlicher Ketzer sein kannst wie wir alle. Es würde so viel friedlicher sein.

Friedlich zu sein, das war wohl das letzte, was Jack sich je vorstellen konnte. Wie ein Kindermädchen einmal sagte, nachdem sie ihn eine ganze Weile hatte suchen müssen: «Was Jack veranlaßt, in die Kirchen zu laufen, das werde ich nie verstehen.» Meine persönliche Meinung ist, er muß die Reinkarnation eines mittelalterlichen Kirchenvaters gewesen sein. Als er älter wurde, bekam er ein Gesicht wie das eines Kirchenvaters – nicht das eines Mönches und auch nicht das eines Schwärmers – das eines in allen ekklesiastischen Belangen versierten Mannes, der auf dem Konzil von Trient eine gute Figur gemacht haben würde – und der jederzeit die genaue Zahl von Engeln nennen konnte, die auf dem Kopf einer Stecknadel Platz fanden.

4

Das Baden war eine der Freuden meines Lebens und ist es fast bis zum heutigen Tag geblieben; wären da nicht die Schwierigkeiten, mit welchen eine Rheumatikerin zu kämpfen hat, wenn sie in die Wanne steigt und, noch schlimmer, wieder herausklettert, ich würde es noch genauso genießen.

Als ich etwa dreizehn Jahre alt war, vollzog sich eine bedeutende gesellschaftliche Wende. Wie ich es noch in Erinnerung habe, badeten Herren und Damen streng getrennt. Es gab einen Badeplatz speziell für Damen, einen kleinen steinigen Strand links von den Bath Saloons. Auf dem steil abfallenden Strand befanden sich acht Bademaschinen, die von einem mürrischen und jähzornigen alten Mann betreut wurden, dessen Aufgabe es war, die Maschinen ohne Unterlaß ins Wasser hinunterzulassen und wieder herauszuziehen. Man betrat seine Bademaschine – ein mit lustigen Farben bemaltes Gehäuse –, sah darauf, daß beide Türen gut verriegelt waren, und begann sich zu entkleiden – mit einiger Vorsicht, weil sich der alte Mann jeden Augenblick entschließen konnte, die Bademaschine mit seiner Insassin ins Wasser zu lassen. Nun folgte ein wildes Hin- und Herschwenken, und die Bademaschine polterte langsam über die losen Steine zum Wasser hinunter.

Sie blieb ebenso plötzlich stehen, wie sie sich in Bewegung gesetzt hatte. Nun kleidete man sich weiter aus und zog sein Badekostüm an. Dies war ein aus dunkelblauer oder schwarzer Alpakawolle gefertigtes, höchst unästhetisches Kleidungsstück mit einer Menge von Röcken, Rüschen und Falbeln, das bis weit unter die

Knie und über die Ellbogen reichte. Hatte man das Ding an, riegelte man die Tür auf der Wasserseite auf. Wenn der Alte es gut mit einem gemeint hatte, lag die oberste Stufe mit dem Wasserspiegel auf gleicher Höhe. Man stieg die Stufen hinunter und begann zu schwimmen. Nicht zu weit draußen lag ein Floß, zu dem man hinausschwimmen, sich hinaufziehen und darauf sitzen konnte. Bei Ebbe war es ganz nah, bei Flut jedoch ziemlich weit weg – aber dafür hatte man es praktisch für sich allein.

So etwas wie Sonnenbaden am Strand gab es natürlich nicht. Hatte man sein Bad beendet, begab man sich in die Bademaschine, wurde ebenso ruckweise hinaufgezogen, wie man heruntergelassen worden war, und kam schließlich blau im Gesicht, mit klappernden Zähnen und gefühllosen Händen und Wangen wieder zum Vorschein. Mir persönlich, das muß ich sagen, hat das nie geschadet, und nach etwa einer dreiviertel Stunde war mir wieder herrlich warm. Ich saß am Strand und verzehrte ein Korinthenbrötchen, während mir über mein schlechtes Betragen – weil ich nicht schon früher herausgekommen war – Vorhaltungen gemacht wurden. Oma, die immer eine Anzahl abschreckender Beispiele auf Lager hatte, erzählte mir, wie Mrs. Fox' kleiner Junge («so ein reizender Knabe!») an Lungenentzündung gestorben war, weil er nicht gehorcht und sich zu lange im Wasser aufgehalten hatte. An meinem Korinthenbrötchen kauend, oder was es sonst war, woran ich mich labte, antwortete ich pflichtschuldig: «Nein, Oma, nächstes Mal bleib ich bestimmt nicht so lange im Wasser. Aber es war wirklich sehr warm.»

«So, so, sehr warm? Warum zitterst du dann am ganzen Körper? Warum sind deine Finger so blau?»

Der Vorteil, sich von einem Erwachsenen, insbesondere von Oma, begleiten zu lassen, lag darin, daß wir am Strand einen Wagen nahmen und ich nicht zweieinhalb Kilometer zu Fuß laufen mußte. Das Haus des Torbay Yacht Clubs stand auf der Beacon Terrace genau oberhalb des Damenbadeplatzes. Von dort aus war zwar nicht der Strand selbst, wohl aber das Floß und seine Umgebung zu sehen, und wie Vater berichtete, verbrachten nicht wenige Herren ihre Zeit damit, mit Ferngläsern den Anblick weiblicher Gestalten zu genießen, von denen sie fälschlicherweise annahmen, sie in einem Zustand von Nahezu-Nacktheit bewundern zu können. Ich kann mir allerdings nicht vorstellen, daß wir in diesen formlosen Kleidungsstücken besonders viel Sex-Appeal ausstrahlten!

Der Badeplatz für Herren lag ein Stück weiter die Küste hinauf.

Dort konnten sich die Herren in ihren knappen Dreieckhosen nach Herzenslust vergnügen, ohne fürchten zu müssen, von weiblichen Augen beobachtet zu werden. Aber die Zeiten änderten sich: in ganz England kam das Familienbad auf.

Das gemeinsame Baden beider Geschlechter hatte zunächst zur Folge, daß die Damen noch mehr anziehen mußten. Selbst die Französinnen hatten immer in Strümpfen gebadet, um keine sündhaft bloßen Beine in der Öffentlichkeit sehen zu lassen. Mit ihrem natürlichen französischen Chic verstanden sie es zweifellos, sich vom Hals bis zu den Handgelenken zu bedecken – dank der feinen Strümpfe, die die eleganten Formen ihrer schönen Beine deutlich hervortreten ließen, sahen sie weit verlockender und sündhafter aus, als wenn sie das gute alte britische Badekostüm aus gefältelter Alpakawolle mit kurzem Rock getragen hätten. Ich weiß wirklich nicht, warum Beine für so anstößig gehalten wurden. Der ganze Dickens ist voll von entsetzten Aufschreien, wenn eine Dame fürchten muß, ein Mann hätte ihre Fußknöchel zu Gesicht bekommen. Die bloße Erwähnung des Wortes war verpönt. Schon das erste Kindermädchen trichterte einem ein, wenn man auf diese Teile seiner Anatomie zu sprechen kam: «Vergiß nicht, die Königin von Spanien hat keine Beine.» – «Was hat sie statt dessen, Nursie?» – «Glieder, Schätzchen, wir nennen Arme und Beine Glieder.»

Aber es klingt schon recht albern, wenn man sagen müßte: «Ich bekomme da einen Fleck auf einem meiner Glieder, unterhalb des Knies.»

Bis zu der Zeit, als ich zum ersten Mal heiratete, blieben die Badeanzüge sehr züchtig. Zwar war das gemeinsame Baden damals schon allgemein üblich, aber ältere Damen und konservativere Familien betrachteten es immer noch als anstößig. Doch der Fortschritt ließ sich nicht aufhalten, das sah selbst meine Mutter ein. Wir gingen oft am Strand spazieren, wo beide Geschlechter sich im Wasser tummeln durften. Tor Abbey Sands und Corbin's Head, die beliebtesten Strände der Stadt, waren die ersten, wo das gemeinsame Baden erlaubt wurde. Wir badeten nicht dort – angeblich waren die Strände zu überlaufen. Dann wurde das gemeinsame Baden auch auf der aristokratischeren Meadfoot Beach gestattet. Dieser Strand lag gute zwanzig Minuten weiter die Küste hinauf, so daß man über zwei Kilometer zu gehen hatte, aber er war wesentlich attraktiver als der Damenbadeplatz: größer und breiter, und weit draußen ragte ein Felsen aus dem Wasser, zu dem man hinausschwimmen konnte, wenn man ein guter Schwimmer war. Der Damenbadeplatz blieb weiterhin den Damen vorbehalten, und auch die Männer in ihren Dreieckhosen ließ man in Frieden. Soweit ich mich entsinnen kann, waren sie nicht besonders daran interessiert, die Freuden des Familienbades zu genießen; hartnäckig hielten sie an ihrem Reservat fest. Wenn einer von ihnen nach Meadfoot kam, stürzte ihn der Anblick von Freundinnen seiner Schwester in einem, wie sie meinten, Zustand kaum verhüllter Nacktheit meistens in tödliche Verlegenheit.

Anfangs galt die Vorschrift, man müsse beim Baden Strümpfe tragen. Ich weiß nicht, wie es die französischen Mädchen schafften, ihre Strümpfe anzubehalten, mir wollte es einfach nicht gelingen. Ich brauchte nur drei oder vier kräftige Züge zu machen, und die Strümpfe hingen nur mehr lose an meinen Zehen; entweder verlor ich sie oder sie schlangen sich wie Fesseln um meine Knöchel. Ich vermute, daß die Französinnen, die man in Badekostümen auf Modebildern sah, nie wirklich schwammen, sondern vorsichtig ins Wasser stiegen und gleich wieder herauskamen, um sich am Strand zur Schau zu stellen.

Von der Sitzung des Stadtrats, in der das gemeinsame Baden beider Geschlechter endgültig gebilligt wurde, machte eine rührende Geschichte die Runde. Ein uralter Ratsherr, ein erbitterter Gegner des Beschlusses, äußerte, da er sich nun geschlagen sah, mit zittriger Stimme seine letzte Bitte:

«Wenn schon gemeinsam gebadet werden soll, Herr Bürgermeister, möchte ich zumindest hoffen, daß in den Bademaschinen Trennwände eingebaut werden – *wie niedrig auch immer!*»

Im Sommer brachte Madge Jack mit nach Torquay, und wir badeten praktisch täglich. Wir ließen uns auch von Regen und Sturm nicht abhalten. Im Gegenteil: bei rauhem Wetter genoß ich die See noch mehr.

Und dann kam die erste Straßenbahn. Man stieg am unteren Ende der Burton Road ein und fuhr zum Hafen hinunter: von dort waren es nur zwanzig Minuten nach Meadfoot. Als Jack fünf Jahre alt war, fing er an zu murren: «Warum nehmen wir keinen Wagen von der Endstation bis zum Strand?» – «Kommt nicht in Frage», erwiderte meine Schwester empört. «Wir sind doch die ganze Strecke mit der Straßenbahn gefahren! Und jetzt *gehen* wir zum Strand.»

Mein Neffe seufzte und murmelte: «Mutter zeigt sich wieder mal von ihrer knausrigen Seite.»

Während wir den Weg hinaufwanderten, der auf beiden Seiten von Villen im italienischen Stil gesäumt war, revanchierte sich mein

Neffe, dessen Zunge damals keinen Augenblick still stand, mit einer Art gregorianischem Gesang, der darin bestand, daß er die Namen der Villen wiederholte, an denen wir vorbeikamen: «Lanka, Pentreave, The Elms, Villa Marguerita, Hartly St. George.» Mit der Zeit fügte er auch noch die Namen der ihm bekannten Besitzer hinzu, und das ging dann so: «Lanka, Dr. G. Wreford; Pentreave, Dr. Quick; Villa Marguerita, Madam Cavallen; The Laurels, weiß ich nicht.» Und so weiter. Bis Madge oder ich ihm schließlich wütend geboten, endlich den Mund zu halten.

«Warum?»

«Weil wir miteinander reden wollen und nicht miteinander reden können, wenn du die ganze Zeit redest und uns unterbrichst.»

«Na schön.» Jack verfiel in Schweigen. Aber seine Lippen bewegten sich, und ganz leise tönte es von ihm herüber: «Lanka, Pentreave, The Priory, Torbay Hall . . .» Madge und ich sahen uns an und wußten nicht, was wir sagen sollten.

Einmal im Sommer wären Jack und ich beinahe ertrunken. Es herrschte rauhes Wetter. Wir waren nicht bis Meadfoot gegangen, sondern nur bis zum Damenbadeplatz; schließlich war Jack noch nicht alt genug, um einen weiblichen Busen erbeben zu lassen. Er konnte damals noch nicht schwimmen, oder nur ein paar Züge, und so war es mir zur Gewohnheit geworden, mit ihm auf dem Rücken zum Floß hinauszuschwimmen. An jenem Morgen schwammen wir los wie sonst auch, aber die See war irgendwie anders – kurze, unregelmäßige Wellenschläge –, und mit der zusätzlichen Last auf meinen Schultern war es mir fast unmöglich, Mund und Nase über Wasser zu halten. Ich schwamm, aber ich bekam nicht genügend Luft. Die Flut war noch weit draußen und das Floß daher nahe, aber ich kam nur sehr langsam voran und konnte nur bei jedem dritten Armzug Atem holen.

Plötzlich wurde mir klar, daß ich es nicht schaffen würde. Ich fürchtete, im nächsten Augenblick zu ersticken. «Jack», keuchte ich, «laß mich los und schwimm allein zum Floß. Es ist näher als das Ufer.» – «Warum?» fragte Jack. «Ich will nicht.» – «Bitte . . .», gurgelte ich. Mein Kopf sank unter Wasser, und obwohl Jack sich anfangs an mir festklammerte, gelang es mir doch noch, ihn abzuschütteln, so daß er allein weiterschwimmen mußte. Wir waren dem Floß schon ziemlich nahe, und er erreichte es auch ohne Schwierigkeiten. Aber ich wußte bereits nicht mehr, was um mich herum geschah. Ein einziges Gefühl überkam mich: ein Gefühl tiefer Empörung. Man hatte mir zu wiederholten Malen versichert, daß das ganze Leben an einem vorbeizog, wenn man ertrank, und daß man herrliche Musik hörte, wenn man starb. Weder hörte ich herrliche Musik noch wurde die Vergangenheit lebendig; Tatsache ist, daß ich an nichts anderes denken konnte, als daß es irgendwie gelingen mußte, Luft in meine Lungen zu bekommen. Mir wurde schwarz vor Augen und . . . und . . . und dann gab es nur Schmerzen und Beulen, als ich ohne viel Federlesens in ein Boot geworfen wurde. Der alte Seebär, in unseren Augen stets nur ein unnützer Spinner, hatte sogleich gemerkt, daß da jemand ertrank, und war in das Boot gesprungen, das ihm zu diesem Zweck zur Verfügung stand. Nachdem er mich ins Boot geworfen hatte, ruderte er zum Floß und packte Jack, der lautstark Widerstand leistete: «Ich will noch nicht wieder an Land. Ich bin gerade erst gekommen. Ich will hier auf dem Floß spielen. Ich komme nicht mit!» Das vollbesetzte Boot erreichte das Ufer, und meine Schwester kam lachend den Strand heruntergelaufen. «Was habt ihr denn getrieben?» fragte sie.

«Ihre Schwester wäre beinahe ertrunken», erwiderte mürrisch der Alte. «Na los, nehmen Sie Ihr Kind. Das Mädel legen wir flach auf den Rücken. Mal sehen, ob wir sie beatmen müssen.»

Ich nehme an, daß er mich ein wenig «beatmete», obwohl ich eigentlich nicht glaube, daß ich das Bewußtsein verloren hatte.

«Woher wußten Sie, daß sie am Ertrinken war? Warum hat sie nicht um Hilfe geschrien?»

«Ich paß eben auf. Wenn man untergeht, kann man nicht schreien. Sonst schluckt man Wasser.»

Nach diesem Zwischenfall hatten wir beide eine sehr hohe Meinung von dem alten Seebären.

Die Außenwelt bedrängte uns weit weniger als zu Vaters Zeiten. Ich hatte meine Freundinnen, und Mutter hatte ein oder zwei vertraute Freundinnen, mit denen sie Kontakt hielt, aber gesellschaftlichen Verkehr gab es kaum noch. Mutter hatte schwer zu kämpfen: sie konnte kein Geld für gesellschaftliche Verpflichtungen erübrigen, ja nicht einmal für Taxifahrten, um Einladungen zu Mittag- oder Abendessen anzunehmen. Sie war nie gut zu Fuß gewesen, und jetzt, mit ihren Herzattacken, ging sie nur wenig aus, weil man ja in Torquay nirgends hinkam, ohne bergauf und bergab gehen zu müssen. Im Sommer besuchte ich den Strand, im Winter fuhr ich Rollschuh. Ich hatte Unmengen von Büchern zu lesen, wobei ich natürlich ständig neue Entdeckungen machte. Mutter las mir Dickens vor, und wir genossen es beide.

Das Vorlesen begann eigentlich mit Sir Walter Scott. Eine meiner Lieblingsromanzen war *Der Talisman.* Ich las auch *Marmion* und *Die Dame vom See*, aber ich glaube, Mutter und ich waren sehr froh, als wir von Sir Walter Scott auf Dickens übergingen. Ungeduldig wie immer, zögerte Mutter nicht, etwas zu überspringen, wenn es ihr so paßte. «Alle diese langatmigen Beschreibungen», kritisierte sie manche Passagen bei Sir Walter Scott. «Sie sind natürlich sehr gut, aber man bekommt sie leicht über.»

Unser erster Dickens war *Nicholas Nickleby*, und meine Lieblingsfigur war der alte Herr, der Mrs. Nickleby den Hof machte, indem er ihr Eierkürbisse über die Mauer warf. Kann dies einer der Gründe sein, warum ich Hercule Poirot in Pension schickte, um Eierkürbisse zu ziehen? Wer weiß? Am besten von allen Dickens-Romanen gefiel mir *Bleakhaus,* und das ist auch heute noch so.

Zur Abwechslung nahmen wir uns hin und wieder auch Thackeray vor. Den *Jahrmarkt der Eitelkeit* schafften wir gerade noch, aber mit den *Newcomes* kamen wir nicht weiter. «Es sollte uns gefallen», sagte Mutter. «Die Leute sagen, es ist sein bestes Buch.»

Alexandre Dumas' Werke, die ich auf Französisch las, begeisterten mich: *Die drei Musketiere, Zwanzig Jahre danach*, und das schönste von allen, *Der Graf von Monte Christo.* Am besten gefiel mir der erste Band, *Le Château d'If,* aber obwohl mich die anderen siebzehn Bände zuweilen ein wenig verwirrten, war doch das ganze farbige Gedränge der Geschichte bezaubernd. Romantische Gefühle erweckten in mir auch die sehr guten historischen Romane von Maurice Hewlett.

Mutter hatte zuweilen ganz plötzliche Einfälle. Als ich eines Tages gerade Fallobst im Garten aufsammelte, kam sie wie ein Wirbelwind aus dem Haus gestürzt. «Schnell», sagte sie, «wir fahren nach Exeter.»

«Nach Exeter?» fragte ich überrascht. «Warum?»

«Weil Sir Henry Irving dort auftritt. In *Becket.* Er lebt vielleicht nicht mehr lange, und du mußt ihn sehen. Ein großer Schauspieler. Wenn wir uns beeilen, erwischen wir noch den Zug. Ich habe im Hotel Zimmer reserviert.» Also fuhren wir nach Exeter, und es war wirklich eine herrliche Aufführung von *Becket*, die ich nie vergessen habe.

Das Theater war immer Teil meines Lebens. Wenn ich in Ealing zu Besuch war, führte Oma mich mindestens ein Mal, oft auch zwei Mal in der Woche ins Theater. Wir gingen zu allen Singspielen, und nachher kaufte sie mir die Noten dazu. Diese Noten – wie gerne habe ich sie gespielt! In Ealing stand das Klavier im Salon, und so belästigte ich niemanden, wenn ich stundenlang spielte.

Der Salon in Ealing war ein herrliches Museumsstück. Man konnte sich praktisch darin nicht bewegen. Auf dem Boden lag ein schwerer prunkvoller persischer Teppich, und darauf standen alle möglichen brokatbespannten Sessel, einer unbequemer als der andere. Der Raum beherbergte zwei, wenn nicht drei intarsierte Vitrinen für Porzellan, einen großen Kandelaber, mehrere Petroleumlampen, eine Unmenge Krimskrams, eine Vielzahl von Tischchen, und war im Empirestil eingerichtet. Das Licht vom Fenster wurde durch einen Wintergarten gedämpft, ein Prestigesymbol, das in keinem viktorianischen Haus fehlen durfte, das etwas auf sich hielt. Es war ein sehr kaltes Zimmer, das außer mir kaum jemand betrat. Feuer wurde nur gemacht, wenn Gäste kamen.

Ich nahm die Noten nach Torquay mit und spielte dort abends im Schulzimmer (im Winter ebenfalls eiskalt). Ich spielte, und ich sang. Abends ging Mutter oft schon früh, um acht, zu Bett. Nachdem ich zweieinhalb Stunden lang über ihr auf die Tasten gedroschen und aus vollem Hals gesungen hatte, ertrug sie es nicht länger. Sie nahm eine lange Stange, die dazu diente, die Fenster auf und ab zu schieben, und klopfte damit verzweifelt an die Decke. Mit Bedauern klappte ich dann das Klavier zu.

Ich dachte mir auch eine Oper aus, die ich *Marjorie* betitelte. Ich möchte nicht so weit gehen zu sagen, daß ich sie komponierte, aber ich sang einige Bruchstücke zu Versuchszwecken im Garten. Ich hatte eine vage Vorstellung, daß ich tatsächlich einmal imstande sein würde zu komponieren. Ich weiß die Handlung nicht mehr im einzelnen, aber sie war ziemlich tragisch. Die Hauptfigur war ein schöner junger Mann mit einer herrlichen Tenorstimme, der ein Mädchen namens Marjorie glühend liebte; natürlich erwiderte sie seine Liebe nicht. Schließlich heiratete er eine andere, aber am Tag nach der Hochzeit kam ein Brief von Marjorie aus einem fernen Land, in dem sie ihm schrieb, sie läge im Sterben und hätte nun erkannt, daß auch sie ihn liebte. Er verließ seine junge Frau und eilte unverzüglich zu Marjorie. Bei seiner Ankunft war sie noch nicht ganz tot – sie hatte jedenfalls noch genügend Lebenskraft, um sich aufzustützen und eine zu Herzen gehende Liebes- und Sterbearie zu singen. Der Vater der Braut kam, um seine verlassene Tochter zu rächen, war aber vom Schmerz der Liebenden so tief gerührt, daß er mit seiner Baritonstimme in ihr Klagelied einstimmte – womit eines der ergreifendsten Terzette, das je geschrieben wurde, die Oper beendete.

Einmal kam mich auch die Lust an, einen Roman zu schreiben, er sollte *Agnes* heißen. Davon habe ich noch weniger im Gedächtnis behalten. Vier Schwestern kamen darin vor. Queenie, die Älteste, goldblond und wunderschön, zwei Zwillinge, hübsch und dunkel, und schließlich Agnes; sie war unscheinbar, schüchtern und (natürlich) von schwacher Gesundheit und lag geduldig auf dem Sofa. Es gab eine Reihe von Verwechslungen, die ich vergessen habe. Ich weiß nur noch, daß ein Mann von vornehmer Gesinnung und mit einem schwarzen Schnurrbart am Ende ihren wahren Wert erkannte. Der Zufall wollte es, daß sie selbst diesen Mann seit Jahren heimlich geliebt hatte!

Dann fiel Mutter plötzlich ein, daß meine Erziehung vielleicht doch noch zu wünschen übrig ließ und daß mir ein wenig Bildung guttun würde. Es gab in Torquay eine Mädchenschule, die von einer Miss Guyer geleitet wurde, und Mutter traf eine Vereinbarung, wonach ich zweimal in der Woche hingehen und gewisse Fächer studieren sollte. Das eine war, glaube ich, Mathematik, und dann noch Grammatik und Aufsatz. Mathematik machte mir Spaß, möglicherweise fing ich dort auch mit Algebra an. Grammatik war für mich ein Buch mit sieben Siegeln. Ich konnte nicht einsehen, warum gewisse Wörter Umstandswörter hießen, und was Tätigkeitswörter eigentlich taten. Die ganze Sache kam mir spanisch vor. Begeistert stürzte ich mich auf den Aufsatz – begeistert, aber nicht eben erfolgreich. Die Kritik war immer die gleiche: meine Aufsätze waren zu phantasievoll; ich bliebe nicht beim Thema, hieß es. An einen erinnere ich mich noch. «Herbst» lautete der Titel. Ich fing ganz ordentlich an, mit gelben und braunen Blättern und so, aber unvermittelt tauchte dann plötzlich ein Schwein auf – möglicherweise grub es im Wald Eicheln aus. Jedenfalls konzentrierte ich mich auf das Schwein, vergaß den ganzen Herbst, und der Aufsatz endete mit den romantischen Abenteuern von Ringelschwänzchen, dem Schwein, und einer phantastischen Bucheckernparty, zu der es seine Freunde einlud.

An eine der Lehrerinnen erinnere ich mich – ihren Namen habe ich vergessen. Sie war mager und klein gewachsen und hatte ein vorstehendes Kinn. Ganz unerwartet (mitten in einer Mathematikstunde) ließ sie eines Tages eine Rede über Leben und Religion vom Stapel. «Ihr alle – jede einzelne von euch – werdet einmal eine Zeit der Hoffnungslosigkeit durchmachen. Wer nie in eine verzweifelte Lage gekommen ist, wird nie eine wahre Christin geworden sein oder ein christliches Leben kennengelernt haben. Um Christin zu sein, müßt ihr dem Leben ins Auge sehen und ihm die Stirn bieten, so wie Christus dem Leben ins Auge gesehen und ihm die Stirn geboten hat. Ihr müßt euch der Dinge erfreuen, deren Er sich erfreut hat; müßt so glücklich sein, wie Er es bei der Hochzeit zu Kana war, müßt den Frieden und die Glückseligkeit entdecken, die der genießt, der sich Gott und Gottes Willen unterwirft. Aber ihr müßt auch erfahren, wie Er es erfahren hat, was es heißt, im Garten Gethsemane allein zu bleiben mit dem Gefühl, daß alle deine Freunde dich verlassen haben, daß jene, die du liebtest und denen du dein Vertrauen schenktest, sich von dir abgewendet haben, und daß Gott selbst dich verlassen hat. Dann halte an dem Glauben fest, daß das nicht das Ende ist. Wenn ihr liebt, werdet ihr leiden, und wenn ihr nicht liebt, werdet ihr niemals die Bedeutung eines christlichen Lebens begreifen.»

Worauf sie mit gewohnter Energie auf die Zinseszinsrechnung zurückkam. Aber es ist doch seltsam, daß mir diese Worte – mehr als jede Predigt, die ich je gehört habe – im Gedächtnis haften geblieben sind und viele Jahre später zu einer Zeit neue Hoffnung gegeben haben, als ich von tiefer Verzweiflung erfüllt war. Sie war eine dynamische Frau und auch eine gute Lehrerin. Ich wollte, ich hätte länger ihre Schülerin bleiben dürfen.

Manchmal frage ich mich, was geschehen wäre, wenn ich meine Studien an dieser Schule fortgesetzt hätte. Ich hätte wohl Fortschritte gemacht und wäre von Begeisterung für Mathematik erfaßt worden – ein Fach, das mich immer fasziniert hat. Sicher wäre mein Leben anders verlaufen. Ich wäre eine dritt- oder viertklassige Mathematikerin geworden und hätte ein glückliches und zufriedenes Leben geführt. Wahrscheinlich würde ich keine Bücher geschrieben haben. Mathematik und Musik würden mir genügt, mich ausgefüllt und mir den Zugang zu der Welt der Phantasie versperrt haben.

Aber wenn ich es so recht überlege, ist man doch das, was man werden wird. Du gibst dich Vorstellungen hin wie etwa: «Wenn das und das geschehen wäre, würde ich so und so gehandelt haben.» Oder: «Wenn ich den und den geheiratet hätte, würde ich wohl ein völlig anderes Leben geführt haben.» Doch irgendwie findet man immer zu seinem eigenen Lebensweg, denn ich bin sicher, daß jeder einer solchen Lebensordnung unterworfen ist. Es ist der Zuschnitt unseres Lebens.

Ich nehme nicht an, daß ich Miss Guyers Schule länger als eineinhalb Jahre besuchte; dann hatte Mutter wieder eine andere Idee. Mit der gewohnten Plötzlichkeit eröffnete sie mir, daß wir nach Paris fahren würden. Sie würde Ashfield während des Winters vermieten. Vielleicht könnte ich im selben Pensionat anfangen, in dem auch meine Schwester gewesen war.

Es verlief alles nach Plan; auf Mutters Dispositionen konnte man sich verlassen. Sie traf ihre Vorbereitungen mit äußerster Sorgfalt und nötigte aller Welt ihren Willen auf. Sie fand einen ausgezeichneten Mieter, wir packten unsere Koffer (ich weiß nicht, ob es auch so viele runddeckelige Ungeheuer waren wie damals, als wir nach Südfrankreich reisten, aber eine erkleckliche Anzahl wird es schon gewesen sein), und schon wenige Tage später waren wir im Hôtel d'Iéna in der Avenue d'Iéna in Paris einquartiert.

Mutter kam mit einem ganzen Korb voll Empfehlungsbriefen und Adressen verschiedener Pensionate und Schulen sowie Lehrer und Lehrerinnen aller Kategorien angereist. Sie erfuhr, daß es mit Madges Pensionat bergab ging – Mademoiselle T. hatte das Interesse verloren oder spielte mit dem Gedanken, die Schule zu schließen – und meinte, man könnte es ja einmal versuchen, man würde sehen. Heute würde man diese Einstellung zu einer Bildungsstätte wohl kaum gutheißen, aber Mutter fand nichts dabei, eine Schule auszuprobieren, wie man ein Restaurant ausprobiert. Hineinschauen allein genügt nicht, man muß es ausprobieren.

Ich fing bei Mademoiselle T. an und blieb zwei Monate bis zum Ende des Semesters in ihrem Pensionat. Ich war fünfzehn Jahre alt. Meine Schwester hatte sich gleich nach ihrer Ankunft hervorgetan, als eine Mitschülerin ihr eine Mutprobe abverlangte: sie sollte aus einem Fenster springen. Sie sprang – und landete mitten auf einem Teetisch, um den herum Mademoiselle T. mit einigen ehrenwerten Elternpaaren saß. «Was sind das bloß für ungezogene Gören, diese englischen Mädchen!» rief Mademoiselle T. höchst verärgert. Die Mädchen, die Madge angespornt hatten, grinsten boshaft, aber sie bewunderten sie wegen ihrer Tat.

Mein Einzug war alles andere als sensationell. Ich war ein kleines Mäuschen, und schon am dritten Tag hatte ich schreckliches Heimweh. In den vergangenen vier oder fünf Jahren hatte ich mich eng an Mutter angeschlossen und war kaum von ihrer Seite gewichen. Es war daher ganz natürlich, daß ich Heimweh bekam, als ich das erste Mal die gewohnte Umgebung vermissen mußte. Seltsamerweise wußte ich nicht, was mit mir los war. Ich hatte einfach keinen Appetit. Immer wenn ich an Mutter dachte, kamen mir Tränen in die Augen. Ich erinnere mich, daß ich eine Bluse betrachtete, die Mutter mit eigenen Händen – mehr schlecht als recht – geschneidert hatte. Die Tatsache, daß sie schlecht gemacht war, daß sie nicht paßte, daß die Biesen ungleichmäßig abgenäht waren, ließ meine Tränen nur noch reichlicher fließen. Es gelang mir, meine Gefühle vor den anderen zu verbergen, und ich weinte nur nachts in mein Kissen. Als Mutter mich am nächsten Sonntag abholen kam, begrüßte ich sie wie gewöhnlich, aber im Hotel schlang ich meine Arme um ihren Hals und brach in Tränen aus. Es freut mich, sagen zu können, daß ich sie nicht bat, mich fortzunehmen; mir war klar, daß ich nicht so weit gehen durfte. Außerdem war ich, nachdem ich Mutter gesehen hatte, ziemlich sicher, daß ich in Zukunft vom Heimweh verschont bleiben würde; ich wußte jetzt, was mit mir los war.

Und nun begann ich meine Tage bei Mademoiselle T. zu genießen. Meine Mitschülerinnen waren Französinnen, Amerikanerinnen, recht viele Italienerinnen und Spanierinnen – und wenig Engländerinnen. Mit den Amerikanerinnen fühlte ich mich am wohlsten. Sie hatten eine so erfrischende, unterhaltsame Art und erinnerten mich an Marguerite Prestley, meine Freundin aus Cauterets.

Was die Arbeit angeht, kann ich mich kaum noch erinnern – ich glaube aber nicht, daß der Lehrstoff sehr interessant war. In Geschichte nahmen wir die Zeit der Fronde durch, über die ich durch die Lektüre historischer Romane ziemlich gut Bescheid wußte. Die Geographieprofessorin richtete eine heillose Verwirrung in meinem Kopf an, denn ich mußte die französischen Provinzen lernen, wie sie zur Zeit der Fronde bestanden, und nicht, wie sie jetzt aussahen. Wir lernten auch die Monatsnamen, wie sie zur Zeit der Französischen Revolution gebräuchlich waren. Meine Fehler im Französischdiktat ließen die Lehrerin in Panik geraten, sie konnte es kaum glauben. *«Vraiment, c'est impossible»,* sagte sie. *«Vous, qui parlez si bien le français, vous avez fait vingt-cinq fautes en dictée, vingt-cinq!»* Fünfundzwanzig Fehler, obwohl ich doch so gut französisch sprach!

Unter den gegebenen Umständen war das nicht weiter verwunderlich, da ich die Sprache ja ausschließlich durch Konversation gelernt hatte. Ich sprach Französisch geläufig, aber natürlich nur nach Gehör, und die Wörter *été* und *était* klangen in meinen Ohren eines wie das andere. Daß ich das eine so und das andere so buchstabierte, war reiner Zufall. In manchen Fächern wie etwa Literatur und Deklamation gehörte ich zu den Besten; in bezug auf Grammatik und Buchstabieren zu den Schlechtesten. Damit machte ich es meinen armen Lehrerinnen schwer – und für mich war es beschämend –, aber mir lag einfach nichts daran.

Madame Legrand, eine ältere Dame, gab mir Klavierunterricht.

Sie war schon seit vielen, vielen Jahren an der Anstalt. Ihre Lieblingsmethode bestand darin, mit ihren Schülerinnen *à quatre mains* zu spielen. Auch bestand sie darauf, den Mädchen das Notenlesen beizubringen. Ich hatte einige Übung darin, aber mit Madame Legrand vierhändig zu spielen war eine schwere Prüfung. Wir saßen zusammen auf der Klavierbank, und da Madame Legrand außerordentlich warm gekleidet war, nahm sie den größeren Teil der Sitzgelegenheit für sich in Anspruch und verdrängte mich aus der Mitte der Klaviatur. Sie spielte sehr lebhaft und unter Einsatz ihrer Ellbogen, die daher ein wenig wegstanden, was zur Folge hatte, daß die unglückliche Begleiterin einen ihrer eigenen Ellbogen fest an sich pressen mußte.

Mit einer gewissen angeborenen Schlauheit gelang es mir fast immer, den Baßteil des Duos zu übernehmen. Madame Legrand ließ sich um so leichter dazu verführen, als sie ihre eigenen Darbietungen sehr genoß, und natürlich gab ihr die obere Hälfte des Klaviers weit besser Gelegenheit, die ganze Seele in ihr Spiel zu legen. Manchmal merkte sie lange nicht, daß ich im Baßteil den Anschluß verloren hatte. Früher oder später stolperte ich über einen Takt, fiel um einen zweiten zurück, suchte den Rückstand aufzuholen, wußte nicht mehr, wo ich war, und schlug schließlich Tasten an, die zu dem passen sollten, was Madame Legrand im oberen Teil spielte. Da wir aber vom Blatt spielten, gelang mir das nicht immer. Plötzlich dämmerte es ihr dann, welche entsetzliche Kakophonie wir da produzierten. Sie brach jäh ab, warf die Hände in die Luft und rief: «*Mais qu'est-ce que vous jouez là, petite? Que c'est horrible!*» Ich pflichtete ihr aus ganzem Herzen bei – es war wirklich *horrible*, was ich da spielte. Worauf wir noch einmal von vorne anfingen. Wenn ich auf der oberen Hälfte spielte, wurde mein Mangel an Koordination natürlich sofort hörbar. Aber im großen und ganzen kamen wir gut miteinander aus. Während Madame Legrand spielte, pustete und schnaubte sie ununterbrochen. Ihr Busen hob und senkte sich, sie ächzte und stöhnte; es war erschreckend, aber auch faszinierend. Überdies hatte sie eine sehr kräftige Ausdünstung; die war allerdings weniger faszinierend.

Zu Semesterschluß stand ein Konzert auf dem Programm, in dem ich zwei Stücke spielen sollte: den dritten Satz aus Beethovens Sonate *Pathétique* und ein Werk mit dem Titel *Serenade d'Aragona*, oder so ähnlich. Ich faßte sofort eine Abneigung gegen die *Serenade d'Aragona*. Es fiel mir außerordentlich schwer, sie zu spielen – ich weiß nicht, warum; sie war um vieles leichter als der Beethoven. Ich übte sie fleißig, aber das schien mich nur noch nervöser zu machen. Ich hatte Alpträume, in welchen mir beim Konzert alles mögliche passierte: die Tasten klemmten, ich spielte auf einer Orgel statt auf dem Klavier, ich kam zu spät, das Konzert hatte schon am Tag zuvor stattgefunden ... Wenn ich jetzt daran zurückdenke, kommt mir alles sehr komisch vor ...

Zwei Tage vor dem Konzert hatte ich so hohes Fieber, daß man Mutter kommen ließ. Der Arzt konnte nichts finden. Dennoch gab er der Meinung Ausdruck, daß es besser wäre, wenn ich nicht an dem Konzert teilnähme und für zwei oder drei Tage, bis das Konzert vorüber war, von der Schule wegkäme. Ich kann gar nicht sagen, wie dankbar ich ihm war.

Dabei fällt mir ein, daß ich bei einer Mathematikprüfung in Miss Guyers Schule kläglich versagte, obwohl ich in der vorangegangenen Woche Klassenbeste gewesen war. Als ich bei der Prüfung die Fragen las, streikte mein Hirn, und ich konnte nicht denken. Es gibt Menschen, die Examen bestehen können, sogar sehr gut bestehen können, nachdem sie das ganze Jahr schlechte Noten bekommen haben; es gibt Menschen, die in der Öffentlichkeit sicherer auftreten als in ihren eigenen vier Wänden; und es gibt Leute, denen es genau umgekehrt geht. Zu diesen gehörte ich. Keine Frage, daß ich den richtigen Beruf gewählt habe. Das Schönste an der Schriftstellerei ist doch, daß man für sich arbeiten und sich selbst die Zeit dafür aussuchen kann. Die Arbeit kann einen ärgern, verrückt machen, frustrieren, man kann aus der Haut fahren bei dem Versuch, die Handlung so einzurichten, wie sie eingerichtet werden müßte und auch eingerichtet werden könnte, aber: man braucht nicht aufzustehen und sich in aller Öffentlichkeit eine Blöße zu geben.

Sehr erleichtert und bei bester Stimmung kehrte ich ins Pensionat zurück. Sofort versuchte ich festzustellen, ob ich jetzt die *Serenade d'Aragona* spielen konnte. Sicher spielte ich sie jetzt besser als vor dem Konzert, aber es war immer noch keine Meisterleistung. Ich lernte auch noch die anderen Sätze der Beethoven-Sonate bei Madame Legrand, die zwar von mir als Schülerin, die ihr vielleicht Ehre eingebracht haben würde, enttäuscht war, mich aber auch weiterhin ermutigte und mir versicherte, daß ich die richtige Einstellung zur Musik hätte.

Die zwei Winter und der Sommer, die ich in Paris verbrachte, zählen zu den glücklichsten meines Lebens. Eine Menge wunderbarer Dinge ereigneten sich. Amerikanische Freunde meines Großvaters lebten da, und ihre Tochter sang in der Oper. Ich sah und hörte sie als Marguerite in *Faust*. Das *pensionnat* nahm den Standpunkt ein, *Faust* wäre nicht *convenable* für *les jeunes filles*. Damals scheint man den entsittlichenden Einfluß der Oper auf junge Mädchen eher optimistisch eingeschätzt zu haben; die *jeunes filles* hätten in jenen Tagen weit besser informiert sein müssen, um zu begreifen, daß an Marguerites Fenster etwas Anstößiges vor sich ging. In Paris verstand ich gar nicht, warum sich Marguerite plötzlich im Gefängnis befand. Ob sie wohl den Schmuck gestohlen hatte? Daß Schwangerschaft und der Tod des Kindes etwas damit zu tun haben könnten, kam mir nie in den Sinn.

Am häufigsten besuchten wie die Opéra Comique. *Thaïs, Werther, Carmen, La Vie de Bohème, Manon. Werther* war meine Lieblingsoper. Im großen Opernhaus sah und hörte ich nicht nur *Faust*, sondern auch *Tannhäuser*.

Mutter ging mit mir in Modesalons, und langsam bekam ich ein Gefühl für schöne Kleider. Mein erstes war ein hellgraues Crêpe-de-Chine-Cocktailkleid, und ich war überglücklich. Nie hatte ich etwas getragen, das so erwachsen aussah. Nur bedauerlich, daß mein Busen immer noch nicht mitspielen wollte, so daß in aller Eile Rüschen und Volants eingenäht werden mußten, aber ich gab die Hoffnung nicht auf, daß ich eines Tages einen wahrhaft weiblichen Busen, fest, rund und groß, mein eigen würde nennen können.

Dank der Empfehlungsbriefe, die Mutter mitgebracht hatte, kamen wir in die Pariser Gesellschaft. Auf dem Faubourg St-Germain wurden junge Amerikanerinnen stets willkommen geheißen, und für die Söhne der französischen Aristokratie war es durchaus standesgemäß, reiche Amerikanerinnen zu heiraten. Zwar war ich alles andere als reich, aber man wußte, daß Vater Amerikaner gewesen war, und setzte bei allen Amerikanern voraus, daß sie etwas Geld hatten. Es war eine eigenartige, konventionelle, altväterliche Gesellschaft. Die Franzosen, die ich kennenlernte, waren sehr höflich, sehr *comme il faut*, und aus der Sicht eines jungen Mädchens unendlich langweilig. Aber ich lernte herrlich gedrechselte Redewendungen. Ich lernte auch tanzen und feines Benehmen von einem Herrn namens (ich weiß, es klingt unwahrscheinlich) Washington Lob. Ich lernte den Boston und den Washington Post und noch ein paar andere Tänze, sowie die verschiedenen Sitten einer weltbürgerlichen Gesellschaft. «Nehmen wir einmal an, Sie müßten neben einer älteren, verheirateten Dame Platz nehmen. Wie würden Sie das anstellen?» Ich sah ihn aus großen Augen an. «Ich . . . ich würde mich setzen», antwortete ich verwundert.

«Zeigen Sie es mir.» Er hatte ein paar vergoldete Stühle im

Zimmer stehen, und ich setzte mich, wobei ich bemüht war, meine Beine so gut es ging unter dem Stuhl zu verstecken.

«Nein, nein, das ist ganz unmöglich. So geht das nicht», ließ Mr. Washington Lob sich vernehmen. «Sie drehen sich zur Seite, ja, so, aber nicht weiter; während Sie sich setzen, lehnen Sie sich ein wenig nach rechts, beugen ein wenig das linke Knie, so daß es fast so aussieht, als ob Sie eine kleine Verbeugung machten.» Das mußte ich lange üben.

Regelrechten Abscheu hegte ich vor dem Zeichen- und Malunterricht. Aber Mutter ließ nicht mit sich reden: «Mädchen müssen mit Aquarellfarben umgehen können.»

Und so wurde ich also zweimal in der Woche sehr gegen meinen Willen von einer geeigneten jungen Frau abgeholt (in Paris promeniert ein junges Mädchen nicht allein durch die Straßen) und mit der Metro oder dem Bus in ein Atelier in der Nähe des Blumenmarktes gebracht. Dort gesellte ich mich zu einem Kreis junger Damen, die Veilchen im Wasserglas, Lilien in einer Kanne und gelbe Narzissen in einer schwarzen Vase malten. Tiefes Seufzen hub an, wenn die Leiterin des Ateliers mein Werk besichtigte. *«Mais vous ne voyez rien»,* sagte sie. «Sie müssen mit den Schatten beginnen, sehen Sie das nicht? Da sind Schatten und da und da.»

Ich sah keine Schatten; ich sah noch immer Veilchen in einem Glas Wasser. Veilchen waren violett – ich rührte dieses Violett auf meiner Palette an und malte die Veilchen violett – ohne Schatten, ohne Kontraste. Ich gebe zu, daß das Resultat nichts mit einem Strauß Veilchen in einem Glas Wasser gemein hatte, aber ich sah einfach nicht und habe nie gesehen, was es ist, das Schatten zu einem Veilchenstrauß im Wasser macht.

Obwohl ich viele charmante Franzosen kennenlernte, verliebte ich mich seltsamerweise in keinen. Statt dessen wurde ich von stürmischer Leidenschaft für Monsieur Strie, den Empfangschef des Hotels, erfaßt. Er war groß und dünn, in der Art eines Bandwurms, hatte blonde Haare und eine Veranlagung zu Pusteln. Ich weiß wirklich nicht, was ich in ihm sah. Ich hatte nie den Mut, ihn anzusprechen, obwohl er gelegentlich *«Bonjour, Mademoiselle»* sagte, wenn ich durch die Halle kam. Ich stellte mir manchmal vor, wir wären in Französisch-Indochina, er läge an der Pest darnieder, und ich pflegte ihn. Bevor er seinen letzten Atemzug tat, murmelte er: «Mademoiselle, ich habe Sie schon damals im Hotel angebetet» – was soweit ganz in Ordnung war, aber wenn ich Monsieur Strie am nächsten Morgen beobachtete, wie er in seinem Verschlag saß und fleißig schrieb, schien es mir doch recht unwahrscheinlich, daß er jemals diese Worte äußern würde – auch nicht auf seinem Sterbebett.

Während der Osterferien machten wir Ausflüge nach Versailles, Fontainebleau und an verschiedene andere Orte, und dann teilte Mutter mir mit – unerwartet wie immer –, daß ich nicht zu Mademoiselle T. zurückkehren würde.

«Ich halte nicht viel von dieser Schule», sagte sie. «Sie ist nicht mehr das, was sie einmal war. Ich fahre nach England zurück, und ich habe dich in ‹Les Marroniers›, Miss Hoggs Schule in Auteuil, einschreiben lassen.»

Ich war nicht sonderlich überrascht. Es hatte mir bei Mademoiselle T. gefallen, aber ich brannte nicht darauf, zu ihr zurückzukehren. Und es schien mir interessanter, etwas Neues kennenzulernen.

Ich kam also nach «Les Marroniers» – eine gute Schule, doch sehr englisch. Es gefiel mir dort, aber ich fand es langweilig. Ich hatte eine recht gute Klavierlehrerin, nur machte es hier nicht so viel Spaß wie mit Madame Legrand. Und da alle die ganze Zeit Englisch sprachen, obwohl das streng verboten war, lernten wir nicht viel Französisch.

Schulfremde Betätigungen waren nicht erlaubt, geschweige denn, daß sie gefördert wurden, und so blieb mir wenigstens die verhaßte Zeichen- und Malstunde erspart. Aber ich vermißte meine Besuche auf dem Blumenmarkt, die mir viel Freude gemacht hatten. Ich war daher auch nicht überrascht, als Mutter mir am Ende der Sommerferien, die ich in Torquay verlebte, eröffnete, daß ich nicht nach «Les Marroniers» zurückkehren würde. Sie hatte eine neue Idee für meine Erziehung.

5

Omas Arzt Dr. Burwood hatte eine Schwägerin, die in Paris ein kleines Institut leitete, in dem Mädchen «ausgebildet» wurden. Sie nahm nur zwölf bis fünfzehn Mädchen auf, die alle Musik studierten oder Vorlesungen am Konservatorium oder an der Sorbonne besuchten. Ob ich mich damit befreunden könnte, wollte Mutter wissen. Nun, neue Ideen waren mir immer willkommen. «Man muß alles einmal versuchen», hätte damals schon mein Motto sein können. So kam ich also im Herbst zu Miss Dryden in die Avenue du Bois in nächster Nähe des Arc de Triomphe.

Bei Miss Dryden gefiel es mir ausgezeichnet. Ich hatte zum ersten Mal das Gefühl, daß hier sinnvoll gearbeitet wurde. Wir waren zwölf Mädchen. Miss Dryden war groß gewachsen und zäh. Sie hatte wunderbar gepflegtes weißes Haar, eine sehr gute schlanke Figur und eine rote Nase, die sie heftig zu reiben pflegte, wenn sie zornig war. Sie sprach in einem trockenen und ironischen Ton, der gleichzeitig beunruhigte und anregte. Ihr zur Seite stand eine französische Assistentin, Madame Petit. Madame Petit war durch und durch Französin, temperamentvoll, sehr gefühlsbetont und ungewöhnlich unfair. Wir waren ihr alle zugetan, hatten aber nicht den Respekt vor ihr, den wir vor Miss Dryden hatten.

Natürlich lebten wir mehr wie eine Familie zusammen, doch was das Studium anging, nahmen die Damen eine strikte Haltung ein. Musik hatte Vorrang, aber wir hatten eine Menge interessanter Fächer der verschiedensten Art. Mitglieder der Comédie Française hielten uns Vorträge über Molière, Racine und Corneille, Sänger vom Konservatorium sangen für uns Lieder von Lully und Gluck. Es gab einen Schauspielkurs, in dem wir alle die Kunst der Deklamation lernten. Glücklicherweise hatten wir nicht so viele *dictées*, so daß meine mangelhaften orthographischen Kenntnisse weniger auffielen. Da mein gesprochenes Französisch besser war als das der anderen, bereitete es mir großes Vergnügen, in die Rolle der tragischen Heldin zu schlüpfen und aus *Andromaque* zu rezitieren: *«Seigneur, toutes ces grandeurs ne me touchent plus guère.»*

Ich glaube, der Schauspielkurs machte uns allen Freude. Wir besuchten die Comédie Française und sahen die klassischen Dramen, aber auch mehrere moderne Stücke. Ich sah Sarah Bernhardt in einer ihrer letzten großen Rollen. Sie war zwar alt, lahm und schwächlich, aber immer noch eine große Schauspielerin. Noch aufregender als Sarah Bernhardt fand ich die Réjane. Ich sah sie in einem modernen Stück, *La Course aux Flambeaux*. Wenn ich eine kleine Weile still sitze und die Augen schließe, höre ich noch ihre Stimme und sehe noch ihr Gesicht, als sie die letzten Worte des Stückes sprach: *«Pour sauver ma fille, j'ai tué ma mère»,* und ich fühle noch den kalten Schauer, der mir bei dem Gedanken über den Rücken lief, daß man seine eigene Mutter töten konnte.

Unterricht, will mir scheinen, kann nur befriedigen, wenn er Widerhall findet. Informationen allein genügen nicht, sie geben dem Schüler nichts Neues. Zu uns aber sprachen Schauspielerinnen über ihre Rollen, richtige Sänger sangen *Bois Epais* oder eine Arie aus Glucks *Orfeo* und erweckten so in unserem Herzen eine leidenschaftliche Liebe zu den Kunstwerken, die sie uns darboten. Sie erschlossen uns eine neue Welt, eine Welt, die nie aufhörte, mich stets von neuem zu faszinieren.

Ich selbst konzentrierte mein Studium natürlich auf Musik – Gesang und Klavier. Klavier studierte ich mit einem Österreicher, Charles Fürster. Er kam hin und wieder auch nach London, um dort Konzerte zu geben. Er war ein guter, aber auch ein furchteinflößender Lehrer. Seine Methode bestand darin, daß er im Zimmer herumwanderte, während man spielte. Er tat, als ob er gar nicht zuhörte, sah aus dem Fenster, roch an einer Blume, aber wenn man eine falsche Note spielte oder schlecht phrasierte, wirbelte er plötzlich mit der Behendigkeit eines fauchenden Tigers herum: «*Hein, qu'est-ce que vous jouez là, petite, hein? C'est atroce!*» Anfangs ging diese überfallartige Kritik an die Nerven, aber mit der Zeit gewöhnte man sich daran. Er war ein großer Bewunderer Chopins, und so lernte ich hauptsächlich Chopins Etüden und Walzer, die *Fantaisie Impromptue* und eine der Balladen. Ich wußte, daß ich unter seiner Anleitung gut vorankam, und das machte mich glücklich. Ich lernte die Sonaten von Beethoven, aber auch Stücke, die er als «Salonmusik» klassifizierte, eine Romanze von Fauré, die Barkarole von Tschaikowski und andere. Ich übte wirklich sehr fleißig, oft sieben bis acht Stunden im Tag. Ich glaube, daß eine wilde Hoffnung in mir aufstieg – mag sein, daß sie mir gar nicht zu Bewußtsein kam, aber sie hielt sich hartnäckig im Hintergrund – daß ich vielleicht Pianistin werden und Konzerte geben könnte. Es würde lange dauern, und ich würde hart arbeiten müssen, aber ich wußte, daß ich gute Fortschritte machte.

Mit den Gesangstunden hatte ich schon früher begonnen. Mein Lehrer war ein gewisser Monsieur Boué. Von ihm und Jean de Reszke hieß es zu jener Zeit, daß sie die besten Gesanglehrer in Paris wären. Jean de Reszke war ein berühmter Tenor gewesen und Boué ein Opernbariton. Er wohnte im fünften Stock eines Mietshauses ohne Lift. Ich kam jedesmal außer Atem im fünften Stock an, was ja nur natürlich war. Die Wohntüren sahen so gleich aus, daß ich nie wußte, wie viele Stockwerke ich schon erklommen hatte, aber an der Tapete im Treppenhaus erkannte ich, daß ich bei Monsieur Boué gelandet war – der riesige Fettfleck neben der Tür, der an den Kopf eines Cairnterriers erinnerte, war unverkennbar.

Kaum war ich eingetreten, überschüttete er mich mit Vorwürfen. Was mir nur einfiel, daß ich so rasch atmete? Warum mußte ich außer Atem sein? Ein junges Mädchen sollte die Treppe heraufspringen, ohne zu keuchen. Mit der Atmung fing alles an. «Singen ist eine Frage des Atems, das sollten Sie jetzt schon wissen.» Dann langte er nach einem Maßband, das er immer zur Hand hatte. Er legte es mir um das Zwerchfell und forderte mich auf, einzuatmen, die Luft anzuhalten und dann so vollständig wie möglich wieder auszuatmen. Er rechnete sich die Differenz zwischen den beiden Maßen aus, nickte hin und wieder und meinte schließlich: «*C'est bien, c'est bien,* es wird schon besser. Sie haben eine gute Brust, eine ausgezeichnete Brust. Sie haben eine herrliche Weite, und noch etwas will ich Ihnen sagen: Sie werden nie die Schwindsucht haben. Für manche Sänger ist es eine schreckliche Sache; sie bekommen Schwindsucht, aber Ihnen wird das nicht passieren. Solange Sie Ihre Atemübungen machen, wird alles gutgehen. Essen Sie gerne Steaks?» – «Ja», antwortete ich, «ich esse sehr gern Steaks.» – «Das ist auch gut; das ist die beste Ernährung für einen Sänger. Sie können keine großen Mahlzeiten zu sich nehmen, und Sie können auch nicht oft essen. Ich sage es meinen Sängern immer wieder: um drei Uhr nachmittags ein großes Steak und ein Glas Porterbier, und dann nichts mehr bis nach der Vorstellung.»

Und nun fing die eigentliche Gesangstunde an. Die *voix de tête*, sagte er, wäre sehr gut, perfekt und natürlich, und der Brustton gar nicht schlecht; aber das *médium*, das *médium* wäre äußerst schwach. Also mußte ich damit anfangen, Mezzosopran zu singen, um die mittlere Lage zu entwickeln. Hin und wieder machte er seinem Ärger über mein «englisches Gesicht» Luft. «Englische Gesichter», sagte er, «haben keinen Ausdruck! Sie sind unbeweglich. Die Partie um den Mund herum bewegt sich nicht; die Stimme, die Worte, alles sitzt viel zu sehr im Kehlkopf. Das ist sehr schlecht. Die französische Sprache muß aus dem Gaumen kommen. Sie sprechen sehr gut Französisch, sehr flüssig. Nur schade, daß Sie keinen englischen Akzent haben, sondern den des Midi. Woher haben Sie den eigentlich?»

Ich überlegte kurz und erklärte ihm dann, daß ich die Sprache von einer jungen Frau gelernt hatte, die aus Pau gekommen war.

«Ich verstehe», gab er sich zufrieden. «Ja, das wird es wohl sein. Wie gesagt, Sie sprechen fließend Französisch, aber Sie sprechen es, als ob es Englisch wäre. Sie gurgeln. Sie müssen die Lippen bewegen. Halten Sie die Zähne geschlossen und bewegen Sie die Lippen. Ah, ich weiß, was wir machen werden.»

Er wies mich an, mir einen Bleistift in einen Mundwinkel zu stekken und während des Singens so deutlich wie möglich zu artikulieren, ohne den Bleistift fallen zu lassen. Anfangs war das sehr schwer, aber mit der Zeit schaffte ich es.

Boué war wütend, als ich eines Tages die Noten zu «*Mein Herz erschließt sich*» aus *Samson und Dalila* mitbrachte und ihn fragte, ob ich es wohl lernen könnte, weil mir die Oper so gut gefallen hatte.

«Aber was bringen Sie mir denn da?» fragte er empört. «Was ist das? Welche Tonart ist das? Das Lied ist in eine andere Tonart umgesetzt.»

Ich erklärte ihm, daß ich die Ausgabe für Sopranstimme gekauft hätte.

«Aber Dalila ist keine Partie für Sopran!» brüllte er. «Es ist eine Partie für Mezzosopran. Wissen Sie denn nicht, daß man eine Opernarie immer in der Tonart singen muß, in der sie geschrieben wurde? Sie können nicht in eine Sopranstimme umsetzen, was für einen Mezzosopran geschrieben wurde. Nehmen Sie das wieder mit. Wenn Sie sie mir in der korrekten Tonart bringen, ja, dann können Sie die Arie lernen.»

Ich wagte nie wieder, ein transponiertes Lied zu singen.

Ich lernte viele französische Lieder und ein wunderschönes Ave Maria von Cherubini. Wir debattierten lange über die Frage, wie ich den lateinischen Text aussprechen sollte. «Die Engländer sprechen Latein wie Italienisch aus, die Franzosen haben ihre eigene Art, das Lateinische auszusprechen. Da Sie Engländerin sind, finde ich, daß Sie es mit der italienischen Aussprache singen sollten.»

Ich sang auch eine ganze Anzahl von Schubert-Liedern in deutscher Sprache, das war nicht allzu schwer, obwohl ich kein Deutsch konnte. Und natürlich sang ich auch italienische Lieder. Im großen und ganzen waren meinem Ehrgeiz zwar gewisse Schranken gesetzt, doch nach etwa sechs Monaten Studium durfte ich die berühmten Arien *«Wie eiskalt ist dies Händchen»* aus La Bohème und *«Nur der Schönheit weiht' ich mein Leben»* aus *Tosca* singen.

Natürlich gab es auch Spaziergänge im Bois – ein wahres Schmuckstück der französischen Hauptstadt. Als wir eines Tages in sauberen Zweierreihen einen Waldweg hinuntergingen, kam plötzlich ein Mann hinter einem Baum hervor – ein klarer Fall einer unzüchtigen Entblößung. Wir mußten ihn wohl alle gesehen haben, wahrten aber den Anstand, so als ob nichts Ungewöhnliches vorgefallen wäre. Möglicherweise waren wir aber auch nicht ganz sicher, was wir gesehen hatten. Miss Dryden, in deren Obhut wir uns befanden, segelte angriffslustig wie ein gepanzertes Schlachtschiff an ihm vorbei. Wir folgten ihr. Ich nehme an, daß der Mann, dessen obere Hälfte korrekt gekleidet war – schwarze Haare, Spitzbart, elegante Krawatte – den Tag damit verbrachte, die dunkleren Regionen des Bois zu durchstreifen, um züchtige junge Damen aus den Pensionaten zu schockieren. Vielleicht hegte er auch den

Wunsch, ihre Kenntnisse des Pariser Lebens zu erweitern. Soweit ich mich entsinne, erwähnte keines der Mädchen den Zwischenfall gegenüber einer anderen, nicht einmal ein Kichern wurde hörbar. Wir waren eben durchaus sittsame junge Damen.

Hin und wieder gab es Parties bei Miss Dryden, und bei einer solchen Gelegenheit erschien auch eine frühere Schülerin von ihr, eine Amerikanerin, die jetzt mit einem französischen Vicomte verheiratet war, in Begleitung ihres Sohnes Rudi. Rudi mochte ein französischer Baron sein, seinem Aussehen nach war er ein hundertprozentiger amerikanischer Collegeboy. Beim Anblick von zwölf heiratsfähigen Mädchen, die ihn mit Interesse, Zustimmung und möglicherweise romantischen Vorstellungen betrachteten, muß ihm der Schreck in alle Glieder gefahren sein.

«Mit dem Händeschütteln allein habe ich mehr als genug zu tun», erklärte er fröhlich. Am nächsten Tag im Palais de Glace, wo einige von uns Eis liefen und die anderen es lernten, trafen wir ihn wieder. Ängstlich bemüht, seiner Mutter keine Schande zu machen, ließ er es auch weiterhin nicht an Galanterie fehlen. Er drehte mehrere Runden mit allen, die sich auf den Füßen halten konnten. Ich, wie so oft in solchen Fällen, hatte Pech. Ich hatte erst zu lernen begonnen, und schon am ersten Nachmittag war es mir gelungen, den Eislehrer zu Fall zu bringen. Damit hatte ich ihn bei seinen Kollegen lächerlich gemacht. Kein Wunder, daß er sehr verärgert war. Er bildete sich etwas darauf ein, daß er sich gegenüber jedermann, selbst gegenüber den beleibtesten Amerikanerinnen, behaupten konnte, und daß ihn nun ein schmächtiges junges Mädchen gefällt hatte, muß ihn wütend gemacht haben. Nach diesem Vorfall übte er so selten wie möglich mit mir. Jedenfalls wollte ich das Risiko nicht eingehen, mich in Rudis Begleitung auf die Eisbahn zu begeben – wahrscheinlich würde ich auch ihn zu Fall bringen, und dann würde auch er böse sein.

Mit Rudis Erscheinen vollzog sich ein Wandel in mir. Wir sahen ihn nur diese zwei Male, aber sie genügten, um einen Übergang sichtbar werden zu lassen. Ich zog einen Schlußstrich unter alles, was Heldenverehrung war. Die romantischen Gefühle, die ich für Menschen aus Fleisch und Blut, aber auch für Produkte meiner Phantasie empfunden hatte – Gestalten aus Büchern, Persönlichkeiten des öffentlichen Lebens, Leute, die in unserem Haus verkehrten – erloschen. Ich verlor die Fähigkeit, sie mit selbstloser Liebe zu umgeben, und hegte nicht mehr den Wunsch, mich für sie zu opfern. An jenem Tag fing ich an, junge Männer als junge Männer anzusehen. Es machte mir Freude, diese aufregenden

Geschöpfe kennenzulernen, unter welchen ich früher oder später meinen Gatten (den «Richtigen!») finden würde. Ich verliebte mich nicht in Rudi – vielleicht hätte ich mich in ihn verliebt, wenn er mir noch häufiger begegnet wäre –, aber meine Einstellung war plötzlich eine andere geworden. Mit einem Mal gehörte auch ich zu der Welt weiblicher Wesen, die unentwegt auf der Suche nach Beute sind. Das Bild des Bischofs von London – letztes Objekt meiner Heldenverehrung – verschwand aus meinem Bewußtsein. Es drängte mich, wirkliche junge Männer kennenzulernen, eine Menge richtiger junger Männer – es konnten gar nicht genug sein.

Ich vermag nicht mehr zu sagen, wie lange ich bei Miss Dryden blieb – ein Jahr, vielleicht eineinhalb, sicher nicht länger als zwei Jahre. Meiner sprunghaften Mutter schien die Lust an weiteren Veränderungen meines Erziehungsschemas vergangen zu sein – es kann aber auch sein, daß ihr nichts zu Ohren kam, was ihr besonders interessant erschienen wäre. Oder sie erkannte intuitiv – und das scheint mir das wahrscheinlichste –, daß ich gefunden hatte, was mich befriedigte

Einer meiner Träume wurde zerstört, noch bevor ich Paris verließ. Miss Dryden erwartete eine frühere Schülerin, die Gräfin Limerick, die eine ausgezeichnete Pianistin und Schülerin von Charles Fürster war. Bei solchen Gelegenheiten war es üblich, daß zwei oder drei Mädchen, die Klavier studierten, ein kleines Konzert gaben. Diesmal wurde auch ich dazu auserkoren. Es war eine einzige Katastrophe. Ich war schon vorher nervös, nicht mehr als sonst, aber als ich mich ans Klavier setzte, ergoß sich meine Unzulänglichkeit wie eine Flut über mich. Ich griff daneben, kam aus dem Takt, phrasierte ungeschickt, spielte wie eine Anfängerin ... ich blamierte mich unsterblich.

Niemand hätte mehr Verständnis zeigen können als Lady Limerick. Sie sprach nachher mit mir und sagte, sie hätte sofort gemerkt, wie nervös ich war, und daß man einen solchen Zustand schlicht und einfach als Lampenfieber bezeichnete. Wenn ich mich einmal daran gewöhnt hätte, vor Publikum zu spielen, würde es mir vielleicht gelingen, die Ruhe zu bewahren. Ich war ihr für diese gütigen Worte dankbar, aber ich wußte, daß mehr dahintersteckte.

Ich studierte weiter, aber bevor ich heimfuhr, fragte ich Charles Fürster ganz offen um seine Meinung: würden Ausdauer und harte Arbeit genügen, um eine Konzertpianistin aus mir zu machen? Auch er war sehr gütig, aber er machte mir nichts vor. Er meinte, ich hätte einfach nicht das Naturell, um vor Publikum zu spielen, und ich wußte, daß er recht hatte. Ich war ihm dankbar, daß er mir die Wahrheit gesagt hatte. Eine Weile war ich traurig darüber, aber ich bemühte mich sehr, nicht mehr als unbedingt nötig darüber nachzudenken.

Wenn man das, was man sich mehr als alles in der Welt wünscht, nicht bekommen kann, sollte man es sich besser eingestehen und seinen Weg fortsetzen, statt über enttäuschte Hoffnungen zu grübeln. Daß mir diese Abfuhr schon so früh erteilt wurde, war mir eine wertvolle Hilfe für die Zukunft. Sie lehrte mich, daß ich meinem Temperament nach nicht zu Zurschaustellungen irgendwelcher Art taugte. Anders gesagt, ich konnte meine körperlichen Reaktionen nicht beherrschen.

VIERTES KAPITEL

«VERLIEBT, VERLOBT, VERHEIRATET ...»

1

Bald nach meiner Rückkehr aus Paris wurde Mutter ernstlich krank. Wie bei Ärzten so üblich, lautete die Diagnose abwechselnd auf Blinddarmentzündung, Paratyphus, Gallensteine und noch einiges mehr. Mehr als ein Mal wäre sie um ein Haar unter das Messer gekommen. Die Behandlungen halfen nichts, sie hatte immer wieder Rückfälle, und die Herren Doktoren schlugen verschiedene Operationen vor. Mutter aber war selbst eine Amateurärztin. Als ihr Bruder Ernst Medizin studierte, hatte sie ihm begeistert dabei geholfen. Schließlich mußte er das Studium abbrechen: er konnte kein Blut sehen. Mutter hätte der Anblick von Blut, Wunden und sonstigen das Auge beleidigenden Verletzungen nicht weiter gestört. Wenn wir zusammen zum Zahnarzt gingen, fiel mir auf, daß sie Familien- und Unterhaltungsblätter überhaupt nicht beachtete, sondern unverzüglich nach den medizinischen Fachzeitschriften griff, wenn sie auf dem Wartezimmertisch lagen.

Schließlich verlor sie die Geduld mit ihren ärztlichen Trabanten. «Ich glaube nicht, daß sie etwas wissen – ich weiß ja selbst nichts. Das wichtigste ist jetzt, daß ich mich aus den Händen der Ärzte befreie.»

Es gelang ihr, einen weiteren Arzt aufzustöbern, einen von der fügsamen Sorte, und kurz darauf war sie in der Lage, mir mitzuteilen, daß er ihr Sonne und ein warmes Klima empfohlen hatte. «Wir werden den Winter in Ägypten verbringen.»

Wieder einmal wurde das Haus vermietet. Es war ein Glück, daß das Reisen in jenen Tagen nicht viel kostete und das Leben im Ausland leicht durch die hohe Miete gedeckt wurde, die Mutter für Ashfield forderte. Torquay war damals natürlich noch ein Winterkurort. Im Sommer kamen keine Gäste, und die Leute, die dort lebten, verließen die Stadt, um der «schrecklichen Hitze» zu entgehen. (Ich kann mir nicht vorstellen, was das für eine «schreckliche Hitze» gewesen sein kann. Ich finde South Devon im Sommer recht kalt.) Meistens fuhren sie ans Moor hinauf und mieteten sich dort ein Haus. Meine Eltern machten das auch einmal, fanden es aber am Moor so heiß, daß Vater einen *dog-cart* mietete und nach Torquay zurückkutschierte, wo er dann praktisch jeden Nachmittag in seinem eigenen Garten saß. Torquay war Englands Riviera, und die Leute zahlten hohe Mieten für möblierte Villen, um dort eine unterhaltsame Wintersaison zu erleben – Nachmittagskonzerte im Park, Vorträge, hin und wieder Bälle und noch viele andere Festivitäten.

Ich hatte das nötige Alter erreicht, um «in die Gesellschaft eingeführt zu werden». Ich trug das Haar aufgesteckt; es war so lang, daß ich mit Leichtigkeit darauf sitzen konnte. Aus einem mir unbekannten Grund durfte eine Frau auf solche Haarpracht stolz sein, in Wirklichkeit bedeutete es, daß man mit den Haaren nie zurecht kam, weil sie immer wieder herunterfielen. Um dem abzuhelfen, schufen die Coiffeure etwas, das sie *postiche* nannten, einen großen falschen Lockenschopf. Man steckte sich das eigene Haar so dicht wie möglich an den Kopf, stülpte den *postiche* darüber und steckte ihn fest.

«In die Gesellschaft eingeführt zu werden», war ein großes Ereignis im Leben eines jungen Mädchens. Handelte es sich um eine wohlhabende Familie, gab die Mutter einen Hausball. Auch gehörte es dazu, daß die junge Dame eine Saison in London mitmachte. Allerdings war die Saison keineswegs der kommerzielle und systematisierte Rummel, zu dem sie sich in den letzten zwanzig oder dreißig Jahren entwickelt hat. Die Leute, die man zu einem Ball einlud, und die, zu deren Bällen man ging, waren ausschließlich persönliche Freunde. Es war immer ein wenig schwierig, genügend Männer zusammenzubekommen, aber im großen und ganzen waren die Bälle ungezwungene Veranstaltungen; dazu gab es auch noch Wohltätigkeitsbälle, die man in größeren Gruppen besuchte.

Für mich kam das alles natürlich nicht in Frage. Madge hatte in New York debütiert und dort Bälle und Parties besucht, aber eine Saison in London, das hatte Vater sich nicht leisten können. Und daß Mutter mir so etwas nicht bieten konnte, bedurfte keiner weiteren Erklärung. Dennoch lag ihr daran, mir zu geben, was als das Geburtsrecht eines jungen Mädchens angesehen wurde. Gleich einem Schmetterling, der aus der Puppe schlüpft, sollte das Schulmädchen zu einer jungen Dame von Welt werden, sie sollte andere junge Mädchen und möglichst viele junge Männer kennenlernen und so, um es deutlich auszusprechen, die Gelegenheit erhalten, einen passenden Gefährten zu finden.

Die Leute waren alle besonders nett zu jungen Mädchen. Man lud sie zu Hausbällen ein und veranstaltete unterhaltsame Theaterabende für sie. Die Freunde der Familie überboten sich an Aufmerksamkeiten. Man hielt nichts von dem französischen System, das darin bestand, daß man seine Töchter abschirmte und ihnen nur das Zusammentreffen mit einigen wenigen ausgewählten *partis* erlaubte – Kandidaten, die sich die Hörner abgestoßen und ihre Jugendsünden hinter sich hatten, und die über genügend Geld und Besitz verfügten, um eine Frau standesgemäß zu erhalten. Es war, glaube ich, ein gutes System, das einen hohen Prozentsatz glücklicher Ehen hervorbrachte. Die in England landläufige Meinung, wonach französische Mädchen gezwungen wurden, reiche alte Männer zu heiraten, war falsch. Die jungen Französinnen konnten sehr wohl ihre Wahl treffen, aber es war eine enge Wahl. Der ausschweifende, leichtlebige junge Mann, das charmante *mauvais sujet,* das sie zweifellos vorgezogen haben würden, durfte ihnen nicht in die Nähe kommen.

In England war das anders. Die Mädchen gingen auf Tanzvergnügen und lernten alle möglichen jungen Männer kennen. Ihre Mütter saßen als Anstandsdamen dabei, aber sie konnten nicht viel tun. Natürlich achteten die Leute ziemlich streng darauf, mit wem ihre Töchter Umgang pflegten, aber es gab doch eine reichhaltige Auswahl an jungen Männern, und zu oft interessierten sich die Mädchen für dunkle Elemente, gingen so weit, sich mit ihnen zu verloben oder, wie man es nannte, ein «Einvernehmen» herzustellen. «Einvernehmen» war ein sehr brauchbarer Terminus, damit überbrückten die Eltern eine eventuelle Mißstimmung, wenn sie es ablehnten, der von ihrer Tochter getroffenen Wahl zuzustimmen. «Du bist noch sehr jung, Kind, und Hugh ist sicher sehr charmant, aber er ist auch noch jung und hat noch keine Position. Ich habe nichts dagegen, daß du mit ihm zu einem Einvernehmen kommst und dich hin und wieder mit ihm triffst, aber bitte keine Briefe und keine offizielle Verlobung!» Dann arbeiteten sie eifrig hinter den Kulissen, um einen passenden jungen Mann ausfindig zu machen, der ihre Tochter von dem anderen ablenken sollte. Das geschah häufig. Da Mädchen durchaus imstande sind, vernünftig zu sein, änderten sie nicht selten ihre Meinung.

Da wir in so angespannten Verhältnissen lebten, begriff Mutter, daß es schwierig sein würde, mich auf die übliche Weise in die Gesellschaft einzuführen. Ich glaube, daß sie den Entschluß, sich einer Erholungskur in Kairo zu unterziehen, hauptsächlich meinetwegen traf. Es war eine richtige Entscheidung. Ich war schüchtern und verstand es nicht, in Gesellschaft zu brillieren. Wenn ich mich daran gewöhnen könnte, mit jungen Männern zu tanzen und zu plaudern, es als etwas ganz Alltägliches anzusehen, wäre das die beste Methode, mich wertvolle Erfahrungen sammeln zu lassen.

Aus der Sicht eines jungen Mädchens gesehen, war Kairo ein einziger schöner Traum. Wir blieben drei Monate, und ich besuchte jede Woche fünf Bälle. Sie wurden abwechselnd in den großen Hotels abgehalten. In Kairo waren drei oder vier englische Regimenter stationiert, jeden Tag wurde Polo gespielt, und das alles stand einem um den Preis eines nicht übermäßig teuren Hotels zur Verfügung. Viele Leute verbrachten dort den Winter, darunter recht viele Mütter mit ihren Töchtern. Anfangs war ich schüchtern, zum Teil blieb ich es auch, aber ich tanzte leidenschaftlich gern, und ich tanzte gut. Ich fand an jungen Männern Gefallen und stellte bald fest, daß sie auch an mir Gefallen fanden. Ich war siebzehn – Kairo als Stadt bedeutete mir nichts – Mädchen zwischen achtzehn und einundzwanzig denken viel an junge Männer und nur selten an etwas anderes – und das ist auch durchaus in Ordnung.

Die Kunst des Flirtens ist mittlerweile in Vergessenheit geraten, wurde aber damals mit großem Eifer betrieben. Die halb sentimentale, halb romantische Neigung, die zwischen – wie ich sie heute aus der Warte meines vorgeschrittenen Alters nennen darf – «Jungen und Mädchen» aufblühte, war eine gute Einführung in das Leben. Der Flirt half ihnen, etwas vom Leben und voneinander zu erfahren, ohne einen allzu desillusionierenden und schmerzlichen Preis zahlen zu müssen. An illegitime Kinder im Kreis meiner Freundinnen kann ich mich gewiß nicht erinnern. Nein, das stimmt nicht. Es gab eine recht unerfreuliche Geschichte; ein Mädchen, das wir alle kannten, verbrachte die Ferien bei einer Schulfreundin und wurde von deren Vater, einem älteren Mann mit einem sehr üblen Ruf, verführt.

Es wäre schwierig gewesen, sexuelle Beziehungen aufzunehmen. Die jungen Männer empfanden große Achtung vor den jungen Mädchen, und auch die öffentliche Meinung würde sich gegen sie gewendet haben. Die Männer unterhielten intime Beziehungen zu verheirateten, meist wesentlich älteren Frauen oder aber zu «kleinen Freundinnen» in London, von denen niemand etwas wissen sollte. Ich erinnere mich an eine Episode, als ich für einige Tage bei einer Freundin zu Besuch war. Es waren zwei oder drei andere Mädchen und junge Männer – zumeist Soldaten – mit dabei, und eines Morgens reiste einer der Soldaten plötzlich ab. Er habe ein Telegramm aus England bekommen, sagte er. Das war offenkundig unwahr. Niemand wußte den wahren Grund, aber er hatte sich einem wesentlich älteren Mädchen anvertraut, das er gut kannte und von dem er glaubte, daß es für seine Entscheidung Verständnis haben würde. Wie es schien, hatte eines der Mädchen ihn gebeten, es zu einem Tanz im nächsten Ort zu begleiten, zu dem die anderen Mädchen nicht eingeladen waren. Er fuhr also mit ihr los, aber unterwegs schlug das Mädchen vor, bei einem Hotel stehenzubleiben und ein Zimmer zu nehmen. «Wir werden etwas später zum Tanz kommen», sagte sie, «aber das wird niemandem auffallen. Ich habe das schon oft gemacht.» Der junge Mann war so schockiert, daß es ihm, nachdem er ihren Vorschlag zurückgewiesen hatte, unmöglich erschien, ihr am nächsten Tag entgegenzutreten. Daher seine abrupte Abreise.

«Ich traute meinen Ohren nicht. Sie schien so gut erzogen zu sein. Ganz jung, brave Eltern und alles. Die Art von Mädchen, die man einmal heiraten möchte.»

Das waren noch Zeiten reiner Jungfernschaft. Nicht daß wir uns deswegen irgendwie gehemmt gefühlt hätten! Romantische Freundschaften – wenn auch mit einem Anhauch oder Vorgeschmack von Sex – befriedigten uns vollständig. Brautwerbung ist schließlich ein bei allen Tierarten bekanntes Phänomen. Das Männchen stolziert werbend einher, das Weibchen tut, als ob es nichts davon merkte, und freut sich diebisch. Man weiß, es ist noch nicht das Wahre, es ist eine Art Lehrzeit. Die Troubadoure wußten schon, warum sie ihre Lieder über das *pays du tendre* sangen. Nur in der Jugend kennt man dieses besondere Gefühl: den Zauber einer Freundschaft mit einem Mann. Natürlich ist viel davon nur Illusion, aber eine herrliche Illusion, und ich finde, sie sollte für jede Frau Teil ihres Lebens sein. Später einmal kann man sich lächelnd eingestehen: «Was war ich doch für ein Närrchen!»

In Kairo allerdings kam ich nicht dazu, mich auch nur ein klein wenig zu verlieben. Ich hatte zu viel zu tun. Es war so viel los, und es gab so viele attraktive, gutaussehende junge Männer. Die einzigen, die mich erzittern ließen, waren Männer um die Vierzig, die liebenswürdigerweise hin und wieder mit dem Kind tanzten und das junge hübsche Ding hänselten, aber das war auch schon alles.

Versteht sich, daß die ersten Abendkleider Quelle reinster Freude waren. Ich hatte eines aus blaßgrünem Chiffon mit kleinen Spitzenrüschen, ein eher schlichtes, weißseidenes und ein ganz wunderbares aus türkisblauem Taft – den Stoff hatte Oma aus einer ihrer Truhen ausgegraben. Es war ein herrliches Material, doch nachdem es so lange Jahre gelagert worden war, konnte es dem ägyptischen Klima leider nicht standhalten, und eines Abends, mitten in einem Tanz, platzten Rock, Ärmel und Halspartie auf, und ich mußte mich schleunigst auf die Damentoilette zurückziehen.

Am nächsten Tag gingen wir zu einer levantinischen Damenschneiderin. Im Vergleich zu meinen in England gekauften Kleidern war sie sehr teuer. Trotzdem bekam ich ein ganz reizendes Kleid aus schillerndem hellrosa Satin mit Rosenknospen auf einer Schulter. Ich natürlich hatte mir ein schwarzes Abendkleid gewünscht; alle Mädchen wünschten sich schwarze Abendkleider, um reifer auszusehen. Und keine Mutter erfüllte diesen Wunsch.

Ein junger Mann aus Cornwall namens Trelawny und sein Freund, beide im Sechzigsten Rifles-Regiment, waren meine bevorzugten Tanzpartner. Einer der älteren Männer, ein gewisser Captain Craik, der mit einer netten Amerikanerin verlobt war, brachte mich einmal nach einem Tanz zu meiner Mutter zurück. «Hier ist Ihre Tochter», sagte er. «Sie hat tanzen gelernt. Sie ist wirklich eine herrliche Tänzerin. Jetzt sollte sie auch noch reden lernen!» Der Vorwurf war berechtigt. Mit der Konversation haperte es immer noch bei mir.

Ich sah gut aus. Meine Familie kugelt sich heute natürlich vor Lachen, wenn ich davon rede, daß ich ein hübsches Mädchen war. Meine Tochter sagt: «Aber das ist doch nicht möglich, Mutter! Schau dir nur diese entsetzlichen alten Fotos an!» Es stimmt, einige dieser Bilder sind schon recht arg, aber das hat auch viel mit der Kleidung zu tun, die noch nicht alt genug ist, um «antik» zu wirken. So trugen wir damals Riesenstrohhüte mit bis zu einem Meter Durchmesser und dazu voluminöse Schleier. Oft stellte man sich in solchen Hüten, womöglich mit einem Band unter dem Kinn festgehalten, dem Fotografen; manchmal hielt man dabei einen Rosenstrauß wie ein Telefon ans Ohr. Unter meinen frühen Fotos ist auch ein recht hübsches, auf dem ich aus einem undefinierbaren Grund mit zwei langen Zöpfen an einem Spinnrad sitze. «Dieses Gretchenbild gefällt mir besonders gut», sagte mir einmal ein junger Mann. Vielleicht sah ich wirklich aus wie Margarete in *Faust*.

Ich fing an, mich für Polo zu begeistern, und sah jeden Nachmittag zu. Mutter versuchte, etwas für meine Bildung zu tun, indem sie gelegentlich mit mir ins Museum ging; auch schlug sie mir vor, den Nil hinaufzufahren, um die Herrlichkeiten Luxors zu sehen. Leidenschaftlich, mit Tränen in den Augen, erhob ich Einspruch: «Ach nein, Mutter, ach nein, doch nicht jetzt! Am Montag ist dieser Kostümball, und ich habe versprochen, Dienstag an dem

Picknickausflug nach Sakkara teilzunehmen . . .», und so weiter und so fort. Die Wunder der Antike waren so ziemlich das letzte, was mich zu sehen gelüstete, und ich bin sehr froh, daß Mutter mich nicht mitnahm. Wie berauschend wirkten Luxor, Karnak, die Schönheiten Ägyptens zwanzig Jahre später auf mich ein! Nie würde ich sie so genossen haben, hätte ich sie als junges Ding mit verständnislosen Augen gesehen.

Man kann im Leben keinen größeren Fehler machen, als Dinge zur unrechten Zeit zu sehen oder zu hören. Die meisten Menschen wollen von Shakespeare nichts mehr wissen, nachdem sie ihn in der Schule lesen mußten; Shakespeare hat für die Bühne geschrieben, und auf der Bühne sollte man ihn sehen. Auch ein Kind kann ihn dann schon genießen, lange bevor es imstande ist, die Poesie und die Schönheit seiner Worte zu begreifen. In Stratford ging ich mit meinem Enkel Mathew in *Macbeth* und *Die lustigen Weiber von Windsor*, als er elf oder zwölf war. «Weißt du», sagte er, als wir aus dem Theater kamen, «wenn ich nicht schon vorher gewußt hätte, daß das von Shakespeare ist, ich würde es nicht geglaubt haben.» Das war offenbar als Anerkennung Shakespeares gedacht, und als solche faßte ich seinen Kommentar auch auf.

Die lustigen Weiber von Windsor wurden damals als das aufgeführt, was es meiner Meinung nach auch sein sollte: als gutes altes englisches Radaustück – ohne jede Subtilität. Die letzte Aufführung der *Lustigen Weiber von Windsor,* die ich sah – im Jahre 1965 –, war eine so gewollt künstlerisch aufgemachte Produktion, daß ich das Gefühl hatte, mich ein gutes Stück von der Sonne im Park von Windsor entfernt zu haben. Nicht einmal der Wäschekorb war noch der alte Wäschekorb voll schmutziger Wäsche: es war nur mehr ein aus Raffiabast gewebtes Symbol. Ein symbolisierter Schwank ist einfach ungenießbar. Der gute alte Spaß mit dem Pudding wird immer wieder Lachstürme entfesseln, solange der Pudding auch tatsächlich auf einem Gesicht landet! Eine kleine Schachtel Puddingpulver zu nehmen und zart auf eine Wange zu tupfen – die Symbolik mag gegeben sein, aber das possenhafte Element fehlt. Mathew war von den *Lustigen Weibern* begeistert – der walisische Schulmeister gefiel ihm besonders gut.

Es gibt, glaube ich, nichts Schöneres, als junge Menschen mit Dingen bekanntzumachen, die wir schon seit geraumer Zeit als selbstverständlich betrachten – auf ganz bestimmte Weise als selbstverständlich betrachten. Max und ich unternahmen einmal mit meiner Tochter Rosalind und einer ihrer Freundinnen eine Autopartie zu den Schlössern an der Loire. Diese Freundin beurteilte die Schlösser, die wir sahen, alle nach demselben Kriterium; sie blickte sich um, nickte weise und sagte: «Hier konnten sie sich richtig austoben, was?» Bis dahin hatte ich die Schlösser an der Loire nie als Tummelplatz für Freudenfeste gesehen, aber die Bemerkung war durchaus zutreffend. Die alten französischen Könige und Adeligen ließen es auf ihren Schlössern tatsächlich hoch hergehen. Und die Moral von der Geschichte (denn ich wurde dazu erzogen, überall eine Moral zu finden): Man ist nie zu alt, um etwas Neues zu lernen.

Ich scheine von Ägypten weit abgekommen zu sein. Eines führt halt zum andern, warum auch nicht? Heute weiß ich, daß dieser Winter in Ägypten viele Probleme für mich löste: Mit der Aufgabe konfrontiert, ihrer Tochter gesellschaftliches Leben zu bieten, ohne über die dafür nötigen Mittel zu verfügen, fand Mutter diese gute Lösung; und mir gelang es, meiner Unbeholfenheit Herr zu werden. Wie man damals sagte, ich lernte «mich zu benehmen». Unsere heutige Lebensweise unterscheidet sich so grundlegend von jener, daß eine Erklärung fast nicht möglich ist.

Das Schlimme ist, daß die Jugend unserer Tage nichts von der Kunst des Flirtens versteht. Wie ich schon sagte, war der Flirt eine Kunst, die von den Mädchen meiner Generation meisterhaft beherrscht wurde. Wir kannten die Regeln in- und auswendig. In Frankreich, das ist richtig, wurde kein junges Mädchen je mit einem jungen Mann allein gelassen, aber in England war das zweifellos anders. Man ging mit einem Mann spazieren, man ging mit ihm reiten – aber man ging nicht mit ihm allein auf einen Ball; entweder die Mama saß dabei oder sonst eine gelangweilte ältere Dame; der Etikette war aber auch Genüge getan, wenn sich eine verheiratete junge Frau der Gesellschaft anschloß. Hatte man auf diese Weise die Regeln beachtet und mit einem jungen Mann getanzt, schlenderte man dann im Mondschein durch den Park oder zog sich in den Wintergarten zurück, wo charmante Tête-à-têtes stattfinden konnten, ohne daß man in den Augen der Welt den Anstand verletzte.

Die Handhabung der Tanzkarte war eine schwierige Kunst, eine, in der ich keine Meisterleistungen vollbrachte. Angenommen, du stellst eine kleine Gesellschaft zusammen: A, B, C sind drei Mädchen, D, E, F drei junge Männer. Du mußt mit jedem der jungen Männer mindestens zweimal tanzen – wahrscheinlich gehst du mit einem von ihnen zum Mitternachtsbuffet, außer er oder du wünschen, diese Zweisamkeit zu vermeiden. Die übrigen Eintragungen vorzunehmen, bleibt allein dir überlassen. Eine Menge junger

Männer wartet schon, und sofort kommen einige von ihnen – zuerst die, die nicht unbedingt zu deinen Favoriten zählen – auf dich zu. Und jetzt kommt der heikle Teil. Du versuchst, sie nicht merken zu lassen, daß deine Tanzkarte praktisch noch leer ist, und sagst zweifelnd, daß du Nummer vierzehn vielleicht noch vergeben könntest. Die Schwierigkeit besteht darin, den richtigen Ausgleich zu finden. Die jungen Männer, mit denen du tanzen möchtest, sind hier irgendwo im Saal, aber wenn sie zu spät kommen, könnte es sein, daß deine Tanzkarte schon voll ist. Flunkerst du jedoch den ersten Bewerbern zu viel vor, bleiben Lücken auf deiner Tanzkarte, und dann mußt du Tänze auslassen und als Mauerblümchen herumsitzen. Welch grausamer Schmerz, wenn der Jüngling, auf den du heimlich gewartet hast, plötzlich auftaucht, nachdem er dich überall vergeblich gesucht hat! Mit tränenumflorter Stimme mußt du ihm sagen: «Ich habe nur mehr die zweite Zugabe und Nummer vierzehn frei.»

«Aber du kannst doch sicher noch etwas machen», bettelt er.

Du studierst deine Tanzkarte und überlegst. Es ist nicht sehr nett, gegebene Zusagen nicht einzuhalten, und es wird nicht nur von Gastgeberinnen und Müttern, sondern auch von den jungen Männern selbst mißbilligt. Manchmal revanchieren sie sich, indem sie ihrerseits Zusagen nicht einhalten. Wenn du nun deine Tanzkarte studierst, siehst du vielleicht den Namen eines jungen Mannes, der sich dir gegenüber schlecht benommen, der dich erst spät um einen Tanz gebeten, der beim Essen mit einer anderen jungen Dame mehr geplaudert hat als mit dir. Wenn er das getan hat, tust du recht daran, ihn zu opfern. Nur gelegentlich und wenn es sein muß, opferst du einen jungen Mann, weil er so schrecklich schlecht tanzt, daß es eine Qual für deine Zehen ist. Aber das tat ich nur sehr ungern, denn ich hatte ein weiches Herz, und es schien mir grausam, einen armen Kerl schlecht zu behandeln, der vermutlich auch von den anderen schlecht behandelt wurde. Das Ganze war so kniffelig wie eine komplizierte Tanzfigur.

Der Aufenthalt in Ägypten war mir eine große Hilfe. Ich glaube nicht, daß ich sonst so schnell mit meiner mir angeborenen *gaucherie* fertig geworden wäre. Für ein junges Mädchen waren es gewiß drei herrliche Monate. Ich lernte mindestens zwanzig oder dreißig junge Männer recht gut kennen und besuchte zwischen fünfzig und sechzig Bälle, aber ich war zu jung und hatte zuviel Spaß, um mich in einen zu verlieben. Ich heftete schmachtende Blicke auf eine Handvoll sonnengebräunter Obersten mittleren Alters, die aber meist schon Beziehungen zu attraktiven, verheirateten Frauen –

mit anderen Männern verheirateten Frauen – unterhielten und sich nicht für alberne junge Mädchen interessierten. Etwas zu schaffen machte mir ein junger, übermäßig feierlicher österreichischer Graf, der mir seine Reverenz erwies. Ich wich ihm aus, so gut ich konnte, aber er spürte mich immer wieder auf und wollte unbedingt Walzer tanzen. Wie ich schon sagte, ist das der einzige Tanz, den ich nicht mag, und der Graf tanzte ihn in seiner vollendetsten Art, nämlich links herum, was mich so schwindlig machte, daß ich immer Angst hatte, das Gleichgewicht zu verlieren. In Miss Hickeys Tanzstunde hatte der Linkswalzer als nicht ganz salonfähig gegolten, und darum besaß ich keine große Fertigkeit darin.

Anschließend äußerte der Graf den Wunsch, sich eine kleine Weile mit meiner Mutter unterhalten zu dürfen. Dies war vermutlich seine Art zu demonstrieren, daß er ehrliche Absichten hatte. Natürlich mußte ich ihn zu Mutter führen, die an der Wand saß und den für sie sicherlich mühsamen Abend über sich ergehen ließ. Der Graf setzte sich zu ihr und unterhielt sich höchst feierlich gute zwanzig Minuten lang mit ihr. «Was ist dir nur eingefallen, mir diesen kleinen Österreicher zu bringen?» fragte Mutter verdrießlich, als wir ins Hotel zurückkamen. «Ich konnte ihn nicht loswerden.» Ich versicherte ihr, daß es nicht meine Idee gewesen war, daß er darauf bestanden hatte. «Ich mag es nicht, wenn du mir junge Herren vorstellst, die mit mir reden wollen», fuhr sie fort. «Sie tun es nur, um höflich zu sein und einen guten Eindruck zu machen.» Ich sagte, er wäre ein schrecklicher Kerl. «Er sieht gut aus, er ist wohlerzogen und ein guter Tänzer», sagte Mutter, «aber auch furchtbar langweilig.»

Die meisten meiner Freunde waren junge Subalternoffiziere, und unsere Freundschaften waren reizvoll, aber nicht ernsthaft. Ich sah ihnen beim Polo zu, spornte sie an, wenn sie nachließen, und beglückwünschte sie zu ihren Erfolgen. Schwerer fiel es mir, mit den älteren Männern zu sprechen. Ich habe die meisten Namen vergessen, aber es gab da einen Captain Hibberd, der ziemlich häufig mit mir tanzte. Ich war sehr überrascht, als Mutter auf dem Schiff, das uns von Kairo nach Venedig brachte, ganz beiläufig erwähnte: «Du weißt ja wohl, daß Captain Hibberd dich heiraten wollte?»

«Was sagst du da?» gab ich verdutzt zurück. «Er hat mir nie einen Antrag gemacht oder sonst etwas gesagt.»

«Nein, er hat es mir gesagt.»

«Dir?» staunte ich.

«Ja. Er sagte, er hätte sich über beide Ohren in dich verliebt, und ob ich der Ansicht sei, daß du noch zu jung wärst. Er sagte, er sollte vielleicht besser nicht mit dir von Heirat sprechen.»

«Und was hast du ihm geantwortet?»

«Ich sei ganz sicher, antwortete ich ihm, daß du nicht in ihn verliebt wärst, und daß es keinen Zweck hätte, seine Absicht weiter zu verfolgen.»

«Aber Mutter!» rief ich entrüstet. «Wie konntest du nur!»

Mutter sah mich mit großen Augen an. «Willst du damit sagen, daß er dir gefallen hat? Hättest du in Erwägung gezogen, ihn zu heiraten?»

«Natürlich nicht», erwiderte ich. «Ich will ihn überhaupt nicht heiraten, und ich liebe ihn auch nicht, aber ich finde, du solltest es mir überlassen, Heiratsanträge entgegenzunehmen.»

Mutter zog ein verdutztes Gesicht, gab jedoch schnell zu, daß sie einen Fehler gemacht hatte. «Es ist schon lange her, daß ich so jung war», führte sie zu ihrer Rechtfertigung an. «Aber ich verstehe deinen Standpunkt. Ja, man entscheidet gerne selbst über seine Anträge.»

Die Sache wurmte mich noch eine Weile. Ich wollte wissen, was das für ein Gefühl war, wenn man einen Antrag bekam. Captain Hibberd sah gut aus, er tanzte gut, er war wohlhabend und kein bißchen langweilig – zu schade, daß ich nicht daran denken konnte, ihn zu heiraten. Es ist doch oft so: Wenn du für einen jungen Mann, der sich in dich verliebt hat, nichts empfindest, wird er sofort aus dem Hofstaat entlassen – allein schon aus dem Grund, weil verliebte Männer in ihrem Aussehen unweigerlich an kranke Schafe erinnern. Hat ein solcher Mann aber die Sympathien des Mädchens gewonnen, fühlt es sich eben durch dieses Aussehen geschmeichelt und kreidet es ihm nicht an. Hat sie kein Interesse an ihm, verbannt sie ihn aus ihren Gedanken. Das ist eine der großen Ungerechtigkeiten des Lebens.

Das also war mein erster, höchst unbefriedigender Heiratsantrag. Den zweiten bekam ich von einem jungen Mann, der 1,90 Meter groß war. Er hatte mir sehr gut gefallen, und wir waren gute Freunde gewesen. Es freut mich, sagen zu können, daß er nicht bei Mutter um meine Hand anhielt. Es gelang ihm, die Heimreise auf demselben Schiff anzutreten, mit dem auch wir von Alexandrien nach Venedig fuhren. Es tat mir leid, daß ich nicht mehr für ihn empfand. Wir korrespondierten noch einige Male miteinander, aber dann wurde er nach Indien versetzt. Wäre ich ein wenig älter gewesen, als ich ihn kennenlernte, vielleicht hätte ich ihn liebgewinnen können.

Und weil ich gerade bei diesem Thema bin: Ich frage mich, ob die Männer zu meiner Zeit nicht eine besondere Neigung verspürten, Heiratsanträge zu machen. Ich habe das Gefühl, daß ein Teil der Anträge, die ich und meine Freundinnen erhielten, völlig unrealistisch waren. Ich fühlte einmal einem jungen Marineleutnant auf den Zahn. Wir waren auf dem Heimweg von einer Party in Torquay, als er plötzlich mit einem Heiratsantrag herausrückte. Ich wies ihn dankend ab und fügte hinzu: «Und ich glaube auch nicht, daß Sie wirklich die Absicht haben, mich zu heiraten.»

«O doch, o doch.»

«Ich glaube es nicht», wiederholte ich. «Wir kennen uns erst seit zehn Tagen, und überdies sehe ich nicht ein, warum Sie schon so jung heiraten wollen. Sie wissen doch, daß das Ihrer Karriere schaden würde.»

«Na ja, das ist schon richtig.»

«Ist es dann nicht recht töricht, einem Mädchen einfach nur so einen Antrag zu machen? Das müssen Sie doch selbst einsehen. Was hat Sie dazu veranlaßt?»

«Es ist mir so eingefallen», antwortete er. «Ich sah Sie an, und es ist mir plötzlich eingefallen.»

«Na schön», sagte ich, «aber ich finde, Sie sollten das nicht so schnell wieder tun. Seien Sie etwas vorsichtiger.»

Wir verabschiedeten uns mit freundschaftlichen und gänzlich unromantischen Worten.

2

Bei der Beschreibung meines Lebens fällt mir auf, daß der Eindruck entstehen könnte, ich und unsere Freunde wären reiche Leute gewesen. Sicherlich müßte man heute reich sein, um all das mitzumachen, aber Tatsache ist, daß beinahe alle meine Freundinnen aus Familien kamen, die in bescheidenen Verhältnissen lebten. Ihre Eltern besaßen fast ausnahmslos weder Pferde noch Wagen, von den neuen Autos ganz zu schweigen. Denn dazu mußte man wirklich reich sein.

Die Mädchen hatten selten mehr als drei Abendkleider, und mit diesen mußten sie ein paar Jahre auskommen. Die Hüte wurden jedes Jahr mit Hutlack (die Flasche zu einem Shilling) neu gestrichen. Zum Tennisspielen, zu Gardenparties und zu Gesellschaften ging man zu Fuß. Außer zu Weihnachten und zu Ostern gab es nicht viele Hausbälle in Torquay. Die Leute luden sich gern Gäste ein, mit welchen sie dann im August zum Regattaball gingen, aber auch zu einem privaten Tanzvergnügen in einem der größeren Häuser. Im Juni und Juli besuchte ich auch ein paar Bälle in London – nicht viele, denn wir kannten niemanden in London. Hin und wieder ging man auch auf sogenannte Wohltätigkeitsbälle. Das kostete alles nicht viel.

Dann gab es auch noch die Hausparties auf dem Lande, Besuche, die sich über mehrere Tage erstreckten. Das erste Mal fuhr ich – noch ziemlich unsicher – zu Freunden nach Warwickshire. Die Ralston Patricks waren große Jagdreiter vor dem Herrn – ausgenommen Constance Ralston Patrick, die Dame des Hauses. Sie fuhr mit einem Ponywägelchen zu den Sammelplätzen, und ich begleitete sie. Mutter hatte mir streng verboten, auf ein Pferd zu steigen. «Du verstehst nicht viel vom Reiten», sagte sie. «Es wäre wirklich sehr peinlich, wenn du ein wertvolles Tier, das nicht dir gehört, beschädigen würdest.» Andererseits bot mir auch niemand ein Pferd an – und das war vielleicht gut so.

Meine Erfahrungen im Reiten und Jagdreiten beschränkten sich auf Devonshire, und das hieß nicht so sehr nach irischem Muster reiten, als vielmehr mühsam steile Hänge erklimmen. Ich selbst betrieb diesen Sport auf einem Pferd aus einer Mietsstallung, das gewohnt war, Sonntagsreiter auf dem Rücken zu tragen. Natürlich ritt ich im Damensattel – Herrensättel waren damals für Frauen verpönt. Mit den Beinen die Sattelknöpfe umklammernd, fühlte man sich im Damensattel herrlich sicher. Als ich das erste Mal im Herrensattel ritt, war ich unglaublich unsicher.

Die Ralston Patricks waren sehr nett zu mir. Sie nannten mich «Rosenrot» – vermutlich weil ich so oft rosafarbene Abendkleider anzog. Robin nahm Rosenrot mächtig auf den Arm, und Constance gab mir augenzwinkernd hausmütterliche Ratschläge. Sie hatten eine reizende kleine Tochter, drei oder vier Jahre alt, als ich das erste Mal dort war, und ich spielte viele Stunden lang mit ihr. Constance war eine geborene Ehestifterin, und heute weiß ich, daß sie während meiner Besuche nicht ohne Absicht mehrere nette und durchaus akzeptable junge Männer aufkreuzen ließ. Hin und wieder hatte ich auch Gelegenheit zu reiten. Ich erinnere mich, daß ich einmal mit zwei von Robins Freunden über die Felder galoppierte. Wir hatten uns ganz spontan zu diesem Ausritt entschlossen, ich hatte gar keine Zeit gehabt, mein Reitkostüm anzuziehen, und mein Haar hielt dem Wind nicht stand. Wie alle Mädchen trug ich immer noch den *postiche*. Als wir durch die Dorfstraße zurückritten, löste sich mein Haar vollends auf, und ich verlor eine Locke nach der anderen. Ich mußte zu Fuß zurückgehen, um sie aufzulesen. Dies führte unerwartet zu einer für mich schmeichelhaften Reaktion. Wie mir Robin nachher erzählte, hatte eine der Koryphäen des dortigen Jagdvereins beifällig geäußert: «Nettes Mädel, das ihr da zu Gast habt. Hat mir gefallen, wie sie sich benahm, als ihr das falsche Haar runterfiel. Ging zurück, hob es auf und lachte dazu aus vollem Hals. Ein Pfundsmädel!»

Zu den Freuden eines Aufenthaltes bei den Ralston Patricks zählte auch die Tatsache, daß sie ein Auto hatten. Ich kann gar nicht schildern, was das im Jahre 1909 für eine aufregende Sache war. Das Auto war Robins große Liebe, sein Schatz, und wenn es auch ein launisches Wesen war und immer wieder Pannen hatte, es wurde ihm dadurch nur noch teurer. Ich erinnere mich an einen Ausflug nach Banbury. Bei der Abfahrt ging es zu, als ob eine Expedition zum Nordpol ausgerüstet werden sollte. Wir nahmen große Pelzdecken mit, dicke Schals, um sie um den Kopf zu wickeln, und Körbe voll Proviant. Constanzes Bruder Bill, Robin und ich nahmen an der Fahrt teil. Zärtlich verabschiedeten wir uns von Constance; sie küßte uns alle, ermahnte uns zur Vorsicht und versprach, einen großen Topf heißer Suppe und andere Erquickungen für den Fall bereitzuhalten, daß wir zurückkommen sollten. Ich muß noch vermerken, daß es knapp vierzig Kilometer bis Banbury waren, aber man hätte meinen können, es läge an der äußersten Westecke von Cornwall.

Mit einer Geschwindigkeit von vierzig Stundenkilometern zottelten wir friedlich dahin, und auf den ersten zehn Kilometern gab es keine Probleme. Wir kamen auch nach Banbury, nachdem wir ein Rad gewechselt und vergeblich versucht hatten, irgendwo eine Reparaturwerkstatt zu finden, denn davon gab es in jenen Tagen nur recht wenige. Gegen sieben Uhr abends trafen wir endlich erschöpft, halb erfroren und hungrig wie die Wölfe wieder zu Hause ein – unseren Proviant hatten wir längst verzehrt. Diesen Tag betrachte ich auch heute noch als einen der abenteuerlichsten meines Lebens. Ich hatte ihn zum großen Teil damit verbracht, im eisigen Wind auf einem Erdwall am Straßenrand zu sitzen und Robin und Bill anzufeuern, die – die Betriebsanleitung aufgeschlagen neben sich – mit Ersatzrad, Reifen, Wagenheber und verschiedenen Werkzeugen hantierten, mit welchen sie bisher nie in Berührung gekommen waren.

Eines Tages fuhren Mutter und ich nach Sussex hinunter und lunchten dort mit den Barttelots. Auch Lady Barttelots Bruder,

Mr. Ankatell, nahm an diesem Essen teil; er besaß ein riesiges, von einem starken Motor angetriebenes Auto, das in meiner Erinnerung mindestens dreißig Meter lang gewesen sein muß. Er war ein begeisterter Motorsportler und machte sich erbötig, uns nach London mitzunehmen. «Sie brauchen doch nicht mit dem Zug zu fahren. *Ich* fahre Sie.» Ich war im siebten Himmel. Wir bestiegen das Monstrum, bekamen Decken um die Beine gewickelt und brausten los wie der Wind. Die Autos waren damals alle noch offen, und man mußte schon ziemlich abgehärtet sein, um die Fahrt zu genießen. Aber in jenen Tagen waren wir eben abgehärtet – wer mitten im Winter in Räumen ohne Heizung Klavier übte, war gegen Kälte gefeit.

Mr. Ankatell hielt sich nicht an die für eine «sichere Fahrweise» geforderte Geschwindigkeit von dreißig Kilometern in der Stunde – ich glaube, wir rasten mit sechzig oder siebzig Sachen durch die Straßen von Sussex. Einmal drehte er sich vom Fahrersitz aus plötzlich nach uns um und rief: «Schauen Sie zurück! Schauen Sie zurück! Dort hinter der Hecke! Sehen Sie den Burschen, der dort hockt? Dieser Schurke! Dieser gemeine Kerl! Das ist eine Polizeifalle. Ja, sie verstecken sich hinter einer Hecke, diese Spitzbuben, und dann kommen sie raus und messen die Zeit.» Und schon krochen wir mit nur mehr fünfzehn Kilometer Geschwindigkeit dahin. Großes Gekicher seitens Mr. Ankatells. «Dem habe ich den Spaß verdorben!»

Ich fand Mr. Ankatell ein wenig beunruhigend, aber ich liebte sein Auto, das knallrote, furchteinflößende, aufregende Ungeheuer.

Einige Zeit später luden mich die Barttelots zu den Goodwood-Rennen ein. Es war dies wohl das einzige Mal, daß mir der Aufenthalt in einem Landhaus keine Freude machte. Die Gäste waren ausnahmslos eng mit dem Pferdesport verbunden, und ihre Fachausdrücke, ihre ganze Sprache blieb mir unverständlich. Pferderennen bedeuteten für mich, daß ich stundenlang in der Hitze herumstehen, auf einen überdimensionierten, blumengeschmückten Hut achten, bei jedem Windstoß sechs Haarnadeln umstecken und enge Lackschuhe mit hohen Absätzen tragen mußte, in welchen meine Füße und Knöchel ganz schrecklich anschwollen. Ab und zu mußte ich Begeisterung mimen, wenn die Leute schrien: «Sie laufen!» und sich auf die Zehenspitzen stellten, um Vierfüßern nachzublicken, von denen nichts mehr zu sehen war.

Einer der Herren fragte mich freundlich, ob er etwas für mich setzen sollte. Ich sah ihn entgeistert an. Mr. Ankatells Schwester, die als Gastgeberin fungierte, wies ihn sofort zurecht. «Seien Sie nicht albern», sagte sie, «die junge Dame wettet nicht.» Dann wandte sie sich mir zu: «Wissen Sie was? Sie sind mit fünf Shilling an allem beteiligt, was ich setze. Kümmern Sie sich nicht um die andern.» Als ich feststellte, daß die Leute jedesmal zwanzig oder gar fünfundzwanzig Pfund wetteten, sträubten sich mir buchstäblich die Haare! Aber die Gastgeberinnen waren in Geldsachen immer nett zu jungen Mädchen. Sie wußten, daß nur sehr wenige von ihnen mit Geld herumwerfen konnten. Selbst die, die aus wohlhabendem Haus kamen, hatten nur beschränkte Mittel zur Verfügung, um ihre Garderobe zu bestreiten – fünfzig bis hundert Pfund im Jahr. Manchmal wurde ein Mädchen auch zu einer Bridgepartie aufgefordert, aber wenn, so nur in der Form, daß ein Spieler es «mitnahm» und, wenn es verlor, die Spielschulden bezahlte. Damit wurde vermieden, daß sich das Mädchen ausgeschlossen fühlte, und gleichzeitig sichergestellt, daß es nicht Geld verlor, das zu verlieren es sich nicht leisten konnte.

Meine erste Begegnung mit dem Rennsport ließ mich kalt. Ich hoffte, vertraute ich Mutter an, als ich wieder daheim war, ich würde nie wieder die Worte «sie laufen!» hören. Aber es dauerte kein ganzes Jahr, und ich war eine begeisterte Anhängerin des Rennsports geworden und verstand auch schon einiges von Pferden. Etwas später verbrachte ich einige Zeit bei Constance Ralston Patricks Familie in Schottland, wo ihr Vater einen kleinen Rennstall betrieb. Hier wurde ich ausführlicher in die Geheimnisse des Sports eingeweiht und auch zu kleinen Rennen mitgenommen, was mir viel Spaß machte.

Goodwood war so etwas Ähnliches wie eine Gardenparty gewesen – eine Gardenparty, die viel zu lange dauerte. Überdies wurde viel Radau gemacht und Unfug getrieben – das war ich nicht gewöhnt. Man drang in anderer Leute Zimmer ein, warf Sachen aus dem Fenster und brüllte vor Lachen. Ich war das einzige Mädchen; die Gesellschaft bestand zumeist aus jungverheirateten Frauen. Eines Tages kam ein alter Oberst in mein Zimmer gestürzt und rief: «Jetzt wollen wir mal mit dem Baby unseren Spaß haben!» Worauf er eines meiner Abendkleider aus dem Schrank nahm – zugegeben, es war ein sehr jugendliches Abendkleid: rosa, mit Bändchen – und es zum Fenster hinauswarf. «Fangt es auf, fangt es auf!» brüllte er. «Da habt ihr eine Trophäe von unserer Jüngsten!» Ich war sehr bestürzt. Abendkleider spielten eine bedeutende Rolle in meinem Leben; sie wurden sorgfältig gepflegt und behütet, geputzt und ausgebessert – nun schmiß dieser Mann damit herum wie mit einem Fußball. Mr. Ankatells Schwester und noch eine andere Dame kamen mir zu Hilfe und forderten ihn energisch auf, nicht mit dem armen Kind seine Possen zu treiben. Ich war wirklich froh, als ich wieder heimfahren konnte.

Ich erinnere mich an eine ganz große Hausparty in einem Landhaus, das Mr. und Mrs. Park-Lyle gemietet hatten – jener Mr. Park-Lyle, den man den Zuckerkönig nannte. Wir hatten Mrs. Park-Lyle in Kairo kennengelernt. Sie muß damals fünfzig oder sechzig gewesen sein, aber sie wirkte wie eine junge Frau von fünfundzwanzig. Ich hatte noch nie eine Frau mit so viel Make-up gesehen. Mit ihrem dunklen, wunderbar frisierten Haar und ihrem kunstvoll bemalten Gesicht (mit dem Königin Alexandras fast vergleichbar) und den rosa und hellblauen Pastellfarben, die sie bevorzugte, bot Mrs. Park-Lyle zweifellos einen großartigen Anblick – ihre ganze Erscheinung war wie ein Triumph der Kunst über die Natur. Sie war eine sehr gütige Frau, und es machte ihr Freude, viele junge Menschen in ihrem Haus zu haben.

Zu einem der jungen Männer, die dort auch zu Besuch waren – er fiel im Ersten Weltkrieg – fühlte ich mich stark hingezogen. Obwohl er nur mäßig Notiz von mir nahm, hoffte ich doch, unsere Freundschaft vertiefen zu können. Daran hinderte mich jedoch ein anderer Soldat, ein Artillerist, der nicht von meiner Seite wich und alle Hebel in Bewegung setzte, um beim Tennis- und Krocketspiel mein Partner zu sein. Mit jedem Tag nahm meine Erbitterung zu. Ich war manchmal äußerst unhöflich zu ihm; er schien es nicht zu merken. Immer wieder fragte er mich, ob ich dieses oder jenes Buch gelesen hätte, und machte sich erbötig, es mir zu schicken. Ob ich mich in London aufhalten würde? Ob ich ein Polomatch mit ihm besuchen würde? Meine ablehnenden Antworten übten keine Wirkung auf ihn aus. Für meine Heimreise wollte ich einen verhältnismäßig frühen Zug nehmen, weil ich in London umsteigen mußte, um nach Devon zu gelangen. Nach dem Frühstück sagte Mrs. Park-Lyle zu mir: «Mr. S.» – ich habe seinen Namen nicht mehr in Erinnerung – «wird Sie zum Bahnhof fahren.» Der Bahnhof war glücklicherweise nicht weit. Der Vorschlag, mich hinzufahren, war vermutlich von Mr. S. gekommen, und unsere Gastgeberin hatte angenommen, ich würde mich darüber freuen. Die ahnungslose Seele! Nun, wir erreichten den Bahnhof, der Expreßzug nach London lief ein, und Mr. S. brachte mich in einem leeren Abteil eines Wagens zweiter Klasse unter. Erleichtert und froh, ihn nun endlich los zu sein, dankte ich ihm mit freundlichen Worten, aber just als der Zug sich in Bewegung setzte, riß er die Tür auf, schwang sich hinein und verschloß die Tür hinter sich. «Ich komme mit nach London», sagte er. Ich starrte ihn mit offenem Mund an.

«Sie haben doch gar kein Gepäck dabei.»

«Ich weiß, ich weiß – das macht nichts.» Er setzte sich mir gegenüber, beugte sich vor, legte die Hände auf die Knie und sah mir mit glänzenden Augen ins Gesicht. «Eigentlich wollte ich damit bis zu unserem Wiedersehen in London warten. Aber ich kann nicht warten. Ich muß es Ihnen jetzt sagen. Ich bin ganz verrückt nach Ihnen. Sie müssen mich heiraten. Vom ersten Augenblick, als ich Sie sah, wie Sie zum Dinner herunterkamen, wußte ich, daß Sie die einzige Frau für mich sind.»

Es dauerte eine Zeit, bis ich seinem Redeschwall Einhalt gebieten konnte. «Das ist gewiß sehr liebenswürdig, Mr. S.», sagte ich mit Eiseskälte, «und ich weiß die Ehre zu schätzen, aber ich fürchte, ich muß Sie abweisen.»

Er protestierte gute fünf Minuten und beschwor mich schließlich, alles beim alten zu lassen; wir sollten gute Freunde bleiben und uns wiedersehn. Ich erwiderte, daß ich es für viel besser hielte, uns nicht wiederzusehen, und daß ich meine Meinung nicht ändern würde. Ich sprach mit solcher Entschiedenheit, daß er sich fügen mußte. Er lehnte sich in seinen Sitz zurück und brütete finster vor sich hin. Kann man sich einen ungünstigeren Zeitpunkt vorstellen, um einem Mädchen einen Heiratsantrag zu machen? Da saßen wir nun, eingeschlossen in ein leeres Abteil – es gab damals noch keine Durchgänge –, unterwegs nach London, eine Fahrt von zwei Stunden. Wir waren an einem toten Punkt angelangt, wir hatten einander nichts mehr zu sagen. Wir hatten nichts zu lesen. Ich ärgere mich noch heute über Mr. S., wenn ich an ihn denke, und kann mich auch nicht zu jenem Gefühl der Dankbarkeit aufschwingen, das man als Frau für die Liebe eines braven Mannes empfinden sollte (Omas Maxime). Gewiß war er ein braver Mann, und vielleicht gerade darum so langweilig.

Auch als ich die Matthews in Yorkshire, alte Freunde meiner Patentante, in ihrem Landhaus besuchte, traf ich auf einen Kreis von Pferdeliebhabern. Mrs. Matthews war eine Nervensäge und redete wie ein Wasserfall. Die Einladung war aus Anlaß der großen Rennen in St. Leger ausgesprochen worden. Ich hatte mich mittlerweile schon mit dem Rennsport vertraut gemacht und fing an, Gefallen daran zu finden. Überdies hatte ich mir speziell für diesen Besuch ein neues Kostüm machen lassen, in dem ich mich sehr wohl fühlte. Es war aus einem grünlich-braunen Tweed bester Qualität und kam aus einem guten Salon. Es gehörte, meinte Mutter, zu jenen Dingen, für die es sich lohnte, Geld auszugeben, denn ein solches Kostüm konnte man jahrelang tragen. Was in diesem

Fall zweifellos zutraf: ich trug es mindestens sechs Jahre. Die Jacke war lang und mit einem Samtkragen besetzt. Dazu trug ich eine flotte kleine Toque aus grünlich-braunem Samt mit einem Vogelflügel!

Den Höhepunkt erreichte meine Freude auf dem Bahnhof, wo ich umsteigen mußte. (Ich kam vermutlich aus Cheshire von einem Besuch bei meiner Schwester.) Es ging ein kalter Wind, und der Stationsvorsteher kam zu mir und fragte mich, ob ich nicht in seinem Büro warten wollte. «Ihre Zofe», meinte er, «könnte Ihnen Ihren Schmuckkasten oder Ihre Wertsachen bringen.» Ich war mein Lebtag noch nie mit einer Zofe gereist – dieses Vergnügen sollte mir auch in meinem weiteren Leben nicht beschert sein – und besaß natürlich auch keinen Schmuckkasten, war jedoch von dieser Behandlung, die ich der Eleganz meiner Toque zuschrieb, sehr angetan. Ich sagte ihm, daß ich diesmal ohne meine Zofe reiste – das «diesmal» konnte ich mir nicht verkneifen –, aber ich nahm sein Angebot dankbar an und saß vor einem prasselnden Feuer und tauschte höfliche Gemeinplätze über das Wetter mit ihm aus. Ich bin überzeugt, daß ich die Vorzugsbehandlung meinem Kostüm und meinem Hut zu verdanken hatte. Da ich in der zweiten und nicht in der ersten Klasse reiste, konnte ich kaum in den Verdacht geraten, besonders wohlhabend oder einflußreich zu sein.

Die Matthews lebten in einem Haus, das den Namen Thorpe Arch Hall trug. Mr. Matthews war viel älter als seine Frau – er muß etwa siebzig gewesen sein –, ein äußerst liebenswürdiger Mann mit dichtem weißen Haar, ein großer Pferdeliebhaber und, in früheren Jahren, begeisterter Jagdreiter. So zugetan er seiner Frau auch war, machte sie ihn doch schrecklich nervös. Ich erinnere mich noch deutlich an seine Zornausbrüche: «Verdammt noch mal, dräng mich nicht so, verdammt noch mal, treib mich nicht an, Addie!»

Mrs. Matthews war eine geborene Umstandskrämerin und Zappelliese. Sie schnatterte und nörgelte von morgens früh bis abends spät. Sie setzte dem armen alten Tommy so zu, daß er schließlich einen alten Freund einlud, bei ihnen zu wohnen – einen gewissen Oberst Wallenstein, von dem in der Nachbarschaft gemunkelt wurde, er wäre «Mrs. Matthews' zweiter Ehemann». Aber ich bin fest davon überzeugt, daß er kein Hausfreund im üblichen Sinn war. Oberst Wallenstein war Addie Matthews ergeben, ich glaube, daß er sie sein Leben lang liebte – und sie stellte ihn auf den Platz, auf dem sie ihn haben wollte, den eines bequemen platonischen Freundes, dessen romantische Verehrung sie zu genießen verstand. Und beide Männer verwöhnten sie, schmeichelten ihr und taten alles, um ihre Wünsche zu erfüllen.

Bei den Matthews lernte ich Charles Cochrans Frau Evelyn kennen. Sie war ein reizendes Geschöpfchen, ein Meißener Porzellanfigürchen mit großen blauen Augen und flachsblonden Haaren. Sie hatte elegante, aber für den Landaufenthalt höchst ungeeignete Schuhe mitgebracht, und Addie hörte nicht auf, darauf herumzureiten, indem sie ihr mehrmals am Tag Vorhaltungen machte: «Also wirklich, meine liebe Evelyn, warum hast du keine ordentlichen Schuhe mitgebracht? Schau sie dir doch an – Pappsohlen, höchstens für London geeignet!» Traurig sah Evelyn sie mit ihren großen blauen Augen an. Sie verbrachte ihr Leben vorwiegend in London und ging ganz in der Welt des Theaters auf. Wie ich von ihr erfuhr, war sie aus einem Fenster geklettert, um mit Charles Cochran, von dem ihre Familie nichts wissen wollte, durchzugehen. Sie liebte ihn mit einer Hingabe, wie man sie nur selten findet. Wenn sie fort von zu Hause war, schrieb sie ihm jeden Tag, und ich glaube, daß auch er – trotz seiner vielen Abenteuer – sie immer liebte.

Oberst Wallenstein war ihr Onkel. Sie konnte ihn nicht leiden. Sie konnte auch Addie Matthews nicht leiden, aber der alte Tom Matthews war ihr ans Herz gewachsen. «Ich habe meinen Onkel nie gemocht», gestand sie mir. «Er ist ein sehr unangenehmer Mann. Und was Addie angeht, sie ist das verdrießlichste und albernste Weibsbild, das mir je begegnet ist. Sie kann niemanden in Frieden lassen; immer nörgelt sie und keift sie und versucht, die Leute zu schulmeistern – sie kann einfach keinen Augenblick still sein.»

3

Evelyn Cochran hatte mich eingeladen, sie in London zu besuchen. Ein wenig unsicher und schüchtern, folgte ich ihrer Einladung und genoß den aufregenden Theaterklatsch, den ich zu hören bekam. Zum ersten Mal auch ahnte ich, wieviel Schönheit ein Bild ausstrahlen kann. Charles Cochran liebte die Malerei. Als ich seinen Degas sah, ein Bild von Ballettänzerinnen, regten sich Gefühle in mir, die ich bisher nicht gekannt hatte. Die Unsitte, Mädchen, wenn sie noch nicht die nötige Reife besitzen, unter Umständen auch gegen ihren Willen in Gemäldegalerien zu schleifen, ist zu verurteilen. Diese Methode bringt bestimmt nicht das gewünschte

Resultat, es sei denn das Mädchen ist von Natur aus künstlerisch veranlagt.

Eine amerikanische Freundin unserer Familie, eine an Kunst und Musik und vielen anderen kulturellen Belangen sehr interessierte Dame, pflegte in regelmäßigen Abständen nach London zu kommen – sie war eine Nichte Pierpont Morgans und meiner Patentante Mrs. Sullivan. May war eine liebenswerte Person, die an einer schrecklichen Verunstaltung litt: sie hatte einen stark entstellenden Kropf. In ihrer Jugend – sie muß an die Vierzig gewesen sein, als ich sie kennenlernte – gab es noch keine Behandlung für diese Krankheit; operative Eingriffe galten als zu gefährlich. Doch als May eines Tages wieder nach London kam, erzählte sie Mutter, daß sie in die Schweiz fahren wolle, um sich dort in einer Klinik operieren zu lassen.

Sie hatte bereits ihre Vorbereitungen getroffen. «Mademoiselle», hatte ein berühmter Chirurg, der auf diese Eingriffe spezialisiert war, zu ihr gesagt, «einem Mann würde ich diese Operation nicht empfehlen. Sie kann nur mit Lokalanästhesie durchgeführt werden, denn der Patient muß die ganze Zeit über sprechen. Die Nerven eines Mannes halten das nicht aus, aber Frauen können die notwendige psychische Kraft aufbringen. Die Operation wird einige Zeit dauern – eine Stunde, vielleicht auch mehr –, und während dieser ganzen Zeit müssen Sie sprechen. Haben Sie diese Kraft?»

May sah den Arzt an, überlegte kurz und antwortete dann mit fester Stimme, daß sie diese Kraft hätte.

«Ich glaube, du tust recht, es zu versuchen, May», sagte Mutter. «Es wird eine schwere Prüfung für dich sein, aber wenn der Eingriff gelingt, wird er dein Leben von Grund auf verändern.»

Wenige Wochen später ließ May uns wissen, daß die Operation erfolgreich verlaufen war. Sie hatte die Klinik bereits verlassen und hielt sich jetzt in einer Pension in Fiesole bei Florenz auf. Dort mußte sie einen Monat bleiben und dann zu einer Nachuntersuchung in die Schweiz zurückfahren. Sie fragte an, ob Mutter mir erlauben würde, ihr dort Gesellschaft zu leisten und bei dieser Gelegenheit Florenz, seine Bauten und Kunstschätze kennenzulernen. Mutter gab ihre Einwilligung. Ich war natürlich sehr aufgeregt; ich muß etwa sechzehn Jahre alt gewesen sein.

Stengel, Mays Zofe, erwartete mich in Florenz. Mit der Straßenbahn fuhren wir nach Fiesole hinauf. Es war ein herrlicher Tag. Zartweiß und rosa leuchteten die ersten Mandel- und Kirschblüten auf den dunklen Zweigen. May hatte eine Villa gemietet und kam mit strahlendem Gesicht auf die Veranda heraus, um mich zu begrüßen. Es war ein ungewohnter Anblick, sie ohne diesen schrecklichen Fleischsack zu sehen, der ihr unterm Kinn hervorgequollen war. Sie hatte großen Mut bewiesen. Eine Stunde und zwanzig Minuten hatte sie auf dem Operationstisch gelegen, während der Chirurg an ihrer Kehle herumschnitt, hatte mit ihm sprechen, seine Fragen beantworten und, wenn er es verlangte, das Gesicht verziehen müssen. Nachher hatte der Arzt sie beglückwünscht: sie sei, lobte er sie, eine der tapfersten Frauen gewesen, die er je gekannt habe.

«Aber ich muß Ihnen gestehen, *Monsieur le docteur»,* sagte sie, «kurz vor dem Ende hatte ich das Gefühl, ich würde durchdrehn, ich müßte schreien und Ihnen sagen, daß ich es nicht mehr aushalten könnte.»

«Ja, ja», erwiderte Dr. Roux, «aber Sie haben es nicht getan. Ich sage Ihnen, Sie sind eine tapfere Frau.»

So war May unsagbar glücklich und tat alles, um meinen Aufenthalt in Florenz zu verschönern. Jeden Tag besuchte ich Sehenswürdigkeiten. Manchmal ging Stengel mit, meistens aber kam eine junge Frau, die May zu diesem Zweck engagiert hatte, nach Fiesole herauf und begleitete mich durch die Stadt. In Italien wurden junge Mädchen noch sorgsamer behütet als in Frankreich, und trotzdem mußte ich es mir mehr als einmal gefallen lassen, in der Straßenbahn von heißblütigen Italienern gezwickt zu werden – es war äußerst schmerzhaft. Das war die Zeit, da ich mit Gemäldegalerien und Museen beinahe überfüttert wurde. Gefräßig wie eh und je, freute ich mich jedoch täglich auf die Köstlichkeiten einer *patisserie,* bevor wir wieder die Straßenbahn nach Fiesole bestiegen.

In den letzten Tagen meines Aufenthalts in Florenz begleitete mich auch May hin und wieder auf meinen künstlerischen Pilgerfahrten, und ich erinnere mich genau, wie sie noch am letzten Tag darauf beharrte, mir eine wundervolle heilige Katharina von Siena zu zeigen, die eben erst restauriert worden war. Ich weiß jetzt nicht mehr, ob sie in den Uffizien hing oder sonstwo, aber May und ich eilten durch sämtliche Säle und hielten vergeblich nach ihr Ausschau. Und dabei war mir die heilige Katharina so egal! Ich hatte die Nase voll von den heiligen Katharinen, war angewidert von den unzähligen durchbohrten heiligen Sebastianen und konnte die Heiligen und ihr unerquickliches Sterben samt und sonders nicht mehr sehen. Ich hatte genug von den selbstzufriedenen Madonnen, insbesondere den von Raffael gemalten. Ich schäme mich, das jetzt niederzuschreiben, aber es ist nun mal so: man muß lernen, an alten Meistern Geschmack zu finden. Eine einzige Frage bewegte mich, während wir der heiligen Katharina nachjagten: würde uns noch Zeit für die *patisserie* bleiben? «Es macht mir wirklich nichts aus, May», sagte ich immer wieder. «Bemüh dich bitte nicht weiter! Ich habe schon so viele Bilder der heiligen Katharina gesehen.»

«Ja, aber gerade diese ist so wunderbar! Wenn du sie erst siehst, wirst du begreifen, wie schade es wäre, wenn dir dieser Genuß entgehen würde.»

Ich wußte, daß ich es nicht begreifen würde, doch ich schämte mich, es May zu sagen. Aber ich hatte wieder einmal Glück. Es stellte sich heraus, daß die gesuchte heilige Katharina noch einige Wochen lang nicht gezeigt werden konnte. Es blieb gerade noch Zeit, um mich mit Schokolade und Kuchen vollzustopfen, bevor mein Zug abfuhr. May verbreitete sich über alle die herrlichen Bilder, während ich Torten und Eiskaffee in mich hineinschaufelte. Aber ich besaß wenigstens so viel Anstand, mich zu schämen, daß ich Mays künstlerisches Interesse nicht zu teilen vermochte. Alles in allem hatte mir Florenz gut gefallen – die Mandelblüten waren eine Pracht –, und ich hatte viel Spaß mit Doodoo, einem Zwergspitz, der May und Stengel überallhin begleitete. May brachte ihn oft mit nach England. Dabei verkroch er sich in Mays großen Muff, wo ihn die Zöllner nicht entdeckten.

Auf der Rückfahrt nach New York kam May auch nach London, um ihren schönen neuen Hals bewundern zu lassen. Mutter und Oma küßten sie und weinten vor Freude, und auch May weinte, denn schließlich war ein unmöglich scheinender Traum für sie Wahrheit geworden. Erst als sie schon nach New York unterwegs war, sagte Mutter zu Oma: «Wie schade, wie schrecklich schade, daß sie sich nicht schon vor fünfzehn Jahren operieren lassen konnte. Ihre Ärzte in New York müssen sie sehr schlecht beraten haben.»

«Und jetzt ist es wohl schon zu spät», meinte Oma nachdenklich. «Jetzt wird sie nicht mehr heiraten.» Aber in diesem Punkt irrte Oma.

May, glaube ich, bedauerte es sehr, daß ihr keine Ehe bestimmt sein sollte; sie erwartete wohl auch kein spätes Glück. Aber nach einigen Jahren kam sie nach England zurück und brachte einen Geistlichen mit, den Pfarrherrn einer der größten Episkopalkirchen New Yorks, einen Mann von Charakter und großer Lauterkeit. Man hatte ihm gesagt, er hätte nur mehr ein Jahr zu leben. May, stets eines der eifrigsten Mitglieder seiner Gemeinde, hatte eine Sammlung veranstaltet, um ihn nach London zu bringen, wo er englische Ärzte konsultieren sollte. «Weißt du», sagte sie zu Oma, «ich bin überzeugt, daß sie ihn heilen werden. Wir brauchen ihn, wir brauchen ihn sehr. Er hat Spieler und Gangster bekehrt, er wagt sich in die verrufensten Spelunken und in die übelsten Bordelle, er hat nie die öffentliche Meinung gefürchtet oder daß man ihn zusammenschlagen könnte.» Sie brachte ihn zum Essen nach Ealing mit. Als sie später kam, um sich zu verabschieden, sagte Oma zu ihr: «May, dieser Mann liebt dich.»

«Aber Tantchen», rief May, «wie kannst du nur so etwas behaupten? Er denkt nicht daran zu heiraten. Er ist ein überzeugter Anhänger des Zölibats.»

«Vielleicht war er das einmal», entgegnete Oma, «aber jetzt ist er es nicht mehr. Und was heißt überhaupt Zölibat? Er ist doch nicht römisch-katholisch. Er hat ein Auge auf dich geworfen, May.» May war schockiert.

Aber schon ein Jahr später schrieb sie uns, daß Andrew wieder gesund sei und daß sie heiraten wollten. Es wurde eine sehr glückliche Ehe. Kein Mann hätte sanfter, gütiger und verständnisvoller sein können als Andrew. «Sie hat das Glücklichsein bitter nötig», sagte er einmal zu Oma. «Sie hat in ihrem Leben so wenig Glück gekannt, daß sie sich sogar davor fürchtete, und beinahe wäre sie Puritanerin geworden.»

4

Im Jahre 1911 erlebte ich etwas Phantastisches. Ich stieg mit einem Flugzeug auf! Flugzeuge waren damals natürlich zentrales Thema von Mutmaßungen, Unglauben und heftigen Diskussionen. Als ich noch in Paris im Internat war, wurden wir einmal in den Bois de Boulogne geführt und sahen, wie Santos Dumont versuchte, sich vom Boden zu erheben. Wenn ich mich recht entsinne, stieg das Flugzeug auch tatsächlich auf, flog ein paar Meter und machte dann eine Bruchlandung. Wir waren trotzdem sehr beeindruckt. Dann kamen die Brüder Wright. Wir lasen alles über sie, was uns in die Finger kam.

Als in London die Taxis aufkamen, wurde eine neue «Pfeifordnung» für Mietkutschen eingeführt. Man stellte sich vor die Haustür: ein Pfiff rief einen «growler» (eine vierrädrige Droschke) herbei; zwei Pfiffe galten der bewährten Straßengondel, dem «hansom» (eine zweirädrige Droschke); mit drei Pfiffen bekam man (wenn man Glück hatte) das neue Vehikel: das Taxi. Eine Karikatur im *Punch* zeigte einen Butler, der mit der Pfeife in der Hand auf der Schwelle eines vornehmen Hauses stand, und einen Straßenjungen, der ihm zurief: «Pfeifen Sie doch vier Mal, Chef, vielleicht kommt dann ein Flugzeug!»

Mutter und ich hatten uns damals irgendwo auf dem Land aufgehalten und gingen eines Tages zu einer Flugschau – eine Veranstaltung mit kommerziellem Charakter. Wir sahen Flugzeuge aufsteigen, über dem Platz kreisen und im Gleitflug niedergehen. Dann lasen wir einen Anschlag: «Ein Rundflug – fünf Pfund.» Ich sah Mutter aus großen Bettelaugen an: «Darf ich? O Mutter, darf ich? Es wäre einfach wunderbar!» Und wunderbar war auch Mutter. Zuzusehen, wie ihr geliebtes Kind in einem Flugzeug aufstieg! Damals hörte man noch fast jeden Tag von Bruchlandungen. «Wenn du wirklich willst», sagte sie, «sollst du deine Freude haben.»

Fünf Pfund waren eine Menge Geld für uns, aber es war gut angelegtes Geld. Wir gingen zur Schranke. Der Pilot musterte mich. «Sitzt Ihr Hut auch fest?» fragte er. «Also gut, steigen Sie ein.» Der Flug dauerte nur fünf Minuten. Auf ging's, wir kreisten einige Male über dem Flugfeld – oh, es war einfach herrlich! Fünf ekstatische Minuten – und dazu noch eine *Half-crown* für ein Foto: ein vergilbtes Foto, das ich noch besitze, es zeigt einen Punkt am Himmel, und dieser Punkt bin *ich* in einem Flugzeug am zehnten Mai 1911.

Die Freunde, die man im Leben findet, lassen sich in zwei Kategorien einordnen. Die einen, das sind die Menschen, die aus deiner Umwelt kommen und vieles mit dir gemeinsam haben. An manche erinnerst du dich, manche vergißt du. Und dann gibt es alle jene, die ich «erwählte» Freunde nennen möchte – es sind nicht viele –, mit welchen dich echte Interessen verbinden und die dann, wenn es die Umstände erlauben, ein Leben lang deine Freunde bleiben. Ich habe etwa sieben oder acht solche Freunde. Es sind meist Männer. Meine Freundinnen kamen stets aus meiner Umwelt. Ich weiß nicht genau, was eine Freundschaft zwischen Mann und Frau entstehen läßt – Männer wollen von Natur aus mit Frauen keine Freundschaft schließen. Es geschieht rein zufällig – oft, weil der Mann gefühlsmäßig schon an eine andere Frau gebunden ist und über sie reden möchte. Frauen jedoch suchen oft Freundschaft von Männern und sind um einer solchen Freundschaft willen bereit, sich für die Liebesaffären anderer zu interessieren. Daraus kann eine sehr solide und dauerhafte Beziehung werden, denn man lernt einander als Menschen kennen. Natürlich ist auch eine Spur Sex dabei, eine Prise Salz als Würze sozusagen.

Ein Mann, so hat mir ein alter Freund, ein Arzt, einmal versichert, spekuliert bei jeder Frau, der er begegnet, wie sie wohl im Bett wäre – und setzt seinen Gedankenflug möglicherweise mit der Frage fort, ob sie wohl mit ihm schlafen würde, wenn er es wollte. Sie betrachten ein weibliches Wesen nicht a priori als Ehefrau.

Anders die Frauen: sie versuchen sich jeden Mann, dem sie begegnen, als möglichen Ehemann vorzustellen. Ich glaube nicht, daß irgendeine Frau sich schon jemals auf den ersten Blick in einen Mann verliebt hat; vielen Männern passiert das, wenn sie eine Frau sehen.

In unserer Familie gab es ein Spiel – Madge und eine ihrer Freundinnen hatten es erfunden – und es hieß «Agathas Ehemänner». Es bestand darin, daß sie zwei oder höchstens drei der abstoßendsten Männer in einem Raum aussuchten und ich mir einen von ihnen zum Gemahl erwählen mußte; weigerte ich mich, wurde mir die Todesstrafe oder eine chinesische Folter angedroht.

«Also, Agatha, welchen willst du haben – den Dicken dort mit den Pickeln und dem schorfigen Kopf oder den schwarzen Gorilla mit den Glotzaugen?»

«Ach, ich kann nicht . . . Sie sind beide so scheußlich.»

«Du mußt – einer von den zweien muß es sein. Sonst wirst du mit weißglühenden Nadeln oder mit der Wasserfolter bestraft.»

«Also schön . . . dann den Gorilla.»

Schließlich gewöhnten wir uns an, jedes körperlich abstoßende Individuum als «Agathas Ehemann» zu bezeichnen. «Sieh doch mal! Das ist ein wirklich häßlicher Mann – ein echter Agatha-Ehemann!»

Meine einzige wertvolle Freundin war Eileen Morris. Sie war eine Freundin unserer Familie. Ich kannte sie schon seit meiner Kindheit, lernte sie aber erst richtig kennen, als ich neunzehn war und sie «eingeholt» hatte, denn sie war einige Jahre älter als ich. Sie wohnte zusammen mit fünf unverheirateten Tanten in einem großen Haus an der Küste, und ihr Bruder war Lehrer. Die beiden waren einander sehr ähnlich, und an Schärfe des Verstandes konnte sie es mit jedem Mann aufnehmen. Ihr Vater war ein netter, stiller, schwerfälliger Mann. Eileen war ziemlich unscheinbar, aber sie verfügte über ein bemerkenswertes Wissen. Sie war der erste Mensch in meinem Leben, mit dem ich Ideen diskutieren konnte. Stets vermied sie es, sich selbst in den Mittelpunkt zu stellen; nie sprach sie über ihre eigenen Gefühle. Wir waren viele Jahre miteinander befreundet, aber ich frage mich noch heute, wie ihr Privatleben aussah. Sie schrieb recht gute Gedichte und verstand viel von Musik.

Auch ich schrieb Gedichte – das taten wohl alle in meinem Alter. Einige meiner ersten Produktionen waren wirklich entsetzlich. Ich erinnere mich an eines, das ich verfaßte, als ich elf war:

Kannt' 'ne hübsche Schlüsselblume
stand auf einer Heide,
wollte sein 'ne Glockenblume
im hellen blauen Kleide.

Wie es weiterging? Sie bekam ein blaues Kleid, wurde eine Glokkenblume und war sehr unglücklich darüber. Konnte ich noch deutlicher zum Ausdruck bringen, wie sehr es mir an literarischem Talent ermangelte? Aber mit siebzehn oder achtzehn ging es schon besser. Ich schrieb eine Reihe von Gedichten in Anlehnung an eine Harlekinade: Harlekins Lieder und die der Columbine, des Pierrots und der Pierrette. Ich schickte das eine oder andere an die *Poetry Review* und war sehr erfreut, als ich eine Guinee als Honorar erhielt. Sie druckten später noch eine Menge Gedichte von mir. Hochfliegende Träume hatte ich keine: ab und zu eine Guinee von der *Poetry Review,* mehr verlangte ich nicht. Ein Gedicht, das mir vor kurzem wieder in die Hände fiel, finde ich gar nicht so übel: es liegt etwas von dem drin, was ich ausdrücken wollte. Darum sei es hier abgedruckt:

Im Wald

Nackte braune Zweige vor einem blauen Himmel
(Und Schweigen im Wald),
Blätter, die leise unter den Füßen rascheln,
Knorrige braune Stämme, die ihre Zeit abwarten
(Und Schweigen im Wald).
Lieblich der Frühling im jugendlichen Kleid,
Schmachtend der Sommer, überreich an Liebe,
Leidenschaft des Herbstes, die sich in Schmerz wandelt,
Blatt, Blume und Flamme – sie welken dahin,

Und die Schönheit – die Schönheit bleibt
entblößt im Wald zurück!

Nackte braune Zweige vor einem närrischen Mond
(Und etwas regt sich im Wald),
Blätter, die rauschen und sich von den Toten erheben,
Zweige, die winken und gehässig schielen
(Und etwas wandert im Wald).
Lebendig die Blätter, sie wirbeln und pfeifen!
Vom Tod zu teuflischem Tanz gepeitscht!
Die Bäume schwanken und kreischen vor Entsetzen!
Ein Wind zieht fröstelnd und schluchzend vorbei . . .

Und die Angst – die nackte Angst kommt aus dem Wald!

Gelegentlich versuchte ich, eines meiner Gedichte zu vertonen. Es waren nicht gerade überwältigende Werke – einfache Liedchen, die mir leicht von der Hand gingen. Ich schrieb sogar einen Walzer mit einer abgedroschenen Melodie und einem wahrhaft ungewöhnlichen Titel – ich weiß nicht mehr, wo ich ihn herhatte – *Eine Stunde mit dir!*

Erst als mich einige meiner Partner darauf hinwiesen, daß eine ganze Stunde reichlich viel Zeit für einen Walzer wäre, wurde mir klar, daß ich mir einen etwas zweideutigen Titel ausgesucht hatte. Ich war stolz, als die Joyce's Band, eines der bekanntesten Orchester unserer Stadt, die Nummer gelegentlich in ihr Programm aufnahm. Dennoch – heute weiß ich das – war dieser Walzer ein ausgesprochen schlechtes Musikstück. Was mich, die ich Walzer nicht mochte, dazu bestimmte, ihn überhaupt zu schreiben, ist mir unverständlich.

Anders sah es mit dem Tango aus. Eine Schülerin von Mrs. Wordsworth veranstaltete Tanzabende für Erwachsene in Newton Abbot, und zusammen mit einigen anderen ging ich hin, um neue Schritte zu lernen. Dort fand ich auch meinen «Tangofreund», wie ich ihn nannte, einen jungen Mann namens Ronald – seinen Familiennamen habe ich nicht behalten. Wir hatten nicht das geringste Interesse aneinander – unsere Füße nahmen unsere ganze Aufmerksamkeit in Anspruch. Wir hatten uns schon früh als Partner gefunden, teilten die Begeisterung für den Tango und tanzten gut zusammen. Wenn wir uns auf Bällen trafen, reservierten wir die Tangos automatisch für uns.

Eine aufregende Sache war Lily Elsies berühmter Tanz in der

Lustigen Witwe oder im *Grafen von Luxemburg,* wo sie mit ihrem Partner im Walzertakt eine Treppe hinauf und wieder heruntertanzte. Das übte ich mit dem Sohn unserer Nachbarn. Max Mellor studierte damals in Eaton und war drei Jahre jünger als ich. Sein Vater war sehr krank; er hatte Tuberkulose und mußte im Garten liegen und in einer Hütte unter freiem Himmel schlafen. Max war der einzige Sohn. Als ich älter und schon erwachsen war, verliebte er sich über beide Ohren in mich und pflegte sich, um mich zu beeindrucken, in Jagdrock und Jagdstiefeln zu präsentieren und mit einem Luftgewehr auf Spatzenjagd zu gehen. Auch fing er an, sich regelmäßig zu waschen (ein revolutionärer Entschluß; seine Mutter hatte ihn jahrelang vergeblich ermahnt, auf die Sauberkeit von Händen und Hals zu achten), er erstand mehrere malven- und lavendelfarbene Krawatten und ließ auch sonst Anzeichen des Erwachsenseins erkennen. Das Tanzen brachte uns zusammen, und ich begab mich häufig zu den Mellors, um dort auf der Treppe zu üben, die flacher und breiter als unsere und daher für unsere Zwecke geeigneter war. Ich wage nicht zu behaupten, daß wir sehr erfolgreich gewesen wären, wir mußten einige äußerst schmerzhafte Stürze hinnehmen, aber wir gaben nicht auf. Er hatte einen netten Erzieher, einen jungen Mann, einen Mr. Shaw, wenn ich mich recht entsinne, über den Marguerite Lucy sich wie folgt äußerte: «Ein nettes Bürschchen – schade, daß er so gewöhnliche Beine hat.»

Ich muß zugeben, daß ich mich seitdem nicht enthalten kann, jeden fremden Mann nach diesem Kriterium einzuschätzen. Er mag gut aussehen – aber hat er gewöhnliche Beine?

5

An einem unfreundlichen Wintertag lag ich im Bett und erholte mich von einer Grippe. Mir war langweilig. Ich hatte eine Menge gelesen, hatte dreizehn Mal versucht, die *Demon*-Patience zu legen, hatte die *Miss Milligan* erfolgreich enden lassen und sah mich nun genötigt, im Alleingang Bridge zu spielen. Mutter steckte den Kopf ins Zimmer.

«Warum schreibst du keine Geschichte?» schlug sie vor.

«Eine Geschichte?» wiederholte ich verdutzt.

«Ja», sagte Mutter. «So wie Madge.»

«Ich glaube, das kann ich nicht.»

«Warum nicht?» fragte sie.

Darauf gab es eigentlich nichts zu sagen, nur daß . . .

«Du kannst nicht wissen, ob du es nicht kannst», bemerkte Mutter. «Du hast es ja nie versucht.»

Das war richtig. Fünf Minuten später kam sie mit einem Schulheft zurück. «Hinten sind ein paar Wäschelisten», sagte sie, «aber das stört ja nicht. Jetzt kannst du anfangen.»

Wenn Mutter darauf hinwies, daß etwas getan werden sollte, tat man es am besten gleich. Ich setzte mich auf und überlegte, was ich schreiben sollte.

Ich weiß nicht mehr, wie lange ich dazu brauchte – nicht sehr lange, glaube ich, denn am Abend des nächsten Tages war die Geschichte fertig. Tastend nahm ich mehrere verschiedene Themen in Angriff, ließ sie wieder sein und fand schließlich eines, das mich reizte. Es war sehr mühsam und trug nicht gerade zu meiner Genesung bei, aber es machte Spaß.

«Ich hole Madges alte Schreibmaschine hervor», sagte Mutter. «Dann kannst du die Geschichte gleich tippen.»

Diese, meine erste Geschichte hieß *Das Haus der Schönheit.* Sie ist kein Meisterstück, aber im großen und ganzen nicht so schlecht. Zumindest gab sie zu Hoffnungen Anlaß. Natürlich war sie dilettantisch geschrieben und von all dem beeinflußt, was ich in der vergangenen Woche gelesen hatte. Das ist etwas, das sich kaum vermeiden läßt, wenn man seine ersten Schreibversuche macht. Offenbar hatte ich damals gerade D. H. Lawrence gelesen. Ich erinnere mich, daß *Der weiße Pfau* und *Söhne und Liebhaber* zu jener Zeit zu meinen Lieblingen gehörten. Ich hatte auch die Bücher einer gewissen Mrs. Everard Cotes gelesen, deren Stil ich sehr bewunderte. Diese erste Geschichte war eher preziös angelegt und so geschrieben, daß es dem Leser schwerfiel herauszufinden, was genau die Autorin damit sagen wollte, aber neben allen stilistischen Mängeln zeigte sie doch zumindest Phantasie.

Ich schrieb dann noch andere Geschichten – *The Call of Wings* (nicht schlecht), *The Lonely God* (nach der Lektüre von *The City of Beautiful Nonsense:* bejammernswert sentimental), ein kurzes Gespräch zwischen einer tauben Dame und einem nervösen Herrn auf einer Party, und eine schauerliche Geschichte über eine spiritistische Séance (die ich viele Jahre später umschrieb). Ich tippte alles auf Madges Maschine – Marke Empire, wenn ich mich recht entsinne – und schickte sie hoffnungsvoll an verschiedene Zeitschriften, wobei ich eine Reihe von Pseudonymen gebrauchte, wie meine Phantasie sie mir gerade eingab. Madge hatte sich Mostyn Miller genannt; ich wählte das Pseudonym Mack Miller und später

Nathaniel Miller (nach meinem Großvater). Ich erwartete keinen Erfolg, und er blieb auch aus. Die Geschichten kamen alle prompt mit dem üblichen Vermerk zurück: «Der Herausgeber bedauert ...» Ich ließ es mich nicht verdrießen, steckte sie in frische Umschläge und schickte sie an ein anderes Magazin.

Ich beschloß auch, mich an einem Roman zu versuchen. Leichten Herzens nahm ich das Projekt in Angriff. Ort der Handlung sollte Kairo sein. Ich dachte an zwei verschiedene Fabeln und konnte mich anfangs nicht zwischen den beiden entscheiden. Zögernd traf ich schließlich meine Wahl und fing an. Drei Leute, die im Speisesaal des Hotels in Kairo in unserer Nähe gesessen waren, hatten mich auf die Idee gebracht. Da war eine junge Frau – sie muß an die dreißig gewesen sein –, die jeden Abend nach dem Tanz mit zwei Herren soupierte. Der eine war ein breitschultriger, stämmiger, dunkelhaariger Mann – ein Captain im Sixtieth Rifles Regiment –, der andere ein großer, blonder junger Mann, der bei den Coldstream Guards diente, ein oder zwei Jahre jünger als die Frau. Die Herren saßen links und rechts von ihr und himmelten sie an. Wir erfuhren ihre Namen, brachten aber sonst nichts über sie in Erfahrung. Nur einmal ließ jemand die Bemerkung fallen: «Irgend einmal wird sie sich entscheiden müssen.» Das genügte mir: hätte ich mehr von ihnen gewußt, es wäre mir wohl nicht in den Sinn gekommen, über sie zu schreiben. So aber konnte ich mir eine herrliche Geschichte ausdenken, die wahrscheinlich nichts mit den wirklichen Charakteren und Handlungen zu tun hatte. Nachdem ich etwas Distanz gewonnen hatte, wandte ich mich wieder meiner anderen Fabel zu. Sie war heiterer Natur und rankte sich um amüsante Figuren. Ich beging allerdings einen entscheidenden Fehler, indem ich mir eine taube Heldin aufbürdete – ich weiß wirklich nicht, warum. Mit einer blinden Heldin kann man allerlei Interessantes anfangen, aber ich fand bald heraus, daß das mit einer tauben gar nicht so einfach ist. Hat man einmal geschildert, was sie denkt und was die Leute über sie denken und von ihr sagen, ist jede weitere Konversation unmöglich, und die ganze Geschichte kommt ins Stocken. Die arme Melancy wurde immer läppischer und langweiliger. Ich kehrte zu der ersten Geschichte zurück – und stellte fest, daß sie auch nicht annähernd lang genug für einen Roman war. Schließlich beschloß ich, beide Themen zu einem einzigen zusammenzuschließen. Der Schauplatz war derselbe, warum also nicht zwei Fabeln in einer? Auf diese Weise brachte ich meinen Roman auf die erforderliche Länge und nannte ihn – aus unerfindlichen Gründen – *Schnee über der Wüste*.

Eher zögernd legte Mutter mir nahe, Eden Philpotts um Rat und Hilfe zu bitten. Eden Philpotts stand damals auf dem Höhepunkt seines Ruhms. Seine Romane über Dartmoor wurden von aller Welt gepriesen. Er wohnte nicht weit von uns und war ein persönlicher Freund der Familie. Er war ein Mann von sonderbarem Aussehen, mit seinen nach oben gezogenen Augenwinkeln glich er mehr einem Faun als einem menschlichen Wesen. Er litt furchtbar an der Gicht, und wenn wir ihn besuchen gingen, hatte er sein mit dicken Bandagen umwickeltes Bein oft auf einem Schemel liegen. Er haßte gesellschaftliche Verpflichtungen und ging fast nie aus, die Menschen waren ihm zuwider. Seine Frau dagegen war äußerst gesellig – eine gutaussehende, charmante Frau, die viele Freunde hatte. Eden Philpotts hatte sich gut mit meinem Vater verstanden und schätzte auch meine Mutter, die ihn mit Einladungen weitgehend verschonte und sich darauf beschränkte, seinen Garten und seine vielen seltenen Pflanzen und Sträucher zu bewundern. Natürlich erklärte er sich einverstanden, Agathas literarische Versuche zu lesen.

Wie dankbar ich ihm bin, läßt sich mit Worten kaum ausdrükken. Er hätte mich so leicht mit ein paar unbekümmerten Worten gerechtfertigter Kritik abspeisen und mir jeden Mut nehmen können. Er tat es nicht; mir zu helfen war ihm ein echtes Anliegen. Er schrieb mir einen Brief, in dem er mir manchen guten Rat gab.

> «Manches, was Sie geschrieben haben, ist vorzüglich. Sie haben ein gutes Gefühl für Dialoge. Vermeiden Sie es, in Ihren Romanen moralische Betrachtungen anzustellen; Sie scheinen eine Vorliebe dafür zu haben, aber es gibt nichts, was langweiliger zu lesen wäre. Versuchen Sie, die handelnden Personen nicht zu gängeln; erlauben Sie ihnen, für sich selbst zu sprechen. Geben Sie ihnen nicht ein, was sie zu sagen haben, und erklären Sie auch dem Leser nicht, was Sie mit dem, was Sie sagen, meinen. Das muß der Leser selbst beurteilen können. Sie haben hier zwei Fabeln miteinander verquickt, aber diesen Fehler macht jeder Anfänger. Ich lege Ihnen einen Brief an meinen Agenten Hughes Massie bei; er wird das Manuskript für Sie rezensieren und Ihnen sagen, welche Chancen bestehen, es bei einem Verlag unterzubringen. Ich fürchte, es ist nicht leicht, einen Erstlingsroman unterzubringen, also seien Sie nicht enttäuscht. Ich möchte Ihnen einige Bücher empfehlen, deren Lektüre Ihnen von Nutzen sein könnte. Lesen Sie De Quinceys *Bekenntnisse eines englischen Opiumessers* – es wird Ihr Vokabular unglaublich

erweitern – er hat einige sehr interessante Wörter verwendet. Lesen Sie *The Story of my Heart* von Jefferys; seine Naturschilderungen sind einzigartig.»

Ich habe vergessen, welche anderen Bücher er mir empfahl: ich erinnere mich an einen Band Kurzgeschichten, von denen eine *The Pirrie Pride* hieß und von einem Teekessel handelte, an ein Bändchen Ruskin, gegen das ich eine heftige Abneigung faßte, und noch ein oder zwei andere. Ob sie mir nützten, weiß ich nicht. De Quincey und die Kurzgeschichten las ich mit großem Vergnügen.

Ich fuhr nach London zu Hughes Massie. Er war ein großer, dunkelhäutiger Mann, der mir Angst einjagte. «Aha», sagte er und warf einen Blick auf den Umschlag des Manuskripts. «*Schnee über der Wüste*. Hm, ein sehr vielsagender Titel. Ich sehe ein mit Asche bedecktes Feuer.»

Ich wurde noch nervöser, denn damit schien das, was ich geschrieben hatte, herzlich wenig zu tun zu haben. Von der Tatsache abgesehen, daß ich kurz zuvor vermutlich *Omar Khayyam* gelesen hatte, weiß ich eigentlich nicht, wie ich auf diesen Titel gekommen war. Ich wollte, glaube ich, damit ausdrücken, daß alles, was im Leben geschieht, gleich Schnee auf dem sandfarbenen Antlitz der Wüste, nur an der Oberfläche haften bleibt und dahinschwindet, ohne Spuren zu hinterlassen.

Hughes Massie behielt das Manuskript, um es zu lesen, und schickte es einige Monate später zurück. Er glaube nicht, es unterbringen zu können, schrieb er. Ich sollte am besten nicht mehr daran denken und ein neues Buch anfangen.

Ich war nie besonders ehrgeizig und fand mich damit ab, daß es keinen Zweck hatte, den Kampf fortzusetzen. Ich schrieb auch weiterhin Gedichte und ein oder zwei Kurzgeschichten. Ich schickte sie in der Erwartung an Zeitschriften, daß man sie mir zurückschicken würde, und meist wurden sie mir auch zurückgeschickt.

Ich betrieb das Musikstudium nicht mehr ernsthaft. Ein paar Stunden im Tag übte ich Klavier, aber ich nahm keinen Unterricht mehr. Wenn wir uns längere Zeit in London aufhielten, nahm ich Gesangstunden bei dem ungarischen Komponisten Francis Korbay, der mir einige reizende ungarische Lieder beibrachte, die er selbst geschrieben hatte. Er war ein guter Lehrer und ein interessanter Mann. Ich sang recht oft in privaten Konzerten und «nahm meine Musik mit», wie es damals üblich war, wenn ich zum Abendessen eingeladen wurde. In jenen Tagen gab es natürlich noch keine «Konservenmusik»: kein Radio, keine Tonbandgeräte, keine Stereoanlagen. Musik wurde von Amateuren dargeboten; sie mochten gut, mittelmäßig oder völlig ungenießbar sein. Ich war eine akzeptable Begleiterin, konnte vom Blatt lesen und mußte daher oft andere Sänger begleiten.

Es war ein wunderbares Erlebnis für mich, als Wagners *Ring* in London unter dem Dirigenten Hans Richter aufgeführt wurde. Meine Schwester Madge war mit einem Mal eine begeisterte Wagnerianerin geworden und hatte mich eingeladen. Dafür werde ich ihr immer dankbar sein. Van Rooy sang den Wotan, Gertrude Kappel die wichtigsten Sopranpartien. Sie war eine große, schwere Frau mit einer Stupsnase – keine Schauspielerin, aber sie besaß eine goldene, mächtige Stimme. Eine Amerikanerin, Saltzman Stevens, sang Sieglinde, Isolde und Elisabeth. Saltzman Stevens werde ich nie vergessen. In ihren Bewegungen und Gesten war sie eine wunderbare Schauspielerin. Sie hatte anmutige, schöne Arme und trug die formlosen, drapierten Gewänder, die damals für Wagnersängerinnen üblich waren, mit Grazie. Sie war eine prachtvolle Isolde. Ihre Stimme reichte vielleicht nicht an die Gertrude Kappels heran, aber ihr Spiel war so großartig, daß sie das Publikum zu Begeisterungsstürmen hinriß: Ihre Bitterkeit und Verzweiflung im ersten Akt von *Tristan*, die lyrische Schönheit ihrer Stimme im zweiten – für mich der unvergeßlichste Teil – jener große Augenblick im dritten Akt, wo Tristan mit sehnsuchtsvollem Bangen Isoldens Schiff erwartet, bis endlich hinter der Bühne der herzzerreißende Schrei ertönt: «Tristan!»

Saltzman Stevens war *die* Isolde. Wie sie auf die Bühne stürzte – man konnte es förmlich fühlen – und, die weißen Arme ausgestreckt, auf Tristan zulief, um ihn zu umfangen, und dann der tieftraurige Aufschrei fast gleich dem eines verwundeten kleinen Vogels.

Sie sang den Liebestod ganz und gar als Frau, nicht als Göttin. Sie kniete neben Tristans Leiche, blickte auf sein Antlitz hinab und sah ihn durch die Kraft ihres Willens und ihrer Phantasie zu neuem Leben erwachen. Während sie sich tiefer und tiefer über ihn beugte, erklangen, bevor sie seine Lippen mit den ihren berührte, die letzten Worte der Oper. Dann fiel sie entseelt über seine Leiche.

Nacht für Nacht spielte ich vor dem Einschlafen mit dem Gedanken, daß ich doch eines Tages die Isolde auf einer richtigen Bühne singen könnte. Mit dem Gedanken zu spielen, war weiter nicht schlimm, sagte ich mir – ich ließ ja nur meiner Phantasie die Zügel schießen. Würde es mir je vergönnt sein, auf einer Opernbühne zu stehen? Die Antwort lautete natürlich nein. Eine amerikanische Freundin von May Sturges, die mit der Metropolitan Opera in Verbindung stand und sich vorübergehend in London aufhielt, war so liebenswürdig, einmal zu uns zu kommen, um mich singen zu hören. Ich sang ihr verschiedene Arien vor und dann eine Reihe von Skalen, Arpeggios und Übungen. «Die Lieder, die Sie gesungen haben, sagen mir nichts», sagte sie, «wohl aber die Übungen. Aus Ihnen kann eine gute Konzertsängerin werden, aber für die Oper ist Ihre Stimme nicht kräftig genug und wird es auch nie sein.»

Lassen wir es damit bewenden. Mein Traum, in der Musikwelt eine Rolle zu spielen, war ausgeträumt. Ich hatte keinen Ehrgeiz, Konzertsängerin zu werden, und es wäre ja auch nicht gerade leicht gewesen. Damals ermutigte man junge Mädchen nicht zu musikalischen Karrieren. Hätte ich eine Chance gesehen, Opernsängerin zu werden, ich würde darum gekämpft haben, aber diese Bestimmung war nur den wenigen vorbehalten, die die richtigen Stimmbänder hatten. Ich bin ganz sicher, daß es im Leben keine größeren Seelenqualen geben kann, als wenn man um jeden Preis etwas erreichen will und doch weiß, daß es bestenfalls zur Mittelmäßigkeit reicht. Also machte ich mit dem Wunschdenken Schluß. Ich wies Mutter darauf hin, daß sie sich in Zukunft die Kosten für meine musikalische Erziehung sparen konnte. Ich würde singen, soviel und sooft ich Lust hatte, aber es schien mir nicht sinnvoll, das Gesangsstudium fortzusetzen. Ich hatte nie wirklich geglaubt, daß sich mein Traum erfüllen würde – aber solange man sich nicht allzu sehr daran festklammert, ist es gut, einen Traum gehabt und ihn genossen zu haben.

Es muß um diese Zeit gewesen sein, daß ich begann, May Sinclairs Romane zu lesen. Sie beeindruckten mich sehr – und beeindrucken mich noch heute. Ich glaube, sie war eine unserer besten und originellsten Erzählerinnen, und ich habe das sichere Gefühl, daß man sie eines Tages wiederentdecken und ihre Werke neu auflegen wird. Für mich ist *A Combined Maze*, jene klassische Geschichte eines kleinen Angestellten und seines Mädchens, immer noch einer der besten Romane der Weltliteratur. Auch *The Divine Fire* gefiel mir gut, und *Tasker Jevons* halte ich für ein Meisterwerk. Wohl weil ich damals eine Schwäche für übersinnliche Geschichten hatte, faszinierte mich eine ihrer Kurzgeschichten, *The Flaw in the Crystal*, so stark, daß ich selbst eine Geschichte dieser Art schrieb. Ich nannte sie *Vision* und finde sie immer noch recht gut (sie erschien später in einem Band meiner Kurzgeschichten).

Mittlerweile hatte ich es mir zur Gewohnheit gemacht, Geschichten zu schreiben. Ich schrieb Geschichten, wie andere junge Mädchen Kissenüberzüge stickten oder von Meißener Porzellan Blumensträuße kopierten. Sollte jemand die Meinung äußern, ich würde schöpferischem Schrifttum zu geringen Wert beimessen, kann ich ihm nicht zustimmen. Schöpferische Kraft kann sich in vielerlei Form äußern: indem man stickt, leckere Speisen kocht, malt, zeichnet, meißelt oder schnitzt, komponiert – oder Bücher und Geschichten schreibt. Der einzige Unterschied besteht darin, daß man einige dieser Dinge sublimer gestalten kann als andere. Ich gebe zu, daß das Sticken eines viktorianischen Kissenüberzugs nicht mit der Arbeit am Wandteppich von Bayeux zu vergleichen ist, aber der schöpferische Wille ist in beiden Fällen der gleiche. Die Damen am Hof des ersten Wilhelm schufen ein Werk von großer Originalität, das Vorstellungsvermögen, Inspiration und unermüdlichen Fleiß erforderte; zweifellos gab es bei dieser Arbeit langweilige, aber auch sehr reizvolle Momente.

Auf den Walzer, den ich komponierte, brauchte ich nicht stolz zu sein, aber die eine oder die andere meiner Stickereien war in ihrer Art gar nicht schlecht, und sie machten mir Freude. Ich möchte nicht so weit gehen zu behaupten, daß meine Geschichten mich befriedigten; aber man muß, nachdem man ein schöpferisches Werk vollendet hat, einige Zeit verstreichen lassen, bevor man es auch nur annähernd richtig einschätzen kann.

Von einer Idee entflammt, voller Hoffnung, getragen von einem gesunden Selbstvertrauen, stürzt du dich in die Arbeit. Bist du zu bescheiden und zu vernünftig, wirst du nie eine Zeile schreiben; es muß also einen köstlichen Augenblick geben, da dir etwas einfällt und du sofort weißt, wie du die Geschichte anlegen willst, da du nach einem Bleistift greifst und im Schwung deiner Begeisterung die ersten Worte in ein Schulheft schreibst. Dann gerätst du in Schwierigkeiten, siehst kein Ende mehr vor dir, bis es dir bei ständigem Schwinden deines Selbstvertrauens schließlich gelingt, mehr oder minder zu erreichen, was du ursprünglich erreichen wolltest. Nun bist du fertig – und überzeugt, daß das Ganze ein großer Mist ist. Einige Monate später fragst du dich dann, ob dir die Sache nicht vielleicht doch ganz gut gelungen ist!

6

Um diese Zeit entkam ich gleich zweimal nur knapp einer Heirat. Ich sage entkam, weil ich heute die völlige Gewißheit habe, daß es in beiden Fällen eine Katastrophe gegeben hätte.

Im ersten Fall könnte man vom «romantischen Erlebnis eines jungen Mädchens» sprechen. Ich war bei den Ralston Patricks zu Besuch. An einem kalten windigen Tag fuhren Constance und ich zu einem Jagdtreffen, als ein Herr auf einem schönen dunklen Fuchs heranritt. Er sprach mit Constance und wurde dann auch mir vorgestellt. Charles, ein Major im 17th Lancers Regiment, war etwa fünfunddreißig und kam alle Jahre nach Warwickshire zum Jagen. Ich traf ihn noch am selben Abend bei einem Kostümball wieder; ich ging als schöne Helena! Es war ein hübsches Kostüm; ich besitze es noch (und wundere mich, wie ich es schaffte, je da hineinzukommen); es hängt im Schrank in der Halle. Ich begegnete Charles noch häufig während der folgenden Tage, und als ich heimfuhr, tauschten wir höfliche Wünsche aus, uns doch irgendmal bald wiederzusehen. Er ließ die Bemerkung fallen, daß er möglicherweise in Kürze nach Devonshire kommen würde.

Drei oder vier Tage nach meiner Heimkehr bekam ich ein Päckchen mit einer kleinen Silberdose. In die Innenseite des Deckels war eingraviert: «Die Espen», ein Datum und «Für Helena». «Die Espen» hieß der Platz, wo die Jagdgesellschaft sich gesammelt hatte, und das Datum war das des Tages, an dem wir uns kennengelernt hatten. In dem beiliegenden Brief schrieb er, daß er uns nächste Woche besuchen kommen würde.

Das war der Startschuß zu einer Blitzwerbung. Es kamen Körbe voll Blumen, Bücherpakete, riesige Schachteln mit exotischen Bonbons. Es wurde nichts ausgesprochen, was in Gegenwart eines jungen Mädchens nicht hätte ausgesprochen werden können, aber es benahm mir den Atem. Er stattete uns noch zwei weitere Besuche ab, und beim dritten hielt er um meine Hand an. Er hätte sich schon am ersten Tag unserer Bekanntschaft in mich verliebt, sagte er. Wollte ich die Anträge, die mir gemacht wurden, nach ihrem inneren Wert einreihen, ich würde diesen auf einen der ersten Plätze setzen. Seine Technik faszinierte mich und riß mich bis zu einem gewissen Punkt mit sich fort. Er hatte viel Erfahrung mit Frauen und verstand es großartig, die Reaktionen auszulösen, die er anstrebte. Zum ersten Mal in meinem Leben war ich geneigt, die Möglichkeit in Erwägung zu ziehen, daß Charles «der Richtige», daß er der Mann sein könnte, den «das Schicksal für mich bestimmt hatte». Und doch – tja, das war's – und doch... Wenn Charles neben mir saß und mir mit zuckenden Händen und zitternder Stimme vorschwärmte, wie sehr er mich liebte, wie wunderbar ich sei, welch vollkommene Helena und welch reizendes Geschöpf, wie er sein ganzes Leben damit zubringen würde, mich glücklich zu machen – o ja, er verzauberte mich mit seiner ungewöhnlichen Redegewandtheit. Und doch... Wenn er fort war, wenn ich in seiner Abwesenheit an ihn dachte, ich fand nichts, was mir des Denkens wert gewesen wäre. Ich sehnte mich nicht danach, ihn wiederzusehen. Er war... er war sehr nett. Die Unterschiedlichkeit dieser Stimmungen war mir rätselhaft. Wie kann man wissen, ob man einen Menschen liebt? Wenn er da ist, bezaubert er dich, ist er fort, bedeutet er dir nichts...

Meine arme gute Mutter muß damals viel mitgemacht haben. Wie sie mir später erzählte, hatte sie oft zu Gott gebetet, er würde mir bald einen guten Mann schicken, einen guten, lieben Mann, der auch mit irdischen Gütern reich versehen war. Mit Charles' Erscheinen auf der Bildfläche hatte sie ihr Gebet erhört gewähnt, war aber doch nicht so recht zufrieden. Sie wußte immer, was Menschen dachten oder fühlten, und sie muß sehr genau gewußt haben, daß ich mir selbst über meine Gefühle nicht im klaren war. Von der für eine Mutter normalen Überzeugung abgesehen, daß kein Mann ihrer Agatha würdig war, hatte sie auch sonst den Eindruck gewonnen, daß Charles nicht zu mir paßte. Sie schrieb den Ralston Patricks; sie sollten ihr möglichst viel über den Verehrer ihrer Tochter mitteilen. Sie hatte es ja besonders schwer, weil Vater nicht mehr lebte und weil kein Bruder da war, der die damals üblichen Nachforschungen hätte anstellen können: wie es der zukünftige Ehemann mit den Frauen hielt, seine finanzielle Lage, seine Familie und so weiter und so fort. Das erscheint heute alles sehr altmodisch, aber ich wage zu behaupten, daß auf diese Weise viel Unglück verhütet wurde.

Charles genügte den Ansprüchen, die an einen Mann seines Standes gestellt wurden. Er hatte zwar recht viele Affären gehabt, aber das störte Mutter nicht; die Gesellschaft billigte den Männern zu, daß sie sich vor der Ehe die Hörner abstießen. Er war ungefähr fünfzehn Jahre älter als ich, aber auch zwischen ihr und Vater bestand ein Altersunterschied von zehn Jahren, und dies erschien Mutter angemessen. Sie wies Charles darauf hin, daß Agatha noch sehr jung sei und keine übereilten Entschlüsse fassen solle. Sie sagte, daß wir uns in den nächsten zwei Monaten ab und zu sehen könnten, er mich aber zu keiner Entscheidung drängen dürfe.

Das funktionierte nicht sehr gut, weil Charles und ich über die Tatsache hinaus, daß er mich liebte, absolut nichts miteinander zu reden hatten. Da er, was dieses Thema betraf, große Zurückhaltung übte, gab es eine Menge peinlicher Gesprächspausen. Dann ging er wieder, und ich saß da und grübelte. Was wollte ich wirklich? Wollte ich ihn heiraten? Kurz nach diesen Besuchen pflegte er mir zu schreiben. Er verfaßte die glühendsten Liebesbriefe, Liebesbriefe, wie sie sich jede Frau wünschen würde. Ich las sie zu wiederholten Malen, studierte sie eifrig, hob sie sorgfältig auf und kam zu dem Schluß, daß das nun die große Liebe war! Beim nächsten Wiedersehen faszinierte und bezauberte Charles mich von neuem – während ich gleichzeitig das peinigende Gefühl nicht loswurde, daß das alles nicht stimmte. Schließlich regte Mutter an, daß wir uns ein halbes Jahr nicht sehen sollten und daß ich mich nach Ablauf dieser Frist endgültig entscheiden müßte. Dem Vorschlag wurde zugestimmt, und in dieser Zeit gab es auch keine Briefe – glücklicherweise, möchte ich sagen; mit seinen Briefen hätte er mich vielleicht doch noch überzeugt.

Als die sechs Monate vorbei waren, bekam ich ein Telegramm: «Kann diese Ungewißheit nicht länger ertragen. Willst du mich heiraten, ja oder nein?» Ich lag gerade mit einem leichten Fieber im Bett. Mutter brachte mir das Telegramm mit dem Formular für die bezahlte Rückantwort. Ich nahm einen Bleistift und schrieb das Wort nein. Ich fühlte mich sogleich unendlich erleichtert: ich hatte einen Entschluß gefaßt.

«Bist du sicher?» fragte Mutter.

«Ja», antwortete ich, drehte mich auf die andere Seite und schlief sofort ein.

Die folgenden vier oder fünf Monate verbrachte ich in ziemlich gedrückter Stimmung. Alles, was ich tat, langweilte mich, und ich fürchtete schon, einen großen Fehler gemacht zu haben. Dann trat Wilfred Pirie wieder in mein Leben.

Ich habe bereits von Vaters guten Freunden Martin und Lilian Pirie gesprochen, die wir in Dinard getroffen hatten. Wir waren uns auch später oft begegnet, aber die Söhne hatte ich nicht wiedergesehen. Harold hatte in Eton studiert, und Wilfred war Leutnant zur See gewesen. Jetzt war er wohlbestallter Oberleutnant zur See in der königlichen Marine. Er diente damals, glaube ich, auf einem U-Boot, das zu einem Flottenverband gehörte, der häufig in Torquay vor Anker ging. Wir wurden schnell gute Freunde. Wenige Monate später waren wir – inoffiziell – verlobt.

Nach Charles war Wilfred eine echte Erholung! Mit ihm gab es keine Aufregungen, keine Zweifel und keinen Kummer. Er war einfach ein lieber Freund, ein Mensch, den ich gut kannte. Wir lasen Bücher und diskutierten darüber; es mangelte uns nie an Gesprächsstoff. Wir verstanden uns. Es fiel mir gar nicht auf, daß ich ihn als Bruder ansah und auch so behandelte. Mutter war entzückt, und Mrs. Pirie auch. Martin Pirie war schon vor einigen Jahren gestorben. Alle waren sich einig, daß sich hier eine perfekte Verbindung anbahnte. Vor Wilfred lag eine glänzende Zukunft in der Marine, unsere Väter waren die besten Freunde gewesen, unsere Mütter fanden Gefallen aneinander, Mutter mochte Wilfred, Mrs. Pirie mochte mich. Immer noch komme ich mir wie die personifizierte Undankbarkeit vor, daß ich ihn nicht geheiratet habe.

Mein Leben schien also jetzt endgültig geregelt zu sein. In ein oder zwei Jahren würden wir vor den Traualtar treten (junge Subalternoffiziere und Oberleutnants wurden nicht gerade dazu ermutigt, früh zu heiraten). Der Gedanke, einen Seemann zu ehelichen, gefiel mir. Wir würden in Southsea, Plymouth oder sonst einer Hafenstadt unseren Wohnsitz haben, und wenn Wilfred auf See war, konnte ich nach Torquay fahren und die Zeit mit Mutter verbringen. Wahrhaftig, eine ideale Lösung!

Ich glaube, es gibt da eine ganz perverse Seite in der Veranlagung eines Menschen, die einfach gegen alles rebelliert, was allzu richtig oder perfekt ist. Ich wollte es mir lange nicht eingestehn, aber die Vorstellung, Wilfred zu heiraten, löste ein deprimierendes Gefühl der Langeweile in mir aus. Ich wäre glücklich gewesen, in einem Haus mit ihm zu leben, aber irgendwie fehlte jede Art von erregender Vorfreude. Die Aussicht, seine Frau zu werden, ließ mich kalt.

Wenn du dich zu einem Mann hingezogen fühlst und er sich zu dir, wiegt ihr euch sehr bald in der Illusion, daß ihr über alles genau das gleiche denkt, daß jeder von euch die Dinge ausspricht, die der andere schon gedacht hat. Wie herrlich, daß euch die gleiche Musik, die gleichen Bücher gefallen! Die Tatsache, daß er kaum jemals ein Konzert besucht oder Musik hört, spielt im Augenblick keine Rolle. Eigentlich hat er ja die Musik immer schon geliebt, er wußte es nur noch nicht! So hast du auch eigentlich nie den Wunsch verspürt, die Bücher zu lesen, die ihn begeistern, aber jetzt hast du das Gefühl, daß du sie gerne lesen möchtest. So sieht das aus: eine der großen Illusionen der menschlichen Natur. Beide lieben wir Hunde und hassen Katzen. Wie schön! Beide lieben wir Katzen und hassen Hunde. Wie herrlich!

Das Leben ging friedlich weiter. Alle zwei, drei Wochen kam Wilfred übers Wochenende. Er hatte einen Wagen und fuhr mit mir in der Gegend herum. Er hatte einen Hund, und wir beide liebten den Hund. Er begann sich für Spiritismus zu interessieren, also begann auch ich mich für Spiritismus zu interessieren. So weit, so gut. Aber dann fing er an, Bücher mitzubringen, die ich unbedingt lesen sollte, um ein Urteil darüber abgeben zu können. Es waren sehr dicke Bücher – zumeist theosophischen Inhalts. Jene Illusion, wonach einem alles gefällt, was dem Geliebten gefällt, funktionierte nicht; natürlich funktionierte sie nicht – denn in Wirklichkeit liebte ich ihn nicht. Die theosophischen Bücher fand ich weitschweifig und ermüdend und nicht nur das: ich hielt sie für völlig unwahr. Schlimmer noch: die meisten waren meiner Meinung nach blanker Unsinn! Langsam wurden mir auch die Beschreibungen über, die Wilfred mir von den Medien gab, die er kannte. Da gab es zwei Mädchen in Portsmouth, und was die alles sahen, war einfach nicht zu glauben. Sie konnten kaum noch einen Raum betreten, ohne zu stöhnen, zu zittern, sich an die Brust zu greifen und in Verwirrung zu geraten, weil hinter einem der Gäste ein furchtbarer Geist stand. «Erst unlängst», erzählte Wilfred, «kam Mary – das ist die ältere – in ein Haus und ging ins Badezimmer hinauf, um sich die Hände zu waschen, und, stell dir vor, sie konnte nicht über die Schwelle treten! Sie konnte einfach nicht. Zwei Männer standen da, und einer hielt dem anderen ein Rasiermesser an die Kehle. Würdest du das glauben?»

«Nein», hätte ich beinahe geantwortet, schluckte es aber noch rechtzeitig herunter. «Das ist sehr interessant», sagte ich. «Hat dort schon einmal jemand jemandem ein Rasiermesser an die Kehle gehalten?»

«Zweifellos», meinte Wilfred. «Das Haus war schon mehrfach vermietet. Eine Episode dieser Art muß sich zugetragen haben. Findest du nicht auch? Na, das siehst du ja selbst.»

Ich sah es nicht. Aber weil ich schon immer ein gefälliger Mensch war, stimmte ich ihm zu. Gewiß, sagte ich, so müsse es sein.

Und dann rief Wilfred eines Tages aus Portsmouth an und teilte mir mit, daß sich ihm eine einmalige Chance böte. Es wurde eine Gruppe zusammengestellt, die in Südamerika nach einem Schatz suchen wollte. Ihm stünde noch ein Urlaub zu, und er könnte an dieser Expedition teilnehmen. Würde ich es ihm sehr übelnehmen, wenn er sich da anschlösse? Die spiritistischen Medien, so entnahm ich seinen Worten, billigten sein Vorhaben. Sie hätten ihm prophezeit, daß er zweifellos eine Stadt entdecken würde, die zur Zeit der Inkas in Schutt und Asche gesunken war. Natürlich könnte man das nicht als Beweis oder Garantie werten, aber es wäre doch recht ungewöhnlich, nicht wahr? Würde ich es sehr empfinden, wo er doch einen Großteil seines Urlaubs mit mir hätte verbringen können?

Ich zögerte keinen Augenblick. Ich zeigte mich von meiner selbstlosesten Seite! Ich sagte ihm, daß es eine wunderbare Gelegenheit wäre, daß er natürlich mitfahren müsse und ich ihm von ganzem Herzen wünschte, er möge den Inkaschatz finden. Ich wäre wundervoll, sagte Wilfred, einfach wundervoll; unter tausend Mädchen würde kaum eines sich so hochherzig verhalten. Er hängte auf, schrieb noch einen liebevollen Brief und begab sich auf die große Reise.

Aber ich war kein Mädchen unter tausend. Ich war einfach ein Mädchen, das die Wahrheit über sich selbst herausgefunden hatte und sich jetzt ein wenig schämte. Am Tag nach Wilfreds Abreise wachte ich mit dem Gefühl auf, daß mir eine schwere Last von der Seele genommen war. Und – welche Wonne, welche Lust! – ich brauchte keine theosophischen Bücher mehr zu lesen.

«Du guckst ja gar so fröhlich in die Welt», bemerkte Mutter mißtrauisch.

«Hör mal, Mutter», sagte ich. «Ich weiß, es klingt abscheulich, aber ich bin wirklich froh, daß er weggefahren ist.»

Die Ärmste! Sie machte ein langes Gesicht. Nie wieder bin ich mir so gemein, so undankbar vorgekommen wie an jenem Tag. Es hatte sie so glücklich gemacht zu denken, daß Wilfred und ich uns einig geworden waren. Einen schwachen Augenblick lang fühlte ich mich fast verpflichtet, ihn zu heiraten – um sie wieder glücklich zu machen. Aber meine Sentimentalität hatte Gott sei Dank Grenzen.

Ich schrieb Wilfred nicht, was ich beschlossen hatte. Ich wollte sein seelisches Gleichgewicht nicht gefährden, während er gerade in einem dunstigen Dschungel nach Inkaschätzen suchte. Am Ende würde er noch krank werden, oder irgendein ungemütliches Tier würde den von Kummer Zerrissenen anspringen. Aber ich richtete es so ein, daß mein Brief ihn bei seiner Rückkehr erwartete. Ich schrieb ihm, daß es mir schrecklich leid täte, daß ich ihn sehr gern hätte, aber daß ich nicht glaubte, die Gefühle, die wir füreinander hegten, wären stark genug, um einen Bund fürs Leben zu schließen. Natürlich war er anderer Meinung, aber er respektierte meine Entscheidung. Er antwortete, daß er es nicht ertragen könnte, mich in Zukunft oft zu sehen, aber daß wir gute Freunde bleiben würden. Heute stelle ich mir die Frage, ob auch er Erleichterung verspürte. Ich glaube nicht, aber ich nehme auch nicht an, daß ihm das Herz blutete. Jedenfalls verliebte er sich schon drei Monate später über beide Ohren in ein anderes Mädchen, und sie verliebte sich ebenso hoffnungslos in ihn. Sie heirateten und bekamen sechs Kinder. Eine höchst befriedigende Lösung.

Was Charles betrifft, heiratete er drei Jahre später ein wunderschönes achtzehnjähriges Mädchen.

Für diese zwei Männer war ich wahrhaftig eine Wohltäterin.

Und dann kam Reggie Lucy aus Hongkong auf Urlaub. Obwohl ich so lange Jahre mit den Lucys befreundet war, hatte ich doch den älteren Sohn Reggie nie kennengelernt. Er war Major bei den Kanonieren und hatte zumeist in Übersee Dienst gemacht. Er war ein schüchterner und zurückhaltender Mensch, der nur selten ausging. Er spielte gern Golf, aber Parties und Tanzvergnügen bedeuteten ihm nichts. Er hatte keine blonden Haare und blauen Augen wie die anderen; er hatte dunkle Haare und braune Augen. Wir fuhren zusammen aufs Dartmoor – und zwar nach altbewährter Art der Familie Lucy: wir verpaßten die Straßenbahnen, warteten auf Züge, die nicht kamen, stiegen in Newton Abbot um und versäumten den Anschluß, entschlossen uns im letzten Augenblick, einen anderen Teil des Moors zu besuchen, und so weiter.

Dann machte Reggie sich erbötig, mein Golfspiel zu verbessern. Von meinen Kenntnissen auf diesem Gebiet läßt sich sagen, daß sie zu diesem Zeitpunkt so gut wie nicht vorhanden waren. Eine ganze Reihe junger Herren hatten ihr Bestes für mich getan, aber ich war nun einmal nicht geschickt bei diesen Spielen. Eigenartigerweise war ich stets eine vielversprechende Anfängerin. Beim Bogenschießen, beim Billard, beim Golf, bei Tennis oder Krocket erweckte ich die schönsten Hoffnungen; aber die Erwartungen erfüllten sich nie: Eine demütigende Angelegenheit! Die Wahrheit ist vermutlich die: man hat ein Auge für Bälle oder man hat es nicht. Zusammen mit Madge nahm ich an einem Krocketturnier teil, wobei mir die größtmögliche Menge an Vorgaben zugestanden wurde.

«Mit deinen Vorgaben», sagte Madge, die sehr gut spielte, «sollten wir mit Leichtigkeit gewinnen!»

Trotz meiner Vorgaben gewannen wir nicht. Ich beherrschte die Theorie des Spiels, verpaßte aber auch die leichtesten Schläge. Beim Tennis entwickelte ich einen guten Vorhandschlag, der meine

Partner sogar manchmal beeindruckte, aber mein Rückhandschlag war einfach unmöglich. Mit Vorhandschlägen allein kann man nicht Tennis spielen. Beim Golf fabrizierte ich tolle Treibschläge, furchtbare Eisenschläge und prächtige Annäherungsschläge; nur auf meine Zielsicherheit bei den Löchern war kein Verlaß.

Reggie jedoch war außergewöhnlich geduldig, er gehörte zu jenen Lehrern, denen es gleichgültig ist, ob der Schüler etwas lernt oder nicht. Wir schlenderten geruhsam über den Golfplatz und blieben stehen, wo es uns paßte. Auf dem Golfplatz von Torquay wurden dreimal im Jahr auch Pferderennen abgehalten; er war weder stark frequentiert noch besonders gepflegt. Reggie und ich spazierten herum, tranken Tee bei den Lucys, machten uns frischen Toast und sangen die alten Lieder. So ging das. Es war ein heiteres, gemächliches Leben. Niemand beeilte sich, und die Zeit spielte keine Rolle. Keine Nervosität, keine Aufregungen. Ich kann mich irren, aber ich bin ziemlich sicher, daß keiner der Lucys je ein Magengeschwür, eine Koronarthrombose oder auch nur erhöhten Blutdruck hatte.

Eines Tages – eines besonders heißen Tages –, nachdem wir vier Löcher gespielt hatten, schlug Reggie vor, daß wir uns in den Schatten einer Hecke setzten. Er steckte sich seine Pfeife an, paffte mit Behagen, und wir plauderten in der gewohnten Manier – nicht fortlaufend, sondern ein oder zwei Worte über ein Thema oder eine Person und dazwischen erholsame Pausen. Das ist mir die liebste Art, ein Gespräch zu führen.

Nachdem er mehrmals an seiner Pfeife gezogen hatte, sagte er nachdenklich: «Du hast schon eine ganze Menge Skalps an deinem Gürtel hängen, nicht wahr, Agatha? Nun, meinen kannst du jederzeit dazuhängen.»

Zweifelnd sah ich ihn an; ich war mir der Bedeutung seiner Worte nicht ganz sicher.

«Ich weiß nicht, ob du weißt, daß ich dich heiraten möchte», fuhr er fort, «aber ich glaube schon. Warum es also nicht aussprechen? Nicht, daß ich dich drängen will, ich habe keine Eile. Du bist noch sehr jung, und es wäre unrecht von mir, dich schon jetzt zu binden.»

Ich erwiderte mit einiger Schärfe, daß ich so jung auch nicht mehr wäre.

«O doch, im Vergleich zu mir, Aggie.» Obwohl ich Reggie gebeten hatte, mich nicht Aggie zu nennen, vergaß er es häufig; für die Lucys war es ganz natürlich, Namen wie Margie, Nonnie, Eddie und Aggie zu gebrauchen. «Denk mal darüber nach», fügte er hinzu, «und wenn kein anderer auf der Bildfläche erscheint – nun, ich bin da.»

Ich antwortete, ohne zu zögern, daß ich ihn gern heiraten würde.

«Ich kann mir nicht vorstellen, daß du dir das gut überlegt hast, Aggie.»

«Natürlich habe ich es mir gut überlegt. Über so etwas brauche ich nicht lange nachzudenken.»

«Also gut, aber man soll auch nichts überstürzen. Ein Mädchen wie du – na ja, die kann doch jeden haben.»

«Ich glaube nicht, daß ich jeden haben möchte. Ich glaube, ich würde lieber dich heiraten.»

«Ja, aber man muß praktisch denken, weißt du? In dieser Welt muß man praktisch denken. Du willst doch bestimmt einen wohlhabenden Mann heiraten, einen netten Kerl, einen, den du gern hast, der dich verwöhnt und dir all die Dinge geben kann, die du dir wünschst.»

«Ich will nur den Menschen heiraten, den ich heiraten will. Auf Dinge kann ich verzichten.»

«Aber diese Dinge sind wichtig! Auf dieser Welt sind sie wichtig. In zehn Tagen läuft mein Urlaub ab. Ich dachte, ich sollte es dir sagen, bevor ich auf meinen Posten zurückkehre. Eigentlich wollte ich noch warten. Aber ich glaube . . . nun, ich wollte, daß du es weißt. Wenn ich in zwei Jahren wiederkomme und kein anderer –»

«Es wird kein anderer da sein», fiel ich ihm ins Wort. Ich hatte keine Zweifel.

Und so verlobte ich mich mit Reggie. Es war keine offizielle Verlobung – es war ein «Einvernehmen». Unsere Familien wußten, daß wir verlobt waren, aber es wurde nichts bekanntgegeben oder in der Zeitung veröffentlicht.

«Ich sehe nicht ein, warum wir nicht heiraten sollten», sagte ich zu Reggie. «Warum hast du mir nicht schon früher deinen Antrag gemacht? Dann hätten wir Zeit gehabt, die nötigen Vorbereitungen zu treffen.»

«Ja natürlich, du sollst deine Brautjungfern haben, eine piekfeine Hochzeit mit allem Drum und Dran. Aber ich würde trotzdem nicht im Traum daran denken, dich jetzt zu heiraten. Ich will dir deine Chancen nicht verderben.»

Ich ärgerte mich über Bemerkungen dieser Art, und beinahe hätten wir uns gezankt. Ich fände es nicht sehr schmeichelhaft, sagte ich, daß er mein Angebot, ihn vom Fleck weg zu heiraten, so rundweg ablehnte. Aber er hatte seine eigenen Vorstellungen über das, was einem Menschen zustand, den er liebte. Er hatte es sich nun einmal in seinen langen schmalen Kopf gesetzt, daß ich eigentlich einen mit irdischen Gütern reichlich versehenen Mann von Stand heiraten müsse. Aber trotz aller Unstimmigkeiten waren wir sehr glücklich. Auch die Lucys schienen zufrieden zu sein. «Wir hatten schon seit einiger Zeit das Gefühl, daß Reggie ein Auge auf dich geworfen hat. Er schaut sonst keine von unseren Freundinnen an. Aber es hat ja keine Eile. Ihr könnt euch ruhig Zeit lassen.»

Es gab Momente, da mich gerade das, was mir an den Lucys immer so gut gefallen hatte – ihr beharrliches Festhalten an dem Prinzip, man könne sich für alles Zeit lassen –, zum Widerspruch reizte. In meiner romantischen Art würde ich es begrüßt haben, wenn Reggie erklärt hätte, daß er unmöglich zwei Jahre warten könne, daß wir jetzt sofort heiraten müßten. Aber Reggie dachte nicht daran. Er war ein sehr selbstloser Mann und von sich und seinen Zukunftsaussichten nicht so ganz überzeugt.

Mutter war, glaube ich, froh über unsere Verlobung. «Ich habe ihn immer gern gemocht», sagte sie. «Er ist einer der nettesten Menschen, die ich kenne. Er wird dich glücklich machen. Er ist warmherzig und freundlich. Er wird dich nie zur Eile antreiben, und er wird dir nie Kummer bereiten. Du wirst keine großen Sprünge machen können, aber es wird reichen. Schließlich ist er ja jetzt Major. Und du bist nicht der Mensch, dem viel an Geld liegt und der in Parties und großartigen Vergnügungen seine Erfüllung sieht. Ja, ich glaube, ihr werdet eine glückliche Ehe führen.» Und nach einer kleinen Pause fügte sie hinzu: «Ich wünschte nur, er hätte es dir ein wenig früher gesagt. Dann hättet ihr gleich heiraten können.»

Sie teilte also meine Meinung. Zehn Tage später kehrte Reggie zu seinem Regiment zurück, und ich machte mich daran, auf ihn zu warten.

Hier muß ich eine Art Postskriptum zu meiner Darstellung der «Zeit der jungen Liebe» einfügen.

Ich habe von meinen Verehrern erzählt, aber unfairerweise die Tatsache verschwiegen, daß auch ich mein Herz verlor. Das erste Mal an einen jungen, sehr großen Soldaten, den ich im Verlauf meines Aufenthalts in Yorkshire kennenlernte. Hätte er mir einen Antrag gemacht, ich würde ihn wahrscheinlich angenommen haben, noch bevor er ihn hätte aussprechen können. Er war klug genug, es nicht zu tun. Er war ein mittelloser Subalternoffizier und sollte in

Kürze zu seinem Regiment nach Indien zurückkehren. Ich glaube, er war ziemlich verliebt in mich. Damit mußte ich mich zufriedengeben. Er schiffte sich nach Indien ein, und ich trauerte ihm mindestens sechs Monate nach.

Etwa ein Jahr später verlor ich abermals mein Herz. Ich wirkte in einer musikalischen Komödie mit, die ein paar Freunde in Torquay unter Anlehnung an die Oper *Bluebeard*, aber mit lokalen Anspielungen im Text, geschrieben hatten. Ich war Schwester Anne, und der Gegenstand meiner Neigungen wurde später Generalleutnant der Royal Air Force. Damals war er noch jung, er stand am Anfang seiner Karriere. Ich hatte die peinliche Angewohnheit, mit kokettem Getue einem Teddybär einen Schlager vorzusingen:

Ich wollt, ich hätt 'nen Teddybär,
Er säß auf meinem Knie,
Ich koste ihn von spät bis früh
Und gäb ihn nicht mehr her.

Zu meiner Rechtfertigung kann ich nur sagen, daß sich alle Mädchen solcher Schauertaten schuldig machten – und Erfolg damit hatten!

In meinem späteren Leben wäre ich ihm mehrmals beinahe begegnet, aber es gelang mir stets, einem Wiedersehn auszuweichen. Ich habe meinen Stolz.

So würde er mich in der Erinnerung bewahren, wie ich damals war – ein reizendes Mädchen bei einer Mondscheinpartie in der Anstey-Bucht an seinem letzten Urlaubstag. Wir saßen in einiger Entfernung von den anderen auf einem Fels, der ins Meer hinausragte. Wir sprachen nichts, wir hielten uns nur bei den Händen.

Einige Tage später schickte er mir eine kleine goldene Teddybär-Brosche.

Es lag mir daran, daß er mich so in Erinnerung behalten und nicht den Schock erleiden sollte, einem achtzig Kilogramm schweren Fleischberg mit einem – anders kann man es nicht mehr beschreiben – «freundlichen Gesicht» zu begegnen.

«Amyas fragt immer noch nach dir», berichteten mir meine Freunde. «Er würde dich so gerne wiedersehen.»

Mich wiedersehen? Mit meinen sechzig Jahren? Das tue ich ihm nicht an. Einem Menschen wenigstens möchte ich seine Illusionen lassen.

7

Glückliche Menschen haben keine Geschichte, sagt man nicht so? Nun, zu jener Zeit war ich ein glücklicher Mensch. Ich tat, was ich auch bisher getan hatte: besuchte Freunde, blieb hin und wieder von zu Hause fort – und hatte Sorge um Mutters Sehvermögen, das ständig abnahm. Das Lesen fiel ihr schon recht schwer. Augengläser halfen nichts. Auch meine Großmutter in Ealing war ziemlich blind und hatte Mühe, ihre Umgebung zu erkennen. Wie viele ältere Menschen wurde sie immer mißtrauischer gegen ihre Mitmenschen: gegen ihre Dienstboten, gegen den Klempner, den Klavierstimmer und andere Handwerker. Ich werde nie vergessen, wie Oma sich über den Eßzimmertisch beugte, um mir oder meiner Schwester zuzuflüstern: «Pst!» – ein tiefer Zischlaut – «Sprich leise, wo ist deine Handtasche?»

«In meinem Zimmer, Oma.»

«Du hast sie in deinem Zimmer gelassen? Dort darfst du sie nicht lassen. *Sie* ist oben; ich habe sie eben gehört.»

«Aber das ist doch ganz normal, nicht wahr?»

«Das weiß man nie, Schätzchen, das weiß man nie. Geh rauf und hol sie.»

Es muß um diese Zeit gewesen sein, daß Oma B. – meine Großmutter mütterlicherseits – aus einem Bus stürzte. Obwohl sie schon über achtzig war, liebte sie es, auf dem Oberdeck zu fahren. Der Bus fuhr plötzlich an, während sie die Stufen herunterkam, sie fiel auf die Straße und brach sich eine Rippe und möglicherweise auch einen Arm. Sie verklagte die Autobusgesellschaft und bekam eine ansehnliche Entschädigung zugesprochen. Der Arzt verbot ihr, je wieder auf dem Oberdeck eines Autobusses zu fahren; natürlich hielt sie sich nicht daran. Wenig später mußte sie sich operieren lassen – Gebärmutterkrebs, glaube ich –, aber die Operation verlief völlig glatt, und sie hatte auch keinen Rückfall. Trotzdem war sie tief enttäuscht. Sie hatte sich darauf gefreut, diesen «Tumor», oder was es sein mochte, loszuwerden, weil sie durch die Operation wieder «schlank und rank» zu werden hoffte. Sie war damals nämlich kugelrund, noch unförmiger als meine andere Großmutter.

Obwohl ihr die Krankenschwestern, nachdem sie aus der Narkose erwacht war, streng verboten hatten, das Bett zu verlassen, stand sie auf und ging auf Zehenspitzen zum Spiegel. Welche Enttäuschung! Sie war so dick wie eh und je.

«Über diese Enttäuschung werde ich nie hinwegkommen,

Clara», sagte sie zu Mutter. «Niemals! Ich hatte damit gerechnet! Ich hätte sonst nie die Narkose und alles überstanden. Und jetzt schau mich an: ich habe mich überhaupt nicht verändert!»

Zur gleichen Zeit muß es gewesen sein, daß Madge und ich ein Gespräch führten, das erst später Früchte tragen sollte. Wir hatten beide einen Kriminalroman gelesen; ich glaube, es war *Das Geheimnis des gelben Zimmers* von einem neuen Autor, Gaston Le Roux, mit einem sehr gewinnenden jungen Reporter namens Rouletabille als Detektiv. Es war ein besonders verwirrender Krimi, gut geplant und durchgeführt, von der Sorte, die manche Leser als unfair verurteilen, während andere zugeben müssen, daß diese Methode eben doch nicht ganz unfair ist: bei genauem Hinsehen hätte man merken können, daß ein kleiner, aufschlußreicher Hinweis geschickt eingeflochten worden war. Wir redeten lange darüber, tauschten unsere Ansichten aus und kamen zu dem Schluß, daß es einer der besten seiner Art war. Auf dem Gebiet des Krimis waren wir Kenner. Ich war ein Kind von acht Jahren gewesen, als Madge mich in die Welt des Sherlock Holmes eingeführt hatte. Ich würde auch gern einmal eine Detektivgeschichte schreiben, sagte ich.

«Ich glaube nicht, daß du das schaffst», meinte Madge. «Krimis sind schwer zu schreiben. Ich hatte es auch schon einmal vor.»

«Ich möchte es versuchen.»

«Wetten, du schaffst es nicht», sagte Madge.

Hier endete das Gespräch. Es war keine richtige Wette; wir stellten nie Bedingungen fest – aber mein Ehrgeiz war geweckt. Von diesem Augenblick an war ich wild entschlossen, einen Krimi zu schreiben. Ich fing nicht gleich damit an, legte mir auch keine Handlung zurecht, aber die Saat war im Boden!

8

Reggie und ich schrieben einander regelmäßig. Ich berichtete ihm, was es bei uns Neues gab, und versuchte so ausführlich zu schreiben, wie ich nur konnte – Briefeschreiben war nie meine Stärke. Meine Schwester Madge, ja, die beherrschte diese Kunst. Sie konnte aus nichts die fesselndsten Episteln fabrizieren. Um diese Gabe beneide ich sie.

Die Briefe meines lieben Reggie waren so, als ob er mit mir sprechen würde: freundlich und beruhigend. Immer wieder und in extenso forderte er mich auf, recht oft auszugehen.

«Sitz nicht zu Haus herum, Aggie. Glaube nur ja nicht, daß ich das möchte, du sollst unter Menschen gehen. Du mußt auf Parties und Bälle und Tanzvergnügen gehen. Ich will, daß du alle Gelegenheiten ausnützt, bevor wir einen Hausstand gründen.»

Heute frage ich mich, ob ich ihm nicht in meinem Innersten diesen Standpunkt übelnahm. Damals begriff ich es wohl nicht, aber freut man sich wirklich, wenn man dazu gedrängt wird auszugehen, mit anderen Menschen zusammenzukommen, «sich nach etwas Besserem umzusehen» (eine wahrhaft originelle Redewendung)? Kommt es der Wahrheit nicht näher, wenn ich sage, daß jedes weibliche Wesen sich Liebesbriefe wünscht, die zumindest eine Spur von Eifersucht aufweisen? Können wir an einem Übermaß von Selbstlosigkeit Geschmack finden? Oder lesen wir sie zu Unrecht aus aus den Worten heraus?

In der Nachbarschaft wurden oft Bälle veranstaltet. Ich besuchte sie nicht, weil wir keinen Wagen hatten und es zu mühsam gewesen wäre, Einladungen von Leuten anzunehmen, die weiter als zwei oder drei Kilometer von uns entfernt wohnten. Von besonderen Gelegenheiten abgesehen, wäre es auch zu teuer gewesen, einen Wagen oder eine Kutsche zu mieten. Aber es gab Zeiten, wo Mädchen Mangelware waren, und in solchen Fällen wurde man abgeholt und wieder nach Hause gebracht!

Die Cliffords in Chudleigh gaben einen Ball, zu dem sie Angehörige der Garnison von Exeter einluden. Sie fragten bei einigen Freunden an, ob sie ein paar nette Mädchen mitbringen könnten. Mein alter Feind, Commander Travers, der jetzt als pensionierter Offizier mit seiner Frau in Chudleigh wohnte, schlug vor, mich mitzunehmen. Als Kind hatte ich ihn nicht leiden können, aber mit den Jahren war er zu einem guten Freund der Familie geworden. Seine Frau rief an und fragte, ob ich mit ihnen zum Ball gehen und dann bei ihnen übernachten wollte. Natürlich sagte ich begeistert zu.

Ich bekam auch einen Brief von einem Freund namens Arthur Griffiths, den ich bei den Matthews auf Thorpe Arch Hall kennengelernt hatte. Er war der Sohn des dortigen Vikars und Soldat – ein Kanonier. Wir waren gute Freunde geworden. Arthur schrieb, daß er jetzt in Exeter stationiert wäre, aber bedauerlicherweise nicht zu jener Gruppe von Offizieren gehörte, die zum Ball führen. Es täte ihm sehr leid, weil er gern wieder mit mir getanzt hätte.

«Aber es kommt einer aus unserer Messe», schrieb er, «er heißt Christie. Bitte kümmere dich um ihn. Er ist ein guter Tänzer.»

Christie lief mir gleich zu Beginn des Balls über den Weg. Er war ein groß gewachsener, blonder junger Mann mit lockig gewelltem Haar und einer etwas ungewöhnlichen, aufgebogenen Nase, von dem ein starkes Fluidum sorglosen Selbstvertrauens ausging. Er wurde mir vorgestellt, bat mich um einige Tänze und teilte mir mit, daß ihm sein Freund Griffiths nahegelegt hätte, nach mir Ausschau zu halten. Wir verstanden uns prächtig, er tanzte ausgezeichnet, und es wurde ein sehr schöner Abend. Am nächsten Morgen bedankte ich mich bei den Travers, die mich nach Newton Abbot brachten, von wo ich dann den Zug nach Hause nahm.

Es muß eine Woche oder zehn Tage später gewesen sein. Ich war bei den Mellors zum Tee; ihr Haus lag dem unseren gegenüber. Ich übte immer noch Gesellschaftstänze mit Max Mellor, obwohl das Walzertanzen treppauf glücklicherweise aus der Mode gekommen war. Wir übten gerade einen Tango, als ich zum Telefon gerufen wurde. Es war Mutter.

«Komm sofort nach Hause, Agatha», sagte sie. «Einer von deinen Verehrern ist da – ich kenne ihn nicht, habe ihn nie gesehen. Ich habe ihm bereits Tee serviert, aber er scheint dableiben und auf dich warten zu wollen.»

Mutter war immer sehr ungnädig, wenn sie sich allein um meine Verehrer kümmern mußte, dies sei ausschließlich meine Sache, meinte sie.

Ich war recht ärgerlich, daß ich zurück mußte, ich hatte mich so gut unterhalten. Außerdem glaubte ich zu wissen, wer es war – ein langweiliger junger Marineleutnant, der mir unbedingt seine Gedichte vorlesen wollte.

Ich kam in den Salon, und ein junger Mann erhob sich offensichtlich sehr erleichtert. Er war ziemlich rot im Gesicht und bemühte sich, seine Anwesenheit zu erklären. Auch mein Anblick munterte ihn nicht auf – ich glaube, er fürchtete, daß ich mich nicht an ihn erinnern würde. Aber so überrascht ich auch war, ich erinnerte mich an ihn. Es wäre mir nie in den Sinn gekommen, daß ich Griffiths Freund Christie je wiedersehen würde. Umständlich erzählte er, daß er mit seinem Motorrad nach Torquay gekommen war und die Gelegenheit ausnützen wollte, um mich aufzusuchen. Er unterließ es, darauf einzugehen, daß er eine gute Portion Verlegenheit hatte überwinden müssen, um von Arthur Griffiths meine Adresse zu erfahren. Nach ein oder zwei Minuten ging's etwas besser, Mutter war durch mein Erscheinen sichtlich erleichtert, und nachdem Archie Christie seine Erklärungen zu Ende gebracht hatte, machte auch er ein fröhlicheres Gesicht; ich fühlte mich außerordentlich geschmeichelt.

Wir plauderten, und die Zeit verging. In der unter Frauen geheiligten Zeichensprache wurde zwischen Mutter und mir die Frage abgeklärt, ob dieser ungebetene Besuch zum Abendessen eingeladen werden sollte und, wenn ja, was die Küche zu bieten hatte. Es war kurz nach Weihnachten, denn ich weiß, daß wir noch kalten Truthahn in der Speisekammer hatten. Ich gab Mutter ein Zeichen und fragte Archie, ob er Lust hätte zu bleiben und eine einfache Mahlzeit mit uns zu teilen. Er nahm die Einladung ohne lange Umstände an. Also aßen wir kalten Truthahn mit Salat und Käse zum Nachtisch und verbrachten einen netten Abend. Dann stieg Archie auf sein Motorrad und kehrte unter lautem Geknatter nach Exeter zurück.

In den folgenden Tagen fand er sich häufig und unerwartet bei uns ein. Am ersten Abend hatte er mich gefragt, ob ich zu einem Konzert nach Exeter kommen wollte; anschließend würde er mich zum Tee ins Hotel Redcliffe einladen. Ich würde sehr gern kommen, antwortete ich. Darauf folgten ein paar peinliche Minuten, als Mutter ihm klarmachte, daß ihre Tochter nicht allein zu einem Konzert nach Exeter gehen könne. Das enttäuschte ihn ein wenig, aber er dehnte die Einladung hastig auch auf sie aus. Es gelang ihm, Mutter zu besänftigen, und sie fand, daß er eigentlich ein netter Kerl war. Sie hätte nichts dagegen, sagte sie, daß ich das Konzert besuchte, aber es käme nicht in Frage, daß ich mit ihm zum Tee in ein Hotel ginge. (Ich muß zugeben, daß wir recht eigenartige Anstandsregeln hatten. Ein junges Mädchen konnte unbegleitet mit einem jungen Mann Golf spielen, reiten oder Rollschuh fahren, aber mit ihm in einem Hotel Tee zu trinken, hätte einen Schein von Anrüchigkeit erweckt, vor dem eine gute Mutter ihre Tochter zu bewahren hatte.) Schließlich wurde ein Kompromiß erzielt: wir durften den Tee im Erfrischungsraum des Bahnhofs von Exeter trinken. Kein sehr romantischer Ort. Später fragte ich ihn, ob er in ein Wagnerkonzert kommen wolle, das in Torquay stattfand. Er sagte mit Freuden zu.

Archie erzählte mir alles von sich, und wie ungeduldig er darauf warte, in das neu errichtete Königliche Fliegerkorps aufgenommen zu werden. Ich war fasziniert. Das Fliegen ließ alle Welt vor Begeisterung erschauern. Archie aber blieb sachlich. Es würde die Waffengattung der Zukunft sein, meinte er. Wenn es zum Krieg käme, würde man vor allem Flugzeuge brauchen. Nicht daß er auf das

Fliegen so erpicht gewesen wäre, er sah darin eine gute Chance für sein Fortkommen. Im Heer sah er keine Zukunft. Als Kanonier rückte man nur langsam auf. Er tat sein Bestes, mir das Fliegen nüchtern und ohne romantisches Beiwerk zu schildern, aber es faszinierte mich weiterhin. Im Jahre 1912 lebten wir noch in einer ziemlich sentimentalen Welt. Die Menschen hielten sich für hartgesotten, ohne sich darüber klar zu sein, was das Wort wirklich bedeutet. Junge Mädchen hatten romantische Ansichten über junge Männer, und diese ihrerseits idealistische Vorstellungen über junge Mädchen. Dennoch waren wir seit den Tagen meiner Großmutter ein gutes Stück weitergekommen.

«Ich mag diesen Ambrose», sagte sie einmal in bezug auf einen Verehrer meiner Schwester. «Als Madge unlängst die Terrasse hinunterging, sah ich, wie Ambrose aufstand und ihr folgte. Er bückte sich und hob eine Handvoll Kies auf, den ihre Füße berührt hatten, und steckte ihn in die Tasche. Das fand ich sehr nett, wirklich sehr nett.»

Die arme liebe Oma. Wir mußten ihr die Illusion nehmen. Wie sich herausstellte, interessierte sich Ambrose für Geologie, und der Kies war ein ganz besonderer Kies und hatte seine Aufmerksamkeit erweckt.

In vielen Dingen waren Archies und meine Ansichten genau entgegengesetzt. Das war es, glaube ich, was uns von Anfang an faszinierte. Ich schlug ihm vor, zum Neujahrsball zu kommen. Er befand sich den ganzen Abend über in einer sonderbaren Stimmung und sprach kaum mit mir. Wir waren eine Gruppe von vier oder sechs Leuten, glaube ich, und jedesmal, wenn ich mit ihm tanzte und wir nachher eine Pause einlegten, blieb er völlig stumm. Ich wunderte mich, sah ihn fragend an; ich wußte nicht, was mit ihm los war, was in seinem Kopf vorging. Er schien das Interesse an mir verloren zu haben.

Wie dumm von mir; ich hätte es längst wissen müssen: Wenn ein Mann Schafsaugen macht, völlig benebelt durch die Gegend torkelt und gar nicht hört, was man zu ihm spricht, dann hat es ihn, wie man so schön sagt, «erwischt».

Was wußte ich von mir? Wußte ich denn, was mit mir los war? Ich erinnere mich, daß ich einen Brief von Reggie aus dem Briefkasten nahm, zu mir sagte: «Den lese ich später», und ihn schnell in eine Schublade schob. Dort fand ich ihn einige Monate später. In meinem Innersten wußte ich schon, was es geschlagen hatte.

Das Wagnerkonzert fand zwei Tage nach dem Ball statt. Darauf kehrten wir nach Ashfield zurück, und als wir ins Schulzimmer hinaufgingen, um dort, wie sonst auch, Klavier zu spielen, brach es plötzlich aus Archie hervor. In zwei Tagen müsse er abreisen, sagte er; er fahre nach Salisbury Plain, um sein Training für das Fliegerkorps zu beginnen. Und dann, in leidenschaftlichem Ton: «Du mußt mich heiraten, du mußt.» Er hätte es schon am ersten Abend gewußt, sagte er. «Es wird nie eine andere für mich geben. Du mußt mich heiraten.»

Ich antwortete ihm, daß das unmöglich sei, daß ich bereits mit einem anderen verlobt sei. Mit einer ungestümen Geste tat er meine Einwände als unwichtig ab. «Was in aller Welt spielt das für eine Rolle? Du wirst es eben rückgängig machen müssen, das ist alles.» – «Aber das kann ich nicht. Das kann ich unmöglich tun.»

«Natürlich kannst du das. Ich bin mit niemandem verlobt, und wenn ich es wäre, ich würde die Verlobung lösen, ohne auch nur einen Augenblick nachzudenken.»

«Das kann ich ihm nicht antun.»

«Unsinn. Manchmal muß man einem Menschen eben etwas antun. Wenn ihr euch so liebt, warum habt ihr dann nicht geheiratet, bevor er zu seinem Regiment zurückgekehrt ist?»

«Wir . . .», ich zögerte – «wir hielten es für besser zu warten.»

«Ich hätte nicht gewartet. Und ich werde auch nicht warten.»

«Wir müßten noch jahrelang warten», wandte ich ein. «Du bist nur ein Subalternoffizier, und im Fliegerkorps wäre es auch nicht anders.»

«Ich kann unmöglich jahrelang warten. Ich möchte dich nächsten, spätestens übernächsten Monat heiraten.»

«Du bist verrückt», sagte ich. «Du weißt nicht, was du redest.»

Ich glaube, er wußte es wirklich nicht. Wir mußten ihn wieder auf die Erde herunterholen. Für meine arme Mutter war es ein fürchterlicher Schock.

«Es tut mir sehr leid, Mutter», hatte ich zu ihr gesagt, «es wird dich erstaunen, Archie Christie hat mich um meine Hand gebeten, und ich, ich möchte ihn schrecklich gern heiraten.»

Aber wir mußten den Tatsachen ins Auge sehen. Archie war nicht gerade begeistert, aber Mutter zeigte sich entschlossen. «Wovon wollt ihr denn leben?» fragte sie.

Unsere finanzielle Lage hätte nicht prekärer sein können. Archie war ein junger Subalternoffizier und nur ein Jahr älter als ich. Er hatte kein Geld, nur seinen Sold und einen kleinen Zuschuß von seiner Mutter. Ich selbst konnte nur über die kärglichen einhundert Pfund im Jahr verfügen, die ich von Großvater geerbt hatte. Es würde Jahre dauern, bis Archie in der Lage war zu heiraten.

«Deine Mutter hat mich auf die Erde heruntergeholt», sagte er ein wenig verbittert zu mir, bevor er ging. «Ich sah keine Schwierigkeiten. Ich dachte, wir würden heiraten, und irgendwie würde es schon klappen. Sie hat mir klargemacht, daß es nicht geht, wenigstens jetzt nicht. Wir werden warten müssen – aber nicht einen Tag länger als unbedingt nötig. Ich werde alles tun, was in meiner Macht steht. Die Fliegerei wird mir dabei helfen. Nur leider: weder im Heer noch im Fliegerkorps haben sie es gern, wenn man jung heiratet.» Wir sahen uns an: wir waren jung, verzweifelt – und verliebt.

Wir waren eineinhalb Jahre verlobt. Es war eine stürmische Zeit voll von Höhen und Tiefen und Augenblicken tiefster Niedergeschlagenheit. Wir hatten das Gefühl, die Hände nach etwas auszustrecken, das unerreichbar war.

Ich mußte Reggie schreiben – und schob es fast einen Monat lang hinaus. Einerseits hatte ich Schuldgefühle, andererseits konnte ich nicht glauben, daß das, was mit mir geschehen war, auch wirklich geschehen war – bald würde ich aus meinem Traum erwachen und weiterleben wie zuvor.

Aber schließlich schrieb ich ihm doch – schuldbewußt, kläglich und ohne etwas zu meiner Entschuldigung anzuführen. Die freundliche und mitfühlende Art, wie Reggie die Nachricht aufnahm, machte die Sache nur noch schlimmer. Ich sollte mich nicht quälen, meinte er, es wäre doch nicht meine Schuld, ich könnte es nicht ändern, solche Dinge passierten eben.

«Ich gebe zu», schrieb er, «es ist ein Schlag für mich, daß Du jetzt einen Mann heiraten willst, der noch weniger in der Lage ist, Dich standesgemäß zu erhalten, als ich. Wäre es ein Mann mit Vermögen, eine gute Partie, wie man sagt, es würde mir nicht so viel ausmachen, denn ich hätte das Gefühl, daß es das ist, was Dir zusteht. So aber kann ich mir den Vorwurf nicht ersparen, daß ich auf Dich hören, Dich heiraten und Dich gleich hätte mitnehmen sollen.»

Bedauerte auch ich, daß er das nicht getan hatte? Vermutlich nicht – damals nicht –, und doch empfand ich eine leise Sehnsucht, zurückzukehren und wieder am Ufer festen Fuß zu fassen. Mich nicht ins tiefe Wasser zu wagen. Mit Reggie war alles so glückhaft und friedlich gewesen, wir hatten einander gut verstanden. Wir hatten uns an den gleichen Dingen erfreut und uns die gleichen Dinge gewünscht.

Und nun war alles anders. Ich liebte einen Fremden; vor allem, weil er ein Fremder war, weil ich nie wußte, wie er auf ein Wort oder eine Bemerkung von mir reagieren würde, und weil alles, was er sagte, aufregend und faszinierend für mich war. Ihm ging es genauso. «Ich habe das Gefühl, daß ich nicht an dich herankomme», sagte er einmal zu mir. «Ich weiß nicht, wie du wirklich bist.» Immer wieder überkam uns tiefe Verzweiflung, und dann schrieb einer dem anderen und machte die Verlobung rückgängig. Wir waren uns einig, daß es keine andere Lösung gab. Eine Woche später stellten wir dann fest, daß wir es nicht ertragen konnten, und erneuerten die Verlobung.

Was nur schiefgehen konnte, ging schief. Wir lebten schon an sich nicht in rosigen Verhältnissen, und nun traf uns ein neuer finanzieller Schlag. Die H. B. Chaflin Company in New York, jene Firma, in der Großvater Teilhaber gewesen war, trat von einem Tag zum anderen in Liquidation. Dazu kam, daß es eine Gesellschaft mit unbeschränkter Haftung war, und das bedeutete, daß das Einkommen, das Mutter bisher bezogen hatte, fortan ausfallen würde. Glücklicherweise befand sich meine Großmutter nicht in dieser üblen Lage. Zwar war auch ihr Geld in Chaflin-Aktien angelegt gewesen, aber Mr. Bailey, der Partner, der ihre Interessen vertrat, hatte schon vor einiger Zeit angefangen, sich Sorgen zu machen. Er fühlte sich für Nathaniel Millers Witwe verantwortlich. Wenn Oma Geld brauchte, schrieb sie ihm einfach, und Mr. Bailey schickte es ihr – in bar. So altmodisch funktionierte das damals.

Es war für mich wie eine Wiederholung eines Kindheitserlebnisses, als ich meine Eltern über finanzielle Schwierigkeiten sprechen gehört hatte. Beglückt hatte ich die erste Gelegenheit wahrgenommen, um dem versammelten Haushalt mitzuteilen, daß wir ruiniert waren. Den «Ruin» hielt ich damals für eine feine und aufregende Sache. Jetzt schien er mir nicht annähernd so fein: für Archie und mich bedeutete er die Vereitelung aller unserer Hoffnungen und Pläne. Mit meinen hundert Pfund im Jahr mußte ich fortan für Mutter sorgen. Zweifellos würde auch Madge etwas beisteuern. Wenn wir Ashfield verkauften, würde es gerade zum Leben reichen.

Ganz so schlimm, wie wir dachten, wurde es nicht. Mr. John Chaflin schrieb aus Amerika an meine Mutter, um ihr zu sagen, wie leid ihm alles täte. Sie könne in Zukunft aber dennoch mit einem Einkommen von dreihundert Pfund im Jahr rechnen. Sie würde das Geld nicht von der Firma bekommen, die ja bankrott war, sondern aus seinem Privatvermögen, und das bis zu ihrem Tod. Das enthob uns der größten Sorge. Aber wenn sie starb, würde diese Zahlung aufhören. Dann würden Ashfield und meine hundert Pfund alles sein, womit ich in Zukunft rechnen konnte. Ich schrieb Archie, daß an eine Heirat nicht zu denken sei und daß wir einander vergessen müßten. Archie wollte nichts davon wissen. Er wollte Geld verdienen, so oder so. Wir würden heiraten, und vielleicht würde er sogar auch Mutter unterstützen können. Wir verlobten uns wieder.

Mutters Augen wurden immer schlechter, und sie ging zu einem Spezialisten. Er sagte ihr, daß sie auf beiden Augen den grauen Star hatte und daß aus verschiedenen Gründen eine Operation unmöglich wäre. Die Trübung der Linsen würde nur langsam fortschreiten, aber mit der Zeit unweigerlich zur völligen Blindheit führen. Wieder schrieb ich Archie und machte die Verlobung rückgängig. Ich konnte Mutter, sollte sie blind werden, unmöglich allein lassen. Er lehnte es auch diesmal ab, mir beizustimmen. Ich sollte zuwarten und sehen, wie es mit Mutters Sehvermögen weiterging – es könnte eine medikamentöse Behandlung geben, eine Operation wäre vielleicht doch möglich, und außerdem war sie ja jetzt nicht blind – warum also nicht verlobt sein? Wir blieben verlobt. Dann bekam ich einen Brief von Archie: «Es hat keinen Zweck. Ich werde dich nie heiraten können. Ich bin zu arm. Du mußt mich aufgeben.» Ich schrieb zurück, daß ich ihn nie aufgeben würde. Er schrieb zurück, daß ich ihn aufgeben müsse. Schließlich kamen wir überein, daß wir einander aufgeben würden!

Vier Tage später gelang es Archie, einen Urlaub zu erhalten, und er kam plötzlich mit seinem Motorrad aus Salisbury Plain. So gehe das nicht, wir müßten uns von neuem verloben, wir dürften die Hoffnung nicht aufgeben – irgend etwas würde geschehen, auch wenn wir vier oder fünf Jahre warten müßten. Es war sinnlos. Ich fühlte es in meinem Innersten, wollte es mir aber nicht eingestehen. Auch Archie erschien es sinnlos, aber wir hielten verzweifelt an unserer Überzeugung fest, daß wir ohne einander nicht leben konnten. Warum also sollten wir nicht verlobt bleiben und darum beten, daß uns das Glück doch irgendwann einmal hold sein würde.

Mittlerweile hatte ich Archies Familie kennengelernt. Sein Vater war Richter im indischen Verwaltungsdienst gewesen und hatte einen schweren Sturz vom Pferd erlitten. Er erkrankte schwer – der Sturz hatte sein Gehirn in Mitleidenschaft gezogen –, schließlich starb er in einem Krankenhaus in England. Nach einigen Jahren hatte Archies Mutter einen gewissen William Hemsley geheiratet. Kein Mann hätte gütiger und väterlicher zu uns sein können, als er es war. Archies Mutter, Peg, kam aus Südirland, aus der

Gegend von Cork, und war eines von zwölf Kindern. Sie war bei ihrem ältesten Bruder, der im indischen Sanitätscorps diente, zu Besuch gewesen, als sie ihren Mann kennenlernte. Sie hatte zwei Söhne, Archie und Campbell. In Clifton war Archie Klassenbester gewesen und als Viertbester nach Woolwich an die Militärakademie gekommen: Er hatte Geist und Courage und wußte sich zu helfen. Campbell diente im Heer.

Archie brachte ihr die Nachricht von seiner Verlobung schonend bei und sang ihr mein Lob in den höchsten Tönen – wie Söhne es eben tun, wenn sie das Mädchen ihrer Wahl beschreiben. Peg zog die Augenbrauen hoch. «Ist sie vielleicht eines von den Mädchen, die jetzt diese neumodischen Peter-Pan-Kragen tragen?» fragte sie mit ihrer warmen irischen Stimme. Mit einigem Unbehagen mußte Archie zugeben, daß ich tatsächlich Peter-Pan-Kragen trug. Das war damals große Mode. Wir Mädchen hatten endlich mit den hohen Kragen unserer Blusen Schluß gemacht; sie waren durch Fischbeinstäbchen fixiert gewesen – je eines an den Seiten und eines im Nacken – die schmerzhafte rote Spuren am Hals hinterließen. Der schmale, runde Peter-Pan-Kragen war aus weichem Stoff, frei von Stäbchen, und herrlich angenehm zu tragen. Man konnte ihn wirklich nicht anstößig nennen. Wenn ich mich heute umschaue und die Bikinimädchen am Strande sehe, wird mir klar, wie weit wir es in fünfzig Jahren gebracht haben.

Nun, ich war eines dieser dreisten Mädchen, die im Jahre 1912 einen Peter-Pan-Kragen trugen.

«Und sie sieht entzückend aus darin», sagte der getreue Archie.

«Das glaube ich gerne», konterte Peg. Welche Zweifel auch immer meine modische Extravaganz in ihr hatte aufsteigen lassen, sie hieß mich äußerst liebenswürdig, fast überschwenglich willkommen. Sie beteuerte mir ihre Zuneigung, ihr Entzücken – ich wäre genau das Mädchen, das sie sich für ihren Jungen gewünscht hätte, und so weiter und so fort – ich glaubte ihr kein Wort. In Wahrheit hielt sie ihren Sohn für viel zu jung, um zu heiraten. An sich hatte sie nichts an mir auszusetzen – Archie hätte schlechter wählen können. Ich hätte ja auch die Tochter eines Tabakwarenhändlers sein können (eine sichere Katastrophe) oder eine junge geschiedene Frau (die gab es damals schon) oder gar eine vom Ballett. Jedenfalls zweifelte sie nicht daran, daß wir keine Aussichten auf eine gesicherte Existenz hatten und die Verlobung daher zu nichts führen würde. Also war sie besonders nett zu mir, womit sie mich ziemlich in Verlegenheit brachte. Seinem Naturell entsprechend, interessierte sich Archie nicht sonderlich dafür, was sie von mir und ich von ihr hielt. Er besaß die beneidenswerte Gabe, durch das Leben zu gehn, ohne sich im mindesten darum zu kümmern, was die Leute von ihm oder ihm nahestehenden Personen dachten; er konzentrierte seine Gedanken auf das, was *er* vorhatte.

So waren wir also immer noch verlobt, ohne aber unserem Ziel, zu heiraten, näher zu kommen – es rückte vielmehr in immer weitere Ferne. Mit Beförderungen war es im Fliegerkorps auch nicht besser bestellt als anderswo. Archie hatte entsetzt festgestellt, daß er beim Fliegen starke Kopfschmerzen bekam. Er litt entsetzlich, machte aber weiter. Seine Briefe enthielten viele technische Beschreibungen von Farman-Doppeldeckern und Avros; gewisse Typen betrachtete er als Todesfallen für den Piloten, andere wieder waren seiner Meinung nach ziemlich stabil und würden sich gut weiterentwickeln lassen. Allmählich wurden mir die Namen seiner Staffelkameraden vertraut: Joubert de la Ferté, Brooke-Popham, John Salmon. Auch ein temperamentvoller irischer Vetter von Archie gehörte dazu. Dieser hatte schon so viele Bruchlandungen auf dem Gewissen, daß ihm ein mehr oder minder permanentes Startverbot erteilt worden war.

Es mag sonderbar klingen, aber ich erinnere mich nicht, daß ich mir um Archies Sicherheit Sorgen gemacht hätte. Fliegen war gefährlich – aber nicht gefährlicher als Jagdreiten, und ich war es gewöhnt, daß die Leute sich auf der Jagd das Genick brachen. Auf Sicherheit legte man damals keinen sehr großen Wert; die Parole «Sicherheit über alles!» hätte geradezu lächerlich gewirkt. Vom Fliegen, dieser neuen Form der Fortbewegung, ging ein faszinierender Zauber aus. Archie war einer der ersten Piloten, die zum Einsatz kamen. Ich war ungeheuer stolz auf ihn.

In meinem ganzen Leben hat mich kaum etwas so enttäuscht wie die Einführung der Flugzeuge als reguläre Verkehrsmittel. Man hatte davon geträumt und dabei an den Flug eines Vogels gedacht – an das erregende Gefühl der Schwerelosigkeit, wenn man sich durch die Lüfte schwingen würde. Heute setzt man sich in eine Maschine und fliegt von London nach Paris, von London nach den Bermudas, von London nach Japan – kann es etwas Langweiligeres und Prosaischeres geben? Eng zusammengepfercht auf schmalen Sitzen hockt man in so einer Kiste, sieht, wenn man aus dem Fenster blickt, hauptsächlich die Flügel und den Rumpf und unter sich die Wolken. Die Erde erscheint flach wie ein Brett. Wahrlich, eine große Enttäuschung! Schiffe können noch romantisch sein. Und was die Eisenbahn angeht – gibt es etwas Schöneres als einen Zug? Ein großes Ungeheuer, das einen durch Täler und

Schluchten trägt, vorbei an Wasserfällen, schneebedeckten Bergen, neben Landstraßen her, über die grob gezimmerte Karren mit buntgekleideten Bauersleuten rollen. Züge sind wunderbar – ich liebe sie immer noch. Wer mit dem Zug fährt, sieht Natur und Menschen, sieht Städte und Flüsse – er sieht das Leben.

Damit will ich nicht sagen, daß ich nicht begeistert bin von der Eroberung des Himmels durch den Menschen, von seinen Wagnissen im Weltraum, von der Art, wie er jene Gaben zu nützen verstanden hat, die keinem anderen Lebewesen gegeben sind: die Abenteuerlust, einen ewig aktiven Geist und damit auch Mut – nicht nur den Mut zur Selbstverteidigung, den alle Tiere besitzen, sondern den Mut, sein Leben in die Hand zu nehmen und in das Unbekannte vorzustoßen. Ich bin stolz und glücklich, daß ich das alles erleben durfte, und ich würde gerne in die Zukunft sehen, um zu erfahren, wie es weitergeht.

Wie wird es am Ende aussehen? Werden wir noch mehr Triumphe erleben? Oder wird der Mensch an seinem eigenen Ehrgeiz zugrunde gehen? Ich glaube nicht. Der Mensch wird überleben – wenn auch vielleicht nur da und dort in kleinen Gruppen. Es könnte eine große Katastrophe hereinbrechen – aber nicht die gesamte Menschheit wird untergehn. Eine neue Gemeinschaft, einfach und primitiv, die die Vergangenheit nur mehr vom Hörensagen kennt, wird langsam eine neue Zivilisation aufbauen.

9

Ich kann mich nicht erinnern, daß man 1913 mit einem Krieg gerechnet hätte. Marineoffiziere schüttelten gelegentlich die Köpfe und murmelten etwas von einem großen Tag, aber das hörten wir schon seit Jahren und achteten nicht mehr darauf. Kein Volk konnte so verrückt sein, einen neuen Krieg anzufangen – die indische Nordwestgrenze oder sonstige entlegene Gegenden zählten nicht.

Dennoch waren Erste-Hilfe- und Hauskrankenpflegekurse 1913 und anfangs 1914 sehr beliebt. Wir gingen hin, verbanden einander Arme und Beine und versuchten sogar, saubere Kopfbandagen anzulegen: keine leichte Sache. So groß war unsere Begeisterung, daß ein Mann, wenn er damals einen Unfall hatte, wahre Todesängste ausstand, weil er fürchtete, hilfswütige Damen würden über ihn herfallen.

«Laßt diese Erste-Hilfe-Weiber nicht in meine Nähe!» schrien sie. «Rührt mich nicht an! Rührt mich nicht an!»

Unter den Examinatoren war auch ein besonders kauziger alter Herr, der uns mit diabolischem Lächeln Fallen zu stellen pflegte «Da ist Ihr Patient», sagte er einmal und deutete auf einen Pfadfinder, der ausgestreckt auf dem Boden lag. «Armbruch, Knöchelbruch, kümmern Sie sich um ihn.» Wir – ein anderes Mädchen und ich – stürzten uns auf das Opfer. Im Anlegen von straffen, sauberen Verbänden waren wir gut, wir hatten es fleißig geübt. Alle Extremitäten pflegten wir exakt und satt anliegend zu umwickeln und sorgfältig mit ein paar Achtertouren zu befestigen. Dieser Fall aber brachte uns unerwartet in große Verlegenheit – von Straffheit und Sauberkeit war hier nicht die Rede: irgendwelches Zeug war bereits dick und lose um das «verletzte» Glied gewikkelt. «Notverband», grinste der Alte. «Ihr Verband kommt da drüber. Und vergessen Sie nicht: Sie haben nur diesen einen.» Wir machten uns an die Arbeit. Es war viel schwieriger, einen Verband über einen anderen anzulegen. «Na, machen Sie schon», drängte der Alte. «Fangen Sie mit den Achtertouren an; sie bleiben Ihnen ja doch nicht erspart. Es führt zu nichts, wenn Sie sich an die Lehrbücher halten und von oben nach unten arbeiten. Der Verband muß bleiben, wo er ist, meine Damen, darauf kommt es an. Also dann: gehen Sie durch diese Tür, dort steht das Bett.» Wir hoben unseren Patienten auf und trugen ihn zum Bett.

Ein wenig verdutzt blieben wir stehen. Keine von uns hatte daran gedacht, die Decke zurückzuschlagen, bevor wir mit dem Patienten ankamen. Der Alte stimmte ein gackerndes Lachen an. «Haha! Sie haben doch nicht an alles gedacht, nicht wahr, meine Damen? Haha – bevor Sie ihn hintragen, müssen Sie sich vergewissern, ob für Ihren Patienten auch ein Bett bereitsteht.» Aber so sehr der alte Herr uns auch quälte, ich muß zugeben, daß wir von ihm sehr viel mehr lernten als in allen sechs Lektionen unseres Kurses.

Wir wurden auch zu praktischen Übungen herangezogen. Zweimal in der Woche durften wir im städtischen Krankenhaus bei der ambulanten Behandlung helfen. Als erstes mußte ich von einem Finger einen Verband abnehmen, Borsäure und Wasser wärmen und den Finger eine gewisse Zeit darin baden. Das war leicht. Als nächstes mußte ein Ohr ausgespült werden, aber das durfte ich nicht anfassen. Ohren ausspülen, sagte die Schwester, wäre eine sehr heikle Sache. Eine ungeübte Kraft sollte es gar nicht erst versuchen.

«Denken Sie daran. Glauben Sie ja nicht, Sie können sich nützlich machen, indem Sie etwas tun, das Sie nicht gelernt haben. Sie könnten großen Schaden anrichten.»

Als nächstes mußte ich einem kleinen Kind den Verband abnehmen, das sich kochendes Wasser über das Bein geschüttet hatte. Das war der Moment, da ich die Krankenpflege beinahe für immer aufgegeben hätte. Der Verband, das wußte ich, mußte behutsam mit lauwarmem Wasser abgelöst werden, und wie vorsichtig ich auch zu Werke ging, das Kind litt entsetzliche Schmerzen. Das arme Würmchen war erst etwa drei Jahre alt. Das Kleine schrie und schrie. Es war schrecklich. Ich war so aufgeregt, daß ich fürchtete, mir würde im nächsten Moment übel werden. Was mich davor bewahrte, das waren die höhnischen Blicke einer Oberschwester in meiner Nähe. Diese aufgeblasenen jungen Puten, schienen ihre Augen zu sagen, kommen her und glauben, sie wüßten schon alles; aber wenn es ernst wird, versagen sie. Sofort beschloß ich, um jeden Preis durchzuhalten. Der Verband mußte abgelöst werden, und nicht nur das Kind, auch ich mußte den Schmerz ertragen. Ich machte weiter, biß die Zähne zusammen, würgte meine Übelkeit herunter und schaffte es. Ich war ganz verwirrt, als die Oberschwester plötzlich zu mir sagte: «Das haben Sie gar nicht schlecht gemacht. Am Anfang ist Ihnen alles hochgekommen, was? Ist mir auch schon mal passiert.»

An einem Tag in der Woche begleiteten wir die Fürsorgerin auf ihrem Rundgang, auch das war ein Teil unserer Ausbildung. Wir besuchten eine Reihe kleiner Häuser, die eines miteinander gemeinsam hatten: die Fenster waren hermetisch verschlossen. In manchen Häusern roch es nach Seife, in manchen nach etwas ganz anderem – wir konnten der Versuchung, ein Fenster aufzureißen, nur sehr schwer widerstehen. Die Leiden der Bewohner waren fast immer die gleichen. Sie hatten es praktisch alle «mit den Beinen» Mir war nicht so recht verständlich, was das bedeutete. «Blutvergiftungen sind sehr verbreitet», erklärte mir die Fürsorgerin. «Sie treten als Folge venerischer Krankheiten auf, als Geschwüre ... schlechtes Blut eben.» Jedenfalls war das die Redewendung, die die Leute unter sich gebrauchten. In späteren Jahren verstand ich, was es bedeutete, wenn meine Haushaltshilfe zu mir sagte: «Meine Mutter ist wieder krank.»

«Ach! Was fehlt ihr denn?»

«Sie hat es mit den Beinen. Sie hat es schon immer mit den Beinen gehabt.»

Auf einem unserer Rundgänge kamen wir einmal zu einem

Mann, der eben gestorben war. Die Fürsorgerin und ich bahrten den Leichnam auf. Eine neue Erfahrung für mich. Nicht so herzzerreißend wie ein verbrühtes Kind, aber doch etwas enervierend für jemanden, der es nie zuvor getan hatte.

Als im fernen Serbien ein Erzherzog ermordet wurde, schien uns das ein recht unbedeutendes Ereignis zu sein – nichts, das uns betraf. Schließlich wurden ja auf dem Balkan ständig Leute ermordet. Daß es uns hier in England irgendwie berühren sollte – ausgeschlossen! Doch schon bald nach jenem Mord zogen Sturmwolken am Horizont auf. Phantastische Gerüchte gingen um – Krieg! Aber das waren natürlich nur die Zeitungen. Kein zivilisiertes Land fing heute noch einen Krieg an. Es hatte schon seit Jahren keine Kriege mehr gegeben, es würde wahrscheinlich auch keine mehr geben.

Nein – von ein paar älteren Ministern und Beamten im Auswärtigen Amt abgesehen, konnte sich der Mann von der Straße einfach nicht vorstellen, daß es Krieg geben könnte. Es waren alles nur Gerüchte – die Leute regten sich auf und plapperten den Politikern nach, die von einer «ernsten Lage» sprachen. Und eines Tages war es dann so weit.

Der Krieg hatte begonnen.

FÜNFTES KAPITEL

KRIEG

1

England war in den Krieg eingetreten.

Unsere Reaktion auf diesen Krieg war damals ganz anders als heute, doch ist es schwierig, den Unterschied zu beschreiben. Wir mögen heute entsetzt, vielleicht überrascht sein, wenn ein Krieg kommt, aber es erstaunt uns nicht, denn wir sind uns alle der Tatsache bewußt, daß es Kriege gibt, daß es in der Vergangenheit welche gegeben hat und daß jederzeit ein neuer Krieg ausbrechen kann. Aber im Juli 1914 hatte es keinen Krieg mehr gegeben seit – seit wie langer Zeit? Seit fünfzig Jahren – oder noch länger? Sicher, es hatte den Burenkrieg gegeben und hin und wieder Gefechte an der indischen Nordwestgrenze – aber das waren doch eigentlich nur Waffenübungen gewesen, Manöver, um die Macht des Empire in fernen Gegenden zu behaupten. Das war jetzt etwas anderes. Wir befanden uns im Krieg mit Deutschland.

Ich bekam ein Telegramm von Archie. «Komm nach Salisbury wenn Du kannst stop hoffe Dich zu sehen.» Das Fliegerkorps würde als eines der ersten mobilisiert werden.

«Wir müssen fahren», sagte ich zu Mutter. «Wir müssen.»

Ohne weitere Umstände hasteten wir zum Bahnhof. Wir hatten wenig Bargeld bei uns; die Banken waren geschlossen, die Regierung hatte ein Moratorium erlassen, und in der ganzen Stadt ließ sich kein Geld auftreiben. Wir stiegen in den Zug. Mutter hatte drei oder vier Fünfpfundnoten bei sich, aber die Fahrkartenkontrolleure wiesen sie zurück; keiner wollte Fünfpfundnoten annehmen. Sie begnügten sich damit, Namen und Adresse zu notieren. Die Züge hatten Verspätung, und wir mußten mehrmals umsteigen, aber schließlich trafen wir doch am Abend in Salisbury ein. Wir gingen ins County Hotel. Eine halbe Stunde später kam Archie. Es blieb uns nur ganz wenig Zeit: er konnte nicht einmal zum Essen bleiben. Wir hatten eine halbe Stunde, nicht mehr. Dann verabschiedete er sich und ging.

Wie das ganze Fliegerkorps war auch er davon überzeugt, daß er fallen und mich nie wiedersehen würde. Er war so ruhig und heiter wie immer, aber alle diese jungen Leute rechneten damit, daß der Krieg für sie oder zumindest die ersten unter ihnen das Ende bedeuten würde. Die deutsche Luftwaffe war als mächtiger Gegner bekannt.

Ich wußte das nicht oder nur zum Teil, und doch war ich ebenso sicher wie er, daß ich mich für immer von ihm verabschiedete, daß ich ihn nie wiedersehen würde. Trotzdem versuchte ich, es ihm an heiterer Gelassenheit und scheinbarem Vertrauen in die Zukunft gleichzutun. Ich erinnere mich, daß ich an diesem Abend zu Bett ging und weinte, bis ich dann plötzlich in einen tiefen Schlaf versank, aus dem ich erst spät am nächsten Morgen erwachte.

Wir fuhren wieder nach Hause, nicht ohne weiteren Fahrkartenkontrolleuren Namen und Adresse anzugeben. Drei Tage später kam die erste Postkarte aus Frankreich. Darauf waren vorgedruckte Sätze wie etwa BIN GESUND, BIN IM LAZARETT und so weiter. Der Absender durfte sie nur entweder stehenlassen oder durchstreichen. Ich hielt die Karte für ein gutes Omen.

Ich eilte zu meiner Abteilung im VAD, dem Freiwilligen-Hilfskomitee, um zu erfahren, was dort los war. Wir machten eine Menge Verbände und rollten sie auf, wir fabrizierten ganze Körbe voll Tupfer für die Krankenhäuser. Bald – nur zu bald – trafen die ersten Verwundeten ein. Es wurde angeordnet, den Männern bei ihrer Ankunft auf dem Bahnhof Erfrischungen zu reichen – wohl eine der dümmsten Ideen, die ein Kommandant sich einfallen lassen konnte. Die Männer waren auf der ganzen Strecke von Southampton bis Torquay gut verpflegt worden, und als sie ankamen, mußten sie möglichst rasch aus dem Zug geholt, auf Tragbahren gebettet und ins Lazarett gebracht werden.

Die meisten von uns hatten sich bemüht, im Lazarett (im Rathaus eingerichtet) als Krankenpflegerin Aufnahme zu finden. Für den reinen Pflegedienst hatte man aber größtenteils Frauen mittleren Alters und solche herangezogen, die einige Erfahrung in der Betreuung kranker Männer hatten. Junge Mädchen waren als ungeeignet abgewiesen worden. Dann gab es auch noch die sogenannten Abteilungshilfen, die im Rathaus die Hausarbeit verrichteten und es sauberhielten: Messing polieren, Böden schrubben und ähnliches; und schließlich war da noch das Küchenpersonal. Viele Frauen, die keine Krankenpflege übernehmen wollten, meldeten sich zum Küchendienst; andererseits stellten die Abteilungshilfen in Wirklichkeit eine Reservegruppe dar; sie warteten ungeduldig darauf, zu Krankenpflegerinnen aufzusteigen, sobald sich irgendwo eine Vakanz ergab. Wir hatten insgesamt acht geschulte Spitalschwestern; der Rest bestand aus Angehörigen des VAD, des Freiwilligen-Hilfskomitees.

Mrs. Acton, eine sehr energische Dame, war der rangälteste Offizier des VAD und bekleidete daher die Stellung der Oberschwester. Sie war eine gute Vorgesetzte und organisierte den ganzen Betrieb außerordentlich geschickt. Das Lazarett konnte über zweihundert Patienten aufnehmen, und alle Betten standen in Reih und Glied und warteten auf die ersten Verwundeten. Der ernste Augenblick entbehrte nicht einer gewissen Komik. Mrs. Stragge, die Bürgermeisterin und General Stragges Gattin – eine eindrucksvolle Erscheinung –, trat vor, hieß sie willkommen, sank vor dem ersten Ankömmling, einem ambulanten Fall, auf die Knie, forderte ihn auf, sich auf sein Bett zu setzen, und zog ihm dann feierlich die Stiefel aus! Der Mann, das muß ich sagen, machte ein erstauntes Gesicht – kein Wunder – denn wie wir bald feststellten, war er ein Epileptiker und hatte überhaupt keine Verwundungen.

Ich kam ins Lazarett, allerdings nur als Abteilungshilfe, und machte mich ans Messingputzen. Aber schon fünf Tage später avancierte ich zur Krankenpflegerin. Viele der Damen mittleren Alters hatten wenig Erfahrung in der Krankenpflege; und so groß ihre Anteilnahme, so lebhaft ihr Wunsch, ein gutes Werk zu tun, auch sein mochten, sie waren sich der Tatsache nicht bewußt gewesen, daß Krankenpflege hauptsächlich aus Urinflaschen, dem Säubern von Gummitüchern, dem Aufwischen von Erbrochenem und dem Gestank eiternder Wunden besteht. Sie hatten sich wohl vorgestellt, die Krankenpflege bestünde darin, Kissen zu schütteln und unseren tapferen Männer Trostworte zuzuflüstern. Also gaben diese Idealistinnen ihren Dienst schleunigst wieder auf; nie hätten sie gedacht, solche Arbeiten verrichten zu müssen, sagten sie. Und nun traten ausdauernde junge Mädchen an ihre Stelle.

Anfangs war alles sehr verwirrend. Die armen Spitalschwestern wurden fast verrückt angesichts der großen Zahl williger, aber völlig unausgebildeter Freiwilliger, die ihren Anweisungen folgen sollten. Halbwegs geschulte Lernschwestern, die ihnen hätten helfen können, gab es nicht. Zusammen mit einem anderen Mädchen hatte ich zwei Reihen von je zwölf Betten zu betreuen; wir hatten eine sehr energische Schwester – Schwester Bond. Sie war zwar eine ausgezeichnete Krankenpflegerin, konnte aber nur wenig Geduld für ihre unglücklichen Helferinnen aufbringen. Nicht daß wir dumm gewesen wären; wir waren einfach unerfahren. Man hatte uns kaum etwas von dem beigebracht, was für den Spitaldienst nötig war; Verbände anlegen, das war praktisch alles, was wir gelernt hatten – das und die Theorie der Krankenpflege. Was uns noch einigermaßen über die Runden half, das waren die wenigen Anweisungen, die die Fürsorgerin uns gegeben hatte.

Die Geheimnisse der Sterilisierung waren es, die uns am meisten zu schaffen machten – um so mehr, als Schwester Bond zu gehetzt war, um sie uns zu enthüllen. Fässer voll Verbandszeug wurden gebracht und unserer Obhut anvertraut. Wir wußten damals noch nicht einmal, daß Nierenschalen dazu bestimmt waren, schmutzige Verbände aufzunehmen, runde Becken aber nur sauberes Material. Daß alles Verbandszeug schrecklich schmutzig aussah, auch wenn es völlig sauber war – es kam aus dem Sterilisierapparat –, machte die Sache noch verwirrender. Es dauerte eine Woche, bis wir alles einigermaßen begriffen hatten, aber mittlerweile hatte Schwester Bond aufgegeben und den Dienst quittiert. Sie wäre, sagte sie, mit ihren Nerven am Ende.

Eine neue Schwester, Schwester Anderson, nahm ihre Stelle ein. Schwester Bond war eine gute Krankenpflegerin und eine erstklassige Operationsschwester gewesen. Auch Schwester Anderson war eine erstklassige Operationsschwester, dazu aber eine Frau mit gesundem Menschenverstand und einem beträchtlichen Maß an Geduld. Nachdem sie die ihr anvertrauten Pflegerinnen ein oder zwei Tage beobachtet hatte, teilte sie sie in zwei Gruppen ein: die, die zu schulen ihr der Mühe wert schienen, und jene, die gerade noch dazu taugten, «nachzusehen, ob das Wasser kocht». Diese Bemerkung bezog sich auf die vier riesigen Wasserkessel in einer Ecke des Saales, die das kochende Wasser für die feuchten Umschläge lieferten. Zu jener Zeit wurden praktisch alle Wunden mit solchen Umschlägen behandelt. Wenn dann das unglückliche Mädchen, das ausgesandt worden war, um nachzusehen, «ob das Wasser kocht», mit der Nachricht zurückkam, daß es koche, und es in Wirklichkeit noch nicht kochte, fragte Schwester Anderson mit unendlich verächtlicher Gebärde: «Sind Sie nicht einmal imstande festzustellen, Miss, wann Wasser kocht?»

«Wenn man Dampf sehen kann», antwortete die Pflegerin.

«Das ist kein Dampf», sagte Schwester Anderson. «Hören Sie das denn nicht? Zuerst kommt dieses singende Geräusch, dann hört es auf, und erst dann kommt der richtige Dampf!» Sie demonstrierte den Vorgang. «Ich weiß wirklich nicht, was ich tun werde, wenn man mir noch mehr solche Gänse schickt», murmelte sie vor sich hin, während sie sich entfernte.

Ich hatte Glück, daß ich unter Schwester Anderson arbeiten durfte. Sie war streng, aber gerecht. Über die angrenzenden zwei Bettreihen herrschte Schwester Stubbs. Sie war klein von Gestalt, lieb und nett zu den Mädchen, sprach sie auch oft mit «mein liebes Kind» an, reagierte aber, nachdem sie sie auf diese Weise in Sicherheit gewiegt hatte, mit heftigen Zornausbrüchen, wenn etwas schiefging. Es war, wie wenn man mit einem ungezogenen Kätzchen zu tun hat: es spielt mit dir, doch schon im nächsten Augenblick kratzt es dich.

Ich fand schnell Gefallen an der Krankenpflege, und für mich war es und ist es heute noch einer der lohnendsten Berufe, die ein Mensch ergreifen kann. Hätte ich nicht geheiratet, ich glaube, ich hätte mich zu einer richtigen Krankenschwester ausbilden lassen. Vielleicht bin ich erblich belastet – die erste Frau meines Großvaters, meine amerikanische Großmutter, war Krankenschwester.

Beim Eintreten in die Welt der Krankenpflege mußten wir unsere Ansichten in bezug auf unseren Status im bürgerlichen Leben und auf unsere gegenwärtige Stellung in der Spitalhierarchie von Grund auf ändern. Bisher hatten wir Ärzte als selbstverständlich betrachtet. Man ließ einen kommen, wenn man krank war, und man tat, was er empfahl. Üblicherweise war er ein Freund der Familie. Ich war von niemandem darauf vorbereitet worden, daß ich jetzt vor diesen Kapazitäten hinsinken und sie anbeten mußte.

«Handtücher für den Herrn Doktor!»

Ich lernte sehr bald eine stramme Haltung einzunehmen, als menschlicher Handtuchhalter dazustehen und geduldig zu warten, während der Arzt sich die Hände wusch, sich mit dem Handtuch abtrocknete und es dann, ohne sich die Mühe zu nehmen, es mir zurückzureichen, verächtlich auf den Boden warf. Selbst Ärzte, die nach Meinung des Pflegepersonals als unfähig angesehen wurden, kamen hier zur Geltung und genossen eine Verehrung, wie sie höheren Wesen zugestanden hätte.

Mit einem Arzt auch nur zu sprechen, ihm zu zeigen, daß man seine Arbeit lobend anerkannte, galt als dreist und anmaßend. Selbst wenn er ein guter Freund war, durfte man das nicht zeigen. Mit der Zeit gewöhnte ich mich an diese strenge Etikette, aber ein- oder zweimal machte ich mich doch eines Vergehens schuldig. Gereizt, wie es die Ärzte im Operationssaal nun einmal sind – oder sein zu müssen glauben, weil die Schwestern es von ihnen erwarten –, rief ein Operateur einmal ungeduldig: «Nein, nein, Schwester, nicht diese Zange! Geben Sie mir . . .» Ich weiß nicht mehr, wie das Ding hieß, aber wie das so ist, hatte ich es auf meinem Tablett und reichte es ihm. Was ich mir deswegen nachher alles anhören mußte!

«Also wirklich, Miss, sich so keck vorzudrängen! Dem Doktor persönlich die Zange zu reichen!»

«Es tut mir schrecklich leid, Schwester», murmelte ich unterwürfig. «Was hätte ich denn tun sollen?»

«Aber das sollten Sie jetzt wirklich schon wissen. Wenn der Arzt etwas benötigt, das Sie ihm besorgen können, dann geben Sie es natürlich mir, und ich reiche es ihm.»

Ich versprach ihr, nie wieder gegen die Regeln zu verstoßen.

Der Umstand, daß unsere ersten Fälle mit primitiven Notverbänden, das Kopfhaar voller Läuse, unmittelbar aus den Schützengräben kamen, veranlaßte immer mehr ältere Möchtegernpflegerinnen, die Flucht zu ergreifen. In Torquay hatten die wenigsten Damen je eine Laus gesehen – auch ich nicht –, und der Schock, dieses scheußliche Ungeziefer vorzufinden, war einfach zuviel für die lieben Leutchen.

Unter unseren ersten Patienten hatten wir auch einen Tetanusfall. Es war unser erster Patient, der starb. Wir waren alle erschüttert, aber schon drei Wochen später schien es mir, als hätte ich mein Leben lang Soldaten gepflegt, und als gar ein Monat um war, fiel ich auch nicht mehr auf ihre verschiedenen Tricks herein.

«Was haben Sie denn da auf Ihr Fieberblatt geschrieben, Johnson?» Es hing in einem Rahmen am Fußende des Bettes.

«Ich hätte etwas auf mein Fieberblatt geschrieben, Miss?» fragte er mit einem Ausdruck gekränkter Unschuld. «Aber rein gar nichts. Warum sollte ich?»

«Jemand hat da eine recht eigenartige Diät verordnet. Ich glaube nicht, daß es die Schwester war oder der Herr Doktor. Sehr unwahrscheinlich, daß sie Ihnen Portwein verordnen würden.»

Ein anderer wieder fing an zu stöhnen, als ich vorbeikam. «Ich glaube, ich bin sehr krank, Miss. Ganz sicher. Ich habe Fieber.»

Ich betrachtete sein gesundes, rosiges Gesicht und warf dann einen Blick auf das Thermometer, das er mir entgegenhielt; es zeigte vierzig Grad.

«Die Radiatoren sind wirklich sehr nützlich, finden Sie nicht auch?» sagte ich. «Aber seien Sie vorsichtig: wenn es zu heiß wird, springt das Thermometer.»

«Ach, Miss», grinste er, «Ihnen kann man auch gar nichts vormachen. Ihr Jungen seid noch hartherziger, als die alten Pflegerinnen es waren. Die waren ganz aus dem Häuschen, wenn wir vierzig Grad Fieber hatten!»

«Sie sollten sich schämen.»

«Ach, Miss, ist doch alles nur Spaß.»

Unter unseren Patienten gab es einen Schotten, dem ich seine Briefe schreiben mußte. Erstaunlich, daß er weder lesen noch schreiben konnte, war er doch praktisch der Intelligenteste auf der Station. Aber so sah es nun einmal aus, und ich schrieb pflichtgemäß die Briefe an seinen Vater. Das fing so an, daß er sich zurücklehnte und wartete, daß ich beginnen sollte. «Jetzt werden wir meinem Vater schreiben, Miss», befahl er.

«Ja. ‹Lieber Vater›», setzte ich an. «Und was soll ich schreiben?»

«Ach, schreiben Sie einfach irgendwas, das er gern hören möchte.»

«Na ja – ich denke, Sie wollten mir doch einige Hinweise geben.»

«Sie werden das schon richtig machen.»

Aber ich bestand auf konkreten Hinweisen: wie es ihm in dem Lazarett gefiel, in dem er sich befand, was er zu essen bekam und so weiter. Er unterbrach sich. «Das wär's wohl . . .»

«‹In aufrichtiger Zuneigung, Dein Dich liebender Sohn?›» schlug ich vor.

Er sah mich entgeistert an.

«Also nein, Miss. Das geht nun wirklich nicht!»

«Habe ich etwas falsch gemacht?»

«‹Dein Dir ergebener Sohn›, müssen Sie schreiben. Außer in der Anrede sprechen wir nicht von Liebe oder Zuneigung – nicht zu meinem Vater.» Ich sah mein Unrecht ein!

Als ich der ersten Operation beiwohnen sollte, blamierte ich mich arg. Plötzlich drehte sich um mich her alles, und nur der starke Arm einer anderen Pflegerin, die meine Schultern umfaßte und mich rasch hinausbeförderte, rettete mich vor einer Katastrophe. Es wäre mir nie in den Sinn gekommen, daß ich beim Anblick von Blut oder Wunden ohnmächtig werden könnte. Als Schwester Anderson nach der Operation aus dem Saal kam, wagte ich kaum, ihr unter die Augen zu treten. Aber sie war unerwartet freundlich. «Machen Sie sich nichts draus, Miss», sagte sie. «Die ersten Male ist es uns allen so ergangen. Die Hitze und der Äther zusammen rufen leicht Übelkeit hervor – und außerdem war das eine komplizierte Bauchoperation, und da ruhig zuzusehen, erfordert besonders starke Nerven.»

«Ach, Schwester, glauben Sie, ich werde es das nächste Mal durchstehn?»

«Sie müssen es versuchen – so lange versuchen, bis es geht. Stimmt's?»

«Ja», antwortete ich, «das stimmt.»

Die nächste Operation, zu der sie mich mitnahm, dauerte nur kurz, und ich überlebte sie. Danach hatte ich keine Schwierigkeiten mehr, obwohl ich manchmal den Blick abwenden mußte, wenn der Arzt das Messer ansetzte. War das einmal vorbei, konnte ich ruhig und interessiert zusehen. Man gewöhnt sich eben an alles.

2

«Ich finde es nicht richtig, meine liebe Agatha, daß du auch am Sonntag im Lazarett arbeitest», sagte eine ältere Freundin meiner Mutter. «Sonntag ist der Tag des Herrn. Du solltest die Sonntage frei haben.»

«Und wer, meinst du, sollte den Männern ihre Verbände erneuern, sie waschen, ihnen die Becken reichen, ihre Betten machen und ihnen zu essen geben, wenn niemand am Sonntag arbeiten würde?» gab ich zurück. «Sie könnten ja schließlich kaum vierundzwanzig Stunden ohne diese Dienstleistungen auskommen, nicht wahr?»

«Ach du liebe Zeit, daran habe ich nicht gedacht. Aber irgendeine Einteilung sollte es doch geben!»

Drei Tage vor Weihnachten bekam Archie plötzlich Urlaub. Ich fuhr mit Mutter nach London, um ihn zu treffen. Ich spielte, glaube ich, mit dem Gedanken, ihn zu heiraten. Das taten jetzt viele junge Menschen.

«Ich begreife das nicht», sagte ich, «während um uns herum die Menschen sterben, wie kann man da bedächtig dahinleben und immer nur an die Zukunft denken?»

Mutter nickte. «Du hast recht», erwiderte sie. «Man sollte wirklich nicht jedem Risiko aus dem Weg gehen und ausschließlich an die Zukunft denken.»

Ich sprach es nicht aus, aber die Wahrscheinlichkeit, daß Archie sein Leben verlieren würde, war doch recht hoch. Die Verlustlisten überraschten und erschreckten die Leute. Viele meiner Freunde waren Soldaten gewesen und sofort eingezogen worden. Fast jeden Tag las man in der Zeitung, daß jemand, den man gekannt hatte, gefallen war.

Es war erst drei Monate her, daß Archie und ich uns gesehen

hatten – drei Monate, die wir, so schien es mir, in einer anderen Zeitdimension durchschritten hatten. Völlig neue Erfahrungen hatten mich geprägt: der Tod meiner Freunde, Ungewißheit und ein verändertes Lebensgefühl. Auch Archie hatte neue Erfahrungen gesammelt, wenngleich auf einer anderen Ebene. Tod und Niederlage, Rückzug und Angst hatten ihn verändert. Die Folge war, daß wir uns fast wie Fremde begegneten.

Es war, als müßten wir wieder ganz von vorn anfangen. Der Unterschied zwischen uns beiden machte sich sofort bemerkbar. Seine betonte Lässigkeit, sein frivoles Gehaben störten mich. Ich war zu jung, um zu begreifen, daß es für ihn keine andere Möglichkeit gab, seinem neuen Leben die Stirn zu bieten. Ich wiederum war ernster und empfindsamer geworden und hatte jene Unbeschwertheit einer glücklichen Mädchenzeit weitgehend abgelegt. Es war, als bemühten wir uns vergeblich, einander näherzukommen, als entdeckten wir bestürzt, daß wir vergessen hatten, wie wir das anstellen sollten.

In einem Punkt zeigte er sich entschlossen – das machte er von Anfang an klar: heiraten kam nicht in Frage. «Das wäre völlig falsch», sagte er. «Auch meine Freunde denken so. Man darf nichts übereilen. Du kriegst eine Kugel ab, es erwischt dich, und du läßt eine junge Witwe zurück, am Ende ist auch noch ein Kind unterwegs – nein, nein, das wäre egoistisch und falsch.»

Ich widersprach ihm auf das heftigste. Aber es gehörte zu Archies Charakterzügen, daß er immer restlos von bestimmten Ideen überzeugt war. Er war immer ganz sicher, daß er etwas tun müsse und es auch tun würde. Damit will ich nicht sagen, daß er nie seine Meinung änderte – doch, das tat er, und zuweilen recht plötzlich. Er konnte sogar von einem Extrem ins andere fallen und erklärte von diesem Augenblick an schwarz für weiß und weiß für schwarz. Worauf er dann von der Richtigkeit seines neuen Standpunkts ebenso restlos überzeugt war wie zuvor von dem gegenteiligen. Ich beugte mich seinem Willen, und wir machten uns daran, die wenigen Tage, die uns vergönnt waren, zu genießen.

Ein paar Tage London, und dann sollte ich mit ihm nach Clifton hinunterfahren und Weihnachten mit ihm im Hause seines Stiefvaters und seiner Mutter verbringen. Das war ein durchaus vernünftiges Arrangement, aber noch bevor wir nach Clifton abreisten, hatten wir einen richtigen Streit. Einen lächerlichen, aber deshalb nicht weniger erbittert geführten Streit.

Am Morgen unserer Abreise erschien Archie mit einem Geschenk für mich im Hotel. Es war ein prachtvolles Reisenecessaire, ein Stück, mit dem jede Millionärin, ohne sich schämen zu müssen, im Ritz hätte absteigen können. Hätte er mir einen Ring gebracht, ein Armband, wie teuer auch immer, ich würde keinen Einwand erhoben, würde das Geschenk freudig und stolz entgegengenommen haben; aber aus irgendeinem Grund revoltierte ich gegen das Necessaire. Ich hielt es für eine absurde Extravaganz, für etwas, das ich nie verwenden würde. Ich wollte es nicht haben, sagte ich, und er müßte es zurücktragen. Er war böse, ich war böse. Ich zwang ihn, es zurückzutragen. Eine Stunde später kam er wieder, und wir versöhnten uns. Wir verstanden nicht, was über uns gekommen war. Wie hatten wir so töricht sein können? Er gab zu, daß es ein dummes Geschenk gewesen war. Ich gab zu, daß es unhöflich von mir gewesen war, das zu sagen. Aber der Streit und die darauffolgende Versöhnung führten dazu, daß wir uns jetzt noch näher standen als zuvor.

Mutter kehrte nach Devon zurück, und Archie und ich fuhren nach Clifton. Meine zukünftige Schwiegermutter ließ weiterhin ihren Charme spielen, wenn auch in etwas übertrieben irischer Manier. Ihr anderer Sohn Campbell sagte mir einmal: «Mutter ist eine sehr gefährliche Frau.» Damals verstand ich das nicht, aber heute glaube ich zu wissen, was er meinte. Die überströmende Zuneigung, die sie für einen Menschen aufbrachte, konnte von einem Moment zum andern ins Gegenteil umschlagen. Heute gefiel es ihr, ihre zukünftige Schwiegertochter zu lieben; morgen würde sie ihr alles Böse wünschen.

Es war eine anstrengende Fahrt nach Bristol: in den Zügen herrschten chaotische Zustände, und sie hatten stundenlange Verspätungen. Aber schließlich kamen wir doch an und wurden äußerst herzlich willkommen geheißen. Erschöpft von den Aufregungen des Tages und der Fahrt ging ich zu Bett.

Es mag eine halbe Stunde, vielleicht auch eine Stunde später gewesen sein, ich schlief noch nicht, als es an der Tür klopfte. Ich stand auf und öffnete. Es war Archie. Er kam herein, schloß die Tür hinter sich und sagte schroff: «Ich habe es mir überlegt. Wir müssen heiraten. Sofort. Morgen werden wir heiraten.»

«Aber du hast doch gesagt . . .»

«Kümmere dich nicht darum, was ich gesagt habe. Du hattest recht, und ich hatte unrecht. Natürlich ist es das einzig Vernünftige. Es bleiben uns noch zwei Tage, bis ich zurück muß.»

«Ja, aber . . .» Es gab so vieles, was ich hätte sagen wollen, aber nicht herausbrachte. Ich habe schon immer darunter gelitten, daß ich gerade dann nicht reden kann, wenn ich etwas klar sagen will.

«Das wird alles schrecklich kompliziert werden», sagte ich mit schwacher Stimme. Ich sah schon jetzt die hunderterlei Schwierigkeiten, die Archie nicht sah. Archie hatte immer nur das Wesentliche im Auge. Noch gestern hatte er es für einen Wahnsinn gehalten, im Krieg zu heiraten; heute war er felsenfest davon überzeugt, daß es das einzig Richtige für uns war. Die technischen Schwierigkeiten, die es zu überwinden galt, die verletzten Gefühle unserer engsten Verwandten, das alles berührte ihn überhaupt nicht. Wir gerieten uns in die Haare. Wir stritten uns fast so heftig, wie wir es vor vierundzwanzig Stunden getan hatten, diesmal natürlich mit umgekehrten Vorzeichen. Daß er auch diesmal recht behielt, brauche ich nicht zu betonen.

«Aber ich glaube, man kann gar nicht so schnell heiraten», sagte ich zweifelnd. «Es ist sehr schwierig.»

«Natürlich können wir», erwiderte Archie fröhlich. «Wir können uns eine Sondergenehmigung verschaffen – vom Erzbischof von Canterbury.»

«Ist das nicht sehr teuer?»

«Es wird ein bißchen was kosten. Aber wir werden das schon schaffen. Es bleibt uns sowieso nichts anderes übrig. Morgen ist ja schon Heiligabend. Also, bist du einverstanden?»

Ich nickte. Er ging, und ich konnte die halbe Nacht nicht schlafen. Ich machte mir Sorgen. Was würde Mutter dazu sagen? Was würde Madge dazu sagen? Was würde Archies Mutter dazu sagen? Warum hatte Archie sich nicht in London für unsere Heirat entschieden, wo alles leicht und einfach gewesen wäre? Na ja. Erschöpft schlief ich ein.

Viele meiner Befürchtungen bewahrheiteten sich am nächsten Morgen. Zuerst mußten wir es Peg beibringen. Sie brach sofort in hysterische Tränen aus und zog sich ins Bett zurück.

«Daß mein eigener Sohn mir das antun muß!» seufzte sie.

«Archie», sagte ich, «wir sollten es besser lassen. Deine Mutter ist ganz außer sich.»

«Ist mir doch egal, ob sie außer sich ist oder nicht», gab Archie zurück. «Wir sind seit zwei Jahren verlobt. Sie hat genug Zeit gehabt, sich an den Gedanken zu gewöhnen.»

«Sie scheint es schrecklich schwerzunehmen.»

«Mich so aufzuregen!» schluchzte Peg. Sie lag, ein in Eau de Cologne getränktes Taschentuch auf der Stirn, in ihrem verdunkelten Schlafzimmer. Archie und ich standen da wie zwei begossene Pudel. Archies Stiefvater erlöste uns. Er holte uns ins Wohnzimmer hinunter und sagte: «Ich finde, ihr macht es genau richtig.

Sorgt euch nicht wegen Peg. Sie verliert immer die Fassung, wenn sie von etwas überrascht wird. Sie hat dich sehr gern, Agatha, und sie wird sich sehr darüber freuen, sobald sie sich wieder beruhigt hat. Aber erwartet nicht von ihr, daß sie sich schon heute freut. Und jetzt geht los und veranlaßt alles Nötige. Es bleibt euch nicht allzuviel Zeit. Und vergeßt nicht: Ich bin sicher, ich bin ganz sicher, daß ihr es richtig macht.»

Obwohl ich den Tag ziemlich beklommen und besorgt begonnen hatte, war ich schon zwei Stunden später voller Kampfeslust. Es gab enorme Schwierigkeiten zu überwinden, und je geringer unsere Aussicht wurde, noch heute heiraten zu können, desto fester waren wir entschlossen, es doch zu schaffen.

Zuerst fragte Archie einen seiner früheren Religionslehrer um Rat. Angeblich wäre eine Sondergenehmigung von *Doctor's Commons,* dem für Ehe- und Testamentsangelegenheiten zuständigen Gerichtshof, für fünfundzwanzig Pfund zu bekommen, wurde uns gesagt. Weder Archie noch ich besaßen fünfundzwanzig Pfund, aber das störte uns nicht weiter; sicher würden wir uns das Geld von jemandem leihen können. Das Schwierige war, daß man persönlich diese Erlaubnis einholen mußte, und daß man sie am Weihnachtstag nicht ausgestellt bekam. Mit der Sondergenehmigung war es also Essig. Dann gingen wir auf ein Standesamt. Auch hier wurden wir abgewiesen. Man mußte sich vierzehn Tage vor der Zeremonie anmelden. Die Zeit verging. Aber ein freundlicher Beamter, mit dem wir bisher noch nicht gesprochen hatten, wußte Rat. «Mein lieber Freund», sagte er zu Archie, «Sie haben doch hier Ihren Wohnsitz, nicht wahr? Ich meine, Ihre Mutter und Ihr Stiefvater wohnen hier?»

«Ja», antwortete Archie.

«Sie haben also einen Koffer hier, Sie haben einen Teil Ihrer Kleidung, Ihrer Sachen hier, nicht wahr?»

«Ja.»

«Dann brauchen Sie keine vierzehn Tage zu warten. Sie können eine ganz gewöhnliche Heiratserlaubnis kaufen und in Ihrer Pfarrkirche noch heute nachmittag heiraten.» Die Eheerlaubnis kostete acht Pfund. Die hatten wir. Was dann kam, war eine einzige Hetzerei.

Wir suchten den Vikar in der Kirche am Ende der Straße. Er war nicht dort. Wir fanden ihn im Haus eines Freundes. Überrascht erklärte er sich bereit, die Zeremonie vorzunehmen. Wir sausten zu Peg zurück, um uns mit einer Kleinigkeit zu stärken. Mit Peg selbst war nichts anzufangen: «Ich will nichts hören», rief sie, «ich will nichts hören!» und versperrte ihre Tür.

Wir hatten keine Zeit zu verlieren. Wir eilten zur Kirche – es war die Emmanuelkirche, glaube ich. Dann stellte sich heraus, daß wir einen zweiten Zeugen brauchten. Ich stürzte auf die Straße hinaus und wollte schon den erstbesten Fremden in die Kirche lotsen, als ganz zufällig ein Mädchen vorbeikam, das ich kannte. Ich hatte vor zwei Jahren ein paar Tage bei ihr in Clifton gewohnt. Yvonne Bush war zwar einigermaßen überrascht, erklärte sich aber bereit, als impromptu Brautjungfer und Zeugin zu fungieren. Wir liefen in die Kirche zurück. Der Organist stimmte den Hochzeitsmarsch an.

Noch selten hatte sich eine Braut weniger um ihr Aussehen gekümmert als ich, ging es mir durch den Kopf, als die Zeremonie begann. Kein weißes Kleid, keinen Schleier, nicht einmal eine besonders hübsche Bluse. Ich trug ein ganz gewöhnliches Kostüm mit einem kleinen purpurfarbenen Samthut, und ich hatte nicht einmal Zeit gehabt, mir das Gesicht oder die Hände zu waschen. Wir mußten beide darüber lachen.

Die Zeremonie ging ordnungsgemäß zu Ende – und wir nahmen die nächste Hürde in Angriff. Da Peg immer noch nicht ansprechbar war, beschlossen wir nach Torquay zu fahren, dort im Grandhotel abzusteigen und den Weihnachtsabend mit meiner Mutter zu verbringen. Aber zuerst mußte ich sie natürlich anrufen und ihr mitteilen, was geschehen war. Es war sehr schwer durchzukommen, und das Ergebnis meiner Bemühungen nicht gerade überwältigend. Meine Schwester war da und reagierte sehr ungehalten auf meine Mitteilung.

«Mutter so zu überrumpeln! Du weißt doch, wie schwach ihr Herz ist! Du bist wirklich gefühllos!»

Wir stiegen in den Zug – er war gestoßen voll – und kamen gegen Mitternacht in Torquay an. Ich fühlte mich nicht ganz frei von Schuld. Die Menschen, die uns am nächsten standen, waren böse auf uns. Wir hatten so viel Unruhe in ihr Leben gebracht. Ich glaube nicht, daß Archie meine Gefühle teilte, und wenn, würde es ihn nicht weiter beunruhigt haben. Sehr bedauerlich, daß die Leute sich so aufregen, würde er gesagt haben, was war denn schon dabei? Wir hatten das einzig Richtige getan – er war dessen ganz sicher. Nur eines machte ihn nervös. Das zeigte sich, als wir in den Zug stiegen und er plötzlich, wie ein Zauberkünstler, einen zweiten Koffer hervorzog. «Ich hoffe», wandte er sich an seine junge Braut, «ich hoffe, du bist nicht böse deswegen.»

«Archie! Es ist das Reisenecessaire!»

«Ja. Ich habe es nicht zurückgetragen. Es macht dir doch nichts aus, nicht wahr?»

«Natürlich nicht. Ich bin froh, daß du es mir wieder schenkst.»

War unser Hochzeitstag ein einziger Kampf gegen eine ganze Reihe von Krisen gewesen, so gestaltete sich der Weihnachtstag wohltuend und friedlich. Alle hatten Zeit gehabt, über ihren Schock hinwegzukommen. Madge war liebevoll und hatte ihren Ärger vom Vortag völlig vergessen; Mutter hatte sich von ihrer Herzattacke erholt und sonnte sich in unserem Glück. Auch Peg, so hoffte ich, war wieder auf den Beinen. (Archie versicherte mir, daß ich daran nicht zweifeln müsse.) Und so genossen wir den Weihnachtstag in vollen Zügen. Am nächsten Tag fuhr ich mit Archie nach London und verabschiedete mich von ihm, als er sich wieder nach Frankreich einschiffte. Ich sollte ihn sechs lange Monate nicht wiedersehen.

Ich nahm meine Arbeit im Lazarett wieder auf. Die Nachricht von meinem neuen Status war mir vorausgeeilt.

«Miss!» Das war der Schotte, der mit seinem Stöckchen an das Fußende seines Bettes klopfte. «Kommen Sie sofort her, Miss!» Ich gehorchte. «Was höre ich da? Sie haben geheiratet?»

«Ja», sagte ich, «das habe ich.»

«Habt ihr das gehört?» wandte er sich an seine Kameraden in den anderen Betten. «Miss Miller hat geheiratet. Wie heißen Sie denn jetzt, Miss?»

«Christie.»

«Ah, ein schöner schottischer Name, Christie. Mrs. Christie – haben Sie gehört, Schwester? Das ist jetzt Mrs. Christie.»

«Ich habe es gehört», antwortete Schwester Anderson. «Und ich wünsche Ihnen viel Glück», fügte sie hinzu. «Auf der Station ist schon viel darüber gesprochen worden.»

«Das haben Sie gut gemacht, Miss», sagte ein anderer Patient. «Wie ich höre, haben Sie einen Offizier geheiratet?» Ich gab zu, diese schwindelnde gesellschaftliche Höhe erklommen zu haben. «Ja, das haben Sie gut gemacht. Nicht daß ich überrascht wäre – Sie sind ja ein hübsches Mädchen.»

Die Monate vergingen. Die Kampfhandlungen auf dem Festland gingen in einen grauenhaften Stellungskrieg über. Die Hälfte unserer Patienten wurde mit Schützengrabenfüßen eingeliefert. Es war entsetzlich kalt in jenem Winter, und ich hatte furchtbare Frostbeulen an Händen und Füßen. Mit der Zeit wurden mir verantwortungsvollere Aufgaben übertragen, und meine Arbeit machte mir Freude. Man kannte die Chirurgen, die man respektierte, und man kannte die Ärzte, die von den Schwestern insgeheim verachtet wurden. Es gab keine Entlausungen mehr und keine Notverbände; in Frankreich hatte man Standortlazarette eingerichtet. Trotzdem waren wir fast ständig überfüllt. Unser kleiner Schotte, der mit einem gebrochenen Bein eingeliefert worden war, verließ uns.

Zu Hause nahm alles seinen gewohnten Lauf. Lucy hatte Janes Stelle eingenommen, sprach aber stets in Tönen höchster Verehrung von «Mrs. Rowe». «Ich hoffe, ich werde Mrs. Rowe ersetzen können – als ihre Nachfolgerin übernehme ich eine große Verantwortung.» Sie rechnete damit, nach dem Krieg auch bei Archie und mir als Köchin zu arbeiten.

Eines Tages kam sie aufgeregt zu Mutter. «Ich hoffe, Sie werden mir verzeihen, Ma'am, aber ich glaube wirklich, ich muß mich zu den WAAFs, zu den Luftwaffenhelferinnen, melden. Ich hoffe, Sie nehmen es mir nicht übel.»

«Nein, Lucy», antwortete Mutter, «ich finde, Sie haben völlig recht. Sie sind ein kräftiges junges Mädchen; genau was man dort braucht.»

In Tränen aufgelöst nahm Lucy Abschied von uns. Mit ihr ging auch das Hausmädchen, die hübsche Emma. Sie wollte heiraten. Sie wurden von zwei ältlichen Dienstmädchen ersetzt, die mit großer Erbitterung auf die kriegsbedingten Schwierigkeiten reagierten.

«Tut mir leid, Ma'am», sagte Mary, zitternd vor Wut, schon nach wenigen Tagen, «aber was wir zu essen bekommen, das ist nicht recht. In dieser Woche hatten wir zweimal Fisch, und Innereien hatten wir auch. Ich habe immer mindestens einmal im Tag eine ordentliche Mahlzeit mit Fleisch gehabt.» Mutter versuchte ihr zu erklären, daß die Lebensmittel rationiert waren und daß man Fisch essen mußte, auch das, was man beschönigend «eßbaren Fleischabfall» nannte. Mary schüttelte bloß den Kopf und blieb bei ihrem: «Es ist nicht recht, das ist nicht anständig.» Sie beklagte sich auch darüber, daß man ihr zumutete, Margarine zu essen. Mutter versuchte es mit einem Trick, den im Krieg viele Leute anwandten: sie wickelte die Margarine in Butterpapier und die Butter in Margarinepapier ein.

«Kosten sie jetzt von beiden», sagte sie. «Ich glaube nicht, daß Sie Margarine von Butter unterscheiden können.»

Die zwei naschhaften Wesen verzogen das Gesicht und kosteten. Sie schwankten keinen Augenblick. «Man merkt doch sofort den Unterschied, Ma'am, gar keine Frage.»

«Ist der Unterschied wirklich so groß?»

«Jawohl. Den Geschmack von Margarine vertrage ich nicht – vertragen wir beide nicht. Uns wird übel davon.» Angewidert reichte sie Mutter die Schüssel zurück.

«Und die da schmeckt Ihnen?»

«Ja, Ma'am, sehr gute Butter. Daran ist nichts auszusetzen.»

«Dann sollten Sie aber wissen», sagte Mutter, «daß das hier die Margarine ist und das hier die Butter.»

Zuerst wollten sie es nicht glauben. Als sie es dann glaubten, spielten sie die Beleidigten.

Meine Großmutter wohnte jetzt bei uns. Es beunruhigte sie sehr, daß ich nachts allein vom Lazarett nach Hause zurückkehrte.

«Es ist so gefährlich, mein Kind. Es kann alles mögliche passieren. Du mußt das anders einteilen.»

«Ich wüßte nicht, wie ich es anders einteilen sollte, Oma. Und bis jetzt ist auch noch nie etwas passiert. Ich mache es ja schon seit vielen Monaten.»

«Es ist nicht recht. Jemand könnte dich ansprechen.»

Ich beruhigte sie, so gut es ging. Meine Dienstzeit war von zwei Uhr nachmittags bis zehn Uhr abends, und es wurde fast immer halb elf, bis ich gehen konnte. Für den Heimweg, der mich, das muß ich zugeben, durch ziemlich einsame Straßen führte, brauchte ich etwa dreiviertel Stunden. Aber ich hatte nie irgendwelche Schwierigkeiten. Einmal begegnete ich einem sehr betrunkenen Sergeanten, der sich jedoch als äußerst galant erwies. «Vorbildlich ist das, was Sie im Lazarett tun, vorbildlich», sagte er, während er neben mir herschwankte. «Ich bringe Sie nach Hause, Miss. Ich bringe Sie nach Hause, denn ich möchte nicht, daß Ihnen etwas zustößt.» Ich sagte ihm, daß es nicht nötig wäre, aber er blieb an meiner Seite und verabschiedete sich dann respektvoll vor unserem Tor.

Ich habe vergessen, wann genau meine Großmutter zu uns übersiedelte. Es war wohl kurz nach Kriegsausbruch. Sie war schon fast blind und natürlich auch zu alt, als daß man sie noch hätte operieren können. Sie war eine vernünftige Frau, und so schwer es ihr auch fiel, ihr Haus in Ealing aufzugeben und ihre Freunde zu verlassen, sah sie doch ein, daß sie nicht länger allein bleiben konnte. So war also die große Übersiedlung über die Bühne gegangen. Meine Schwester kam, um Mutter zu helfen, ich kam aus Devon herunter, und wir hatten alle Hände voll zu tun. Ich glaube, ich begriff damals gar nicht, was die arme Oma litt, aber ich sehe sie noch deutlich vor mir, wie sie hilflos und halb blind inmitten ihrer

Besitztümer saß, während um sie herum drei Vandalen am Werk waren, in ihren Sachen herumstöberten, alles durcheinanderwarfen und darüber entschieden, was ihnen des Aufbewahrens nicht mehr wert schien. Ihre kummervollen Aufschreie: «Ihr werdet doch dieses Kleid nicht wegwerfen wollen, mein schönes Samtkleid von Madame Poncereau!» Schwer, ihr zu erklären, daß das Kleid von Motten zerfressen und die Seide völlig verschlissen war. Ihr zu Gefallen wurde vieles aufgehoben, was eigentlich in den Müll gehörte. Kiste um Kiste, vollgestopft mit Papieren, Nadelbüchern, bedruckter Baumwolle für Dienstmädchenkleider, bei Auktionen erstandenen Seiden- und Samtstoffen: so viele, viele Dinge, die man einst gut hätte brauchen können und die einfach liegengeblieben waren. Die arme Oma saß in ihrem Lehnstuhl und weinte.

Dann kam die Speisekammer dran. Verschimmelte Marmeladen, vergorene Pflaumen, ja sogar Butter- und Zuckerpakete, die hinter anderen Sachen versteckt und von den Mäusen beknabbert worden waren: lauter Dinge ihres sparsamen und vorsorglichen Lebens, Dinge, die für die Zukunft gekauft, eingelagert und aufbewahrt worden waren; da lag nun das Zeug – ein einziges Mahnmal der Verschwendung. Ich glaube, daß es das war, was sie am meisten schmerzte: die Verschwendung. Da standen ihre hausgemachten Liköre – dank der konservierenden Wirkung des Alkohols immer noch in guter Verfassung. Sechsunddreißig große Korbflaschen mit Cherry Brandy, Cherry Gin, Pflaumen-Gin, Pflaumen-Brandy und was noch alles dazugehörte, wurden auf den Möbelwagen verladen. Als wir ankamen, waren es noch einunddreißig! «Und dabei», sagte Oma, «haben die Männer behauptet, sie wären allesamt Abstinenzler!»

Vielleicht wollten die Möbelpacker sich nur rächen: Oma hatte für ihre Arbeit nur wenig Verständnis gezeigt. Als sie die Schubladen der riesigen, hochbeinigen Kommode herausnehmen wollten, ließ sie sie ihre Verachtung deutlich spüren. «Die Schubladen herausnehmen? Wozu? Das Ganze wiegt zuviel? Sie sind doch drei kräftige Männer, oder nicht? Ist ja nicht zu glauben! Die Männer taugen einfach nichts mehr. Schwächlinge seid ihr!» Viele Kisten enthielten Nahrungsmittel, die Oma vor dem Hungertod hätten bewahren sollen. Nur eines munterte sie auf, als wir in Torquay ankamen: sie durfte sich gute Verstecke für ihre Sachen suchen. Zwei Dutzend Sardinendosen wurden flach auf einem Chippendale-Schreibtisch ausgebreitet. Dort blieben sie und fielen zum Teil der Vergessenheit anheim; als Mutter nach dem Krieg einige Möbelstücke verkaufte, sagte der Mann, der sie abholen kam, mit einem verlegenen Hüsteln: «Ich glaube, da liegen eine Menge Sardinen auf dem Ding.»

«Ach ja?» gab Mutter zurück. «Das wäre wohl möglich.» Sie gab keine Erklärungen ab, und der Mann stellte keine Fragen. Die Sardinen wurden abgeräumt.

Noch viele Jahre lang tauchten Dinge wie Sardinen und Mehlsäcke an den unmöglichsten Orten auf. Wir fanden Honigdosen, Gläser mit Reineclauden und einige wenige Konserven – Oma mißbilligte grundsätzlich den Genuß von Konserven; sie hielt sie für den Ursprung aller Lebensmittelvergiftungen.

Tatsächlich wurden Konserven damals allgemein mit Mißtrauen betrachtet. Man warnte die jungen Mädchen, wenn sie zu einem Tanzvergnügen gingen: «Paß nur ja auf, daß du keinen Hummer ißt! Man weiß ja nie, er könnte aus der Dose sein!» Büchsenhummer war etwas so Furchterregendes, daß man uns gar nicht oft genug davor warnen konnte. In jenen Tagen hätte sich niemand vorstellen können, daß man sich eines Tages hauptsächlich von tiefgekühlten Speisen und Dosengemüsen ernähren würde.

So sehr ich sie liebte und so gern ich ihr half, wie wenig Verständnis hatte ich doch für die seelischen Leiden meiner armen Großmutter! Man mag sich für selbstlos halten und ist doch so egozentrisch! Heute begreife ich, wie schrecklich es für meine arme Großmutter gewesen sein muß – sie war weit über achtzig –, aus der vertrauten Umgebung ihres Heimes gerissen zu werden, in dem sie dreißig oder vierzig Jahre gelebt hatte. Sie war am Anfang ihrer Witwenschaft dort eingezogen. Das Haus zu verlassen, mag schlimm genug gewesen sein – obwohl ihre persönliche Einrichtung mitkam: das enorme Himmelbett und die zwei großen Lehnsessel, in welchen sie gerne saß. Noch schwerer empfand sie den Verlust aller ihrer Freunde. Gewiß, viele hatten das Zeitliche gesegnet, aber sie besaß in Ealing immer noch einen erfreulich großen Bekanntenkreis: Nachbarn, die sie besuchten, Leute, mit denen sie über alte Zeiten plaudern und die Neuigkeiten in den Zeitungen erörtern konnte: die Schrecken von Vergewaltigungen und Kindermord, geheime Laster und all die Dinge, die alten Menschen das Leben verschönern, und das vermißte sie jetzt bei uns. Jeden Tag lasen wir Oma aus den Zeitungen vor, aber wir interessierten uns eigentlich wenig für das beklagenswerte Schicksal eines Kindermädchens, für das in einem Kinderwagen zurückgelassene Baby oder das in einem Zug überfallene junge Mädchen. Weltnachrichten, Politik, soziale Fürsorge, Erziehung, die Gesprächsthemen des Tages – dafür hatte Großmutter so gut wie kein Interesse; nicht weil sie eine dumme Frau war und auch nicht, weil sie sich an Katastrophenmeldungen weidete – sie brauchte einfach einen Kontrast zu der Ereignislosigkeit ihres Alltags: dramatische Ereignisse, fürchterliche Begebenheiten, die sich vielleicht gar nicht weit von ihr abgespielt hatten.

Von den Katastrophenmeldungen abgesehen, gab es nun nichts Aufregendes mehr im Leben meiner armen Großmutter. Keine Freundin kam mehr vorbei, um ihr zu berichten, wie abscheulich Oberst Sowieso sich gegenüber seiner Frau betragen hatte, oder über diese schreckliche Krankheit, an der ein Vetter litt und gegen die noch kein Arzt ein Mittel gefunden hatte. Heute begreife ich, wie traurig, deprimierend und langweilig es für sie gewesen sein muß. Ich wünschte, ich hätte mehr Verständnis gezeigt.

Nachdem sie im Bett gefrühstückt hatte, erhob sie sich langsam. Gegen elf kam sie herunter und sah sich erwartungsvoll nach jemandem um, der Zeit hätte, ihr aus der Zeitung vorzulesen. Da sie nicht jeden Tag um die gleiche Zeit herunterkam, war das nicht immer möglich. Aber sie nahm es hin und setzte sich in ihren Sessel. Ein oder zwei Jahre konnte sie noch stricken, dafür reichte ihre Sehkraft aus; doch als ihre Augen immer schlechter wurden, konnte sie nur noch grobe und immer gröbere Sachen stricken, und auch da ließ sie oft Maschen fallen und merkte es nicht.

Nur selten ließ sie sich dazu überreden, ein wenig auf der Terrasse oder im Garten spazierenzugehen. Sie hielt frische Luft für ausgesprochen schädlich. Sie saß den ganzen Tag im Speisezimmer, weil sie auch in ihrem Haus immer im Speisezimmer gesessen hatte. Beim Nachmittagstee leistete sie uns Gesellschaft, kehrte aber dann ins Speisezimmer zurück. Wenn junge Leute zum Abendessen da waren und nachher ins Schulzimmer hinaufgingen, folgte uns Oma plötzlich langsam nach. An solchen Abenden wollte sie nicht wie sonst früh zu Bett gehen: sie wollte dabeisein, hören, was es Neues gab, an unserem Lachen und an unserer Fröhlichkeit teilhaben. Ich gebe zu, ich hätte es lieber gesehen, wenn sie nicht gekommen wäre. Sie war nicht gerade taub, aber man mußte ihr doch vieles wiederholen, und das hatte zur Folge, daß die ganze Gesellschaft etwas befangen wurde. Dennoch, und auch das muß ich sagen, versuchten wir nie, sie davon abzuhalten, zu uns heraufzukommen. Es war alles sehr traurig für die arme Oma und doch irgendwie unvermeidlich. Wie so viele alte Leute litt auch sie am meisten unter dem Verlust ihrer Unabhängigkeit. Es ist, glaube ich, das Gefühl, von der Welt vergessen zu sein, das so viele ältere Menschen in den Wahn verfallen läßt, man wolle sie vergiften oder berauben. Es ist kein eigentliches Nachlassen ihrer Geisteskräfte – es ist ein Nervenkitzel, eine Art Stimulans: das Leben wäre interessanter, wenn jemand tatsächlich versuchen würde, einen zu vergiften. Nach und nach fing auch Oma an, sich in solche Vorstellungen zu flüchten. Sie versicherte Mutter, daß die Dienstboten ihr «etwas ins Essen taten». «Sie wollen mich los sein!»

«Aber liebes Tantchen, warum sollten sie dich los sein wollen? Sie haben dich sehr gern.»

«Das glaubst du, Clara. Aber – komm ein bißchen näher: sie lauschen immer an der Tür, ich weiß das. Mein Ei gestern – es war Rührei – es schmeckte ganz sonderbar – metallisch! Ich weiß!» Sie nickte weise. «Die alte Mrs. Wyatt, du weißt ja, sie wurde vom Butler und seiner Frau vergiftet.»

«Ja, Tantchen, aber das war, weil sie ihnen viel Geld vermacht hatte. Du hast doch den Dienstboten kein Geld vermacht.»

«Bestimmt nicht», sagte Oma. «Jedenfalls möchte ich in Zukunft immer nur weichgekochte Eier zum Frühstück haben. Damit können sie nicht herumpfuschen.»

Dann verschwand ihr Schmuck. Sie ließ mich rufen. «Agatha? Bist du das? Komm herein und mach die Tür hinter dir zu.»

Ich trat ans Bett. «Ja, Oma, was ist los?» Weinend, das Taschentuch an die Augen gepreßt, saß sie auf der Bettkante. «Es ist weg», sagte sie, «alles weg. Meine Smaragde, meine zwei Ringe, meine wunderschönen Ohrringe – alles weg! O Gott!»

«Aber, Oma, du irrst dich ganz sicher. Laß mal sehen, wo war der Schmuck?»

«Er war in der Schublade dort – in der obersten Schublade links –, eingewickelt in ein paar Fäustlinge. Dort habe ich die Sachen immer aufgehoben.»

«Also schauen wir einmal nach.» Ich ging zum Toilettentisch und suchte die fragliche Stelle ab. Zwei Paar Fäustlinge zu Bällen gerollt, aber nichts drin. Ich nahm mir die Schublade darunter vor. Auch hier ein Paar zusammengerollte Handschuhe, aber mit einem beglückend harten Kern. Ich trug sie ihr zum Bett und zeigte ihr, daß alles da war – die Ohrringe, die Smaragdbrosche und ihre zwei Ringe.

«Es war in der zweiten Schublade und nicht in der oberen», erklärte ich ihr.

«Die müssen die Sachen dort hineingetan haben.»

«Das glaube ich nicht», sagte ich.

«Na paß nur auf, liebe Agatha. Paß gut auf. Laß deine Tasche nicht herumliegen. Und jetzt geh auf Zehenspitzen zur Tür und schau nach, ob sie lauschen.»

Ich gehorchte und versicherte Oma, daß niemand lauschte.

Wie schrecklich doch das Altsein ist, dachte ich. Gewiß, auch für mich würde die Zeit kommen, aber ich konnte es damals nicht so recht glauben. Jetzt *bin* ich alt. Noch fürchte ich nicht, daß man mir meinen Schmuck gestohlen haben könnte oder daß man mich vergiften will, aber ich muß mich seelisch darauf vorbereiten, daß mit der Zeit möglicherweise auch ich solche Phantasien hegen werde.

Eines Tages glaubte Oma irgendwo auf der Hintertreppe eine Katze zu hören. Selbst wenn es eine Katze war, es wäre klüger gewesen, sie zu lassen, wo sie sich befand, oder jemanden zu rufen. Aber Oma mußte selbst Nachschau halten – wobei sie die Hintertreppe herunterfiel und sich den Arm brach. Der Arzt äußerte Zweifel, als er sie behandelte. Er hoffe, sagte er, der Arm würde ordentlich zusammenwachsen, in ihrem Alter jedoch – über achtzig . . . Doch Oma zeigte, aus welchem Holz sie geschnitzt war. Nach einiger Zeit konnte sie den Arm wieder voll gebrauchen, ihn allerdings nicht hoch über den Kopf heben. Keine Frage, sie war eine zähe alte Dame. Die Geschichte, die sie immer erzählte – wie außerordentlich zart sie in ihrer Jugend gewesen war, und daß die Ärzte sie zwischen ihrem fünfzehnten und fünfunddreißigsten Lebensjahr mehrmals aufgegeben hatten – entsprachen ganz sicher nicht der Wahrheit. Es war ein viktorianisches Kokettieren mit interessanten Leiden.

Im Sommer bekam Archie drei Tage Urlaub, und ich erwartete ihn in London. Es war kein sehr fröhlicher Urlaub. Er war nervös und gereizt, seine Kriegserlebnisse quälten ihn. Die Zeit der großen Verluste hatte begonnen, und trotzdem ahnten wir in England noch nicht, daß der Krieg keineswegs schon an Weihnachten zu Ende sein, sondern im Gegenteil noch Jahre dauern würde.

Archie sprach nicht vom Krieg und nicht von seinem Dienst: er dachte in diesen Tagen nur daran, alles, was damit zusammenhing, zu vergessen. Unsere Mahlzeiten waren so vergnüglich, wie wir es nur einrichten konnten: im Ersten Weltkrieg war das Rationierungssystem viel gerechter als im Zweiten. Ob man im Restaurant speiste oder daheim, man mußte, wollte man auf Fleisch nicht verzichten, seine Fleischmarken haben. Im Zweiten Weltkrieg war das anders: wenn man wollte und das nötige Geld hatte, konnte man jeden Tag in Restaurants speisen, wo keine Fleischmarken verlangt wurden.

Unsere drei Tage vergingen schnell und zum Teil in gedrückter

Stimmung. Beide sehnten wir uns danach, Pläne für die Zukunft zu schmieden, hielten es aber für besser, nicht darüber zu sprechen. Für mich war der einzige Lichtblick, daß Archie nach diesem Urlaub kein Flugzeug mehr besteigen mußte. Seine chronische Stirnhöhlenentzündung machte ihm das Fliegen zur Qual, und so wurde ihm die Aufsicht über ein Lager übertragen. Er war immer ein ausgezeichneter Organisator und Verwalter. Er war mehrmals im Kriegsbericht erwähnt worden und bekam schließlich den Michael-und-Georgs-Orden sowie den Kriegsverdienstorden. Die Auszeichnung, die er am höchsten schätzte, war, daß General French ihn gleich zu Kriegsbeginn in seinen Berichten erwähnt hatte. Auch eine russische Auszeichnung wurde ihm verliehen: der St.-Stanislaus-Orden – der so schön war, daß ich ihn selbst gern bei Parties getragen hätte.

Später im gleichen Jahr bekam ich eine schwere Grippe und anschließend einen Bronchialkatarrh, was mich nötigte, meinem Dienst drei oder vier Wochen fernzubleiben. Als ich wieder ins Lazarett zurückkehrte, war eine neue Abteilung eingerichtet worden, die Apotheke – und man schlug mir vor, dort zu arbeiten. Für die nächsten zwei Jahre sollte die Apotheke mein zweites Zuhause werden.

Geführt wurde die neue Abteilung von Mrs. Ellis, Dr. Ellis' Frau, die viele Jahre lang für ihren Mann Medikamente herausgegeben hatte, und meiner Freundin Eileen Morris. Ich sollte ihnen helfen und mich gleichzeitig für die Apothekerprüfung vorbereiten. Es klang verlockend, und auch die Dienstzeiten waren angenehmer – die Apotheke schloß um sechs Uhr, und ich hatte abwechselnd vormittags und nachmittags Dienst – was sich besser mit meinen häuslichen Pflichten vertrug.

Ich kann nicht behaupten, daß mir das Zubereiten und das Ausgeben von Arzneien besser gefiel als die Krankenpflege. Ich glaube, ich hatte eine echte Berufung für das Pflegen von Kranken und wäre eine gute Krankenschwester geworden. Eine Zeitlang fand ich die neue Arbeit interessant, aber dann wurde sie langweilig. Andererseits war es schön, mit meinen Freundinnen zusammen zu sein. Ich respektierte Mrs. Ellis und konnte sie sehr gut leiden. Sie war eine der ruhigsten und gelassensten Frauen, die ich je gekannt habe. Sie hatte eine ziemlich verschlafene Stimme und einen köstlichen Humor, der oft ganz unverhofft aufblitzte. Sie war auch eine gute Lehrerin; sie hatte Verständnis für meine Schwierigkeiten.

Eileen war meine Chemielehrerin und erwartete anfangs viel zuviel von mir. Sie begann mit der Theorie, nicht mit der Praxis. Plötzlich mit Atomgewichten und Steinkohlenteerderivaten konfrontiert zu werden, konnte nur in völliger Verwirrung enden. Aber schließlich fand ich mich doch zurecht und begriff die einfacheren Fakten, und nachdem uns bei einer Marsh'schen Probe zum Nachweis geringster Arsenmengen unsere Kaffeemaschine explodiert war, machte ich doch recht gute Fortschritte.

Wir waren Dilettanten, aber vielleicht gerade deshalb besonders sorgfältig und gewissenhaft. Natürlich waren unsere Präparate von unterschiedlicher Qualität. Immer wenn neue Patienten eintrafen, arbeiteten wir wie wild. Tag für Tag mußten Arzneien und Salben hergestellt, unzählige Flaschen mit Lotions gefüllt und geliefert werden, auch die Vorräte wurden von uns ergänzt. Erst wenn man in einem Spital mit mehreren Ärzten gearbeitet hat, wird einem klar, daß auch die Medizin, wie alles in der Welt, eine Modefrage ist; das, und die ganz persönlichen Vorlieben jedes praktischen Arztes.

«Was gibt es heute morgen?»

«Ach, fünf von Dr. Whitticks, vier von Dr. James' und zwei von Dr. Vyners Spezialpräparaten.»

Der Laie – und als solchen muß ich mich wohl bezeichnen – lebt in dem Glauben, daß der Arzt jeden Patienten individuell behandelt und ihm die Medikamente verschreibt, die er bei diesem Fall für angezeigt hält. Ich fand bald heraus, daß die von Dr. Whittick, Dr. James und Dr. Vyner verschriebenen Arzneien alle untereinander verschieden und nicht so sehr auf die Bedürfnisse des einzelnen Patienten abgestimmt waren, sondern in erster Linie der persönlichen Vorliebe des Arztes entsprachen. Es wird wohl auch heute noch so gehalten und ist vielleicht ganz vernünftig, wenngleich es dazu führen mag, daß der Patient sich nicht mehr ganz so wichtig vorkommt wie bisher. Bei Salben zeigen sich die Ärzte besonders experimentierfreudig. Der Grund dafür liegt darin, daß Hautkrankheiten für den Ärztestand so wie für alle Welt Rätsel sind. Zinksalbe wirkt bei Mrs. D. wahre Wunder; Mrs. C. jedoch, die über das gleiche Leiden klagt, spricht auf Zinksalbe überhaupt nicht an, aber ein Steinkohlenteerpräparat, das Mrs. D.s Zustand nur verschlimmerte, zeigt bei ihr eine unerwartet erfolgreiche Wirkung. Der Arzt muß also so lange probieren, bis er das richtige Mittel findet.

Noch heute grolle ich einem Hautspezialisten, einem besonders experimentierfreudigen Mann aus der Schule des «man muß alles einmal versuchen», der auf die Idee kam, ein erst ein paar Monate altes Baby mit Lebertran zu bepinseln. Es muß die Mutter und die übrigen Familienmitglieder viel Überwindung gekostet haben, die Nähe des armen Babys zu ertragen. Die Mixtur half überhaupt nichts, und die Behandlung wurde nach zehn Tagen abgebrochen. Die Herstellung des Präparats machte mich daheim zum Paria, denn man kann nicht mit einer großen Menge Lebertran hantieren und nach Hause zurückkehren, ohne penetrant nach verwestem Fisch zu riechen.

Ein Paria war ich 1916 bei manchen Gelegenheiten – meistens nach der Herstellung von Bip's Paste, mit der alle Wunden behandelt wurden. Sie bestand aus Wismut und Jodoform, die mit flüssigem Paraffin zu einer Salbe gemischt wurden. Der Duft des Jodoforms umgab mich in der Apotheke, auf der Straße, zu Hause, am Eßzimmertisch und im Bett. Um die Geruchsnerven meiner Familie zu schonen, ließ ich mir oft das Essen auf einem Tablett in der Speisekammer servieren. Gegen Kriegsende kam Bip's Paste aus der Mode und wurde durch harmlosere Präparate und schließlich durch riesige Korbflaschen mit hypochloriger Säure in verdünnter wässeriger Lösung ersetzt. Der Umgang mit dieser aus gewöhnlichem Chlorcalcium, Soda und anderen Grundbestandteilen hergestellten Säure bewirkte, daß ein scharfer Geruch nach Chlor in alle Kleider eindrang. Viele der heute üblichen Desinfektionsmittel für Spülbecken, Ausgüsse und dergleichen haben diesen Grundstoff. Ich brauche sie nur zu schnuppern, und schon wird mir übel. Wütend fuhr ich einen starrköpfigen Diener an, der einmal bei uns arbeitete: «Was haben Sie da ins Spülbecken gegossen? Es riecht entsetzlich!»

Stolz zeigte er mir eine Flasche. «Ein erstklassiges Desinfektionsmittel, Madam!»

«Wir sind hier nicht in einem Spital!» rief ich. «Spülen Sie das Becken mit heißem Wasser, dazu ein bißchen Soda, wenn es sein muß. Diese Chlorkalkmixtur werfen Sie weg!»

Ich hielt ihm einen kurzen Vortrag über Desinfektionsmittel und die Tatsache, daß alles, was Bakterien schadet, für gewöhnlich auch der Haut schadet; äußerste Sauberkeit heißt die Parole, nicht Desinfektion. «Bakterien sind zäh», belehrte ich ihn, «und schwache Desinfektionsmittel können kräftigen Bakterien nichts anhaben. In einer Karbollösung eins zu sechzig blühen Bakterien geradezu auf.» Er ließ sich nicht überzeugen und verwendete seine Übelkeit erregende Mixtur auch weiterhin, wenn er die Sicherheit hatte, daß ich weit vom Schuß war.

Als Teil meiner Vorbereitung für die Apothekerprüfung sollte ich auch bei einem richtigen Apotheker in die Lehre gehen. Einer der führenden Apotheker Torquays war so liebenswürdig, mich wissen zu lassen, daß ich ihn an gewissen Sonntagen besuchen könne und daß er mir Unterricht erteilen würde. Bescheiden und furchtsam, aber lernbegierig ging ich hin.

Wer das erste Mal einen Blick hinter die Kulissen eines Apothekerladens tut, erlebt eine Offenbarung. Als Amateure in der Spitalarbeit bereiteten wir alle Arzneien mit äußerster Genauigkeit zu. Wenn der Arzt zwanzig Gran Wismutkarbonat für eine Dosis vorschrieb, bekam der Patient genau zwanzig Gran. Das war recht so, eben weil wir Amateure waren, aber ich kann mir gut vorstellen, daß ein Apotheker, der fünf Jahre studiert hat und einen akademischen Grad besitzt, sein Handwerk ebenso perfekt versteht wie eine gute Köchin das ihre. Mit größter Selbstverständlichkeit mischt er die Ingredienzen, ohne etwas abzumessen oder zu wiegen. Bei Giften oder gefährlichen Drogen ist er natürlich sehr genau, aber das harmlose Zeug kommt in ungefähren Mengen dazu. Ähnlich geht es auch mit Färbemitteln und Würzessenzen zu. Das hat hin und wieder zur Folge, daß die Patienten zurückkommen und sich beschweren, weil ihre Medizin eine andere Farbe hat als das letzte Mal. «Sie ist immer dunkelrot, nicht so hellrot wie die da.» Oder: «Diese Arznei schmeckt nicht richtig; ich habe immer die Pfefferminzmischung – eine gute Pfefferminzmischung, nicht dieses widerliche, süßliche Zeug.»

Die Mehrheit der ambulanten Patienten des University College Hospitals, wo ich 1948 arbeitete, waren, was die Farbe und den Geschmack ihrer Arzneien betraf, äußerst wählerisch. Ich erinnere mich an eine alte Irin, die den Kopf zum Apothekenfenster hereinsteckte, mir eine *Halfcrown* in die Hand drückte und zuflüsterte: «Machen Sie sie doppelt so stark, Schätzchen, hm? Reichlich Pfefferminz, doppelt so stark!» Ich gab ihr die *Halfcrown* zurück, belehrte sie in eingebildetem Ton, daß das bei uns nicht üblich wäre und daß sie ihre Medizin genauso bekäme, wie der Arzt sie verschrieben hätte. Trotzdem gab ich ihr eine Prise Pfefferminzwasser dazu; es konnte ihr nicht schaden und schmeckte ihr doch so gut.

Als Neuling hat man natürlich schreckliche Angst, einen Fehler zu machen. Ist einer Arznei Gift beigefügt, wird dieser Vorgang immer von einem Kollegen überprüft; trotzdem kann es Pannen geben. Ich weiß noch, was mir einmal passierte. An jenem Nachmittag hatte ich Salben zubereitet und zu diesem Zweck ein wenig reine Karbolsäure in einen Dosendeckel getan, um sie dann vorsichtig, mit einem Tropfenzähler, der Salbe beizufügen, die ich auf einem Brett anrührte. Es war, glaube ich, drei Uhr früh, als ich erwachte und mich fragte: «Was habe ich mit der Karbolsäure im Dosendeckel gemacht?» Je mehr ich darüber nachdachte, desto weniger konnte ich mich erinnern, den Deckel ausgeleert und gewaschen zu haben. Hatte ich vielleicht einen anderen Salbentiegel damit verschlossen, ohne auf die Karbolsäure zu achten? Je länger ich nachdachte, desto sicherer wurde ich, daß ich genau das getan hatte. Zu Tode erschrocken stand ich auf, zog mich an und lief zum Lazarett hinunter. Ich ging in die Apotheke hinauf, überprüfte alle Salben, die ich angerührt hatte, nahm die Deckel ab und roch am Inhalt der Tiegel. Bis zum heutigen Tag weiß ich nicht, ob ich es mir nur einbildete oder nicht, aber in einem der Tiegel glaubte ich einen schwachen Geruch von Karbolsäure wahrzunehmen. Ich hob die oberste Schicht der Salbe ab und versicherte mich so, daß alles in Ordnung war. Dann schlüpfte ich wieder aus dem Haus, ging heim und legte mich nieder.

Für gewöhnlich sind es nicht die Neulinge, die in Apotheken Fehler machen. Sie sind so nervös, daß sie immer wieder fragen, bevor sie etwas tun. Die meisten Vergiftungsfälle gehen auf das Konto ganz bewährter Apotheker, die schon seit vielen Jahren im Geschäft sind. Sie sind so vertraut mit ihrer Tätigkeit, daß sie ihre Arbeit verrichten, ohne dabei zu denken. Und dann kommt ein Tag, da vielleicht irgendwelche Sorgen auf ihnen lasten und sie einen Fehler machen. Ich erinnere mich an einen solchen Fall: Es handelte sich um das Kind einer Freundin. Das Kind war krank, der Arzt kam und schrieb ein Rezept, das sofort in die Apotheke geschickt wurde. Das Kind bekam seine Medizin. Als die Großmutter ein paar Stunden später Nachschau hielt, war sie vom Aussehen des kleinen Patienten beunruhigt. «Vielleicht ist etwas mit der Medizin nicht in Ordnung?» sagte sie zur Kinderfrau. Nach einer zweiten Dosis nahm ihre Unruhe noch zu. «Da ist etwas nicht in Ordnung», sagte sie und schickte nach dem Arzt. Der Mann kam, warf einen Blick auf das Kind, untersuchte die Arznei – und ergriff sofort die nötigen Gegenmaßnahmen. Kinder vertragen Opium und Opiumpräparate sehr schlecht. Der Apotheker hatte einen groben Fehler gemacht: Die Medizin enthielt eine starke Überdosis Opium. Der arme Kerl war ganz verzweifelt. Er arbeitete seit vierzehn Jahren für seine Firma und galt als äußerst vorsichtig und verläßlich. Aber so etwas kann jedem passieren.

Während meines pharmazeutischen Lehrgangs an diesen Sonntagnachmittagen hatte ich mit einem Problem zu kämpfen. Von den Prüflingen wurde erwartet, daß sie sowohl mit den üblichen (englischen) Maßeinheiten als auch mit den metrischen Hohlmaßen und Gewichten vertraut waren. Mein Apotheker übte mit mir die Herstellung von Präparaten nach dem metrischen System. Weder die Ärzte noch die Apotheker hatten viel für das metrische System übrig. Einer unserer Ärzte im Lazarett lernte überhaupt nie begreifen, was «Inhalt 0,1» wirklich bedeutete: «Wollen doch mal sehen», sagte er, «ist das nun eine Lösung eins zu hundert oder eins zu tausend?» Die große Gefahr des metrischen Systems besteht darin: Wenn man sich irrt, irrt man sich gleich zehnfach.

An jenem Nachmittag wurde ich in die Herstellung von Zäpfchen eingeführt. Zwar fanden sie im Lazarett kaum noch Verwendung, aber für die Prüfung mußte man wissen, wie sie gemacht wurden. Zäpfchen haben ihre Tücken – vor allem im Hinblick auf den Schmelzpunkt der Kakaobutter, aus der sie gemacht werden. Wenn sie zu heiß wird, verfestigt sie sich nicht; wird sie nicht heiß genug, kommen die Zäpfchen verformt von der Heizplatte. Mr. P., der Apotheker, demonstrierte mir persönlich das Verfahren mit der Kakaobutter und fügte dann eine nach dem Dezimalsystem berechnete Drogenmenge hinzu. Er zeigte mir, wie die Zäpfchen im richtigen Augenblick aus der Form genommen werden mußten, und wies mich an, sie in eine Schachtel zu legen und diese fachgemäß mit der Aufschrift eins zu hundert zu versehen. Dann entfernte er sich, um andere Arbeiten zu erledigen, und ich machte mir Sorgen, denn ich war überzeugt, daß zehn Prozent in diesen Zäpfchen steckte, was einer Dosierung von eins zu zehn und nicht eins zu hundert entsprach. Ich ging seine Berechnung durch, und sie war tatsächlich falsch. Er hatte den Dezimalpunkt an die falsche Stelle gesetzt. Aber was sollte eine junge Apothekerhelferin tun? Ich war eine blutige Anfängerin und er der bekannteste Apotheker der Stadt. Ich konnte ihm nicht sagen: «Mr. P., Sie haben sich geirrt.» In diesem Augenblick kam er wieder an mir vorbei und sagte: «Sie können sie auf Lager legen; hin und wieder brauchen wir sie.» Noch schlimmer. Ich konnte diese Zäpfchen nicht auf Lager legen. Es war eine ziemlich gefährliche Droge, die wir verwendet hatten. Natürlich kann man eine gefährliche Droge auch in stärkerer Dosierung vertragen, wenn sie rektal gegeben wird, aber trotzdem ... die Sache gefiel mir nicht, doch was sollte ich tun? Selbst wenn ich die Vermutung äußerte, die Dosierung könnte falsch sein, würde er mir glauben? Vermutlich würde er mir antworten: «Ist schon recht, denken Sie, ich weiß nicht, was ich tue?»

Da konnte nur eines helfen. Noch bevor die Zäpfchen ausgekühlt waren, stolperte ich, verlor das Gleichgewicht, kippte das Brett um, auf dem sie lagen, und trat fest drauf.

«Es tut mir fürchterlich leid, Mr. P.», sagte ich. «Ich habe die Zäpfchen heruntergeworfen und bin draufgetreten.»

«Ach herrje», sagte er verdrießlich, «aber das eine ist noch in Ordnung.» Er hob eines auf, das dem Gewicht meiner Überschuhe entgangen war. «Es ist schmutzig», erklärte ich mit fester Stimme und warf alles ohne weitere Umstände in den Mülleimer. «Es tut mir sehr leid», wiederholte ich.

«Ist schon recht, kleines Fräulein», sagte er. «Ärgern Sie sich nicht», und klopfte mir zärtlich auf die Schultern. Für meinen Geschmack trieb er diese Spielchen zu oft: Klapse auf die Schulter, leichte Rippenstöße, hin und wieder ein leiser Versuch, meine Wange zu streicheln. Ich mußte es mir gefallen lassen – er war ja mein Lehrmeister –, aber ich hielt Distanz, so gut ich konnte, und meistens gelang es mir, den Gehilfen in ein Gespräch zu verwikkeln, um nicht allein mit ihm zu bleiben.

Er war ein sonderbarer Mann, dieser Mr. P. Vielleicht wollte er nur Eindruck schinden, aber eines Tages nahm er ein schwärzliches Klümpchen aus seiner Tasche, zeigte es mir und fragte: «Wissen Sie, was das ist?»

«Nein», antwortete ich.

«Das ist Kurare», sagte er. «Ist Ihnen das ein Begriff?»

Ich gab zu, darüber gelesen zu haben.

«Interessantes Zeug», sagte er. «Sehr interessant. Wenn man es schluckt, richtet es keinen Schaden an. Kommt es in die Blutbahn, lähmt und tötet es das Opfer. Die Indianer verwenden es als Pfeilgift. Wissen Sie, warum ich es bei mir trage?»

«Ich habe keine Ahnung», antwortete ich. Es schien mir eine sehr törichte Angewohnheit zu sein, aber das sprach ich nicht aus.

«Ja, wissen Sie», sagte er nachdenklich, «es gibt mir ein Gefühl der Allmacht.»

Ich betrachtete ihn. Er wirkte ein bißchen komisch, der rundliche kleine Mann mit seinem rosigen Vogelgesicht. Er erweckte den Anschein kindlicher Zufriedenheit.

Bald darauf beendete ich meinen Kursus bei ihm, aber ich dachte noch oft an Mr. P. Trotz seines engelhaften Äußeren machte er den Eindruck eines möglicherweise gefährlichen Menschen. Die Erinnerung an ihn blieb lange in meinem Gedächtnis haften, sie war noch vorhanden, als ich mein Buch *Das fahle Pferd* schrieb – und das muß gute fünfzig Jahre später gewesen sein!

3

Ich arbeitete noch in der Krankenhausapotheke, als ich das erste Mal ernstlich daran dachte, einen Kriminalroman zu schreiben. Seit jenem Gespräch mit Madge hatte ich immer wieder mit dem Gedanken gespielt – und meine jetzige Arbeit schien mir eine günstige Gelegenheit dazu zu bieten. Anders als bei der Krankenpflege, wo es immer etwas zu tun gab, wechselten sich in der Apotheke hektische und ruhige Zeiten ab. An manchen Nachmittagen versah ich allein den Dienst und hatte kaum mehr zu tun, als rumzusitzen und in die Luft zu schauen.

Ich fing an, mir zu überlegen, welche Art Krimi ich schreiben könnte. Auf den Regalen rund um mich standen Gifte, und so war es vielleicht nur natürlich, daß ich einen Giftmord ins Auge faßte. Ich spielte mit dem Gedanken, betrachtete ihn von allen Seiten und blieb schließlich dabei. Dann wandte ich mich den Personen der Handlung zu. Wer sollte vergiftet werden? Wer würde ihn oder sie vergiften? Wann? Wo? Wie? Warum? Und was alles dazu gehörte. Natürlich mußte es einen Detektiv geben. Damals fand ich es richtig, an der Sherlock-Holmes-Tradition festzuhalten. Also: ein Detektiv mußte her. Natürlich kein Sherlock Holmes; ich mußte mir einen eigenen erfinden, und er sollte auch einen Freund haben, der seinen Senf dazugab und Stichwörter lieferte – es würde nicht schwer sein, einen zu finden. Ich kehrte wieder zu den anderen Personen der Handlung zurück. Wer sollte ermordet werden? Ein Mann konnte seine Frau ermorden – das kam am häufigsten vor. Ich konnte mir natürlich einen sehr ungewöhnlichen Mord und ein sehr ungewöhnliches Motiv ausdenken, aber das entsprach nicht meiner schriftstellerischen Absicht. Der ganze Witz eines guten Kriminalromans besteht darin, daß einer offensichtlich der Mörder sein muß, es aber ebenso offensichtlich aus irgendeinem Grund nicht sein kann. Obwohl er es natürlich ist. Nun begannen meine Gedanken sich zu verwirren, ich stand auf und machte zwei Extraflaschen hypochloriger Säure zurecht, um am Tag darauf mehr Zeit für mich zu haben.

Allmählich nahm meine Idee Gestalt an. Ich sah den Mörder vor mir, einen finster blickenden Menschen mit einem schwarzen Bart – das erschien mir damals sehr unheimlich. Seit kurzem lebte eine Familie in unserer Nachbarschaft – der Mann hatte einen schwarzen Bart und eine ältere, sehr reiche Frau, Ja, dachte ich, das würde fürs erste reichen. Ich ließ es mir durch den Kopf gehen. Es würde reichen, aber es war nicht ganz befriedigend. Ich war ganz sicher, daß der fragliche Mann nie jemand umbringen würde. Ich kehrte den beiden im Geist den Rücken und kam ein für alle Male zu dem Schluß, daß es nichts taugt, wenn man sich mit wirklichen Menschen beschäftigt – man muß die handelnden Personen selbst schaffen. Jemand, den man in der Straßenbahn, im Zug oder in einem Restaurant sieht, das ist ein möglicher Ausgangspunkt, weil man diese Personen dann selbst mit allen erdenklichen Eigenschaften ausstatten kann.

Und schon am nächsten Tag sah ich in der Straßenbahn genau das, was ich haben wollte: einen Mann mit einem schwarzen Bart, der neben einer älteren Dame saß, die unaufhörlich schnatterte. Mit ihr würde ich wohl nichts anfangen können, er hingegen paßte wunderbar in mein Konzept. Ein paar Sitze weiter saß eine gemütliche korpulente Frau, die sich laut und wortreich über Blumenzwiebeln verbreitete. Auch sie gefiel mir. Konnte ich sie vielleicht in die Handlung einbeziehen? Als ich ausstieg, nahm ich sie alle drei mit, um an ihnen zu arbeiten – und murmelte, während ich die Barton Road hinaufging, vor mich hin wie in den Tagen der Kätzchen, meiner imaginären Spielgefährten.

Schon bald hatte ich ein skizzenhaftes Bild von einigen meiner Figuren. Da war zunächst die «gemütliche» Frau – ich hatte sogar schon einen Namen für sie: Evelyn. Sie konnte eine arme Verwandte sein oder eine Gärtnerin oder eine Haushälterin – vielleicht eine Gesellschafterin? Sie war jedenfalls mit von der Partie. Dann der Mann mit dem schwarzen Bart, von dem ich allerdings noch nicht viel wußte – oder doch? Ja, vielleicht reichte es; man würde ja nur sein Äußeres zu sehen bekommen, nur das, was er zu zeigen bereit war, nicht das, was seine wahre Persönlichkeit ausmachte: das allein schon sollte ein Hinweis für den Leser sein. Die Ehefrau würde nicht so sehr wegen ihres Charakters als vielmehr wegen ihres Geldes umgebracht werden. Ich fing an, mich nach neuen Figuren umzusehen. Ein Sohn? Eine Tochter? Vielleicht ein Neffe? Eine möglichst große Zahl von Verdächtigen war unerläßlich. Die Familie entwickelte sich zufriedenstellend!

Nun überließ ich die Familie sich selbst und wandte meine Aufmerksamkeit dem Detektiv zu. Wen sollte ich mir als Detektiv zulegen? Ich ließ alle Detektive Revue passieren, die ich in Büchern kennengelernt und bewundert hatte. Ich dachte an Sherlock Holmes, den Unerreichten – es ihm gleichzutun würde ich niemals imstande sein; ich dachte an Arsene Lupin – war er Detektiv oder Verbrecher? Wie auch immer: nicht mein Fall. Ich dachte an den jungen Journalisten Rouletabille in *Das Geheimnis des gelben Zimmers* – das war die Persönlichkeit, die ich gern erfunden hätte: eine Gestalt, die noch nie verwendet worden war. Wer kam da in Frage? Ein Schuljunge? Ziemlich schwierig. Ein Wissenschaftler? Was wußte ich von Wissenschaftlern? Dann erinnerte ich mich an unsere belgischen Flüchtlinge. In der Gemeinde Tor lebte eine ganze Kolonie von belgischen Flüchtlingen. Bei ihrer Ankunft waren sie mit Liebe und Herzensgüte empfangen worden. Die Leute hatten ihnen Häuser eingerichtet und alles getan, damit sie sich wohl fühlen sollten. Als die Flüchtlinge sich dann für die ihnen erwiesenen Wohltaten scheinbar nicht genügend dankbar erwiesen und sich über dies und das beklagten, setzte die zu erwartende Reaktion ein. Die Tatsache, daß diese armen Menschen verwirrt waren und in einem fremden Land lebten, wurde nicht genügend bedacht. Viele von ihnen waren mißtrauische Bauern, die weder zum Tee eingeladen noch besucht werden wollten. Sie wollten nur in Frieden gelassen werden, Geld sparen, in ihren Gärten arbeiten, so wie sie es gewohnt waren.

Warum keinen Belgier aus meinem Detektiv machen? Es gab alle Arten von Flüchtlingen. Wie wäre es, dachte ich, mit einem geflohenen Kriminalbeamten? Einem pensionierten Kriminalbeamten? Nur nicht zu jung! Welch großen Fehler habe ich damals begangen! Die Folge ist, daß mein erfundener Detektiv heute schon weit über hundert Jahre alt sein muß.

Ich entschloß mich endgültig für einen belgischen Detektiv. Ich ließ ihn langsam in seine Rolle hineinwachsen. Er sollte Inspektor sein, um schon über eine gewisse Erfahrung in der Verbrechensbekämpfung zu verfügen. Er würde sehr ordentlich, sehr exakt sein, ein Mann, der Dinge zurechtrückte, sie paarweise anordnete, der eckige Formen lieber hatte als runde. Er sollte sehr intelligent sein – sollte eine Menge kleiner grauer Zellen im Kopf haben – eine Menge kleiner grauer Zellen, das war gut, das mußte ich mir merken. Er würde einen eher großartigen Namen tragen – einen von diesen Namen, wie Sherlock Holmes und seine Familie sie hatten. Wie hatte sein Bruder geheißen? Nycroft Holmes.

Wie wäre es, wenn ich meinen kleinen Mann Hercules nennen würde? Denn er würde ein kleiner Mann sein. Hercules: das wäre ein guter Name. Sein Zuname war schon schwieriger. Ich weiß nicht mehr, wie ich auf Poirot kam – vielleicht fiel es mir nur so ein, vielleicht las ich es in einer Zeitung oder sonstwo. Der Name paßte nicht zu Hercules, aber zu Hercule – Hercule Poirot. Das tönte gut – ich war sehr zufrieden mit meiner Idee!

Jetzt brauchte ich auch noch Namen für die anderen, aber das war doch weniger wichtig. Alfred Inglethorpe – das könnte gehn; es würde gut zu dem schwarzen Bart passen. Ich fügte noch weitere Personen hinzu. Einen Mann und dessen attraktive Frau, die sich auseinandergelebt hatten. Und nun zu der eigentlichen Geschichte mit den unzähligen falschen Spuren! Wie alle jungen Autoren neigte ich dazu, viel zuviel Handlung in ein Buch zu stopfen. Ich hatte zu viele falsche Spuren – es gab so viele Fäden zu entwirren, daß das Ganze am Ende nicht nur mühsam aufzulösen, sondern auch schwer zu lesen sein könnte.

In meiner Freizeit ließ ich mir den Krimi im Kopf herumgehen. Ich hatte den Anfang, und ich hatte den Schluß, aber dazwischen klafften noch gewaltige Lücken. Hercule Poirot war auf natürliche und plausible Weise in die Handlung eingegliedert, aber ich mußte die anderen Personen noch stärker motivieren. Es war alles noch ein wirres Knäuel.

Zu Hause war ich unaufmerksam und zerstreut. Mutter wollte immerzu wissen, warum ich ihre Fragen nicht oder nicht richtig beantwortete. Ich vergaß oft meine verschiedenen Pflichten, und ich schickte Briefe an die falschen Adressen. Aber dann kam der Moment, wo ich das Gefühl hatte, daß ich endlich mit dem Schreiben anfangen könnte. Ich vertraute Mutter an, was ich vorhatte.

«Ein Kriminalroman? Das wird dir bestimmt Freude machen. Fang nur gleich an.»

Es war nicht leicht, viel Zeit dafür zu erübrigen, aber es ging. Ich besaß immer noch die alte Schreibmaschine von Madge, und nachdem ich jeweils den ersten Entwurf mit der Hand geschrieben hatte, tippte ich Kapitel für Kapitel auf der alten Maschine. Damals war meine Handschrift noch besser und lesbarer. Die Arbeit regte mich an; bis zu einem gewissen Punkt hatte ich Spaß daran. Aber ich wurde sehr müde – und verdrießlich. Schreiben hat diese Wirkung auf mich. Und statt die Fäden fest in der Hand zu halten, mußte ich erleben, daß mir im mittleren Teil des Buches die Verwicklungen über den Kopf wuchsen. Aber Mutter hatte eine gute Idee.

«Wie weit bist du?» fragte sie.

«Ich habe ungefähr die Hälfte.»

«Also, wenn du wirklich fertig werden willst, wirst du es im Urlaub machen müssen.»

«Das war auch meine Absicht.»

«Ja, aber ich glaube, du solltest den Urlaub nicht zu Hause verbringen, sondern an einem Ort, wo du schreiben kannst, ohne gestört zu werden.»

Ich überlegte. Vierzehn Tage ganz ungestört. Das hörte sich gut an.

«Wohin möchtest du gern?» fragte Mutter. «Dartmoor?»

«Ja», antwortete ich begeistert. «Dartmoor – das ist genau das Richtige.»

Also fuhr ich nach Dartmoor. Ich nahm mir ein Zimmer im Moorland Hotel in Hay Tor. Es war ein großes, trübseliges Hotel mit einer Unzahl von Zimmern und nur schwach besetzt. Eifrig schrieb ich den ganzen Vormittag, bis mir die Hand weh tat. Dann aß ich zu Mittag und las etwas. Nachher unternahm ich einen ausgedehnten Spaziergang über das Moor. Ich liebte die Heide und die hohen, felsigen Hügel abseits der Straßen. Die Leute, die hinkamen – und in Kriegszeiten waren es nicht viele –, hielten sich mit Vorliebe in der Nähe von Hay Tor auf; ich aber ließ es links liegen und wanderte querfeldein. Beim Gehen redete ich vor mich hin und spielte mir selbst das Kapitel vor, das ich als nächstes schreiben wollte; als John sprach ich zu Mary und als Mary zu John; als Evelyn zu ihrer Dienstgeberin, und so weiter. Das regte mich unglaublich an. Ich kehrte ins Hotel zurück, verzehrte mein Abendessen, fiel ins Bett und schlief zwölf Stunden durch.

In den vierzehn Tagen meines Urlaubs beendete ich auch die zweite Hälfte des Buches. Natürlich war meine Arbeit damit noch nicht getan. Ich mußte ein gutes Stück neu schreiben – vor allem den allzu verwickelten Mittelteil. Aber schließlich war es fertig und ich war einigermaßen zufrieden damit. Es war ungefähr so geworden, wie ich es mir vorgestellt hatte. Es hätte viel besser sein können, das war mir klar, aber ich wußte einfach nicht, wie ich es besser machen konnte. Also mußte ich es lassen, wie es war. Einige besonders gespreizte Passagen zwischen Mary und ihrem Mann John schrieb ich nochmals um; aus irgendeinem dummen Grund hatten sie sich auseinandergelebt, aber ich war fest entschlossen, sie am Ende wieder zusammenzubringen, um auch etwas Liebe in meinem Roman zu haben! Ich persönlich habe das Thema Liebe in Kriminalromanen immer sehr lästig gefunden. Es hat in einem logisch aufgebauten Handlungsablauf nichts zu suchen. Damals aber mußte der Autor einer Detektivgeschichte auch mit ein wenig Liebe aufwarten – was sollte ich machen? Ich tat mein Bestes für John und Mary, aber als Figuren waren sie unbefriedigend. Dann ließ ich das Ganze noch einmal sauber tippen und schickte es an einen Verlag – Hodder and Stoughton –, der es prompt retournierte. Ich war nicht überrascht – ich hatte keinen Erfolg erwartet –, aber ich sandte das Manuskript gleich an einen anderen Verlag.

4

Archie bekam seinen zweiten Urlaub. Seit unserem letzten Beisammensein waren fast zwei Jahre vergangen. Diesmal verbrachten wir einen fröhlichen Urlaub. Wir hatten eine ganze Woche für uns und fuhren in den New Forest. Archie war weniger nervös als das letzte Mal, und wir hatten beide weniger Angst vor der Zukunft. In einer Atmosphäre der Kameradschaft, wie wir sie bisher nicht gekannt hatten, wanderten wir zusammen durch den Wald. Er gestand mir, daß er schon immer einem Wegweiser mit der Aufschrift «Ins Niemandsland» hatte folgen wollen. So schlugen wir also den Weg ins Niemandsland ein, der zu einem Obstgarten mit vielen Apfelbäumen führte. Dort stand eine Frau, und wir fragten sie, ob wir ein paar Äpfel von ihr kaufen könnten.

«Sie brauchen sie mir nicht abzukaufen, meine Lieben», antwortete sie. «Sie können sie gerne haben. Wie ich sehe, sind Sie in der Air Force – auch mein Sohn war es; er ist gefallen. Ja, ja, bedienen Sie sich nur. Essen Sie, soviel Sie wollen, und nehmen Sie mit, was Sie tragen können.» Also wanderten wir fröhlich durch den Obstgarten und bedienten uns. Dann kehrten wir wieder durch den Wald zurück und setzten uns auf einen Baumstamm. Es fiel ein leichter Regen, aber wir waren glücklich. Ich sprach nicht vom Lazarett und meiner Arbeit, und Archie erzählte auch nicht viel von Frankreich, aber er deutete an, daß wir uns vielleicht bald wiedersehen würden.

Ich berichtete ihm von meinem Buch, und er las es. Es gefiel ihm, und er sagte, er hielte es für gut. Er hätte einen Freund in der Air Force, sagte er, im Zivilberuf Direktor des Verlages Methuen. Wenn das Manuskript wieder zurückkäme, meinte er, würde er mir einen Brief seines Freundes schicken, den ich dann zusammen mit dem Manuskript an Methuen schicken sollte.

Das also war die nächste Station für *Das fehlende Glied in der Kette*. Die Leute bei Methuen – offenbar aus Rücksicht auf ihren Direktor – schrieben mir viel liebenswürdiger. Sie behielten das Manuskript auch länger – ein halbes Jahr, glaube ich. Es sei sehr interessant und zeige viele gute Ansätze, hieß es in ihrem Brief, aber es passe nicht ganz in ihr spezielles Verlagsprogramm. In Wahrheit fanden sie es, so vermute ich, ziemlich unmöglich.

Ich habe vergessen, wem ich es dann schickte, aber es kam wieder zurück. Ich hatte die Hoffnung praktisch schon aufgegeben. Der Verlag Bodley Head hatte vor kurzem ein oder zwei Krimis veröffentlicht – für sie ein neuer Beginn. Warum es nicht mit ihnen versuchen, dachte ich, steckte das Manuskript in einen neuen Umschlag – und dachte nicht mehr daran.

Dann geschah etwas ganz Unerwartetes. Archie kam nach Hause; er war für einen Posten im Luftfahrtministerium in London bestimmt worden. Der Krieg dauerte nun schon so lange – fast vier Jahre –, und ich hatte mich so daran gewöhnt, im Lazarett zu arbeiten und zu Hause zu wohnen, daß der Gedanke, ich müßte nun mein Leben verändern, wie ein Schock auf mich wirkte.

Ich fuhr nach London. Wir nahmen ein Zimmer im Hotel, und ich begann die Suche nach einer möblierten Wohnung. In unserer Unwissenheit hatten wir ziemlich grandiose Vorstellungen, aber bald mußten wir unsere Erwartungen um einiges zurückstecken. Wir hatten Krieg.

Schließlich blieben zwei Wohnungen zur Auswahl. Die eine war in West Hampstead und gehörte einer Miss Tunks – den Namen habe ich behalten. Sie äußerte starke Bedenken gegen uns: Ob wir auch ordentlich wären? Junge Menschen waren so unachtsam. Sie war sehr heikel mit ihren Sachen. Es war eine nette kleine Wohnung – dreieinhalb Guinees die Woche. Die andere, die wir uns ansahen, war in St. John's Wood – Northwick Terrace, gleich neben Maida Vale (mittlerweile abgerissen). Sie hatte nur zwei Räume statt drei, lag im zweiten Stock, war ein wenig schäbig eingerichtet, aber nett mit verblichenem Chintz und Aussicht auf einen Garten. Es war eines jener altmodischen, ziemlich großen Häuser mit geräumigen Zimmern, und die Miete betrug nur zweieinhalb Guinees die Woche. Wir beschlossen, hier unsere Zelte aufzuschlagen. Ich fuhr nach Hause und packte. Oma weinte, und Mutter war zum Weinen zumute, aber sie beherrschte sich. «Du fährst jetzt zu deinem Mann, Kind», sagte sie, «und beginnst dein Leben als verheiratete Frau. Hoffentlich geht alles gut.»

«Und wenn es Holzbetten sind, vergewissere dich, daß keine Wanzen drin sind», fügte Oma hinzu.

Ich fuhr zu Archie nach London zurück, und wir zogen in der Northwick Terrace Nummer 5 ein. Küche und Bad waren mikroskopisch klein; trotzdem nahm ich mir vor, mich – in Grenzen – als Köchin zu betätigen. Anfangs fand ich Hilfe bei Archies Offiziersburschen Bartlett – eine wahre Perle. Er war schon Kammerdiener bei Herzögen gewesen. Erst durch den Krieg war er in Archies Dienste gekommen. Aber er liebte den Herrn «Oberst» und erzählte mir lange Geschichten über seine Tapferkeit, seine Wichtigkeit, seine Klugheit und den Respekt, den man ihm zollte. Die Wohnung hatte viele Nachteile – das schlimmste waren die

Matratzen, die mit großen, steinharten Klumpen gefüllt zu sein schienen. Aber wir waren glücklich.

Einer der großen Vorzüge von Northwick Terrace war Mrs. Woods. Eigentlich war es, zumindest zum Teil, Mrs. Woods, die uns dazu bestimmte, diese und nicht die Wohnung in West Hampstead zu nehmen. Sie war eine dickliche, fidele, redselige Frau und herrschte über das Kellergeschoß. Sie hatte eine intelligente Tochter, die in einem eleganten Geschäft arbeitete, und einen unsichtbaren Ehemann. Sie war die Hausmeisterin und machte, wenn sie Lust dazu hatte, «die Bedienung» für einzelne Parteien. Sie erklärte sich bereit, für uns «die Bedienung» zu machen. Sie war mir eine mächtige Stütze. Von ihr lernte ich Tricks beim Einkaufen, von denen ich bisher nichts geahnt hatte. «Der Fischhändler hat Sie wieder reingelegt, Schätzchen», sagte sie. «Der Fisch ist nicht frisch. Sie haben ihn nicht mit dem Finger geprüft, wie ich es Ihnen gezeigt habe. Sie müssen ihn leicht pressen und dabei die Augen beobachten. Dann müssen Sie ihm den Finger ins Auge stekken.» Zweifelnd betrachtete ich den Fisch; ich hatte das Gefühl, mir doch eine ziemlich große Freiheit herauszunehmen, wenn ich ihm den Finger ins Auge bohrte.

«Und diese Orangen da. Ich weiß, Sie essen sie gerne, obwohl sie ja recht teuer sind, aber die da hat der Händler in kochendes Wasser gesteckt, damit sie frisch aussehen. Sie werden keinen Saft mehr drin finden.» Und so war es.

Das große Ereignis in Mrs. Woods' und meinem Leben trat ein, als Archie seine ersten Rationen bezog. Er erschien mit einem riesigen Stück Rindfleisch, dem größten, das ich seit Kriegsanfang gesehen hatte. Es lag auf dem Tisch, und Mrs. Woods und ich standen bewundernd darum herum. Für mein kleines Bratrohr war es viel zu groß, aber Mrs. Woods erklärte sich liebenswürdigerweise bereit, es für mich zu braten. «Es ist ja so viel», sagte ich, «Sie können auch davon haben.»

«Das ist wirklich sehr nett von Ihnen – es wird uns gut schmecken, ich bin ganz sicher. Mit den Kolonialwaren ist es leicht, wissen Sie. Ich habe einen Vetter, Bob, der arbeitet in einem Lebensmittelgeschäft – Zucker und Butter soviel wir wollen, und Margarine. Wenn's ums Essen geht, schaut er auf die Familie.» Das war eines der ersten Male, daß ich mit jenem alttestamentarischen Grundsatz Bekanntschaft machte, den es das ganze Leben lang zu beherzigen gilt: Es kommt immer drauf an, wen man kennt. Es ist beileibe kein Rezept für den sicheren Erfolg. Freddy Sowieso bekommt einen gut bezahlten Posten, weil der Onkel einen der Direktoren der Firma kennt. Freddy zieht in sein neues Büro ein. Aber wenn Freddy nichts taugt, wird er auf die sanfte Tour den Laufpaß bekommen, möglicherweise an einen anderen Vetter oder Freund weitergereicht werden, am Ende aber den Platz einnehmen, der ihm zukommt.

Was den Bezug von Fleisch und sonstigen Luxusgütern angeht, genossen die Reichen im Krieg zweifellos einige Vorteile, aber lange nicht so viele wie die arbeitende Bevölkerung, denn fast jeder hatte einen Vetter oder einen Freund oder sonst jemanden, der in einer Molkerei, einem Lebensmittelgeschäft oder einem ähnlichen Laden beschäftigt war. Soweit ich das übersehen konnte, traf das auf die Metzger nicht zu, aber die Lebensmittelhändler waren zweifellos ein großes Aktivum für die einzelne Familie. Und so kam es, daß Mrs. Woods uns immer wieder mit allen möglichen Leckerbissen versorgte.

Es war ein großes Ereignis, als dieses Riesenstück Fleisch auf den Tisch kam. Ich kann mich nicht entsinnen, daß es besonders schmackhaft oder besonders weich gewesen wäre, aber ich war jung und hatte gute Zähne. Für mich war es die köstlichste Mahlzeit seit langem.

Archie staunte über meine Gier. «Das Fleisch ist doch gar nicht besonders gut», meinte er.

«Nicht besonders gut?» gab ich zurück. «So etwas Gutes habe ich seit drei Jahren nicht mehr gesehen!»

Das «ernsthafte» Kochen, wenn ich es so nennen darf, besorgte Mrs. Woods für uns. Leichtere Mahlzeiten, kalte Platten für das Abendessen, das war mein Ressort. Wie die meisten jungen Mädchen, hatte auch ich eine Kochschule besucht, aber genau genommen bringt das nicht viel. Was zählt, das ist die tägliche Praxis. Gelegentlich hatte ich früher Marmeladetorten und Fleischpasteten und alles mögliche Zeug fabriziert, aber das war eben nicht das Richtige für einen normalen Haushalt. Ab und zu machte ich auch eine meiner Spezialitäten wie etwa ein extrafeines Soufflé. Anfangs merkte ich gar nicht, daß Archie an einer nervösen Verdauungsstörung litt. Es gab viele Abende, da er nach Haus kam und überhaupt nichts essen konnte – was mich ein wenig verdroß, wenn ich ein köstliches Käsesoufflé oder sonst etwas zubereitet hatte, das ich selbst gerne aß.

Wir alle haben unsere eigenen Vorstellungen, was wir gerne essen möchten, wenn uns nicht gut ist, aber Archie äußerte wahrhaft ungewöhnliche Wünsche. Nachdem er einige Zeit stöhnend auf dem Sofa gelegen hatte, sagte er dann plötzlich: «Jetzt hätte ich

Lust auf Sirup. Könntest du etwas machen, wo Sirup dabei ist?» Ich tat, was ich konnte.

Um meine Tage auszufüllen, besuchte ich einen Stenographie- und Buchhaltungskurs. Wie dank der endlosen Artikel in den Sonntagszeitungen heute jeder weiß, fühlen sich jungverheiratete Frauen einsam. Mich wundert dabei nur eines: daß junge verheiratete Frauen sich vorstellen können, es nicht zu sein. Die Männer gehen zur Arbeit, sie sind den ganzen Tag fort, und wenn eine Frau heiratet, kommt sie in eine völlig andere Umgebung. Sie fängt ein neues Leben an, stellt neue Kontakte her, schließt neue Freundschaften, findet neue Beschäftigungen. Vor dem Krieg hatte ich Freunde in London, aber jetzt waren sie in alle Winde zerstreut. Nan Pollock (geborene Watts) lebte in London, aber irgendwie scheute ich mich, mit ihr Verbindung aufzunehmen. Das klingt töricht, und es war auch töricht, aber man kann sich nicht über die Tatsache hinwegtäuschen, daß unterschiedliche Einkommensverhältnisse Menschen auseinanderbringen. Es ist dies keineswegs eine Frage snobistischer Einstellung oder gesellschaftlicher Position; es geht vielmehr darum, ob man sich die Vergnügungen leisten kann, die unsere Freunde sich leisten. Wenn sie über ein großes Einkommen verfügen und man selbst nur wenig verdient, wird die Sache peinlich.

Ich fühlte mich tatsächlich ein wenig einsam. Ich vermißte das Lazarett und meine Freundinnen, das betriebsame Leben dort, und mir fehlte mein Zuhause; aber ich begriff, daß das unvermeidlich war. Gesellschaft ist gewiß nicht etwas, das man jeden Tag braucht, aber man gewöhnt sich daran, und manchmal droht sie einen sogar zu ersticken. Mir machte es Freude, Stenographie und Buchhaltung zu lernen. Die Leichtigkeit, mit der kleine Mädchen von vierzehn oder fünfzehn Jahren Kurzschrift erlernten, beschämte mich, aber im Fach Buchhaltung schnitt ich wesentlich besser ab, und es machte mir Spaß.

In der Handelsschule, wo ich meine Kurse besuchte, unterbrach der Lehrer eines Tages den Unterricht, verließ das Zimmer und kehrte mit den Worten zurück: «Schluß für heute! Der Krieg ist aus!»

Wir konnten es einfach nicht glauben. Es hatte keine Anzeichen gegeben, daß eine solche Wendung bevorstand – nichts, was einen zu der Annahme verleitet hätte, der Krieg würde nicht noch weitere sechs Monate oder ein Jahr dauern. Die Lage in Frankreich schien sich nie zu verändern.

Wie betäubt trat ich auf die Straße. Hier bot sich mir ein Anblick, der mir nie zuvor beschert worden war – fast überkommt mich ein Gefühl der Angst, wenn ich mich dessen entsinne. Überall tanzten Frauen auf der Straße. Englische Frauen neigen nicht dazu, auf der Straße zu tanzen: es ist dies eine Reaktion, die besser zu Parisern und Franzosen paßt. Doch da waren sie nun: lachend, schreiend, hüpfend, springend, sich austobend in zügelloser Euphorie; ein nahezu gewalttätiges Genießen. Es war furchterregend. Ich hatte das Gefühl, die Frauen, hätten sie Deutsche zu Gesicht bekommen, würden auf sie losgesprungen sein und sie zerstückelt haben. Sie sahen alle betrunken aus, und viele waren es wohl auch. Taumelnd, brüllend wirbelten sie herum. Ich eilte nach Hause, wo Archie mich bereits erwartete.

«Das wär's», sagte er in seiner gewohnt nüchternen Art.

«Hast du geahnt, daß es so bald kommen würde?» fragte ich ihn.

«Na ja, es gab Gerüchte – wir hatten Befehl, nicht darüber zu sprechen. Und jetzt», sagte er, «müssen wir überlegen, was als nächstes geschehen soll.»

«Was meinst du ‹als nächstes›?»

«Das Beste wird wohl sein, daß ich meinen Abschied nehme.»

«Du willst wirklich deinen Abschied nehmen?» Ich war wie vor den Kopf geschlagen.

«Keine Zukunft. Das siehst du doch selbst ein. Auf Jahre hinaus keine Beförderungen.»

«Was willst du tun?»

«Ich möchte Geschäftsmann werden. Das wollte ich schon immer. Ich habe da bereits ein oder zwei Sachen laufen.»

Immer schon hatte ich Archies praktische Lebensauffassung bewundert. Er akzeptierte die Dinge, ohne sich überrascht zu zeigen, und nahm unverzüglich das nächste Problem in Angriff.

Im Augenblick aber, Waffenstillstand hin, Waffenstillstand her, ging das Leben weiter seinen gewohnten Gang. Archie versah seine Arbeit im Luftfahrtministerium. Leider wurde unser lieber Bartlett sehr rasch von seinem Dienst dispensiert. Ich nehme an, daß einige Earls und Herzöge ihre Verbindungen spielen ließen, um sich seiner Dienste zu versichern. Statt seiner bekamen wir einen eher schrecklichen Kerl namens Verrall. Ich glaube, daß er sein Bestes tat, aber er war völlig ungeeignet und unbrauchbar. Ich war wirklich froh, als auch er seine Entlassungspapiere bekam.

Archie nahm sich einen kurzen Urlaub, und wir fuhren nach Torquay. Während ich mich dort aufhielt, geschah es, daß ich mich mit, wie ich glaubte, entsetzlichen Bauchschmerzen niederlegen mußte. Aber es war etwas ganz anderes. Es war das erste Anzeichen, daß ich ein Baby bekommen würde.

Ich war selig. Ich hatte bisher in dem Glauben gelebt, daß Babies sich automatisch einstellen würden. Nach jedem von Archies Urlauben war ich tief enttäuscht gewesen, wenn ich kein Anzeichen eines Babys bemerken konnte. Diesmal hatte ich gar nicht damit gerechnet. Ich ging zu einem Arzt – unser alter Dr. Powell war in Pension gegangen, und ich mußte mir einen neuen suchen. Ganz bewußt sah ich davon ab, mich einem der Ärzte anzuvertrauen, mit denen ich im Lazarett gearbeitet hatte; ich hatte das Gefühl, zuviel über sie und ihre Methoden zu wissen. Statt dessen suchte ich einen freundlichen Medicus namens Stabb auf.

Er hatte eine sehr hübsche Frau, in die sich mein Bruder im Alter von neun Jahren unsterblich verliebt hatte. «Ich habe mein Kaninchen Gertrude genannt», hatte er verkündet, «weil Gertrude Huntly die schönste Frau der Welt ist.» Gertrude Huntly, die spätere Mrs. Stabb, zeigte sich tief beeindruckt und dankte ihm sehr herzlich für die Ehre, die er ihr erwiesen hatte.

Dr. Stabb sagte, daß ich ein gesundes Mädchen wäre und daß alles gutgehen würde. Das war alles. Er machte kein Aufhebens von meiner Schwangerschaft. Ich bin heute noch froh, daß es damals keine dieser Untersuchungskliniken gab, wo man sich jeden Monat melden muß. Meine persönliche Meinung ist, daß wir ohne sie besser dran waren. Dr. Stabb riet mir, etwa zwei Monate vor der Geburt einen Arzt in London aufzusuchen, der sich überzeugen sollte, daß das Kind die richtige Lage hatte. Er hielt es für möglich, daß ich auch weiterhin morgens Übelkeit verspüren, dieser Zustand sich aber in drei Monaten geben würde. In diesem Punkt irrte er bedauerlicherweise. Meine Morgenkrankheit wurde ich bis zur Geburt nicht mehr los. Und ich mußte mich nicht nur morgens, sondern vier- bis fünfmal am Tag erbrechen, und in London stellte mich das vor Probleme. Von einem Bus, den man eben erst bestiegen hat, herunterspringen und sich am Randstein übergeben zu müssen, ist außerordentlich peinlich und demütigend für eine junge Frau. Ich mußte mich damit abfinden. Glücklicherweise dachte in jenen Tagen niemand daran, einer Schwangeren Pillen wie etwa Thalidomid zu geben. Man akzeptierte die Tatsache, daß manche Frauen durch ein kommendes Baby mehr zu leiden hatten als andere. Zu diesem Thema befragt, sagte Mrs. Woods, die über alles, was Geburt und Tod betraf, genau Bescheid wußte: «Na ja,

Schätzchen, ich für meinen Teil behaupte, daß Sie ein Mädchen bekommen werden. Übelkeit bedeutet Mädchen. Schwindel und Ohnmacht bedeutet einen Jungen. Übelkeit ist besser.»

Ich natürlich hielt Übelkeit nicht für besser. Mir wäre es attraktiver erschienen, in Ohnmacht zu sinken. Archie, dem jede Krankheit zuwider war, und der sich von kranken Menschen mit der Bemerkung zu empfehlen pflegte: «Ich glaube, Sie werden sich wohler fühlen, wenn ich Sie nicht länger belästige», war in dieser Zeit ganz unerwartet nett zu mir. Er ließ sich alles mögliche einfallen, um mich aufzuheitern. Ich erinnere mich, daß er mir einen Hummer brachte – in jenen Tagen ein äußerst kostspieliger Luxus – und ihn mir auf das Kissen legte, um mich zu überraschen. Ich lachte wie verrückt. Wir verzehrten ihn mit großem Genuß. Bald darauf wurde ich ihn zwar wieder los, aber wenigstens hatte ich das Vergnügen gehabt, ihn zu essen. Archie war auch so aufmerksam, mir Babynahrung zuzubereiten; laut Mrs. Woods ein unfehlbares Mittel, um das Essen «bei sich zu behalten». Ich erinnere mich noch an Archies beleidigtes Gesicht, als er mir eines Abends Babynahrung zubereitete und ich sie zuerst kalt werden lassen mußte, weil ich sie so heiß nicht essen konnte. Schließlich schluckte ich sie, lobte ihn – «Ganz ohne Klümpchen heute, das hast du fein gemacht!» –, und eine halbe Stunde später war es wieder passiert.

«Na hör mal», sagte Archie, «es hat doch gar keinen Zweck, daß ich dir dieses Zeug mache! Ob du es jetzt trinkst oder nicht, das Resultat ist immer das gleiche.»

In meiner Unwissenheit fürchtete ich, daß mein häufiges Erbrechen dem Kinde schaden, daß es Hunger leiden könnte. Das war aber keineswegs der Fall. Obwohl meine Übelkeit bis zum Tag der Geburt anhielt, bekam ich eine gesunde viereinhalb Pfund schwere Tochter, und ich selbst hatte, obwohl ich scheinbar die ganze Zeit keine Nahrung bei mir behielt, eher zu- als abgenommen. Mir kam das Ganze wie eine neun Monate währende Seereise vor, an die ich mich nie richtig gewöhnt hatte. Als Rosalind geboren war und ich die Augen aufschlug, sah ich einen Arzt und eine Krankenschwester über mich gebeugt. «Sie haben eine Tochter», sagte der Arzt, und die Krankenschwester fügte ein wenig überschwenglich hinzu: «Oh, was für eine reizende kleine Tochter!» Ich reagierte darauf mit der bedeutenden Feststellung: «Mir ist nicht mehr schlecht! Wunderbar!»

Archie und ich hatten im letzten Monat lange Debatten über mögliche Namen geführt und auch über die Frage, ob wir einen

Jungen oder ein Mädchen haben würden. Archie erklärte mit aller Entschiedenheit, daß es ein Mädchen sein müsse.

«Ich will keinen Jungen», tat er mir dar, «denn ich weiß schon heute, daß ich eifersüchtig auf ihn sein würde. Du würdest deine ganze Aufmerksamkeit auf ihn richten.»

«Aber einer Tochter werde ich ebensoviel Aufmerksamkeit schenken.»

«Nein, das wäre nicht das gleiche.»

Wir diskutierten lange über passende Namen. Archie schlug Enid vor. Ich dachte an Martha. Er versuchte es mit Elaine – ich konterte mit Harriet. Erst nach der Geburt einigten wir uns auf Rosalind.

Ich weiß, daß alle Mütter von ihrem Baby schwärmen, und obwohl ich persönlich alle Neugeborenen scheußlich finde, muß ich doch sagen, daß Rosalind ein ausgesprochen hübsches Baby war. Sie hatte eine Menge dunkler Haare und erinnerte mich im Aussehen an eine Indianerin. Schon in den ersten Tagen ließ sie ein fröhliches Naturell und Entschlossenheit erkennen.

Ich wurde von einer besonders netten Schwester betreut, die allerdings an der Art, wie Mutter den Haushalt führte, einiges auszusetzen hatte. Natürlich kam Rosalind in Haus Ashfield zur Welt. In jenen Tagen gab es keine Privatkliniken für junge Mütter; die ganze Geburt einschließlich Pflege kostete fünfzehn Pfund – was bestimmt nicht teuer war. Mutters Rat folgend, behielt ich die Schwester noch zwei Wochen länger, um einerseits alles zu lernen, was ich für Rosalinds Pflege wissen sollte, anderseits um Zeit zu haben, nach London zu fahren und eine neue Wohnung für uns zu suchen.

In der Nacht, in der, wie wir wußten, Rosalind zur Welt kommen würde, verlebten wir ein paar ungewöhnliche Stunden. Gleich zwei in das ewige Ritual der Geburt versponnenen Wesen eilten Mutter und Schwester Pemberton fröhlich und geschäftig hin und her und bereiteten alles vor. Eingeschüchtert und ein wenig nervös wie zwei Kinder, die nicht wissen, ob sie auch erwünscht sind, wanderten Archie und ich durch das Haus. Beide hatten wir Angst. Wie er mir nachher gestand, war Archie überzeugt, daß es allein seine Schuld sein würde, wenn ich die Geburt nicht überlebte. Ich dachte daran, daß ich möglicherweise sterben und daß mir das außerordentlich leid tun würde: ich lebte doch so gern! In Wirklichkeit war es wohl nur das Unbekannte, das uns ängstigte. Aber es war auch aufregend. Es ist immer aufregend, wenn man etwas zum ersten Mal tut.

Nun hieß es Pläne für die Zukunft machen. Ich ließ Rosalind in Torquay bei Schwester Pemberton zurück und fuhr nach London, um drei Dinge zu suchen: a) ein Domizil; b) ein Kindermädchen für Rosalind; und c) ein Dienstmädchen für das Haus oder die Wohnung, die ich aber eben zuerst noch finden mußte. Das Dienstmädchen war eigentlich überhaupt kein Problem, denn wer war schon einen Monat vor Rosalinds Geburt ins Haus geplatzt? Meine liebe Lucy aus Devonshire! Atemlos, überströmend, warmherzig wie eh und je. Sie hatte sich kaum verändert und würde mir eine riesige Stütze sein. «Ich habe es gehört», sagte sie. «Ich habe gehört, daß Sie ein Baby bekommen. Ich stehe zur Verfügung. Ich ziehe bei Ihnen ein, sobald Sie mich brauchen.»

Nachdem ich mich mit Mutter beraten hatte, beschloß ich, Lucy einen Lohn anzubieten, wie er, soweit Mutter und ich uns zurückerinnern konnten, noch nie zuvor einer Köchin oder einem Dienstmädchen bezahlt worden war. Sechsunddreißig Pfund im Jahr – in jenen Tagen eine enorme Summe –, aber Lucy war es wert, und ich freute mich, sie bei mir zu haben.

Zu dieser Zeit, knapp ein Jahr nach dem Waffenstillstand, in London eine Unterkunft zu finden, war entsetzlich schwer. Hunderte junger Paare durchstreiften die Stadt auf der Suche nach einem passenden Domizil zu einem vernünftigen Preis. Es wurden sogar Abfindungen verlangt. Wir beschlossen, fürs erste eine möblierte Wohnung zu nehmen, um dann in Ruhe etwas zu suchen, das unseren Wünschen entsprechen würde.

Archies Hoffnungen hatten sich mittlerweile erfüllt. Nach seiner Entlassung aus dem Militärdienst würde er eine Stellung in der City antreten. Ich weiß nicht mehr, wie sein Chef hieß, aber um ihm einen Namen zu geben, will ich ihn Goldstein nennen. Er war ein großer, korpulenter Mann mit einem gelben Gesicht. Als ich Archie nach ihm fragte, leitete er seine Antwort mit diesen Worten ein: «Nun ja, er ist wirklich gelb, sogar sehr gelb, und dick ist er auch!»

Die großen Firmen in London waren damals bestrebt, den aus dem Heeresdienst entlassenen Offizieren gute Posten anzubieten. Archies Gehalt sollte fünfhundert Pfund im Jahr betragen. Ich hatte immer noch hundert Pfund im Jahr aus der Hinterlassenschaft meines Großvaters, und Archies Ersparnisse brachten noch einmal hundert Pfund. Das waren schon damals keine Reichtümer, ganz im Gegenteil, denn Mieten und Lebensmittelpreise hatten schwindelnde Höhen erreicht. Eier kosteten acht Pence das Stück, und das war recht viel für ein junges Paar.

Heute erscheint es mir unverständlich, daß wir überhaupt in Erwägung zogen, uns eine Kinderfrau und ein Dienstmädchen zu nehmen, aber damals betrachtete man diese Personen als unerläßlichen Bestandteil eines bürgerlichen Haushalts. Sie würden wohl das letzte gewesen sein, worauf wir zu verzichten bereit gewesen wären. Uns zum Beispiel die Extravaganz eines Wagens zu leisten, wäre uns nie in den Sinn gekommen. Nur reiche Leute hatten einen Wagen. Wenn ich in den letzten Tagen meiner Schwangerschaft bei der Bushaltestelle Schlange stand, wobei ich oft, durch meine schwerfälligen Bewegungen behindert, zur Seite gestoßen wurde – Männer waren damals nicht sehr galant – und die Autos vorbeisausen sah, dachte ich manchmal sehnsüchtig: wie herrlich wäre es, wenn ich irgendwann auch eines haben könnte!

Ein Freund von Archie äußerte einmal in bitterem Ton: «Niemand sollte einen Wagen fahren dürfen, der nicht wichtiger Geschäfte wegen unterwegs ist.» Das war nie meine Ansicht. Ich finde, es ist immer aufregend, wenn man jemanden sieht, der Glück gehabt hat im Leben, der reich ist und Schmuck besitzt. Wer sehnt sich schon nach einer farblosen, langweiligen Welt, in der niemand reich oder bedeutend oder schön oder talentiert ist? Früher wartete man stundenlang, um einen Blick auf Könige und Königinnen zu erhaschen; heutzutage neigt man eher dazu, Popstars anzuglotzen, aber das Prinzip ist das gleiche.

Wie ich schon sagte: wir waren bereit, uns eine Kinderfrau und ein Hausmädchen als notwendige Extravaganz zu leisten, träumten aber nicht einmal davon, einen Wagen zu besitzen. Im Theater saßen wir auf der Galerie. Ich besaß nie mehr als ein Abendkleid, und zwar ein schwarzes, auf dem man den Schmutz nicht so sah; und wenn wir abends ausgingen, trug ich – aus dem gleichen Grund – schwarze Schuhe. Nie nahmen wir uns ein Taxi. So wie alles im Leben entspricht auch die Art, wie man sein Geld ausgibt, einem gewissen Stil. Ob unser Stil besser oder schlechter war, bleibe dahingestellt. Es wurde weniger Luxus getrieben, und Ernährung und Kleidung und das ganze Drumherum besaßen einen geringeren Stellenwert. Dafür hatte man damals mehr Muße – man hatte Zeit zu denken, zu lesen und seine Neigungen und Hobbies zu pflegen. Ich glaube, ich bin froh, daß ich in jener Zeit jung war.

Wir hatten Glück und fanden sehr bald eine Wohnung. Sie befand sich im Erdgeschoß der Addison Mansions – zwei große Häuserblocks hinter dem Olympia. Es war eine große Wohnung mit vier Schlaf- und zwei Wohnzimmern und kostete möbliert fünf

Guineas die Woche. Die Frau, die sie uns vermietete, war eine mit Wasserstoff gebleichte Blondine von fünfundvierzig Jahren mit einem immensen Busen. Sie war sehr freundlich und bestand darauf, mir alles über die inneren Leiden ihrer Tochter mitzuteilen. Die Wohnung war scheußlich eingerichtet und beherbergte einige der kitschigsten Bilder, die ich je gesehen hatte. Ich nahm mir sogleich vor, sie mit Archies Hilfe von den Wänden zu nehmen und irgendwo sauber aufzustapeln, wo sie die Rückkehr ihrer Eigentümer abwarten konnten.

Dann begab ich mich in Mrs. Bouchers Büro. Das war – und ist, glaube ich, noch heute – der bevorzugte Treffpunkt aller jener, die Kinderfrauen suchen. Es gelang Mrs. Boucher sehr rasch, mir meine Illusionen zu nehmen. Sie rümpfte die Nase über den Lohn, den ich zahlen konnte, erkundigte sich nach unserer Vermögenslage, wollte wissen, wieviel Personal wir hatten, und wies mich dann in einen kleinen Raum, wo die Anwärterinnen interviewt wurden. Eine große und offensichtlich fachkundige Frau kam als erste ins Zimmer. Ihr Anblick flößte mir Furcht ein. Sie allerdings empfand keine Gefühle dieser Art, als sie mich sah. «Ja, Madam? Wie viele Kinder sind es?» Ich antwortete ihr, daß ich nur ein Baby hätte.

«Und wieviel Personal haben Sie, Madam?»

Entschuldigend ließ ich sie wissen, daß mein Personal aus einem Hausmädchen bestand. «Tut mir leid, Madam», erklärte sie naserümpfend, «aber das sagt mir nicht zu. Ich bin es gewohnt, in angenehmer Umgebung, in einem gut ausgestatteten Haushalt zu arbeiten, wo das Personal den Kinderzimmern zu Diensten steht und alles Nötige besorgt.» Ich stimmte ihr zu, daß wir nicht das Richtige für sie hätten, und war froh, sie loszuwerden. Ich sprach noch mit zwei oder drei anderen, aber unsere Verhältnisse paßten keiner.

Trotzdem ging ich am nächsten Tag wieder hin. Diesmal hatte ich Glück. Ich stieß auf die fünfunddreißigjährige Jessie Swannell, die sich durch eine scharfe Zunge und ein weiches Herz auszeichnete und, seit sie ihren Beruf als Kinderfrau ausübte, bei einer Familie in Nigeria gerarbeitet hatte. Vorsichtig brachte ich ihr die schandbaren Umstände des Dienstverhältnisses bei, das ich ihr anbieten konnte: nur ein Hausmädchen, ein Kinderzimmer, kein Nachtdienst, der Kamin würde gewartet werden, die Pflege des Kinderzimmers jedoch ausschließlich ihr obliegen, und – zu guter Letzt – der Lohn.

«Na ja», sagte sie, «das klingt ja nicht so schlecht. Harte Arbeit bin ich gewöhnt, die macht mir nichts aus. Ein Mädchen, hm? Ich mag Mädchen.»

So wurde ich also mit Jessie Swannell handelseinig. Sie blieb zwei Jahre bei mir, und ich mochte sie gern, obwohl sie ihre Fehler hatte. Sie gehörte zu jener Sorte Kinderfrauen, die eine natürliche Abneigung gegen die Eltern der von ihnen betreuten Kinder empfinden. Für Rosalind war sie die Güte in Person; ich glaube, sie hätte ihr Leben für das Kind gegeben. Mich betrachtete sie als Eindringling, obwohl sie widerstrebend tat, was ich von ihr verlangte, auch wenn sie meine Ansicht nicht immer teilte. Andererseits wurde sie mit jeder Situation fertig: sie war immer freundlich, gut gelaunt und hilfsbereit. Ja, ich respektierte Jessie Swannell und hoffe, sie hat ein erfülltes Leben gehabt und erreicht, was sie erreichen wollte.

So war also alles abgemacht, und Rosalind, ich, Jessie Swannell und Lucy hielten Einzug in Addison Mansions, um ein normales Familienleben zu führen. Nicht daß meine Suche zu Ende gewesen wäre. Wir brauchten ja jetzt eine unmöblierte Wohnung, die unser ständiges Heim werden sollte. Das zu finden war gar nicht so leicht; es war sogar höllisch schwer. Kaum hörte man etwas, rief man an, sauste los, schrieb Briefe . . . und schien keinen Schritt weiter zu kommen. Die Wohnungen waren manchmal so schmutzig, so schäbig und heruntergekommen, daß man sich kaum vorstellen konnte, darin leben zu müssen. Wir umkreisten London: Hampstead, Chiswick, Pimlico, Kensington, St. John's Wood – die Tage wurden zu einer einzigen langen Autobusfahrt. Wir besuchten alle Wohnungsvermittler; es dauerte nicht lange, und wir bekamen Angst. Wir hatten nur für zwei Monate gemietet. Sobald die wasserstoffblonde Mrs. N., ihre verheiratete Tochter und ihre Kinder zurückkamen, würden wir die Wohnung räumen müssen. Wir mußten etwas finden.

Endlich schien uns das Glück hold zu sein. Wir sicherten uns, soweit man das sichern nennen konnte, eine Wohnung in der Nähe von Battersea Park. Die Miete war erträglich. Miss Llewellyn, die Eigentümerin, übersiedelte in etwa einem Monat, würde aber unter Umständen auch schon früher ausziehen. Sie hatte eine Wohnung in einem anderen Teil Londons gekauft. Damit schien alles erledigt zu sein, aber wir hatten uns zu früh gefreut. Zwei Wochen bevor wir einziehen sollten, teilte Miss Llewellyn uns mit, daß sie nicht in ihre neue Wohnung hineinkönne, weil die Leute dort nicht in ihre hineinkönnten! Eine richtige Kettenreaktion!

Für uns war es ein schwerer Schlag. Alle zwei, drei Tage riefen wir Miss Llewellyn an. Die Nachrichten wurden immer schlechter, und am Ende sah es so aus, als ob wir drei oder vier Monate warten müßten – und selbst dieser Termin war nicht sicher. Fieberhaft begannen wir von neuem die Wohnungsanzeigen zu studieren und Wohnungsvermittler anzurufen. Die Zeit verging, und wir waren schon ganz verzweifelt. Dann rief ein Vermittler an und bot uns zwar keine Wohnung, aber ein Haus an, ein kleines Haus in Scarsdale Villas. Es war allerdings nicht zu vermieten, nur zu verkaufen. Archie und ich fuhren hin und sahen es uns an. Es war ein reizendes kleines Haus. Wir würden fast unser ganzes kleines Kapital opfern müssen – ein entsetzliches Risiko. Doch weil wir das Gefühl hatten, etwas tun zu müssen, erklärten wir uns einverstanden, unterschrieben den Kaufvertrag und fuhren heim, um zu überlegen, welche Wertpapiere wir abstoßen sollten.

Es war zwei Tage später, wir saßen gerade beim Frühstück, als ich einen Blick in die Zeitung warf. Einer Gewohnheit folgend, die ich einfach nicht ablegen konnte, schlug ich zuerst den Wohnungsmarkt auf – und sah eine Anzeige: «Unmöblierte Wohnung zu vermieten. Jahresmiete neunzig Pfund. 96, Addison Mansions.» Ich stieß einen heiseren Schrei aus, setzte meine Tasse nieder, las Archie die Anzeige vor und sagte: «Wir haben keine Zeit zu verlieren!»

Ich stürzte hinaus, überquerte im Laufschritt den grasbewachsenen Hof zwischen den zwei Häuserblocks und sauste wie verrückt die vier Stockwerke hinauf. Es war ein Viertel nach acht. Ich klingelte an der Tür von 96. Eine überraschte junge Frau im Schlafrock öffnete.

«Ich komme wegen der Wohnung», stieß ich so deutlich hervor, wie mir das in meiner Atemlosigkeit möglich war.

«Wegen dieser Wohnung? Jetzt schon? Ich habe die Anzeige doch erst gestern aufgegeben. So bald habe ich noch niemanden erwartet.»

«Kann ich sie sehen?»

«Tja . . . es ist noch ein bißchen früh.»

«Ich weiß, sie wird genau richtig für uns sein. Ich glaube, ich werde sie nehmen.»

«Na ja, umsehen können Sie sich. Es ist noch nicht aufgeräumt.» Sie gab mir den Weg frei.

Ich stürmte hinein, ohne ihr Zögern zu beachten, und sah mich rasch um. Ich wollte das Risiko nicht eingehen, die Wohnung zu verlieren.

«Neunzig Pfund im Jahr?» fragte ich.

«Ja, das ist die Miete. Aber ich sage Ihnen gleich: der Mietvertrag wird jeweils nur auf ein Vierteljahr abgeschlossen».

Das schreckte mich nicht ab. Ich wollte irgendwo wohnen, und zwar bald.

«Und wann kann ich einziehen?»

«Ach, eigentlich jederzeit – in ein, zwei Wochen? Mein Mann ist plötzlich ins Ausland versetzt worden. Und für den Bodenbelag und die Gestelle verlangen wir eine Entschädigung.»

Der Bodenbelag war nicht nach meinem Geschmack, aber was störte das? Vier Schlafzimmer, zwei Wohnzimmer, eine schöne Aussicht – vier Stock hoch, zugegeben, aber hell und luftig. Einiges mußte instand gesetzt werden, aber das konnten wir selbst besorgen. Es war wunderbar – ein Segen des Himmels!

«Ich nehme die Wohnung», sagte ich. «Ich habe mich entschlossen.»

«Sind Sie sicher? Sie haben mir noch nicht Ihren Namen gesagt.»

Ich gab ihr meinen Namen, erklärte ihr, daß ich ihr gegenüber im Erdgeschoß wohnte – möbliert –, und damit war alles erledigt. Noch von ihrer Wohnung aus rief ich die Hausverwaltung an. Zu oft schon war mir jemand zuvorgekommen. Während ich die Treppe hinunterging, kamen mir drei Paare entgegen; ich sah ihnen sofort an, daß sie allesamt zu Nummer 96 unterwegs waren. Diesmal hatten wir gewonnen. Triumphierend erstattete ich Archie Bericht.

«Ausgezeichnet», sagte er, und in diesem Augenblick läutete das Telefon. Es war Miss Llewellyn. «Ich bin ziemlich sicher», teilte sie uns mit, «daß Sie die Wohnung in einem Monat beziehen können.»

«Oh», sagte ich. «Ja. Ich verstehe.» Ich legte auf. «Guter Gott!» versetzte Archie. «Weißt du, wie wir jetzt dastehen? Wir haben zwei Wohnungen gemietet und ein Haus gekauft!»

Das war nun wirklich ein Problem. Schon war ich daran, Miss Llewellyn anzurufen und ihr zu sagen, daß wir ihre Wohnung nicht mehr haben wollten, aber dann hatte ich eine bessere Idee. «Wir werden versuchen, aus dem Vertrag für das Haus in Scarsdale Villas auszusteigen», sagte ich, «aber die Wohnung in Battersea nehmen wir und verlangen von irgend jemand anders eine Entschädigung. Damit zahlen wir die Ablösungssumme für die Wohnung gegenüber.»

Archie stimmte meinem Vorschlag begeistert zu, und ich glaube, es war wirklich ein finanzieller Geniestreich von mir, denn diese hundert Pfund hätten ein gewaltiges Loch in unseren Sparstrumpf gerissen. Dann gingen wir zu der Firma, die das Haus in Scarsdale Villas verwaltete. Die Leute waren sehr nett. Sie sagten, es würde ihnen nicht schwerfallen, das Haus jemand anders zu verkaufen – es gab genügend Interessenten. Mit einer kleinen Gebühr an die Verwaltung waren wir die Sache los.

Wir hatten eine Wohnung, und zwei Wochen später zogen wir um. Jessie Swannell erwies sich als Geschenk des Himmels. Es machte ihr überhaupt nichts aus, die vier Stockwerke hinauf und hinunter zu klettern. «Ach, du meine Güte», sagte sie, «was ich in meinem Leben schon geschleppt habe! Sicher, ein oder zwei Nigger kämen mir ganz gut zupaß. Das ist das Beste an Nigeria – Nigger noch und noch.»

Wir waren verliebt in unsere Wohnung und machten uns mit Feuereifer daran, sie einzurichten. Wir gaben ein gut Teil von Archies Abfindung für Möbel aus. Bei Heals kauften wir gute moderne Möbel für Rosalinds Kinderzimmer und zwei schöne Betten für uns – und eine Menge Zeug kam aus Haus Ashfield, das ganz vollgestopft war mit Tischen und Stühlen und Truhen, Silber und Wäsche. Wir besuchten auch Auktionen und erstanden dort für ein Butterbrot ein paar altmodische Kommoden und Schränke.

Wir suchten Tapeten aus und entschieden, welche Wände gemalt werden sollten und in welchen Farben. Einen Teil der Arbeiten machten wir selbst, aber wir hatten auch einen Maler und Tapezierer, der uns half. Die zwei Aufenthaltsräume – ein ziemlich großer Salon und ein eher kleines Eßzimmer – gingen auf den Hof hinaus, aber nach Norden. Ich zog die Räume im hinteren Teil vor, die am Ende eines langen Ganges lagen. Sie waren nicht ganz so groß, aber sonnig und freundlich, und daher beschlossen wir, unser Wohnzimmer und Rosalinds Kinderzimmer in den zwei hinteren Räumen einzurichten. Das Bad lag gegenüber, und auch ein kleines Mädchenzimmer. Von den zwei großen Räumen machten wir den größeren zu unserem Schlafzimmer und den kleineren zum Eßzimmer – allenfalls auch als Gastzimmer zu gebrauchen. Archie wählte die Badezimmertapeten aus: ein leuchtendes Kacheldekor in Rot und Weiß. Unser Tapezierer und Maler war sehr freundlich. Er zeigte mir, wie man Tapeten richtig schneidet und faltet. «Sie brauchen keine Angst davor zu haben», sagte er. «Einfach draufklatschen, so, sehen Sie? Es kann gar nichts passieren. Wenn es reißt, kleistern Sie drüber. Zuerst schneiden Sie die Stücke zurecht, dann messen Sie alles aus und schreiben die Nummern auf die Rückseite. So ist's recht. Mit einer Haarbürste können Sie am besten die Blasen rausdrücken.» Mit der Zeit machte ich das ganz geschickt. Die Decken überließ ich natürlich ihm – das war mir doch etwas zu knifflig.

Die Wände von Rosalinds Zimmer wurden mit blaßgelber Farbe gestrichen, und auch da lernte ich wieder einen Trick. Mein Lehrmeister vergaß nämlich, mich darauf hinzuweisen, daß man Farbenflecke auf dem Fußboden sofort wegputzen muß, weil sie sonst sehr schnell hart werden und sich nur mehr mit einem Meißel entfernen lassen. Aber man lernt ja aus Erfahrung. Ich entschied mich für sehr blasse, leicht glänzende, rosafarbene Wände im Wohnzimmer; für die Decke kaufte ich eine glatte schwarze Tapete mit Weißdornmuster. Sie würde mir, dachte ich, das Gefühl geben, auf dem Land zu leben, und außerdem das ganze Zimmer niedriger erscheinen lassen – und ich liebte niedrige Räume. Natürlich sollte der Fachmann diese Tapete anbringen, aber zu meiner Überraschung zeigte er sich abgeneigt, es zu tun.

«Sehen Sie mal, Ma'am, Sie haben sich da geirrt. Sie wollen sicher die Decke hellrosa und die Wände schwarz.»

«Nein», antwortete ich, «ich will die schwarze Tapete an der Decke und die Temperafarbe an den Wänden.»

«Aber so macht man das nicht. Sie wollen unten hell und oben dunkel. Das ist falsch. Richtig sind helle Decken und dunkle Wände.»

«Man muß das doch nicht so machen, wenn man es anders lieber hat», wandte ich ein.

«Ich kann Ihnen nur sagen, daß es falsch ist, Madam. Niemand macht das so.»

«Aber ich will es so haben», erklärte ich.

«Das bringt die ganze Decke runter, Sie werden ja sehen. Bis zum Fußboden runter. Das Zimmer wird sehr niedrig wirken.»

«Ich will, daß es niedrig wird.»

Achselzuckend gab er auf. «Wie gefällt es Ihnen?» fragte ich ihn, als er fertig war.

«Ungewöhnlich ist es», meinte er. «Nein, ich kann nicht sagen, daß es mir gefällt, aber ... na ja, es ist ungewöhnlich, aber ganz hübsch, wenn man auf einem Stuhl sitzt und zur Decke hinaufguckt.»

«So war es geplant», bemerkte ich.

«Aber dann hätte ich doch lieber eine hellblaue Tapete mit Sternen genommen.»

«Ich will nicht das Gefühl haben, in der Nacht unter freiem Himmel zu sitzen», erwiderte ich. «Ich möchte das Gefühl haben, in einem Kirschgarten oder unter einem Weißdornbaum zu sitzen.»

Bekümmert schüttelte er den Kopf.

Die meisten Vorhänge ließen wir nähen. Die Überzüge machte ich selbst. Meine Schwester Madge – sie hieß jetzt Punkie, ihr Söhnchen hatte diesen Namen für sie erfunden – hatte mir versichert, daß das kein Problem wäre. «Es ist ganz einfach; jeder kann das.»

Ich versuchte es. Man sah ihnen an, daß sie nicht aus dem Laden kamen, aber sie waren hell und freundlich. Alle unsere Freunde bewunderten die Wohnung. Aber das Einrichten hatte uns auch viel Freude gemacht. Lucy fand es herrlich und genoß jede Minute. Jessie Swannell murrte zwar die ganze Zeit, zeigte sich aber überraschend hilfsbereit. Ich hatte nichts dagegen, daß sie uns nicht mochte, besser gesagt mich nicht mochte – ich glaube, daß Archie bei ihr nicht ganz so schlecht wegkam. «Schließlich und endlich», erklärte ich ihr eines Tages, «muß ein Baby ja Eltern haben, sonst gäbe es keine Kinder, um die Sie sich kümmern könnten.»

«Na ja, da ist schon was dran», gab sie zu und rang sich ein gequältes Lächeln ab.

Archie hatte seine Stelle in der City angetreten. Die Arbeit gefiel ihm, und er war froh, die Air Force aufgegeben zu haben, in der es, so wiederholte er immer wieder, keine Zukunft gab. Er war entschlossen, eine Menge Geld zu verdienen. Daß wir im Augenblick zu kämpfen hatten, machte uns keine Sorgen. Ab und zu gingen wir ins *Palais de Danse* in Hammersmith, aber im großen und ganzen verzichteten wir auf Vergnügungen, weil wir sie uns wirklich nicht leisten konnten. Wir waren ein durchaus alltägliches junges Paar, aber wir waren glücklich. Unser Leben schien in geordneten Bahnen verlaufen zu wollen. Wir hatten kein Klavier, und das war bedauerlich, aber diesen Mangel glich ich damit aus, daß ich, immer wenn ich nach Torquay kam, wie eine Wahnsinnige auf die Tasten drosch.

Ich hatte den Mann geheiratet, den ich liebte, wir hatten ein Kind, wir hatten ein Heim – und ich konnte beim besten Willen keinen Grund sehen, warum wir nicht bis an unser Lebensende glücklich zusammen leben sollten.

Eines Tages bekam ich einen Brief. Ich öffnete ihn ganz mechanisch und las ihn, ohne zunächst mitzubekommen, worum es ging. Der Brief war von John Lane, The Bodley Head, und man fragte an, ob ich wohl gelegentlich bei ihnen vorbeikommen könnte. Es handle sich um mein Manuskript mit dem Titel *Das fehlende Glied in der Kette,* das ich vor einiger Zeit vorgelegt hätte.

Um die Wahrheit zu sagen, ich hatte *Das fehlende Glied in der Kette* vollständig vergessen. Das Manuskript hatte wohl an die zwei Jahre bei The Bodley Head gelegen, aber in den ereignisreichen Tagen des Waffenstillstandes, den Tagen von Archies Heimkehr und dem Beginn unseres gemeinsamen Lebens waren Dinge wie Schriftstellerei und Manuskripte völlig aus meinen Gedanken verschwunden.

Hoffnungsvoll machte ich mich auf den Weg. Es mußte ihnen ja einigermaßen gefallen haben, sonst hätten sie mich wohl kaum gebeten, vorbeizukommen. Ich wurde in John Lanes Büro geführt, und er erhob sich, um mich zu begrüßen: ein weißbärtiger kleiner Mann von etwas elisabethanischem Aussehen. Er hatte eine gütige, liebenswürdige Art, aber seine pfiffigen blauen Augen hätten mich vielleicht warnen sollen, daß ich es mit einem Menschen zu tun hatte, der seinen Vorteil rücksichtslos zu wahren wußte. Er lud mich freundlich ein, Platz zu nehmen, was aber praktisch nicht möglich war: auf jedem einzelnen Stuhl lagen Bilder. Plötzlich merkte er es und lachte. «Du liebe Zeit!» sagte er. «Es ist ja gar nichts zum Sitzen da!» Er machte einen Stuhl frei, und ich setzte mich.

Dann begann er über das Manuskript zu sprechen. Einige seiner Lektoren waren der Meinung, daß man etwas daraus machen könnte. Allerdings wären wesentliche Änderungen erforderlich. Das letzte Kapitel zum Beispiel: Die Handlung im Gerichtssaal sei ganz unmöglich. Es sei alles andere als eine Gerichtsszene, und das Ganze wirke lächerlich. Gab es einen Weg, um die Lösung des Knotens auf andere Weise zu bewerkstelligen? Unter Umständen könnte mir jemand mit den juristischen Fragen helfen, vielleicht sähe ich eine Möglichkeit, die nötigen Änderungen vorzunehmen. Ich antwortete, ohne zu zögern, daß ich mir etwas einfallen lassen würde. Ich wollte darüber nachdenken. Ich würde es versuchen. Er bemängelte noch einige andere Punkte, die aber, vom letzten Kapitel abgesehen, nicht ins Gewicht fielen.

Nun kam er auf das Geschäftliche zu sprechen. Er wies auf das Risiko hin, das ein Verleger einging, wenn er das Werk eines neuen und unbekannten Autors veröffentlichte, und wie wenig Geld er vermutlich daran verdienen würde. Schließlich entnahm er seinem Schreibtisch einen Vertrag, den ich unterschreiben sollte. Ich war nicht in der Verfassung, Verträge zu studieren oder gar darüber nachzudenken. Er würde mein Buch veröffentlichen!

Nachdem ich längst schon jede Hoffnung aufgegeben hatte, von gelegentlichen Kurzgeschichten oder Gedichten abgesehen, je etwas veröffentlicht zu sehen, stieg mir der Gedanke, daß man tatsächlich ein Buch von mir drucken wollte, in den Kopf. Ich hätte unbesehen alles unterschrieben. Dieser Vertrag sah vor, daß ich kein Autorenhonorar erhalten würde, solange nicht zweitausend Exemplare verkauft waren. Die Hälfte aller Erlöse aus der Veröffentlichung als Fortsetzungsroman sowie aus den Bühnenrechten würde an den Verlag gehen. Das alles bedeutete mir nicht viel – nur eines war wichtig: Das Buch würde erscheinen!

Ich bemerkte nicht einmal, daß der Vertrag eine Klausel enthielt, die mich verpflichtete, ihm meine nächsten fünf Romane zu einem nur unwesentlich günstigeren Honorarsatz anzubieten. Für mich bedeutete das alles nur einen unglaublichen Erfolg und eine wunderbare Überraschung. Ich unterschrieb mit Begeisterung. Das Manuskript nahm ich mit, um das letzte Kapitel in Ordnung zu bringen, was mir nicht schwerfiel.

Und so begann meine lange Karriere; allerdings ahnte ich damals noch nicht, daß es eine lange Karriere werden würde. Trotz der Klausel, die sich auf die nächsten fünf Bücher bezog, war die Sache für mich ein einmaliges Experiment. Ich hatte einen Kriminalroman geschrieben, ein Verlag hatte ihn angenommen und würde ihn veröffentlichen – soweit es mich betraf, war das alles. Zu diesem Zeitpunkt faßte ich gewiß nicht ins Auge, weitere Bücher zu schreiben, hin und wieder vielleicht eine Kurzgeschichte, das schon. Ich war ein Amateur reinsten Wassers – alles andere als ein Profi. Es machte mir einfach Spaß zu schreiben.

Glückselig eilte ich nach Hause und erstattete Archie Bericht. Am Abend feierten wir den Erfolg im *Palais de Danse* in Hammersmith.

Ich wußte es nicht, aber wir waren nicht allein. Hercule Poirot, mein belgischer Detektiv, war mit von der Partie. Gleich einem Klabautermann hatte er sich an meinem Rücken festgekrallt.

5

Nachdem ich das letzte Kapitel von *Das fehlende Glied in der Kette* wunschgemäß umgearbeitet, mich mit einigen kleinen Änderungen einverstanden erklärt und das Manuskript an John Lane zurückgeschickt hatte, legte sich die erste Aufregung, und das

Leben ging so weiter, wie es bei jedem anderen jungverheirateten Paar weitergegangen wäre, das sich liebte, glücklich war, dem es finanziell nicht allzu gut ging und das sich von diesem Umstand aber nicht die Laune verderben ließ. Zu den Wochenenden fuhren wir mit dem Zug aufs Land und unternahmen lange Spaziergänge.

Ein harter Schlag für uns war, daß ich meine liebe Lucy verlor. Sie hatte schon seit einiger Zeit ein unglückliches und kummervolles Gesicht gemacht, und nun kam sie eines Tages traurig zu mir und sagte: «Es tut mir sehr leid, daß ich Sie im Stich lassen muß, Miss Agatha – ich meine, Ma'am –, und ich weiß wirklich nicht, was Mrs. Rowe davon halten würde, aber . . . nun ja, ich werde heiraten.»

«Heiraten? Wen denn?»

«Einen Burschen, den ich schon vor dem Krieg kannte. Ich habe ihn immer gern gemocht.»

Mehr darüber erfuhr ich von Mutter. «Es ist doch nicht wieder dieser Jack!» rief sie entsetzt, als ich es ihr erzählte. Wie sich herausstellte, hatte Mutter nie viel von «diesem Jack» gehalten. Er war ein höchst unbefriedigender Verehrer von Lucy gewesen. Ihre Familie war durchaus nicht böse gewesen, als das Paar sich zerstritten und voneinander getrennt hatte. Jetzt waren sie wieder zusammengekommen. Lucy war ihrem Jack treu geblieben, und nun hatten wir die Bescherung: sie würde heiraten, und wir mußten uns nach einem anderen Hausmädchen umsehen.

Das war mittlerweile noch schwieriger geworden. Hausmädchen waren nirgends aufzutreiben. Schließlich aber kam ich doch zu Rose – ob über eine Agentur oder Freunde, das weiß ich nicht mehr. Rose hatte ausgezeichnete Referenzen, ein rosiges rundliches Gesicht und ein anziehendes Lächeln und machte ganz den Eindruck, als ob sie sich bei uns wohl fühlen würde. Es gab nur eines, was dagegen sprach: sie wollte unter keinen Umständen in einem Haus arbeiten, in dem es ein Kind und ein Kindermädchen gab. Ich hatte aber das Gefühl, daß sie sich überreden lassen würde. Sie kannte Leute im Fliegerkorps, und als sie hörte, daß auch mein Mann im Fliegerkorps gedient hatte, taute sie auf. Sicher würde mein Mann sich an ihren früheren Arbeitgeber, Major G., erinnern. Ich eilte nach Hause und fragte Archie: «Hast du jemals einen Major G. gekannt?»

«Ich kann mich nicht entsinnen», antwortete Archie.

«Du wirst dich entsinnen müssen», versetzte ich. «Du mußt sagen, daß ihr euch begegnet seid, daß ihr Kumpel gewesen seid oder sonst was – wir müssen Rose behalten. Sie ist wirklich wunderbar. Wenn du wüßtest, was für entsetzliche Geschöpfe man mir angeboten hat!»

So fanden wir am Ende doch Gnade in Roses Augen. Sie lernte Archie kennen, der einige schmeichelhafte Worte über Major G. sprach, und ließ sich schließlich überreden, die Stellung anzutreten.

«Aber ich mag keine Kindermädchen», warnte sie uns. «Gegen Kinder habe ich nichts – aber Kindermädchen machen immer Ärger.»

«Ich bin ganz sicher», erwiderte ich, «daß Mrs. Swannell keinen Ärger machen wird.» In Wahrheit war ich nicht so sicher, hoffte aber, daß alles gutgehen würde. Der einzige Mensch, dem Jessie Swannell Kummer machen konnte, war ich, und ich hatte mich mittlerweile daran gewöhnt. Wie sich bald erwies, kamen Rose und Jessie gut miteinander aus. Jessie erzählte ihr von ihrem Leben in Nigeria, und wie schön es gewesen war, über eine Menge Nigger gebieten zu können, und Rose berichtete ihr von den Entbehrungen, die sie in ihren verschiedenen Stellungen hatte erleiden müssen. «Manchmal war ich halb verhungert», sagte Rose eines Tages zu mir. «Halb verhungert. Wissen Sie, was man mir zum Frühstück gegeben hat?»

Nein, sagte ich, das wisse ich nicht.

«Einen Räucherhering», vertraute mir Rose in düsterem Ton an. «Nichts als Tee und einen Räucherhering und Toast und Butter und Marmelade. Ich wurde immer schwächer. Ich siechte förmlich dahin.»

Von Dahinsiechen konnte bei Rose jetzt keine Rede mehr sein – sie war erfreulich pummelig. Trotzdem richtete ich es so ein, daß Rose, wenn es Räucherheringe zum Frühstück gab, immer zwei oder drei Stück bekam und auch Eier und Speck in reichlichen Mengen.

Großmutter starb kurz nach Rosalinds Geburt. Sie hatte sich bis zum Schluß gut gehalten, dann aber eine schwere Bronchitis bekommen, und ihr Herz war nicht kräftig genug gewesen, um sich davon zu erholen. Sie war zweiundneunzig, durchaus noch imstande, das Leben zu genießen, wenn auch sehr schwerhörig und fast blind. Ihr Einkommen fiel jetzt an Mutter. Es war damals schon nicht mehr sehr viel, doch konnte sie Ashfield immer noch erhalten. Es schmerzte mich ein wenig, nichts von meinem kleinen Einkommen beisteuern zu können, wie meine Schwester das tat. Aber es war wirklich unmöglich – wir brauchten jeden Penny zum Leben.

Als ich mich eines Tages besorgt über die Schwierigkeiten äußerte, die die Erhaltung von Ashfield mit sich brachte, sagte

Archie (sehr vernünftig): «Weißt du, es wäre eigentlich besser für deine Mutter, das Haus aufzugeben und irgendwo anders zu leben.»

«Ashfield verkaufen?» Meine Stimme bebte vor Entsetzen.

«Was hast du denn groß davon? Wie oft kannst du schon hinfahren?»

«Ich könnte den Gedanken, Ashfield zu verkaufen, nicht ertragen. Ich liebe Ashfield! Es ... es ... es bedeutet mir alles.»

«Warum tust du dann nicht etwas, um deiner Mutter zu helfen?»

«Was meinst du damit?»

«Du könntest zum Beispiel wieder ein Buch schreiben.»

Einigermaßen überrascht sah ich ihn an. «Zugegeben, ich könnte gelgentlich wieder ein Buch schreiben, aber was hat das mit Ashfield zu tun?»

«Du könntest eine Menge Geld verdienen.»

Das hielt ich für nicht sehr wahrscheinlich. Von *Das fehlende Glied in der Kette* waren annähernd zweitausend Exemplare verkauft worden – in jenen Tagen kein schlechtes Ergebnis für den Kriminalroman eines unbekannten Autors. Ich hatte magere fünfundzwanzig Pfund daran verdient, und das nicht als Honorar, sondern aus dem Verkauf der Rechte für einen Abdruck in Fortsetzungen in *The Weekly Times*, der die Sache fünfzig Pfund wert gewesen war. Sehr gut für meinen Namen, meinte John Lane. Für einen jungen Autor war es eine feine Sache, wenn *The Weekly Times* sein Buch in Fortsetzungen veröffentlichte. Schon möglich, aber fünfundzwanzig Pfund als einziges Geld für die Mühe, die es kostete, ein Buch zu schreiben, das war keine Summe, die mich zu der Hoffnung hätte verleiten können, mit einer literarischen Karriere viel Geld zu verdienen.

«Wenn ein Buch gut ankommt und der Verleger ein bißchen Geld damit verdient hat – und das hat er wohl –, wird er ein zweites haben wollen. Und er sollte dir jedesmal ein wenig mehr zahlen.» Ich mußte ihm recht geben. Ich bewunderte Archies finanzielle Erfahrung. Ich zog ein zweites Buch in Erwägung. Aber wenn ich es schrieb – wovon sollte es handeln?

Die Frage löste sich von selbst, als ich eines Tages in einer Imbißstube Tee trank. An einem Nebentisch unterhielten sich zwei Leute über eine gewisse Jane Fish. Das schien mir ein lustiger Name zu sein. Jane Fish. Das könnte ein guter Anfang sein, dachte ich – ein ungewöhnlicher Name, an den jeder, der ihn hörte, sich erinnern mußte. Jane Fish – oder wäre vielleicht Jane Finn noch besser? Ich entschied mich für Jane Finn und begann unverzüglich zu schreiben. Ich nannte mein Opus zuerst *Eine frohe Nachricht*, später dann *Die jungen Abenteurer* und schließlich *Ein gefährlicher Gegner*.

Archie hatte gut daran getan, sich einen Posten zu suchen, bevor er aus dem Fliegerkorps austrat. Die jungen Menschen waren verzweifelt. Sie waren aus dem Militärdienst entlassen worden und konnten keine Arbeit finden. Immer wieder läutete ein junger Mann an der Tür und versuchte Strümpfe oder irgendwelche Haushaltsgeräte zu verkaufen. Es war ein trauriger Anblick. Sie taten mir so leid, daß ich oft ein paar schäbige Strümpfe kaufte, nur um ihnen ein wenig Mut zu machen. Es waren zum Teil frühere Offiziere, die sich jetzt so ihr Brot verdienen mußten. Manche schrieben sogar Gedichte und versuchten sie zu verkaufen.

Ich kam auf die Idee, ein solches Paar zu verwenden – ein Mädchen, das bei den VAD oder im ATS, im weiblichen Hilfsdienst, gearbeitet hatte, und einen Mann, der Offizier gewesen war. Sie würden beide ganz verzweifelt sein, auf der Suche nach einem Job, und würden sich zufällig kennenlernen – oder vielleicht kannten sie sich schon von früher? Und dann? Dann, dachte ich, dann würden sie . . . ja, dann würden sie in einen Spionagefall verwickelt werden! Es sollte eine Spionagegeschichte werden, ein Thriller, kein Krimi. Die Idee gefiel mir; nach all der Detektivarbeit in *Das fehlende Glied in der Kette* würde ich diese Arbeit als willkommene Abwechslung empfinden. Ich fing also an zu schreiben, und es machte mir Spaß; überdies ging es leichter – Thriller sind eben leichter zu schreiben.

Als ich das Manuskript fertig hatte – und das dauerte seine Zeit –, brachte ich es zu John Lane, der nicht sehr angetan davon war. Es war nicht von der gleichen Art wie mein erstes Buch und würde sich, so meinte er, nicht annähernd so gut verkaufen. Er schwankte sogar, ob er es überhaupt drucken sollte. Am Ende entschloß er sich aber doch. Diesmal mußte ich nicht so viel ändern.

Wenn ich mich recht entsinne, verkaufte es sich ganz gut. Ich verdiente eine Kleinigkeit an Honoraren – und das war schon ein Fortschritt – und verkaufte die Rechte abermals an *The Weekly Times*. Diesmal rückte John Lane fünfzig Pfund heraus. Das war ermutigend – wenn auch wieder nicht so ermutigend, daß ich mich berechtigt gefühlt hätte, den stolzen Titel einer Schriftstellerin zu führen.

Mein drittes Buch hieß *Mord auf dem Golfplatz*. Ich muß es wohl geschrieben haben, kurz nachdem eine *cause célèbre* ganz

Frankreich erschüttert hatte. An die Namen der Beteiligten kann ich mich nicht mehr erinnern. Maskierte Männer waren in ein Haus eingedrungen, hatten den Besitzer ermordet und seine Frau gefesselt und geknebelt. Auch die Schwiegermutter war ums Leben gekommen; sie hatte vor Schreck ihre künstlichen Zähne geschluckt und war daran erstickt. Die Aussage der Frau erwies sich als falsch, und es wurde die Vermutung laut, daß sie ihren Mann getötet hätte und daß sie nie gefesselt worden wäre, oder wenn doch, so von einem Komplizen. Die Sache schien mir eine gute Grundlage zu sein, auf der ich meine eigene Geschichte aufbauen konnte. Diesmal siedelte ich die Handlung in Frankreich an.

In *Das fehlende Glied in der Kette* hatte Hercule Poirot so erfolgreich agiert, daß man mir nahelegte, ihn auch weiterhin zu verwenden. Einer der Leute, denen Poirot gefiel, war Bruce Ingram, der damalige Herausgeber des *Sketch*. Er setzte sich mit mir in Verbindung und schlug mir vor, eine Reihe Poirotgeschichten für den *Sketch* zu schreiben. Das gab mir ungeheuren Auftrieb. So sollte mir also doch Erfolg beschieden sein! Im *Sketch* abgedruckt zu werden – herrlich! Bruce Ingram wollte zwölf Geschichten haben. Acht hatte ich bald fertig, und anfangs glaubten wir, das würde reichen, aber dann sollten es doch zwölf sein, und ich mußte die restlichen vier schneller schreiben, als mir lieb war.

Ich hatte es gar nicht wahrgenommen, aber ich war jetzt nicht nur an Detektivgeschichten gebunden, sondern auch an zwei Figuren: an Hercule Poirot und seinen Watson, in der Gestalt von Captain Hastings. Hastings war eine Klischeefigur, aber er und Poirot entsprachen meiner Vorstellung eines Teams von Detektiven. Ich hielt immer noch an der Sherlock-Holmes-Tradition fest – exzentrischer Detektiv, der Assistent als Stichwortgeber, dazu einen Kriminalbeamten aus Scotland Yard, Inspektor Japp, ein Lestrade-Typ – und nun fügte ich noch einen Spürhund, Inspektor Giraud von der französischen Polizei hinzu. Giraud verachtete Poirot; für ihn war er zu alt – und *passé*.

Jetzt erst wurde mir klar, daß mir ein entsetzlicher Fehler unterlaufen war, indem ich Hercule Poirot gleich am Anfang so alt gezeichnet hatte. Ich hätte ihm nach den ersten drei oder vier Büchern den Laufpaß geben und mit einem viel jüngeren Helden neu anfangen sollen.

Mord auf dem Golfplatz war, glaube ich, ein ziemlich typisches Beispiel dieses Genres – wenn auch ein wenig melodramatisch. Diesmal schrieb ich eine Liebesgeschichte für Hastings hinein. Wenn ich schon Liebe im Buch haben mußte, dann wollte ich

Hastings unter die Haube bringen! Offen gestanden, er war mir ein wenig lästig geworden. Poirot hatte ich nun am Hals, aber ich wollte nicht länger Hastings wie eine Klette an mir hängen haben.

Die Bodley-Head-Leute waren mit *Mord auf dem Golfplatz* sehr zufrieden, aber der Umschlag, den sie für das Buch gedruckt hatten, gab Anlaß zu einem handfesten Krach. Von den scheußlichen Farben ganz abgesehen, war die Zeichnung schlecht ausgeführt und zeigte, soweit ich das erkennen konnte, einen Mann im Pyjama auf einem Golfplatz. Augenscheinlich war der Mann einem epileptischen Anfall zum Opfer gefallen. Da der Ermordete in meinem Buch aber völlig angekleidet gewesen und mit einem Dolch erstochen worden war, erhob ich Einspruch. Ein Buchumschlag muß nicht unbedingt etwas mit dem Inhalt zu tun haben, aber er darf ihn nicht falsch wiedergeben. Die Gemüter erhitzten sich, und ich war wirklich wütend. Schließlich wurde ausgemacht, daß man mir in Zukunft den Entwurf des Umschlags zur Ansicht vorlegen würde. Schon bei *Das fehlende Glied in der Kette* hatte es eine kleine Auseinandersetzung mit dem Verlag gegeben: Es ging um die Schreibweise des Wortes *cocoa* – Kakao. Aus unerfindlichen Gründen wurde *cocoa* verlagsintern *coco* buchstabiert – ein völliger Unsinn, wie Euklid gesagt haben würde. Meine erklärte Gegnerin war Miss Howse, der Hausdrachen, der in allen Fragen der Schreibweise das Sagen hatte. *Cocoa*, erklärte sie, würde in allen Büchern des Verlags *coco* geschrieben, das sei die richtige Schreibweise und eine Regel des Hauses. Ich brachte Kakaodosen und sogar Wörterbücher angeschleppt – sie ließ sich nicht überzeugen. *Coco* war die richtige Schreibweise, behauptete sie. Als ich viele Jahre später mit Allen Lane, John Lanes Neffen und Vater der Penguin Books, sprach, sagte ich: «Sie wissen ja, daß ich über die Frage der Schreibweise von Kakao erbitterte Kämpfe mit Miss Howse auszutragen hatte, nicht wahr?»

Er lachte. «Ich weiß, wir hatten große Schwierigkeiten mit ihr, als sie älter wurde. In manchen Dingen war sie sehr starrsinnig. Sie hatte viele Auseinandersetzungen mit den Autoren und gab nie auch nur einen Fußbreit nach.»

Ich erhielt unzählige Briefe, in welchen es hieß: «Ich verstehe nicht, Agatha, warum Sie in Ihrem Buch *coco* schreiben. Aber Sie haben ja nie gut buchstabieren können.» Sehr unfair von den Leuten. Ich war nie gut in Orthographie und bin es auch heute noch nicht, aber ich wußte, wie man Kakao schreibt. Ich vermochte nur leider nicht meinen Willen durchzusetzen. Es war mein erstes Buch – und ich meinte, der Verlag würde es besser wissen.

Ich bekam eine Reihe freundlicher Kritiken über *Das fehlende Glied in der Kette*, und eine freute mich ganz besonders: Sie erschien in *The Pharmaceutical Journal*. «Miss Agatha Christie», hieß es da, «versteht ihr Geschäft. Sie zeigt große Fachkenntnis im Umgang mit Giften und tischt uns nicht den üblichen Unsinn über geheimnisvolle, nicht analysierbare Substanzen auf.» Ursprünglich wollte ich mein Buch unter einem Pseudonym veröffentlichen – ich dachte an Martin West oder Mostyn Grey –, aber John Lane hatte darauf bestanden, meinen eigenen Namen, Agatha Christie, zu verwenden – insbesondere den Vornamen: «Agatha», meinte er, «ist ein ungewöhnlicher Name, der im Gedächtnis der Leute haften bleibt.» Ich war von der Überlegung ausgegangen, daß ein Frauenname die Leser von Kriminalromanen gegen mein Buch einnehmen würde; daß Martin West aufrechter und mannhafter klingen würde. Aber wie ich schon sagte: Wenn man sein erstes Buch veröffentlicht, gibt man in allem nach, und ich glaube, daß John Lane in diesem Fall recht hatte.

Nun hatte ich drei Bücher geschrieben und führte eine glückliche Ehe, und mein Herzenswunsch war es, auf dem Lande zu leben. Von den Addison Mansions bis zum Park war es ein gutes Stück. Den Kinderwagen hin und her zu schieben war kein Spaß – für Jessie Swannell nicht und auch nicht für mich. Außerdem schwebte ständig ein Damoklesschwert über uns. Die Addison Mansions sollten abgerissen werden. Sie gehörten Lyons, und die Firma beabsichtigte hier Neubauten zu errichten. Das war natürlich auch der Grund, warum unser Mietvertrag immer nur um ein Vierteljahr verlängert wurde. Nun, dreißig Jahre später stand unser Block immer noch; heute allerdings ist er verschwunden. An seiner Stelle erhebt sich Cadby Hall.

Hin und wieder fuhren Archie und ich an den Wochenenden mit dem Zug nach East Croydon zum Golfspiel. Ich war nie eine große Golferin gewesen, und Archie hatte nur wenig gespielt, fand aber jetzt immer mehr Gefallen daran. Es dauerte nicht lange, da schien es, als führen wir jede Woche nach East Croydon. Ich hatte an sich nichts dagegen, aber mir fehlte die Abwechslung, die darin bestand, neue Plätze zu erkunden und lange Spaziergänge zu unternehmen. Seine Vorliebe für diese Art der Erholung sollte unser beider Leben entscheidend verändern.

Sowohl Archie wie auch Patrick Spence – einer unserer Freunde, der ebenfalls für Goldstein arbeitete – beurteilten ihre Stellungen zunehmend pessimistisch. Man hatte ihnen Dinge in Aussicht gestellt oder zugesagt, aus welchen nie etwas zu werden schien. Man gab ihnen leitende Positionen, aber immer nur in dubiosen Firmen, von denen einige sogar kurz vor dem Bankrott standen. «Ich glaube», sagte Spence einmal, «diese Leute sind ausgemachte Gauner. Natürlich ist alles streng legal. Trotzdem – die Sache gefällt mir nicht. Und dir?»

Archie meinte, die Geschäfte wären zuweilen nicht sehr korrekt. «Ich wollte, ich könnte mich verändern», sagte er nachdenklich.

Und dann kam etwas ganz Unerwartetes auf uns zu.

Archie hatte einen Freund, der in Clifton Schuldirektor gewesen war – ein gewisser Major Belcher. Major Belcher war ein Original – ein Mann, der die Kunst des Bluffens bis zum i-Tüpfelchen beherrschte. Im Krieg hatte er sich, wie er selbst zugab, durch einen Bluff zum Leiter des Kontrollamtes für die Kartoffelversorgung aufgeschwungen. Bei Kriegsausbruch war er vierzig oder fünfzig Jahre alt gewesen. Man hatte ihm einen Schreibtischposten im Kriegsministerium angeboten, der ihm aber nicht zusagte. Eines Abends speiste er mit irgendeinem großen Tier, und das Gespräch kam zufällig auf Kartoffeln, die im Ersten Weltkrieg tatsächlich ein großes Problem darstellten. Wenn ich mich recht entsinne, waren sie schon sehr bald vom Markt verschwunden. Im Lazarett, das weiß ich ganz sicher, hatten wir nie welche. Ob die Knappheit nur darauf zurückging, daß Belcher die Versorgung kontrollierte, weiß ich nicht, aber es würde mich nicht wundern, wenn es so gewesen wäre.

«Dieser wichtigtuerische alte Narr», erzählte Belcher, «ließ sich des langen und breiten darüber aus, wie ernst die Lage auf dem Kartoffelsektor war, ganz fürchterlich ernst. Ich sagte ihm, daß etwas geschehen müsse, daß zu viele Leute da mitmischten. Jemand müsse die Sache in die Hand nehmen und das Ganze organisieren. Ich stimmte ihm zu. ‹Aber wohlgemerkt›, sagte ich zu ihm, ‹der Mann müßte gut bezahlt werden. Es wäre nicht sinnvoll, ihm ein mickriges Gehalt zu zahlen und von ihm zu erwarten, daß er etwas Anständiges leistet. Sie müssen einen erstklassigen Mann finden. Ich denke da an mindestens –›», und hier nannte Belcher eine Summe von mehreren tausend Pfund. «Das ist sehr viel», meinte das große Tier. «Sie müssen einen guten Mann haben», wiederholte Belcher. «Wohlgemerkt, wenn Sie mir den Job anböten, um *das* Geld würde ich es nicht machen.»

Das war das entscheidende Wort. Wenige Tage später wurde Belcher praktisch angefleht, die genannte Summe als Salär anzunehmen und die Kartoffelversorgung zu organisieren.

«Was wußten Sie von Kartoffeln?» fragte ich ihn.

«Ich hatte keine Ahnung», antwortete Belcher. «Aber das brauchte ich denen doch nicht auf die Nase zu binden. Man kann jede Aufgabe bewältigen – man muß sich nur einen Stellvertreter suchen, der einen Schimmer davon hat, und ein bißchen was nachlesen –, und schon läuft die Chose!» Er verstand es ganz ausgezeichnet, Leute zu beeindrucken. Er glaubte fest an sein Organisationstalent, und es dauerte oft sehr lange, bis jemand herausfand, welchen ungeheuren Schaden er anrichtete. In Wahrheit gab es keinen schlechteren Organisator als ihn. Sein System (wie auch das vieler anderer Politiker) bestand darin, daß er zunächst die ganze Industrie, oder was es sonst sein mochte, demontierte, um die einzelnen Stücke dann neu zusammenzusetzen. Das Bedauerliche war nur, daß er zum Organisieren nicht taugte. Aber darauf kam man meistens erst, wenn es schon zu spät war.

Einmal kam er auch nach Neuseeland, wo er den Vorstand einer Schule mit seinen Plänen für eine Reorganisation so beeindruckte, daß sie nichts Eiligeres zu tun hatten, als ihn zum Direktor zu wählen. Knapp ein Jahr später boten sie ihm viel Geld, wenn er die Stellung wieder aufgeben wollte – nicht etwa wegen ungehörigen Betragens, sondern einzig und allein wegen des Durcheinanders, das er angerichtet, und des Hasses, den er unter seinen Mitarbeitern gesät hatte. Er war wohl der einzige, der seinen Spaß an dem hatte, was er eine «vorwärtsblickende, fortschrittliche, neuzeitliche Verwaltung» nannte. Wie ich schon sagte: ein Original. Manchmal haßte man ihn, manchmal empfand man echte Zuneigung für ihn.

Eines Abends kam er zum Essen. Mit seinem Kartoffeljob war es aus, und er erzählte uns, was er als nächstes vorhatte. «Ihr habt doch schon von der Ausstellung über das British Empire gehört, die in eineinhalb Jahren eröffnet wird? Nun, die Sache muß fachmännisch ogranisiert werden. Die Dominions müssen avisiert und auf Vordermann gebracht werden, damit sie richtig spuren. Ich habe eine Mission übernommen – die British Empire Mission –, die mich um die ganze Welt führen wird. Im Januar geht's los.» Er ging im einzelnen auf seine Pläne ein. «Was ich jetzt suche», fuhr er fort, «ist jemand, der mich als Finanzberater begleitet. Wie wäre es mit dir, Archie? Du hast schon immer gewußt, wo's lang geht. In Clifton warst du Klassenerster. In der City hast du genügend Erfahrung gesammelt. Du bist der Mann, den ich brauche.»

«Ich kann meine Stellung nicht aufgeben», lehnte Archie ab.

«Und warum nicht? Du mußt es deinem Chef nur richtig servieren – die Reise würde dein geistiges Blickfeld vergrößern, deinen

Horizont erweitern, und so. Sicher wird er dir deinen Posten offenhalten.»

Archie erwiderte, er bezweifle, daß Mr. Goldstein das tun würde.

«Na, überleg es dir, mein Junge. Ich hätte dich gerne dabei. Agatha könnte natürlich mitkommen. Sie reist doch gern, nicht wahr?»

«Ja», gab ich zu.

«Ich will euch den Reiseweg sagen. Zuerst fahren wir nach Südafrika. Ihr beide und ich und natürlich ein Sekretär. Die Hyams würden mit uns kommen. Ich weiß nicht, ob ihr Hyam kennt – er ist der Kartoffelkönig von Ostanglien. Ein brauchbarer Bursche und ein guter Freund von mir. Er bringt seine Frau und seine Tochter mit. Sie begleiten uns bis Südafrika. Weiter geht's dann nach Australien; von dort nach Neuseeland. In Neuseeland machen wir ein bißchen Urlaub; ich habe viele Freunde dort, und das Land gefällt mir. Vielleicht bleibe ich einen Monat. Wenn ihr wollt, könnt ihr weiterfahren: nach Hawaii, nach Honolulu.»

«Honolulu», hauchte ich. Es klang wie etwas, wovon man nur träumen kann.

«Von dort nach Kanada und dann nach Hause. Wir würden neun bis zehn Monate unterwegs sein. Na, was sagt ihr?»

Endlich wurde uns klar, daß er es ernst meinte. Wir fingen an, uns eingehend mit seinem Vorschlag zu befassen. Natürlich würde man Archie seine Reisespesen bezahlen; überdies bot man ihm ein Honorar von tausend Pfund. Wenn ich mitfuhr, würden auch mir als Archies Frau die Reisespesen vergütet werden. Auf den Schiffen und den staatseigenen Eisenbahnen der verschiedenen Länder würden uns Freifahrten zugestanden werden.

Fieberhaft rechneten wir die Sache durch. Es sah ganz so aus, als ob es sich machen ließe. Archies tausend Pfund sollten für meine Hotelrechnungen und unseren Urlaub in Honolulu genügen. Es würde nur knapp ausreichen, aber ausreichen würde es.

Archie und ich waren schon zweimal ins Ausland gereist, um einen kurzen Urlaub zu verbringen: einmal nach Südfrankreich, zu den Pyrenäen, und einmal in die Schweiz. Beide reisten wir gern. Ich sehnte mich danach, die Welt zu sehen, aber es schien nicht sehr wahrscheinlich, daß dieser Wunsch je in Erfüllung gehen würde. Wir waren ins Geschäftsleben eingespannt, und soweit ich das überblicken konnte, bekam ein Angestellter nie mehr als vierzehn Tage Urlaub im Jahr. In vierzehn Tagen kam man nicht weit. Ich sehnte mich danach, China und Japan und Indien und Hawaii und noch viele andere Länder kennenzulernen, aber das war nur ein Traum, das war Wunschdenken und würde es vermutlich auch immer bleiben.

«Die Frage ist, was das alte Gelbgesicht dazu sagt», sagte Archie.

Hoffnungsfroh äußerte ich die Vermutung, daß Archie ihm wohl viel wert sein müsse. Archie meinte, es würde Goldstein nicht schwerfallen, ihn durch einen anderen zu ersetzen – immer noch gab es Scharen von Arbeitsuchenden. Das «alte Gelbgesicht» spielte dann auch wirklich nicht mit. Es wäre möglich, sagte er, daß er Archie nach seiner Rückkehr wieder einstellte, aber garantieren könnte er es nicht. Das dürfe Archie nicht von ihm verlangen. Wir steckten die Köpfe zusammen und berieten.

«Es ist ein Risiko», sagte ich, «ein schreckliches Risiko.»

«Ja, es ist ein Risiko. Mir ist klar, daß wir sehr wahrscheinlich ohne einen Penny wieder zurückkommen und daß Jobs schwer zu finden sind – dann vermutlich noch schwerer als jetzt. Andererseits ... wer nichts wagt, gewinnt auch nichts. Übrigens: Was machen wir mit Teddy?»

Teddy war damals unser Name für Rosalind – wahrscheinlich, weil sie gern mit Teddybären spielte.

Punkie – so wurde Madge jetzt von uns allen genannt – würde Teddy zu sich nehmen. Oder Mutter – sie würden entzückt sein. Und wir hatten die Kinderfrau. Ja, ja, das war kein Problem. «Wir werden nie wieder so eine Chance haben», sagte ich sehnsüchtig.

Wir überlegten und überlegten.

«Du könntest aber auch allein fahren», sagte ich in einer Anwandlung von Selbstlosigkeit.

Ich sah ihn an. Er sah mich an.

«Ich lasse dich doch nicht allein», lehnte er entrüstet ab. «Ich hätte keine Freude daran, wenn ich das täte. Nein, entweder du kommst mit oder ... aber die Entscheidung mußt du treffen, denn eigentlich riskierst du mehr als ich.»

Wir überlegten hin und her, und schließlich machte ich mir Archies Standpunkt zu eigen.

«Ich glaube, du hast recht», sagte ich. «Es ist unsere Chance. Wenn wir sie nicht wahrnehmen, werden wir uns das nie verzeihen. Es lohnt sich nicht zu leben, wenn man es nicht wagt, eine Gelegenheit zu nützen.»

Wir waren nie Menschen, die immer nur auf Nummer sicher gingen. Wir hatten vielen widrigen Umständen getrotzt und geheiratet. Jetzt waren wir entschlossen, die Welt zu sehen und alles zu riskieren, was nach unserer Rückkehr auf uns zukommen mochte.

Mit der Wohnung gab es keine Probleme. Wir konnten sie zu einem guten Preis vermieten und damit Jessies Lohn zahlen. Mutter und meine Schwester waren gerne bereit, das Kind und die Kinderfrau zu sich zu nehmen. Ein einziges Hindernis trat auf, als wir erfuhren, daß mein Bruder Monty auf Urlaub aus Afrika kommen würde. Meine Schwester war empört, daß ich nicht in England bleiben würde, um seinen Besuch abzuwarten.

«Dein einziger Bruder! Er war jahrelang fort, im Krieg, und ausgerechnet jetzt willst du eine Weltreise machen! Ich finde es abscheulich. Dein Bruder sollte dir wichtiger sein.»

«Das finde ich nicht», entgegnete ich. «Am wichtigsten ist mein Mann für mich. Er geht auf diese Reise, und ich begleite ihn.»

«Monty ist dein einziger Bruder. Es können Jahre vergehen, bis du ihn wiedersiehst.»

Sie brachte mich ganz durcheinander, aber Mutter ergriff meine Partei. «Eine Frau hat die Pflicht, an der Seite ihres Mannes zu bleiben», sagte sie. «Zuerst kommt der Mann, sogar noch vor den Kindern – und schon gar vor einem Bruder. Denk immer daran: Wenn du nicht bei deinem Mann bleibst, wenn du ihn zuviel allein läßt, verlierst du ihn. Das trifft ganz besonders auf einen Mann wie Archie zu.»

«Wie kommst du darauf?» gab ich entrüstet zurück. «Archie ist der treueste Mann der Welt.»

«Das kann man von keinem Mann sagen», erklärte Mutter in wahrlich viktorianischem Geist. «Eine Frau hat bei ihrem Mann zu bleiben. Tut sie es nicht, glaubt er ein Recht darauf zu haben, sie zu vergessen.»

SECHSTES KAPITEL

RUND UM DIE WELT

1

Die Reise um die Welt war eines der aufregendsten Geschehen meines Lebens. Es war so aufregend, daß ich es gar nicht glauben konnte. Immer wieder sagte ich mir: «Ich fahre um die Welt!» Der Gedanke an unseren Urlaub in Hawaii war natürlich die Krönung des Ganzen. Daß ich eine Insel in der Südsee kennenlernen sollte, überstieg meine kühnsten Träume. Wer nur die heutigen Verhältnisse kennt, kann sich schwer vorstellen, welch große Sache das war. Kreuz- und Vergnügungsfahrten sind etwas Selbstverständliches geworden. Sie sind verhältnismäßig billig, so daß praktisch jeder sie sich leisten kann.

Als Archie und ich Urlaub in den Pyrenäen gemacht hatten, waren wir zweiter Klasse gefahren – ohne Schlafwagen. (Die dritte Klasse ausländischer Eisenbahnen wurde allgemein mit dem Zwischendeck auf Schiffen gleichgesetzt! Selbst in England reisten unbegleitete Damen niemals dritter Klasse. Tat man es doch, mußte man, laut Oma, auf Flöhe, Läuse und betrunkene Männer gefaßt sein, wenn nicht auf noch Schlimmeres. Selbst Kammerzofen reisten stets zweiter Klasse.)

Nun stand uns also eine wahre Luxusreise bevor. Wie nicht anders zu erwarten, hatte Belcher alles in Erster-Klasse-Manier organisiert. Für die British Empire Exhibition Mission war das Beste gerade gut genug. Alle waren wir, was man heute VIPs nennen würde.

Mr. Bates, Belchers Sekretär, war ein ernsthafter, aber leichtgläubiger junger Mann. Er war ein ausgezeichneter Sekretär, wirkte jedoch mit seinen schwarzen Haaren, seinen funkelnden Augen und seinem düsteren Wesen wie ein Schurke aus einem Melodrama.

«Er sieht aus wie ein Meuchelmörder, stimmt's?» sagte Belcher. «Man möchte glauben, daß er einem im nächsten Augenblick die Kehle durchschneidet. In Wahrheit ist er der anständigste Bursche, den ihr euch vorstellen könnt.»

Noch bevor wir Kapstadt erreicht hatten, fragten wir uns, wie Bates es ertrug, als Belchers Sekretär zu arbeiten. Belcher quälte ihn bis aufs Blut. Bates mußte ihm zu jeder Tages- und Nachtzeit zu Diensten stehen, mußte Filme entwickeln, Diktate aufnehmen und die Briefe doppelt und dreifach schreiben, weil Belcher immer wieder den Text änderte. Ich nehme an, er bekam ein gutes Gehalt – ich kann mir nicht vorstellen, daß er sich das sonst alles hätte bieten lassen. Dazu kam, daß ihm das Reisen nicht sonderlich behagte. Er hatte große Angst vor Schlangen und war überzeugt, daß wir sie in allen Ländern, die wir besuchten, in großen Mengen antreffen würden. Sie würden nur darauf warten, ihn anzugreifen.

Obwohl wir die Reise in blendender Stimmung antraten, war die Freude für mich nur von kurzer Dauer. Das Wetter war abscheulich. Die Bucht von Biscaya zeigte sich von ihrer schlimmsten Seite. Vier Tage lang lag ich stöhnend in meiner Kabine und konnte nichts bei mir behalten. Schließlich ließ Archie den Schiffsarzt kommen. Ich glaube nicht, daß der gute Mann Seekrankheit bis jetzt jemals ernst genommen hatte. Er gab mir etwas «zur Beruhigung», doch da es mir, kaum hatte ich es eingenommen, wieder hochkam, konnte es wohl nicht viel helfen. Ich stöhnte weiter, fühlte mich sterbenselend und muß auch so ausgesehen haben, denn eine Frau in einer der angrenzenden Kabinen warf einen Blick durch meine offene Tür und erkundigte sich höchst interessiert bei der Stewardeß: «Ist die Dame da drüben schon tot?» Am Abend sprach ich mit Archie. «Wenn wir nach Madeira kommen und ich noch am Leben bin», sagte ich und meinte es bitter ernst, «steige ich aus.»

«Es wird dir bestimmt bald wieder besser gehen.»

«Mir wird es nie wieder besser gehen. Ich muß von diesem Schiff runter. Ich muß festen Boden betreten.»

«Du mußt trotzdem nach England zurück», sagte er, «auch wenn du in Madeira von Bord gehst.»

«Muß ich nicht», erklärte ich. «Ich könnte dort bleiben und mir eine Arbeit suchen.»

«Was für eine Arbeit?» fragte Archie ungläubig.

Es war richtig, daß es in jenen Tagen kaum Arbeitsmöglichkeiten für Frauen gab. Frauen, das waren Töchter, die man ernähren, Gattinnen, die man erhalten mußte, oder Witwen, die von dem lebten, was ihre Männer ihnen hinterlassen hatten oder ihre Angehörigen beisteuern konnten. Sie hatten die Möglichkeit, sich als Gesellschafterinnen bei alten Damen oder als Kinderfrauen zu betätigen. Aber ich hatte eine Antwort auf Archies Frage. «Ich könnte als Stubenmädchen arbeiten», sagte ich. «Ich wäre sehr gern ein Stubenmädchen.»

Stubenmädchen wurden immer gebraucht, besonders dann, wenn sie groß gewachsen waren. Ein großes Stubenmädchen hatte nie Schwierigkeiten, eine Stellung zu finden – man lese Margery Sharps reizendes Buch *Cluny Brown* –, und ich zweifelte nicht daran, daß ich alle Voraussetzungen erfüllte. Ich wußte, welche Weingläser auf den Tisch gehörten. Ich konnte die Eingangstür öffnen und schließen. Ich konnte das Silber putzen und bei Tisch bedienen. «Ja», wiederholte ich mit schwacher Stimme, «ich könnte als Stubenmädchen arbeiten.»

«Wir werden ja sehn, wenn wir in Madeira sind», beendete Archie das Gespräch.

Doch als wir ankamen, war ich so schwach, daß ich nicht einmal daran denken konnte, mich von meinem Lager zu erheben. Ich hatte das Gefühl, daß es nur mehr eine einzige Lösung für mich gab: an Bord zu bleiben und innerhalb der folgenden zwei, drei Tage zu sterben. Nachdem das Schiff fünf oder sechs Stunden im Hafen von Madeira gelegen hatte, fühlte ich mich plötzlich ganz erheblich wohler. Als die *Kildonan Castle* am nächsten Morgen auslief, dämmerte ein heller sonniger Tag herauf, und die See lag ruhig. Ich konnte nicht verstehen, daß ich so viel Aufhebens von meiner Seekrankheit gemacht hatte. Mir fehlte doch nichts; ich war seekrank gewesen, weiter nichts!

Es gibt auf der Welt keine größere Kluft als die zwischen einem Seekranken und einem, der es nicht ist. Keiner der beiden kann den Zustand des anderen begreifen. Ich wurde auch später nicht seefest. Die Leute versicherten mir immer wieder, daß man nur die ersten paar Tage überstehen müsse, dann hätte man es geschafft. Bei mir stimmte das nicht. Kaum drehte sich das Wetter, wurde mir übel – besonders wenn das Schiff rollte –, doch da fast während der ganzen Reise die Sonne schien, erlebte ich eine schöne Zeit.

Ich habe Kapstadt lebhafter in Erinnerung als andere Städte – vielleicht weil es der erste richtige Hafen war, den wir anliefen. Alles war neu und fremd. Die Kaffern, die sonderbar flache Form des Tafelbergs, der Sonnenschein, die köstlichen Pfirsiche, der Strand – es war alles wunderbar. Ich bin nie wieder dort gewesen – ich weiß wirklich nicht warum. Ich fand es so schön. Wir stiegen in einem der besten Hotels ab, und Belcher fiel vom ersten Augenblick an unangenehm auf. Er regte sich über die Früchte auf, die zum Frühstück serviert wurden. Sie waren hart und unreif.

«Pfirsiche sollen das sein?» brüllte er. «Die kann man auf den Boden knallen, und es würde ihnen nicht schaden!» Und schon setzte er das Wort in die Tat um und schleuderte fünf unreife Pfirsiche in die Gegend. «Sehen Sie?» fuhr er den Kellner an. «Die platzen nicht auf. Wenn sie reif wären, würden sie aufplatzen.»

Das war der Augenblick, da mich eine Ahnung überkam, daß das Reisen mit Belcher nicht so vergnüglich sein würde, wie es vor einem Monat an unserem Eßzimmertisch den Anschein gehabt hatte.

Südafrika beeindruckte mich stark. In Kapstadt teilten wir uns. Archie, Mrs. Hyam und Silvia fuhren nach Port Elizabeth und sollten sich uns in Rhodesien wieder anschließen. Belcher, Mr. Hyam und ich besuchten die Diamantengruben in Kimberley und durchquerten dann die Matopos, um mit den anderen in Salisbury zusammenzutreffen. Ich erinnere mich an die heißen Tage im Zug, der uns durch die Karru nach Norden brachte; ich war immerzu durstig und trank eine Eislimonade nach der anderen. Ich sehe noch Belcher vor mir, wie er Bates quälte und mit Hyam diskutierte.

In Salisbury verbrachten wir schöne Tage mit einigen fröhlichen englischen Familien, und Archie und ich machten einen Ausflug zu den Viktoriafällen. Hohe Bäume, warmer Regendunst, schillernde Regenbogen, so wanderte ich mit Archie durch den Wald, und hin und wieder teilte sich der feine Nebel und gab einen lockenden Blick auf die Fälle frei, die in all ihrer Pracht zu Tal donnerten. Ja, für mich war das eines der sieben Weltwunder.

Wir kamen nach Livingstone und sahen Krokodile und Nilpferde herumschwimmen. Von der Eisenbahnfahrt brachte ich geschnitzte Tierfiguren mit, die auf den Bahnhöfen von kleinen Jungen für drei oder sechs Pence feilgeboten wurden. Sie waren entzückend. Die meisten habe ich noch: Elenantilopen, Giraffen, Flußpferde, Zebras – einfach und primitiv geschnitzt, aber voll Anmut und Liebreiz.

Wir kamen nach Johannesburg, an das ich mich überhaupt nicht erinnere, und nach Durban – eine Enttäuschung, denn man mußte auf einem mit Netzen vom offenen Meer abgeteilten Küstenstreifen baden. Was wir in der Kap-Provinz am meisten genossen, war der Strand. So oft es nur ging – und Archie sich die Zeit nehmen konnte –, stiegen wir in den Zug, fuhren nach Muizenberg hinunter, liehen uns *Surfboards* aus und gingen *surfen*. In Südafrika waren diese Bretter aus dünnem leichten Holz gefertigt und daher leicht zu tragen. Das Wellenreiten hatte man bald heraus. Hin und wieder landete man kopfüber im Sand und holte sich ein paar blaue Flecken, aber es war kein anstrengender Sport und machte viel Spaß. Ich erinnere mich an die wunderschönen Blumen im Bischofspalast, wo wir zu einer Party eingeladen waren. Es gab dort einen roten Garten und auch einen blauen mit langstieligen blauen Blumen. Mit dem Bleiwurz im Hintergrund war der blaue Garten besonders attraktiv.

Mit unseren Finanzen hatten wir in Südafrika keine Sorgen, und wir waren guten Mutes. In fast allen Hotels logierten wir als Gäste der Regierung, hatten freie Fahrt auf den Eisenbahnen – nur unseren privaten Ausflug zu den Viktoriafällen mußten wir aus eigener Tasche bezahlen.

Von Südafrika aus setzten wir die Segel für Australien. Es war eine lange, eher trübselige Fahrt. Mir war es ein Rätsel, warum wir, um auf dem kürzesten Weg nach Australien zu gelangen, vorübergehend Kurs auf den Pol nehmen mußten. Der Kapitän stellte mir die Reiseroute in Diagrammen dar und überzeugte mich schließlich, aber man denkt eben nicht immer daran, daß die Erde rund ist und abgeplattete Pole hat. Das sind geodätische Tatsachen, derer man im täglichen Leben nicht gewahr wird. Wir hatten nicht viel Sonne, aber es war eine verhältnismäßig ruhige und angenehme Fahrt.

Ich finde es immer wieder verwunderlich, daß einem fremde Länder nie so beschrieben werden, daß der Reisende bei seiner Ankunft sie auch wiedererkennen kann. Zu meiner eigenen recht lückenhaften Vorstellung von Australien gehörten große Herden von Känguruhs und ausgedehnte Wüstengebiete. Was mir vor allem auffiel, als wir in Melbourne einliefen, das war das merkwürdige Aussehen der Bäume und die Art, wie australische Eukalyptusbäume die Landschaft verändern. Bäume sind immer das erste, was meine Aufmerksamkeit erregt. In England ist man gewöhnt, daß die Bäume dunkle Stämme und helle laubreiche Zweige haben; zu meinem Erstaunen war es in Australien gerade umgekehrt. Die silbern schimmernden, weißrindigen Bäume mit ihren dunklen Blättern veränderten die Landschaft von Grund auf und ließen sie wie das Negativ einer Fotografie erscheinen. Einen zauberhaften Anblick boten auch die Aras: blau und rot und grün schwirrten sie in großen Schwärmen durch die Luft. Ihre Farben waren prächtig; sie glichen fliegenden Juwelen.

Wir blieben nur kurze Zeit in Melbourne und unternahmen von dort verschiedene kleine Reisen. Wegen der riesenhaften Baumfarne ist mir ein Ausflug besonders in Erinnerung geblieben. Diese

Art tropischen Sumpfdickichts hatte ich in Australien nie zu finden erwartet. Es war wunderschön, eine Augenweide. Das Essen war weniger erfreulich. Ausgenommen das Hotel in Melbourne, wo wir ausgezeichnet aßen, setzte man uns überall unglaublich zähes Rind- oder Truthahnfleisch vor. Für die im viktorianischen Geist erzogenen Menschen waren auch die sanitären Einrichtungen ein wenig peinlich. Die Damen unserer Reisegesellschaft wurden höflich in einen Raum gebeten, in dessen Mitte zwei Nachttöpfe einsam und verlassen auf dem Fußboden standen. Keine Ungestörtheit, keine private Sphäre . . .

In Australien und auch später einmal in Neuseeland beging ich einen Faux-pas in bezug auf die Tischordnung. In den verschiedenen Städten, die wir besuchten, wurde die Mission vom Bürgermeister oder von der Handelskammer bewirtet, und gleich beim ersten dieser Empfänge wollte ich mich in aller Unschuld neben den Bürgermeister oder irgendeine andere Persönlichkeit setzen, als eine ältere, sauertöpfische Frauensperson mir zuraunte: «Ich denke, Sie werden es vorziehen, neben Ihrem Gatten zu sitzen, Mrs. Christie.» Mit schamrotem Gesicht beeilte ich mich, meinen Platz an Archies Seite einzunehmen. Die Tischordnung bei diesen offiziellen Anlässen verlangte es, daß die Frauen bei ihren Männern saßen.

In New South Wales kamen wir auch auf eine Schaffarm – sie hieß Yanga, glaube ich –, wo es einen großen See gab, auf dem schwarze Schwäne schwammen. Es war ein reizendes Bild. Während Belcher und Archie eifrig über die Ansprüche des britischen Empires, über Bevölkerungsbewegungen innerhalb des Empires und die Bedeutung der Handelsbeziehungen zwischen den Dominions debattierten, durfte ich einen herrlichen Tag in den Orangenhainen verbringen. Ich hatte einen schönen langen Liegestuhl, die Sonne schien, und wenn ich mich recht entsinne, verzehrte ich dreiundzwanzig Orangen. Reife Orangen, direkt vom Baum gepflückt – man kann sich nichts Köstlicheres vorstellen. Ich machte eine Menge Entdeckungen in bezug auf Früchte. So hatte ich zum Beispiel geglaubt, daß Ananas anmutig an Bäumen hingen. Ich war sehr überrascht, als ich feststellte, daß ein riesiges Feld, auf dem ich Kohlköpfe vermutet hatte, Ananas trug. Ich war irgendwie enttäuscht. Daß eine so leckere Frucht so prosaisch heranreifte!

Wir benutzten die Züge, reisten aber auch viel mit dem Auto. Während wir durch die enormen Weiten flachen Weidelands rollten, der Horizont nur hin und wieder von Windmühlen unterbrochen, wurde mir klar, wie furchterregend diese Landschaft sein, wie leicht man den Weg verlieren konnte. Die Sonne stand so hoch über unseren Köpfen, daß wir keine Ahnung hatten, in welcher Richtung Süden, Norden, Osten oder Westen lagen. Es gab keine Kennzeichen, die uns hätten leiten können. Ich hatte mir eine grüne, grasbewachsene Wüste nie vorstellen können – hatte sie immer nur als öde Sandfläche gesehen – aber mir scheint, als gäbe es in der Wüste weit mehr Geländepunkte und Terrainunterschiede, mit deren Hilfe man sich zurechtfinden kann, als im flachen Grasland Australiens.

Wir kamen nach Sydney, wo wir ein paar fröhliche Tage verbrachten, doch nachdem man mir versichert hatte, Sydney und Rio de Janeiro wären die schönsten Hafenstädte der Welt, war ich ein wenig enttäuscht. Ich hatte wohl zu viel erwartet. Glücklicherweise bin ich nie in Rio gewesen, und darum lebt es als Phantasiebild in meiner Vorstellung weiter.

Es war in Sydney, daß wir zum ersten Mal mit den Bells in Berührung kamen. Immer wenn ich an Australien denke, denke ich auch an die Bells. Eines Abends trat eine junge Frau, etwas älter als ich, im Hotel auf mich zu, stellte sich als Una Bell vor und teilte mir mit, daß wir Ende nächster Woche alle ein paar Tage auf ihrer Farm in Queensland verbringen würden. Da Archie und Belcher zuerst noch ein paar langweilige Städte besuchen mußten, wurde ausgemacht, daß ich Una auf die Bell-Farm in Coochin Coochin begleiten und dort warten sollte.

Wir hatten eine lange Eisenbahnfahrt – mehrere Stunden –, und ich war todmüde, aber schließlich erreichten wir Coochin Coochin bei Boona in Queensland. Ich war noch halb verschlafen, als ich mich plötzlich an einem Ort überschäumender Lebensfreude befand. In mit Lampen beleuchteten Räumen drängten sich gutaussehende junge Mädchen und boten mir Getränke an: Kaffee, Kakao, alles was ich wollte. Dabei schnatterten sie und lachten und redeten alle gleichzeitig auf mich ein. Ich empfand jenes verwirrende Gefühl, wo man alles nicht doppelt, sondern gleich vierfach sieht. Ich hatte den Eindruck, die Familie Bell bestünde aus sechsundzwanzig Personen. Erst am nächsten Tag brachte ich sie auf das richtige Maß: es waren vier Töchter und vier Söhne. Die Mädchen sahen sich alle ein wenig ähnlich, ausgenommen die dunkelhaarige Una. Die anderen waren blond und hochbeinig und hatten ein wenig längliche Gesichter. Anmutig in ihren Bewegungen, waren sie alle wunderbare Reiterinnen und sahen auch wie ausgelassene junge Füllen aus.

Es war eine herrliche Woche. Die Bell-Töchter waren so unternehmungslustig, daß ich kaum mit ihnen Schritt halten konnte, aber ich verliebte mich der Reihe nach in ihre Brüder: in Victor, den munteren, liebenswerten Schäker; in Bert, der so herrlich ritt, aber eine solidere Wesensart erkennen ließ; und in Frick, einen stillen Jungen, der die Musik liebte. Ich glaube, es war Frick, an den ich wirklich mein Herz verlor. Jahre später schloß sich sein Sohn Guilford der archäologischen Expedition an, die Max und ich nach Syrien und dem Irak unternahmen. Ich betrachte Guilford heute noch fast als Sohn.

Die dominierende Persönlichkeit des Hauses Bell war die Mutter, Mrs. Bell, seit langem verwitwet. Sie hatte etwas von der Art Königin Victorias: klein, grauhaarig, von ruhigem Wesen, herrschte sie unangefochten über ihre Familie.

Unter den verschiedenen Dienstboten, Landarbeitern, Viehhütern, etc., von denen viele Mischlinge waren, gab es auch ein oder zwei reinrassige Eingeborene. Aileen Bell, die jüngste Tochter, sagte mir schon am ersten Morgen: «Sie müssen Susan sehen.» Ich fragte, wer Susan war. «Ach, eine von den Schwarzen.» Man sprach immer nur von den «Schwarzen». «Eine von den Schwarzen, aber eine richtige, völlig rasserein, und sie kann herrlich die Leute nachahmen.» Eine alte gebeugte Eingeborene kam ins Zimmer. Sie war in ihrer Art vom gleichen königlichen Gehaben wie Mrs. Bell. Sie parodierte alle Mädchen für mich, und auch einige der Söhne, Kinder und sogar Pferde. Sie war eine geborene Komödiantin und hatte großen Spaß an ihrer Schau. Dazu sang sie eigenartig dissonante Liedchen.

Aileen besaß ihre eigenen Lieblingskänguruhs und dazu eine große Menge von Hunden und, selbstverständlich, Pferden. Die Bells drängten mich, daß ich reiten sollte, aber die bei meinem doch eher amateurhaften Jagdreiten in Devon gewonnenen Erfahrungen schienen mir doch nicht ausreichend genug zu sein, um mich als geübte Reiterin zu produzieren. Schließlich gaben sie es auf, und wir sausten mit dem Wagen in der Gegend herum. Ich sah, wie das Vieh zusammengetrieben wurde, und das war eine aufregende Sache. Den Bells schien ein großer Teil von Queensland zu gehören, und Aileen sagte, sie würde, wenn wir Zeit gehabt hätten, mit mir auf die Außenstation im Norden gefahren sein, wo es viel primitiver und lebhafter zuging. Keines der Mädchen hörte je auf zu reden. Sie schwärmten von ihren Brüdern und betrieben einen Heroenkult mit ihnen, wie ich das noch nie erlebt hatte. Und immerzu waren sie unterwegs: zu anderen Farmen, zu Freunden, nach Sydney hinunter, zu Pferderennen; sie flirteten mit verschiedenen jungen Männern, die sie «Coupons» nannten – vermutlich eine Anspielung auf die Abschnitte der Lebensmittelkarten im Krieg.

Schließlich trafen auch Archie und Belcher ein; man sah ihnen ihre Strapazen an. Wir verlebten ein fröhliches und sorgloses Wochenende mit einigen ungewöhnlichen Vergnügungen wie zum Beispiel einem Ausflug in einer Schmalspurbahn. Auch eine Gruppe australischer Labourabgeordneter war zu Besuch gekommen. Sie hatten dem festlichen Mittagessen herzhaft zugesprochen und dabei ein Gläschen über den Durst getrunken, und als sie anfingen, einer nach dem anderen, Lokomotivführer zu spielen und sich gegenseitig zu immer größeren Geschwindigkeiten anzuspornen, brachten sie uns alle in Lebensgefahr.

Traurig verabschiedeten wir uns von unseren Freunden. Zum Abschluß war uns noch ein kurzer Blick auf die Blauen Berge vergönnt – ich war wie verzaubert von den Farbtönen dieser Landschaft. Die Berge in der Ferne waren richtig blau – kobaltblau, nicht jenes Graublau, in das Hügel und Berge sich zu hüllen pflegen.

Australien war für die British Mission ziemlich anstrengend gewesen. Kein Tag war vergangen ohne Reden, Dinners, Empfänge und lange Fahrten von einem Ort zum anderen. Belchers Reden kannte ich jetzt schon auswendig. Er war ein guter Redner; die Art seines Vortrags war so ungezwungen und spontan, daß man meinen konnte, es wäre ihm alles eben erst durch den Kopf gegangen. Mit seinem vernunftbetonten Auftreten, das finanziellen Weitblick erkennen ließ, hob sich Archie recht gut von ihm ab. Schon zu einem frühen Zeitpunkt – in Südafrika, glaube ich – hatten die Zeitungen Archie zum Gouverneur der Bank von England ernannt! So heftig er auch protestierte, seine Dementis wurden nicht zur Kenntnis genommen, und was die Presse anging, blieb er auch weiterhin Gouverneur der Bank von England.

Nach Australien kam Tasmanien. Von Launceston fuhren wir mit dem Wagen nach Hobart, dieser unglaublich schönen Stadt mit dem tiefblauen Meer, mit ihren Blumen, Bäumen und Büschen. Ich nahm mir fest vor, eines Tages zurückzukommen und hier zu leben.

Von Hobart fuhren wir nach Neuseeland. An diese Fahrt erinnere ich mich gut, denn wir gerieten einem Mann in die Fänge, den man nur den «Entwässerer» nannte. Das war die Zeit, als gedörrte Speisen der letzte Schrei waren. Dieser Mann konnte keine Speise sehen, ohne sofort zu überlegen, wie sie zu entwässern wäre. Von jedem Gericht sandte er ganze Teller voll an unseren Tisch mit der Bitte, davon zu kosten. Wir bekamen gedörrte Pflaumen, gedörrte Mohrrüben, Trockengemüse jeder Art – alles, ohne Ausnahme, völlig geschmacklos.

»Wenn ich noch lange so tun muß, als schmecke mir dieses Zeug», seufzte Belcher, «werde ich noch verrückt.» Doch da der «Entwässerer» ein reicher und wichtiger Mann war und der British Empire Exhibition von großem Nutzen sein konnte, mußte Belcher gute Miene zum bösen Spiel machen und weiterhin dehydrierte Mohrrüben und Karotten herunterwürgen.

Mittlerweile hatte sich das anfänglich so gute Verhältnis zwischen Belcher und uns merklich abgekühlt. Er war nicht mehr unser Freund, unser liebenswürdiger Tischgenosse. Er war grob, taktlos, anmaßend, herrisch und – in gewissen Kleinigkeiten – schäbig. So beauftragte er mich zum Beispiel ständig, weiße Baumwollsocken und sonstige Unterwäsche für ihn zu kaufen, ohne mir jemals meine Auslagen zu ersetzen.

Wenn ihn etwas in schlechte Laune versetzte, war er so unmöglich, daß man ihn aus tiefster Seele verabscheute. Er benahm sich wie ein verzogenes, unartiges Kind. Aber immer wieder entwaffnete er uns. Wenn er nämlich wieder zur Besinnung kam, strömte er so viel *bonhomie* und Charme aus, daß wir das Zähneknirschen vergaßen und bald abermals auf bestem Fuß mit ihm standen.

Für mich ist Neuseeland immer noch das schönste Land, das ich je gesehen habe. Die Gegend ist unvergleichlich. Wir verbrachten einen so perfekten Tag in Wellington, wie es sie – so hörte ich von einigen Bewohnern der Stadt – nur selten gab. Dann setzten wir nach Nelson über und fuhren die Südinsel hinunter. Die Schönheit der Landschaft überraschte mich immer wieder aufs neue. Ich schwor einen heiligen Eid, daß ich einmal im Frühjahr – in ihrem Frühjahr, nicht in unserem – zurückkommen würde, um den Ratabaum in Blüte zu sehen. Ich habe es nie geschafft. Neuseeland war immer so weit weg. Mit dem Flugzeug sind es heute nur mehr zwei oder drei Tage, aber für mich ist die Zeit des Reisens vorbei.

Belcher war froh, wieder in Neuseeland zu sein. Er hatte viele Freunde dort und freute sich wie ein Schuljunge. Als Archie und ich uns nach Honolulu einschifften, gab er uns seinen Segen und wünschte uns alles Gute. Für Archie war es eine Erlösung, keine Arbeit mehr zu haben und sich für eine Weile nicht mit dem verschrobenen und übellaunigen Kollegen herumstreiten zu müssen. Wir hatten eine gemächliche Fahrt, legten auf Fidschi und anderen Inseln an und erreichten schließlich Honolulu. Mit seiner Unmenge von Hotels, Straßen und Automobilen war es um vieles weltstädtischer, als wir es uns vorgestellt hatten. Wir kamen am frühen Morgen an und bezogen unsere Zimmer im Hotel. Als wir das Fenster öffneten und unten am Strand die Leute wellenreiten sahen, sausten wir unverzüglich hinunter, liehen uns *surfboards* und stürzten uns ins Wasser. Natürlich waren wir die reinsten Toren. Es war ein schlechter Tag zum *Surfen* – einer jener Tage, an welchen sich nur die Experten hinauswagen –, aber wir, wir hatten es ja bereits in Südafrika getan, uns konnte keiner etwas erzählen.

Ich war nicht so kräftig wie Archie, und daher brauchte ich länger, um das Riff zu erreichen. Inzwischen hatte ich ihn aus den Augen verloren und nahm an, daß er bereits so wie die anderen auch mit lässiger Eleganz zum Strand zurücksausen würde. Ich ging also auf meinem Brett in Stellung und wartete auf eine Welle. Die Welle kam. Es war die falsche Welle. Im nächsten Augenblick hatte sie mir das Board unter den Füßen weggerissen und mir selbst einen gewaltigen Stoß versetzt, der mich in die Tiefe schleuderte. Ich schluckte literweise Salzwasser, und als ich nach Luft japsend wieder an die Oberfläche gelangte, sah ich das Brett etwa einen halben Kilometer weit von mir entfernt auf das Ufer zutreiben. Mühsam schwamm ich ihm nach. Ein junger Amerikaner bekam es zu fassen und begrüßte mich mit den Worten: «Hören Sie mal, Miss, an Ihrer Stelle würde ich das *Surfen* heute sein lassen. Hier, nehmen Sie Ihr Brett und schwimmen Sie zum Strand zurück.» Ich folgte seinem Rat.

Es dauerte nicht lange, und Archie kam aus dem Wasser. Auch er hatte sein Board verloren. Als besserer Schwimmer hatte er es allerdings schneller wieder eingeholt, versuchte es noch ein oder zwei Mal, und schließlich gelang ihm ein guter Run. Wir waren zerkratzt, zerschunden und völlig erschöpft. Wir gaben unsere *Surfboards* zurück, krochen den Strand hinauf, gingen auf unser Zimmer und fielen wie tot auf die Betten. Wir schliefen vier Stunden, waren aber immer noch erschöpft, als wir aufwachten.

Als ich das zweite Mal ins Wasser ging, gab es eine kleine Katastrophe. Die Wellen rissen mir mein schönes seidenes Badekostüm, das mich von den Schultern bis zu den Knöcheln bedeckte, praktisch vom Leib. Fast nackt flüchtete ich mich zu meinem Bademantel. Dann eilte ich in den Hotelladen und besorgte mir ein wunderschönes, knapp geschnittenes, smaragdgrünes Wollbadekostüm, in dem ich eine sehr gute Figur machte! Auch Archie war dieser Meinung.

Wir verbrachten vier höchst luxuriöse Tage im Hotel, mußten uns aber dann nach etwas Billigerem umsehen. Schließlich mieteten wir ein Häuschen auf der anderen Straßenseite. Es kostete ungefähr die Hälfte. Wir verbrachten unsere Tage am Strand und mit Wellenreiten. Mit der Zeit wurden wir Experten – oder das, was Europäer sich unter einem Experten vorstellen. Auf dem Korallenstein zerschnitten wir uns zwar die Füße, bis wir uns weiche Ledersandalen kauften, die wir um die Knöchel schnürten. Es gibt nichts Schöneres als mit, wie man meint, dreihundert Kilometer Stundengeschwindigkeit über das Wasser zu schießen – die ganze lange Strecke vom Floß bis zum Strand, wo man dann, allmählich langsamer werdend, im sanften Schaukeln kleiner Wellen die Fahrt beendet. Es war einer der vollendetsten körperlichen Genüsse, die ich erlebt habe.

Unser kleiner Bungalow war von Bananenstauden umgeben – aber wie schon die Ananas, bereiteten mir auch die Bananen eine herbe Enttäuschung. Ich hatte mir vorgestellt, daß ich nur die Hand auszustrecken brauchte, um eine Banane vom Baum zu pflücken und zu verzehren. Aber so geht man in Honolulu nicht mit Bananen um. Sie sind eine wichtige Einnahmequelle und werden unreif geerntet. Aber obwohl ich sie nicht vom Baum essen konnte, hatte ich doch die Möglichkeit, mich an einer unglaublichen Vielzahl von Sorten gütlich zu tun, wie ich das nie für möglich gehalten hätte. Als ich drei oder vier Jahre alt war, erzählte mir das Kindermädchen von den Bananen in Indien und von dem Unterschied zwischen den großen und ungenießbaren Faserbananen und den kleinen und wohlschmeckenden Obstbananen – oder war es gerade umgekehrt? In Honolulu gab es ungefähr zehn verschiedene Sorten. Es gab rote Bananen, große Bananen, kleine Bananen – auch Eiscremebananen genannt, das Innere weiß und flaumig, Kochbananen, und so weiter. Die Apfelbananen hatten wieder einen anderen Geschmack. In bezug auf Bananen wurde ich sehr wählerisch!

Auch die Hawaiianer selbst waren eine Enttäuschung für mich. Ich hatte sie mir als besonders schöne Geschöpfe vorgestellt. Gleich von Anfang an empfand ich den starken Geruch von Kokosöl störend, mit dem sich die Mädchen einrieben – und manche waren alles andere als hübsch. Auch die beliebten Schmorgerichte waren nicht nach meinem Geschmack. Ich hatte immer geglaubt, die Polynesier lebten hauptsächlich von köstlichen Früchten. Ihre Leidenschaft für Schmorgerichte überraschte mich – ich zog die Bananen vor.

Unser Urlaub ging dem Ende zu, und der Gedanke an die Knechtschaft, die uns nun wieder bevorstand, entlockte uns manchen tiefen Seufzer. Auch unsere finanzielle Lage fing an, uns Sorgen zu machen. Honolulu war sehr teuer. Bisher hatten wir gut gewirtschaftet, aber nun war der Moment gekommen, an die unmittelbare Zukunft zu denken. Noch lag Kanada vor uns, und Archies tausend Pfund schmolzen rapide dahin. Unsere Fahrten waren vorausbezahlt, das ging in Ordnung. Ich konnte nach Kanada und ich konnte zurück nach England fahren. Aber wie sollte ich meine Lebenskosten auf der Reise durch Kanada bestreiten? Wir verbannten diese Sorge aus unseren Gedanken und *surften* unbekümmert weiter, wie sich zeigte.

Schon seit einiger Zeit erwachte ich jeden Morgen pünktlich um fünf Uhr mit nahezu unerträglichen Schmerzen im rechten Arm bis zur Schulter hinauf. Ich litt an einer Nervenentzündung, was ich zwar damals noch nicht wußte. Wäre ich vernünftig gewesen, ich hätte sofort mit dem *Surfen* Schluß gemacht und aufgehört, diesen Arm zu gebrauchen, aber davon wollte ich nichts wissen. Wir hatten nur mehr drei Tage, und der Gedanke, sie nicht bis zum letzten zu nutzen, war mir unerträglich. Bis zur letzten Minute *surfte* ich, stand aufrecht auf meinem *board* und stellte mein überragendes Können zur Schau. Die Schmerzen ließen mich jetzt schon die ganze Nacht nicht schlafen. Trotzdem hegte ich die optimistische Hoffnung, daß es mir bald besser gehen würde, sobald ich Honolulu verlassen und das Wellenreiten aufgegeben hatte. Eine trügerische Hoffnung! Noch drei bis vier Wochen litt ich entsetzliche Schmerzen.

Belcher begegnete uns gar nicht freundlich, als wir wieder mit ihm zusammentrafen. Er schien uns unseren Urlaub zu mißgönnen. Höchste Zeit, daß wir etwas arbeiteten, meinte er. «Sich die ganze Zeit herumtreiben und nichts leisten! Du lieber Himmel! Unglaublich ist das, Leute dafür zu bezahlen, daß sie die ganze Zeit nichts tun!» Über die Tatsache, daß er sich in Neuseeland prächtig unterhalten und mit großem Bedauern von seinen Freunden Abschied genommen hatte, ging er geflissentlich hinweg.

Da ich ständig Schmerzen hatte, suchte ich einen Arzt auf, der sich jedoch als wenig hilfreich erwies. Er verschrieb mir eine entsetzliche Salbe, die ich mir, wenn die Schmerzen wirklich stark wurden, in die Beuge meines Ellbogens schmieren sollte. Ich nehme an, daß die Salbe Cayennepfeffer enthielt! Sie brannte mir praktisch ein Loch in die Haut, aber gegen die Schmerzen half sie kaum. Mir war sehr elend zumute. Ständige Schmerzen zermürben einen. Es fing jeden Morgen schon früh an. Ich stand auf und ging ein bißchen herum, weil das den Schmerz etwas erträglicher zu machen schien. Einen Vorteil hatten die Schmerzen: sie ließen mich unsere finanziellen Sorgen vergessen. Das Wasser stand uns wirklich schon bis zum Hals. Archie war mit seinen tausend Pfund praktisch am Ende, und wir mußten noch drei Wochen durchstehen. Wir kamen zu dem Schluß, daß es nur eine Lösung gab. Sobald das Geld alle war, mußte ich auf die Reisen nach Neuschottland und Labrador verzichten und eiligst nach New York abdampfen. Dort konnte ich bei Tante Cassie oder May wohnen, während Archie und Belcher die Silberfuchsindustrie unter die Lupe nahmen.

Aber schon jetzt hatte ich es nicht leicht. Ich konnte es mir leisten, in den Hotels zu logieren; was jedoch sehr viel kostete, waren die Mahlzeiten. Aber ich hatte einen rettenden Einfall. Ich machte das Frühstück zu meiner Hauptmahlzeit. Das Frühstück kostete einen Dollar – das waren damals vier Shilling in englischer Währung. Also nahm ich das Frühstück unten im Restaurant ein und ließ mir alles servieren, was auf der Speisekarte stand – und das war nicht wenig. Ich bestellte Grapefruit und manchmal auch noch Papaya. Ich verzehrte Buchweizenkuchen, Waffeln mit Ahornsirup und Eier mit Schinken. Wenn ich das Frühstückszimmer verließ, kam ich mir vor wie eine vollgestopfte Königsschlange. Aber ich hielt bis zum Abend durch.

Im Verlauf unserer Reise hatten wir mehrere Geschenke bekommen: für Rosalind ein reizendes blaues Deckchen mit Tierbildern, und noch viele andere Dinge: Schals, einen Teppich, und so weiter. Unter diesen Geschenken befand sich auch ein riesiges Glas mit Fleischextrakt aus Neuseeland. Wir schleppten es schon die ganze Zeit mit uns herum – jetzt war ich froh, daß ich es hatte, denn ich sah schon voraus, daß ich mich davon würde ernähren müssen.

Wenn Belcher und Archie zu ihren Handelskammerdinners aufbrachen, zog ich mich ins Bett zurück, läutete dem Stubenmädchen, erklärte ihr, daß ich mich nicht wohl fühlte, und bat um einen großen Topf mit heißem Wasser als Heilmittel für meine Magenverstimmung. Sobald ich es hatte, schüttete ich Fleischextrakt hinein und verköstigte mich damit bis zum Morgen. Es war wunderbarer Fleischextrakt, und ich kam zehn Tage damit aus. Natürlich wurde auch ich manchmal zu Mittagessen oder Dinners eingeladen. Das waren echte Feiertage für mich. Besonderes Glück hatte ich in Winnipeg, wo mich die Tochter eines hohen Würdenträgers in ein sehr teures Hotel zum Lunch einlud. Es war ein herrliches Mahl. Ich lehnte keine der mir angebotenen Delikatessen ab. Sie selbst aß eher zurückhaltend. Was sie von meinem Appetit hielt, weiß ich nicht.

Es war auch, glaube ich, in Winnipeg, daß Archie mit Belcher verschiedene Getreidesilos besichtigte. Wir hätten natürlich wissen müssen, daß jemand, der mit den Stirnhöhlen zu tun hat, einem Getreidesilo nicht einmal in die Nähe kommen darf, aber daran dachten wir einfach nicht. Mit triefenden Augen kam Archie am Abend zurück und sah so elend aus, daß ich ernstlich beunruhigt war. Am nächsten Tag schaffte er gerade noch die Fahrt nach Toronto, wo er dann zusammenklappte. Es war offensichtlich, daß er die Reise nicht fortsetzen konnte.

Belcher geriet natürlich in maßlose Wut. Er zeigte keinerlei Mitgefühl. Archie lasse ihn im Stich, sagte er. Archie sei jung und kräftig, und wegen einer solchen Kleinigkeit brauchte man sich nicht gleich ins Bett zu legen. Ja, er wisse, daß Archie Fieber hätte. Wenn er von so zarter Gesundheit sei, hätte er gar nicht mitkommen dürfen. Wie sollte er, Belcher, allein mit allem fertig werden? Bates war zu nichts zu gebrauchen, das wußten wir doch. Nicht einmal zum Kofferpacken reichte es, denn er packte alles falsch. Der dumme Kerl konnte nicht einmal Hosen richtig falten.

Ich ließ den Hotelarzt kommen, der bei Archie eine Lungenstauung feststellte. Archie, sagte er, müsse strenge Bettruhe einhalten und dürfe mindestens eine Woche lang gar nichts tun. Vor Wut schäumend reiste Belcher ab und ließ mich mit nur sehr wenig Geld allein in einem großen unpersönlichen Hotel zurück. Archie hatte vierzig Grad Fieber und delirierte bereits. Dazu bekam er einen Nesselausschlag, der ihn von Kopf bis Fuß bedeckte. Er litt Höllenqualen durch den Ausschlag und das hohe Fieber.

Wir machten eine schreckliche Zeit durch, und ich bin froh, daß ich vergessen habe, wie verzweifelt und wie verlassen ich mich fühlte. Das Hotelessen vertrug er nicht, und so besorgte ich ihm selbst eine Krankenkost: Gerstenschleim und eine dünne Mehlsuppe; es schmeckte ihm recht gut. Der arme Archie! Dieser schreckliche Nesselausschlag machte ihn ganz verrückt. Sieben oder achtmal im Tag wusch ich ihn mit einer schwachen Natriumbikarbonatlösung und verschaffte ihm damit doch einige Erleichterung. Am dritten Tag schlug der Arzt vor, einen Kollegen beizuziehen. Mit Eulengesichtern standen sie an Archies Bett, setzten ernste Mienen auf, schüttelten die Köpfe und meinten, es wäre ein ernster

Fall. Aber schließlich steht man alles durch. Der Tag kam, an dem Archies Fieber nachließ und sein Nesselausschlag ihn weniger juckte; es war klar, daß er sich auf dem Weg zur Genesung befand.

Nach weiteren vier oder fünf Tagen war Archie wieder gesund, wenn auch noch ein bißchen schwach, und wir reisten dem abscheulichen Belcher nach. Ich weiß nicht mehr, wo wir dann hinfuhren; möglicherweise nach Ottawa, das mir sehr gut gefiel. Es war Herbst geworden, und die Ahornwälder boten einen wunderbaren Anblick. Wir wohnten privat bei einem Admiral in mittleren Jahren, einem reizenden Mann, der einen allerliebsten deutschen Schäferhund besaß und mich oft in einem Dogcart durch die Ahornwälder spazierenfuhr.

Von Ottawa aus fuhren wir in die Rocky Mountains, nach Lake Louise und Banff. Lange Zeit war «Lake Louise» meine Antwort, wenn ich nach dem schönsten Ort gefragt wurde, den ich gesehen hatte. In Banff hatte ich großes Glück. Meine Nervenentzündung machte mir immer noch stark zu schaffen, und ich beschloß die heißen Schwefelquellen zu versuchen. Viele Leute hatten mir versichert, daß sie mir guttun würden. Es war eine Art Schwimmbekken, an dessen einem Ende das heiße, stark schwefelhaltige Wasser direkt aus der Quelle kam. Ich ließ es mir über Hals und Schultern laufen. Zu meiner großen Freude war die Nervenentzündung schon nach vier Tagen praktisch verschwunden. Wieder schmerzfrei zu sein, bedeutete eine unglaubliche Erleichterung.

In Montreal trennten sich unsere Wege. Während Archie und Belcher sich aufmachten, um Silberfuchsfarmen zu besichtigen, stieg ich in einen Zug nach New York. Unsere Mittel waren nun endgültig erschöpft.

In New York wurde ich von Tante Cassie erwartet. Sie war äußerst lieb zu mir. Ich wohnte bei ihr auf dem Riverside Drive. Sie muß damals schon an die achtzig gewesen sein. Wir besuchten ihre Schwägerin Mrs. Pierpont Morgan, und ich lernte auch einige der jüngeren Mitglieder der Familie Morgan kennen. Sie führte mich in prächtige Restaurants und fütterte mich mit den erlesensten Sachen. Sie sprach viel von meinem Vater und seinen frühen Tagen in New York. Ich verlebte eine glückliche Zeit.

Dann kam der Tag, an dem Archie und Belcher in New York eintreffen sollten. Ich war froh, daß sie kamen, denn trotz Tante Cassies großer Güte und Liebenswürdigkeit fühlte ich mich wie ein Vogel in einem goldenen Käfig. Tante Cassie dachte nicht im Traum daran, mich allein irgendwo hingehen zu lassen. Nachdem ich mich in London so frei bewegt hatte, machte mich das nervös.

«Aber warum bloß, Tante Cassie?»

«Man weiß nie, was einer hübschen jungen Frau, die New York nicht kennt, alles zustoßen kann.»

Ich versicherte ihr, daß ich sehr gut zurechtkommen würde, aber sie bestand darauf, mich mit Wagen und Chauffeur loszuschicken oder selbst zu begleiten. Ich hatte manchmal große Lust, allein durch die Straßen zu bummeln, doch ich wußte, daß ich ihr damit Sorgen machen würde, und unterließ es. Aber ich freute mich schon darauf, bald wieder in London zu sein, wo ich jederzeit, wann immer ich Lust hatte, das Haus verlassen konnte.

Archie und Belcher verbrachten nur eine Nacht in New York, und schon am nächsten Tag schifften wir uns an Bord der *Berengaria* nach England ein. Ich kann nicht behaupten, daß ich sehr froh war, wieder auf See zu sein, aber meine Seekrankheit hielt sich diesmal in Grenzen. Das rauhe Wetter kam natürlich zur unrechten Zeit, denn wir nahmen an einem Bridgeturnier teil, und Belcher hatte mich zu seiner Partnerin erkoren. Ich wollte gar nicht, denn Belcher war zwar ein guter Bridgespieler, verlor aber so ungern, daß er immer schlechter Laune wurde. Nun, ich würde ihn ja bald los sein, dachte ich, und erklärte mich bereit, mit ihm als Partner das Turnier mitzumachen. Unerwartet erreichten wir die Endrunde. Das war der Tag, an dem der Wind auffrischte und das Schiff zu rollen begann. Ich wagte es nicht, mich von der Liste streichen zu lassen, und hoffte nur, daß ich mich am Bridgetisch nicht blamieren würde. Die Karten für die vermutlich letzte Hand wurden ausgegeben, und fast schon im nächsten Augenblick klatschte Belcher, die Stirn ärgerlich gefaltet, die Karten auf den Tisch.

«Eigentlich hat es gar keinen Sinn, daß ich diese Hand spiele», verkündete er mit finsterer Miene. Ich glaube, es hätte nicht viel gefehlt, und er würde das Spiel kampflos unseren Gegnern überlassen haben, aber wie das so geht, ich schien sozusagen alle Asse und Könige bekommen zu haben. Ich spielte gräßlich, aber glücklicherweise spielten sich die Karten allein. Ich konnte nicht verlieren. In meiner aufsteigenden Übelkeit gab ich die falsche Karte, vergaß, welche Farbe Trumpf war, machte allen möglichen Blödsinn – aber meine Karten waren einfach zu gut. Wir hatten das Turnier gewonnen! Ich zog mich sogleich in meine Kabine zurück und blieb stöhnend in meiner Koje liegen, bis wir in England anlegten.

2

Das Leben ist wirklich wie ein Schiff – wie das Innere eines Schiffes, um genau zu sein. Es hat wasserdichte Abteilungen. Man verläßt die eine, schließt sie hermetisch ab und befindet sich bereits in einer anderen. So eine Abteilung war mein Leben von dem Tag an, da wir Southampton verließen, bis zu dem Tag, da wir nach England zurückkehrten. Seitdem sehe ich das Reisen in diesem Licht. Man tritt von einem Leben in ein anderes. Man ist man selbst, aber ein anderes Selbst. Dieses neue Selbst ist frei von den Hunderten Spinnweben und Fäden, die einen in den Kokon häuslichen Alltagslebens einspinnen: Briefe schreiben, Rechnungen bezahlen, Hausarbeiten verrichten, Freunde besuchen, Fotos entwickeln, Kleider flicken, Kinderfrauen und Dienstpersonal beschwichtigen, Kaufleute und Handwerker zur Ordnung rufen. Das Reiseleben hat das Wesen eines Traumes. Es ist von Personen bevölkert, die man nie zuvor gesehen hat und in aller Wahrscheinlichkeit auch nie wiedersehen wird. Gelegentlich birgt es Heimweh und Einsamkeit und das sehnsüchtige Verlangen, einen geliebten Menschen wiederzusehen – in meinem Fall Rosalind, meine Mutter und Madge. Aber es geht uns wie den Wikingern oder den großen Seefahrern des elisabethanischen Zeitalters, die in eine Welt des Abenteuers zogen – und das Zuhause verliert an Bedeutung, solange man fort ist.

Es war eine aufregende Sache gewesen, auf Weltreise zu gehen; es war wunderbar, wieder heimzukommen. Rosalind behandelte uns wie Fremde – wir hatten zweifellos nichts anderes verdient. «Wo ist meine Tante Punkie?» fragte sie und betrachtete uns mit einem kühlen Blick. Auch meine Schwester zahlte es mir heim, indem sie mir genaue Anweisungen erteilte, was Rosalind essen durfte, was sie anziehen und wie sie erzogen werden sollte.

Nach der ersten Freude des Wiedersehns traten jedoch die Mißlichkeiten zutage. Jessie Swannell war ein «Opfer der Umstände» geworden: sie hatte sich mit Mutter nicht vertragen. Sie war durch eine ältere Kinderfrau ersetzt worden, die wir im engeren Familienkreis immer nur Kuckuck nannten. Diesen Spitznamen verdankte sie der Tatsache, daß sie unmittelbar nachdem sie ihre Stellung angetreten, und Jessie Swannell unter bitteren Tränen das Haus verlassen hatte, den Versuch unternahm, sich bei ihrem neuen Schützling beliebt zu machen, indem sie die Kinderzimmertür öffnete und mit dem Ruf «Kuckuck, Kuckuck!» hin und her hüpfte. Rosalind zeigte dafür wenig Verständnis und fing jedesmal, wenn das geschah, zu heulen an. Sie faßte dann aber eine echte Zuneigung zu ihrer neuen Beschützerin. Kuckuck war eine geborene Umstandskrämerin und noch dazu eine sehr unzulängliche. Sie war voll Liebe und Güte, aber sie verlor alles, zerbrach alles und machte so idiotische Bemerkungen, daß man es manchmal gar nicht glauben konnte. Das gefiel Rosalind. Sie kümmerte sich um Kuckuck und brachte Kuckucks Angelegenheiten in Ordnung.

«Ach herrje!» hörte ich aus dem Kinderzimmer. «Wo habe ich nur die Bürste von unserem Schätzchen hingetan? Wo kann sie nur sein? Im Wäschekorb vielleicht?»

«Ich werde sie Ihnen suchen, Miss», vernahm ich Rosalinds Stimme. «Hier ist sie, in Ihrem Bett.»

«Ach du liebe Zeit, wie ist sie wohl dahin gekommen?»

Rosalind fand alles für Kuckuck, räumte alles für sie weg und gab ihr Anweisungen aus dem Kinderwagen, wenn sie unterwegs waren. «Jetzt nicht die Straße überqueren, Miss – da kommt ein Bus . . . Nicht hier abbiegen, Miss – Ich dachte, Sie wollten zum Strickladen, Miss? Das ist nicht der Weg zum Strickladen.» Diese Instruktionen wurden immer wieder von Kuckucks «Ach herrje, aber wieso . . . Was ist mir da nur eingefallen?» unterbrochen.

Die einzigen, denen Kuckuck schwer auf die Nerven ging, waren Archie und ich. Ihr Redefluß war nicht aufzuhalten. Am besten war es, die Ohren zu verschließen und nicht zuzuhören, aber manchmal machte sie einen so verrückt, daß man sie einfach unterbrechen mußte. Wir fuhren mit dem Taxi nach Paddington, und Kuckuck plapperte wieder einmal ohne Pause: «Sieh doch, Schätzchen! Schau aus dem Fenster. Siehst du das große Warenhaus? Das ist Selfridges. Das ist ein schönes Warenhaus. Dort kannst du alles kaufen.»

«Das ist Harrods, Miss», bemerkte ich kühl.

«Ach herrje, wirklich! Es ist Harrods, nicht wahr? Ist das nicht komisch? Wo wir doch Harrods so gut kennen, nicht wahr, Schätzchen?»

«Ich wußte, daß es Harrods ist», sagte Rosalind.

Heute erscheint es mir möglich, daß es Kuckucks Albernheit und Untauglichkeit waren, die aus Rosalind ein selbständiges Kind machten. Sie mußte selbständig denken. Jemand mußte ja schließlich für ein Mindestmaß an Ordnung im Kinderzimmer sorgen.

3

Die Heimkehr war mit fröhlichen Familientreffen gefeiert worden, doch bald mußten wir uns mit der rauhen Wirklichkeit auseinandersetzen. Wir hatten überhaupt kein Geld mehr. Der Posten bei Mr. Goldstein gehörte der Vergangenheit an; ein anderer junger Mann hatte Archies Platz eingenommen. Ich hatte natürlich immer noch Großvaters Notpfennig, so daß wir mit hundert Pfund im Jahr rechnen konnten, aber Archie wollte unter keinen Umständen das Kapital angreifen. Er mußte unbedingt eine Stellung finden, ganz gleich was, und zwar sofort, noch bevor die Miete fällig wurde, Kuckucks Lohn zu zahlen war und der Kaufmann die Rechnung schickte. Es war nicht leicht, eine Stellung zu finden – es war sogar wesentlich schwerer als in den Jahren unmittelbar nach dem Krieg. Ich weiß, daß wir eine schwere Zeit durchmachten, denn Archie war unglücklich und ein Mensch, der mit dem Unglück nicht zurechtkam. Das wußte er selbst. In den ersten Tagen unserer Ehe hatte er mich einmal gewarnt: «Wenn etwas schiefläuft, ist mit mir nichts anzufangen. Ich bin ein unleidlicher Patient, ich mag keine kranken Menschen, und ich kann es nicht ertragen, wenn Leute unglücklich oder verunsichert sind.»

Wir waren mit offenen Augen ein Risiko eingegangen, willens, die einmalige Gelegenheit wahrzunehmen. Jetzt konnten wir nichts anderes tun als zur Kenntnis nehmen, daß das Vergnügen zu Ende war und wir nun mit Entbehrungen und Sorgen dafür bezahlen mußten. Dazu kam meine Mißstimmung, weil ich Archie so gar nicht helfen konnte. Ich fand mich damit ab, daß er sich entweder in einem Zustand nervöser Gereiztheit oder aber in melancholischer, schweigsamer Verfassung befand. Versuchte ich ihn aufzuheitern, warf er mir vor, ich zeige kein Verständnis für die Schwere unserer Lage; war ich bekümmert, hieß es: «Es hat keinen Zweck, ein langes Gesicht zu machen. Du mußt wissen, worauf du dich eingelassen hast!» Ich konnte es ihm einfach nicht recht machen.

«Hör mal», sagte er schließlich mit fester Stimme, «es gibt überhaupt nur eines, was uns helfen kann. Du mußt fort – und zwar gleich.»

«Fort? Wohin?»

«Das weiß ich nicht. Fahr zu Punkie – sie wird dich und Rosalind bestimmt gern aufnehmen. Oder fahr heim zu deiner Mutter.»

«Aber Archie, ich möchte bei dir bleiben. Ich will alles gemeinsam mit dir ertragen – kann ich das nicht? Gibt es denn nichts, was ich tun könnte?»

Doch weder in Ämtern noch in Ministerien gab es Arbeit für Frauen. Die Warenhäuser hatten ausreichend Personal. Trotzdem wollte ich nicht aufgeben und weigerte mich, Archie allein zu lassen. Ich konnte zumindest kochen und die Wohnung sauberhalten. Wir hatten jetzt kein Dienstmädchen mehr. Ich schwieg und tat alles, um Archie nicht in die Quere zu kommen: damit konnte ich ihm am besten helfen.

Er klapperte die Büros in der City ab und suchte verschiedene Leute auf, von welchen er vermutete, daß sie ihm vielleicht zu einer Stelle verhelfen konnten. Und schließlich bekam er auch eine. Sie sagte ihm nicht besonders zu; er meldete sogar gewisse Vorbehalte gegen die Firma an, für die er nun arbeitete. Es wären Gauner, meinte er, das sei bekannt. Zwar hüteten sie sich, gegen die Gesetze zu verstoßen, aber man könne nie wissen. «Ich muß sehr gut aufpassen, daß ich nicht am Ende den Sündenbock abgeben muß.» Wie auch immer, es war eine feste Stellung und brachte etwas Geld ein – und Archies Laune verbesserte sich zusehends. Es gelang ihm sogar, spaßige Aspekte an seinen täglichen Erlebnissen zu entdecken.

Ich aber machte mich daran, wieder etwas zu schreiben, weil mir das die einzige Möglichkeit zu sein schien, ein bißchen was dazuzuverdienen. Ich dachte immer noch nicht daran, aus meinem Schreiben einen Beruf zu machen. Die im *Sketch* veröffentlichten Geschichten hatten mich ermutigt: ich hatte gutes Geld damit verdient.

Als wir – noch vor Antritt unserer Reise – einmal in Belchers Mill House in Dorney zu Abend aßen, hatte er mir nahegelegt, doch einen Kriminalroman über sein Haus zu schreiben. «*Das Geheimnis der Mühle*», sagte er, «das ist doch ein guter Titel – meinen Sie nicht?»

Ja, antwortete ich, *Das Geheimnis der Mühle* oder *Mord in der Mühle* wären gute Titel, und ich würde darüber nachdenken. Im Verlauf unserer Reise kam er noch oft darauf zurück.

«Aber wohlgemerkt», sagte er, «wenn Sie das *Geheimnis der Mühle* schreiben, muß ich darin vorkommen.»

«Ich glaube nicht, daß das geht», erwiderte ich. «Mit lebenden Personen kann ich nichts anfangen. Ich muß mir meine Figuren ausdenken.»

«Unsinn», konterte Belcher. «Sie müssen mich ja nicht so genau beschreiben, aber ich wollte schon immer mal in einer Detektivgeschichte vorkommen.»

In Abständen fragte er: «Haben Sie schon mit Ihrem Buch angefangen? Komme ich darin vor?» Und einmal, als wir gerade nicht sehr gut auf ihn zu sprechen waren, antwortete ich: «Ja. Sie sind das Opfer.»

«Was? Sie meinen, ich bin der Kerl, der umgebracht wird?»

«Ja», erwiderte ich ein bißchen boshaft.

«Ich will aber nicht das Opfer sein», sagte Belcher. «Und ich werde es auch nicht sein – ich bestehe darauf, der Mörder zu sein.»

«Warum wollen Sie der Mörder sein?»

«Weil der Mörder immer die interessanteste Figur ist. Sie müssen mich zum Mörder machen, Agatha – verstehen Sie?»

«Ich verstehe, daß Sie der Mörder sein möchten», antwortete ich vorsichtig. Doch dann, in einer Anwandlung von Nachgiebigkeit sagte ich ihm zu, daß er wirklich der Mörder sein würde.

In großen Zügen hatte ich mir die Handlung dieses Buches schon während meines Aufenthalts in Südafrika ausgedacht. Ich wollte es wieder in der Art eines Thrillers anlegen, und die Geschichte sollte zum größten Teil in Afrika spielen. Es gab, während wir unten waren, eine kleine revolutionäre Krise im Land, und ich machte mir einige nützliche Notizen. Ich malte mir meine Heldin als fröhliche, lebhafte junge Frau aus, eine Waise, von dem Verlangen erfüllt, Abenteuer zu bestehen. Es fiel mir schrecklich schwer, die Belcher nachempfundene Figur lebendig zu gestalten. Ich konnte ihn nicht objektiv behandeln, ohne ihn gleichzeitig zu einer Schaufensterpuppe zu degradieren. Dann kam mir plötzlich eine Idee. Das Buch sollte in der Ichform geschrieben werden – abwechselnd von Ann, der Heldin, und Belcher, dem Bösewicht.

«Zu guter Letzt wird er gar nicht der Bösewicht sein wollen», sagte ich zweifelnd zu Archie.

«Verleih ihm einen Titel», riet Archie. «Ich glaube, das würde ihn freuen.»

Also wurde er auf den Namen Sir Eustace Pedler getauft, und als ich Sir Eustace Pedler seinen eigenen Text schreiben ließ, begannen die Figuren zum Leben zu erwachen. Es war natürlich nicht Belcher, aber er gebrauchte einige von Belchers Redewendungen und erzählte ein paar von Belchers Geschichten. Auch er war ein Meister in der Kunst des Bluffens, und hinter diesen Bluffs konnte man leicht eine skrupellose und interessante Persönlichkeit vermuten. Bald hatte ich Belcher vergessen und Sir Eustace Pedler die Feder in die Hand gedrückt. Es war das einzige Mal, daß ich einen lebenden Menschen, den ich gut kannte, als handelnde Person auftreten ließ, und ich glaube nicht, daß es mir gut gelungen ist. Es war nicht Belcher, der zum Leben erwachte, sondern Sir Eustace Pedler. Aber plötzlich stellte ich fest, daß es mir Spaß machte, das Buch zu schreiben. Ich konnte nur hoffen, daß es den Leuten von Bodley Head gut gefallen würde.

Mein großes Handicap beim Schreiben dieses Buches war Kuckuck. Wie es in jenen Tagen Gepflogenheit der Kinderfrauen war, machte Kuckuck sich weder mit Hausarbeit noch mit Kochen oder Fegen die Hände schmutzig. Sie war Kinderfrau; sie hielt das Kinderzimmer sauber und wusch Rosalinds Wäsche, aber das war auch schon alles. Ich erwartete nichts anderes und teilte mir meine Tage recht gut ein. Archie kam erst abends nach Hause, und Rosalinds und Kuckucks Mittagessen war leicht zuzubereiten. Damit blieben mir am Vor- und Nachmittag je zwei bis drei Stunden Zeit zum Arbeiten. Kuckuck und Rosalind waren dann schon unterwegs zum Park oder auf einem Einkaufsbummel. Aber natürlich gab es Regentage, an denen sie in der Wohnung bleiben mußten, und wenn auch die Parole ausgegeben war: «Mutti arbeitet», Kuckuck ließ sich nicht so leicht abspeisen. Sie stand draußen vor der Tür des Zimmers, in dem ich schrieb, und führte eine Art Selbstgespräch, das nur scheinbar an Rosalind gerichtet war.

«Nein, Schätzchen, jetzt dürfen wir keinen Lärm machen, nicht wahr? Mutti arbeitet. Wenn Mutti arbeitet, dürfen wir sie nicht stören, nicht wahr? Obwohl ich sie gerne fragen würde, ob sie das Kleidchen von dir in die Wäscherei geschickt hat. Na ja, wenn wir dann Tee trinken, werden wir sie fragen, nicht wahr, Schätzchen? Jetzt dürfen wir nicht hineingehen und sie fragen, habe ich recht? O nein, da würde sie sich ärgern, nicht wahr? Dann will ich sie auch noch wegen des Kinderwagens fragen. Du weißt ja, daß wir gestern eine Schraube verloren haben. Was meinst du, Schätzchen, ob wir es wohl wagen sollten an die Tür zu klopfen?»

«Ich meine, daß ich Blau-Teddy jetzt sein Essen geben muß», erklärte Rosalind.

Rosalind hatte Puppen bekommen, ein ganzes Puppenhaus und noch viele andere Geschenke, aber nur die Tiere lagen ihr am Herzen. Sie besaß ein seidenweiches Spielzeug namens Blau-Teddy, ein anderes, das Rot-Teddy hieß; zu diesen gesellte sich später noch ein violetter Teddybär, der den Namen Edward Bär erhielt. Von den dreien liebte Rosalind Blau-Teddy mit hingebungsvoller Leidenschaft. Er war ein biegsames Tier aus blauer Strumpfseide; schwarze Augen saßen flach in einem flachen Gesicht. Er begleitete sie überall hin, und jeden Abend mußte ich ihr Geschichten über ihn erzählen. Die handelnden Personen waren Blau-Teddy und

Rot-Teddy. Sie hatten jeden Abend ein neues Abenteuer zu bestehen. Blau-Teddy war brav und Rot-Teddy sehr sehr schlimm. Rot-Teddy stellte schrecklich schönen Unfug an: so bestrich er zum Beispiel den Stuhl der Lehrerin mit Leim, so daß sie nicht mehr aufstehen konnte, nachdem sie sich gesetzt hatte. Einmal steckte er einen Frosch in die Tasche der Lehrerin, und sie schrie und bekam einen hysterischen Anfall. Diese Geschichten fanden großen Anklang, und ich mußte sie häufig wiederholen. Blau-Teddy war ein geradezu widerlicher Tugendbold. Er war der Beste in seiner Klasse und tat nie etwas Ungehöriges. Jeden Tag, wenn die Knaben zur Schule gingen, versprach Rot-Teddy seiner Mutter, daß er heute brav sein würde. Wenn sie wieder nach Hause kamen, fragte die Mutter: «Bist du ein braver Junge gewesen, Blau-Teddy?»

«Ja, Mama, sehr brav.»

«Du bist ein guter Junge. Bist du brav gewesen, Rot-Teddy?»

«Nein, Mama, ich bin sehr schlimm gewesen.»

Einmal geschah es, daß Rot-Teddy sich mit ein paar bösen Buben gebalgt hatte und mit einem großen blauen Auge heimkam. Die Mutter legte ihm ein Stück rohes Fleisch auf das Auge und schickte ihn zu Bett. Es dauerte nicht lange, und er fügte seinem Schuldenkonto einen neuen Posten hinzu, indem er das Fleisch, das die Mutter ihm aufs Auge gelegt hatte, aufaß.

Kuckuck ließ kein Anzeichen erkennen, daß sie Rosalind helfen wollte, Blau-Teddy sein Essen zu geben. «Ja, mein Schätzchen», quakte sie weiter, «vielleicht könnten wir Mutti doch noch fragen, wenn es sie nicht stört, denn ich möchte wirklich gern wissen, was wir mit dem Kinderwagen machen.» Das war der Moment, wo ich wutentbrannt aufsprang und, Ann in tödlicher Gefahr in den Urwäldern Rhodesiens zurücklassend, die Tür aufriß.

«Was ist denn, Miss? Was wollen Sie?»

«Oh, verzeihen Sie, Ma'am, es tut mir wirklich sehr leid. Ich wollte Sie nicht stören.»

«Aber Sie haben mich gestört. Was gibt es?»

«Aber ich habe doch gar nicht geklopft, oder . . .»

«Sie haben laut gesprochen, und durch die Tür kann ich jedes Wort hören. Also was ist mit dem Kinderwagen?»

«Also ich finde, wir brauchten wirklich einen neuen Kinderwagen. Wissen Sie, ich schäme mich, wenn ich in den Park gehe und alle diese hübschen Kinderwagen sehe, die andere kleine Mädchen haben.»

Kuckuck und ich lagen dauernd im Streit über Rosalinds Kinderwagen. Wir hatten ihn aus zweiter Hand gekauft. Es war ein guter, solider Kinderwagen, und sehr bequem; elegant konnte man ihn allerdings nicht nennen. Wie ich erfuhr, gibt es auch in Kinderwagen eine Mode; alle paar Jahre kommen die Hersteller mit einer neuen Linie heraus, einem neuen Gesicht sozusagen – so wie es heute die Automobilfabrikanten machen. Jessie Swannell hatte sich nie beklagt, aber sie war ja auch aus Nigeria gekommen, und möglicherweise legte man dort – was Kinderwagen betraf – nicht so viel Wert darauf, mit den Nachbarn Schritt zu halten.

Nun wurde mir klar, daß Kuckuck ein Mitglied jener Schwesternschaft von Kinderfrauen war, die sich zusammen mit ihren Schützlingen in Kensington Gardens trafen und in vertraulichen Gesprächen die Vorzüge und Nachteile ihrer Stellungen sowie die Schönheit und die geistigen Gaben der ihnen anvertrauten Kinder miteinander verglichen. Wenn die einzelne Kinderfrau sich nicht schämen sollte, mußte das Baby gut gekleidet sein, so wie es die augenblickliche Babymode vorschrieb. Das war soweit in Ordnung. Rosalinds Kleidung konnte jeden Vergleich aushalten. Die Kittelschürzen und die Kleidchen, die ich ihr in Kanada hatte machen lassen, waren der letzte Schrei in modischer Vollkommenheit. Die Hähne und Hennen und Blumentöpfe auf schwarzem Grund erfüllten alle Betrachter mit Bewunderung und Neid. Was allerdings Kinderwagen anging, genügte der unsere in punkto Eleganz bedauerlicherweise nicht den von der Schwesternschaft gestellten Ansprüchen, und die arme Kuckuck versäumte es nie, mir zu berichten, daß wieder einmal eine Kollegin mit einem nagelneuen Modell aufgekreuzt war. «Auf so einen Kinderwagen würde jede Kinderfrau stolz sein!» Aber ich blieb hart. Wir hatten schwer zu kämpfen, und ich dachte nicht daran, einen teuren neuen Kinderwagen zu kaufen, nur um Kuckucks Eitelkeit zu befriedigen.

«Dieser Kinderwagen ist nicht einmal verkehrssicher», unternahm Kuckuck einen letzten Versuch. «Immer fallen Schrauben ab.»

«Das kommt daher, weil Sie so viele Gehsteige hinauf und hinunter fahren», erklärte ich. «Sie müssen alles festschrauben, bevor Sie das Haus verlassen. Ein neuer Kinderwagen wird nicht gekauft!» Ich ging in mein Zimmer zurück und schlug die Tür zu.

«Ach herrje», sagte Kuckuck. «Mutti war gar nicht erfreut, stimmt's, Schätzchen? Nun ja, es sieht nicht so aus, als ob wir ein hübsches neues Wägelchen bekommen würden, nicht wahr?»

«Blau-Teddy will sein Abendessen haben», sagte Rosalind.

4

Irgendwie und trotz Kuckucks Interventionen vor der Tür kam ich mit dem *Geheimnis der Mühle* schließlich zu Ende. Die arme Kuckuck! Bald darauf suchte sie einen Arzt auf, der sie ins Krankenhaus schickte, wo sie wegen Brustkrebs operiert wurde. Sie war gut ein paar Jahre älter, als sie angegeben hatte, und es konnte keine Rede davon sein, daß sie weiter als Kinderfrau arbeitete. Sie zog, glaube ich, zu einer Schwester.

Ich hatte mich entschlossen, keine neue Kinderfrau aus Mrs. Bouchers Büro oder ähnlichen Vermittlungen anzustellen. Was ich brauchte, war eine Ganztagshilfe – also suchte ich durch ein Inserat eine Ganztagshilfe.

Von dem Augenblick an, da Site zu uns kam, schien das Glück uns begünstigen zu wollen. Ich fand sie in Devonshire. Sie war ein dralles, vollbusiges und breithüftiges Mädchen mit rosigem Gesicht und dunklem Haar. Sie hatte eine tiefe Altstimme und eine ganz besonders damenhafte und gepflegte Aussprache – fast hätte man meinen mögen, sie spiele eine Rolle auf der Bühne. Sie arbeitete schon seit ein paar Jahren als Ganztagshilfe und strahlte Sachkenntnis und Erfahrung aus, wenn die Rede auf Kinder kam. Sie schien gutmütig, ausgeglichen und begeisterungsfähig zu sein. Sie verlangte einen bescheidenen Lohn und schien durchaus willens zu sein, jede Arbeit anzupacken. So kam Site mit uns nach London, wo sie zum eigentlichen Augenstern meines häuslichen Alltags wurde.

Natürlich war ihr Name nicht Site – sie hieß Miss White –, aber schon nach wenigen Monaten wurde Miss White in Rosalinds Mund zu «Swite». Eine Zeitlang nannten wir sie Swite; dann schluckte Rosalind einen weiteren Buchstaben, und fortan war sie Site. Rosalind war ganz vernarrt in Site, und Site hatte Rosalind sehr gern. Sie hatte alle kleinen Kinder gern, war aber auf ihre Würde bedacht und in ihrer Art auch streng. Ungehorsam und Ungezogenheit duldete sie nicht.

Rosalind fehlte ihre Rolle als Kuckucksaufseherin und Unterweiserin. Ich vermute, daß sie diese Tätigkeiten auf mich übertrug und mich in die gleiche liebevolle Obhut nahm, indem sie Dinge für mich fand, die ich verlegt hatte, mich darauf hinwies, daß ich vergessen hatte, eine Marke auf einen Brief zu kleben, und so weiter. Ich konnte mir nicht verhehlen, daß sie mit ihren fünf Jahren um vieles anstelliger war als ich. Leider hatte sie überhaupt keine Phantasie. Wenn wir ein Spiel miteinander spielten, an dem zwei

Figuren teilnahmen – zum Beispiel ein Mann, der mit einem Hund spazierengeht (wobei ich der Hund und sie der Mann war) –, konnte es sich als nötig erweisen, den Hund an die Leine zu nehmen.

«Wir haben keine Leine», stellte Rosalind fest. «Diesen Teil müssen wir ändern.»

«Du kannst doch so tun, als ob du eine Leine hättest», schlug ich vor.

«Wie kann ich so tun, als ob ich eine Leine hätte, wenn ich nichts in der Hand habe?»

»Na, dann nimm doch den Gürtel von meinem Kleid und tu, als ob es eine Leine wäre.»

«Es ist keine Hundeleine, es ist der Gürtel von deinem Kleid.» Für Rosalind mußte alles wirklich sein. Anders als ich las sie als Kind nie Märchen. «Das sind doch keine wirklichen Geschichten», protestierte sie. «Sie handeln von Leuten, die es gar nicht gibt. Erzähl mir lieber von Rot-Teddy beim Picknick.»

Das Komische war, daß sie mit vierzehn anfing von Märchen zu schwärmen und gar nicht genug davon bekommen konnte.

Site und ich teilten uns die Arbeit. An manchen Tagen übernahm ich die Aufsicht über Rosalind. Mit dem durchaus brauchbaren, wenn auch nicht eleganten Kinderwagen wanderten wir in den Park, während Site das Essen zubereitete und die Betten machte. Am folgenden Morgen blieb ich daheim und machte die Hausarbeiten, und Site ging in den Park. Im großen und ganzen erschien mir diese Tätigkeit ermüdender als jene. Es war ein weiter Weg bis zum Park, und wenn ich hinkam, konnte ich nicht ruhig dasitzen und mich entspannen. Ich mußte mit Rosalind plaudern und mit ihr spielen oder darauf achten, daß sie mit anderen Kindern spielte, daß niemand ihr Schiffchen wegnahm oder sie umwarf. Bei den Hausarbeiten konnte ich meinen Geist entlasten. Geschirr spülen, hat Robert Graves einmal gesagt, regt zum schöpferischen Denken an. Ich glaube, das stimmt. Es ist etwas Monotones an den häuslichen Pflichten, und diese Eintönigkeit gibt den körperlichen Fähigkeiten des Menschen genügend Arbeit, während sie die geistigen freisetzt, so daß sie sich aufschwingen können in die Höhen der Phantasie, um neue Gedanken zu fassen und zu formen. Das trifft allerdings nicht auf das Kochen zu. Das Kochen erfordert absolute Konzentration und den Einsatz aller schöpferischen Kräfte!

Nach Kuckuck war Site eine wahre Wohltat. Sie unterhielt sich recht gut mit Rosalind, und ich hörte keinen Pieps. Sie waren entweder im Kinderzimmer oder unten auf dem Rasen oder sie gingen etwas besorgen.

Es war ein Schock für mich, als ich, sechs Monate nachdem sie die Stelle bei uns angetreten hatte, Sites Alter entdeckte. Ich hatte sie nie danach gefragt. Sie schien zwischen vierundzwanzig und achtundzwanzig zu sein, das Alter, das ich mir vorgestellt hatte, und es kam mir nicht in den Sinn, mich genauer zu erkundigen. Ich war sehr überrascht, als ich erfuhr, daß sie eben erst ihr achtzehntes Lebensjahr vollendet hatte. Ich konnte es kaum glauben: sie besaß eine so natürliche Reife. Aber sie hatte mit dreizehn angefangen, als Ganztagshilfe zu arbeiten. Sie fand Gefallen an ihrer Tätigkeit und hatte große Fertigkeit darin. Sie sah so erfahren aus, weil sie erfahren *war* – so wie das älteste Kind einer großen Familie große Erfahrung darin hat, mit seinen jüngeren Geschwistern umzugehen.

So jung Site auch war, ich würde nie gezögert haben, Rosalind über längere Zeit hinweg unter ihrer Aufsicht zu lassen. Sie war äußerst intelligent. Sie würde den richtigen Arzt kommen lassen, das Kind ins Krankenhaus bringen, feststellen, was ihm fehlte, mit jeder Arbeit fertig werden. Sie konzentrierte ihre ganze Kraft auf ihre Arbeit. Altmodisch ausgedrückt: sie folgte einer Berufung.

Ich stieß einen tiefen Seufzer der Erleichterung aus, als ich *Das Geheimnis der Mühle* fertig hatte. Das Buch war nicht leicht zu schreiben gewesen, und ich fand es etwas zusammengestückelt. Die Bodley-Head-Leute wollten nicht so recht mit der Sprache heraus. Es war, so bemängelten sie, kein richtiger Krimi, so wie *Mord auf dem Golfplatz*. Aber schließlich waren sie dann doch so gnädig, es anzunehmen.

Es war zu diesem Zeitpunkt, daß mir eine leichte Veränderung in ihrem Verhalten auffiel. Bei meinem ersten Besuch war ich töricht und unwissend gewesen, aber seitdem hatte ich einiges gelernt. Ich war nicht mehr die dumme Gans, für die mich vielleicht viele Leute hielten. Ich hatte eine ganze Menge über das Verlagsgeschäft erfahren. Ich wußte von der Existenz einer Autorengesellschaft und hatte ihre Fachzeitschrift gelesen. Mir war klar, daß man sehr vorsichtig sein mußte, wenn man Verträge mit Verlegern abschließt, und ganz besonders mit gewissen Verlegern. Ich wußte, auf wie unfaire Weise Verleger ihre Autoren übervorteilten. Dementsprechend entwickelte ich meine Pläne.

Kurz bevor sie das *Geheimnis der Mühle* herausbrachten, machte mir Bodley Head eine Reihe von Angeboten. Sie ließen mich wissen, daß sie bereit wären, den alten Vertrag zu kündigen und einen neuen mit mir zu schließen – wieder für fünf Bücher, aber zu wesentlich günstigeren Bedingungen. Ich dankte ihnen höflich, sagte, ich würde darüber nachdenken, und lehnte schließlich, ohne konkrete Gründe anzugeben, ab. Sie hatten, fand ich, eine junge Autorin unfair behandelt. Sie hatten aus ihrer Unwissenheit und aus ihrem Wunsch, ihr Werk gedruckt zu sehen, Nutzen gezogen. Ich wollte nicht mit ihnen darüber streiten – ich war dumm gewesen. Jeder ist dumm, der sich nicht ein wenig darüber informiert, welche Vergütung ihm für seine Arbeit zusteht. Andererseits: würde ich, selbst wenn ich gewußt hätte, was ich jetzt wußte, würde ich die Gelegenheit, mein Buch in Druck zu sehen, nicht doch beim Schopf gepackt haben? Ich glaube doch. Ich hätte ihre Bedingungen akzeptiert, aber ich würde mich nicht so lange gebunden haben. Wenn man Menschen einmal vertraut hat und von ihnen enttäuscht worden ist, hütet man sich, ihnen ein zweites Mal zu vertrauen. Das ist nur gesunder Menschenverstand. Ich war willens, meinen Vertrag einzuhalten, aber dann würde ich mir einen neuen Verleger suchen. Ich dachte auch daran, die Dienste eines Verlagsagenten in Anspruch zu nehmen.

Zu dieser Zeit erhielt ich eine Anfrage des Finanzamtes. Sie wollten Einzelheiten über den Erlös haben, den ich aus meiner literarischen Tätigkeit erzielte. Ich staunte. Niemals hatte ich den Erlös aus meiner literarischen Tätigkeit als Einkommen angesehen. Mein Einkommen betrug, so dachte ich, hundert Pfund im Jahr – die Zinsen jener zweitausend Pfund, die in Kriegsanleihen angelegt worden waren. Jawohl, sagten sie, davon wüßten sie, aber hier ging es jetzt um den Erlös aus meinen Büchern. Ich erklärte ihnen, daß das nicht etwas wäre, das pünktlich jedes Jahr hereinkäme – ich hätte nur eben drei Bücher geschrieben, wie ich schon zuvor Kurzgeschichten oder Gedichte verfaßt hatte. Ich hätte doch nicht die Absicht, mein Leben lang Bücher zu schreiben. Ich war keine Schriftstellerin. Hier handle es sich doch nur um einen sogenannten «Gelegenheitsverdienst» – ich hatte den Ausdruck irgendwo aufgeschnappt. Sie sagten, ich wäre ihrer Meinung nach eine etablierte Schriftstellerin, auch wenn ich noch nicht viel mit meiner Schriftstellerei verdient hätte. Sie wollten Einzelheiten. Leider konnte ich ihnen keine liefern – ich hatte keine der Abrechnungen aufgehoben, die mir geschickt worden waren (wenn sie mir geschickt worden waren – ich konnte mich nicht erinnern). Hin und wieder bekam ich einen Scheck, den ich normalerweise sofort einlöste, um Rechnungen zu bezahlen. Dennoch entwirrte ich ihnen die Knoten, so gut ich konnte. Meine Bemühungen schienen das Finanzamt zu amüsieren; jedenfalls legten sie mir nahe, in Zukunft etwas sorgfältiger Buch zu führen. Damit wurde mir klar, daß ich einen Verlagsagenten haben mußte.

Da ich von Verlagsagenten nicht viel wußte, hielt ich es für das beste, auf Eden Philpotts' ursprüngliche Empfehlung zurückzukommen – Hughes Massie. Also nichts wie hin. Aber Hughes Massie war nicht mehr da – offenbar war er gestorben. An seiner Stelle empfing mich ein junger Mann mit einem kleinen Sprachfehler. Er hieß Edmund Cork. Er war nicht annähernd so respekteinflößend, wie Hughes Massie es gewesen war, und ich unterhielt mich sehr gut mit ihm. Er zeigte sich geziemend entsetzt über meine Unwissenheit und erklärte sich bereit, in Zukunft meine Schritte zu lenken. Er gab mir die Höhe seiner Provision bekannt und sprach von Vorabdrucken, von amerikanischen Ausgaben, Aufführungs- und Bühnenrechten und anderen höchst unwahrscheinlichen Dingen (so schien es mir damals). Es war ein sehr eindrucksvoller Vortrag. Ich gab mich bedingungslos in seine Hände und verließ mit einem Seufzer der Erleichterung sein Büro. Ich hatte das Gefühl, als wäre eine schwere Last von meinen Schultern genommen worden.

Das war der Beginn einer Freundschaft, die über vierzig Jahre hin bestanden hat.

Und dann geschah etwas ganz und gar Unglaubliches. Die *Evening News* boten mir fünfhundert Pfund für die Veröffentlichungsrechte für *Das Geheimnis der Mühle*. Es hieß jetzt nicht mehr *Das Geheimnis der Mühle*; ich hatte es auf *Der Mann im braunen Anzug* umgetauft, weil der andere Titel zu sehr an ein anderes Buch erinnerte. Nun wollten die *Evening News* den Titel abermals ändern. Sie nannten den Roman *Anna die Abenteuerin* – einer der dümmsten Titel, die ich je gehört hatte; aber ich hielt den Mund, denn schließlich wollten sie mir fünfhundert Pfund zahlen. Es schien mir ein unglaublicher Glücksfall zu sein. Ich konnte es kaum glauben, Archie konnte es kaum glauben, Punkie konnte es kaum glauben. Mutter natürlich konnte es sehr wohl glauben: daß ihre Tochter fünfhundert für einen Fortsetzungsroman von den *Evening News* bekam, ohne sich sonderlich angestrengt zu haben – was war daran so erstaunlich?

Es scheint in der Struktur der menschlichen Existenz begründet zu sein, daß immer alle schlechten und alle guten Dinge zusammen kommen. Ich hatte meinen Glückstreffer mit den *Evening News* gemacht; jetzt war die Reihe an Archie. Er bekam einen Brief von einem australischen Freund, Clive Baillieu, der ihm schon vor langer Zeit den Vorschlag gemacht hatte, in seiner Firma mitzuarbeiten. Archie ging zu ihm und bekam den Posten, von dem er schon seit vielen Jahren geträumt hatte. Er kündigte seine letzte Stellung und nahm den Posten bei Clive Baillieu an. Er war unendlich, restlos, über alle Maßen glücklich. Hier erwarteten ihn reizvolle, interessante Aufgaben und keine dunklen Geschäfte. Der Himmel hing uns voller Geigen.

Sofort drängte ich darauf, das Vorhaben in Angriff zu nehmen, das mir schon lange am Herzen lag – und das Archie bisher gar nicht beachtet hatte. Wir würden versuchen, ein kleines Häuschen auf dem Land zu finden, von wo aus Archie jeden Tag in die City fahren konnte. Rosalind hatte die Möglichkeit, sich im Garten zu tummeln, statt in den Park gefahren zu werden oder in ihrer Bewegungsfreiheit auf die Grasstreifen zwischen den Häuserblocks beschränkt zu sein. Ich sehnte mich danach, auf dem Land zu leben. Wir beschlossen zu übersiedeln, wenn wir ein nicht zu teures Landhaus finden könnten.

Daß Archie meinem Plan so bereitwillig zustimmte, lag vornehmlich daran, daß er seine Aufmerksamkeit in zunehmendem Maß auf das Golfspielen richtete. Er war vor kurzem als Mitglied in den Sunningdale Golf Club aufgenommen worden, und unsere gemeinsamen Wochenenden mit ausgedehnten Spaziergängen hatten keinen Reiz mehr für ihn. Er hatte nur mehr Golf im Kopf. Er spielte mit einigen Freunden in Sunningdale und lehnte kleinere und unbedeutendere Golfplätze geringschätzig ab. Natürlich machte es ihm keinen Spaß, mit Stümperinnen zu spielen, wie ich eine war, und so wurde ich allmählich, fast ohne es zu merken, zu jener tragikomischen Gestalt, die man allgemein Golfwitwe zu nennen pflegt.

«Ich habe nichts dagegen, auf dem Land zu leben», sagte Archie. «Ich glaube sogar, daß es mir gefallen würde, und natürlich wäre es auch gut für Rosalind. Site liebt das Landleben, und ich weiß, daß du ebenso empfindest. Wenn das so ist, gibt es natürlich nur einen Ort, wo man leben kann, und das ist Sunningdale.»

«Sunningdale», wiederholte ich ein wenig erschrocken, denn Sunningdale war nicht gerade das, was ich mit «auf dem Land leben» gemeint hatte. «Aber ist das nicht sehr teuer? Dort wohnen doch nur reiche Leute?»

«Ach, wir werden schon etwas finden», entgegnete Archie, der Optimist.

Ein paar Tage später fragte er mich, was ich mit den fünfhundert Pfund von den *Evening News* anzufangen gedächte. «Es ist eine Menge Geld», sagte ich. «Vielleicht . . .», ich gebe zu, daß ich von meiner Antwort selbst nicht so recht überzeugt war, «vielleicht sollten wir einen Notgroschen zurücklegen.»

«Ach, das ist doch jetzt nicht nötig. Bei Baillieu habe ich sehr gute Aussichten, und du scheinst ja mit deinen Büchern auch recht gut weiterzukommen.»

«Ja», stimmte ich ihm zu. «Vielleicht könnte ich mir für das Geld etwas kaufen.» Vage Vorstellungen: ein neues Abendkleid, vielleicht goldene oder silberne Abendschuhe statt der schwarzen, etwas ganz Tolles wie zum Beispiel ein Dreirad für Rosalind . . .

Archie unterbrach meine Träume. «Warum kaufst du dir keinen Wagen?» fragte er.

«Einen Wagen?» Verblüfft sah ich ihn an. Wenn ich von etwas nie geträumt hatte, dann war das ein Wagen! Keiner unserer Freunde besaß einen Wagen. Ich war immer noch der Auffassung, daß nur reiche Leute sich Automobile leisten konnten. «Einen Wagen?» wiederholte ich wie in Trance.

«Warum nicht?»

Warum wirklich nicht? Ich, Agatha, konnte ein Automobil haben, ein eigenes Automobil. Ich will es gleich eingestehen: von den zwei Dingen, die mich in meinem Leben mehr als alles sonst begeistert haben, war das erste mein Wagen. Mein grauer, stupsnasiger Morris Cowley.

Das zweite war, als ich etwa vierzig Jahre später mit der Königin im Buckingham-Palast dinierte.

Beide Geschehnisse hatten etwas von einem Märchen an sich. Es waren Dinge, die ich niemals mit mir in Zusammenhang gebracht haben würde: einen eigenen Wagen zu besitzen und mit der Königin von England zu dinieren. Es war fast so schön, wie wenn ich als Lady Agatha zur Welt gekommen wäre, und ich genoß diesen Abend. So schlank und rank in ihrer einfachen dunkelroten Samtrobe mit einem einzigen prächtigen Schmuckstück – und ihre Liebenswürdigkeit, die Natürlichkeit ihrer Unterhaltung! Ich erinnere mich noch an ein Erlebnis, von dem sie uns erzählte: wie sie einmal mit ihrer Familie abends in einem kleinen Salon saß und urplötzlich eine mächtige Rußwolke den Kamin herunter kam und sie Hals über Kopf aus dem Zimmer flüchten mußten. Es ist doch tröstlich zu hören, daß auch höchste Kreise nicht von häuslichen Katastrophen verschont bleiben!

SIEBENTES KAPITEL

DIE HÄRTEN DES LEBENS

1

Während wir uns nach einem Häuschen umsahen, kamen schlechte Nachrichten über meinen Bruder Monty aus Afrika. Seit der Zeit vor dem Krieg, als er sich mit einem Projekt beschäftigte, einen Frachtdienst auf dem Viktoriasee einzurichten, hatte er in unser aller Leben keine sehr große Rolle gespielt. Er schickte Madge eine Menge Briefe von Leuten aus der Gegend, die von der Idee begeistert waren. Wenn sie nur ein wenig Kapital aufbringen könnte ... Meine Schwester glaubte, daß sie Monty damit zu einer erfolgreichen Existenz verhelfen würde. Mit Schiffen kannte er sich aus. Sie zahlte ihm die Reise nach England. Der Plan sah vor, in Essex ein kleines Schiff bauen zu lassen. Es bestand tatsächlich ein großer Bedarf für diesen Schiffstyp. Damals verkehrten keine kleinen Frachtschiffe auf dem See. Das Projekt hatte nur eine Schwäche: Monty sollte der Kapitän sein, und niemand wagte zu hoffen, daß das Schiff pünktlich verkehren und daß auf den Frachtdienst Verlaß sein würde.

«Die Idee ist ausgezeichnet. Massenhaft Zaster damit zu verdienen. Aber der gute alte Monty Miller – was ist, wenn er eines Tages keine Lust hat, sich von seinem Lager zu erheben? Oder wenn ihm einer über den Weg läuft, dessen Nase ihm nicht gefällt? Ich meine, er setzt sich doch über jegliche Konvention hinweg.» So tönte es allenthalben.

Aber meine Schwester, deren Optimismus durch nichts zu erschüttern war, erklärte sich bereit, einen Großteil ihres Vermögens in das Schiff zu stecken.

Mein Schwager war wütend. Er und Monty konnten sich nicht ausstehen. Er zweifelte nicht daran, daß Madge ihr Geld verlieren würde.

Das Schiff wurde in Auftrag gegeben. Madge fuhr mehrmals nach Essex. Die Sache schien ihren Gang zu gehen. Nur eines machte ihr Sorge. Monty fuhr häufig nach London, stieg in einem teuren Hotel in der Jermyn Street ab, kaufte maßgeschneiderte

Kapitänsuniformen, eine Unmenge von luxuriösen Seidenpyjamas, und er verehrte ihr ein Saphirarmband, eine entzückende Petit-Point-Abendtasche und andere charmante und kostspielige Geschenke.

«Aber Monty, das Geld ist für das Schiff – nicht dafür, daß du mir Geschenke machst.»

«Aber es macht mir Freude, dir schöne Geschenke zu machen. Du kaufst ja nie etwas für dich.»

«Und was ist das auf dem Fensterbrett?»

«Das ist ein japanisches Zwergbäumchen.»

«Aber die sind doch schrecklich teuer!»

«Fünfundsiebzig Pfund. Ich wollte schon immer eines haben. Schau dir doch einmal den Wuchs an. Entzückend, nicht wahr?»

«Oh, Monty, ich wollte, du würdest damit aufhören.»

«Es ist schlimm mit dir. Du lebst schon so lange mit deinem alten James zusammen, daß du vergessen hast, wie man das Leben genießt.»

Als sie ihn das nächste Mal besuchte, war der Baum verschwunden.

«Hast du ihn zurückgebracht?» fragte sie hoffnungsvoll.

«Zurückbringen?» wiederholte Monty entsetzt. «Natürlich nicht. Ich habe ihn der Dame bei der Rezeption geschenkt. Schrecklich nettes Mädchen. Sie hat ihn so bewundert, und sie macht sich Sorgen wegen ihrer Mutter.»

Madge fehlten die Worte.

«Gehen wir essen», schlug er vor.

«Gut – aber wir gehen zu Lyons.»

«In Ordnung.»

Sie traten auf die Straße. Monty ersuchte den Portier, ein Taxi zu rufen. Dieser hielt eines an, sie stiegen ein, Monty gab dem Portier eine Halfcrown und wies den Fahrer an, zum *Berkeley* zu fahren. Madge brach in Tränen aus.

«Die Wahrheit ist doch», erläuterte mir Monty seinen Standpunkt, «daß James ein elender Knauser ist. Er hat ihren Mut gebrochen. Sie scheint überhaupt nur ans Sparen zu denken.»

«Wäre es nicht an der Zeit, daß du auch ans Sparen denkst? Was ist, wenn du das ganze Geld ausgegeben hast, bevor noch das Schiff fertig ist?»

Monty grinste. «Würde mich nicht stören. Dann müßte eben der alte James in die Tasche greifen.»

Monty war fünf schwierige Tage lang ihr Hausgast und konsumierte enorme Mengen von Whisky. Madge ging heimlich in die Stadt, kaufte noch mehr Flaschen und stellte sie ihm ebenso heimlich ins Zimmer, was Monty königlich amüsierte.

«Dieses Schiff wird Uganda nie zu sehen bekommen», äußerte Madge zuweilen bekümmert.

Es war Montys eigene Schuld, daß Madge recht behielt. Er liebte das auf den Namen *Batenga* getaufte Boot. Er wollte aber, daß sie mehr war als nur ein Frachtschiff. Er bestellte Beschläge aus Elfenbein und Ebenholz, Teakholzgetäfel für die Wände seiner Kajüte, und eigens für ihn angefertigtes, feuerfestes braunes Geschirr mit dem Namenszug *Batenga.* Das alles verzögerte die Auslieferung.

Und dann brach der Krieg aus. Die *Batenga* konnte nicht mehr nach Afrika gebracht werden. Statt dessen mußte sie zu einem niedrigen Preis an die Regierung verkauft werden. Monty meldete sich wieder zur Armee – diesmal zu den Kings African Rifles.

So endete das Lied von der *Batenga.*

Ich besitze noch zwei der Kaffeetassen.

Dann kam ein Brief von einem Arzt. Wie wir wußten, war Monty im Krieg am Arm verletzt worden. Anscheinend war die Wunde im Lazarett infiziert worden – Nachlässigkeit eines eingeborenen Operationsgehilfen. Die Infektion war geblieben und hatte sich auch nach seiner Entlassung wieder bemerkbar gemacht. Er hatte sein Leben als Großwildjäger weitergeführt, war aber schließlich in bedenklichem Zustand in ein von Nonnen geführtes französisches Krankenhaus eingeliefert worden.

Anfangs wollte er nicht, daß man seine Familie verständigte, aber so wie es jetzt aussah, war er ein todkranker Mann – man gab ihm keine sechs Monate mehr –, und er verspürte den dringenden Wunsch, in seiner Heimat zu sterben. Auch bestand die Möglichkeit, daß das englische Klima sein Leben ein wenig verlängern könnte.

Rasch wurde das Nötige getan, um ihn auf dem Seeweg nach Hause zu bringen. Mutter bereitete alles in Torquay vor. Sie war überglücklich – sie würde ihn hingebungsvoll pflegen – ihren liebsten Jungen. Sie träumte von einer Mutter-Sohn-Beziehung, die ich als völlig unmöglich einschätzte. Mutter und Monty hatten nie wirklich miteinander harmoniert. Sie waren einander in vieler Hinsicht zu ähnlich. Beide wollten sie immer ihren Willen durchsetzen. Und mit Monty zusammenzuleben war schon immer sehr schwierig gewesen.

«Jetzt wird es anders sein», meinte Mutter. «Du vergißt, wie krank der arme Junge ist.»

Ich meinte, daß es mit einem kranken Monty gewiß nicht leichter sein würde, als es mit einem gesunden gewesen war. Die Menschen ändern sich nie. Aber ich hoffte das Beste.

Mutter hatte gewisse Schwierigkeiten, ihren zwei alten Hausmädchen den Gedanken schmackhaft zu machen, daß auch Montys afrikanischer Diener im Haus wohnen würde.

«Ich glaube nicht, Madam, ich glaube wirklich nicht, daß wir mit einem Schwarzen in einem Haus schlafen könnten. Meine Schwester und ich sind so etwas nicht gewöhnt.»

Mutter überredete sie zum Bleiben, nachdem sie ihnen vor Augen führte, daß sie die große Chance hätten, den Afrikaner vom Islam zum Christentum zu bekehren. Die zwei Schwestern waren sehr religiös.

«Wir könnten ihm die Bibel auslegen», sagten sie und wechselten hoffnungsvolle Blicke.

Archie erklärte sich liebenswürdigerweise bereit, Monty in Tilbury vom Schiff abzuholen. Überdies hatte er für ihn und seinen Diener eine kleine Wohnung in Bayswater gemietet.

«Laß dich von Monty nicht überreden, ihn ins Ritz zu bringen», rief ich ihm nach, als er sich auf den Weg machte.

Die Stunden vergingen. Um halb sieben kam Archie zurück. Er sah erschöpft aus.

«Alles in Ordnung. Ich habe ihn einquartiert. Es war nicht ganz leicht, ihn vom Schiff herunterzubringen, er hatte noch gar nicht gepackt. Wir hätten reichlich Zeit, meinte er, wozu die Eile? Alle Passagiere waren schon von Bord gegangen, aber das störte ihn nicht. Dieser Shebani ist ein braver Kerl – sehr hilfsbereit. Ihm habe ich es zu danken, daß wir es am Ende doch noch schafften.»

Er hielt inne und räusperte sich.

«Um die Wahrheit zu sagen, ich habe ihn nicht zum Powell Square gebracht. Er wollte unbedingt in dieses Hotel in der Jermyn Street.»

«Also dort ist er jetzt?» Ich sah ihn an.

«Na ja, so wie er es darstellte, schien es mir das vernünftigste zu sein.»

«Darstellungen dieser Art sind Montys Stärke», erklärte ich ihm.

Wir brachten Monty zu einem Spezialisten für Tropenkrankheiten, den man ihm empfohlen hatte. Der Arzt gab Mutter alle nötigen Anweisungen. Es bestand die Chance einer zumindest teilweisen Genesung: frische Luft, heiße Bäder, ein ruhiges Leben. Schwierigkeiten erwartete er eher aus einer anderen Richtung: in der Annahme, daß Monty ein todkranker Mann war, hatte man ihn in Afrika so stark unter Drogen gesetzt, daß es Mühe machen würde, ihn zu entwöhnen.

Nach ein oder zwei Tagen übersiedelten wir Monty und Shebani in die Wohnung am Powell Square, wo sie sich recht wohl zu fühlen schienen – wenngleich Shebani einiges Aufsehen erregte, indem er nahe gelegene Tabakläden aufsuchte, ein Paket mit fünfzig Zigaretten ergriff und mit den Worten: «Für meinen Herrn!» das Geschäft verließ. Das in Afrika übliche Kreditsystem fand in Bayswater wenig Verständnis.

Nachdem er die Kur in London beendet hatte, quartierte sich Monty mit Shebani in Ashfield ein, und die unter der Devise «Mutter-Sohn» angesetzte Aktion – «friedliche letzte Tage für den sterbenden Helden» – nahm ihren Anfang. Mutter hätte sie um ein Haar mit dem Leben bezahlt. Monty hielt an seiner afrikanischen Lebensweise fest. Er wünschte seine Mahlzeiten immer dann vorgesetzt zu bekommen, wenn er gerade Appetit hatte, selbst wenn es vier Uhr früh war. Er drückte auf die Klingel, rief das Personal und bestellte sich Koteletts und Steaks.

«Ich weiß gar nicht, was du hast, Mutter. Ich soll Rücksicht auf das Personal nehmen? Du bezahlst sie doch dafür, daß sie für uns kochen, oder etwa nicht?»

«Schon – aber nicht mitten in der Nacht.»

«Es war eine Stunde vor Sonnenaufgang. Ich bin immer zu dieser Zeit aufgestanden. So beginnt man den Tag richtig.»

In Wahrheit war es Shebani, der mit allem fertig wurde. Die ältlichen Hausmädchen waren ganz vernarrt in ihn. Sie lasen ihm aus der Bibel vor, und er hörte aufmerksam zu. Er erzählte ihnen von seinem Leben in Uganda und von der Meisterschaft seines Herrn bei der Elefantenjagd.

Er machte Monty milde Vorhaltungen über die Art, wie er seine Mutter behandelte.

«Es ist Ihre Mutter, Bwana. Sie müssen mit Ehrerbietung zu ihr sprechen.»

Nach einem Jahr mußte Shebani zu Frau und Kindern nach Afrika zurück, und die Lage komplizierte sich. Krankenpfleger waren keine ideale Lösung, weder für Mutter noch für Monty. Madge und ich mußten abwechselnd nach Torquay hinunterfahren, um begütigend auf die Männer einzuwirken.

Montys Gesundheitszustand besserte sich, was zur Folge hatte, daß es noch schwieriger wurde, ihn zu beaufsichtigen. Er langweilte sich. Um sich zu zerstreuen, fing er an, mit seinem Revolver aus dem Fenster zu schießen. Nachbarn und Besucher meiner Mutter beklagten sich. Monty blieb ungerührt. «So 'ne dumme alte Pute, die mit wackelndem Hintern den Weg hinunterging. Ich konnte einfach nicht widerstehn – ich schoß einmal links und einmal rechts an ihr vorbei. Du meine Güte! Wie die losrannte!»

Einmal ballerte er sogar um Madge herum, als sie den Weg heraufkam. Er jagte ihr einen entsetzlichen Schrecken ein.

«Das versteh ich einfach nicht», wunderte sich Monty. «Ich hab sie doch nicht verletzt. Glaubt sie etwa, ich kann nicht schießen?»

Jemand beschwerte sich, und die Polizei kam. Monty zeigte ihnen seinen Waffenschein, sprach ganz vernünftig von seinem Leben als Großwildjäger in Kenia und von seinem Wunsch, nicht aus der Übung zu kommen. Irgend so eine dumme Person hatte sich eingebildet, er hätte auf sie geschossen. In Wirklichkeit hatte er einen Hasen gesehen. Und weil er Monty war, zog er sich ohne Schaden aus der Affäre. Wer ein Leben geführt hatte wie Captain Miller, konnte nicht anders handeln, das leuchtete der Polizei ein.

«Es ist ganz einfach so, daß ich es nicht ertrage, eingepfercht zu sein. Das Leben hier ist mir zu zahm. Wenn ich ein Häuschen am Dartmoor haben könnte – das wäre schön. Luft und Platz, Raum zum Atmen.»

«Möchtest du das wirklich?»

«Natürlich. Mutter macht mich ganz wahnsinnig. Hier ist alles so kleinkariert. Diese fixen Essenszeiten. Alles nach Schema F. Das bin ich nicht gewöhnt.»

Ich fand für Monty ein kleines Steinhaus am Dartmoor und, wie durch ein Wunder, auch die passende Haushälterin. Sie war fünfundsechzig, hatte viel zuviel Rouge auf den Wangen, dazu hellblond gebleichte Haare, die sie in Locken trug, und als wir sie zum ersten Mal sahen, erschien sie uns völlig ungeeignet. Sie war Witwe, hatte ein gut Teil ihres Lebens in Frankreich verbracht und dreizehn Kinder geboren. Ihr Mann war Arzt und drogensüchtig gewesen. Sie empfing uns in einem schwarzen Seidenkleid.

Sie war ein unbedingter Glücksfall – sie wurde auf eine Art mit Monty fertig, wie das noch niemand vor ihr geschafft hatte. Wenn er mitten in der Nacht ein Kotelett haben wollte, stand sie auf und briet es ihm. Aber nach einer Weile verzichtete Monty auf Dienstleistungen dieser Art. «Das mache ich jetzt nicht mehr. Es ist doch ein bißchen viel für Mrs. Taylor. Sie ist ein feiner Kerl, aber doch nicht mehr die Jüngste.»

Ungeheißen bebaute sie den Garten und pflanzte Erbsen, Kartoffeln und Buschbohnen. Sie hörte zu, wenn Monty Lust verspürte zu reden, und ließ ihn in Frieden, wenn er schwieg. Es war wunderbar.

Mutter erholte sich wieder. Madge machte sich keine Sorgen mehr. Monty freute sich, wenn wir ihn besuchen kamen; er legte bei solchen Gelegenheiten ein tadelloses Benehmen an den Tag und war stolz auf die köstlichen Mahlzeiten, die Mrs. Taylor uns auftischte.

Mit den achthundert Pfund, die Madge und ich für den Bungalow am Dartmoor gezahlt hatten, hatten wir einen sehr guten Kauf getan!

2

Archie und ich fanden unser Häuschen auf dem Land – obwohl es kein Häuschen war. Wie ich befürchtet hatte, war Sunningdale ein überaus teures Pflaster. Es war voll von luxuriösen modernen Häusern, die rings um den Golfplatz standen, und es gab überhaupt keine bescheideneren Objekte. Aber wir fanden ein großes, im viktorianischen Stil erbautes Haus mit einem weitläufigen Garten, das gerade jetzt in vier Wohnungen aufgeteilt wurde. Zwei davon waren bereits vermietet – die zwei im Erdgeschoß –, aber die zwei oberen wurden noch hergerichtet, und wir besichtigten sie. Sie bestanden aus drei Räumen im ersten und zwei im zweiten Stock, dazu natürlich Küche und Bad. Die eine Wohnung war ansprechender als die andere – sie hatte wohnlichere Zimmer und eine schönere Aussicht –, aber die andere hatte noch eine kleine Kammer mehr und war billiger. Wir nahmen die billigere. Die Mieter durften den Garten benutzen, und alle Wohnungen hatten zentrales Heißwasser. Die Miete war höher als die in der Addison Road, aber nicht viel. Sie betrug, glaube ich, einhundertzwanzig Pfund. Wir unterschrieben den Mietvertrag und trafen alle Vorbereitungen zum Umzug.

Wir gingen ständig nachsehen, wie die Tapezierer und Maler vorankamen – und das taten sie stets langsamer als versprochen. Und immer wieder mußten wir feststellen, daß sie etwas falsch gemacht hatten. Mit den Tapeten hatten wir noch die wenigsten Sorgen. Mit einer Tapete kann man nicht viel Schaden anrichten, es sei denn, man hat sich die falsche ausgesucht – aber man kann sehr wohl die falschen Farben auftragen, und wir konnten die

Leute ja nicht pausenlos beaufsichtigen. Schließlich einigte man sich. Wir hatten ein großes Wohnzimmer mit neuen fliederfarbenen Kretonne-Vorhängen – von mir selbst genäht. Die Vorhänge im kleinen Eßzimmer – Tulpen auf weißem Grund – waren ziemlich teuer gewesen, aber wir hatten uns in sie verliebt. In Rosalinds und Sites angrenzendem großen Zimmer hingen Vorhänge mit einem Muster aus Butterblumen und Maßliebchen. Archies Ankleideraum und das Gästezimmer im oberen Geschoß waren in grellen Farben gehalten – scharlachrote Mohnblumen und blaue Kornblumen, und für unser Schlafzimmer wählte ich blaue Vorhänge mit einem Glockenblumenmuster – eine schlechte Wahl, denn das Zimmer ging nach Norden und erhielt beinahe keine Sonne. Hübsch waren sie nur, wenn man am Vormittag im Bett lag und das Licht durchschien, oder nachts, wenn das Blau verblaßte. So verhalten sich die Glockenblumen ja auch in der Natur. Bringt man sie ins Haus, färben sie sich grau und lassen mutlos die Köpfe hängen. Die Glockenblume will sich nicht pflücken lassen und ist nur froh, solange sie im Wald blüht. Ich tröstete mich damit, daß ich ein Gedicht über die Glockenblume schrieb.

Der Mann im braunen Anzug verkaufte sich ausgezeichnet. Wieder drängte mich der Bodley-Head-Verlag, doch einen neuen, sehr günstigen Vertrag zu unterzeichnen. Ich lehnte ab. Das nächste Buch, das ich ihnen schickte, war aus einer langen Kurzgeschichte entstanden, die ich vor Jahren geschrieben hatte. Sie sagte mir ganz besonders zu, weil ich verschiedene übernatürliche Geschehnisse eingewebt hatte. Ich arbeitete sie ein wenig aus, fügte noch ein paar Personen hinzu, und schickte sie an Bodley Head. Der Verlag nahm das Buch nicht an. Ich war ganz sicher gewesen, daß sie es nicht annehmen würden. Es gab in meinem Vertrag keine Klausel, wonach die Bücher, die ich ihnen anbot, Kriminalromane oder Thriller sein mußten. Es war nur von «Büchern» die Rede. Hier war nun ein komplettes Buch, und die Entscheidung, es anzunehmen oder abzulehnen, lag ausschließlich bei ihnen. Sie lehnten ab, und so brauchte ich nur noch ein Buch für sie zu schreiben. Damit würde ich meine volle Bewegungsfreiheit wieder erlangen. Ich konnte mich von Edmond Cork beraten lassen, der mir sagen würde, was ich tun und, was noch wichtiger war, was ich unterlassen sollte.

Als nächstes schrieb ich ein fröhliches Buch in der Art von *Ein gefährlicher Gegner*. Diese Bücher zu schreiben machte mir Spaß und kostete weniger Zeit. In meiner Arbeit spiegelte sich die heitere Stimmung wider, in der ich mich befand. Es lief alles so gut. Mein Leben in Sunningdale und die Freude, mit der ich beobachten durfte, wie Rosalind sich entwickelte, wie sie mit jedem Tag unterhaltsamer und interessanter wurde. Ich habe diese Leute nie verstanden, die ihre Kinder am liebsten als Babies behalten möchten und geradezu mit Bestürzung zusehen, wie sie älter werden. Ich hatte manchmal ein Gefühl, als könnte ich es kaum erwarten: ich wollte genau beobachten, wie Rosalind sich von einem Jahr zum anderen weiterentwickelte. Es gibt, glaube ich, nichts Faszinierenderes auf der Welt, als das eigene Kind: es gehört dir und ist doch auf geheimnisvolle Weise ein Fremder. Du bist das Tor, durch das es auf die Welt gekommen ist, und für eine gewisse Zeit ist es dir gestattet, es zu behalten. Dann wird es dich verlassen und zu seinem eigenen Leben in Freiheit erblühen. Du darfst dann nur mehr zusehen, wie es sein Leben in Freiheit lebt. Es ist wie eine seltsame Pflanze, die du heimgebracht und gesetzt hast, und nun kannst du es kaum erwarten zu erfahren, wie sie sich entfalten wird.

Rosalind fühlte sich in Sunningdale wunderbar wohl. Sie hatte viel Freude an ihrem Dreirad, auf dem sie mit großer Begeisterung im Garten herumradelte; ab und zu fiel sie herunter, aber das machte ihr nichts aus. Site und ich hatten sie ermahnt, die Anlage nicht zu verlassen, es ihr aber nicht ausdrücklich verboten. Als Site und ich einmal früh am Morgen in der Wohnung beschäftigt waren, fuhr sie dann natürlich doch durch das Tor und mit Volldampf den Hügel hinunter auf die Hauptstraße zu. Glücklicherweise stürzte sie, bevor sie die Straße erreichte. Der Aufprall drückte ihr zwei Vorderzähne nach innen, und ich fürchtete, daß sich das später auf die zweiten Zähne auswirken könnte. Ich ging mit ihr zum Zahnarzt. Rosalind wurde auf den Behandlungsstuhl gesetzt. Sie muckste nicht, kniff aber die Lippen fest über den Zähnen zusammen und weigerte sich standhaft, den Mund aufzumachen. Wie gut ich ihr auch zuredete, wie gut Site ihr auch zuredete, wie gut der Arzt ihr auch zuredete, sie hörte sich zwar alles an, aber ihr Mund blieb zu. Ich mußte sie wieder mitnehmen. Ich war wütend. Rosalind nahm alle Vorwürfe stumm entgegen. Zwei Tage später, nachdem Site und ich ihr ins Gewissen geredet hatten, erklärte sie sich bereit, noch einmal zum Zahnarzt zu gehen.

«Meinst du das ernst, Rosalind, oder wirst du dich wieder so aufführen wie das letzte Mal?»

«Nein, diesmal werde ich den Mund aufmachen.»

«Du hast wohl Angst gehabt, nicht wahr?»

«Man kann ja nie wissen, was einem jemand antun wird», antwortete Rosalind.

Ich stimmte ihr zu, versicherte ihr aber gleichzeitig, daß alle Menschen, die sie und ich in England kannten, zum Zahnarzt gingen, den Mund aufmachten und Arbeiten an ihren Zähnen vornehmen ließen, die sich letzten Endes zu ihrem Nutzen auswirkten. Rosalind ging also hin und betrug sich mustergültig. Der Arzt entfernte die zwei lockeren Zähne. Sie würde später vielleicht einmal eine Spange tragen müssen, meinte er, hielt es aber nicht für wahrscheinlich.

Ich konnte mir nicht helfen, aber ich wurde das Gefühl nicht los, daß die Zahnärzte sich nicht mehr den Respekt zu verschaffen wußten, wie sie das in meiner Kindheit getan hatten. Unser Zahnarzt war Dr. Hearn, ein überaus dynamischer kleiner Mann, der seine Patienten vom ersten Augenblick an einschüchterte. Meine Schwester Madge machte schon im zarten Alter von drei Jahren seine Bekanntschaft. Kaum saß sie auf dem Behandlungsstuhl, fing sie an zu weinen.

«Das erlaube ich nicht», sagte Dr. Hearn. «Ich erlaube es meinen Patienten nicht zu weinen.»

«Sie erlauben es nicht?» Madge war so überrascht, daß sie sofort aufhörte.

«Nein. Es ist häßlich, und darum erlaube ich es nicht.» Damit war die Sache erledigt.

Wir waren alle schrecklich froh, als wir in unser neues Heim, das Haus Scotswood, einzogen. Es war so erfrischend, wieder auf dem Land zu sein. Archie war entzückt, weil er den Sunningdale Golf Club jetzt in nächster Nähe hatte. Site freute sich, weil ihr der lange Weg in den Park erspart blieb, und Rosalind, weil sie mit ihrem Dreirad im Garten herumtollen konnte. Alle waren froh, und das trotz der Tatsache, daß nichts bereit war, als wir mit dem Möbelwagen arnückten. In den Gängen arbeiteten noch die Elektriker, und die Packer hatten große Schwierigkeiten, die Möbel auf ihren Platz zu stellen. Es gab laufend Probleme mit den Bädern, mit Wasserhähnen und mit dem elektrischen Licht, und die Unfähigkeit der einzelnen Handwerker war unglaublich.

Anna die Abenteuerin war nun in den *Evening News* erschienen, und ich hatte mir meinen Morris Cowley gekauft. Es war ein sehr guter Wagen: um vieles verläßlicher und solider gebaut als die heutigen. Jetzt brauchte ich nur noch fahren zu lernen.

Prompt brach der Generalstreik aus, und ich hatte kaum mehr

als drei Lektionen gehabt, als Archie mir mitteilte, daß ich ihn nach London fahren müsse.

«Aber das geht nicht. Ich kann doch noch nicht fahren.»

«Aber ja. Du machst das schon sehr gut.»

Archie war ein guter Lehrer, und es gab damals noch keine Prüfungen, die ich zu bestehen hatte. Von dem Augenblick an, da man sich ans Steuer setzte, war man einfach für alles verantwortlich, was man mit dem Wagen anstellte.

«Ich glaube, ich kann nicht einmal rückwärtsfahren», sagte ich zweifelnd, «und der Wagen scheint auch nie in die Richtung zu fahren, in die es gehen soll.»

«Du fährst schon sehr gut», versicherte mir Archie, «und nur darauf kommt es an. Wenn du nicht zu schnell fährst, kann dir gar nichts passieren. Du weißt ja, wie man bremst.»

«Das hast du mir gleich am Anfang beigebracht.»

«Ja, natürlich. Ich kann mir nicht vorstellen, daß du Schwierigkeiten haben solltest.»

«Aber der Verkehr . . .», wandte ich zaghaft ein.

«Um den brauchst du dir jetzt noch keine Sorgen zu machen.»

Er hatte gehört, daß von Hounslow aus elektrische Züge nach London verkehrten, und so würde es meine Aufgabe sein, mit Archie am Steuer nach Hounslow zu fahren; dort würde er den Wagen wenden, zur Abfahrt bereitstellen und es mir überlassen, den Morris wieder nach Hause zu bringen.

Es war eine echte Feuerprobe für mich, als ich das zum ersten Mal machte, aber obwohl ich am ganzen Körper zitterte, kam ich recht gut voran. Ich würgte zwar den Motor ein paar Mal ab, weil ich schärfer als nötig gebremst hatte, und beim Überholen war ich besonders vorsichtig, was zwar seine Vorteile hatte, aber natürlich war der Verkehr auch nicht annähernd so stark wie heute, und es bedurfte keiner großen Geschicklichkeit, ihn zu meistern. Solange ich nur geradeaus fahren mußte, keine engen Kurven zu nehmen, nicht zu parken oder rückwärts zu fahren brauchte, ging alles glatt. Die größten Schwierigkeiten hatte ich, als ich in unsere Anlage einbiegen und den Wagen in einer äußerst schmalen Garage neben dem Auto unserer Nachbarn einstellen mußte. «Heute morgen», berichtete die Frau am Abend ihrem Mann, «habe ich die Dame vom ersten Stock ankommen sehen. Ich glaube, die ist noch nie am Steuer gesessen. Sie war leichenblaß und hat wie Espenlaub gezittert, als sie in die Garage fuhr. Ich dachte schon, sie würde an die Mauer stoßen, aber es ging noch einmal gut.»

Keiner außer Archie hätte mir unter diesen Umständen die

nötige Sicherheit geben können. Er betrachtete es immer als selbstverständlich, daß ich Dinge fertigbrachte, die bewältigen zu können ich selbst beträchtliche Zweifel hegte. «Warum denn nicht?» pflegte er zu sagen. «Wenn du denkst, du schaffst etwas nicht, dann schaffst du es nie.»

Mein Selbstvertrauen wuchs, und schon nach drei oder vier Tagen wagte ich mich tiefer nach London hinein und trotzte den Gefahren des Verkehrs. Oh, wie selig machte mich dieser Wagen! Heute kann sich wohl niemand mehr vorstellen, wie so ein Auto das Leben eines Menschen veränderte! Imstande zu sein, überall hin zu fahren, Orte zu besuchen, die man zu Fuß nicht erreichen konnte – man erweiterte seinen ganzen Horizont! Die meiste Freude hatte ich mit dem Wagen, wenn ich nach Torquay hinunterfuhr, um Mutter auf Ausflüge mitzunehmen. Sie schwelgte dabei in Seligkeit – genau wie ich. Wir fuhren überall hin – ins Dartmoor, zu Freunden, die sie, mangels eines Beförderungsmittels, nie hatte besuchen können – für uns beide war das Autofahren ein herrliches Vergnügen.

So begabt Archie auch für die praktischen Dinge des Lebens war, bei meiner schriftstellerischen Tätigkeit konnte er mir nicht helfen. Hin und wieder drängte es mich, ihm in großen Zügen die Idee für eine neue Geschichte oder die Handlung eines neuen Buches zu umreißen. Wenn ich sie ihm dann vortrug, klang sie selbst in meinen Ohren banal und leer und noch manches andere, was ich nicht im einzelnen anführen möchte. Archie lauschte mir mit jenem gütigen Wohlwollen, das er zu bezeugen pflegte, wenn er sich entschlossen hatte, anderen Leuten seine Aufmerksamkeit zuzuwenden. «Was meinst du?» fragte ich dann schüchtern. «Meinst du, es geht so?»

«Na ja, könnte sein», antwortete er in einem Ton, der meine Hoffnungen schwinden ließ. «Die Sache scheint mir nicht allzu viel Pfiff zu haben. Sie hat auch keine sehr starke Aussage.»

«Du glaubst also nicht, daß man etwas damit anfangen kann?»

«Ich glaube, du hast schon viel bessere Ideen gehabt.»

Womit der Geschichte der Garaus gemacht war – für immer, wie ich dachte. Aber nach fünf oder sechs Jahren erweckte ich sie zu neuem Leben, besser gesagt, sie erweckte sich selbst. Und weil die Idee nun keiner Kritik vor ihrer Fleischwerdung unterzogen wurde, blühte sie auf höchst befriedigende Weise auf und wurde schließlich zu einem meiner besten Bücher. Es ist nämlich für einen

Schriftsteller schrecklich schwer, Dinge in Form eines Gesprächs in Worte zu kleiden. Das geht, wenn man vor seiner Schreibmaschine sitzt – dann kommt die Geschichte schon in der Form heraus, wie sie herauskommen soll –, aber man kann Dinge nicht beschreiben, die man erst schreiben wird – zumindest ich kann das nicht. Mit der Zeit gewöhnte ich mir an, überhaupt nicht mehr über ein Buch zu sprechen, bevor es nicht geschrieben war. Erst nachdem man ein Buch geschrieben hat, empfindet man Kritik als konstruktiv. Man kann über einen Punkt streiten, man kann in einem Punkt nachgeben, aber man weiß wenigstens, welchen Eindruck das Buch auf den Leser gemacht hat.

Nie werde ich den unzähligen Anfragen nachgeben, in welchen ich gebeten werde, jemandes Manuskript zu lesen. Zunächst natürlich darum, weil ich, finge ich einmal damit an, für nichts anderes mehr Zeit hätte. Vor allem aber glaube ich nicht, daß ein Autor das Recht hat, andere zu kritisieren. Eine solche Kritik würde zwangsläufig darauf hinauslaufen, daß ich persönlich es auf diese oder jene Weise geschrieben hätte, aber das heißt noch lange nicht, daß es die richtige Form für einen anderen Autor sein würde. Wir haben jeder unsere eigene Art, uns auszudrücken.

Dazu kommt die erschreckende Überlegung, daß ich möglicherweise einen Menschen entmutigen könnte, der nicht entmutigt werden sollte. Eine liebe Freundin von mir zeigte einmal eine meiner ersten Geschichten einer bekannten Schriftstellerin. Sie bedauerte, ein ungünstiges Urteil abgeben zu müssen, und sagte, daß aus der Autorin niemals eine Schriftstellerin werden würde. In Wirklichkeit aber meinte sie (und wußte nicht, daß sie es meinte, weil sie selbst Schriftstellerin und keine Kritikerin war), daß die Person, die die Geschichte geschrieben hatte, eine noch unreife und unzulängliche Autorin war, die noch nicht die Fertigkeit besaß, etwas zu produzieren, das sich zur Veröffentlichung geeignet hätte. Ein Kritiker oder ein Verleger wäre vielleicht einfühlsamer gewesen, denn es gehört zu ihrem Metier, Ansätze einer zukünftigen Entwicklung zu erkennen. Darum kritisiere ich nicht gern; ich bin der Ansicht, daß man damit leicht Schaden anrichten kann.

Das einzige, was ich als Kritik geltend machen würde, ist die Tatsache, daß der Möchtegernschriftsteller sich oft nicht über den Markt informiert hat, auf dem er seine Ware anbieten will. Es ist nicht sinnvoll, einen Roman von vielen hundert Seiten zu schreiben – das ist ein Umfang, der sich zur Zeit nicht leicht verkaufen läßt. «Oho», protestiert der Autor, «mein Buch muß eben diesen Umfang haben.» Schön und gut, wenn du ein Genie bist – aber aller Wahrscheinlichkeit nach bist du ein Handwerker. Du hast das Gefühl, daß du imstande bist, etwas Gutes herzustellen, es macht dir Freude, etwas Gutes herzustellen, und nun willst du es auch gut verkaufen. Wenn das so ist, mußt du deinem Produkt den Umfang und das Aussehen geben, das der Markt verlangt. Wärst du ein Tischler, es hätte keinen Sinn, einen Stuhl mit einem fünf Fuß hohen Sitz zu fertigen. Es würde keiner darauf sitzen wollen. Zu sagen, daß der Stuhl hübsch aussieht, bringt nichts. Wenn du ein Buch schreiben willst, informiere dich, welchen Umfang Bücher haben, und richte dich danach. Wenn du eine bestimmte Kurzgeschichte für eine bestimmte Zeitschrift schreiben willst, muß sie die Länge haben und auch von der Art sein, wie diese Zeitschrift sie zu bringen pflegt. Wenn du nur für dich allein schreiben willst, ist das natürlich eine andere Sache. Du kannst schreiben, was dir Spaß macht und die Länge selbst bestimmen, aber du wirst dich aller Voraussicht nach mit dem Vergnügen, die Geschichte geschrieben zu haben, begnügen müssen. Man sollte sich nicht mit der Überzeugung an die Schreibmaschine setzen, ein gottbegnadetes Genie zu sein – das sind nur wenige. Nein, man ist Handwerker – ein Handwerker, der eine gute ehrliche Arbeit leistet. Man muß die technischen Fertigkeiten erwerben; erst dann ist es möglich, innerhalb eines Handwerks schöpferische Ideen zu verwirklichen. Aber der Autor muß sich der Disziplin der Form unterwerfen.

Mittlerweile begann ich die Möglichkeit ins Auge zu fassen, daß ich doch Schriftstellerin von Beruf werden könnte. Ich war meiner Sache nicht sicher. Irgendwie lebte ich immer noch in der Vorstellung, das Bücherschreiben wäre nur ein Hobby, vergleichbar mit dem Sticken von Kissenbezügen.

Noch bevor wir aufs Land gezogen waren, hatte ich Unterricht in Bildhauerei genommen. Ich war eine große Bewunderin dieser Kunst und empfand ein echtes Verlangen, selbst Bildhauerin zu werden. Schon sehr bald wurden meine Hoffnungen enttäuscht: ich sah ein, daß meine Fähigkeiten nicht ausreichten – ich hatte kein Auge für visuelle Formen. Ich konnte nicht zeichnen, also konnte ich auch nicht bildhauerisch tätig sein. Mir wurde klar, daß ich die Dinge nicht wirklich zu sehen vermochte. Es war, als hätte ein Taubstummer Musik studieren wollen.

Ich komponierte ein paar Lieder, indem ich einige meiner Gedichte vertonte, und sah mir auch den Walzer noch einmal an, den ich vor Jahren geschrieben hatte: ich konnte mir nicht vorstellen, jemals etwas Banaleres gehört zu haben. Ein paar von den Liedern waren nicht so schlecht. Besonders eines aus der Pierrot-

Harlequin-Reihe gefiel mir gut. Ich wünschte, ich hätte Harmonielehre gelernt und verstünde etwas von Komposition. Aber das Schreiben schien mein Handwerk und Ausdruck meiner Persönlichkeit zu sein.

Ich schrieb ein seelenwundes Drama, in dem es vornehmlich um Inzest ging. Es wurde von jedem Theaterdirektor, dem ich es anbot, mit Entschiedenheit abgelehnt. «Ein unerfreuliches Thema.» Das Lustige ist, daß es genau die Art von Stück war, die einem Theaterdirektor unserer Tage sehr wohl gefallen könnte.

Ich schrieb auch ein historisches Drama über Echnaton. Ich fand es wunderbar. Viele Jahre später war John Gielgud so liebenswürdig, mir seine Meinung über dieses Werk kundzutun. Es hätte, so schrieb er mir, interessante Ansätze, wäre jedoch viel zu aufwendig für eine Produktion. Überdies mangle es ihm an Humor. Offengestanden hatte ich Amenophis nicht mit Humor in Verbindung gebracht; ich sah ein, daß ich mich geirrt hatte. In Ägypten gab es genauso viel Humor wie sonstwo – wie überall und zu allen Zeiten. Selbst das Tragische hat seine humoristische Seite.

3

Wir hatten so viel durchgemacht, nachdem wir von unserer Weltreise zurückgekommen waren, daß wir es wunderbar fanden, in eine ruhige, friedliche Zeit einzutreten. Vielleicht hätte mir Böses schwanen sollen – es lief alles zu gut. Archie hatte Freude an seiner Arbeit, und sein Boss war sein Freund. Er hatte ein gutes Verhältnis zu seinen Kollegen. Er war Mitglied eines erstklassigen Golfclubs und konnte jedes Wochenende spielen, wie er es sich immer schon gewünscht hatte. Mit meiner schriftstellerischen Tätigkeit ging es gut voran; es schien nicht ausgeschlossen, daß ich noch mehr Bücher schreiben und Geld damit verdienen könnte.

Wurde mir bewußt, daß im gleichmäßigen Dahingehen unserer Tage etwas nicht stimmte? Ich glaube nicht. Mir fehlte jene Gemeinsamkeit der Interessen, die Archie und mich in früheren Jahren verbunden hatte. Mir fehlten die Wochenenden, an welchen wir mit dem Zug oder mit dem Bus Ausflüge gemacht und Wiesen und Wälder durchstreift hatten.

Unsere Wochenenden waren jetzt für mich die langweiligsten Zeiten. Oft wollte ich Leute zum Wochenende einladen, um so einige unserer Londoner Freunde wiederzusehen. Das paßte

Archie nicht; damit würde ich ihm sein Wochenende verpatzen, sagte er. Wenn wir Leute bei uns wohnen hätten, müßte er mehr zu Hause sein und würde am Ende gar seine zweite Golfrunde versäumen. Da wir Freunde hatten, mit denen er in London Tennis gespielt hatte, empfahl ich ihm, hin und wieder Tennis statt Golf zu spielen. Er war entsetzt. Tennis, meinte er, würde ihm den Blick für Golf verderben.

«Wenn du willst, lade dir deine Freundinnen ein, aber kein Ehepaar, denn dann muß ich mich um sie kümmern.»

Das war nicht so leicht, denn die meisten unserer Freunde waren verheiratet, und ich konnte ja schließlich nicht die Frau ohne den Mann einladen. In Sunningdale schloß ich neue Freundschaften, aber die dortige Gesellschaft bestand hauptsächlich aus zwei Kategorien: die Leute mittleren Alters, die mit leidenschaftlicher Hingabe ihre Gärten pflegten und praktisch über nichts anderes zu reden wußten; und die lebenslustigen, Sport liebenden, reichen Nichtstuer, die viel tranken, von einer Cocktailparty zur anderen flatterten und weder mein noch Archies Typ waren.

Ein Ehepaar, das zum Wochenende zu uns kommen konnte und auch kam, waren Nan Watts und ihr zweiter Mann. Im Krieg hatte sie einen gewissen Hugo Pollock geheiratet, aber die Ehe scheiterte, und am Ende ließ sie sich scheiden. Ihr zweiter Mann, George Kon, war ebenfalls ein begeisterter Golfspieler, und das löste unser Wochenendproblem. George und Archie spielten zusammen, und Nan und ich plauderten und spielten lustloses Golf auf dem Damenplatz. Dann trafen wir uns im Klubhaus mit den Männern zu einem Drink.

Es war ein Schlag für uns, als Site kündigte, aber sie nahm ihren Beruf ernst und hatte schon vor einiger Zeit den Wunsch geäußert, eine Stellung im Ausland anzunehmen. Sie wies darauf hin, daß Rosalind schon im nächsten Jahr zur Schule gehen und nicht mehr im gleichen Maß auf sie angewiesen sein würde. Sie hatte von einem guten Posten an der Botschaft in Brüssel gehört, und da wollte sie hin. Sie verließ uns nur ungern, sagte sie, aber sie wollte weiterkommen, als Gouvernante in vielen Ländern arbeiten und so die Welt kennenlernen. Ich konnte mich diesen Argumenten nicht verschließen und stimmte ihr traurigen Herzens zu, daß sie nach Brüssel reisen sollte.

Ich erinnerte mich, wie glücklich ich mit Marie gewesen war und wie leicht ich mit ihr Französisch gelernt hatte, und kam auf die Idee, eine französische Kinderfrau-Gouvernante für Rosalind zu suchen. Punkie schrieb mir begeistert, daß sie genau die richtige hätte, nur wäre sie Schweizerin und nicht Französin. Sie hatte sie selbst kennengelernt, und eine Freundin kannte ihre Familie in der Schweiz. «Ein reizendes Mädchen, diese Marcelle. Sehr sanftmütig.»

Marcelle Vignou traf pünktlich ein. Sehr bald wurden Zweifel in mir wach. Nach Punkies Schilderung war sie ein sanftmütiges kleines Ding. Auf mich machte sie einen anderen Eindruck. Sie schien mir, wenn auch gutmütig, doch teilnahmslos, faul und uninteressant zu sein. Sie gehörte zu jener Sorte von Menschen, die nicht fähig sind, mit Kindern umzugehen. Rosalind war ein einigermaßen wohlerzogenes und höfliches, im täglichen Leben recht anständiges Kind; über Nacht entwickelte sie eine Wesensart, als ob sie vom Teufel besessen wäre – ich kann es nicht anders beschreiben.

Ich wollte es nicht glauben. Ich mußte etwas lernen, das die meisten Erzieher zweifellos rein instinktiv erkennen: daß ein Kind so reagiert wie ein Hund oder irgendein anderes Tier, es respektiert Autorität. Marcelle besaß keine Autorität. Hin und wieder schüttelte sie sanft ihr Haupt und sagte: «Rosalind! Non, non, Rosalind!» ohne die geringste Wirkung zu erzielen.

Sie bot einen kläglichen Anblick, wenn sie mit Rosalind spazierenging. Wie ich erst später entdeckte, hatte sie an beiden Füßen Hühneraugen und entzündete Ballen. Sie konnte nur wie eine lahme Ente dahinstiefeln. Als ich dahinterkam, schickte ich sie zu einem Spezialisten, aber davon wurde ihr Schritt auch nicht viel schneller! Das Kinn hoch erhoben, die vollkommene Britin, marschierte Rosalind voran, während Marcelle ihr mühsam nachhumpelte und immer wieder rief: «Wart auf mich – *attendez-moi*!»

«Wir gehen doch spazieren, oder nicht?» warf Rosalind über die Schulter zurück.

Worauf Marcelle ihr Friedensangebote machte, indem sie ihr in Sunningdale Schokolade kaufte. Etwas Dümmeres hätte sie nicht tun können. Rosalind nahm die Schokolade, murmelte ein höfliches «Danke schön» und benahm sich nachher genauso schlecht wie zuvor. Zu Hause war sie ein richtiges Biest. Sie zog sich die Schuhe aus, warf sie Marcelle nach, schnitt ihr Grimassen und weigerte sich ihr Dinner zu essen.

«Was soll ich nur machen?» fragte ich Archie. «Sie benimmt sich einfach scheußlich. Ich strafe sie, aber es scheint nichts zu nützen. Sie quält die arme Person bis aufs Blut.»

«Ich glaube, es macht Mademoiselle Vignou gar nichts aus. Ich habe noch nie einen so apathischen Menschen gesehen.»

«Vielleicht renkt sich alles ein», sagte ich.

Aber es renkte sich gar nichts ein, im Gegenteil. Ich machte mir ernsthaft Sorgen, denn ich wollte keinen tobenden Satan zur Tochter haben. Da Rosalind sich bei zwei Kindermädchen und bei einer Gouvernante anständig betragen hatte, lag die Vermutung nahe, daß die andere Seite daran schuld war, wenn sich das Kind so schändlich gegen das arme Mädchen benahm.

«Tut dir Marcelle nicht leid?» fragte ich. «Sie ist in ein fremdes Land gekommen, in dem niemand ihre Sprache spricht.»

«Sie wollte ja kommen», gab Rosalind zurück. «Wenn sie nicht gewollt hätte, wäre sie nicht gekommen. Sie spricht ganz gut Englisch. Sie ist einfach schrecklich dumm.»

Nur zu wahr.

Rosalind lernte Französisch, aber nicht sehr viel. Manchmal, bei schlechtem Wetter, schlug ich vor, die beiden sollten miteinander Karten spielen, aber Rosalind versicherte mir, daß es ihr einfach nicht möglich sei, Marcelle auch nur das einfachste Spiel beizubringen. «Sie kann sich nicht einmal merken, daß das As vier und der König drei zählt», erklärte sie erbost.

Ich sagte Punkie, daß wir mit Marcelle nicht weiterkamen.

«O weh, ich dachte, Rosalind würde von Marcelle begeistert sein.»

«Das ist sie nicht», sagte ich. «Ganz im Gegenteil. Sie denkt sich immer etwas Neues aus, um die arme Person zu quälen, und sie wirft ihr Sachen nach.»

«Rosalind wirft ihr Sachen nach?»

«Ja. Und sie wird immer schlimmer.»

Schließlich konnten wir es nicht länger ertragen. Warum sollten wir uns das Leben zur Hölle machen? Ich sprach mit Marcelle. Ihre Bemühungen, sagte ich, wären nicht gerade von Erfolg gekrönt gewesen, und vielleicht würde sie sich in einer anderen Stellung wohler fühlen – so sie nicht vorzöge, in ihre Heimat zurückzukehren. Ungerührt und gelassen erwiderte Marcelle, daß es ihr Freude gemacht hätte, England kennenzulernen, daß sie aber lieber in die Schweiz zurückfahren wollte. Sie verabschiedete sich, ich drückte ihr ein Geldgeschenk in die Hand – und beschloß, mich nach jemand anderem umzusehen.

Was mir dabei vorschwebte, war eine Kombination aus Sekretärin und Gouvernante. Sobald sie fünf war, würde Rosalind jeden Tag zur Schule gehen, und dann hätte ich für ein paar Stunden eine Stenotypistin zu meiner Verfügung. Vielleicht könnte ich mich daran gewöhnen, meine Bücher zu diktieren. Das schien mir eine gute Idee zu sein. Ich setzte eine Annonce in die Zeitung, mit der ich eine Person zu finden hoffte, die ein fünfjähriges Kind beaufsichtigen und als Stenotypistin arbeiten würde. «Schottin bevorzugt», fügte ich hinzu. Jetzt, da ich mehr Kinder und ihre Aufsichtspersonen zu Gesicht bekam, fiel mir auf, daß die Schottinnen sich besonders gut mit Kindern verstanden. Die Französinnen hatten arge Disziplinschwierigkeiten und wurden von ihren Schützlingen tyrannisiert. Die Deutschen waren tüchtig und methodisch, aber Rosalind sollte ja nicht Deutsch lernen. Die Irinnen waren lebenslustig, stifteten aber Unruhe im Haus; Engländerinnen gab es solche und solche. Ich wollte eine Schottin haben.

Ich sortierte einige Zuschriften aus und fuhr ein paar Tage später nach London, um mir in einem kleinen Hotel in der Nähe des Lancaster Gate eine gewisse Miss Charlotte Fisher anzusehen. Sie gefiel mir augenblicklich. Sie hatte braunes Haar, war groß gewachsen, und ich schätzte sie auf dreiundzwanzig. Sie hatte Erfahrung mit Kindern und machte mir einen äußerst tüchtigen Eindruck, der jedoch durch ihr lustiges Augenzwinkern humorvoll aufgelockert wurde. Ihr Vater war Hofgeistlicher in Edinburgh und Rektor der dortigen St.-Columba-Kirche. Sie war perfekt in Kurzschrift und Maschinenschreiben, und der Gedanke, eine Stellung anzutreten, in der sie Sekretariatsarbeiten zu machen und ein Kind zu betreuen hatte, gefiel ihr.

«Da ist noch etwas», sagte ich ein wenig unsicher. «Können Sie ... glauben Sie ... ich meine, kommen Sie mit alten Damen gut aus?»

Miss Fisher warf mir einen belustigten Blick zu. Plötzlich merkte ich, daß wir in einem Raum saßen, in dem sich außer uns auch noch etwa zwanzig strickende, häkelnde und Illustrierte lesende alte Damen aufhielten. Ich sah zwanzig erstaunte Augenpaare auf mich gerichtet. Miss Fisher biß sich auf die Lippen, um nicht laut herauszulachen. Ich war so damit beschäftigt gewesen, meine Frage richtig zu formulieren, daß ich meine Umgebung vergessen hatte. Es war jetzt wirklich schwierig mit Mutter auszukommen. Jessie Swannell hatte es nicht ausgehalten.

«Ich denke schon», antwortete Charlotte Fisher in nüchternem Ton. «Ich habe diesbezüglich nie irgendwelche Schwierigkeiten gehabt.»

Ich erklärte ihr, daß Mutter eine ältere, ein wenig exzentrische Frau war, die dazu neigte, alles besser zu wissen – es sei nicht einfach, sich mit ihr zu vertragen. Da Charlotte sich von dieser Mitteilung in keiner Weise beunruhigt zeigte, vereinbarten wir, daß sie zu uns kommen würde, sobald sie ihre gegenwärtige Stellung gekündigt hatte – wenn ich mich recht entsinne, betreute sie damals die Kinder eines Millionärs in der Park Lane. Sie hatte eine ältere Schwester, die in London lebte; sie würde sich freuen, sagte sie, wenn diese Schwester sie hin und wieder besuchen kommen könnte. Ich antwortete ihr, daß ich nichts dagegen einzuwenden hätte.

So wurde also Charlotte Fisher meine Sekretärin, und Mary Fisher half aus, wenn Not am Mann war. Sie waren mir während vieler Jahre Freundin, rettender Engel und Faktotum; Charlotte ist immer noch eine meiner besten Freundinnen.

Es war wie ein Wunder, als Charlotte – oder Carlo, wie Rosalind sie nach ein paar Wochen zu nennen begann – in unser Haus kam. Sie hatte kaum die Schwelle überschritten, als Rosalind sich in ihr altes Selbst aus Sites Tagen zurückverwandelte. Man hätte meinen können, sie wäre mit Weihwasser besprengt worden! Ihre Schuhe blieben an ihren Füßen und wurden niemandem nachgeworfen, sie gab höfliche Antworten und schien sich in Carlos Gesellschaft wohlzufühlen. Der tobende Satan war verschwunden!

Die Zeit der stillen Tage hatte begonnen. Sobald Rosalind zur Schule ging, bereitete ich mich darauf vor, eine Geschichte zu diktieren. Der Gedanke daran machte mich so nervös, daß ich es von einem Tag zum anderen verschob. Aber einmal mußte es sein: mit Stenoblock und Bleistift bewaffnet, saß Charlotte mir gegenüber. Ich starrte bekümmert zum Kaminsims hinüber und begann ein paar abgerissene Sätze zu stammeln. Es klang schrecklich, völlig unnatürlich. Nach einer Stunde gab ich es auf. Viele Jahre später beichtete mir Carlo, daß auch sie den Augenblick gefürchtet hatte, wenn ich ihr das erste Mal diktieren würde. Sie hatte einen Steno- und Maschineschreibkurs besucht, aber keine große Übung erlangt und daher versucht, ihre Kenntnisse damit aufzufrischen, daß sie Predigten mitstenographierte. Sie hatte eine Heidenangst gehabt, daß ich ein rasantes Tempo anschlagen würde. Aber meinem Diktat zu folgen, konnte niemandem schwerfallen. Sie wäre auch in Langschrift mitgekommen.

Nach diesem katastrophalen Beginn ging es allmählich besser; im allgemeinen fühle ich mich aber wohler, wenn ich meine Geschichten mit Feder oder Maschine schreiben kann. Es ist ganz komisch, wie der Klang der eigenen Stimme mich befangen macht und unfähig, mich auszudrücken. Es sind jetzt fünf oder sechs Jahre her – ich hatte mir ein Gelenk gebrochen und konnte meine rechte Hand nicht gebrauchen –, daß ich anfing ein Diktaphon zu benützen und mich so allmählich an den Klang meiner eigenen

Stimme gewöhnte. Der große Nachteil eines Diktaphons oder eines Bandgeräts besteht darin, daß es zur Weitschweifigkeit verleitet.

Besonders Kriminalromane verlangen sparsame Formulierungen. Der Leser soll nicht drei- oder viermal das gleiche aufgetischt bekommen. Wenn man aber ins Diktaphon spricht, ist die Versuchung groß, sich zu wiederholen. Natürlich kann man später streichen, aber das ist lästig und zerstört den ruhigen Fluß des Textes, den man sonst erzielt. Man muß aus der Tatsache Gewinn ziehen, daß der Mensch von Natur aus faul ist und daher nicht mehr schreibt, als ihm unbedingt nötig erscheint, um seine Gedanken auszudrücken.

Mittlerweile hatte mich mein Agent mit einem neuen Verleger, William Collins, «verheiratet»; die «Ehe» hat bis zum heutigen Tag gehalten.

Alibi, das erste Buch, das ich für sie schrieb, ist bei weitem mein erfolgreichstes gewesen; immer noch wird es zitiert. Ich bekam ein gutes Rezept in die Hand – und verdanke es zum Teil meinem Schwager James. «In den modernen Kriminalromanen ist ja praktisch schon jeder der Mörder», hatte er vor Jahren nach der Lektüre einer Detektivgeschichte ein wenig ärgerlich bemerkt, «sogar der Detektiv. Ich möchte einmal erleben, daß sich am Ende ein Watson als Mörder erweist.» Das war ein außerordentlich origineller Gedanke, und ich grübelte lange darüber nach. Eine sehr ähnliche Idee gab mir später der damalige Lord Louis Mountbatten. Er schrieb mir und regte an, eine Geschichte in der Ichform zu erzählen, wobei die als Erzähler auftretende Person sich als Mörder entpuppen sollte. Der Brief erreichte mich, als ich ernsthaft erkrankt war, und ich bin heute noch nicht sicher, ob ich seinen Erhalt auch bestätigt habe.

Die Idee war gut, wenngleich ihrer Ausführung natürlich beträchtliche Schwierigkeiten entgegenstanden. Der bloße Gedanke, Hastings würde jemanden töten, stürzte mich in Verwirrung. Überdies würde es knifflig sein, die Fabel so anzulegen, daß man nirgends mogeln mußte. Natürlich werfen mir viele Leute vor, ich hätte in *Alibi* gemogelt, aber wenn sie das Buch aufmerksam lesen, werden sie merken, daß sie sich irren. Die wenigen erforderlichen Zeitunterschiede sind geschickt in einem doppelsinnigen Satz verborgen, und Dr. Sheppard hatte selbst viel Freude daran, nichts als die Wahrheit zu schreiben, wenn auch nicht die ganze Wahrheit.

Von *Alibi* ganz abgesehen, war unser Leben damals in jeder Beziehung ein voller Erfolg. Rosalind ging zur Schule und fühlte sich dort sehr wohl. Sie hatte nette Freundinnen; wir hatten eine hübsche Wohnung mit Garten; ich hatte meinen schmucken stupsnasigen Morris, ich hatte Carlo Fisher und häuslichen Frieden. Archie redete und träumte von Golf, schlief und lebte für seinen Sport; seine Verdauung besserte sich zusehends, und er litt immer weniger an nervösen Störungen. Alles war bestens in der besten aller möglichen Welten, wie Dr. Pangloss es so herzerfrischend verkündet.

Etwas fehlte in unserem Leben: ein Hund. Der liebe Joey hatte das Zeitliche gesegnet, während wir auf Weltreise waren, und deshalb kauften wir jetzt einen jungen Drahthaarterrier, den wir Peter tauften. Natürlich wurde Peter der Mittelpunkt der Familie. Er schlief auf Carlos Bett und fraß sich durch ein Sortiment von Pantoffeln und angeblich unzerstörbaren Hartgummibällen durch.

Nach allem, was wir in der Vergangenheit durchgemacht hatten, empfanden wir es jetzt um so angenehmer, daß uns keine finanziellen Sorgen drückten – mag sein, daß uns dieser erfreuliche Zustand ein wenig zu Kopf stieg. Wir dachten an Dinge, an die wir früher nicht zu denken gewagt haben würden. Archie brachte mich eines Tages ganz aus dem Häuschen, als er mir plötzlich eröffnete, daß er gern einen wirklich schnellen Wagen kaufen würde.

«Aber wir haben doch schon einen Wagen», gab ich entgeistert zurück.

«Ja, aber ich meine etwas ganz Spezielles.»

«Wir könnten uns jetzt noch ein Baby leisten», bemerkte ich. Ich hatte dieses Projekt bereits seit geraumer Zeit in freudiger Bereitschaft ins Auge gefaßt.

Archie tat meinen Vorschlag mit einer Handbewegung ab.

«Ich will nur Rosalind haben», sagte er. «Rosalind ist in jeder Beziehung perfekt. Sie genügt mir vollauf.»

Archie war ganz verrückt nach Rosalind. Er spielte gern mit ihr, und sie machte ihm sogar seine Golfschläger sauber. Ich glaube, daß sie sich mit ihrem Vater besser verstand als mit mir. Sie hatten den gleichen Sinn für Humor und begriffen eines den Standpunkt des anderen. Ihm gefielen ihre Härte und ihre von Argwohn geprägte Denkweise: ihre Art, nie etwas als selbstverständlich zu betrachten. Er hatte sich schon vor Rosalinds Ankunft Sorgen gemacht, hatte, wie er mir gestand, gefürchtet, daß ihn dann niemand mehr beachten würde. «Darum hoffe ich, daß wir eine Tochter bekommen», meinte er. «Ein Junge wäre noch viel schlimmer.

Mit einer Tochter könnte ich mich abfinden; mit einem Sohn wäre es sehr schwer für mich.»

«Wenn wir jetzt einen Sohn bekämen, wäre das genauso schlimm», sagte er jetzt und fügte hinzu: «Außerdem haben wir ja noch eine Menge Zeit.»

Dem mußte ich beipflichten und gab ihm, wenn auch widerstrebend, meine Einwilligung zum Kauf eines Gebrauchtwagens der Marke Delage, den er bereits gesehen und angezahlt hatte. Wir hatten beide viel Freude mit dem Delage. Ich fuhr ihn gern, und Archie natürlich auch, obwohl das Golfspielen sein Leben so ausfüllte, daß ihm nur wenig Zeit dazu blieb.

«Sunningdale ist ein idealer Wohnsitz», verkündete Archie. «Es hat alles, was wir brauchen. Es liegt in der richtigen Entfernung von London, und jetzt machen sie auch einen Golfplatz in Wentworth und erschließen und bebauen das ganze Gelände. Ich glaube, wir könnten daran denken, unser eigenes Haus zu haben.»

Das war ein bestechender Gedanke. So wohl wir uns auch fühlten, Scotswood hatte doch einige Nachteile. Die Verwaltung war nicht besonders zuverlässig, wir hatten Schwierigkeiten mit den elektrischen Leitungen; das zentrale Heißwassersystem war weder zentral noch heiß, und das ganze Haus litt unter dem Mangel an Wartung und Instandhaltung. Die Vorstellung, ein eigenes Haus zu besitzen, ließ unsere Herzen höher schlagen.

Zuerst dachten wir daran, uns auf dem Wentworth-Terrain, das eben von einer Baugesellschaft übernommen worden war, ein Haus bauen zu lassen. Es waren zwei Golfplätze vorgesehen – später sollte noch ein dritter dazukommen –, und auf dem Rest des sechzig Morgen umfassenden Areals sollten Häuser aller Art und Größe errichtet werden. Archie und ich verbrachten viele schöne Sommerabende damit, Wentworth zu durchstreifen und uns nach einem Platz umzusehen, der uns zusagen würde. Am Ende nahmen wir drei in die engere Wahl. Dann setzten wir uns mit dem Bauunternehmer in Verbindung. Wir kamen überein, daß wir eineinhalb Morgen Land erwerben wollten – wenn möglich in einer natürlich bewaldeten Gegend; die Instandhaltung des Gartens sollte uns nicht allzusehr belasten. Der Bauunternehmer schien äußerst liebenswürdig und zuvorkommend zu sein. Wir erklärten ihm, daß wir uns für ein eher kleineres Haus interessierten – ich weiß nicht mehr, wie hoch wir die Kosten des Baues veranschlagten – zweitausend Pfund, glaube ich. Er legte uns die Pläne eines ungewöhnlich häßlichen Hauses vor – übersät mit allen nur möglichen widerlichen modernen Verzierungen –, für das er den, wie uns schien, überaus hohen Preis von fünftausenddreihundert Pfund forderte. Wir fielen aus allen Wolken. Es gab nichts Billigeres – das war die unterste Grenze. Traurig zogen wir ab. Dennoch beschlossen wir, eine Wentworth-Aktie im Wert von hundert Pfund zu kaufen – damit würde ich das Recht haben, an den Wochenenden dort auf den Golfplätzen zu spielen. Glücklicherweise waren zwei Plätze vorgesehen, und so würde ich zumindest auf einem spielen können, ohne mir allzu sehr als Stümper vorzukommen.

Nachdem wir ein oder zwei Jahre lang unzählige Häuser besichtigt hatten – für mich immer ein Zeitvertreib, der mir viel Freude machte –, nahmen wir zwei in die engere Wahl. Das eine lag ziemlich weit draußen, war nicht allzu groß und hatte einen hübschen Garten. Das andere stand in der Nähe des Bahnhofs: eine Art Luxusherberge à la Savoyhotel, aufs Land verlegt und sehr großzügig ausgestattet. Es besaß holzgetäfelte Wände, mehrere Badezimmer, Waschbecken in den Schlafzimmern und verschiedene andere Bequemlichkeiten. Es war in den letzten Jahren durch mehrere Hände gegangen und galt als Unglückshaus – noch jeder, der dort gewohnt hatte, war auf irgendeine Weise zu Schaden gekommen. Der erste Besitzer hatte sein Geld verloren, der zweite seine Frau. Ich weiß nicht mehr, was den dritten Bewohnern zugestoßen war – sie trennten sich und verließen die Gegend. Jedenfalls war es schon lang auf dem Markt und daher billig zu haben. Die hübsche Gartenanlage, lang und schmal, bestand aus verschiedenen Teilen: das Haus grenzte an ein Rasenstück, dann kam ein Bach mit vielen Wasserpflanzen, darauf ein Steingarten mit Azaleen und Rhododendron, schließlich ein Obst- und Gemüsegarten und zuhinterst dichtes Buschwerk aus Stechginster. Ob wir es uns leisten konnten oder nicht, das stand auf einem anderen Blatt. Obwohl wir beide gut verdienten – mein Einkommen vielleicht ein bißchen unsicher und unregelmäßig, während Archie sein festes Gehalt bezog –, war es um unser Kapital eher schlecht bestellt, aber wir nahmen eine Hypothek auf und zogen bald darauf ein. Wir kauften weitere Vorhänge und Teppiche und was sonst noch nötig war und begannen ein Leben zu führen, dessen Kosten unsere Verhältnisse zweifellos überstiegen – auch wenn es auf dem Papier nicht so aussah. Sowohl der Delage als auch der stupsnasige Morris mußten instandgehalten werden. Auch hatten wir jetzt mehr Personal: ein Dienerehepaar und ein Hausmädchen. Die Frau des Ehepaars war Küchenmädchen in einem herzoglichen Haushalt gewesen und gab uns zu verstehen – ohne es mit ausdrücklichen Worten zu bekräftigen –, daß ihr Mann dort Butler gewesen wäre. Von den Pflichten eines Butlers wußte er allerdings recht wenig, aber seine Frau war eine exzellente Köchin. Schließlich kamen wir drauf, daß er als Gepäckträger gearbeitet hatte. Er war ein unbeschreiblich fauler Mensch. Den größten Teil des Tages lag er auf dem Bett, und abgesehen davon, daß er mehr schlecht als recht bei Tisch bediente, war das praktisch alles, was er tat. Wenn er nicht gerade auf dem Bett lag, ging er in die Kneipe hinunter. Wir mußten einen Entschluß fassen: sollten wir die beiden entlassen oder nicht? Am Ende schien uns aber die Kochkunst der Frau die Fehler des Mannes zu kompensieren, und wir behielten sie.

So führten wir also unser luxuriöses Leben weiter – und was wir hätten erwarten müssen, traf pünktlich ein. Nach einem Jahr fingen wir an, uns ernsthaft Sorgen zu machen. Unser Bankkonto schien auf höchst seltsame Weise zusammenzuschmelzen. Ein bißchen sparsamer wirtschaften, sagten wir uns, und wir würden durchkommen.

Archie schlug vor, das Haus Styles zu nennen – *The Mysterious Affair at Styles* war der englische Titel meines ersten Buches *Das fehlende Glied in der Kette* gewesen. An die Eßzimmerwand hängten wir das Bild, das für den Buchumschlag gemalt worden war – der Bodley-Head-Verlag hatte es mir zum Geschenk gemacht.

Doch Styles sollte auch für uns sein, was es für andere gewesen war – ein Unglückshaus. Ich fühlte es, als ich das erste Mal den Fuß über die Schwelle setzte, schrieb das Gefühl aber dem Umstand zu, daß die Ausstattung so auffallend war und so gar nicht in die Landschaft paßte. Das würde sich ändern, redete ich mir ein, sobald wir es uns leisten konnten, dem Haus einen ländlichen Charakter zu geben.

4

Das folgende Jahr rufe ich mir nur sehr ungern ins Gedächtnis zurück. Ein Unglück kommt selten allein, sagt das Sprichwort. Etwa einen Monat nach meiner Rückkehr von einem kurzen Urlaub nach Korsika bekam Mutter eine schwere Bronchitis. Sie war damals in Torquay. Ich fuhr zu ihr hinunter, und dann nahm Punkie meinen Platz ein. Bald darauf schickte sie mir ein Telegramm, in dem sie mir mitteilte, daß sie Mutter nach Abney gebracht hatte, wo sie ihr bessere Pflege zuteil werden lassen konnte. Mutters Gesundheitszustand schien sich zu bessern, aber sie war nicht mehr dieselbe. Sie verließ ihr Zimmer nur selten. Sie war zweiundsiebzig, und ich nehme an, daß die Krankheit ihre Lunge angegriffen hatte. Wir hielten die Sache nicht für so ernst wie sie tatsächlich war – auch Punkie nicht –, aber ein oder zwei Wochen später erhielt ich wieder ein Telegramm. Archie war auf Geschäftsreise in Spanien. Ich saß im Zug nach Manchester, als ich plötzlich wußte, daß Mutter tot war. Ich empfand eine eisige Kälte, so als ob ein tödlicher Frost meinen ganzen Körper schüttelte, und ich dachte: Mutter ist tot.

Mein Gefühl hatte mich nicht getäuscht. Sie lag auf dem Bett, und ich blickte auf sie hinab. Wie wahr ist es doch, dachte ich, daß nur die Hülle zurückbleibt. Mutters lebhafte, herzerwärmende, eigenwillige Persönlichkeit war irgendwo weit fort. Mehr als einmal in der Vergangenheit hatte sie zu mir gesagt: «Es gibt Stunden, da möchte man so gern seinen Körper verlassen – diesen alten, erschöpften, nutzlosen Körper. Man sehnt sich danach, diesem Gefängnis zu entrinnen.» Nun war sie ihrem Gefängnis entronnen, aber uns blieb der Kummer über ihr Dahinscheiden.

Archie konnte nicht zur Beerdigung kommen, denn er hielt sich immer noch in Spanien auf. Als er nach einer Woche zurückkam, war ich schon wieder in Sunningdale. Mir war immer klar gewesen, daß er eine heftige Abneigung gegen alles empfand, was mit Krankheit und Tod und jedwedem Ungemach zu tun hatte. So etwas weiß man, nimmt es aber nicht so richtig zur Kenntnis, achtet nicht darauf – bis der Ernstfall eintritt. Ich erinnere mich, wie furchtbar verlegen er war, als er ins Zimmer trat. Er trug eine falsche Heiterkeit zur Schau, so als wollte er sagen: «Tja, so ist das nun eben, Kinder! Kopf hoch, seid frohen Mutes!» Das ist schwer zu ertragen, wenn man eben einen von den drei Menschen verloren hat, die einem die teuersten auf der Welt sind.

«Ich habe eine ausgezeichnete Idee», versuchte er mich zu trösten. «Wie wäre es – ich muß nächste Woche wieder nach Spanien –, wie wäre es, wenn ich dich mitnehmen würde? Wir könnten viel Spaß haben, und ich bin sicher, es würde dich ablenken.»

Aber ich wollte nicht abgelenkt werden. Ich wollte mit meinem Schmerz allein sein und mich daran gewöhnen. Also dankte ich ihm und sagte, ich würde lieber zu Hause bleiben. Heute weiß ich, daß das ein Fehler war. Mein Leben mit Archie lag vor mir. Wir waren glücklich zusammen, waren einer des anderen sicher und dachten nicht im Traum daran, uns je voneinander zu trennen.

Aber er haßte Trauerstimmung im Haus, und sie machte ihn anderen Einflüssen zugänglich.

Und nun stellte sich das Problem, im Haus Ashfield Ordnung zu machen. In den letzten vier oder fünf Jahren hatten sich Berge von Zeug angesammelt: Großmutters Sachen; all die Dinge, die Mutter zuviel geworden waren und die sie einfach weggeschlossen hatte. Für Reparaturen war kein Geld dagewesen: das Dach drohte einzufallen, und in einige Räume drang Regen herein. Am Ende hatte Mutter nur mehr zwei Zimmer bewohnt. Jemand mußte hinunterfahren und sich mit allem auseinandersetzen, und dieser Jemand war ich. Meine Schwester war zu sehr mit ihren eigenen Angelegenheiten beschäftigt, versprach aber, im August auf zwei oder drei Wochen hinunter zu kommen. Archie hielt es für das beste, Styles für den Sommer zu vermieten; das brachte ein hübsches Sümmchen ein, das uns wieder einigermaßen sanieren würde. Er würde in seinem Club in London logieren und ich nach Torquay fahren, um Ashfield in Ordnung zu bringen. Im August würde er nachkommen. Nach Punkies Ankunft würden wir Rosalind bei ihr lassen und eine Urlaubsreise antreten. Es sollte nach Alassio gehen, einem Seebad an der italienischen Riviera, wo wir nie zuvor gewesen waren.

Ich ließ also Archie in London zurück und fuhr nach Torquay hinunter.

Ich kam wohl schon müde und abgespannt an, aber das Ausräumen, die harte Arbeit, die schlaflosen Nächte, die quälenden Erinnerungen, das alles belastete meine Nerven in einer Weise, daß ich kaum noch wußte, was ich tat. Ich arbeitete zehn oder elf Stunden am Tag, schloß alle Räume auf und schleppte die Sachen von einem Zimmer ins andere. Es war entsetzlich: Omas alte Koffer vollgestopft mit ihren alten, mottenzerfressenen Kleidern, die niemand wegzuwerfen gewagt hatte und die jetzt ausgemistet werden mußten. Ich mußte den Müllkutscher jede Woche extra bezahlen, um ihn zu bewegen, alles mitzunehmen.

Ashfield war das erste Haus gewesen, in dem meine Eltern nach ihrer Heirat gelebt hatten. Etwa sechs Monate nach Madges Geburt waren sie eingezogen und hatten es seitdem nicht mehr verlassen. Sie hatten ständig neue Schränke aufgestellt, und mit der Zeit war aus jedem einzelnen Zimmer ein Lagerraum geworden. Das Schulzimmer, in dem ich in meiner Jugend so viele glückliche Stunden verbracht hatte, war jetzt eine einzige große Rumpelkammer. Die Kisten und Koffer, die Oma nicht in ihr Schlafzimmer stopfen konnte, waren hier heraufgewandert.

Der Verlust meiner lieben Carlo bedeutete einen weiteren Schicksalsschlag für mich. Ihr Vater und ihre Stiefmutter hatten eine Reise nach Afrika unternommen, und plötzlich erfuhr sie aus Kenya, daß ihr Vater sehr krank war. Die ärztliche Diagnose lautete auf Krebs. Zwar war ihm selbst nichts gesagt worden, aber Carlos Stiefmutter wußte es; wie es schien, hatte er keine sechs Monate mehr zu leben. Unmittelbar nach seiner Rückkehr mußte Carlo nach Edinburgh fahren, um die letzten Monate an seiner Seite zu bleiben. Unter Tränen sagte ich ihr Lebewohl. Sie ließ mich nur sehr ungern in all dieser Verwirrung zurück, aber für sie war es eine Verpflichtung, der sie sich nicht entziehen konnte. Nun, es fehlten ja nur mehr sechs Wochen, und ich würde mit allem fertig sein. Dann konnte ich wieder ein normales Leben führen.

Ich arbeitete wie besessen. Ich mußte alle Koffer und Kisten auf das genaueste untersuchen: ich konnte nicht einfach alles hinauswerfen. Ich wußte nie, was ich unter Omas alten Sachen finden würde. In der Angst, wir könnten ihre kostbarsten Schätze wegwerfen, hatte sie, als sie aus Ealing fortgezogen war, darauf bestanden, vieles selbst zu packen. Schon wollte ich die Stöße von alten Briefen verbrennen, als ich in einem zerknitterten Umschlag zwölf Fünfpfundnoten fand. Einem Eichhörnchen gleich hatte Oma ihre kleinen Nüsse hier und dort vergraben. Eingewickelt in einen alten Strumpf kam eine Diamantenbrosche zum Vorschein.

Ich geriet in immer größere Verwirrung. Ich hatte nie Hunger und aß weniger und weniger. Manchmal setzte ich mich nieder, stützte den Kopf auf die Hände und versuchte mich zu erinnern, was ich eben hatte tun wollen. Wenn Carlo dagewesen wäre, hätte ich hin und wieder auf ein Wochenende zu Archie nach London fahren können, aber ich konnte Rosalind nicht allein im Haus lassen.

Ich legte Archie nahe, ab und zu auf ein Wochenende nach Torquay zu kommen: es würde einen großen Unterschied für mich ausmachen. In seiner Antwort wies er darauf hin, daß das doch ein törichter Vorschlag wäre. Schließlich wäre es doch eine kostspielige Reise, er könne auch nicht vor Sonnabend fahren und müsse Sonntag wieder zurück. Ich argwöhnte, daß er nicht auf sein sonntägliches Golfspiel verzichten wollte, verbannte jedoch diese unwürdige Vermutung zugleich wieder aus meinen Gedanken. Es würde ja nicht mehr lange dauern, fügte er tröstend hinzu.

Ein entsetzliches Gefühl der Vereinsamung kam über mich. Mir war, glaube ich, gar nicht bewußt, daß ich zum ersten Mal in meinem Leben richtig krank war. Ich war immer außerordentlich robust gewesen und konnte mir gar nicht vorstellen, daß Kummer, Sorge und Überarbeitung eine ernste Bedrohung der Gesundheit darstellen. Aber ich erlitt einen Schock, als ich eines Tages einen Scheck unterschreiben wollte und mich nicht an meinen Namen erinnern konnte.

«Aber natürlich», sagte ich laut vor mich hin, «natürlich kenne ich meinen Namen. Aber . . . aber wie lautet er?» Mit der Feder in der Hand saß ich da und kam nicht weiter – ein außerordentlich frustrierendes Erlebnis. Mit welchem Buchstaben begann mein Name? Hieß ich vielleicht Blanche Amory? Es klang vertraut. Dann fiel mir ein, daß es eine Nebenfigur in *Pendennis* war, ein Buch, das ich vor Jahren gelesen hatte.

Ein oder zwei Tage später erhielt ich eine zweite Warnung. Ich wollte den Wagen anlassen – wozu man sich damals einer Handkurbel bediente. Ich kurbelte und kurbelte, aber der Motor sprang nicht an. Schließlich brach ich in Tränen aus, ging ins Haus und lag schluchzend auf dem Sofa. Das ängstigte mich. Zu heulen, weil ein Auto nicht ansprang – ich mußte wahnsinnig sein.

Es geschah viele Jahre später, daß mir einmal jemand, der gerade eine schwere Zeit durchmachte, sein Herz ausschüttete: «Ich weiß nicht, was mit mir los ist. Ich fange ohne jeden Anlaß zu weinen an. Gestern zum Beispiel kam die Wäsche nicht pünktlich, und ich begann zu weinen. Heute wollte der Wagen nicht anspringen, und . . .» Eine Erinnerung regte sich in mir, und ich sagte: «Ich glaube, Sie sollten das ernst nehmen. Das sind vermutlich die ersten Anzeichen eines Nervenzusammenbruchs. Sie sollten schnellstens einen Arzt aufsuchen.» Von solchen Dingen war mir damals nichts bekannt. Ich wußte, daß ich entsetzlich müde war und daß ich über den Verlust meiner Mutter immer noch tief bekümmert war, obwohl ich mich bemühte – vielleicht zu sehr bemühte – darüber hinwegzukommen. Wenn ich nur Archie an meiner Seite gehabt hätte, oder Punkie, oder sonst jemanden!

Gewiß, ich hatte Rosalind, aber ich konnte nichts tun, was sie aufgeregt hätte, konnte nicht mit ihr darüber sprechen, daß ich unglücklich, verängstigt oder krank war. Sie war bester Laune, fühlte sich, wie immer, herrlich wohl in Torquay und unterstützte mich nach Kräften bei meiner Arbeit. Es machte ihr Spaß, das Zeug die Treppen hinunter zu tragen, in die Mülleimer zu stopfen und gelegentlich etwas für ihren eigenen Gebrauch abzuzweigen. «Ich glaube nicht, daß das jemand haben will – und ich kann vielleicht etwas damit anfangen.»

Die Zeit verging, die Dinge kamen allmählich ins Lot, und ich konnte endlich das Ende meiner Plackerei absehen. Es wurde August – am fünften hatte Rosalind Geburtstag. Punkie traf schon einige Tage vorher ein, und Archie kam am dritten. Rosalind freute sich darauf, die zwei Wochen, die Archie und ich in Italien verbringen würden, bei Tante Punkie zu sein.

5

Wenn man den Blick zurückwendet auf die lange Reise, die unser Leben ist, hat man das Recht, die Erinnerungen, die einem zuwider sind, zu ignorieren? Oder ist das feige?

Man sollte vielleicht, denke ich, einen kurzen Blick zurückwerfen und dann sagen: «Ja, das ist ein Teil meines Lebens, aber ich bin damit fertig. Es ist ein Faden in der Tapisserie meines Daseins. Ich muß mich dazu bekennen, weil es ein Teil meiner selbst ist. Aber es besteht keine Notwendigkeit länger dabei zu verweilen.»

Als Punkie in Torquay eintraf, war ich sehr, sehr glücklich. Dann kam Archie.

Was ich in diesem Augenblick empfand, kann ich am besten beschreiben, wenn ich jenen Alptraum meiner Kindheit heraufbeschwöre – das Entsetzen, das es für mich bedeutet, wenn ich an einem Tisch sitze, den Blick auf meine beste Freundin richte und plötzlich sehe, daß diese Person eine Fremde ist.

Er begrüßte mich nicht anders als sonst, aber es war ganz einfach nicht Archie, der mich begrüßte. Ich wußte nicht, was mit ihm los war. Es fiel auch Punkie auf, und sie sagte: «Archie ist so sonderbar – ist er vielleicht krank?» «Könnte sein», antwortete ich. Archie widersprach und meinte, er wäre völlig gesund. Aber er redete nicht viel mit uns und hielt sich abseits. Ich fragte ihn wegen der Fahrkarten nach Alassio, und er sagte: «Ach ja – ja, das ist schon in Ordnung. Wir reden später darüber.»

Und immer noch war er ein Fremder. Ich zerbrach mir den Kopf: was konnte passiert sein? Einen Augenblick lang fürchtete ich, daß es etwas mit dem Geschäft zu tun hätte. Lag es im Bereich des Möglichen, daß Archie Geld unterschlagen hatte? Das konnte ich nicht glauben. Hatte er sich vielleicht auf eine Transaktion eingelassen, zu der er nicht autorisiert gewesen wäre? Saß er in einer finanziellen Klemme? Gab es da etwas, das er mir nicht erzählen wollte? Schließlich mußte ich ihn fragen.

«Was ist los, Archie?»

«Ach, nichts Besonderes.»

«Aber es muß doch etwas sein.»

«Ja, ich werde es dir vielleicht doch sagen. Wir . . . ich . . . ich habe keine Fahrkarten nach Alassio besorgt. Ich habe keine Lust zu verreisen.»

«Wir verreisen nicht?»

«Nein. Ich sagte ja schon, daß ich keine Lust habe.»

«Ach, du willst hier bleiben und mit Rosalind spielen? Ist es das? Ich finde, das wäre genauso schön.»

«Du verstehst mich nicht», gab er gereizt zurück.

Es dauerte – glaube ich – vierundzwanzig Stunden, bevor er mit der ganzen Wahrheit herausrückte.

«Es tut mir entsetzlich leid, daß das passiert ist», sagte er. «Du kennst doch dieses dunkelhaarige Mädchen, Belchers frühere Sekretärin? Wir hatten sie vor einem Jahr zusammen mit Belcher zum Wochenende hier, und wir haben sie auch ein- oder zweimal in London gesehen.»

Ich konnte mich nicht an ihren Namen erinnern, aber ich wußte, wen er meinte. «Ja?»

«Na ja, ich habe sie wieder getroffen, als ich allein in London war. Wir sind einige Male zusammen ausgegangen und . . .»

«Warum denn auch nicht?» warf ich ein.

«Ach, du verstehst mich immer noch nicht», sagte er ungeduldig. «Ich habe mich in sie verliebt, und ich möchte, daß du in eine Scheidung einwilligst – so bald wie möglich.»

Das waren die Worte, die, so meine ich, diesem Teil meines Lebens – meines glücklichen, erfolgreichen und erfüllten Lebens – ein Ende setzten. Natürlich ging das alles nicht so schnell – weil ich es einfach nicht glauben konnte. Ich dachte, es würde vorübergehen. Wir waren glücklich zusammen gewesen und hatten eine harmonische Ehe geführt. Er war nie der Typ gewesen, der sich nach anderen Frauen umdrehte. Vielleicht war das das auslösende Moment gewesen – daß er in den letzten paar Monaten seine gewohnte, stets heitere Gefährtin vermißt hatte.

«Es ist schon lange her», fügte er hinzu, «aber ich habe es dir einmal gesagt: ich hasse es, wenn Menschen krank oder unglücklich sind – das macht alles kaputt.»

Ja, dachte ich, das hätte ich wissen müssen. Wäre ich klüger gewesen, hätte ich mehr von meinem Mann gewußt, hätte ich mir die Mühe gemacht, mehr über ihn zu erfahren, statt mich damit zufriedenzugeben, ihn zu idealisieren und mehr oder weniger vollkommen zu sehen – dann würde ich das vielleicht alles vermieden haben. Wäre ich nicht nach Torquay gefahren, hätte ich ihn nicht allein in London zurückgelassen, er würde sich vielleicht nie für dieses Mädchen interessiert haben. Nicht gerade für dieses Mädchen. Vielleicht für ein anderes, denn irgendwie war es mir offenbar nicht gelungen, Archies Leben auszufüllen. Er muß reif gewesen sein für die Liebe zu einer anderen, obwohl er es vielleicht selbst gar nicht wußte. Oder war es doch gerade diese Frau? War es ihm vom Schicksal bestimmt, sich plötzlich in sie zu verlieben? Die wenigen Male, die wir vorher mit ihr zusammengetroffen waren, hatte er ganz gewiß nichts für sie empfunden. Es war ihm gar nicht recht gewesen, als ich sie übers Wochenende nach Sunningdale eingeladen hatte; sie würde ihm sein Golfspiel sabotieren, hatte er gesagt. Doch als er sich dann in sie verliebte, geschah es ebenso plötzlich, wie er sich in mich verliebt hatte.

Freunde und Verwandte können einem in solchen Situationen nicht viel helfen. «Aber das ist doch absurd!» sagten sie. «Ihr wart doch immer so glücklich! Er wird damit fertig werden. Das passiert vielen Ehemännern. Das geht vorbei.»

Das dachte ich auch. Ich dachte, er würde damit fertig werden. Aber er verließ Sunningdale. Inzwischen war Carlo zurückgekommen – eine Untersuchung durch englische Spezialisten hatte ergeben, daß ihr Vater doch nicht an Krebs erkrankt war. Es war eine wahre Wohltat, sie an meiner Seite zu haben. Aber sie sah die Dinge klarer als ich. Sie glaubte nicht, daß Archie das Mädchen wieder vergessen würde. Als er dann seine Sachen packte und ging, empfand ich beinahe Erleichterung, er hatte sich entschieden.

Aber nach vierzehn Tagen kam er zurück. Er hätte vielleicht einen Fehler gemacht, sagte er. Er hätte vielleicht eine falsche Entscheidung getroffen. Soweit es Rosalind betraf, ohne jeden Zweifel, antwortete ich. Schließlich hätte er sie doch gern, nicht wahr? O ja, gab er zurück, er hätte sie sehr, sehr lieb.

Aber seine Rückkehr war ein Fehler, denn nun erkannte er erst so richtig, wie stark seine Gefühle waren. Immer wieder sagte er mir: «Ich kann es nicht ertragen, wenn ich nicht bekomme, was ich haben will, und ich kann es nicht ertragen, nicht glücklich zu sein. Es können nicht alle glücklich sein – einer muß unglücklich sein.»

Ich verkniff es mir, ihm zu antworten: «Aber warum sollte ich es sein? Warum nicht du?» Es hätte auch nichts geholfen.

Was ich nicht begreifen konnte, das war die Unfreundlichkeit, mit der er mir in dieser Zeit begegnete. Er redete kaum mit mir und antwortete nur sporadisch, wenn ich ihn etwas fragte. Heute versteh ich das besser, denn ich habe andere Ehemänner und Ehefrauen beobachtet und weiß mehr vom Leben. Er war mir, glaube ich, in seinem Innersten sehr zugetan, und es bedrückte ihn, mir weh zu tun. Darum mußte er sich selbst beweisen, daß er mir nichts Böses antat, daß es auf lange Sicht gesehen so besser für mich war und daß ich ein glückhaftes Leben führen würde. Und weil ihn sein Gewissen plagte, prägte eine gewisse Rücksichtslosigkeit sein Verhalten mir gegenüber. Meine Mutter hatte ihn immer für rücksichtslos gehalten. Ich hatte in seinem Tun und Handeln immer nur Güte gesehen, seinen Edelsinn, seine Hilfsbereitschaft, als Monty aus Kenya zurückgekommen war, die Mühe, die er sich für andere Leute machte. Jetzt aber war er rücksichtslos, denn er kämpfte um sein Glück. Früher hatte ich diese Rücksichtslosigkeit bewundert. Jetzt lernte ich sie von einer anderen Seite kennen.

Nach meiner Krankheit kamen nun Kummer, Verzweiflung und Herzeleid. Es besteht kein Grund, dabei zu verweilen. Ich wartete ein Jahr in der Hoffnung, er würde es sich überlegen. Aber das geschah nicht.

So endete meine erste Ehe.

6

Im Februar des folgenden Jahres fuhren Carlo, Rosalind und ich auf die Kanarischen Inseln. Es fiel mir nicht ganz leicht, aber ich wußte, daß ich nach allem, was ich durchgemacht hatte, in England keinen Frieden finden würde. Rosalind war der Sonnenschein meines Daseins. Wenn ich mit ihr und meiner Freundin Carlo allein bleiben konnte, würden meine Wunden verheilen, würde ich fähig sein, der Zukunft die Stirn zu bieten. Das Leben in England war mir unerträglich geworden.

Aus dieser Zeit datiert der Abscheu, den ich gegen die Presse empfinde, die Abneigung gegen Journalisten und Menschenansammlungen. Es war zweifellos unfair, wie mir mitgespielt wurde, unter den gegebenen Umständen aber wohl unvermeidlich. Ich kam mir vor wie ein Fuchs, der sich, von kläffenden Hunden gejagt, in seinen Bau flüchten muß. Ich hatte Rampenlicht schon immer gescheut, aber jetzt wurde es mir in einem Maß zuteil, daß es Augenblicke gab, da ich vermeinte, nicht weiterleben zu können.

«Aber du könntest doch friedlich in Torquay leben», meinte meine Schwester.

«Nein», antwortete ich, «das könnte ich nicht. Ich würde dort nichts anderes tun, als meinen Erinnerungen nachhängen – Erinnerungen an jeden einzelnen glücklichen Tag, den ich dort verbracht habe.»

Archie blieb noch einige Zeit in Sunningdale wohnen, versuchte aber gleichzeitig, Styles zu verkaufen – natürlich mit meiner Einwilligung, da mir die Hälfte gehörte. Ich brauchte das Geld dringend, denn ich befand mich wieder in ernsten finanziellen Schwierigkeiten.

Seit dem Tode meiner Mutter war ich nicht fähig gewesen, auch nur ein Wort zu schreiben. In diesem Jahr sollte wieder ein Buch erscheinen, aber da ich so viel für Styles aufgewendet hatte, war mir das Geld ausgegangen. Mein kleines Kapital war beim Ankauf des Hauses draufgegangen. Davon abgesehen, was ich selbst verdiente oder verdient hatte, konnte ich mit keinerlei Einkünften rechnen. Ich mußte unbedingt und so schnell wie möglich wieder ein Buch schreiben und dem Verleger einen Vorschuß entlocken.

Mein Schwager, Campbell Christie, der immer ein guter Freund und ein gütiger liebenswerter Mensch gewesen war, kam mir zu Hilfe. Er schlug mir vor, die letzten im *Sketch* erschienenen zwölf Kurzgeschichten in Buchform erscheinen zu lassen – als Notbehelf sozusagen. Er unterstützte mich bei der Arbeit – ich war immer noch nicht fähig, dergleichen in Angriff zu nehmen. Die Geschichten kamen unter dem Titel *Die großen Vier* heraus und wurden ein schöner Erfolg. Jetzt, da ich Abstand gewonnen hatte und ruhiger geworden war, hoffte ich, mit Carlos Hilfe ein neues Buch schreiben zu können.

Der einzige Mensch, der voll und ganz auf meiner Seite stand und mir in allem, was ich tat, die nötige Sicherheit gab, war mein Schwager James.

«Du hast völlig recht, Agatha», sagte er in seiner ruhigen Art. «Du weißt am besten, was du brauchst. Ich würde an deiner Stelle das gleiche tun. Du mußt von hier fort. Es ist möglich, daß Archie es sich überlegt und zurückkommt – ich hoffe es, aber ich glaube es nicht. Ich glaube nicht, daß er zu dieser Sorte Mensch gehört. Wenn er sich einmal entschlossen hat, bleibt er dabei. Ich würde nicht damit rechnen, daß er zurückkommt.»

Auch ich rechnete nicht damit, hielt es aber schon allein wegen Rosalind für angebracht, mindestens ein Jahr zuzuwarten; er sollte sicher sein können, keinen Fehler gemacht zu haben.

Wie jedermann damals, wurde auch ich dazu erzogen, vor einer Scheidung Abscheu zu empfinden – und ich empfinde ihn immer noch. Sogar heute habe ich Schuldgefühle, weil ich seinem hartnäckigen Drängen nachgab und in die Scheidung einwilligte. Sooft ich an meine Tochter denke, frage ich mich, ob ich nicht vielleicht doch hart bleiben und mich hätte weigern sollen. Man ist so unsicher, wenn man etwas selbst nicht will – und ich wollte mich ja nicht scheiden lassen – ganz im Gegenteil. Es ist unrecht, eine Ehe zu zerstören – dessen bin ich sicher –, und ich habe genug zerrüttete Ehen gesehen, um zu wissen, daß es keine Rolle spielt, solange keine Kinder da sind; aber wenn welche da sind, sieht es anders aus.

Als ich nach England zurückkehrte, war ich wieder ich selbst – ein gestähltes Selbst, das der Welt mißtraute, sich aber nun in einer besseren Position befand, um mit ihr fertig werden zu können. Ich nahm eine kleine Wohnung in Chelsea und machte mich auf, mit meiner Freundin Eileen Morris – ihr Bruder war jetzt Vorstand der Horris Hill School – verschiedene Vorbereitungsschulen für Mädchen in Augenschein zu nehmen. Ich ging von der Überlegung aus, daß Rosalind aus ihrer gewohnten Umgebung gerissen worden war, und daß es deshalb jetzt das beste wäre, sie in einem Pensionat unterzubringen. Das war auch ihr Wunsch. Eileen und ich sahen uns etwa zehn Schulen an. Mir war nach den vielen Besuchen ganz wirr im Kopf, obwohl einige dieser Institute uns zum Lachen gebracht hatten. Natürlich gab es kaum jemanden, der sich mit Schulen weniger ausgekannt hätte als ich – schließlich war ich keiner je auch nur in die Nähe gekommen. Aber mag sein, sagte ich mir, mag sein, du hast etwas versäumt – man kann nicht wissen. Vielleicht wäre es besser, du gäbst deiner Tochter die Chance.

Da Rosalind ein äußerst verständiges Kind war, fragte ich sie nach ihrer Meinung. Sie war Feuer und Flamme. In der Tagesschule hatte es ihr gut gefallen, und sie fand die Aussicht verlokkend, im nächsten Herbst an eine Vorbereitungsschule zu gehen. Dann aber, sagte sie, wollte sie eine große Schule besuchen, die größte, die es gab. Wir einigten uns darauf, daß ich versuchen würde, eine nette Vorbereitungsschule für sie zu finden; für die Zukunft faßten wir Cheltenham ins Auge – meines Wissens die größte Schule.

Die erste Schule, die mir gefiel, Caledonia, lag in Bexhill und wurde von einer Miss Wynne und ihrer Kollegin Miss Barker geleitet. Es war eine konventionelle, offensichtlich gut geführte Schule. Miss Wynne gefiel mir. Sie war eine Respekt gebietende und dynamische Persönlichkeit. Die Schulordnung schien knapp und nüchtern, aber vernünftig zu sein, und Eileen hatte von Freunden gehört, daß die Verpflegung ausgezeichnet war. Mir gefiel auch, wie die Kinder aussahen.

Die zweite Schule, die mich ansprach, hatte eine völlig anders geartete Struktur. Hier konnten die Mädchen, wenn sie mochten, ihre eigenen Ponies und andere Haustiere halten und sich ihre Studienfächer mehr oder weniger selbst aussuchen. Man gewährte ihnen bei ihrer Tätigkeit große Freiheit; man drängte sie nicht, wenn sie für etwas kein Interesse zeigten, weil sie dann, so erklärte mir die Direktorin, mit der Zeit die Dinge aus eigenem Antrieb in Angriff nahmen. Es wurde ein gewisses Maß an künstlerischer Ausbildung geboten, und auch diese Schulleiterin gefiel mir sehr gut. Sie war eine schöpferische, warmherzige, begeisterungsfähige Frau und hatte viele Ideen.

Ich fuhr heim, dachte darüber nach und beschloß, zusammen mit Rosalind beide Schulen noch einmal zu besuchen. Wieder daheim, ließ ich Rosalind ein paar Tage Zeit und fragte dann: «Nun, welche gefiel dir besser?»

Gott sei Dank hat Rosalind immer genau gewußt, was sie wollte. «Caledonia natürlich», antwortete sie, «gar keine Frage. In der anderen würde ich mich nicht wohl fühlen – ich käme mir vor wie auf einer Party. Man will doch nicht in einem Pensionat leben, wo es zugeht wie auf einer Party, habe ich nicht recht?»

Also blieb es bei Caledonia, Rosalind und ich waren sehr zufrieden. Der Unterricht war ausgezeichnet, und die Kinder zeigten echtes Interesse für den Lehrstoff. Die Schule war gründlich durchorganisiert, aber Rosalind schätzte einen festgelegten Tagesablauf, wie sie in den Ferien mit Befriedigung bemerkte: «Frei verfügbare Freiheit gibt es nicht.» Mein Fall wäre das nicht gewesen.

Manchmal erhielt ich recht ungewöhnliche Antworten auf meine Fragen.

«Um wieviel Uhr steht ihr auf, Rosalind?»

«Das weiß ich eigentlich nicht. Wenn die Glocke läutet.»

«Interessiert es dich nicht, wann die Glocke läutet?»

«Nein, wozu auch? Die Glocke läutet, damit wir aufstehen. Und eine halbe Stunde später gibt's Frühstück.»

Miss Wynne verstand es, die Eltern der Mädchen in ihre Grenzen zu verweisen. Ich fragte sie einmal, ob Rosalind an einem bestimmten Sonntag in Alltagskleidern statt in ihrem weißseidenen Sonntagskleid mit uns kommen könnte; wir wollten ein Picknick machen und anschließend eine Wanderung über das Hügelland unternehmen.

«Alle meine Schülerinnen legen sonntags ihre Sonntagskleider an», lautete Miss Wynnes Antwort. Damit war der Fall für sie erledigt. Aber Carlo und ich wußten uns zu helfen. Wir stopften ein paar sportliche Sachen von Rosalind in ein Köfferchen, und in einem Wäldchen oder Dickicht legte sie dann ihr seidenes Ausgehkleid, den Strohhut und die Lackschuhe ab und schlüpfte in etwas derberes Zeug, das sich besser für ein Picknick und zum Wandern eignete. Niemand kam uns auf die Schliche.

Miss Wynne war eine bemerkenswerte Person. Bei einer anderen Gelegenheit fragte ich sie, was sie wohl täte, wenn es am jährlichen Sporttag regnete. «Wenn es regnete?» wiederholte Miss Wynne erstaunt. «Soweit ich mich entsinnen kann, hat es am Sporttag noch nie geregnet.» Anscheinend konnte sie sogar den Elementen ihren Willen aufzwingen.

Auf den Kanarischen Inseln hatte ich den größten Teil eines Buchs geschrieben: *Der blaue Expreß*. Es war mir nicht leichtgefallen, und Rosalind hatte gewiß nichts getan, um es mir leichter zu machen. Anders als ihre Mutter, war Rosalind kein Kind, das sich damit begnügen konnte, ihrer Phantasie die Zügel schießenzulassen; sie brauchte etwas Greifbares. Gab man ihr ein Fahrrad, fuhr sie stundenlang damit spazieren. Gab man ihr ein Rätsel zu lösen, arbeitete sie emsig daran. Aber im Hotelgarten in Orotava auf Teneriffa gab es für Rosalind nichts anderes zu tun, als zwischen den Blumenbeeten auf und ab zu wandeln oder gelegentlich einen Reifen zu schlagen – und ein Reifen bedeutete ihr wenig, auch das im Gegensatz zu ihrer Mutter. Für sie war es bloß ein Reifen.

«Hör mal, Rosalind», sagte ich, «du darfst uns jetzt nicht stören. Ich muß ein Buch schreiben. Carlo und ich werden die nächste Stunde arbeiten. Du darfst uns nicht stören.»

«Schon recht», erwiderte Rosalind verdrießlich und ging ihrer Wege. Ich sah Carlo an, die mit gezücktem Bleistift wartete, dachte nach, überlegte, zermarterte mir das Hirn. Stockend begann ich, aber schon wenige Minuten später stand Rosalind wieder da.

«Was ist denn, Rosalind?» fragte ich. «Was willst du?»

«Ist schon eine halbe Stunde vergangen?»

«Nein. Es sind genau neun Minuten vergangen. Geh fort.»

«Na schön.» Sie ging.

Ich nahm mein stockendes Diktieren wieder auf.

Bald war sie wieder da.

«Ich werde dich rufen, wenn es soweit ist. Die Stunde ist noch nicht um.»

«Aber ich kann doch dableiben? Ich kann doch dastehen? Ich werde euch nicht stören.»

«Von mir aus», sagte ich widerwillig. Und fing von neuem an.

Aber Rosalinds Augen wirkten wie eine Medusa auf mich. Ich hatte immer mehr das Gefühl, daß ich dummes Zeug schwätzte. (Und mein Gefühl täuschte mich nicht.) Ich stammelte, stotterte, ich wiederholte mich und blieb stecken. Ich weiß wirklich nicht, wie ich es schaffte, mit diesem elenden Buch fertig zu werden.

Es machte mir überhaupt keine Freude. Mir fehlte der Schwung. Ich hatte die Handlung festgelegt – eine konventionelle Handlung, zum Teil nach einer meiner früheren Geschichten gearbeitet. Der Weg war mir sozusagen vorgezeichnet, aber ich sah den Schauplatz nicht vor meinem geistigen Auge, und die Figuren wollten nicht lebendige Wirklichkeit werden. Was mich zur Eile antrieb, das war der Wunsch, besser gesagt die Notwendigkeit, ein weiteres Buch zu schreiben und Geld zu verdienen.

Das war der Moment, da ich vom Amateur zum Profi überwechselte. Ich nahm die Last eines Berufes auf mich, der darin besteht, daß man schreiben muß, auch wenn einem nicht danach zumute ist und auch, wenn man nicht sehr gern oder besonders gut schreibt. Ich habe den *Blauen Expreß* nie leiden mögen. Aber ich schrieb das Buch und schickte es an den Verlag. Es verkaufte sich genau so gut wie das vorangegangene. Stolz war ich nie darauf.

Orotava war wunderschön – aber zwei Dinge störten mich. Nach einem herrlichen Morgen kamen Dunst und Nebel von den Bergen herunter, und den Rest des Tages war es grau und trübe. Manchmal regnete es sogar. Und das Baden im Meer war gräßlich. Man lag bäuchlings auf einem abfallenden, vulkanischen Strand, krallte die Finger in das Gestein und ließ die Wellen über sich hinwegspülen. Schwimmen konnte man nicht; es war zu gefährlich. Nur die kräftigsten Schwimmer wagten sich hinaus, und selbst von diesen war einer im vergangenen Jahr ertrunken. Darum entschlossen wir uns nach einer Woche, nach Las Palmas zu übersiedeln.

Für mich ist Las Palmas immer noch der ideale Ort, um die Wintermonate zu verbringen. Soviel ich weiß, ist es heute ein von Touristen viel besuchtes Seebad und hat seinen früheren Charme verloren. Damals war es still und friedlich. Es besaß zwei herrliche Strände. Auch die Temperatur war ideal: sie betrug im Durchschnitt etwa 22 Grad – nach meiner Meinung genau die richtige Sommertemperatur. Tagsüber wehte eine erfrischende Brise, und abends war es warm genug, um nach dem Essen noch im Freien zu sitzen.

Es geschah an diesen Abenden, daß Carlo und ich mit Dr. Lucas und seiner Schwester, Mrs. Meek, Freundschaft schlossen. Sie war viel älter als ihr Bruder und hatte drei Söhne. Er war Lungenspezialist, mit einer Australierin verheiratet, und besaß ein Sanatorium an der Ostküste. Er selbst hatte in seiner Jugend an spinaler Kinderlähmung gelitten. Er war ein wenig verwachsen, von zarter Konstitution, und von Natur aus der geborene Arzt. Bei seinen Patienten genoß er großes Ansehen.

Seine ganze Familie nannte ihn Vater, und bald nannten auch Carlo und ich ihn so. Ich hatte einen arg vereiterten Hals, als wir dort waren. Er untersuchte mich und sagte: «Sie sind sehr unglücklich. Was bedrückt Sie? Schwierigkeiten mit Ihrem Mann?»

Ja, gab ich zu und erzählte ihm in groben Umrissen, was geschehen war. «Wenn Sie wollen, wird er zurückkommen», sprach er mir Mut zu. «Lassen Sie ihm Zeit. Lassen Sie ihm viel Zeit, und machen Sie ihm keine Vorwürfe, wenn er zurückkommt.»

Ich sagte, daß ich nicht an seine Rückkehr glaubte, daß er nicht der Typ war. «Aber die meisten kommen zurück», meinte er und lächelte. «Auch ich bin einmal weggelaufen und zurückgekommen. Doch was immer geschieht, nehmen Sie es hin und geben Sie nicht auf. Sie haben genügend Kraft und Mut. Sie werden das Leben meistern.»

Der liebe Vater! Ich schulde ihm so viel! Er besaß so großes Verständnis für menschliche Fehler und Schwächen. Als er nach fünf oder sechs Jahren starb, hatte ich das Gefühl, einen meiner besten Freunde verloren zu haben.

Mehr als sonst etwas fürchtete Rosalind, daß das spanische Stubenmädchen sie ansprechen könnte.

«Warum auch nicht?» fragte ich erstaunt. «Du kannst doch mit ihr reden.»

«Das kann ich nicht. Sie ist Spanierin. Sie sagt ‹Señorita› und dann noch alles mögliche Zeug, das ich nicht verstehe.»

Sonderbar, was Kinder mögen und was nicht. Die See ging hoch, als wir das Schiff bestiegen, um die Heimreise anzutreten, und ein großer, abstoßend häßlicher spanischer Matrose nahm Rosalind in die Arme und kletterte mit ihr das Fallreep hinauf. Ich erwartete einen Sturm der Entrüstung, aber sie muckste nicht. Verzückt lächelte sie ihn an.

«Er war doch ein Fremder, und es hat dir nichts ausgemacht?» wunderte ich mich.

«Er hat ja nicht zu mir gesprochen, und mir hat sein Gesicht gefallen – so ein nettes, häßliches Gesicht.»

7

Ich hatte mir einen ungefähren Plan für mein zukünftiges Leben zurechtgelegt, mußte aber noch eine letzte Entscheidung treffen.

Archie und ich setzten uns zu einer Aussprache zusammen. Er sah krank und müde aus. Wir redeten von gewöhnlichen Dingen und von Leuten, die wir kannten. Dann fragte ich ihn, wie er sich jetzt fühle; ob er ganz sicher wäre, daß er nicht zurückkommen und mit mir und Rosalind leben wollte. Ich erinnerte ihn daran, wie lieb sie ihn hatte und erwähnte auch, wie sehr sie sich über seine Abwesenheit gewundert hatte.

Mit jener rücksichtslosen Offenheit, wie sie Kindern eigen ist, hatte sie mir einmal gesagt: «Ich weiß, daß Daddy mich lieb hat und bei mir sein möchte. Dich scheint er nicht lieb zu haben.»

«Du siehst also, daß sie dich braucht», drängte ich. «Willst du es dir nicht überlegen?»

«Nein, nein, das kann ich nicht. Es gibt nur eines, was ich wirklich haben will. Ich will unbedingt glücklich sein, und das kann ich nur, wenn ich Nancy heirate. Sie ist seit zehn Monaten auf einer Weltreise. Ihre Familie hat auch geglaubt, daß sie darüber hinwegkommen würde, aber das ist nicht geschehen. Wie gesagt: das ist das einzige, was ich tun kann und tun will.»

Damit war alles geklärt. Ich ging zu einem Anwalt, der alles Nötige in die Wege leitete. Ich mußte nur noch entscheiden, was ich mit mir anfangen sollte. Rosalind war im Internat, und Carlo und Punkie gingen sie besuchen. Bis zu den Weihnachtsfeiertagen hatte ich Zeit, und ich beschloß, auf Reisen zu gehen: Westindien und Jamaica. Ich begab mich zu Cooks und ließ mir meine Tickets ausstellen.

Doch das Schicksal hatte andere Pläne für mich. Zwei Tage bevor ich abreisen sollte, ging ich mit Freunden zum Dinner. Ich kannte die Leute nicht besonders gut, aber es war ein reizendes Paar. Unter den Gästen befanden sich auch ein Marineoffizier, Commander Howe, und seine Frau. Ich kam neben den Commander zu sitzen, und er erzählte mir von Bagdad. Er war am Persischen Golf stationiert gewesen und vor kurzem nach England zurückgekehrt. Nach dem Essen setzte sich seine Frau zu uns und wir plauderten. Die Leute, sagte sie, behaupteten, Bagdad sei eine fürchterliche Stadt, aber ihr Mann und sie fänden sie bezaubernd. Die beiden erzählten und erzählten, und ich geriet allmählich in Begeisterung. Man müsse wohl eine Schiffsreise unternehmen, um hinzugelangen, sagte ich.

«Sie können mit dem Zug fahren – mit dem Orient-Expreß.»

«Mit dem Orient-Expreß?»

Schon immer hatte ich einmal mit dem Orient-Expreß fahren wollen. Auf meinen Reisen nach Frankreich oder Spanien oder Italien hatte der Orient-Expreß oft in Calais gestanden, und ich wäre nur allzu gerne eingestiegen. Simplon-Orient-Expreß: Mailand, Belgrad, Istanbul . . .

Ihr Enthusiasmus steckte mich an. Commander Howe schrieb mir einige Sehenswürdigkeiten in Bagdad auf, die ich nicht versäumen durfte. «Sie müssen nach Mosul – nach Basra – und unbedingt auch nach Mugajjar, dem vorgeschichtlichen Ur.»

«Ur?» Vor einigen Tagen hatte ich in der *Illustrated London News* von Leonard Woolleys wunderbaren Funden in Ur gelesen. Archäologie hatte immer schon eine gewisse Anziehung auf mich ausgeübt, obwohl ich nichts davon verstand.

Am nächsten Morgen eilte ich zu Cooks, gab meine Tickets für Westindien zurück und besorgte mir statt dessen Fahr- und Platzkarten für den Simplon-Orient-Expreß nach Istanbul; von Istanbul nach Damaskus; und von Damaskus durch die Wüste nach Bagdad. Ich war schrecklich aufgeregt. Es würde vier oder fünf Tage dauern, bis ich alle Visa hatte, und dann konnte es losgehen.

«Ganz allein?» Carlo meldete Bedenken an. «Du willst ganz allein in den Nahen Osten fahren? Du weißt doch nichts von dieser Gegend!»

«Es wird schon klappen», beruhigte ich sie. «Man muß sich auch einmal allein an etwas herantrauen, meinst du nicht?» Das hatte ich noch nie getan – verspürte auch jetzt keine Lust dazu –, aber ich dachte mir: «Jetzt oder nie. Entweder ich schreibe Sicherheit groß und bleibe in meiner gewohnten Umgebung, oder ich entwickle mehr Eigeninitiative und verlasse mich nicht mehr auf fremde Hilfe.»

Und so kam es, daß ich fünf Tage später die Reise nach Bagdad antrat.

Eigentlich war es nur der Name, der mich so faszinierte. Ich glaube nicht, daß ich eine klare Vorstellung von Bagdad hatte. Ich erwartete gewiß nicht, die Stadt Harun al Raschids zu entdecken. Es war einfach ein Ort, den ich nie zu besuchen gedacht hatte und der mir die Freuden des Unbekannten darbringen sollte.

Mit Archie war ich um die Welt gefahren, mit Carlo und Rosalind auf den Kanarischen Inseln gewesen; jetzt reiste ich allein, ohne Begleitung. Nun bot sich mir die Gelegenheit zu entdecken, aus welchem Holz ich geschnitzt war – ob ich auf andere Menschen angewiesen war, wie ich fürchtete. Ich konnte meiner Leidenschaft frönen, fremde Länder zu besuchen, konnte mich jederzeit anders besinnen – wie eben jetzt, da ich Bagdad statt Westindien gewählt hatte. Ich brauchte auf niemanden außer mir selbst Rücksicht zu nehmen. Ich würde ja sehen, wie mir das behagte.

ACHTES KAPITEL

ZWEITER FRÜHLING

1

Ich habe schon immer eine Schwäche für Fernzüge gehabt. Es ist traurig, daß es heutzutage keine Lokomotiven mehr gibt, die man als persönliche Freunde ansehen kann.

Ich betrat mein Schlafwagenabteil in Calais und machte es mir im Zug meiner Träume bequem. Sehr bald lernte ich eine der großen Gefahren kennen, die einen Reisenden bedrohen. In meinem Abteil war eine Frau in mittleren Jahren; eine gut gekleidete, erfahrene, offenbar weitgereiste Dame mit vielen Koffern und Hutschachteln – ja, in jenen Tagen reiste man noch mit Hutschachteln –, die mich in ein Gespräch verwickelte.

Wo ich denn hinfahre? wollte meine Reisegefährtin wissen. Nach Italien? Nein, antwortete ich, ein Stück weiter. Wohin also dann? Nach Bagdad. Sofort geriet sie in größte Begeisterung. Sie lebte in Bagdad – so ein Zufall! Wenn ich dort bei Freunden wohnte, wie sie annahm, kannte sie diese bestimmt. Ich sagte ihr, daß ich nicht bei Freunden wohnen würde.

«Aber wo denn sonst? Sie können doch in Bagdad unmöglich in einem Hotel absteigen.»

Und warum nicht? wollte ich wissen. Wozu sonst gäbe es denn Hotels? So dachte ich im stillen, sprach es aber nicht laut aus.

«Oh! Die Hotels sind doch ganz unmöglich! Das können Sie auf keinen Fall machen! Ich sage Ihnen etwas: Sie werden bei uns wohnen!»

Ich war etwas überrascht.

«Nein, nein, Sie dürfen nicht ablehnen! Wie lange beabsichtigen Sie zu bleiben?»

«Ach, wahrscheinlich nur ein paar Tage.»

«Na, jedenfalls wohnen Sie zuerst bei uns, und dann können wir Sie ja weiterreichen!»

Es war sehr lieb, sehr gastfreundlich, aber in meinem Innersten lehnte ich mich sogleich dagegen auf. Ich begann zu begreifen, was Commander Howe gemeint hatte, als er mir empfahl, mich von der englischen Kolonie fernzuhalten. Ich sah mich schon an Händen und Füßen gebunden. Mit viel Gestammel und Gestotter versuchte ich ihr darzulegen, was ich zu tun und sehen beabsichtigte, aber Mrs. C. – sie hatte sich vorgestellt und mir mitgeteilt, daß ihr Gatte sie in Bagdad erwartete, und daß sie als eine der ersten Engländerinnen in diese Stadt gekommen war – wischte meine Pläne mit einer Handbewegung vom Tisch.

«Ach, Sie werden sehen, es ist alles ganz anders. Wir haben dort wirklich ein sehr schönes Leben. Es wird viel Tennis gespielt, und es ist überhaupt viel los. Es wird Ihnen sicher gut gefallen. Die Leute behaupten, Bagdad sei eine schreckliche Stadt, aber ich teile diese Meinung nicht.»

Höfliches Entgegenkommen zeigend, erklärte ich mich mit allem einverstanden. «Sie fahren wohl nach Triest und von dort mit dem Schiff nach Beirut, nicht wahr?» fragte sie.

Nein, erwiderte ich, ich würde mit dem Orient-Expreß weiterfahren. Sie schüttelte zweifelnd den Kopf. «Das finde ich aber nicht sehr ratsam. Nun, das läßt sich jetzt nicht mehr ändern. Wir sehen uns hoffentlich wieder. Ich gebe Ihnen meine Karte. Wenn Sie Beirut verlassen, schicken Sie uns ein Telegramm. Mein Mann wird Sie dann in Bagdad abholen und gleich zu uns nach Hause bringen.»

Was konnte ich anderes tun als ihr herzlich danken und betonen, daß meine Pläne noch nicht definitiv waren. Glücklicherweise machte Mrs. C. nicht die ganze Reise mit. Sie wollte den Zug in Triest verlassen und dort das Schiff nach Beirut nehmen. Ich war so klug gewesen, ihr nicht zu verraten, daß ich die Absicht hatte, in Damaskus und Istanbul Station zu machen, und so würde sie vermutlich zu dem Schluß kommen, daß ich mich anders besonnen und auf die Reise nach Bagdad verzichtet hatte. Am nächsten Tag in Triest verabschiedeten wir uns auf das herzlichste, und ich konnte endlich beginnen, meine Reise zu genießen.

Sie erfüllte alle meine Erwartungen. Wir fuhren durch Jugoslawien und den Balkan, wo sich mir eine faszinierende, unbekannte, neue Welt darbot: tiefe Felsschluchten, Ochsenkarren und andere malerische Vehikel, die Bauern auf den Bahnhöfen. In Städten wie Niš und Belgrad stieg ich aus und bewunderte die riesigen Lokomotiven mit ihren völlig anderen Aufschriften und Zeichen. Natürlich machte ich unterwegs noch einige Bekanntschaften, von welchen mich jedoch keine so mit Beschlag belegte, wie Mrs. C. das getan hatte. Ich verbrachte die Zeit sehr angenehm mit einer amerikanischen Missionarin, einem holländischen Ingenieur und zwei türkischen Damen. Mit letzteren konnte ich nicht viel konversieren; wir behalfen uns mit französischen Sprachbrocken. Ich fand mich in der erniedrigenden Lage, eingestehen zu müssen, daß ich nur ein einziges Kind geboren hatte, noch dazu nur eine Tochter. Die eine türkische Dame hatte, wenn ich sie richtig verstand, dreizehn Kinder geboren, fünf waren gestorben, drei oder vier Fehlgeburten gewesen. Sie empfahl mir alle nur möglichen Mittel, um meine Familie zu vergrößern; meinen Organismus sollte ich mit Tee, Kräutermischungen und Knoblauch stimulieren. Schließlich gab sie mir auch noch die Adresse eines «ganz wunderbaren» Arztes in Paris.

Man muß allein reisen, um zu erfahren, in welchem Maß die Welt dem einzelnen Schutz und Hilfe angedeihen läßt. Die Missionarin empfahl mir verschiedene der Verdauung zuträgliche Mittel: Sie besaß eine reiche Auswahl an Laxativen. Als die Frage aufs Tapet kam, wo ich in Instanbul absteigen sollte, nahm mich der holländische Ingenieur ernsthaft ins Gebet und warnte mich vor den Gefahren, die in dieser Stadt auf mich lauerten. «Sie müssen sehr vorsichtig sein», sagte er. «Sie sind eine wohlerzogene Dame, Sie kommen aus England, und Sie haben stets im Kreis Ihrer Familie gelebt. Sie dürfen nichts glauben, was die Leute Ihnen erzählen. Sie dürfen keine Vergnügungsstätten besuchen, wenn Sie nicht genau wissen, wo man Sie hinbringt.» Er redete mit mir wie mit einer siebzehnjährigen Unschuld. Ich dankte ihm und versicherte ihm, daß ich gut auf mich aufpassen würde.

Um mich vor noch schlimmeren Gefahren zu bewahren, lud er mich noch am Abend unserer Ankunft zum Essen ein. «Das Tokatlian», sagte er, «ist ein sehr gutes Hotel. Dort sind Sie völlig sicher. Ich hole Sie um neun Uhr ab und führe Sie in ein sehr nettes Restaurant, sehr korrekt. Es wird von russischen Damen geführt – von Weißrussinnen, alles Aristokratinnen. Sie kochen sehr gut und achten sorgfältig auf gute Sitten.» Ich nahm die Einladung dankend an, und er erschien pünktlich zur vereinbarten Stunde.

Am nächsten Tag, nachdem er seine Geschäfte erledigt hatte, holte er mich abermals ab, zeigte mir einige der Sehenswürdigkeiten und verschaffte mir einen Führer. «Den von Cooks müssen Sie nicht nehmen. Er ist zu teuer. Der hier ist sehr verläßlich.»

Umhegt von den aristokratisch lächelnden russischen Damen, verbrachte ich einen zweiten netten Abend mit meinem holländischen Ingenieur. Am Tag darauf zeigte er mir noch mehr Sehenswürdigkeiten und lieferte mich schließlich wieder beim Hotel

Tokatlian ab. «Ich frage mich», begann er, als wir auf der Schwelle standen, und sah mich forschend an, «ich frage mich . . .», und verstummte, als er erriet, wie ich auf seine Frage reagieren würde. Er seufzte. «Nein. Ich glaube, ich täte besser daran, nicht zu fragen.»

«Ja, Sie haben recht, doch ich finde Sie sehr liebenswürdig, und ich möchte Ihnen herzlich danken», sagte ich.

Wieder seufzte er. «Es wäre schön gewesen, wenn es sich anders ergeben hätte, aber . . . ja, so ist es richtig.» Er drückte mir die Hand, hob sie an die Lippen und verschwand aus meinem Leben.

Am nächsten Tag wurde ich höchst korrekt von einem Mann von Cooks abgeholt und über den Bosporus zum Haydarpaşa-Bahnhof gebracht, um meine Reise mit dem Orient-Expreß fortzusetzen. Ich war froh, meinen Führer bei mir zu haben, denn auf dem Haydarpaşa-Bahnhof ging es zu wie in einem Narrenhaus. Die Leute schrien und brüllten und gestikulierten, um die Aufmerksamkeit des Zollbeamten auf sich zu lenken. Ich lernte die von den Cooks-Leuten angewandte Technik kennen. «Sie mir jetzt geben eine Ein-Pfund-Note», sagte er. Ich gab ihm das Geld. Sofort sprang er auf eine Bank und schwenkte den Schein in der Luft. «Hier, hier», rief er, «hier, hier!» Seine Rufe hatten Erfolg. Ein goldbetreßter Zollbeamter stürzte herbei, versah mein Gepäck mit großen Kreidezeichen, wünschte mir eine gute Reise – und verschwand, um alle jene weiterzuquälen, die sich das «Pfundsystem» noch nicht zu eigen gemacht hatten. «Und jetzt ich Sie unterbringen in Zug», sagte der Mann von Cooks. «Sie mir geben noch ein Pfund.» Ich gab ihm ein Pfund, und er verließ mich mit ehrerbietigen Grüßen und Segenssprüchen.

Der Übertritt von Europa nach Asien geschah fast unmerklich, aber ich hatte das Gefühl, als ob die Zeit hier weniger Bedeutung hätte. Gemächlich zuckelte der «Expreß» die Küste des Marmarameers entlang und kletterte dann in die Berge hinauf – es war unbeschreiblich schön. Ganz andere Leute saßen jetzt im Zug, aber es fällt mir schwer zu sagen, worin der Unterschied bestand. Ich hatte keine Berührung mit meinen Mitreisenden, aber ich beschäftigte mich weit intensiver mit allem, was rund um mich vorging. Wenn wir an einem Bahnhof hielten, sah ich aus dem Fenster und bestaunte die bunt gekleideten Landleute, die sich auf den Bahnsteigen drängten, und die seltsamen Speisen, die den Passagieren in den Waggon hinaufgereicht wurden. In große Blätter eingeschlagen gab es Spieße mit Fleischstücken, Eier in verschiedenen Farben, Gerichte aller Art. Je weiter wir nach Osten kamen, desto unappetitlicher und fetter wurden die Mahlzeiten.

Am zweiten Abend gab es einen längeren Aufenthalt. Die Passagiere stiegen aus, um das Kilikische Tor zu bewundern. Es war ein Augenblick erhabener Schönheit, und ich habe ihn nie vergessen. Ich sollte diesen Paß noch oft und in beiden Richtungen überqueren – je nach Fahrplan zu verschiedenen Tages- und Nachtzeiten: manchmal am frühen Morgen, zuweilen, wie dieses erste Mal, gegen sechs Uhr abends, und manchmal, bedauerlicherweise, um Mitternacht. Dieses erste Mal hatte ich Glück. Langsam versank die Sonne hinter den Bergen, und ich war glücklich, daß ich gekommen war – von Dankbarkeit und Entzücken erfüllt. Ich bestieg wieder den Zug, der Zugführer pfiff, und wir begannen die lange Fahrt durch die Schlucht, bis wir unten am Fluß die Ebene erreichten. Langsam näherten wir uns der Grenze und kamen schließlich nach Aleppo in Syrien.

Noch vor unserer Ankunft in Aleppo widerfuhr mir ein arges Mißgeschick. Ich war, so dachte ich, von Moskitos zerstochen worden – Arme und Hals, Knie und Knöchel juckten ganz furchtbar. Ich war eine noch sehr unerfahrene Touristin und erkannte nicht gleich, daß ich nicht von Moskitos, sondern von Wanzen gequält worden war. Ich konnte auch nicht ahnen, daß ich mein Leben lang besonders empfindlich auf solche Bisse reagieren würde. Die Tierchen kamen aus den altmodischen, hölzernen Eisenbahnwaggons und fielen hungrig über die saftigen Reisenden her. Meine Körpertemperatur stieg auf achtunddreißig Grad und meine Arme schwollen an. Schließlich blieb mir nichts anderes übrig, als mir mit der Hilfe eines liebenswürdigen französischen Handlungsreisenden die Ärmel meiner Bluse und meiner Jacke aufzuschneiden. Ich hatte Fieber und Kopfschmerzen, wir war richtig übel, und im stillen dachte ich: «Was ist mir nur eingefallen, diese Reise zu unternehmen!» Aber mein französischer Reisegefährte stand mir hilfreich zur Seite: er stieg aus und besorgte mir Trauben – die kleinen süßen Trauben, die in dieser Gegend wachsen. «Sie werden keinen Hunger haben», sagte er. «Ich sehe ja, daß Sie Fieber haben, aber die Trauben werden Ihnen gut tun.»

Obgleich von Mutter und Großmüttern dazu angehalten, auf Reisen alles Obst vor dem Essen zu waschen, ignorierte ich jetzt diese Ratschläge. Alle Viertelstunden aß ich von meinen Trauben, und bald klang mein Fieber ab. Der freundliche Franzose verabschiedete sich in Aleppo von mir, und schon am nächsten Tag waren die Schwellungen zurückgegangen und ich fühlte mich wohler.

Nach einer langen, ermüdenden Tagesreise in einem Zug, der

nie schneller als fünf Meilen in der Stunde zu fahren schien und ständig bei etwas stehenblieb, das sich kaum von seiner Umgebung abhob und dennoch Bahnhof hieß, erreichte ich schließlich Damaskus. Wüstes Geschrei empfing mich, als ich aus dem Zug stieg. Brüllend und kreischend rissen mir die Gepäckträger meine Koffer und Taschen aus der Hand. Vor dem Stationsgebäude entdeckte ich einen modernen Omnibus mit der Aufschrift: Orient Palace Hotel. Ein würdevoll blickender Chauffeur in Livree nahm sich meiner und meines Gepäcks an, und zusammen mit ein oder zwei anderen völlig verwirrten Reisenden stieg ich in den Bus und wurde ins Hotel gefahren, wo ein Zimmer für mich reserviert war. Es war ein überaus prächtiges Hotel mit großen, glitzernden Marmorhallen, aber mit so schwachem elektrischem Licht, daß man kaum die nächste Umgebung ausmachen konnte. Nachdem ich eine Marmortreppe hinaufgeleitet und in einer riesigen Suite untergebracht worden war, läutete ich dem Zimmermädchen. Sie hatte ein freundliches Gesicht und schien ein paar Worte Französich zu verstehen. Ich erkundigte mich nach einem Bad.

«Ein Mann machen», sagte sie. *«Un homme – un type – il va arranger.»* Sie nickte mir ermutigend zu und verschwand.

Ich wußte nicht so recht, was sie mit «un type» meinte, doch ergab sich am Ende, daß es der Badewärter war, der, als Geringster unter Geringen in gestreifte Baumwolle gewandet, meine in einen Bademantel gehüllte Person zu einem Kellergemach geleitete, wo er an verschiedenen Rädern und Hähnen drehte. Kochendes Wasser lief über den Steinboden, und Dampf füllte den Raum, so daß ich nichts sehen konnte. Er nickte, lächelte, gestikulierte, gab mir zu verstehen, daß alles in bester Ordnung wäre, und gondelte ab. Bevor er ging, hatte er noch alles abgedreht, und mittlerweile war das Wasser durch eine Öffnung im Boden abgelaufen. Ich wußte nicht, was ich tun sollte. Das kochende Wasser wieder aufzudrehen, wagte ich nicht. Ich sah etwa acht oder zehn Hähne und Knöpfe an den Wänden, von welchen jeder einzelne ungeahnte Geschehnisse auslösen konnte – wie zum Beispiel eine Dusche siedend heißen Wassers. Schließlich schlüpfte ich aus meinen Pantoffeln und anderen Kleidungsstücken und marschierte im Wasserdampf auf und ab. Einen Augenblick lang befiel mich Heimweh. Wann würde ich wieder ein vertrautes, sauber gekacheltes Badezimmer mit einer strahlend weißen Prozellanwanne und zwei deutlich mit «heiß» und «kalt» gekennzeichneten Hähnen betreten, die man je nach Lust und Laune aufdrehen konnte?

Soweit ich mich erinnern kann, blieb ich drei Tage in Damaskus, absolvierte pflichtgemäß die Sehenswürdigkeiten der Stadt und machte sogar einen Ausflug auf eine Kreuzritterburg. Meine Begleiter waren ein amerikanischer Ingenieur – im Nahen Osten schien es von Ingenieuren zu wimmeln – und ein schon sehr bejahrter Geistlicher. Wir lernten uns erst kennen, als wir um halb neun Uhr früh den Autobus bestiegen. Der alte Kirchenmann, die Güte in Person, war von der Überzeugung durchdrungen, daß der amerikanische Ingenieur und ich verheiratet wären, und redete uns dementsprechend an. «Ich hoffe, es stört Sie nicht», sagte der Ingenieur zu mir. «Keineswegs», erwiderte ich, «es tut mir nur schrecklich leid, daß er Sie für meinen Mann hält.» Die Bemerkung klang ein wenig zweideutig, und wir mußten beide lachen.

Der alte Herr hielt uns einen langen Vortrag über die Vorzüge des Ehelebens, die Notwendigkeit, Kompromisse zu schließen, und wünschte uns viel Glück. Es schien ihn sehr zu betrüben, als der amerikanische Ingenieur ihm ins Ohr brüllte, daß wir nicht verheiratet waren, und so zogen wir es vor, die Sache auf sich beruhen zu lassen. «Aber Sie sollten unbedingt heiraten», drängte er kopfschüttelnd. «Es ist nicht gut, in Sünde zu leben – gar nicht gut.»

Ich besichtigte das schöne Baalbek, besuchte die Basare und kaufte viele der hübschen Messingschüsseln, die dort hergestellt werden. Die Schüsseln waren alle handgemacht, und die einzelnen Muster gehörten jeweils nur jener Familie, die sie herstellte. Der Gedanke, wie da innerhalb der Familie ein und dasselbe Muster vom Vater auf den Sohn und den Enkel übertragen wurde, faszinierte mich; niemand durfte es kopieren, und es gab auch keine Massenproduktion. Ich könnte mir vorstellen, daß man in Damaskus heute nur noch wenige solche Handwerker und ihre Familien vorfindet; statt dessen gibt es wohl Fabriken. Schon in jenen Tagen waren die Muster der eingelegten Holztruhen und Tische zu Schablonen erstarrt und überall anzutreffen. Sie wurden immer noch handgefertigt, aber auf eine allgemeine und unpersönliche Weise.

Ich erstand auch eine Kommode – eine große, mit Perlmutter und Silber eingelegt – ein Möbelstück, das seinen Besitzer stets an ein Märchenland erinnert. Der Dolmetscher, der mich begleitete, hielt nicht viel davon.

«Keine gute Ware, das», meinte er. «Sehr alt – fünfzig Jahre alt, sechzig Jahre alt, vielleicht noch älter. Altmodisch, Sie verstehen. Sehr altmodisch. Nicht neu.»

Ich könne selbst sehen, daß die Kommode nicht neu sei, erwiderte ich, und daß es nicht mehr viele von der Sorte gäbe. Vielleicht würden sie nie wieder hergestellt werden.

«Nein. Niemand das machen jetzt. Sie kommen und anschauen diesen Kasten. Sie sehen? Sehr gut. Und diesen hier. Hier, diese Kommode. Sie sehen? Viele Holzarten drin. Sie sehen, wie viele verschiedene Holzarten? Fünfundachtzig verschiedene Holzarten.» Ich fand sie scheußlich. Ich wollte meine Perlmutter-, Elfenbein- und Silberkommode haben.

Sorgen machte mir, wie ich das Ding nach England bekommen sollte – doch scheinbar gab es da keine Schwierigkeiten. Der Agent von Cooks reichte mich an einen anderen weiter, dieser brachte mich zu einer Speditionsfirma, wo verschiedene Dispositionen getroffen und Berechnungen vorgenommen wurden – mit dem Resultat, daß neun oder zehn Monate später eine fast schon vergessene Perlmutter- und Silberkommode bei mir in Süddevon auftauchte.

Aber das war noch nicht das Ende der Geschichte. Das gute Stück war zwar prächtig anzusehen, erzeugte aber in der Nacht ein seltsames Geräusch, so als ob große Zähne an etwas knabberten. Irgendein Geschöpf fraß meine schöne Kommode auf. Ich nahm die Schubladen heraus und untersuchte sie. Keine Zeichen von Löchern oder Zahnspuren. Trotzdem hörte ich Nacht für Nacht, sobald die Geisterstunde schlug, das schon vertraute *«Knack, knack, knack»*.

Schließlich brachte ich eine Schublade zu einer Firma in London, die sich auf die Bekämpfung tropischer Holzschädlinge spezialisierte. Sie sahen sofort, daß sich etwas Böses in den Tiefen des Holzes abspielte! Um der Sache auf den Grund zu gehen, war es allerdings nötig, die halbe Kommode auseinanderzunehmen, was nicht geringe Auslagen verursachen würde. Genauer gesagt, würde es dreimal so viel kosten, wie ich für die Kommode, und zweimal so viel, wie ich für den Transport nach England bezahlt hatte. Aber ich konnte das gespenstische Knarren und Knacken nicht länger ertragen.

Etwa drei Wochen später läutete das Telefon, und eine aufgeregte Stimme meldete sich: «Können Sie zu uns kommen, Madam, ich möchte Ihnen wirklich gerne zeigen, was wir gefunden haben.» Ich eilte unverzüglich hin. Stolz zeigte man mir eine widerliche Kreuzung aus Larve und Wurm. Das Ding war groß und weiß und scheußlich. Seine Holzdiät hatte ihm offenbar so gut gemundet, daß es ungewöhnlich dick und fett geworden war. Nach ein paar Wochen bekam ich meine Kommode wieder, und meine Nachtruhe war fortan ungestört.

Nach unzähligen Besichtigungsfahrten, die mich in meinem Vorsatz bestärkten, nach Damaskus zurückzukommen und noch intensiver nach den Schönheiten der Stadt zu forschen, kam der Tag, da ich die Reise quer durch die Wüste nach Bagdad antreten sollte. Zu jener Zeit wurde der Reisedienst von der Nairn Line betrieben, einer großen Flotte von dreiachsigen Wagen oder Omnibussen. Zwei Brüder, Gerry und Norman Nairn, führten das Unternehmen. Es waren Australier und sehr zuvorkommende Leute. Ich lernte sie am Abend vor meiner Abreise kennen, als sie gerade dabei waren, auf etwas dilettantische Art Eßpakete in Schachteln zu füllen, und mich baten, ihnen zu helfen.

Der Bus fuhr im Morgengrauen ab. Zwei kräftige junge Burschen würden abwechselnd am Steuer sitzen, und als ich mit meinem Gepäck aus dem Hotel kam, luden sie gerade ein paar Gewehre auf und breiteten achtlos einen Armvoll Teppiche darüber.

«Wir können es nicht an die große Glocke hängen, daß wir sie mit dabei haben, aber ich möchte es nicht riskieren, ohne die Dinger die Wüste zu durchqueren», bemerkte der eine.

«Hast du schon gehört?» fragte der andere. «Heute gibt uns die Herzogin von Alwiyah die Ehre.»

«Allmächtiger!» rief der erste. «Die wird uns wieder Schwierigkeiten machen!»

In diesem Augenblick kam ein wahrer Umzug die Hoteltreppe herunter, und an seiner Spitze trippelte – zu meinem Erstaunen, aber durchaus nicht zu meiner Freude – keine andere als Mrs. C., von der ich mich in Triest verabschiedet hatte. Ich hatte sie längst schon in Bagdad vermutet.

«Ich dachte mir, daß Sie den heutigen Bus nehmen würden», begrüßte sie mich freudestrahlend. «Alles ist erledigt, und ich nehme Sie nach Alwiyah mit. Sie hätten ja wirklich unmöglich in Bagdad in einem Hotel absteigen können.»

Was sollte ich sagen? Ich konnte ihr nicht entwischen. Ich war nie in Bagdad gewesen und kannte die Hotels nicht. Was wußte ich schon? Vielleicht wimmelten sie wirklich allesamt von Flöhen, Wanzen, Läusen, Schlangen und jenen weißgelblichen Küchenschaben, die ich ganz besonders verabscheue? Also stammelte ich verlegen meinen Dank. Wir stiegen in den Wagen, und ich begriff, daß die «Herzogin von Alwiyah» niemand anderer war als meine Freundin Mrs. C. Sie lehnte sofort den Platz, den man ihr zugewiesen hatte, ab; er wäre zu weit hinten, und da würde ihr immer schlecht. Sie mußte den Sitz hinter dem Fahrer haben, aber den hatte eine arabische Dame schon vor Wochen reserviert. Die Herzogin von Alwiyah tat deren Anspruch mit einer Handbewegung ab. Mrs. C. erweckte den Eindruck, die erste Europäerin zu sein, die nach Bagdad reiste, und deren Launen sich alle zu beugen hatten. Die arabische Dame traf ein und verteidigte ihren Platz. Ihr Mann ergriff ihre Partei, und die Auseinandersetzung gedieh zur offenen Feldschlacht. Eine französische Dame erhob ebenfalls Anspruch auf einen der vorderen Sitze, ein deutscher General machte Schwierigkeiten. Ich weiß nicht mehr, welche Argumente die streitenden Parteien geltend machten, aber, wie es in der Welt eben zugeht: vier der Sanftmütigen wurden von den besseren Plätzen vertrieben und mehr oder weniger in den hinteren Teil des Wagens verbannt. Der deutsche General, die Französin, die Araberin und Mrs. C. blieben Sieger. Ich bin nie eine Kämpferin gewesen und war praktisch chancenlos, obwohl ich auf Grund meiner Sitznummer Anspruch auf einen dieser begehrenswerten Plätze gehabt hätte.

Schließlich setzte sich unser Bus polternd in Bewegung. Anfangs war ich von der Fahrt durch die sandige, gelbe Wüste fasziniert, doch dann ließ die Eintönigkeit ein Gefühl der Langeweile in mir aufsteigen, und ich schlug ein Buch auf. Ich war in meinem ganzen Leben noch nie autokrank gewesen, aber das Schwanken des Dreiachsers, wenn man im hinteren Teil saß, war dem Schlingern eines Schiffes nicht unähnlich, und bevor ich noch wußte, wie mir geschah, wurde mir speiübel. Ich schämte mich sehr, aber Mrs. C. war sehr nett und versicherte mir, daß es vielen Reisenden so erging. Sie würde sich darum kümmern, daß ich das nächste Mal einen der vorderen Plätze bekäme!

Die achtundvierzigstündige Fahrt war ebenso fesselnd wie unheimlich. Ich hatte das seltsame Gefühl, von einer Leere nicht so sehr umgeben als vielmehr eingeschlossen zu sein. Ich erfuhr, daß es zur Mittagsstunde unmöglich war, festzustellen, ob man nach Norden, Süden, Osten oder Westen fuhr, und daß es meistens um diese Tageszeit geschah, daß die großen Dreiachser vom Weg abkamen. Auf einer meiner späteren Fahrten durch die Wüste erlebte ich das selbst. Einer der Chauffeure – noch dazu einer der erfahrensten – kam erst nach zwei oder drei Stunden drauf, daß er nach Bagdad und nicht nach Damaskus unterwegs war: Es geschah an der Stelle, wo die Wagenspuren sich teilten. Eine verwirrende Vielfalt von Spuren zerschnitt den Wüstenboden. In der Ferne war ein Wagen aufgetaucht, es wurde ein Schuß abgegeben, und unser Fahrer zog eine noch größere Schleife als sonst. Er glaubte, auf den richtigen Weg zurückgekehrt zu sein, fuhr aber in Wahrheit in die entgegengesetzte Richtung!

Zwischen Damaskus und Bagdad gibt es nur einen einzigen Aufenthalt: die große Festung Rutbah. Wir kamen gegen Mitternacht an. Plötzlich tauchte ein flackerndes Licht aus der Dunkelheit auf. Die großen Tore des Forts öffneten sich. Aufmerksam wachend, Gewehr bei Fuß, standen die Posten des Kamelkorps am Eingang – man hatte schlechte Erfahrungen gemacht mit Banditen, die sich als harmlose Reisende ausgaben. Die dunklen wilden Gesichter der Wachen konnten einen das Fürchten lehren. Wir wurden genau untersucht und eingelassen; hinter uns schlossen sich die Tore. Es gab einige wenige Räume mit Bettgestellen, und wir durften uns, fünf oder sechs Frauen in einem Zimmer, drei Stunden ausruhen. Dann ging es weiter.

Gegen sechs Uhr früh, in der Morgendämmerung, bekamen wir mitten in der Wüste ein Frühstück vorgesetzt. Es gibt auf der ganzen Welt kein so gutes Frühstück wie auf einem Primuskocher im Morgengrauen in der Wüste gebratene Würstchen aus der Dose. Das und starker schwarzer Tee, mehr brauchte man nicht, um die erlahmten Lebensgeister wiederzubeleben. Dazu noch die herrlichen Farben der Wüste – schillernde Rosa-, Aprikosen- und Blautöne – und die scharfe, würzige Luft – ein wunderbares Zusammenspiel, das mich in Ekstase versetzte. Die tiefe Stille, die selbst von Vogelzwitschern nicht gestört wurde, der Sand, der mir durch die Finger rieselte, die aufgehende Sonne, der Geschmack von Würstchen und Tee auf der Zunge – danach hatte ich mich gesehnt. Was konnte einem das Leben mehr bieten?

Wir fuhren weiter und kamen schließlich nach Felujah am Euphrat, überquerten die Ponton-Brücke und passierten den Flughafen Habbaniyah. Wir sahen die ersten Palmenhaine und in der Ferne die goldenen Kuppeln von Kadhimain. Eine zweite Ponton-Brücke führte uns über den Tigris, und wir gelangten auf eine von klapprigen Häusern gesäumte Straße, in deren Mitte, so schien es mir, eine prachtvolle Moschee mit türkisblauen Kuppeln stand. Wir waren in Bagdad.

Ich hatte keine Gelegenheit, ein Hotel auch nur von außen zu sehen. Ich wurde von Mrs. C. und ihrem Mann Eric in einen bequemen Wagen verfrachtet und durch Bagdads einzige Hauptstraße aus der Stadt hinausgefahren, vorbei am Denkmal von General Maude, vorbei an dichten Reihen von Palmenbäumen und Herden prächtiger schwarzer Büffel, die sich in großen Tümpeln tummelten.

Dann kamen wir zu Häusern und Gärten voller Blumen, und hier war ich nun – wie ich es manchmal im stillen bezeichnete – im Land der Mem-Sahibs.

2

Sie waren alle sehr nett zu mir. Die Leute waren liebenswürdig und zuvorkommend – und ich schämte mich meines Gefühls des Eingeschlossenseins. Alwiyah gehört heute zu Bagdad und verfügt über zahlreiche öffentliche Verkehrsmittel, damals aber lag es einige Meilen von der Stadt entfernt. Um hinzukommen, mußte ich mich von jemandem fahren lassen, es war aber immer eine zauberhafte Fahrt.

Einmal machten wir einen Ausflug nach «Buffalo Town», die man immer noch vom Zug aus sehen kann, wenn man von Norden her nach Bagdad kommt. Dem Uneingeweihten mag dieser Ort wie eine Stätte des Grauens erscheinen – ein Slum, ein riesiges Gehege voller Büffel und ihrer Exkremente. Der Gestank ist entsetzlich, und die aus Ölkanistern errichteten Hütten verleiten den Besucher zu der Annahme, daß er ein Beispiel extremer Armut und Erniedrigung vor sich hat. Das ist aber keineswegs der Fall. Die Besitzer der Büffel gelten als wohlhabend. Zwar leben sie in menschenunwürdigen Verhältnissen, ein Büffel ist jedoch hundert Pfund und mehr wert – heute wahrscheinlich noch viel mehr.

Ich merkte sehr bald, daß im Nahen Osten nichts so ist, wie es zu sein scheint. Man muß die eigenen Lebenserfahrungen und Verhaltensweisen ins Gegenteil verkehren und Beobachtungen und Wahrnehmungen neu interpretieren. Du siehst einen Mann, der dich mit wilden Gesten auffordert, fortzugehen, und trittst schnell den Rückzug an – aber in Wahrheit lädt er dich ein, näherzukommen. Wenn ein anderer dich heranzuwinken scheint, will er damit sagen, daß du dich entfernen sollst. Da stehen zwei Männer an zwei gegenüberliegenden Enden eines Feldes, die einander wütend anbrüllen; sie scheinen sich gegenseitig mit Mord und Totschlag zu drohen. Keineswegs. Es sind zwei Brüder, die sich über alltägliche Dinge unterhalten und nur zu faul sind, einer zum anderen hinzugehen. Max, mein Mann, erzählte mir einmal, wie empört er bei seinem ersten Besuch über die Art und Weise war, wie man die Araber anschrie. Er war fest entschlossen, sie nie anzuschreien. Aber er hatte noch nicht lange mit den Männern gearbeitet, als er entdeckte, daß sie seine mit ruhiger Stimme gegebenen Anweisungen nicht zur Kenntnis nahmen. Nicht, weil sie taub waren, sondern weil sie glaubten, er rede mit sich selbst. Wollte er eine Anweisung geben, dachten sie, würde er sich schon der Mühe unterziehen, laut genug zu sprechen, um sich auch verständlich zu machen.

Meine Gastgeber überboten sich an Aufmerksamkeiten. Ich spielte Tennis, fuhr zu Pferderennen, besuchte Sehenswürdigkeiten, machte Einkäufe – wie ich das genauso gut in England hätte tun können. Der geographischen Lage nach befand ich mich wohl in Bagdad, der Mentalität nach war ich in England. Meine Absicht aber war es gewesen, Distanz zu England zu gewinnen und andere Länder kennenzulernen. Hier mußte etwas geschehen.

Ich wollte nach Ur! Ich zog Erkundigungen ein und stellte zu meiner Freude fest, daß ich zu diesem Vorhaben ermutigt und nicht entmutigt wurde. Wie ich erst später erfuhr, organisierte man mir meine Fahrt mit viel unnötigem Firlefanz. «Selbstverständlich müssen Sie einen Träger mitnehmen», erklärte Mrs. C. «Wir kümmern uns um eine Platzkarte für Sie und schicken ein Telegramm nach Ur, um Mr. und Mrs. Woolley wissen zu lassen, daß Sie kommen und alles sehen möchten. Sie können ein paar Nächte dort im Gästehaus schlafen, und wenn Sie zurückkommen, holt Eric Sie wieder ab.»

Ich sagte, daß es sehr freundlich von ihnen wäre, sich so viel Mühe zu machen, und verschwieg dabei etwas schuldbewußt, daß auch ich bereits einige Vorkehrungen für meine restliche Zeit in Bagdad getroffen hatte.

Ich beäugte meinen Träger mit einiger Bestürzung. Er war ein prächtig gekleideter, großer, hagerer Mann, dessen Auftreten darauf hinzuweisen schien, daß er schon viele Mem-Sahibs durch die Länder des Nahen Ostens begleitet hatte und wesentlich besser als sie selbst wußte, was ihnen guttat und was nicht. Er brachte mich in meinem kahlen und nicht sonderlich bequemen Abteil unter, teilte mir mit, daß er mich zur gegebenen Zeit in das Restaurant des jeweiligen Bahnhofs begleiten würde, und verabschiedete sich mit einem tiefen Selam.

Mir selbst überlassen, tat ich sogleich etwas äußerst Unbesonnenes: ich öffnete das Fenster. Die muffige Schwüle im Abteil war nicht zu ertragen; ich sehnte mich nach frischer Luft. Was durch das offene Fenster kam, das war allerdings keine frische, sondern um vieles heißere und staubigere Luft und ein Schwarm von ungefähr sechsundzwanzig Riesenhornissen. Ich war entsetzt. Die Hornissen surrten im Abteil herum und kamen mir bedrohlich nahe. Ich konnte mich nicht entscheiden: sollte ich das Fenster offenlassen und hoffen, daß sie hinausfliegen würden, oder sollte ich es schließen und versuchen, mit den sechsundzwanzig Hornissen fertig zu werden? Es war sehr ungemütlich, und ich kauerte eineinhalb Stunden verängstigt in einer Ecke, bis mein Träger mich erlöste und ins Restaurant führte.

Das Essen war öltriefend und nicht besonders gut, und ich hatte auch nicht viel Zeit, es zu verzehren. Eine Glocke läutete, mein treuer Diener kam mich holen, und ich kehrte in meinen Waggon zurück. Das Fenster war geschlossen und die Hornissen verjagt. Ich hatte das Abteil für mich allein – das schien so üblich zu sein. Die Zeit verging nur langsam – lesen konnte ich nicht, weil der ganze Zug hin- und herschwankte, und außer verkümmertem Buschwerk und Sandwüste war nicht viel zu sehen. Es war eine lange und ermüdende, nur ab und zu von Mahlzeiten unterbrochene Fahrt.

Während der vielen Jahre, in welchen ich diese Reise immer wieder machte, hat sich die Ankunftszeit in Ur häufig verschoben – aber sie war immer ungünstig. Dieses erste Mal war es, glaube ich, fünf Uhr früh. Ich stieg aus, begab mich ins Gästehaus des Bahnhofs und verbrachte dort in einem sauberen, nüchternen Schlafraum die Stunden bis zum Frühstück. Kurz darauf traf ein Wagen ein, der mich zu der eineinhalb Meilen entfernten Fundstätte bringen sollte. Ich ahnte nicht, daß mir damit eine große Ehre zuteil wurde. Nachdem ich selbst viele Jahre an Ausgrabungen beteiligt gewesen bin, weiß ich, was ich damals eben nicht wußte, nämlich wie unerwünscht Besucher sind. Sie tauchen zu den unmöglichsten Zeiten auf, möchten alles gezeigt bekommen, wollen unterhalten werden und fallen ganz allgemein lästig. Bei erfolgreichen Grabungen wie der von Ur war jede Minute kostbar, und die Menschen arbeiteten praktisch ohne Pause. Sich mit aufgeregt schnatternden Damen abgeben zu müssen, war so ziemlich das Schlimmste, was ihnen passieren konnte. Die Woolleys hatten das Problem mittlerweile recht gut in den Griff bekommen: die Besucher wurden in Gruppen herumgeführt, man zeigte ihnen das Nötigste und versuchte, sie so schnell wie möglich wieder loszuwerden. Ich aber wurde als geehrter Gast empfangen und hätte dies weit höher einschätzen sollen, als ich es tat.

Daß ich so aufgenommen wurde, war allein der Tatsache zuzuschreiben, daß Katharine Woolley, Leonard Woolleys Frau, eben erst eines meiner Bücher, nämlich *Alibi*, gelesen hatte. Sie war so begeistert davon, daß sie mir den Status einer V.I.P. zuerkannte.

Auch die anderen Mitglieder der Expedition wurden gefragt, ob sie das Buch gelesen hatten. Wer es nicht gelesen hatte, erhielt einen strengen Verweis!

Leonard Woolleys Liebenswürdigkeit öffnete mir viele Türen, und auch Millar Burrows, ein Jesuitenpater und Inschriftenforscher, führte mich herum. Pater Burrows war ein Original, und die Art, wie er mir gewisse Dinge schilderte, ergab einen reizvollen Kontrast. Leonard Woolley war ein Mann mit einer sehr lebhaften Phantasie. Für ihn war alles so wirklich, als ob er 1500 vor Christus oder noch ein paar tausend Jahre früher leben würde. Ganz anders Pater Burrows' Einstellung. Als müsse er sich entschuldigen, beschrieb er mir den großen Hof, einen Tempelbezirk oder eine Ladenstraße, und just, wenn ein Bild vor meinen Augen zu erstehen begann, sagte er: «Natürlich wissen wir nicht, ob es auch wirklich so war. Es läßt sich nicht mit Sicherheit feststellen. Nein, wahrscheinlich war es nicht so.» Oder auch: «Ja, ja, das waren Läden, aber ich glaube nicht, daß sie so gebaut waren, wie wir uns das vorstellen. Vielleicht sehen wir das ganz falsch.» Er hatte die Tendenz, alles herabzusetzen. Er war eine interessante Persönlichkeit – klug, freundlich und doch reserviert; über seinem Wesen lag – kaum merkbar – ein unmenschlicher Zug.

Bei einem Mittagessen beschrieb er mir einmal, ohne daß es einen Anlaß dazu gegeben hätte, ganz genau, was für eine Detektivgeschichte ich seiner Meinung nach gut schreiben könnte und auch schreiben sollte. Bis zu diesem Augenblick hatte ich keine Ahnung gehabt, daß er an Detektivgeschichten Gefallen fand. Die Geschichte, die er mir in groben Umrissen skizzierte, warf in der Tat ein interessantes Problem auf, und ich beschloß, mich gelegentlich eingehend damit zu befassen. Es vergingen viele Jahre, aber eines Tages, vielleicht ein Vierteljahrhundert später, erinnerte ich mich daran, und ich schrieb zwar kein Buch, aber eine lange Kurzgeschichte, die auf jener besonderen Verflechtung von Ereignissen basierte, die er skizziert hatte. Vater Burrows war damals schon lange tot, aber ich hoffte, er würde irgendwie erfahren, daß ich seine Anregung dankbar aufgegriffen hatte.

Katharine Woolley, die in späteren Jahren eine meiner besten Freundinnen werden sollte, war eine außergewöhnliche Frau. Die Menschen schwankten in ihrer Einstellung zu Katharine Woolley: sie empfanden heftige Abneigung gegen sie, verfolgten sie mit wildem, tödlichem Haß – und erlagen dem Zauber ihres Wesens. Dies vielleicht deshalb, weil sie so leicht und schnell von einer Stimmung in die andere wechselte, daß man nie genau wußte, woran man bei ihr war. Sie wäre unmöglich, sagten die Leute, sie wollten nichts mehr mit ihr zu tun haben – und plötzlich waren sie wieder von ihr fasziniert. Eines weiß ich ganz sicher: hätte ich mir eine Frau als Gefährtin suchen müssen, um mit ihr auf einer einsamen Insel zu leben, sie würde wie keine andere imstande gewesen sein, mein Interesse zu erwecken und wachzuhalten. Nie waren es Banalitäten, über die sie sprechen wollte. Sie konnte unhöflich sein, konnte einem, wenn ihr der Sinn danach stand, die größten Grobheiten an den Kopf werfen – aber wenn sie einen Menschen becircen wollte, gelang ihr das ohne Mühe.

Ich verliebte mich in Ur mit seinen herrlichen Abenden, der in geheimnisvolle Schatten gehüllten Zikkurrat und dem unendlichen Sandmeer, das ständig seine zarten Farben wechselte. Es machte mir Freude, die Arbeiter zu beobachten, die Vorarbeiter, die kleinen Jungen mit ihren Körben, die Handlanger – die ganze Technik, das Tun und Treiben. Der Zauber der Vergangenheit nahm mich gefangen. Die Sorgfalt, mit der Töpfe und Krüge ans Tageslicht geholt wurden, erfüllte mich mit dem sehnsüchtigen Verlangen, selbst Archäologin zu sein. Wie bedauerlich war es doch, dachte ich, daß ich immer ein so leichtfertiges Leben geführt hatte. Brennende Scham überkam mich, als ich daran zurückdachte, wie Mutter in Kairo versucht hatte, mich zu einem Ausflug nach Luxor und Assuan zu überreden, um mich die vergangene Pracht Ägyptens erleben zu lassen. Und ich hatte nichts anderes im Kopf gehabt, als junge Männer kennenzulernen und bis in die frühen Morgenstunden zu tanzen. Es kommt wohl für alles die richtige Zeit.

Katharine Woolley und ihr Mann drängten mich, einen Tag länger zu bleiben, um mir Gelegenheit zu geben, mehr von den Ausgrabungen zu sehen; ich gab ihren Bitten nur zu gerne nach. Der Träger, den Mrs. C. mir aufgezwungen hatte, war völlig unnötig. Katharine Woolley schickte ihn nach Bagdad zurück und ließ ausrichten, daß ich noch nicht entschieden hätte, wann ich die Heimreise antreten wollte. Auf diese Weise hoffte ich, mich unbemerkt von meiner früheren Gastgeberin im Tigris Palace Hotel einquartieren zu können.

Der Plan schlug fehl, denn Mrs. C. hatte ihren armen Mann tagtäglich zum Zug aus Ur beordert. Aber es fiel mir nicht schwer, ihn loszuwerden. Ich dankte ihm überschwenglich und sagte ihm, daß ich es doch für besser hielt, im Hotel zu logieren, und daß ich bereits ein Zimmer bestellt hätte. Er fuhr mich hin. Nachdem ich ihm nochmals gedankt hatte, nahm ich seine Einladung an, in ein paar Tagen zum Tennis hinauszukommen. Auf diese Weise entrann ich der Knechtschaft des gesellschaftlichen Lebens nach englischer Manier. Ich war keine Mem-Sahib mehr, ich war Touristin geworden.

Das Hotel war gar nicht so übel. Zunächst tauchte man in tiefe Düsternis: eine große Halle plus Speisesaal mit ständig zugezogenen Vorhängen. Im ersten Stock umschloß eine Veranda sämtliche Zimmer, von der aus jeder, der gerade vorbeikam, hineingucken und mit dem im Bett liegenden Gast die Ereignisse des Tages durchsprechen konnte. Zu den Essenszeiten stieg ich in das geheimnisvolle Dunkel hinab, das mit sehr schwachem elektrischem Licht erhellt war. Hier wurden einem mehrere Mahlzeiten zugleich vorgesetzt; die einzelnen Gänge waren nur schwer voneinander zu unterscheiden – große Stücke gebratenen Fleisches, Reis, harte, kleine Kartoffeln, zähe Tomatenomeletten, riesige, bläßliche Blumenkohlköpfe, und so weiter und so fort.

Die Howes, jenes nette Ehepaar von dem ich zu dieser Reise inspiriert worden war, hatten mir auch einige Adressen von Bekannten mitgegeben, mit denen zusammenzutreffen es sich wirklich lohnte. Von der englischen Lebensweise in Alwiyah abgesehen, war Bagdad die erste wahrhaft orientalische Stadt, die ich kennenlernte. Man konnte von der Rashid Street abbiegen und durch die schmalen Gäßchen in die verschiedenen Souks gelangen: in den Kupfersouk mit seinen hämmernden und klopfenden Kupferschmieden oder in den Gewürzsouk, in dem alle möglichen Gewürze aufgestapelt waren.

Ein Freund der Howes war Maurice Vickers, ein Anglo-Inder. Er führte, glaube ich, ein recht einsames Leben und erwies sich mir gegenüber als guter Freund. Ihm hatte ich es zu danken, daß ich die goldenen Kuppeln von Kadhimain aus einem höher gelegenen Raum bewundern durfte; er führte mich in Teile der Stadt, die nicht jeder zu sehen bekam; er fuhr mit mir in das Viertel, wo die Töpfer zu Hause waren. Wir unternahmen lange Spaziergänge den Fluß entlang, durch Palmenhaine und Dattelgärten. Vielleicht schätzte ich weniger das, was er mir zeigte, als was er zu sagen wußte. Von ihm lernte ich den Faktor Zeit in mein Denken einzuordnen – ohne Bezug auf eine bestimmte Person – was ich noch nie getan hatte. Aber für ihn waren Zeit und verwandte Begriffe von besonderer Bedeutung.

«Persönliche Dinge werden Sie nicht mehr auf die gleiche Weise berühren, sobald Sie sie in Verbindung zu Zeit und Unendlichkeit bringen. Kummer und Leid, das Endliche und Begrenzte des

Lebens werden sich Ihnen in einer ganz anderen Perspektive darstellen.»

Er fragte mich, ob ich Dunnes *Experiment with Time* gelesen hatte. Ich mußte verneinen. Er lieh mir das Buch, und ich weiß, daß damals etwas Seltsames in mir vorging, es war kein Gesinnungswandel und eigentlich auch keine Veränderung meiner Lebensauffassung, aber irgendwie sah ich die Dinge jetzt in anderen Proportionen: die Bedeutung des eigenen Ichs trat in den Hintergrund, man war ja nur Teil eines Ganzen, einer unendlich beziehungsvollen Welt. Für diese Einführung in eine umfassendere Lebensanschauung bin ich Maurice Vickers dankbar. Er war ein bemerkenswerter junger Mann. Ich fragte mich oft, ob wir einander jemals wiedersehen würden, aber eigentlich bin ich froh, daß dies nie geschah.

Mir blieb nicht mehr viel Zeit für Bagdad, denn ich wollte nach Hause, um alles für Weihnachten vorzubereiten. Man legte mir nahe, nach Basra zu fahren und unbedingt auch nach Mosul. Wenn er die Zeit dazu fände, sagte Maurice Vickers, würde er mich selbst nach Mosul begleiten. Was mir in Bagdad und ganz allgemein im Irak auffiel: es gab immer jemanden, der sich bereit erklärte, einen Gast irgendwohin zu begleiten. Von routinierten Touristinnen abgesehen, waren Frauen nur selten allein unterwegs. Sobald man den Wunsch äußerte, eine Reise zu unternehmen, schon präsentierte jemand einen Freund, einen Vetter, Ehemann oder Onkel, der sich die Zeit nahm, die Reiselustige zu begleiten.

Im Hotel lernte ich einen gewissen Oberst Dwyer von den King's African Rifles kennen. Er war ein älterer, weitgereister Mann, und es gab im Nahen Osten nicht viel, worüber er nicht Bescheid wußte. Wir kamen auf Kenya und Uganda zu sprechen, und ich erzählte ihm auch von meinem Bruder Monty, der ja lange Zeit dort gelebt hatte. Er fragte mich nach seinem Namen. Miller, antwortete ich. Er starrte mich an, und auf seinem Gesicht lag ein Ausdruck, mit dem ich bereits vertraut war: ein Ausdruck ungläubigen Staunens.

«Sie meinen, Sie sind Millers Schwester? Puste-Billy-Miller ist Ihr Bruder?»

Den Beinamen Puste-Billy hörte ich zum ersten Mal.

«Total verrückt?» fügte er fragend hinzu.

«Jawohl», bestätigte ich im Brustton der Überzeugung. «Er war immer total verrückt.»

«Und Sie sind seine Schwester? Du meine Güte, mit dem haben Sie was mitgemacht!»

So könnte man sagen, räumte ich ein.

«Eine der wunderlichsten Typen, die mir je begegnet sind. Man konnte ihn zu nichts zwingen, wissen Sie? Dickköpfig wie ein Maultier, aber man mußte ihn respektieren. Einer der tapfersten Burschen, die ich kenne.»

Ich überlegte kurz. Ja, sagte ich, das wollte ich gerne glauben.

«Unmöglich, im Krieg mit ihm auszukommen. Später wurde mir das Kommando über dieses Regiment übertragen, und ich habe ihn sofort richtig eingeschätzt. Ich kenne diese Sorte von Menschen. Sie sind allesamt halsstarrige Exzentriker, fast genial, aber doch nicht ganz – und deshalb erleiden sie oft Schiffbruch. Sie sind die gewandtesten Gesellschafter, die man sich vorstellen kann – aber nur, wenn sie in der richtigen Stimmung sind. Sonst antworten sie einem nicht einmal – machen einfach nicht den Mund auf.»

Wort für Wort die reine Wahrheit.

«Sie sind wesentlich jünger als er, nicht wahr?»

«Um zehn Jahre jünger.»

«Er verließ Ihr Elternhaus, als Sie noch ein Kind waren – stimmt das?»

«Ja. Ich lernte ihn nie wirklich kennen. Aber er kam auf Urlaub nach Hause.»

«Was ist mit ihm passiert? Als ich das letzte Mal von ihm hörte, lag er krank im Lazarett.»

Ich erzählte ihm, wie man Monty nach England gebracht hatte, um ihn daheim sterben zu lassen, und wie es ihm gelungen war, allen Prophezeiungen der Ärzte zum Trotz doch noch mehrere Jahre zu leben.

«Ganz klar», sagte Oberst Dwyer. «Billy war nicht der Mann, der sich zum Sterben hinlegte, nur weil ihm jemand Order dazu erteilte. Ich erinnere mich noch, wie man ihn einmal in einen Lazarettzug steckte, den Arm in der Schlinge, schwer verwundet ... Aber er hatte es sich in den Kopf gesetzt: er wollte nicht ins Lazarett. Auf der einen Seite schoben sie ihn rein, auf der anderen sprang er heraus – sie hatten alle Hände voll mit ihm zu tun. Schließlich lieferten sie ihn ein, aber schon am dritten Tag gelang es ihm, das Lazarett unbemerkt zu verlassen. Man hat eine Schlacht nach ihm benannt, wußten Sie das?»

Ich gab zu, daß ich so etwas gehört hatte.

«Mit seinem Kommandeur stand er über Kreuz. Ein konventioneller Mensch, ein steifer Knochen, wie man so sagt, ganz und gar nicht Millers Halsweite. Billy war damals für die Maultiere verantwortlich – konnte phantastisch mit ihnen umgehen. Na, jedenfalls erklärte er plötzlich, genau hier müsse man den Deutschen eine Schlacht liefern, und seine Maultiere müßten sich ausruhen. Sein Kommandeur drohte, ihn wegen Meuterei zu melden – er habe seinen Befehlen zu gehorchen, sonst könne er etwas erleben! Billy blieb einfach sitzen und erklärte, sich nicht von der Stelle rühren zu wollen, und das gleiche gelte auch für seine Maultiere. Was die Maultiere betraf, hatte er zweifellos recht: ohne Billy rührten sie sich nicht von der Stelle. Nun, er sollte vors Kriegsgericht kommen. Aber just dann rückte eine starke deutsche Einheit an.»

«Und unsere Leute lieferten ihnen eine Schlacht?»

«Aber sicher – und gewannen sie. Es war der entscheidendste Sieg des ganzen Feldzugs. Dieser Oberst, wie hieß er doch gleich? Rush oder so ähnlich – also der war natürlich wütend. Hätte sich am liebsten in den Hintern gebissen. Da hatte er nun eine Schlacht zu schlagen, und alles nur wegen eines Offiziers, den er wegen Gehorsamsverweigerung vors Kriegsgericht bringen wollte! Aber unter diesen Umständen war das nicht gut möglich – was sollte er tun? Na ja, man wahrte, so gut es eben ging, das Gesicht – aber bis zum heutigen Tag spricht man von Millers Schlacht.» Und dann stellte er mir plötzlich die Frage:

«Haben Sie ihn gern gehabt?»

Eine verfängliche Frage.

«Zeitweilig ja», antwortete ich. «Ich glaube, ich war nie lange genug mit ihm zusammen, um eine echte Zuneigung zu ihm zu fassen. Manchmal brachte er mich zur Verzweiflung, manchmal machte er mich wütend, und manchmal – bezauberte mich sein Wesen.»

«Es fiel ihm sehr leicht, die Frauen zu bezaubern», sagte Oberst Dwyer. «Sie fraßen ihm aus der Hand. Die meisten wollten ihn unbedingt heiraten. Sie verstehen, was ich meine: sie wollten ihn heiraten und ihn bessern, ihn erziehen und dazu überreden, irgendwo ein stilles Glück im Winkel zu suchen. Er ist wohl nicht mehr am Leben, nicht wahr?»

«Nein, er ist vor einigen Jahren gestorben.»

«Oh, das tut mir leid! Oder ist es vielleicht besser so?»

«Ich habe mir diese Frage oft gestellt», sagte ich.

Wo liegt denn nun eigentlich die Grenze zwischen Erfolg und Versagen? So wie es sich dem Beschauer darstellt, war Montys Leben eine einzige Katastrophe. Er hatte alles mögliche versucht und nichts erreicht. Aber ist der Erfolg nur in Zahlen meßbar?

Muß man nicht zugeben, daß er es ungeachtet seines finanziellen Versagens fast immer verstanden hatte, sein Leben zu genießen?

«Ich gebe zu», sagte er einmal gut gelaunt zu mir, «ich habe ein ziemlich schlechtes Leben geführt. Auf der ganzen Welt bin ich Leuten Geld schuldig. In vielen Ländern habe ich gegen die Gesetze verstoßen. In Afrika habe ich mir eine hübsche Menge Elfenbein zusammengetragen – was verboten ist. Die Behörden wissen davon. Aber finden werden sie es nicht! Unserer armen Mutter und Madge habe ich viel Kummer gemacht. Die Pfaffen würden wohl keine gute Meinung von mir haben. Aber auf mein Wort, Mädel, ich habe meinen Spaß gehabt. Für mich war immer nur das Beste gut genug.»

Monty hatte das große Glück gehabt, daß – bis zur alten Mrs. Taylor hin – in Stunden der Not und Bedrängnis immer eine Frau da war, die für ihn sorgte. Mrs. Taylor und er hatten friedlich zusammen am Dartmoor gelebt. Dann bekam sie eine schwere Bronchitis und erholte sich nur sehr langsam. Der Arzt hatte den Kopf geschüttelt und geraten, den kommenden Winter in einem wärmeren Klima zu verbringen – in Südfrankreich vielleicht.

Monty war Feuer und Flamme. Er ließ sich alle möglichen Reiseprospekte kommen. Madge und ich stimmten darin überein, daß man Mrs. Taylor nicht zumuten konnte, am Dartmoor zu bleiben, obwohl sie uns versicherte, daß es ihr nichts ausmachen würde.

«Ich kann Captain Miller jetzt nicht allein lassen.»

Wir hatten Montys Gesundheit im Auge, als wir seinen Phantastereien eine Absage erteilten und statt dessen für ihn und Mrs. Taylor in einer kleinen Pension in Südfrankreich Zimmer bestellten. Ich verkaufte den Bungalow und setzte die beiden persönlich in den Blauen Expreß. Sie strahlten vor Glück, aber auf der Fahrt zog Mrs. Taylor sich eine Erkältung zu, daraus wurde eine Lungenentzündung, und wenige Tage später starb sie im Krankenhaus.

Auch Monty wurde nach Marseille ins Krankenhaus gebracht. Mrs. Taylors Tod hatte ihn tief erschüttert. Madge fuhr hinunter. Sie wußte, daß etwas unternommen werden mußte – aber was? Die Krankenschwester, die ihn betreute, war hilfsbereit und zeigte volles Verständnis. Sie würde sehen, was sie tun könne, sagte sie.

Eine Woche später kam ein Telegramm von dem Bankdirektor, dem wir die Regelung aller finanziellen Angelegenheiten überlassen hatten. Er teilte uns mit, daß er eine zufriedenstellende Lösung gefunden habe. Ich fuhr hinunter. Der Direktor holte mich vom Hotel ab und lud mich zum Mittagessen ein. Er war sehr nett und zuvorkommend, gab aber nur sonderbar ausweichende Antworten auf meine Fragen. Ich konnte mir nicht erklären, was ihn zu dieser zwiespältigen Haltung veranlaßte, aber schließlich kam ich der Ursache seiner Verlegenheit auf den Grund. Er wußte nicht, was Montys Schwestern zu dem Vorschlag sagen würden. Die Krankenschwester Charlotte wollte Monty zu sich nehmen und ihn pflegen. Der Bankdirektor mußte einen Ausbruch altjüngferlicher Entrüstung unsererseits gefürchtet haben – wie falsch hatte er uns eingeschätzt! Madge und ich wären Charlotte vor Dankbarkeit beinahe um den Hals gefallen. Sie kam glänzend mit Monty aus – und er faßte große Zuneigung zu ihr. Sie hielt den Daumen auf dem Geldbeutel – während sie geduldig Montys grandiosen Plänen lauschte, auf einer großen Jacht eine Weltreise zu unternehmen.

Er starb ganz plötzlich an einer Gehirnblutung in einem Kaffeehaus, und Charlotte und Madge weinten zusammen bei seiner Beerdigung. Er wurde auf dem Militärfriedhof in Marseille bestattet. So wie Monty nun einmal war, hat er sein Leben sicherlich bis zum letzten Augenblick genossen.

Oberst Dwyer traf militärische Meisterschaft bezeugende Vorbereitungen für meine nächsten Orientreisen. «Ich habe drei schöne Safaris für Sie geplant», sagte er. «Ich habe sie so eingerichtet, daß wir beide Zeit haben. Ich schlage vor, daß wir uns irgendwo in Ägypten treffen – ich organisiere dann eine Kamelreise quer durch Nordafrika. Wir würden zwei Monate dazu brauchen, aber es wäre ein wunderbares Erlebnis – es würde Ihnen unvergeßlich bleiben. Ich kenne jeden Quadratmeter dieser Gebiete. Dann werden wir uns das Landesinnere ansehen.» Und er entwickelte weitere Reisepläne – zum Großteil auf Ochsenkarren zu bewältigen.

Von Zeit zu Zeit kamen mir Zweifel, ob ich jemals die Kraft haben würde, diese Vorhaben durchzuführen. Vielleicht wußten wir beide, daß alles nur Wunschdenken war. Ich glaube, daß Oberst Dwyer ein sehr einsamer Mann war. Er war mit Leib und Seele Soldat und hatte eine blendende militärische Karriere hinter sich. Seine Frau zeigte jedoch kein Verständnis für seinen Beruf und weigerte sich, England zu verlassen.

«Schließlich schickte ich ihr Geld für sich und die Kinder. Aber mein Leben ist hier – Libyen, Tunesien, Ägypten, Irak, Saudi-Arabien. Hier gefällt es mir, hier fühle ich mich wohl.»

Trotz seiner Einsamkeit war er, glaube ich, zufrieden. Er besaß einen trockenen Humor und erzählte mir einige äußerst lustige Geschichten über die Intrigen innerhalb der englischen Kolonie. Gleichzeitig war er in vieler Hinsicht ein höchst konventioneller

Mensch – ein religiöser, aufrechter Pedant mit festgefügten Ansichten über Recht und Unrecht.

Es war November geworden, und das Wetter begann sich zu ändern. Die Hitze ließ nach, und manchmal regnete es sogar. Ich hatte meine Heimreise gebucht und dachte mit Bedauern an den bevorstehenden Abschied von Bagdad, doch war ich fest entschlossen, bald zurückzukommen. Die Woolleys hatten mir angedeutet, daß ich sie nächstes Jahr besuchen und vielleicht gemeinsam mit ihnen die Heimfahrt antreten könnte. Auch von anderer Seite hatte ich Einladungen erhalten.

Schließlich kam der Tag, da ich wieder den Dreiachser bestieg. Diesmal hatte ich mir einen der vorderen Plätze reserviert – ich wollte mich nicht wieder blamieren. Wir fuhren ab, und sehr bald mußte ich erfahren, welche unangenehmen Überraschungen die Wüste zu bieten hatte. Es begann zu regnen, und der vorher feste Boden wurde innerhalb weniger Stunden zu einem Morast. Mit jedem Schritt, den man tat, heftete sich ein enormer Schlammklumpen an jeden Fuß. Der Dreiachser geriet immer wieder ins Schleudern, rutschte von einer Seite zur anderen und blieb schließlich stecken. Die Fahrer sprangen heraus, gingen mit Schaufeln ans Werk, legten Bretter unter die Räder und fingen an, den Bus auszugraben. Nach etwa vierzig Minuten machten sie einen ersten Versuch. Der Bus erzitterte, hob sich und fiel wieder zurück. Der Regen wurde immer stärker, und am Ende mußten wir nach Bagdad zurückkehren. Am nächsten Tag ging es besser. Wir mußten uns zwar noch ein oder zwei Male ausgraben, aber dann erreichten wir doch Ramadi, und als wir zur Festung Rutbah kamen, hatten wir wieder festen Boden unter den Rädern und es gab keine Schwierigkeiten mehr.

3

Die Heimkehr gehört für mich zu den schönsten Erlebnissen einer Reise. Rosalind, Carlo, Punkie und ihre Familie – sie waren mir jetzt alle doppelt lieb und teuer.

Wir verbrachten die Weihnachtsfeiertage bei Punkie in Cheshire. Dann fuhren wir nach London. Eine von Rosalinds Freundinnen wohnte bei uns – Pam Druce, deren Eltern wir auf den Kanarischen Inseln kennengelernt hatten. Wir hatten die Absicht, eine Pantomime zu besuchen; dann sollte Pam mit uns nach Devonshire kommen und Rosalind während der Feiertage Gesellschaft leisten.

Wir verbrachten einen netten Abend, aber in den frühen Morgenstunden weckte mich eine Stimme: «Haben Sie etwas dagegen, wenn ich zu Ihnen ins Bett komme, Mrs. Christie? Ich habe so komische Träume.»

«Komm nur, Pam», sagte ich und drehte das Licht an. Sie stieg in mein Bett und legte sich seufzend nieder. Ich war ein wenig überrascht, denn Pam hatte mir nicht den Eindruck eines nervösen Kindes gemacht. Aber offenbar beruhigte es sie, und wir schliefen beide ein.

Als man die Vorhänge zurückzog und mir den Tee brachte, warf ich einen Blick auf Pam. Noch nie hatte ich ein Gesicht gesehen, das so mit Flecken bedeckt gewesen wäre. Mein Ausdruck kam ihr sonderbar vor, und sie sagte: «Sie starren mich ja so an!»

«Ja», antwortete ich, «ja, das tue ich.»

«Ich bin auch überrascht», sagte Pam. «Wie komme ich denn in Ihr Bett?»

«In der Nacht bist du zu mir gekommen. Du sagtest, du hättest häßliche Träume gehabt.»

«So? Daran erinnere ich mich gar nicht. Ich kann mir gar nicht vorstellen, wie ich in Ihr Bett gekommen bin. Ist sonst etwas passiert?»

«Tja», sagte ich, «ich fürchte ja. Weißt du, Pam, ich glaube, du hast die Masern.» Ich brachte ihr einen Handspiegel, und sie betrachtete sich. «Ach je», murmelte sie, «ich sehe ziemlich komisch aus, nicht wahr?» Ich mußte ihr beipflichten.

«Und was tun wir jetzt?» fragte Pam. «Kann ich heute abend nicht ins Theater mitkommen?»

«Das wird nicht gehen», antwortete ich. «Zuerst einmal müssen wir deine Mutter anrufen.»

Ich rief Beda Druce an, die sofort herbeieilte und Pam gleich mitnahm. Ich setzte Rosalind in den Wagen und fuhr nach Devonshire, wo wir zehn Tage abwarten wollten, um zu erfahren, ob auch sie die Masern hatte. Die zehn Tage waren kaum um, als ich heftige Kopfschmerzen und Fieber bekam. «Vielleicht bekommst du die Masern und nicht ich», äußerte Rosalind.

«Unsinn», gab ich zurück, «ich hatte schon mit fünfzehn Masern.» Dennoch empfand ich ein leichtes Unbehagen. Es gab Leute, die zweimal an Masern erkrankt waren – und warum sonst sollte ich mich so elend fühlen?

Ich rief meine Schwester an, und Punkie erklärte sich sogleich bereit zu kommen, wenn es nötig werden sollte. Am nächsten Tag hatte sich mein Zustand verschlechtert, und Rosalind klagte über eine Erkältung – die Augen tränten ihr, und sie mußte immerfort niesen.

Wie immer voller Tatendrang, wenn sie mit einer kritischen Situation fertig werden mußte, traf Punkie nach wenigen Stunden ein. Dr. Carver wurde gerufen und stellte fest, daß Rosalind die Masern hatte.

«Und wie steht es mit Ihnen?» erkundigte er sich. «Sie sehen angegriffen aus.» Ich antwortete, daß ich mich elend und fiebrig fühlte. Er stellte mir noch einige weitere Fragen. «Sie haben sich impfen lassen, nicht wahr? Am Bein noch dazu? Warum nicht am Arm?»

«Weil Impfnarben so scheußlich aussehen, wenn man ein Abendkleid trägt.»

«Nun, an sich ist nichts dagegen einzuwenden, sich am Bein impfen zu lassen, aber es war unklug, sich gleich danach ans Steuer zu setzen. Lassen Sie mal sehen.» Er schüttelte den Kopf. «Ihr Bein ist ja ganz geschwollen. Ist Ihnen das nicht aufgefallen?»

«Doch, schon, aber ich dachte, das wäre eine normale Folge der Impfung.»

«Normal? Na, ich danke. Jetzt wollen wir mal sehen, ob Sie Fieber haben.» Er schob mir das Thermometer unter die Achsel. «Du lieber Himmel! Haben Sie sich nicht gemessen?»

«Ich habe mich gestern gemessen, und da hatte ich achtunddreißig, aber ich dachte, es würde zurückgehen. Doch jetzt ist mir ein bißchen komisch.»

«Komisch? Das läßt sich denken. Sie haben über neununddreißig. Legen Sie sich hier aufs Bett. Ich werde das Nötige veranlassen.»

Nach einer Weile kam er wieder und teilte mir mit, daß ich sofort ins Krankenhaus müsse, und daß er einen Krankenwagen schicken würde. Einen Krankenwagen? Das wäre doch Unsinn, protestierte ich. Warum konnte ich nicht einfach in einem Taxi fahren?

«Sie werden tun, was ich Ihnen sage», erklärte Dr. Carver, wenngleich er seiner Sache doch nicht ganz sicher zu sein schien. «Jetzt möchte ich mit Mrs. Watts sprechen.» Dann kam Punkie herein. «Ich werde mich um Rosalind kümmern, solang sie die Masern hat», sagte sie. «Dr. Carver meint, es stünde gar nicht gut um dich.»

Punkie packte mir das Nötigste in einen Koffer, und ich lag auf meinem Bett, wartete auf den Krankenwagen und versuchte, meine Gedanken zu ordnen. Mir schien, als befände ich mich auf dem

Ladentisch eines Fischhändlers: ich war von filetierten, zuckenden, in Eis gebetteten Fischen umgeben. Gleichzeitig aber war ich in einen Holzbalken eingeschlossen, der rauchend im Feuer lag – eine höchst ungemütliche Kombination. Mit großer Mühe gelang es mir, diesen Alptraum hin und wieder abzuschütteln, und dann sagte ich mir: «Ich bin Agatha und liege auf meinem Bett – hier gibt es weder Fische noch einen Fischladen, und ich bin auch kein brennendes Holzscheit.» Aber gleich glotzten sie mich wieder an.

Dann ging die Tür auf, und ins Zimmer kamen eine Frau in Schwesternuniform und ein Sanitäter. Sie brachten eine Art tragbaren Stuhl mit. Ich protestierte lauthals – ich dächte gar nicht daran, mich auf diesem Gestell hinuntertragen zu lassen. Ich wäre ohne weiteres imstande, die Treppe hinunterzugehen und in den Krankenwagen zu steigen. Aber die Krankenschwester setzte ihren Willen durch. «Ich habe meine Anweisungen», sagte sie in anmaßendem Ton. «Nehmen Sie Platz, liebe Frau, damit wir Sie anschnallen können.»

Die beiden beförderten mich die Treppe hinunter, und ich kann mich nicht entsinnen, daß mich etwas je so in Angst versetzt hätte. Ich wog gute siebzig Kilo, und der Sanitäter war ein ausgesprochen schwächlicher Jüngling. Der Tragstuhl knarrte und knirschte und drohte im nächsten Augenblick auseinanderzubrechen, der Sanitäter rutschte ständig aus und mußte sich am Geländer festhalten. Und dann begann der Stuhl tatsächlich mitten auf der Treppe auseinanderzubrechen. «Du meine Güte, Schwester», keuchte der Sanitäter, «ich glaube, das Ding geht wirklich entzwei.»

«Lassen Sie mich raus!» schrie ich. «Ich will gehen!»

Sie mußten mir meinen Willen lassen. Sie schnallten mich los, und ich hielt mich am Geländer fest und marschierte mutig die Treppe hinunter, wobei ich mich um vieles wohler und sicherer fühlte und es mir nur mit Mühe verkneifen konnte, ihnen zu sagen, sie seien Idioten.

Der Wagen setzte sich in Bewegung und fuhr mich ins Krankenhaus. Eine hübsche kleine Lernschwester mit roten Haaren brachte mich zu Bett. Die Laken waren kalt, aber nicht kalt genug.

Die Lernschwester betrachtete interessiert mein Bein. «Oh», machte sie, «das letzte Mal, als wir so ein Bein hatten, hieß es schon am dritten Tag ‹Ab damit›!»

Glücklicherweise wurde mir das Bein am dritten Tag nicht abgenommen. Ich hatte eine schwere Blutvergiftung, aber nach vier oder fünf Tagen war ich auf dem Wege zur Genesung. Ich war überzeugt und bin es immer noch, daß man mir zu starken Impfstoff verabreicht hatte. Die Ärzte neigten zur Ansicht, daß der lange Impfintervall und die Fahrt von London nach Torquay meine Krankheit verursacht hätten.

Nach etwa einer Woche war ich wieder mehr oder weniger auf dem Damm und ließ mir telefonisch über die Entwicklung von Rosalinds Masern berichten. Rosalind hatte Tante Punkies Pflege sehr genossen und fast jeden Abend mit klarer Stimme nach ihr gerufen: «Tante Punkie! Würdest du so lieb sein, mich so wie gestern abzuwaschen? Es hat mir so gut getan.»

Mit einem dicken Verband kehrte ich nach Hause zurück, und wir feierten unsere Genesung! Erst zwei Wochen nach Schulbeginn, als Rosalind wieder munter und kräftig war, brachte ich sie ins Pensionat zurück. Ich ließ mir noch eine Woche Zeit, bis mein Bein ganz verheilt war, dann reiste auch ich ab. Ich fuhr nach Rom, wo ich aber nicht so lange bleiben konnte, wie es meine Absicht gewesen war, sonst hätte ich mein Schiff nach Beirut verpaßt.

4

Diesmal reiste ich mit einem Schiff des Lloyd Triestino nach Beirut, verbrachte dort einige Tage und nahm wieder einen Nairn-Dreiachser durch die Wüste. Auf See war mir wieder einmal nicht allzu wohl gewesen, doch machte ich damals die Bekanntschaft einer sehr interessanten Frau. Sie hieß Sybil Burnett und erzählte mir nachher, daß auch ihr übel gewesen war. Sie hatte mich gemustert und dabei gedacht: das ist eine der unsympathischsten Frauen, die mir je begegnet sind! Mein Eindruck von ihr war nicht viel besser gewesen. «Ich mag diese Frau nicht», hatte ich mir gesagt. «Ich mag ihren Hut nicht und ich mag ihre pilzfarbenen Strümpfe nicht.»

Getragen von dieser Welle gegenseitiger Abneigung schickten wir uns an, zusammen die Wüste zu durchqueren. Und mit einem Schlag wurden wir Freundinnen – und blieben es viele Jahre lang. Sybil, für gewöhnlich «Bauff» Burnett genannt, war die Frau von Sir Charles Burnett, damals Generalleutnant der Luftwaffe, und auf dem Weg zu ihrem Mann. Eine sehr originelle Person, nie nahm sie ein Blatt vor den Mund! Sie hatte ein wunderschönes Haus in Algier, vier Töchter und zwei Söhne aus erster Ehe, und war unersättlich in ihrem Verlangen, das Leben zu genießen.

Mit uns reiste eine Gruppe katholischer englischer Damen, die vom Irak aus verschiedene heilige Stätten besuchen wollten. Die Reiseleiterin war eine überaus grimmig blickende Frau, eine Miss Wilbraham. Sie hatte große Füße, die in flachen schwarzen Schuhen steckten, und trug einen riesigen Tropenhelm. Sybil Burnett meinte, sie sähe wie ein Käfer aus, und ich mußte ihr beipflichten. Sie gehörte zu der Sorte von Frauen, denen man einfach widersprechen muß. Sybil Burnett tat dies gleich am ersten Tag.

«Vierzig Damen haben sich meiner Führung anvertraut», sagte Miss Wilbraham, «und ich muß mich wirklich beglückwünschen. Bis auf eine Ausnahme sind sie alle *Sahibs*. Das ist sehr wichtig, finden Sie nicht?»

«Nein», erwiderte Sybil Burnett. «Wenn sie alle *Sahibs* sind, ist das langweilig. Man würde sich mehr von der anderen Sorte wünschen.»

Miss Wilbraham ging nicht darauf ein – das war ihre Stärke: sie ging nie auf Einwände ein. «Ja», wiederholte sie, «ich muß mich wirklich beglückwünschen.»

Bauff und ich steckten die Köpfe zusammen. Wir wollten versuchen, das schwarze Schaf ausfindig zu machen, das Miss Wilbrahams Ansprüchen nicht gerecht wurde und für die Dauer dieser Reise nicht als *Sahib* galt.

Miss Amy Ferguson war Miss Wilbrahams Stellvertreterin und Freundin. Sie war eine Kämpferin für alles, was katholisch und englisch war, verehrte Miss Wilbraham und hielt sie für eine Superfrau. Nur eines machte ihr Kummer: sie war nicht fähig, mit Miss Wilbraham Schritt zu halten. «Das Schlimme ist», vertraute sie uns an, «Maude ist so phantastisch vital. Zwar kann ich mich über meine Gesundheit nicht beklagen, aber ich muß zugeben, daß ich doch manchmal müde werde. Und dabei bin ich erst fünfundsechzig, und Maude ist fast siebzig.»

«Eine brave Person», äußerte sich Miss Wilbraham über Amy. «Sehr tüchtig. Sie opfert sich auf. Leider ist sie immer müde. Sehr ärgerlich. Die Arme kann wohl nichts dafür, aber das ändert nichts daran. Ich, zum Beispiel, ich bin nie müde.» Das glaubten wir ihr aufs Wort.

Wir kamen nach Bagdad. Ich blieb vier oder fünf Tage und fuhr dann nach Erhalt eines Telegramms von den Woolleys nach Ur weiter.

Im Juni des Vorjahrs war ich in London mit den Woolleys zusammengetroffen und hatte ihnen sogar mein kleines Haus auf dem Cresswell Place zur Verfügung gestellt. Es war ein entzückendes Häuschen, das ich kurz zuvor gekauft hatte – eine von vier oder fünf zu Einfamilienhäusern umgebauten Stallungen. Als ich es übernommen hatte, standen noch Krippen und Futtertröge an den Wänden. Neben dem Stall selbst befanden sich noch eine geräumige Sattelkammer und ein kleines Schlafzimmer im Erdgeschoß. Eine Art Wendeltreppe führte ins Obergeschoß, das aus zwei Räumen, einem kleinen Badezimmer und einer Kammer bestand. Ein Baumeister, der auf meine Wünsche einzugehen bereit war, besorgte den Umbau. Der große Stall wurde zu einem gemütlichen Wohnzimmer, die Sattelkammer zur Garage und der Raum dazwischen zu einem Mädchenzimmer. Das Badezimmer im Obergeschoß wurde prächtig ausgestattet: es erhielt eine grüne Porzellanwanne, und an den Wänden tummelten sich grüne Delphine. Aus dem größeren Schlafzimmer entstand ein Eßzimmer mit einem Diwan, der sich nachts in ein Bett verwandeln ließ. Das kleine Zimmer wurde zur Küche umfunktioniert.

Die Woolleys logierten hier, als sie mir einen sehr verlockenden Vorschlag unterbreiteten. Ich sollte etwa eine Woche vor Ende der Sommerzeit, wenn sie den Laden unten schlossen, nach Ur kommen und dann mit ihnen gemeinsam die Rückreise antreten, die uns durch Syrien und Griechenland führen würde. In Griechenland wollten wir Delphi besuchen. Der Plan begeisterte mich.

Ich traf während eines Sandsturms in Ur ein. Schon bei meinem letzten Besuch hatte ich einen Sandsturm erlebt, aber dieser war viel schlimmer und dauerte vier oder fünf Tage. Ich hätte nie gedacht, daß so viel Sand in eine Wohnung eindringen konnte. Obwohl die Fenster verschlossen und überdies noch mit Fliegengittern versehen waren, fanden sich abends ganze Sandhügel in den Betten. Man schüttelte den Sand auf den Boden und stieg ins Bett, aber am nächsten Morgen war alles abermals voll. Fünf Tage dauerte diese Qual. Aber wir führten interessante Gespräche, es herrschte eine freundliche Stimmung, und ich fühlte mich äußerst wohl.

Auch Pater Burrows war wieder da, ebenso Whitburn, der Architekt – und zum ersten Mal auch Leonard Woolleys Assistent, Max Mallowan. Er stand schon seit fünf Jahren in seinen Diensten, war aber bei meinem Besuch im vergangenen Sommer anderweitig beschäftigt gewesen. Er war ein magerer, dunkelhaariger und sehr stiller junger Mann – er äußerte nur selten seine Meinung, zeigte sich aber gegenüber allem, was von ihm verlangt wurde, sehr aufgeschlossen.

Diesmal bemerkte ich etwas, das mir bisher nicht aufgefallen war. Die Stille, die bei Tisch herrschte. Es war, als ob alle sich scheuten, den Mund aufzumachen. Nach ein oder zwei Tagen fand ich den Grund heraus. Katharine Woolley war eine temperamentvolle Frau, der es sehr leicht fiel, Menschen ihre Befangenheit zu nehmen – aber auch, sie nervös zu machen. Ich bemerkte, daß sie sehr aufmerksam bedient wurde: immer war jemand da, der ihr mehr Milch zum Kaffee und die Butter für den Toast anbot oder ihr die Marmelade reichte. Warum hatten sie alle solche Angst vor ihr?

Als sie eines Morgens wieder schlechter Laune war, entdeckte ich noch ein wenig mehr.

«Heute will mir wohl niemand das Salz reichen», sagte sie. Sogleich schoben vier bereitwillige Hände das Gewünschte über den Tisch. Es entstand eine Pause, und dann beugte sich Mr. Whitburn hastig vor, um ihr ein Stück Toast aufzunötigen.

«Sehen Sie nicht, daß ich den Mund voll habe, Mr. Whitburn?» lautete ihre Antwort. Eine nervöse Röte flog über sein Gesicht, und alle aßen emsig weiter, bevor man ihr neuerlich Toast anbot. Sie lehnte ab. «Aber ich finde, Sie könnten zur Abwechslung einmal nicht den ganzen Toast aufessen, bevor Max nicht auch zu einem Stück kommt.»

Ich sah Max an. Man bot ihm das letzte Stück an. Er nahm es schnell, ohne zu protestieren. Er hatte schon zweimal zugegriffen, und ich fragte mich, warum er nicht darauf hinwies. Auch das sollte mir erst später klarwerden.

Mr. Whitburn lüftete den Zipfel des Geheimnisses für mich.

«Sie hat immer ihre Favoriten, verstehen Sie?»

«Mrs. Woolley?»

«Ja. Es sind nicht immer die gleichen. Manchmal ist es der eine, dann wieder ein anderer. Entweder man macht alles recht, oder man macht alles falsch. Jetzt bin ich bei ihr in Ungnade gefallen.»

Im Augenblick war es offenbar Max Mallowan, der alles richtig machte. Das mochte sein, weil er im vergangenen Jahr nicht dabeigewesen und daher ein erfrischend neues Gesicht war, vielleicht aber auch – und das ist meine Meinung –, weil er im Lauf von fünf Jahren gelernt hatte, wie die zwei Woolleys behandelt werden wollten. Er wußte, wann er den Mund halten und wann er reden sollte.

Ich sah sehr bald, wie gut er es verstand, mit Leuten umzugehen – mit den Arbeitern und, was noch viel schwerer war, mit Katharine Woolley. «Max ist der ideale Assistent», vertraute Katharine mir an. «Ich weiß nicht, was wir in all den Jahren ohne ihn gemacht hätten. Ich glaube, Sie werden gut mit ihm auskommen.

Ich schicke Sie mit ihm nach Nejef und Kerbala. Nejef ist die heilige Totenstadt der Muslim, und in Kerbala steht eine prachtvolle Moschee. Wenn wir hier Schluß machen und nach Bagdad fahren, wird er Sie hinbegleiten. Unterwegs können Sie auch Nippur besuchen.»

«Aber wird er nicht auch nach Bagdad zurück wollen?» wandte ich ein. «Er hat doch sicher dort Freunde und wird sie begrüßen wollen, bevor er wieder nach Hause fährt.» Mich erschreckte der Gedanke, zusammen mit einem jungen Mann auf Reisen geschickt zu werden, der sich nach drei Monaten angestrengter Arbeit in Ur vermutlich nach Freiheit sehnte und in Bagdad unterhalten wollte. «Nein», zerstreute Katharine meine Befürchtungen. «Max wird entzückt sein.»

Ich nahm nicht an, daß er entzückt sein würde. Mir war die Sache sehr unangenehm. Ich betrachtete Whitburn, den ich schon im vergangenen Jahr kennengelernt hatte, als Freund und sprach mit ihm darüber.

«Finden Sie es nicht ein wenig anmaßend? Meinen Sie, ich könnte sagen, daß ich Nejef und Kerbala gar nicht besuchen will?»

«Nun, ich glaube, Sie sollten diese Städte besuchen», antwortete Whitburn. «Das geht schon in Ordnung. Max wird nichts dagegen haben. Und außerdem, verstehen Sie, ich meine, wenn Katharine einmal etwas beschlossen hat, erübrigt sich jede weitere Diskussion.»

Ich verstand, und unverhohlene Bewunderung stieg in mir auf. Wie beneidenswert, eine Frau zu sein, die, wenn sie eine Entscheidung traf, darauf zählen konnte, daß ihre Umgebung nicht etwa widerstrebend, sondern vorbehaltlos dieser Entscheidung zustimmte!

Viele Monate später sprach ich einmal voller Anerkennung mit Katharine über ihren Mann Len. «Wie selbstlos er doch ist!» sagte ich. «Wie er nachts aufsteht und dir deine Diät oder eine Suppe heiß macht. Das tun nicht viele Ehemänner.»

«So?» erwiderte Katharine und sah mich erstaunt an. «Aber Len betrachtet es als Privileg.» Und er betrachtete es wirklich als solches. Tatsächlich: man betrachtete alles, was man für Katharine tat, zumindest für den Augenblick, als Privileg.

Nur außergewöhnliche Menschen ließen sich nicht in ihren Bann ziehen. Freya Stark war ein solcher Mensch. Katharine fühlte sich einmal nicht wohl und wurde maßlos in ihren Ansprüchen. Freya Stark, die bei ihr wohnte, war freundlich, liebenswürdig und unerbittlich: «Ich sehe, es geht dir heute nicht besonders, aber mit

Kranken weiß ich einfach nichts anzufangen, und darum kann ich nichts Besseres für dich tun, als den Tag auswärts zu verbringen.» Und das tat sie auch. Sonderbarerweise nahm Katharine es ihr nicht übel; sie hätte damit, meinte Katharine, nur ihre außerordentliche Charakterstärke bewiesen!

Um wieder auf Max zurückzukommen: es schienen alle einhellig der Ansicht zu sein, daß ein junger Mann, der hart gearbeitet und sich das Recht auf Ruhe und Erholung verdient hatte, sich nun opfern und eine Fahrt ins Blaue unternehmen sollte, um einer Frau, die ihm fremd und um einige Jahre älter war als er, die nichts von Archäologie verstand, alle Sehenswürdigkeiten zu zeigen. Max schien dies als etwas ganz Selbstverständliches hinzunehmen. Er war ein ernster junger Mann, und ich empfand eine gewisse Scheu vor ihm. Ich überlegte mir, ob ich mich irgendwie entschuldigen sollte. Ich stotterte auch tatsächlich eine Erklärung in dem Sinn herunter, daß es nicht meine Idee gewesen war, aber Max blieb ganz kühl. Er hätte sowieso nichts Besonderes vor, sagte er. Er würde selbst gerne Nippur wieder einmal einen Besuch abstatten. Es wäre eine höchst interessante Fundstätte und, ebenso wie Nejef und Kerbala, eines Besuches wohl wert.

Eines Tages traten wir schließlich unsere Reise an. Ich genoß die Zeit in Nippur, aber es war ein äußerst ermüdender Ausflug. Wir fuhren stundenlang über unebenes Terrain und besichtigten die weit auseinanderliegenden Fundstätten. Ich glaube nicht, daß ich sie sehr aufregend gefunden haben würde, wenn ich nicht jemanden an meiner Seite gehabt hätte, der mir alles erklärte. Und so bezauberte mich die Archäologie in zunehmendem Maße.

Gegen sieben Uhr abends kamen wir endlich nach Diwaniya, wo wir die Nacht bei den Ditchburns verbringen sollten. Ich taumelte vor Müdigkeit, schaffte es aber doch noch, mir den Sand aus dem Haar zu kämmen, das Gesicht zu waschen, ein wenig Puder aufzulegen und mich in ein Abendkleid hineinzukämpfen.

Mrs. Ditchburn sah gern Gäste bei sich. Sie liebte eine gemütliche Plauderei und hörte nie auf zu reden. Sie stellte mir ihren Mann vor und setzte mich neben ihn. Er schien – vielleicht nicht ganz unerwartet – ein stiller Mensch zu sein und schwieg beharrlich. Ich ließ ein paar eher alberne Bemerkungen über meine Reiseerlebnisse fallen, aber er reagierte nicht darauf. Mein anderer Tischnachbar war ein amerikanischer Missionar – auch er äußerst schweigsam. Als ich ihn heimlich musterte, bemerkte ich, daß seine Finger seltsame Bewegungen unter dem Tisch machten, und daß er langsam ein Taschentuch in Fetzen riß. Ich fand das ziemlich beunruhigend und fragte mich, was es wohl damit auf sich hätte. Seine Frau saß ihm gegenüber, und auch sie wirkte sehr nervös.

Es war ein sonderbarer Abend. Mrs. Ditchburn, die perfekte Gastgeberin, plauderte mit ihren Nachbarn und richtete das Wort an mich und Max, der auf alles freundlich einging. Das Missionarsehepaar zeigte sich auch weiterhin nicht übermäßig gesprächig. Die Frau beobachtete sorgenvoll ihren Mann, der sein Taschentuch in immer kleinere Fetzchen riß.

In einem Zustand benommenen Halbschlafs ging mir plötzlich der Gedanke an eine phantastische Detektivgeschichte durch den Kopf. Ein Missionar, den der seelische Druck langsam in den Wahnsinn treibt. Der seelische Druck, woher kam er? Von irgend etwas eben. Und wo immer sich der Missionar aufhält, hinterläßt er Spuren – zu Fetzen gerissene Taschentücher. Spuren, Taschentücher, Fetzen – mir drehte sich der Kopf, und fast wäre ich auf meinem Stuhl eingeschlafen.

In diesem Augenblick drang eine rauhe Stimme an mein linkes Ohr. «Alle Archäologen sind Lügner», erklärte Mr. Ditchburn in gallig bitterem Ton.

Ich wachte auf und dachte kurz über diese seltsame Bemerkung nach. Da ich mich in keiner Weise berufen fühlte, die Wahrheitsliebe der Archäologen zu verteidigen, bemerkte ich nur höflich: «Warum sagen Sie das? Inwiefern lügen sie?»

«In jeder Beziehung», erwiderte Mr. Ditchburn. «In jeder Beziehung. Sie behaupten, sie wüßten, wann alles passiert ist – dieses Stück wäre siebentausend Jahre alt, und jenes dreitausend Jahre alt, dieser König habe damals regiert und jener nach ihm – Lügner! Allesamt sind sie Lügner!»

«Das kann doch nicht Ihr Ernst sein!» protestierte ich.

«Meinen Sie?» Mr. Ditchburn brach in spöttisches Gelächter aus.

Ich richtete noch einige Worte an meinen Missionar, fand aber wenig Widerhall bei ihm. Dann brach Mr. Ditchburn abermals sein Schweigen, wobei er einen möglichen Grund für seine Verbitterung erkennen ließ: «Wie üblich habe ich diesem Archäologen meinen Ankleideraum überlassen müssen.»

«Das tut mir leid», sagte ich betreten. «Ich wußte nicht . . .»

«Es ist immer das gleiche», murrte Mr. Ditchburn. «Das tut sie immer – meine Frau, meine ich. Ständig muß sie Leute einladen, die bei uns übernachten. Nein, das betrifft nicht Sie – Sie haben ja eines der regulären Gästezimmer. Davon haben wir drei Stück, aber das genügt Elsie nicht. Meinen Ankleideraum muß sie auch noch haben. Ich weiß selbst nicht, wie ich das durchstehe.»

Ich beteuerte, daß es mir leid täte. Ich fühlte mich äußerst unbehaglich und mußte noch dazu meine ganze Kraft darauf verwenden, um wach zu bleiben.

Nach dem Essen bat ich, zu Bett gehen zu dürfen. Mrs. Ditchburn war sehr enttäuscht, weil sie sich Hoffnungen auf eine Bridgepartie gemacht hatte, aber ich konnte nur gerade noch mit halb geschlossenen Augen nach oben wanken, wo ich meine Kleider ablegte und wie tot ins Bett fiel.

Um fünf Uhr früh am nächsten Morgen fuhren wir weiter. Wir besuchten Nejef, eine richtige Totenstadt, bevölkert von schwarz verschleierten Muslimfrauen, die jammernd und klagend umherzogen. Es war eine Brutstätte des Extremismus, und der Zugang daher nicht immer gewährleistet. Man mußte zuerst die Polizei verständigen, die dann dafür sorgte, daß Ausbrüche fanatisierter Bewohner unterblieben.

Von Nejef fuhren wir nach Kerbala, wo es eine herrliche Moschee mit einer goldenen und türkisblauen Kuppel gab. Es war die erste, die ich aus der Nähe bewundern konnte. Wir verbrachten die Nacht auf der Polizeistation. Ein Schlafsack, den Katharine mir geliehen hatte, wurde auf dem Fußboden ausgebreitet, und schon hatte ich meine Lagerstatt in einer kleinen Polizeizelle. Max bekam eine andere Zelle und ermahnte mich, sogleich zu rufen, wenn ich etwas benötigen sollte. In den Tagen meiner viktorianischen Erziehung hätte ich es höchst befremdend gefunden, einen jungen Mann, den ich kaum kannte, aufzuwecken und zu ersuchen, er möge so liebenswürdig sein, mich auf die Toilette zu begleiten; jetzt schien es mir das Natürlichste von der Welt zu sein. Ich weckte Max, er rief einen Polizeibeamten, der Beamte holte eine Laterne, und zu dritt stapften wir einen langen Gang hinunter, bis wir schließlich einen ungewöhnlich übel riechenden Raum erreichten, der ein Loch im Fußboden enthielt. Max und der Polizist warteten höflich vor der Tür, um mir den Weg zurück zu meinem Lager zu zeigen.

Das Abendessen wurde uns auf einem Tisch vor der Polizeistation serviert. Ein heller Mond stand am Himmel. Das monotone und doch melodische Quaken der Frösche war unser Tafellied. Wann immer ich Frösche höre, denke ich an Kerbala und an diesen Abend. Der Polizist setzte sich zu uns. Ab und zu warf er einige englische Brocken ins Gespräch, unterhielt sich aber vornehmlich auf arabisch mit Max. Nach einer jener erfrischenden Pausen, die stets Teil östlicher Gespräche sind und unsere Gefühle so harmonisch in Einklang bringen, brach unser Tischgast plötzlich sein

Schweigen. «*Hail to thee, blithe spirit!*» begann er. «*Bird thou never wert.*» Erstaunt sah ich ihn an. Er sprach das Gedicht zu Ende. «Das habe ich gelernt», sagte er und nickte. «Sehr gut, auf englisch.» Ich bestätigte, daß es sehr gut wäre. Damit schien das Ende des Gesprächs erreicht zu sein. Nie und nimmer hätte ich mir einfallen lassen, daß ich jemals eine weite Reise in den Nahen Osten machen würde, um mir zu nächtlicher Stunde in einem orientalischen Garten von einem irakischen Polizeibeamten Shelleys «Ode an eine Lerche» aufsagen zu lassen.

Schon sehr früh nahmen wir am nächsten Tag unser Frühstück ein. Ein Gärtner, der eben einige Rosen schnitt, kam mit einem Strauß auf uns zu. Erwartungsvoll blieb ich stehen und bereitete mich vor, ihm mit einem freundlichen Lächeln zu danken, aber er ging, ohne mich eines Blickes zu würdigen, an mir vorbei und reichte die Blumen mit einer tiefen Verbeugung Max. Lachend wies Max mich darauf hin, daß wir uns im Osten befanden, wo man Männern und nicht Frauen Geschenke machte.

Wir luden unsere Habe, frisches Brot und die Rosen in den Wagen und fuhren los. Auf dem Rückweg nach Bagdad wollten wir einen Umweg nach Ukhaidir machen, um diese arabische Stadt zu besuchen, die weit draußen in der Wüste lag. Die Landschaft war eintönig, und um uns die Zeit zu vertreiben, fingen wir an zu singen: *Frère Jacques* und viele andere Melodien und Liedchen, die wir beide kannten. Wir sahen das in seiner Abgeschiedenheit besonders imposante Ukhaidir. Ein oder zwei Stunden später erreichten wir einen Wüstensee mit klarem, perlend blauem Wasser. Es war unerträglich heiß, und ich sehnte mich nach einem erfrischenden Bad. «Wollen Sie wirklich?» fragte Max. «Ich sehe keinen Grund, warum Sie sich dieses Vergnügen versagen sollten.»

«Meinen Sie?» Nachdenklich betrachtete ich meinen Schlafsack und den kleinen Koffer. «Aber ich habe keinen Badeanzug . . .»

«Haben Sie denn nichts, was Sie . . . na ja . . . anstelle von . . . anziehen könnten?» erkundigte sich Max taktvoll. Ich überlegte, fand mir ein rosa Leibchen und eine doppelte Schlupfhose und war bereit. Der Fahrer, wie alle Araber ein Muster von Höflichkeit und Zartgefühl, entfernte sich ein paar Schritte. Max, in Leibchen und Shorts, sprang mir nach, und zusammen schwammen wir im blauen See.

Es war himmlisch, und die Welt schien vollkommen zu sein – zumindest so lange, bis wir den Wagen wieder in Gang bringen wollten. Er war in den Sand eingesunken und rührte sich nicht von der Stelle. Max und der Fahrer holten Stahlmatten, Spaten und noch verschiedene andere Werkzeuge aus dem Wagen und versuchten ihn freizubekommen, aber ohne Erfolg. Die Stunden verrannen. Es war immer noch entsetzlich heiß. Ich legte mich in den Schatten des Wagens und schlief ein.

An diesem Nachmittag, beichtete mir Max später – und ob er die Wahrheit sagte, weiß ich nicht – wurde ihm bewußt, daß ich ihm eine ausgezeichnete Frau sein würde. «Du hast dich nie beklagt, mir nicht die Schuld gegeben oder mir vorgeworfen, daß wir hier nicht hätten halten sollen. Es schien dir überhaupt nichts auszumachen. In diesem Augenblick wurde mir klar, daß du eine wunderbare Frau bist.»

Seitdem versuche ich diesem Ruf, den ich mir erworben habe, gerecht zu werden. Ich nehme alles, was da kommt, mit Gleichmut hin und kriege nur selten Zustände. Überdies besitze ich die sehr nützliche Gabe, jederzeit und wo immer sofort einschlafen zu können.

Wir befanden uns dort auf keiner Karawanenstraße, und es war durchaus möglich, daß Tage, ja vielleicht eine ganze Woche vergehen konnten, bevor ein Lastauto oder sonst ein Vehikel vorbeikam. Wir hatten einen Soldaten des Kamelkorps als Begleiter, und schließlich machte er sich erbötig, Hilfe zu holen. Wir würden vermutlich vierundzwanzig, längstens achtundvierzig Stunden warten müssen. Er ließ uns alles Wasser, das wir noch hatten. «Wir vom Kamelkorps», erklärte er stolz, «brauchen in Notzeiten nicht zu trinken.» Er zog ab, und unheilahnend blickte ich ihm nach. Aber wir hatten Glück. Ein Wunder geschah. Eine Stunde später erschien ein Ford, Modell T, mit vierzehn Passagieren am Horizont. Neben dem Fahrer saß, freudig sein Gewehr schwenkend, unser Freund vom Kamelkorps.

Auf der Rückfahrt nach Bagdad machten wir mehrmals bei Ruinenhügeln halt und sammelten Tonscherben auf. Besonders gut gefielen mir die glasierten Fragmente mit ihren leuchtenden Farben. Sie gehörten einer viel späteren Periode an als der, die Max interessierte, aber er ließ mir die Freude, und wir fanden eine ganze Menge.

Nachdem wir in Bagdad angelangt waren und man mich in mein Hotel zurückgebracht hatte, breitete ich meinen Regenmantel aus, tauchte alle Scherben ins Wasser und ordnete sie nach ihren leuchtend irisierenden Farbmustern. Max zeigte Verständnis für meine Marotte, lieh mir auch seinen Regenmantel und legte noch vier Scherben dazu. Es entging mir nicht, daß er mich mit dem Gehaben eines nachsichtigen Gelehrten betrachtete, der einem törichten, aber nicht unleidlichen Kind gütig bei seinen Spielen zusah – und das war, glaube ich, damals tatsächlich seine Einstellung mir gegenüber. Dinge wie Muscheln oder hübsche Steine, eine schön gezeichnete Vogelfeder oder ein buntes Blatt – solche Dinge habe ich schon immer geliebt. Das sind, habe ich manchmal das Gefühl, die wahren Schätze des Lebens, und man kann sich an ihnen mehr erfreuen als an Topasen, Smaragden oder teuren kleinen Dosen von Fabergé.

Katharine und Len Woolley waren schon vor uns in Bagdad angekommen und gar nicht erfreut, daß wir uns durch den Abstecher nach Ukhaidir um vierundzwanzig Stunden verspätet hatten. Ich wurde von jeder Schuld freigesprochen, denn ich war ja nur ein Gepäckstück gewesen, das man herumgefahren hatte, ohne mir zu sagen, wohin die Reise gehen sollte.

«Max hätte wissen müssen, daß wir uns Sorgen machen würden», sagte Katharine. «Es hätte uns ja einfallen können, einen Suchtrupp auszusenden oder sonst etwas Verrücktes zu unternehmen.» Max wiederholte, daß es ihm leid täte; er hatte nicht angenommen, daß sie beunruhigt sein würden.

Ein paar Tage später nahmen wir den Zug nach Kirkuk und Mosul und traten so den ersten Teil unserer Heimreise an. Mein Freund, Oberst Dwyer, brachte uns zum Bahnhof. «Sie werden sich Ihrer Haut wehren müssen», warnte er mich vertraulich.

«Mich meiner Haut wehren? Wie meinen Sie das?»

«Ich meine die Dame da drüben.» Er deutete mit dem Kopf auf Katharine Woolley, die sich von einer Freundin verabschiedete.

«Aber sie war doch so nett zu mir.»

«Ja, ja, ich sehe, sie hat Sie mit ihrem Charme eingefangen. Von Zeit zu Zeit verfallen wir ihm alle. Ich bin da keine Ausnahme. Aber, wie gesagt, Sie müssen sich Ihrer Haut wehren.» Der Zug ließ ein klagendes Heulen vernehmen, das, wie ich bald erfuhr, typisch für die Eisenbahnen des Iraks war. Es war ein durchdringender, unheimlicher Klang – er erinnerte an die Klage einer Frau um ihren vom Teufel besessenen Geliebten. Aber es war kein romantisches Blendwerk – nur eine Lokomotive, die nicht länger warten wollte. Wir stiegen ein – Katharine und ich teilten ein Schlafwagenabteil, Max und Len das andere –, und der Zug verließ die Halle.

Am nächsten Morgen erreichten wir Kirkuk, frühstückten im Rasthaus und fuhren mit dem Auto nach Mosul weiter. Die Fahrt dauerte damals zwischen sechs und acht Stunden, denn die Straße war arg beschädigt, und der Zabfluß mußte mit einer Fähre überquert werden. Die Fähre war so primitiv, daß man sich in biblische Zeiten zurückversetzt fühlte.

Auch in Mosul logierten wir im Rasthaus, das einen bezaubernden Garten besaß. In kommenden Jahren sollte Mosul der Mittelpunkt meines Lebens werden, aber damals machte es keinen großen Eindruck auf mich – hauptsächlich deshalb, weil wir nur wenig von der Stadt sahen.

Hier lernte ich die MacLeods kennen, die das Krankenhaus leiteten und meine guten Freunde wurden. Sie waren beide Ärzte, und Peter MacLeod, der als Chefchirurg amtierte, ließ sich bei gewissen Operationen von seiner Frau Peggy assistieren. Diese Operationen mußten auf recht eigenartige Weise durchgeführt werden, da es ihm nicht erlaubt war, seine Patientinnen, wenn sie Muslimfrauen waren, zu sehen oder zu berühren. Der Operationstisch mußte mit Paravents abgeschirmt werden; Dr. MacLeod stand draußen, seine Frau drinnen; er gab ihr die entsprechenden Anweisungen, während sie ihm die Beschaffenheit der Organe schilderte, die sie vorfand, und alle wichtigen Einzelheiten bekanntgab.

Nach zwei oder drei Tagen in Mosul brachen wir zu unserer eigentlichen Reise auf. Wir besuchten einige Fundstätten am Euphrat und wandten uns dann nach Norden, um Lens alten Freund Basrawi aufzuspüren, den Scheich eines dort ansässigen Stammes. Nachdem wir eine erkleckliche Zahl von Wadis überquert, den Weg verloren und wiedergefunden hatten, gelangten wir schließlich gegen Abend an unser Ziel, wo man uns herzlich willkommen hieß und ein opulentes Mahl vorsetzte. Dann wollten wir uns zur Ruhe begeben. Das baufällige Lehmhaus, das uns zur Verfügung gestellt wurde, enthielt zwei Räume, jeder mit zwei kleinen Betten, die diagonal in den Ecken standen. Hier ergab sich eine kleine Schwierigkeit. Der eine Raum hatte ein Eckbett und darüber ein scheinbar intaktes Dach, was heißen will, daß kein Wasser auf das Bett tropfte; das konnten wir leicht feststellen, da es mittlerweile zu regnen begonnen hatte. Das andere Bett aber war der Zugluft ausgesetzt, und das schadhafte Dach ließ reichlich Wasser durch. Wir besahen uns den anderen Raum; er hatte weniger Licht und Luft, er war kleiner, und auch hier gab das Dach zu Besorgnis Anlaß. Außerdem waren die Betten schmäler.

«Ich schlage vor, daß Katharine und Agatha im kleineren Zimmer mit den zwei trockenen Betten schlafen», sagte Len. «Max und ich nehmen das andere.»

«Ich glaube, ich muß das größere Zimmer und das trockene Bett für mich beanspruchen», erklärte Katharine. «Ich bringe kein Auge zu, wenn mir Wasser aufs Gesicht tropft.» Sie ging mit festen Schritten durch den Raum und legte ihre Sachen auf das Bett.

«Ich nehme an, ich kann mein Bett ein wenig zur Seite schieben und so das Schlimmste verhüten», sagte ich.

«Ich sehe wirklich nicht ein, warum Agatha in einem Bett schlafen muß, auf das es herunterregnet», äußerte Katharine. «Max oder Len kann es sich nehmen. Und der andere geht in den anderen Raum zu Agatha.» Wir stimmten dem Vorschlag zu, und nach einigen Überlegungen, wer ihr im Fall eines Falles wohl nützlicher sein würde, schickte Katharine, des Umstandes eingedenk, daß Len ihr liebender Gatte war, Max zu mir in den kleineren Raum. Dieses Arrangement schien nur unseren freundlichen Gastgeber zu amüsieren. «Bedient euch nur», sagte er. «Teilt sie euch auf – so oder so, die Männer werden ihre Freude haben.»

Doch als der Morgen kam, hatte keiner von uns Freude. Als ich gegen sechs Uhr erwachte, prasselte mir der Regen ins Gesicht. Max in der anderen Ecke sah sich einer Sintflut ausgesetzt. Katharine war es nicht besser ergangen; auch bei ihr kam das Wasser durch die Decke. Wir frühstückten, machten einen Rundgang mit Basrawi, der uns seinen Herrschaftsbereich zeigen wollte, und setzten unsere Fahrt fort. Das Wetter war abscheulich. Einige Wadis waren stark angeschwollen und schwer zu überqueren.

Pitschnaß und todmüde kamen wir schließlich nach Aleppo, wo wir im relativ luxuriösen Baron's Hotel Aufnahme fanden. Wir wurden von Coco Baron, dem Sohn des Hauses, willkommen geheißen. Er hatte einen großen runden Kopf, ein leicht gelbliches Gesicht und schwermütige dunkle Augen.

Mein sehnlichster Wunsch war ein heißes Bad. Ich entdeckte, daß das Badezimmer halb östlich, halb westlich eingerichtet war, und es gelang mir, heißes Wasser aus einem Hahn laufen zu lassen; sofort hüllten Dampfwolken mich ein und erschreckten mich fast zu Tode. Ich versuchte es wieder abzudrehen, doch ohne Erfolg, so daß ich Max zu Hilfe rufen mußte. Er bändigte das Wasser und hieß mich in mein Zimmer zurückgehen. Er würde mich holen kommen, sobald er das Bad so weit unter Kontrolle gebracht hatte, daß ich es benützen konnte. Ich wartete lange Zeit, aber nichts geschah. Den Schwamm unter den Arm geklemmt, machte ich mich schließlich im Schlafrock auf, um nach dem Rechten zu sehen. Die Tür war versperrt. Max kam um die Ecke.

«Was ist mit meinem Bad?» fragte ich.

«Katharine ist jetzt drin.»

«Katharine? Nimmt sie jetzt das Bad, das Sie für mich eingelassen haben?»

«Ja», gab Max zu. «Sie wollte es so.»

Dabei sah er mir mit einer gewissen Festigkeit in die Augen. Ich begriff, daß ich gegen etwas hätte ankämpfen müssen, das dem Hofzeremoniell der Meder und Perser nicht unähnlich war. «Das finde ich sehr unfair», sagte ich. «Ich habe mir das Bad eingelassen. Es war mein Bad.»

Max nickte. «Das weiß ich. Aber Katharine wollte es so.»

Ich ging in mein Zimmer zurück und erinnerte mich an die Worte Oberst Dwyers.

Am nächsten Tag funktionierte Katharines Nachttischlampe nicht. Zudem fühlte sie sich nicht wohl; sie hatte starke Kopfschmerzen und blieb im Bett. Aus eigenem Antrieb bot ich ihr meine Nachttischlampe an. Lampen schienen knapp zu sein, und als ich am Abend lesen wollte, mußte ich mich mit der einen schwachen Glühbirne begnügen, die von der Decke hing. Erst am Tag darauf hatte ich aber Grund, mich zu ärgern. Katharine zog in ein anderes Zimmer, in dem, wie sie hoffte, der Straßenlärm erträglicher sein würde. Da sie in ihrem neuen Zimmer eine tadellose Nachttischlampe vorfand, hatte sie sich gar nicht die Mühe gemacht, mir meine zurückzugeben, die sich jetzt im Besitz eines anderen Hotelgastes befand. Das war Katharine – ob es einem nun paßte oder nicht.

Obwohl Katharine am folgenden Tag kaum noch Fieber hatte, behauptete sie, sich noch viel schlechter zu fühlen. Sie war in einer scheußlichen Stimmung.

«Ich wollte, ihr würdet alle verschwinden», jammerte sie. «Verschwindet und laßt mich in Frieden. Ich kann es nicht ertragen, wenn Leute den ganzen Tag in mein Zimmer kommen und fragen, ob ich etwas brauche. Ihr geht mir alle auf die Nerven. Wenn ich nur Ruhe haben könnte, dann wäre ich wahrscheinlich am Abend wieder auf dem Damm.»

«Ich weiß nicht, was ich tun soll», sagte Len hilflos. «Ich weiß wirklich nicht, was ich für sie tun könnte.»

«Sie weiß sicher am besten, was ihr gut tut», beruhigte ich Len, denn ich konnte ihn sehr gut leiden. «Sie braucht Ruhe. An Ihrer Stelle würde ich sie bis zum Abend allein lassen. Dann werden wir ja sehen, ob sie sich besser fühlt.»

Und dabei blieb es. Max und ich machten einen Ausflug und besichtigten ein Kreuzritterschloß bei Kalaat Siman. Len blieb im Hotel, um Katharine nötigenfalls zur Verfügung zu stehen.

In bester Stimmung machten wir uns auf den Weg. Das Wetter hatte sich gebessert, und es war eine wunderschöne Fahrt. Wir fuhren über Hügel mit Buschwerk und roten Anemonen und Schafherden und, weiter oben, schwarzen Ziegen und Kindern. Schließlich kamen wir nach Kalaat Siman und verzehrten das mitgebrachte Essen. Während wir dasaßen und die Aussicht genossen, erzählte mir Max ein wenig von sich und seinem Leben und wie froh er gewesen war, als er nach seinem Abgang von der Universität die Stellung bei Leonard Woolley bekommen hatte. Wir sammelten noch ein paar Tonscherben und fuhren dann im Abendsonnenschein zum Hotel zurück.

Mißstimmung erwartete uns dort. Katharine war empört, daß wir einen Ausflug gemacht und sie allein gelassen hatten.

«Aber Sie sagten doch, daß Sie allein bleiben wollen», verteidigte ich mich.

«Man sagt vieles, wenn man sich nicht wohl fühlt. Daß Sie und Max so herzlos sein konnten! In Ihrem Fall ist es ja verzeihlich, denn Sie verstehen das nicht so gut, aber Max – daß Max, der mich so gut kennt, der genau weiß, daß ich vielleicht etwas gebraucht hätte, mich so im Stich lassen konnte!» Sie schloß die Augen. «Ich möchte jetzt allein sein.»

«Können wir Ihnen etwas bringen oder Ihnen Gesellschaft leisten?»

«Nein, ich will nichts haben. Ihr Verhalten hat mich sehr verletzt. Und Len hat sich einfach schändlich benommen.»

«Was hat er denn angestellt?» fragte ich neugierig.

«Er hat mich ohne einen Tropfen hier liegenlassen – kein Wasser, keine Limonade, nichts. Ich war am Verdursten.»

«Aber Sie hätten doch läuten und Wasser bestellen können», gab ich zu bedenken. Das hätte ich nicht sagen dürfen. Katharine bedachte mich mit einem vernichtenden Blick. «Ich sehe, daß Sie überhaupt nichts verstehen. Daß Len so gefühllos sein konnte, darum geht es. Wenn eine Frau dagewesen wäre, würde es natürlich anders ausgesehen haben.»

Am nächsten Morgen wagten wir es kaum, uns ihr zu nähern, aber sie benahm sich, als ob nichts geschehen wäre. Sie war bester Laune, lächelte, freute sich, uns zu sehen, und war dankbar für alles, was wir für sie taten.

Sie war wirklich eine bemerkenswerte Frau. Mit den Jahren verstand ich sie ein wenig besser, wußte aber nie, in welcher Stimmung ich sie antreffen würde.

Sie hätte Künstlerin werden sollen – Sängerin oder Schauspielerin –, dann hätte man ihre Launen und ihr Temperament akzeptiert. Dabei war sie fast eine Künstlerin: sie hatte eine Büste der Königin Shubad gemeißelt, die mit dem Kopfschmuck und der berühmten goldenen Halskette in Ausstellungen gezeigt wurde.

Sie machte auch noch andere Büsten – von Hamoudi, von ihrem Mann Leonard und von einem schönen Knaben –, aber es fehlte ihr an Selbstvertrauen, sie bat andere Leute, ihr zu helfen und nahm ihre Meinungen für bare Münze. Leonard tat alles für sie – das Beste war gerade gut genug! Ich glaube, sie verachtete ihn deswegen ein bißchen – wie das vielleicht jede Frau getan hätte. Keine Frau hat gern einen Fußabstreifer zum Mann.

An einem Sonntagmorgen, bevor wir Aleppo verließen, präsentierte Max mir eine bunte Mischung von Religionen. Es war ein recht anstrengender Ausflug.

Wir besuchten die Maroniten, die syrischen Katholiken, die Griechisch-Orthodoxen, die Nestorianer, die Jakobiter und noch andere, an die ich mich nicht mehr erinnern kann. Einige von ihnen waren «Zwiebelpriester» (so nannte ich sie) – sie hatten runde, zwiebelförmige Kopfbedeckungen. Die Griechisch-Orthodoxen ängstigten mich ein wenig: ich wurde von Max getrennt und zusammen mit den anderen Frauen auf einer Seite der Kirche zusammengepfercht. Man wurde in etwas hineingeschoben, das wie ein Pferdestall aussah, und bekam eine Art Halfter angelegt, der an der Wand befestigt war. Es war ein prunkvoll mystischer Gottesdienst, der zum größten Teil hinter einem Altarvorhang abgehalten wurde. Von Weihrauchwolken begleitet, drangen volle harmonische Klänge hinter diesem Schleier hervor. In vorgeschriebenen Abständen knieten wir nieder und verneigten uns. Zur gegebenen Zeit kam Max mich holen.

Wenn ich auf mein Leben zurückblicke, stelle ich fest, daß es Orte sind, die mir am lebhaftesten in Erinnerung geblieben sind, Orte, die ich besucht und an welchen ich mich aufgehalten habe. Ein Glücksgefühl durchzuckt mich plötzlich beim Anblick eines Baumes, eines Hügels, eines weißen Häuschens, eines Flusses ... Manchmal brauche ich nur einen Augenblick zu überlegen, wo es war und wann es war. Dann steht das Bild deutlich vor mir, und ich weiß es.

Mein Personengedächtnis war nie sehr gut. Meine Freunde sind mir lieb und wert, aber Menschen, die mir nur flüchtig begegnen, vergesse ich gleich wieder. Ich kann wirklich nicht sagen, daß ich «nie ein Gesicht vergesse». In Wahrheit ist es eher so, daß ich mich «nie an ein Gesicht erinnere».

Ich weiß nicht, warum mein Erinnerungsvermögen für Orte so gut und für Menschen so schlecht ist. Vielleicht kommt es daher, daß ich weitsichtig bin. Ich bin immer weitsichtig gewesen, so daß Menschen mir nur skizzenhaft sichtbar werden, weil sie sich in meiner Nähe aufhalten und bewegen; Orte kann ich genauer sehen, weil sie weiter von mir entfernt sind.

Ich bin durchaus imstande, eine Abneigung gegen eine Landschaft zu fassen, nur weil mir die Berge nicht die richtige Form zu haben scheinen – es ist sehr, sehr wichtig, daß sie die richtige Form haben. In Devonshire haben praktisch alle Berge die richtige Form. In Sizilien haben fast alle Berge die falsche Form – darum mag ich Sizilien nicht. Schneeberge können unglaublich langweilig sein; sie verdanken ihren Reiz, soweit vorhanden, ausschließlich den unterschiedlichen Einwirkungen des Lichts. Auch «Aussichten» können langweilig sein. Da besteigt man den Gipfel eines Berges, und vor einem breitet sich ein Panorama aus. Aber das ist auch schon alles. Mehr wird nicht geboten. «Herrlich», sagt man. Zu mehr reicht es nicht.

5

Von Aleppo fuhren wir mit dem Dampfer nach Griechenland, machten aber unterwegs in verschiedenen Häfen Zwischenhalte. Ich erinnere mich, daß ich in Mersin mit Max an Land ging. Wir verbrachten einen beglückenden Tag am Strand und badeten im herrlich warmen Meer. Er pflückte mir Unmengen gelber Ringelblumen, ich flocht sie zu einem Kranz, den er mir um den Hals hängte. Wir verzehrten das mitgebrachte Essen auf einem großen Teppich gelber Ringelblumen.

Ich freute mich schon sehr, zusammen mit den Woolleys Delphi zu erleben; sie sprachen mit solch flammender Begeisterung davon. Sie hatten darauf bestanden, daß ich dort ihr Gast sein sollte, was ich sehr großzügig fand.

Doch es kommt immer anders, als man denkt. Ich sehe mich noch vor der Portiersloge des Hotels in Athen stehen und meine Post in Empfang nehmen. Zuoberst lag ein Stoß Telegramme. Mich durchzuckte ein scharfer Schmerz, denn sieben Telegramme konnten nichts Gutes bedeuten. Ich war seit gut vierzehn Tagen ohne Nachricht von zu Hause; jetzt hatten mich die schlechten

Nachrichten eingeholt. Ich öffnete ein Telegramm – das älteste. Ich erfuhr, daß Rosalind an einer schweren Lungenentzündung erkrankt war. Meine Schwester hatte sie aus dem Internat zu sich nach Cheshire geholt. Im letzten Telegramm – ich hätte es als erstes öffnen sollen – stand zu lesen, daß sich ihr Zustand ein wenig gebessert hatte.

Heute natürlich könnte man in weniger als zwölf Stunden daheim sein, aber im Jahr 1930 gab es keine täglichen Flugverbindungen zwischen Athen und London. Selbst wenn es mir gelang, einen Platz im Orient-Expreß zu ergattern, würde ich England frühestens in vier Tagen erreichen.

Meine drei Freunde reagierten äußerst verständnisvoll. Len ließ alles liegen und stehen und marschierte los, um mir in einem Reisebüro einen Platz für den nächsten Zug zu besorgen. Katharine versuchte mich zu trösten. Max sagte wenig, aber er begleitete Len ins Reisebüro.

Während ich, vom Schock wie betäubt, die Straße entlang ging, blieb ich mit dem Fuß in einem dieser Löcher hängen, in die man in Athen ständig Bäume zu pflanzen scheint. Ich verstauchte mir den Knöchel und konnte kaum noch gehen. Ich humpelte ins Hotel zurück, wo Katharine und Len mich ihrer mitfühlenden Anteilnahme versicherten. Während ich mich noch fragte, wo Max blieb, erschien er mit zwei festen Kreppbandagen. In aller Ruhe teilte er mir mit, daß er sich auf der Heimreise um mich und meinen Knöchel kümmern würde.

«Aber Sie fahren doch nach Bassae hinauf, um den Tempel zu besichtigen», sagte ich. «Wollten Sie dort nicht jemanden treffen?»

«Ich habe meine Pläne geändert», antwortete er. «Ich müßte eigentlich schon längst zu Hause sein, und darum kann ich mit Ihnen fahren. Ich kann Sie zum Speisewagen begleiten oder Ihnen das Essen bringen und Ihnen auch sonst behilflich sein.»

Es war zu schön, um wahr zu sein. Was ist dieser Max doch für ein wunderbarer Mensch, dachte ich damals und denke ich noch heute. Er ist so ruhig und geht mit Trostworten so sparsam um. Er tut, was nötig ist, und das tröstet mehr, als Worte vermögen. Er versuchte nicht, mir sein Mitgefühl wegen Rosalind auszudrücken, sagte nicht, daß schon alles gutgehen würde, und daß ich mir keine Sorgen machen sollte. Damals gab es noch keine Sulfonamidpräparate, und eine Lungenentzündung war eine ernste Sache.

Max und ich fuhren am nächsten Abend. Auf der Reise erzählte er mir viel von seiner Familie, seinen Brüdern und seinen Eltern. Seine Mutter war Französin, sehr künstlerisch veranlagt, und interessierte sich für Malerei. Sein Vater hatte eine gewisse Wesensverwandtschaft mit Monty, war aber in finanzieller Hinsicht glücklicherweise solider.

In Mailand erlebten wir ein Abenteuer. Der Zug hatte Verspätung. Wir stiegen aus – ich konnte schon einigermaßen humpeln – und fragten den Schlafwagenschaffner, wie lange wir Aufenthalt hatten. «Zwanzig Minuten», lautete seine Auskunft. Max schlug vor, Orangen zu kaufen. Wir gingen zu einem Obststand hinunter und kehrten wieder auf den Bahnsteig zurück. Es waren keine fünf Minuten vergangen, aber der Bahnsteig war leer. Der Zug wäre bereits abgefahren, sagte man uns.

«Abgefahren? Ich dachte, er hätte zwanzig Minuten Aufenthalt», sagte ich.

«Ja, ja, Signora, aber er hatte starke Verspätung. Darum hat er nur ganz kurz Aufenthalt gemacht.»

Bestürzt sahen wir uns an. Ein höherer Beamter der Bahnverwaltung kam uns zu Hilfe. Er gab uns den Rat, ein schnelles Auto zu mieten und dem Zug nachzufahren. Seiner Meinung nach hätten wir eine reelle Chance, ihn in Domodossola einzuholen.

Es begann eine Fahrt, wie man sie sonst nur im Kino sieht. Mal waren wir dem Zug voraus, dann war der Zug uns voraus. Während wir über die Bergstraßen rasten und der Zug vor oder hinter uns in Tunnels verschwand und Minuten später wieder auftauchte, empfanden wir abwechselnd tiefste Verzweiflung und beruhigende Überlegenheit. Schließlich erreichten wir Domodossola etwa drei Minuten nachdem der Zug in den Grenzbahnhof eingefahren war.

«Ah, Madame», sagte ein älterer Franzose, als er mir in den Schlafwagen hinaufhalf, *«Que vous avez dû éprouver des émotions!»* Die Franzosen haben eine so wunderbare Art sich auszudrücken, meine Nerven waren allerdings ein bißchen strapaziert worden!

Der Besitzer des Mietwagens hatte einen astronomischen Fahrpreis gefordert, und zum Handeln war uns keine Zeit geblieben. Die Folge war, daß wir fast kein Geld mehr hatten. Max' Mutter erwartete ihn in Paris, und er hoffte, daß ich mir von ihr Geld leihen könnte. Ich habe mich oft gefragt, was meine zukünftige Schwiegermutter von der jungen Dame dachte, die da mit ihrem Sohn aus dem Zug stieg und sich nach kürzester Begrüßung praktisch den letzten Sou von ihr borgte. Ich hatte nicht viel Zeit, ihr die näheren Umstände zu erklären, weil ich in den Zug nach England umsteigen mußte. Diese Begegnung kann sie wohl kaum sehr für mich eingenommen haben.

Max' große Güte, sein Takt und sein Mitgefühl auf dieser Reise sind mir ewig in Erinnerung geblieben. Es gelang ihm, mich zu zerstreuen, indem er mir viel von seiner Tätigkeit und von seinen Überzeugungen erzählte. Er verband mir den Knöchel und half mir zu den Mahlzeiten in den Speisewagen. An eine Bemerkung von Max erinnere ich mich noch gut. Ich war eingenickt und lehnte in meiner Ecke, als Max in mein Abteil kam und sich mir gegenübersetzte. Ich wachte auf und sah, wie er mich aufmerksam musterte. «Ich finde», sagte er, «Sie haben ein sehr edles Gesicht!» Ich war so erstaunt, daß ich vollends aufwachte. Es wäre mir nie eingefallen, mich so zu beschreiben. Ein edles Gesicht, ich? Ich konnte es nicht glauben. Aber dann fiel mir etwas ein. «Vielleicht weil ich eine römische Nase habe», sagte ich. Ja, dachte ich, eine römische Nase. Sie könnte der Kernpunkt eines mehr oder minder edlen Profils sein. Ich kann nicht mit Bestimmtheit behaupten, daß ich von diesem Gedanken sehr angetan war. Edel zu sein, ist doch recht mühsam. Ich war vieles: gutmütig, lebensbejahend, leicht verrückt, schüchtern, zärtlich, ohne jedes Selbstvertrauen, selbstlos – aber edel? Nein, edel bin ich nun eigentlich nicht. Ich schlief wieder ein, achtete allerdings darauf, daß sich meine römische Nase möglichst vorteilhaft präsentierte!

6

Es war ein schrecklicher Augenblick, als ich, in London angekommen, das erste Mal zum Telefon griff. Ich hatte seit fünf Tagen keine Nachricht. Oh, welche Erleichterung, als meine Schwester mir mitteilte, daß es Rosalind viel besser ging, daß sie außer Gefahr war und daß ihre Genesung rasche Fortschritte machte. In sechs Stunden war ich in Cheshire.

Rosalind mochte auf dem Weg der Genesung sein, aber ihr Anblick versetzte mir doch einen Schock. Ich hatte meine Erfahrungen als Krankenpflegerin unter erwachsenen Männern gesammelt und wußte ganz einfach nicht, daß Kinder heute halbtot aussehen und sich schon am nächsten Tag in bester Verfassung befinden können. Rosalind machte mir den Eindruck, als wäre sie größer und dünner geworden, und es paßte so gar nicht zu ihr, daß sie matt und abgespannt vor mir im Liegestuhl lag.

Rosalinds bemerkenswertester Charakterzug war ihr überströmendes Temperament. Sie war ein Kind, das keinen Augenblick still sitzen konnte. Wenn sie von einem langen und strapaziösen Ausflug zurückkehrte, sagte sie oft: «Wir haben noch mindestens eine halbe Stunde bis zum Abendessen – was können wir unternehmen?» Es war nicht ungewöhnlich, daß ich um die Ecke unseres Hauses bog und sie auf dem Kopf stehend vorfand. «Wozu machst du denn das, Rosalind?»

«Ach, ich weiß nicht, ich vertreibe mir die Zeit. Etwas muß man ja tun.»

Rosalind kam überraschend schnell zu Kräften. Schon eine Woche nach meiner Rückkehr war sie wieder in Torquay und fast wieder die alte.

Wie es schien, war Rosalind munter und gesund ins Pensionat zurückgekehrt. Alles war gutgegangen, bis eine Grippeepidemie in der Schule ausbrach und die Hälfte der Kinder davon erfaßt wurde. Vermutlich hatte die Grippe bei Rosalind zu einer Lungenentzündung geführt. Ihr Zustand gab zu Besorgnis Anlaß, und die Absicht meiner Schwester, sie mit dem Wagen nach Cheshire zu bringen, wurde skeptisch beurteilt. Aber Punkie bestand darauf, und wie sich zeigte, hatte sie die richtige Entscheidung getroffen.

Niemand hätte rascher genesen können, als Rosalind es tat. Nach Meinung des Arztes war sie so gesund und munter wie eh und je. «Ein strammes Mädel», fügte er hinzu. Ich versicherte ihm, daß Zähigkeit schon immer ein charakteristischer Wesenszug meiner Tochter gewesen war. Sie gab nur höchst ungern zu, daß sie krank war. Auf den Kanarischen Inseln litt sie an einer Mandelentzündung, ließ aber kein Wort davon verlauten. «Ich habe sehr schlechte Laune», war alles, was sie sagte.

Natürlich sind Mütter von ihren Kindern besonders eingenommen – und warum sollten sie es nicht sein? – aber ich glaube fest, daß meine Tochter unterhaltsamer war, als die meisten Kinder es sind. Man weiß oft schon vorher, was ein Kind in einer bestimmten Situation sagen wird, aber Rosalind gelang es immer wieder, mich zu überraschen. Möglicherweise war es ihr irisches Blut. Archies Mutter war Irin, und ihr Talent, unerwartete Antworten zu geben, mag wohl mit ihrer irischen Abstammung in Zusammenhang stehen.

Der Mensch verändert sich eigentlich nie; wir sind immer die gleichen, ob wir nun drei, sechs, zehn oder zwanzig Jahre zählen. Mit sechs oder sieben ist das vielleicht am deutlichsten zu erkennen, weil wir uns in diesem Alter nicht so viel vormachen. Mit zwanzig neigt man dazu, dem Zeitgeschmack zu folgen. Gilt es als modern, ein Intellektueller zu sein, gibt man sich intellektuell. Sind die Mädchen hirnlos und leichtfertig, ist man hirnlos und leichtfertig. Mit den Jahren empfindet man es als lästig, diesen angenommenen Charakter beizubehalten; man findet zu seiner Individualität zurück.

Ich frage mich, ob sich diese Überlegung auch auf die schriftstellerische Tätigkeit anwenden läßt. Gewiß, wenn man zu schreiben beginnt, ist man von Bewunderung für einen Schriftsteller erfüllt und kopiert seinen Stil – ob man will oder nicht. Oft ist es ein Stil, der nicht zu einem paßt, und dann schreibt man schlecht. Aber mit der Zeit läßt der fremde Einfluß nach. Man bewundert zwar immer noch gewisse Autoren, wünscht sogar, es ihnen gleichtun zu können, weiß aber, daß es nicht gelingt. Man hat literarische Demut gelernt.

Ich sehe noch oft ein Bild vor mir, das an der Wand meines Kinderzimmers hing; ich mußte es wohl auf dem Rummelplatz gewonnen haben. «Wenn du keinen Zug fahren kannst, so unterhalte die Schienen», stand darunter zu lesen – und ich kann mir keine bessere Lebensmaxime vorstellen. Ich glaube, ich habe mich daran gehalten. Ich habe nie ernstlich versucht, Dinge zu tun, für die ich keine natürliche Begabung besitze. In einem ihrer Bücher hat Rumer Godden eine Liste aller Dinge aufgestellt, die sie mochte, und eine andere mit jenen Dingen, die sie nicht mochte. Ich fand das lustig und stellte sofort meine eigene Liste auf. Jetzt könnte ich ein übriges tun und ein Verzeichnis von Tätigkeiten anlegen, die ich beherrsche, und von denen, die ich nicht beherrsche. Letzteres ist natürlich um vieles länger.

Ich war nie eine gute Spielerin; ich bin keine gewandte Gesprächspartnerin und werde es nie sein; ich bin so leicht beeinflußbar, daß ich allein sein muß, um zu überlegen, was ich denken oder tun soll. Ich kann nicht zeichnen; ich kann nicht malen; ich kann nicht modellieren oder sonst irgendwie bildhauerisch tätig sein; wenn ich mich beeile, werde ich nervös; es fällt mir schwer, in Worte zu kleiden, was ich sagen will – schreiben geht leichter. Ich kann zu meiner Meinung stehen, wenn es um Prinzipielles geht, aber sonst nicht. Ich weiß, daß morgen Dienstag ist, aber wenn mir jemand mehr als viermal versichert, daß morgen Mittwoch ist, bin ich überzeugt, daß morgen Mittwoch ist, und ich werde mich dementsprechend verhalten.

Welche Tätigkeiten beherrsche ich? Nun, ich kann schreiben. Ich könnte eine bemerkenswerte Musikerin sein, aber keine berufsmäßige. Ich kann Sänger gut begleiten. Wenn ich in Schwierigkeiten gerate, kann ich improvisieren – eine sehr nützliche Fertigkeit; was ich alles mit Haar- und Sicherheitsnadeln zuwege bringe, um mit häuslichen Schwierigkeiten fertigzuwerden, würde manchen überraschen. Ich war es, die Brot zu einem klebrigen Klümpchen formte, es auf eine Haarnadel steckte, die Haarnadel mit Siegellack an einer Gardinenstange befestigte und damit die falschen Zähne meiner Mutter vom Dach des Gewächshauses heraufholte. Um ihn zu befreien, chloroformierte ich mit Erfolg einen Igel, der sich im Tennisnetz verfangen hatte. Ich kann behaupten, daß ich es verstehe, mich zu Hause nützlich zu machen. Und so weiter und so fort. Und nun zu den Dingen, die ich mag, oder eben nicht mag.

Was ich nicht mag: Menschenansammlungen, Gedränge, laute Stimmen, Lärm, langes Geschwätz, Parties, insbesondere Cocktailparties, Zigarettenrauch und Rauchen im allgemeinen, Alkohol, Marmelade, Austern, lauwarmes Essen, einen grauen Himmel, Vogelfüße und überhaupt das Berühren eines Vogels. Ganz besonders hasse ich den Geruch und Geschmack heißer Milch.

Was ich mag: Sonnenschein, Äpfel, so gut wie jede Art von Musik, Eisenbahnzüge, Zahlenrätsel und alles, was mit Zahlen zu tun hat, ans Meer fahren, baden und schwimmen, Stille, schlafen, träumen, essen, das Aroma von Kaffee, Maiglöckchen, die meisten Hunde und Theaterbesuche.

Ich könnte viel bessere Listen zusammenstellen, bedeutendere und großartigere, aber das wäre wieder nicht ich, und ich muß mich wohl damit abfinden, ich zu sein.

Da ich nun ein neues Leben begann, wollte ich eine Bestandsaufnahme meiner Freunde machen. Nach allem, was ich erlebt hatte, erschien es mir angezeigt, sie einer Art Feuerprobe zu unterziehen. Carlo und ich merkten sie für zwei Orden vor: für den Rattenorden und den Orden der Treuen Hunde. «Jawohl», sagten wir von dem einen, «dem verleihen wir den Orden der Treuen Hunde, erster Klasse», oder «dem verleihen wir den Rattenorden, dritter Klasse.» Es gab nicht viele Ratten, wohl aber einige unerwartete: Menschen, die ich für aufrichtige Freunde gehalten hatte, und die nun ängstlich bestrebt zu sein schienen, von jedem abzurücken, der ins Gerede gekommen war. Diese Entdeckung machte mich natürlich noch empfindsamer und geneigter, mich von den Menschen zurückzuziehen. Aber ich fand auch unerwartet treue und loyale Freunde, die mir herzliche Zuneigung und Güte entgegenbrachten.

Mehr als jede andere Tugend bewundere ich Loyalität. Loyalität und Mut sind zwei der schönsten Attribute des Menschen. Jede Art von Mut, ob körperlich oder moralisch, nötigt mir höchste Bewunderung ab. Es ist eine der wichtigsten Tugenden, die man ins Leben mitbringen kann. Wenn man das Leben überhaupt ertragen kann, dann mit Mut. Mut ist etwas Unabdingbares.

Ich fand viele verdienstvolle Träger des Ordens der Treuen Hunde unter Männern. Einer dieser «Ordensträger» schickte mir riesige Blumensträuße, schrieb mir Briefe und bat mich schließlich, seine Frau zu werden. Er war Witwer und einige Jahre älter als ich. Als wir uns kennenlernten, hatte er mich für viel zu jung gehalten, sagte er, jetzt aber könnte er mich glücklich machen und mir ein behagliches Heim bieten. Ich fand es rührend, hegte aber nicht den Wunsch, ihn zu heiraten, und hatte auch nie irgendwelche Gefühle dieser Art für ihn empfunden. Er war ein lieber guter Freund und nichts weiter. Es ist äußerst töricht, einen Mann zu heiraten, weil man getröstet werden möchte.

Wie auch immer: ich hatte kein Verlangen, getröstet zu werden. Ich hatte Angst vor der Ehe. Mir war klargeworden, was vermutlich früher oder später vielen Frauen klar wird: der einzige Mensch, der einem wirklich weh tun kann, ist ein Ehemann. Kein anderer steht dir so nahe. Nie wieder, beschloß ich, würde ich mich einem Mann auf Gnade und Ungnade ausliefern.

In Bagdad hatte einer meiner Freunde aus der Air Force mir gegenüber eine Ansicht geäußert, die mich beunruhigte. Er hatte über seine ehelichen Probleme gesprochen. «Sie denken, Sie haben sich Ihr Leben eingerichtet und können es so weiterführen, wie es Ihren Vorstellungen entspricht, aber am Ende werden Sie zwischen zwei Dingen wählen müssen: Sie werden sich einen Liebhaber oder mehrere nehmen müssen.» Ich hatte manchmal das unbehagliche Gefühl, daß er recht haben könnte. Aber immer noch besser eine dieser Alternativen als eine Heirat, dachte ich. Mehrere Liebhaber konnten einem nicht weh tun. Einer konnte es, aber nicht so wie ein Ehemann. Für mich kamen weder Ehemänner noch sonstige Männer in Frage – aber das, so hatte mein Freund von der Air Force nachdrücklich betont, würde nicht immer so bleiben.

Ich war von der Zahl der Annäherungsversuche überrascht, die gemacht wurden, sobald ich mich in der etwas zweifelhaften Lage einer Frau befand, die sich von ihrem Mann getrennt oder gar ihre Scheidung eingeleitet hatte. «Haben Sie etwas anderes erwartet?» fragte mich ein junger Mann, der mich offenbar für sehr unvernünftig hielt.

Ich konnte mich einfach nicht entscheiden, ob ich mich über diese Aufmerksamkeiten freuen oder ärgern sollte. Im großen und ganzen, glaube ich, freute ich mich darüber. Andererseits ergaben sich zuweilen unliebsame Komplikationen – einmal auch mit einem Italiener. Ich hatte mir die peinliche Episode selbst zuzuschreiben – meine Unkenntnis italienischer Sitten mag mein Verhalten rechtfertigen. Er wollte von mir wissen, ob mich der Lärm der Hafenarbeiter, die das Schiff mit Kohle beluden, nachts nicht wachhalte. Nein, sagte ich, denn meine Kabine läge ja auf der dem Kai abgewandten Steuerbordseite. «Ach», sagte er, «ich dachte, Sie hätten Kabine dreiunddreißig.» «Nein, nein», erwiderte ich, «ich habe eine gerade Kabinennummer: achtundsechzig.» Das war doch gewiß ein unschuldiges Gespräch. Ich konnte nicht ahnen, daß die Frage nach der Kabinennummer jenem geheimen Ritual entsprach, mittels welchem ein Italiener zu erkunden sucht, ob sein Besuch erwünscht ist. Mehr gab es dazu nicht zu sagen, aber bald nach Mitternacht erschien mein Italiener. Es folgte eine sehr heitere Szene. Ich sprach kein Italienisch, er kaum Englisch, und so zankten wir in erregtem Flüsterton auf französisch. Wir waren beide empört, jeder auf seine Art.

«Wie können Sie es wagen, in meine Kabine zu kommen?»

«Sie haben mich doch eingeladen.»

«Ich habe nichts dergleichen getan.»

«Doch. Sie haben mir Ihre Kabinennummer genannt.»

«Sie haben mich ja danach gefragt.»

So ging das munter weiter, die Auseinandersetzung wurde hitzig, und ich mußte ihn beruhigen. Zornig forderte ich ihn auf zu gehen. Er bestand darauf zu bleiben. Am Ende erreichte seine Empörung einen Punkt, wo sie noch größer war als meine, und ich fing an, mich bei *ihm* zu entschuldigen, weil ich nicht gewußt hatte, daß seine Frage einen eindeutigen Antrag darstellte. Schließlich wurde ich ihn los. Immer noch schwer beleidigt, akzeptierte er dann doch, daß ich nicht die erfahrene Frau von Welt war, für die er mich gehalten hatte. Ich wies ihn auch darauf hin – und das schien ihn noch weiter zu besänftigen –, daß ich Engländerin und daher von Natur aus frigide war. Er zeigte volles Mitgefühl, und damit war die Ehre – seine Ehre – gerettet.

Erst lange Zeit später kam ich darauf, daß Rosalind meine verschiedenen Bewunderer von Anfang an nach durchaus praktischen Gesichtspunkten einstufte. «Nun, mir war klar, daß du wieder heiraten würdest, und natürlich hatte ich ein gewisses Interesse daran, zu wissen, wer es wohl sein würde», erklärte sie.

Nach seinem Besuch bei seiner Mutter in Frankreich kehrte Max nach England zurück. Er schrieb mir von seiner Arbeit im British Museum, und er hoffte, ich würde ihn wissen lassen, wann ich nach London käme. Es ergab sich, daß Collins, mein Verleger, mich zu einer großen Party ins Savoy bat, wo ich meine amerikanischen Verleger und andere Leute kennenlernen sollte. Da mein ganzer Tag mit Besprechungen ausgefüllt sein würde, entschloß ich mich, den Nachtzug zu nehmen, und lud Max ein, in meinem Haus am Cresswell Place mit mir zu frühstücken.

Bei dem Gedanken, ihn wiederzusehen, wurde mir warm ums Herz, doch als er vor der Tür stand, überkam mich eine sonderbare Scheu. Ich konnte mir meine Befangenheit nicht erklären. Ich glaube, daß auch er diese Scheu empfand, aber als wir mit dem Frühstück fertig waren, das ich für ihn zubereitet hatte, fanden wir zu unserer alten Vertrautheit zurück. Ich fragte ihn, ob er es einrichten könnte, uns in Devon zu besuchen, und wir besprachen, daß er an einem der nächsten Wochenenden kommen würde. Ich war sehr froh, daß ich mit ihm in Verbindung bleiben würde.

Nach *Alibi* hatte ich *Sieben Uhren* geschrieben, die Fortsetzung eines früheren Buches *Die Memoiren des Grafen*. Es war ein «heiterer Schauerroman», wie ich diese Sorte nannte. Diese Bücher waren leicht zu schreiben, weil sie nicht so exakt und minutiös geplant werden mußten.

Ich hegte jetzt schon Vertrauen in meine schriftstellerische Tätigkeit. Ich hatte das Gefühl, daß es mir nicht schwerfallen würde, jedes Jahr ein Buch zu schreiben und dazu auch noch ein paar Kurzgeschichten. Das Schöne an meiner Arbeit war damals, daß ich sie in unmittelbare Beziehung zu Geld bringen konnte. Wenn ich mich entschloß, eine Kurzgeschichte zu schreiben, wußte ich, daß sie mir etwa sechzig Pfund einbringen würde. Ich konnte die Einkommenssteuer abziehen – in jenen Tagen um die fünfundzwanzig Prozent – und konnte so mit vierundvierzig Pfund netto rechnen. Das regte meine Schaffensfreude enorm an. Ich sagte mir: «Ich möchte das Gewächshaus abreißen und eine Loggia daraus machen lassen. Was würde mich das kosten?» Ich ließ mir einen Kostenvoranschlag machen, setzte mich an meinen Schreibtisch, dachte nach und überlegte, und in knapp einer Woche hatte die Geschichte in meinem Kopf eine feste Form angenommen. Ich schrieb sie nieder – und hatte meine Loggia.

Wie anders sind die letzten zehn oder zwanzig Jahre meines

Lebens gewesen! Ich weiß nie, wem ich etwas schulde. Ich weiß nie, wieviel Geld ich habe. Ich weiß nie, wieviel Geld ich nächstes Jahr haben werde – und ein Steuerberater kommt immer wieder auf Probleme zu sprechen, die sich schon vor mehreren Jahren ergeben haben und noch nicht «bereinigt» sind. Was kann man da nur machen?

Oft scheint es mir jetzt, als ob ich gut daran täte, nie wieder eine Zeile zu schreiben – tue ich es doch, muß ich mit weiteren Komplikationen rechnen.

Max kam nach Devon. Wir trafen uns auf dem Paddington-Bahnhof und fuhren mit dem Mitternachtszug. Immer wenn ich von zu Hause fort war, passierte etwas. Rosalind begrüßte uns munter und unbeschwert wie immer und machte uns gleich von einer Katastrophe Mitteilung: «Peter hat Freddie Potter ins Gesicht gebissen.»

Daß das liebe Söhnchen unserer lieben Köchin von ihrem lieben Hund gebissen wurde, ist so ziemlich das letzte, das die Dame des Hauses bei ihrer Rückkehr zu erfahren wünscht.

Eigentlich wäre es nicht Peters Schuld gewesen, erläuterte Rosalind: sie hatte Freddie Potter gewarnt, Peter nicht zu nahe zu kommen und dabei bellende Geräusche von sich zu geben.

«Er ist Peter immer näher gekommen, und da hat Peter ihn natürlich gebissen.»

«Ja, ja», sagte ich, «aber Mrs. Potter versteht das wohl nicht.»

«Sie war nicht arg böse. Gefreut hat sie sich natürlich nicht.»

«Das wundert mich nicht.»

«Aber Freddie war sehr tapfer», setzte Rosalind hinzu. «Er ist ja immer tapfer», lobte sie ihren liebsten Spielgefährten. Freddie Potter, der kleine Sohn der Köchin, war um drei Jahre jünger als Rosalind, und sie genoß es sichtlich, ihn herumzukommandieren, zu bemuttern, die Rolle der großzügigen Beschützerin zu spielen, aber auch diktatorisch bestimmen zu können, welche Spiele gespielt werden sollten. «Ein Glück, daß Peter ihm nicht die Nase abgebissen hat», sagte sie. «Sonst hätte ich sie wohl suchen und sie ihm irgendwie wieder anmachen müssen – wie, weiß ich nicht. Ich nehme an, ich hätte sie zuerst sterilisieren müssen, meinst du nicht? Ich habe keine Ahnung, wie man eine Nase sterilisiert. Man kann sie doch schließlich nicht kochen.»

Das Wetter war unbeständig an diesem Tag, und wer den Himmel über Devon kannte, konnte mit einiger Sicherheit voraussagen, daß es ein regnerischer Tag werden würde. Rosalind schlug vor, einen Ausflug zum Moor zu machen. Der Vorschlag gefiel mir, und Max war einverstanden und schien sich darauf zu freuen.

So fuhren wir also los, und es fing an zu regnen. Trotzdem gab ich nicht auf und wies Max auf die vielen Schönheiten des Moors hin, die er allerdings durch den Regenschleier und den treibenden Nebel nicht so recht wahrnehmen konnte. Es war eine harte Probe für meinen Freund aus dem Nahen Osten. Er muß mir wirklich sehr zugetan gewesen sein; sonst würde er es nicht durchgestanden und dabei noch seine gute Laune behalten haben. Nach unserer Heimkehr und nach einem heißen Bad spielten wir alle möglichen Spiele mit Rosalind. Am nächsten Tag, der auch feucht war, zogen wir unsere Regenmäntel an und unternahmen einen langen Spaziergang in Begleitung eines keineswegs bußfertigen Peter, der allerdings mit Freddie Potter wie eh und je auf bestem Fuß stand.

Ich war sehr froh, mit Max zusammen zu sein. Ich fühlte, wie weit unsere Kameradschaft gediehen war, wie gut wir uns – fast ohne zu sprechen – verstanden. Dennoch war es ein Schock für mich, als Max am nächsten Abend an meine Tür klopfte und ins Zimmer kam. Vor einer Stunde hatten wir uns gute Nacht gesagt, und ich lag schon im Bett und las. Er hielt ein Buch in der Hand, das ich ihm geliehen hatte.

«Danke für das Buch», sagte er. «Es hat mir gut gefallen.» Er legte es auf den Nachttisch. Dann setzte er sich ans Fußende meines Bettes, sah mich nachdenklich an und eröffnete mir, daß er mich heiraten wolle. Keine viktorianische Jungfrau – «Oh, Mr. Simpkins, Ihr Antrag kommt so unerwartet!» – hätte ein verdutzteres Gesicht machen können als ich. Die meisten Frauen wissen natürlich genau, was in der Luft liegt – sie wittern einen Antrag, lange bevor er ihnen gemacht wird, und haben zwei Möglichkeiten, sich darauf einzustellen: sie können so unfreundlich und abweisend sein, daß der Mann die Lust verliert, oder aber ihn mit sanfter Gewalt nötigen, den Sprung zu wagen und der Qual ein Ende zu setzen. Heute aber weiß ich, daß die schockierte Reaktion «Oh, Mr. Simpkins, Ihr Antrag kommt so unerwartet!» einer durchaus echten Empfindung entspringen kann.

Ich hatte nie daran gedacht, daß zwischen Max und mir eine solche Beziehung bestehen würde oder bestehen könnte. Wir waren Freunde. Wir waren vertrautere und engere Freunde geworden, als ich es für möglich gehalten hätte.

Das Gespräch, das jetzt zwischen uns zustande kam, war so lächerlich, daß es mir nicht sehr sinnvoll erscheint, darauf einzugehen. Ich sagte ihm sofort, daß ich ihn nicht heiraten könnte. Und warum könne ich das nicht, wollte er wissen. Aus vielen Gründen, antwortete ich. Ich war älter als er – das gab er zu, meinte aber, daß er schon immer eine Frau heiraten wollte, die älter wäre als er. «Das ist doch Unsinn», konterte ich und wies ihn darauf hin, daß ich Katholikin war, und er meinte, daß er auch daran gedacht hätte – daß er an alles gedacht hätte. Ich erwähnte noch unzählige Gegenargumente, nur etwas sagte ich nie, nämlich, daß ich ihn nicht heiraten wollte – weil ich ganz plötzlich das Gefühl hatte, daß es auf der ganzen Welt nichts Schöneres geben konnte, als mit ihm verheiratet zu sein. Wenn er nur älter und ich jünger gewesen wäre!

Zwei Stunden lang redeten wir hin und her. Nach und nach überwand er meinen Widerstand – weniger mit feierlichen Versprechungen als mit sanfter Überredungskunst.

Am nächsten Morgen nahm er den Frühzug, und ich brachte ihn zur Bahn. «Weißt du», sagte er zum Abschied, «ich glaube, du wirst mich heiraten – wenn du erst einmal Zeit und Muße gehabt hast, darüber nachzudenken.»

Ich fragte Rosalind, ob Max ihr gefiel. «O ja», antwortete sie, «er gefällt mir sehr gut. Besser als Oberst R. und Mr. B.» Man konnte sich darauf verlassen, daß Rosalind genau wußte, woher der Wind wehte, aber zu höflich war, um es offen auszusprechen.

Ich durchlebte ein paar schreckliche Wochen. Ich war so deprimiert, so unsicher, so durcheinander. Ich redete mir ein, daß ich auf keinen Fall ein zweites Mal heiraten wollte, daß ich gefeit sein müßte gegen jeden, der mir Schmerz zufügen konnte; daß nichts dümmer wäre, als einen Mann zu heiraten, der um Jahre jünger war als ich; daß Max viel zu jung war, um wirklich zu wissen, was er wollte; daß es ihm gegenüber unfair war – er sollte ein nettes junges Mädchen heiraten; daß ich eben erst anfing, mein eigenes Leben zu genießen. Und dann, kaum merkbar, änderte sich meine Denkweise. Zugegeben, er war jünger als ich, aber wir hatten so viel gemein. Er hatte nichts für Parties übrig, er war nicht vergnügungssüchtig und kein leidenschaftlicher Tänzer; mit einem solchen jungen Mann Schritt zu halten, wäre mich hart angekommen. Museen besuchen, das konnte ich so gut wie jede andere auch – und brachte dazu mehr Interesse und Intelligenz mit als eine jüngere Frau. Ich konnte sämtliche Kirchen Aleppos durchstreifen und meine Freude an einer solchen Exkursion haben; ich konnte Max zuhören, wenn er über die Klassiker sprach; konnte das griechische Alphabet lernen und Übersetzungen der Äneis lesen – kurz gesagt, ich konnte mich weit mehr für Maxens Arbeit und Ideen interessieren als für Archies Geschäfte in der City.

«Aber du darfst nicht wieder heiraten», ermahnte ich mich, «du darfst nicht so dumm sein.»

Verzweifelt befragte ich mein Privatorakel. «Rosalind», sagte ich, «hättest du etwas dagegen, wenn ich noch einmal heiraten würde?»

«Einmal wirst du ja wohl heiraten», antwortete Rosalind mit der Miene eines Menschen, der immer alle Möglichkeiten berücksichtigt. «Das wäre doch ganz natürlich, nicht wahr?»

«Vielleicht.»

«Es wäre nicht recht gewesen, wenn du Oberst R. geheiratet hättest», fügte Rosalind nachdenklich hinzu. Eine interessante Feststellung, denn Oberst R. hatte viel Aufhebens um Rosalind gemacht. Sie schien eine Menge Spaß mit ihm gehabt zu haben.

Ich ließ den Namen Max fallen.

«Ich glaube, er würde der beste sein», sagte Rosalind. «Ich denke, du tätest sehr gut daran, ihn zu nehmen.» Dann setzte sie hinzu: «Wir könnten unser eigenes Boot haben, meinst du nicht? Und er würde auch sonst sehr nützlich sein. Er ist doch ein guter Tennisspieler, nicht wahr? Ich könnte mit ihm spielen.» Von diesem utilitarischen Standpunkt ausgehend, analysierte sie freimütig alle Möglichkeiten. «Und Peter hat ihn auch gern», lautete ein entscheidendes Argument.

Trotzdem war dieser Sommer einer der schwersten meines Lebens. Mit wem ich auch sprach, alle waren dagegen. Vielleicht war es gerade das, was mich ermutigte. Meine Schwester war entschieden dagegen. Der Altersunterschied! Selbst mein Schwager James mahnte zur Vorsicht.

«Könnte es nicht sein», meinte er, «daß du . . . daß es das Leben da unten ist, das dich beeinflußt hat? Das Leben des Archäologen, wie du es bei den Woolleys in Ur genossen hast? Vielleicht ist es das, was deine Gefühle verwirrt hat.»

Aber ich wußte, daß er irrte.

«Es ist selbstverständlich allein deine Entscheidung», fügte er zart hinzu. Meine liebe Punkie natürlich war keineswegs dieser Meinung – sie dachte, es wäre allein ihre Sache, mich davor zu bewahren, einen folgenschweren Irrtum zu begehen. Carlo, meine liebe gute Carlo und ihre Schwester waren mir eine mächtige Stütze. Auch sie, glaube ich, hielten es für eine Dummheit, würden es aber nie ausgesprochen haben, denn es war nicht ihre Art, anderen Menschen ihre Meinung aufzudrängen. Ganz sicher bedauerten sie es, daß ich nicht den Wunsch hatte, einen flotten zweiundvierzigjährigen Oberst zu heiraten, doch da ich mich nun einmal anders entschlossen hatte, unterstützten sie mich in meinem Vorhaben.

Schließlich setzte ich auch die Woolleys davon in Kenntnis. Sie schienen sich zu freuen. Len freute sich bestimmt. Bei Katharine war ich nicht so sicher.

«Aber du darfst ihn erst in zwei Jahren heiraten», erklärte sie mit Nachdruck.

«Erst in zwei Jahren?» wiederholte ich erschrocken.

«Es wäre verhängnisvoll, wenn du es gleich tätest.»

«Das ist doch blanker Unsinn», protestierte ich. «Ich bin schon jetzt um Jahre älter als er. Soll ich warten, bis ich noch älter bin? Ich will ihm von meiner Jugend geben, was ich ihm noch geben kann.»

«Ich denke, es wäre sehr schlimm für ihn», hielt Katharine mir entgegen. «In seinem Alter darf er nicht glauben, daß er alles, was er haben will, auch gleich bekommen kann. Es wäre besser, ihn darauf warten zu lassen – eine gewisse Lehrzeit würde ihm guttun.»

Das war eine Denkweise, der ich mich nicht anschließen konnte. Es schien mir ein längst überholter, puritanischer Standpunkt zu sein.

Zu Max sagte ich, daß es ein Fehler wäre, mich zu heiraten, und daß er sich die Sache noch einmal gründlich überlegen sollte.

«Was denkst du, was ich in den letzten drei Monaten gemacht habe?» antwortete er.

«Es ist ein großes Risiko.»

«Nicht für mich. Es könnte eines für dich sein. Aber ist das so wichtig? Kann man etwas erreichen, ohne Risiken einzugehen?»

Dem stimmte ich zu. Ich habe mich nie davon abhalten lassen, etwas zu tun, weil es nicht sicher gewesen wäre. Nach diesem Gespräch fühlte ich mich wohler. Ja, dachte ich, es ist mein Risiko, aber ich glaube, daß es sich lohnt, ein Risiko einzugehen, um einen Menschen zu finden, mit dem man glücklich sein kann. Es wird mir leid tun, wenn es für ihn schlecht ausgeht, aber das ist schließlich sein Risiko, und er ist erwachsen genug, es zu sehen. Ich schlug ihm vor, sechs Monate zu warten. Das wäre keine gute Idee, meinte er. «Schließlich muß ich ja wieder nach Ur», erinnerte er mich. «Ich finde, wir sollten im September heiraten.» Ich sprach mit Carlo, und wir trafen alle Vorbereitungen.

Man hatte so viel über mich geredet und mir damit so viel seelische Schmerzen zugefügt, daß ich alles möglichst ohne Aufsehen über die Bühne gehen lassen wollte. Ich beschloß, daß Carlo und Mary Fisher, Rosalind und ich nach Skye fahren und dort drei Wochen verbringen sollten. Dort konnten wir das Aufgebot bestellen und würden dann in aller Stille in der St.-Columba-Kirche in Edinburgh heiraten.

Dann fuhr ich mit Max zu Punkie und James – James war resigniert und bekümmert, und auch Punkie bemühte sich eifrig, unsere Ehe zu verhindern.

Dabei war ich kurz zuvor selbst nahe daran gewesen, die ganze Sache abzublasen. Wir saßen im Zug, als Max, der meinem Bericht über meine Familie diesmal mehr Aufmerksamkeit als bisher schenkte, mich plötzlich unterbrach: «James Watts, sagst du? Ich war mit einem Jack Watts im New College. Könnte das sein Sohn gewesen sein? Er war ein richtiger Spaßvogel – er hat alle Leute parodiert.» Die Tatsache, daß Max und mein Neffe Altersgenossen waren, erschütterte mich. «Ich kann dich nicht heiraten», stieß ich verzweifelt hervor, «es ist ganz unmöglich. Du bist zu jung.» Diesmal war Max wirklich bestürzt. «Keineswegs», erwiderte er, «ich war noch sehr jung, als ich an die Universität ging, und alle meine Kameraden waren so schrecklich ernst; ich hatte mit Jack Watts' munterem Haufen überhaupt nichts zu tun.» Aber mein Gewissen ließ mir keine Ruhe.

Punkie tat ihr Bestes, um Max von ihrer Ansicht zu überzeugen, und ich fürchtete schon, daß er eine Abneigung gegen sie fassen würde, aber genau das Gegenteil geschah. Er sagte, sie wäre so natürlich, so aufrichtig, so echt um mein Glück besorgt – «und so lustig», fügte er hinzu. Das war immer das abschließende Urteil über meine Schwester. «Liebe Punkie», pflegte mein Neffe Jack zu seiner Mutter zu sagen, «ich liebe dich – du bist so süß und so lustig.» Und diese Beschreibung traf genau auf sie zu.

Der Besuch endete damit, daß Punkie sich, in Tränen aufgelöst, in ihr Schlafzimmer zurückzog, und James sich sehr verständnisvoll zeigte. Mein Neffe Jack war glücklicherweise nicht da – er hätte mich noch in meinem Entschluß wankend machen können.

Ich fragte Punkie, ob sie zu unserer Hochzeit nach Edinburgh kommen wollte, aber sie hielt es für ratsam, daheim zu bleiben. «Ich würde nur heulen», sagte sie, «und die ganze Hochzeitsgesellschaft durcheinanderbringen.» Ich war ihr fast dankbar. Ich hatte meine zwei guten schottischen Freundinnen, die mir ausreichend Rückhalt geben würden.

Ich fand Skye wunderschön. Ich wünschte, es würde nicht jeden Tag regnen, aber es war nur ein feiner diesiger Regen, der eigentlich nicht zählte. Wir machten lange Spaziergänge über Moor und Heide. Über der ganzen Insel schwebte ein feiner erdiger Duft mit einem Hauch von Torf.

Ein oder zwei Tage nach unserer Ankunft sorgte eine Bemerkung von Rosalind für einiges Aufsehen im Speisesaal des Hotels. Peter leistete uns Gesellschaft, und Rosalind wandte sich während des Mittagessens mit lauter Stimme an Carlo: «Eigentlich solltest du mit Peter verheiratet sein, meinst du nicht? Schließlich schläft er ja bei dir im Bett, nicht wahr?» Die Hotelgäste, hauptsächlich alte Damen, richteten ein Sperrfeuer interessierter Blicke auf Carlo.

Rosalind gab mir auch einen Hinweis, das Thema Ehe betreffend: «Wenn du mit Max verheiratet bist», klärte sie mich auf, «wirst du in einem Bett mit ihm schlafen müssen – weißt du das?»

«Ich weiß es», antwortete ich.

«Ich habe angenommen, daß du es weißt. Schließlich warst du ja mit Daddy verheiratet, aber ich dachte, du hättest es vielleicht vergessen.» Ich versicherte ihr, daß ich nichts vergessen hätte, was für das kommende Ereignis von Belang sein könnte.

So vergingen die Tage. Ich machte Spaziergänge über das Moor und litt jedesmal an Depressionen – immer wenn mir so war, als liefe ich Gefahr, eine Dummheit zu machen und Maxens Leben zu zerstören.

Max stürzte sich mittlerweile in seine Arbeit im British Museum und an anderen Orten. In der letzten Woche vor unserer Hochzeit arbeitete er jeden Tag bis fünf Uhr früh durch, um seine archäologischen Zeichnungen fertigzustellen. Ich werde den Verdacht nicht los, daß Katharine Woolley Len dazu brachte, ihm mehr Arbeit aufzubürden, als nötig gewesen wäre; sie war sehr verärgert, weil ich unsere Heirat nicht aufgeschoben hatte.

Noch bevor ich auf die Insel gefahren war, hatte Len mir einen Besuch abgestattet. Er war so verlegen, daß ich mir seinen Zustand gar nicht erklären konnte.

«Weißt du», begann er, «es würde sich da eine peinliche Situation ergeben. Ich meine in Ur und in Bagdad. Ich meine es wäre – du verstehst doch, nicht wahr? –, also ich meine, es wäre ganz und gar unmöglich, daß du an unserer Expedition teilnimmst. Ich meine, wir können niemanden brauchen, der nicht Archäologe ist.»

«Das verstehe ich sehr gut», antwortete ich. «Max und ich haben schon darüber gesprochen. Ich kann ja zu eurer Arbeit wirklich nichts beitragen. Aber Max wollte euch nicht gerade zu Beginn der neuen Saison auf dem trockenen sitzen lassen, wo euch nur wenig Zeit bliebe, einen Ersatz für ihn zu finden.»

«Ich dachte ... ich meine ...», Len machte eine Pause. «Ich dachte vielleicht, daß ... ich meine, die Leute könnten es komisch finden, wenn du nicht nach Ur mitkämst.»

«Warum sollten die Leute sich etwas dabei denken?» wunderte ich mich. «Schließlich komme ich ja Ende der Saison nach Bagdad.»

«Ja, natürlich, und ich hoffe, du kommst auch auf ein paar Tage nach Ur hinunter.»

«Das geht also in Ordnung?» sagte ich.

«Nun ja, ich dachte ... wir dachten ... ich meine, was Katharine ... ich meine, was wir dachten ...»

«Ja?» ermunterte ich ihn.

«... daß es vielleicht besser wäre, wenn du nicht nach Bagdad kämst – jetzt. Ich meine, wenn du ihn nach Bagdad begleitest, und er fährt weiter nach Ur und du wieder nach Hause – glaubst du nicht, daß das komisch aussehen würde? Ich meine, ich weiß nicht, wie das Kuratorium darüber denken würde.»

Das erregte meinen Ärger. Ich war durchaus bereit, nicht nach Ur mitzufahren, sah aber keinen Grund, nicht nach Bagdad zu gehen, wenn es mir Spaß machte.

In Wahrheit hatte ich mit Max längst besprochen, daß ich ihn nicht nach Bagdad begleiten würde – es schien uns nicht sehr sinnvoll zu sein. Wir wollten unsere Flitterwochen in Griechenland verleben; von Athen aus würde er nach dem Irak weiterreisen und ich nach England zurückkehren. Das war bereits abgemacht, aber gerade jetzt wollte ich es Len nicht sagen.

«Ich finde», erwiderte ich ein wenig schroff, «es steht euch nicht zu, darüber zu befinden, wohin ich im Nahen Osten reisen darf und wohin nicht. Wenn ich nach Bagdad fahren will, werde ich mit meinem Mann hinkommen, und das hat weder mit den Ausgrabungen noch mit euch etwas zu tun.»

«Oh! Oh! Ich hoffe sehr, du bist mir nicht böse. Katharine dachte ...»

Ich war ganz sicher, daß es Katharines und nicht Lens Idee gewesen war. Ich konnte sie gut leiden, war aber durchaus nicht bereit, mir mein Leben von ihr diktieren zu lassen. Max war wütend, als ich ihm davon erzählte. Ich mußte ihn beruhigen.

«Fast möchte ich darauf bestehen, daß du mitkommst», sagte er.

«Das wäre töricht. Es würde eine Menge Geld kosten, und es wäre mir schmerzlich, mich dort von dir trennen zu müssen.»

Bei dieser Gelegenheit erzählte er mir, daß Dr. Campbell-Thompson ihn über die Möglichkeit orientiert hatte, im kommenden Jahr im Norden des Irak in Ninive zu graben. Aller Wahrscheinlichkeit nach würde ich ihn begleiten können. «Es ist noch nicht definitiv», warnte er mich. «Es muß noch alles vorbereitet werden. Aber nächstes Jahr werde ich mich nicht wieder für sechs Monate von dir trennen lassen. Len wird genügend Zeit haben, sich nach einem Nachfolger für mich umzusehen.»

Rosalind und ich, Carlo, Mary und Peter kamen von Skye nach Edinburgh, wo Max uns bereits erwartete. Wir wurden in der kleinen Kapelle der St.-Columba-Kirche getraut. Unsere Hochzeit war ein Triumph; es gab keine Reporter, denn von unserem Geheimnis war nichts an die Öffentlichkeit gedrungen. Aber wir setzten unser Versteckspiel fort. Wir trennten uns an der Kirchentür, Max fuhr nach London hinunter, um noch weitere drei Tage an den Vorbereitungen für Ur zu arbeiten, und ich kehrte am folgenden Tag nach Cresswell Place zurück, wo meine treue Bessie, die in alles eingeweiht war, mich schon erwartete. Zwei Tage später erschien Max in einem gemieteten Daimler vor meinem Haus. Wir fuhren nach Dover hinunter; von dort aus überquerten wir den Kanal auf dem Weg nach Venedig, der ersten Station unserer Hochzeitsreise.

Max hatte diese Reise ganz allein geplant: sie sollte eine Überraschung für mich sein. Ich bin sicher, niemand hat seine Flitterwochen so genossen wie wir. Nur in einer Beziehung fühlten wir uns gestört: noch bevor wir Venedig erreicht hatten, krochen abermals Wanzen aus dem Holzwerk des Schlafwagenabteils!

NEUNTES KAPITEL

MEIN LEBEN MIT MAX

1

Unsere Hochzeitsreise führte uns nach Dubrovnik und von dort nach Split – eine Stadt, die ich nie vergessen habe. Bei einem abendlichen Spaziergang kamen wir auch auf einen Platz, wo sich die Figur des Heiligen Gregor von Nin, eines der schönsten Werke des Bildhauers Ivan Meštrović zum Himmel empor reckte. Das Denkmal überragte die ganze Umgebung; es war eine jener Schöpfungen, die einem für immer im Gedächtnis haften bleiben.

Wir hatten einen Heidenspaß mit den Speisekarten. Sie waren natürlich jugoslawisch geschrieben, und wir hatten keine Ahnung, was die Wörter bedeuteten. Wir zeigten eben auf die eine oder andere Eintragung und warteten mit einiger Sorge auf das, was man uns bringen würde. Einmal war es eine riesige Schüssel mit Huhn, einmal verlorene Eier in einer stark gewürzten, weißen Soße, einmal eine Art Supergulasch. Die Portionen waren enorm, und in keinem Restaurant wollte man uns die Rechnung bezahlen lassen. «Heute nicht», murmelte der Kellner in gebrochenem Französisch oder Englisch oder Italienisch: «Heute nicht, heute nicht. Sie können ja morgen kommen und zahlen.» Ich weiß nicht, was passierte, wenn Leute eine Woche lang essen kamen, ohne zu bezahlen, und dann mit dem Schiff weiterfuhren. Als wir am letzten Morgen unsere Rechnungen bezahlen wollten, hatten wir die größten Schwierigkeiten, den Mann in unserem Lieblingsrestaurant dazu zu bringen, unser Geld anzunehmen. «Das können Sie doch später machen», sagte er. «Später können wir nicht», erklärten wir ihm oder versuchten es ihm zu erklären, «denn um zwölf geht unser Schiff.» Die Aussicht, ein arithmetisches Problem in Angriff nehmen zu müssen, schien den kleinen Kellner zu bedrücken; mit einem tiefen Seufzer zog er sich in eine Ecke zurück, kratzte sich am Kopf, versuchte es mit mehreren Bleistiften, stöhnte und kam nach etwa fünf Minuten mit einer Rechnung an, die uns angesichts der riesigen Mengen, die wir verzehrt hatten, sehr günstig erschien.

Der nächste Abschnitt unserer Reise führte uns die dalmatinische und griechische Küste entlang nach Patras hinunter. Es war nur ein kleiner Frachter, Max hatte mich gewarnt. Wir warteten am Pier und machten uns schon Sorgen. Plötzlich sahen wir ein Schiff – eine richtige Nußschale –, so winzig klein, daß wir kaum glauben konnten, daß es das war, auf das wir warteten. Es besaß einen ungewöhnlichen Namen, der nur aus Konsonanten bestand – Srbn – und wie es ausgesprochen wurde, erfuhren wir nie. Aber es war tatsächlich das Schiff, das wir erwartet hatten. Es hatte vier Passagiere an Bord – wir in der einen Kabine und zwei in einer anderen.

Nie habe ich Speisen vorgesetzt bekommen wie auf diesem Schiff. Köstliches Lammfleisch, sehr zart, in kleine Koteletts geschnitten, frisches Gemüse, Reis, herrliche Saucen und appetitliche Happen auf Fleischspießen. Wir unterhielten uns mit dem Kapitän in gebrochenem Italienisch. «Sie mögen das Essen?» erkundigte er sich. «Ich sein froh. Ich haben englisches Essen bestellt. Ist sehr englisches Essen für Sie.» Ich hoffte sehr, daß er nie nach England kommen und entdecken würde, wie englisches Essen wirklich schmeckt.

Wir verlebten ein paar glückliche Tage auf dem kleinen serbischen Schiff und legten in verschiedenen Häfen an. Wir gingen an Land, und der Kapitän machte uns aufmerksam, daß er eine halbe Stunde vor der Abfahrt ein Pfeifsignal geben würde. So wanderten wir also durch die Olivenhaine und Blumengärten, bis wir das Pfeifsignal hörten, uns umdrehten und zum Schiff zurückeilten. Es war so schön, in diesen Olivenhainen zu sitzen, wir waren so glücklich und zufrieden. Es war ein Garten Eden, ein Paradies auf Erden.

Schließlich erreichten wir Patras, verabschiedeten uns von dem freundlichen Kapitän und stiegen in einen lustigen kleinen Zug, der uns nach Olympia bringen sollte. Er nahm nicht nur uns, sondern auch eine Unzahl von Wanzen als Passagiere mit. Diesmal kletterten sie sogar an der Hose herauf, die ich trug. Am nächsten Tag mußte ich sie aufschneiden, weil meine Beine so geschwollen waren.

Griechenland bedarf keiner Beschreibung. Olympia war so schön, wie ich es mir vorgestellt hatte. Am nächsten Tag ritten wir auf Maultieren nach Andritsena – und das, ich gestehe es, stellte unsere Ehe auf eine harte Probe.

Es ist kaum zu glauben, welche entsetzliche Pein es bedeutet, wenn man ohne vorheriges Training einen vierzehnstündigen Ritt unternimmt! Als wir endlich ankamen, fiel ich vom Maultier herunter und war so steif, daß ich weder gehen noch stehen konnte. Ich machte Max bittere Vorwürfe.

Natürlich konnte auch Max sich kaum rühren und hatte starke Schmerzen. Erklärungen, wonach das Abenteuer nach seinen Berechnungen nicht mehr als acht Stunden hätte dauern sollen, nahm ich höchst ungnädig auf. Ich brauchte sieben oder acht Jahre, bis ich begriff, daß zwischen seinen Distanzberechnungen und der Wirklichkeit immer eine große Lücke klaffte! Ich gewöhnte mir an, seine Schätzungen automatisch mindestens um ein Drittel zu erweitern.

Wir brauchten zwei Tage, um uns zu erholen. Dann gab ich zu, daß es mir doch nicht leid tat, ihn geheiratet zu haben, und daß er vielleicht lernen könnte, wie man eine Frau behandeln muß – man nimmt sie nicht auf einen Maultierritt mit, ohne vorher genauestens die Reisedauer berechnet zu haben. Worauf wir einen weiteren Maultierritt von allerdings nur fünf Stunden zum Tempel von Bassae unternahmen – diesmal ohne irgendwelche Nachwirkungen.

Wir fuhren nach Mykene und nach Epidauros, und wir logierten in den Fürstengemächern eines Hotels in Nauplia – sie waren mit roten Samttapeten bespannt, und in der Mitte stand ein riesiges Bett mit goldbestickten Vorhängen. Wir frühstückten auf einem nicht sehr vertrauenerweckenden, aber dekorativen Balkon, blickten auf eine Insel im Meer hinaus und gingen dann zum Meer hinunter, um ein erfrischendes Bad zu nehmen – ein etwas zweifelhaftes Vergnügen angesichts der Unmenge von Quallen, die uns umgaben.

Epidauros schien mir ganz besonders schön zu sein, doch hier war es, daß ich den archäologischen Wesenszug meines Mannes zum ersten Mal zu fühlen bekam. Es war ein herrlicher Tag, ich kletterte zu den obersten Rängen des Theaters hinauf und blieb dort sitzen, während Max im Museum eine Inschrift studierte. Es verging eine lange Weile, und er kam nicht zu mir hinauf. Schließlich wurde ich ungeduldig und begab mich ins Museum. Max lag auf dem Bauch und studierte begeistert die Inschrift.

«Versuchst du immer noch, diesen Text zu entziffern?» fragte ich.

«Ja, es ist eine sehr ungewöhnliche Inschrift», antwortete er. «Sieh mal – soll ich sie dir erklären?»

«Nein, danke», sagte ich. «Es ist wunderschön draußen – einfach herrlich.»

«Ja, sicher», murmelte er zerstreut.

«Hättest du etwas dagegen, wenn ich wieder nach draußen ginge?»

«Aber nein», erwiderte er ein wenig überrascht, «absolut nicht. Ich dachte nur, die Inschrift würde dich interessieren.»

«Das glaube ich nicht», sagte ich und kletterte wieder ins Theater hinauf. Etwa eine Stunde später kam Max mir nach. Er war sehr glücklich, denn er hatte einen besonders obskuren griechischen Satz entziffert und damit für diesen Tag die Erfüllung gefunden.

Delphi war natürlich der Höhepunkt unserer Hochzeitsreise. Ich fand es so unbeschreiblich schön, daß wir uns auf die Suche nach einem Platz machten, wo wir uns eines Tages ein Häuschen hinbauen würden. Ich erinnere mich, daß wir drei solche Plätze fanden. Es war ein schöner Traum – wir glaubten selbst damals nicht, daß er je in Erfüllung gehen würde. Als ich vor ein oder zwei Jahren wieder hinfuhr und die großen Reiseomnibusse sah, die Kaffeehäuser, die Souvenirläden und die Touristen – wie froh war ich da, daß wir uns dort kein Haus gebaut hatten.

Wir waren immer auf der Suche nach Örtlichkeiten, die uns für die Errichtung eines Hauses geeignet erschienen. Dazu gab hauptsächlich ich den Anstoß, denn Häuser sind immer schon meine Leidenschaft gewesen – es gab eine Zeit in meinem Leben kurz vor dem Ausbruch des Zweiten Weltkrieges, da war ich stolze Eigentümerin von acht Häusern. Es war meine Passion geworden, heruntergekommene, ramponierte Häuser in London aufzukaufen, umbauen zu lassen, zu sanieren und neu einzurichten. Als dann der Zweite Weltkrieg kam und ich Kriegsschädenversicherungen für alle diese Häuser abschließen mußte, war das nicht mehr so lustig. Trotzdem warfen sie beim Verkauf alle noch einen schönen Gewinn ab. Solange es ging, war es ein vergnügliches Hobby, und es macht mir immer noch Spaß, an «meinen» Häusern vorbeizuschlendern, zu sehen, ob und wie sie gepflegt werden, und zu raten, was für Menschen sie jetzt bewohnen.

Unsere Reise endete in Athen, und hier, knapp vier oder fünf Tage, bevor wir uns trennen sollten, brach eine Katastrophe über die glücklichen Bewohner des Garten Edens herein. Ich litt unter etwas, das ich zunächst für einen verdorbenen Magen hielt, wie man sich das im Nahen Osten häufig zuzieht. Aber es war etwas viel Schlimmeres.

Nach ein paar Tagen stand ich wieder auf, aber als wir einen Autoausflug machten, wurde mir so schlecht, daß wir gleich umkehren mußten. Ich stellte fest, daß ich hohes Fieber hatte, und als verschiedene Hausmittelchen keine Wirkung zeigten, ließ Max trotz meiner Einwände einen Arzt kommen. Er fand nur einen griechischen Arzt, und obwohl dieser französisch sprach, wurde mir bald klar, daß mein Französisch wohl für den gesellschaftlichen Verkehr ausreichte, ich aber mit medizinischen Fachausdrücken nichts anzufangen wußte.

Der Arzt schrieb meine Erkrankung dem Genuß der Köpfe von Seebarben zu, in welchen, so führte er aus, große Gefahren lauerten, insbesondere für unkundige Fremde, die die Kunst des Zerlegens dieser Fische nicht beherrschten. Er erzählte mir die schreckliche Geschichte von einem Minister, der fast daran gestorben war und erst im letzten Moment gerettet werden konnte. Mir jedenfalls war sterbenselend. Ich hatte ständig über vierzig Grad Fieber und konnte absolut nichts bei mir behalten, aber am Ende schloß mein Arzt die Behandlung doch erfolgreich ab. Plötzlich fühlte ich mich wieder wie ein Mensch. Der Gedanke, etwas essen zu müssen, war mir unerträglich, und ich konnte mir nicht vorstellen, daß ich je wieder den Wunsch verspüren könnte, mich zu bewegen – aber ich wußte genau, daß ich mich auf dem Weg der Besserung befand. Ich versicherte Max, daß er am nächsten Tag ruhig abreisen könne.

«Das ist ja schrecklich! Ich kann dich doch nicht allein lassen, Liebling!»

Das Schlimme war, daß Max sich verpflichtet hatte, rechtzeitig nach Ur zu kommen, um noch vor dem Eintreffen der Woolleys und der anderen Teilnehmer der Expedition verschiedene Änderungen an dem Expeditionshaus durchzuführen. Er sollte einen neuen Speisesaal und für Katharine ein neues Badezimmer bauen.

«Sie werden dafür Verständnis haben», sagte Max, aber er sagte es zweifelnd, und ich wußte sehr gut, daß sie es nicht haben würden. Ich regte mich schrecklich auf und wies Max darauf hin, daß sie es Pflichtvergessenheit nennen und mir in die Schuhe schieben würden. Schließlich betrachteten wir es als Ehrensache, daß Max zur vereinbarten Zeit in Ur sein müsse. Ich versicherte ihm, daß er sich keine Sorgen zu machen brauche. Ich würde noch eine Woche liegen bleiben, mich erholen und dann mit dem Orient-Expreß nach Hause fahren.

Der arme Max war verzweifelt. Sein englisches Pflichtgefühl machte ihm schwer zu schaffen. Leonard Woolley hatte sich klar ausgedrückt: «Ich vertraue Ihnen, Max. Genießen Sie Ihre Flitterwochen, aber ich muß Sie bitten, mir Ihr Wort zu geben, daß Sie zur angegebenen Zeit in Ur sind und sich um alles kümmern.»

Wir kamen uns beide überaus heldenhaft vor, und Max, dem Ruf der Pflicht folgend, reiste ab.

Der einzige Mensch, der seine Handlungsweise verurteilte, war der griechische Arzt. «Ja, ja, sie sind alle gleich, diese Engländer!» brach er in empörtem Französisch hervor. «Ich habe viele gekannt, o ja, sehr viele – sie sind alle gleich. Sie opfern sich auf für ihre Arbeit, für ihre Pflicht. Was ist Arbeit, was ist Pflicht im Vergleich zum Menschen? Eine Frau ist ein Mensch, sie ist krank, und nur das ist wichtig. Nur das – sie ist ein Mensch, und sie ist in Not!»

Ich war viel zu erschöpft, um noch länger mit ihm zu debattieren, aber ich versicherte ihm, daß ich die Krankheit gut überstehen würde.

«Sie müssen sehr vorsichtig sein», warnte er mich. «Aber Sie hören mir ja gar nicht zu. Dieser Minister, von dem ich Ihnen erzählt habe, wissen Sie, wie lange er krank war? Einen ganzen Monat lang!»

Ich war nicht beeindruckt. «Bei englischen Mägen», bemerkte ich, «ist das anders, die werden schnell wieder gesund.» Abermals streckte der Arzt die Arme himmelwärts, tat mir lauthals zu wissen, daß er seine Hände in Unschuld wasche, und verabschiedete sich. Wenn ich Lust hätte, sagte er noch, könnte ich jederzeit einen kleinen Teller gekochte, ungewürzte Makkaroni essen. Ich wollte nichts haben – am wenigsten gekochte, ungewürzte Makkaroni. Wie ein Mehlsack lag ich in meinem grün tapezierten Zimmer, fühlte mich elend, hatte Schmerzen in der Magengegend und war so schwach, daß ich kaum den Arm heben konnte. So ließ ich mir einen Teller ungewürzte Makkaroni kommen, aß drei Gabeln voll und stellte das Zeug wieder weg. Ich hielt es für ausgeschlossen, daß ich je wieder mit Appetit essen würde.

Ich dachte an Max. Jetzt war er schon in Beirut. Morgen würde er mit dem Nairn-Bus die Wüste durchqueren. Der arme Max! Er machte sich zweifellos Sorgen um mich.

Ich hingegen brauchte mir keine Gedanken mehr um mich zu machen. Ich empfand sogar ein leises Verlangen, etwas zu unternehmen, irgendwohin zu fahren. Ich aß mehr von den ungewürzten Makkaroni, am Tag darauf sogar mit geriebenem Parmesan, und ging jeden Morgen dreimal im Zimmer herum, um wieder ein bißchen Kraft in die Beine zu bekommen. Als der Arzt erschien, sagte ich ihm, daß ich mich viel wohler fühlte.

«Das ist schön. Ja, ich sehe, daß es Ihnen besser geht.»

«Es geht mir so viel besser, daß ich übermorgen nach Hause fahren möchte.»

«Reden Sie keinen Unsinn. Ich habe Ihnen doch von dem Minister erzählt...»

Allmählich hatte ich die Nase voll von dem Minister. Ich ließ mir den Hotelportier kommen und beauftragte ihn, mir für den in drei Tagen abgehenden Orient-Expreß einen Platz zu buchen. Erst am Abend vor meiner Abreise setzte ich den Arzt von meinem Entschluß in Kenntnis. Er meinte, es wäre undankbar und töricht von mir, und warnte mich, daß man mich wahrscheinlich *en route* aus dem Zug holen und daß ich auf irgendeinem verlassenen Bahnsteig sterben würde. Aber ich wußte, daß es nicht so schlimm war. Englische Mägen, wiederholte ich, erholten sich rasch.

Schwankenden Schrittes verließ ich das Hotel. Der Aufwärter half mir in den Schlafwagen. Ich ließ mich in eine Ecke fallen und blieb praktisch die ganze Zeit da sitzen. Hin und wieder ließ ich mir heiße Suppe aus dem Speisewagen kommen, aber weil sie meistens fettig war, schmeckte sie mir nicht. Ein paar Jahre später hätte diese Enthaltsamkeit meiner Figur gut getan, aber damals war ich schlank und am Ende der Reise bloß noch Haut und Knochen. Ich brauchte fast einen Monat, um körperlich und geistig wieder auf die Beine zu kommen.

Wenn auch ständig von großer Sorge um mich gequält, war Max wohlbehalten in Ur eingetroffen. Die ganze Zeit über hatte er mir Telegramme geschickt und auf Antworten gehofft, die nie kamen. Er trieb die Arbeiten so energisch voran, daß er weit mehr zustande brachte, als die Woolleys erwartet hatten.

«Denen werde ich's zeigen», sagte er. Er baute Katharines Badezimmer ganz nach seinen eigenen Vorstellungen, so klein und eng wie nur möglich, und versah dieses und das Eßzimmer mit allem erdenklichen Zierat.

«Aber das war ja alles gar nicht nötig!» rief Katharine, als sie es sah.

«Da ich schon einmal da war, wollte ich die Zeit nützen», erklärte Max grimmig und fügte hinzu, daß er mich in Athen praktisch an der Schwelle des Todes zurückgelassen hatte.

«Sie hätten bei ihr bleiben sollen», tadelte ihn Katharine.

«Das hätte ich auch tun wollen», sagte Max, «aber Sie haben mich ja beide sehr nachdrücklich auf die Wichtigkeit dieser Arbeiten hingewiesen.»

Katharine ließ ihren Unmut an Len aus. Das Badezimmer gefalle ihr überhaupt nicht, sagte sie, es müsse abgerissen und neu gebaut werden – was auch geschah. Später allerdings beglückwünschte sie Max zu der ausgezeichneten Planung des Eßzimmers.

In meinem bisherigen Leben habe ich recht gut gelernt, mit launischen und leicht erregbaren Leuten umzugehen – mit Schauspielern, Produzenten, Architekten, Musikern und Primadonnen wie Katharine Woolley. Meine eigene Mutter hatte primadonnenhafte Züge: sie konnte sich fürchterlich aufregen, hatte aber schon am nächsten Tag wieder alles vergessen.

Ich kenne einige Schauspieler, die es sehr gut verstehen, ihrem Temperament die Zügel schießen zu lassen. Als Charles Laughton in *Alibi* den Hercule Poirot spielte und bei den Proben einmal mit mir in einer Pause ein Eiscreme-Soda schlürfte, erklärte er mir seine Methode. «Es hat seine Vorteile, wenn man so tut, als hätte man ein cholerisches Temperament – selbst wenn man es gar nicht besitzt. Es ist sehr nützlich. ‹Tun wir doch um Himmels willen nichts, was ihn ärgern könnte›, sagen die Leute. ‹Ihr wißt ja, wie er sich von seinem Temperament fortreißen läßt!›»

«Manchmal ist es recht ermüdend», fügte er hinzu, «besonders, wenn man gar keine Lust hat, sich aufzuregen. Aber es zahlt sich aus. Es zahlt sich immer aus.»

2

Seltsam verschwommen ist die Erinnerung an meine schriftstellerische Tätigkeit während jener Zeit in meinem Gedächtnis haften geblieben. Soviel ich weiß, betrachtete ich mich auch damals noch nicht als echte Schriftstellerin. Gewiß, ich schrieb – Bücher und Geschichten. Sie wurden veröffentlicht, und ich begann mich an die Tatsache zu gewöhnen, daß ich mit einem ständigen Einkommen rechnen konnte. Nie und nimmer aber wäre es mir in den Sinn gekommen, beim Ausfüllen eines Formulars bei der Sparte «Beruf» etwas anderes hinzuschreiben als das altehrwürdige Wort Hausfrau. Ich war eine verheiratete Frau, das war mein Status, und das war mein Beruf. Nebenbei schrieb ich auch noch Bücher. Meine schriftstellerische Tätigkeit als Beruf aufzufassen, wäre mir lächerlich erschienen.

Meine Schwiegermutter konnte das nicht verstehen. «Du schreibst so gut, Agatha, und weil du so gut schreibst, könntest du nicht etwas . . . na ja . . . etwas Ernsteres schreiben?» Etwas «Lohnenderes» wollte sie damit sagen. Es fiel mir schwer, ihr zu erklären – und eigentlich versuchte ich es gar nicht –, daß ich zu meinem Vergnügen schrieb.

Ich wollte eine gute Kriminalromanautorin sein und glaubte damals wirklich schon, eine zu sein. Einige meiner Bücher gefielen mir und machten mir Freude. Meine liebe Schwiegermutter würde es, glaube ich, gern gesehen haben, wenn ich die Biographie irgendeiner weltberühmten Persönlichkeit geschrieben hätte. Niemand wäre dazu ungeeigneter gewesen als ich. Und ich war maßvoll genug, um hin und wieder, ohne nachzudenken, zu sagen: «Aber ich bin ja keine richtige Schriftstellerin.» Dann pflege Rosalind mich zu korrigieren. «Natürlich bist du eine Schriftstellerin, Mutter. Daran kann gar kein Zweifel bestehen.»

Mit seiner Heirat hatte der arme Max sich *eine* empfindliche Strafe auferlegt. Er hatte, soweit ich das feststellen konnte, noch nie einen Roman gelesen. Katharine Woolley hatte ihm *Alibi* aufgenötigt, aber es war ihm gelungen, sich dieser Verpflichtung zu entziehen. Jemand hatte in seiner Gegenwart über die Lösung des Rätsels gesprochen, was ihn zu der Bemerkung veranlaßte: «Wozu soll ich ein Buch lesen, wenn ich schon von vornherein weiß, wie die Sache ausgeht?» Jetzt aber, als mein Mann, machte er sich beherzt an die Arbeit!

Bis zu diesem Zeitpunkt hatte ich mindestens zehn Bücher geschrieben, und nun begann er mich langsam einzuholen. Da er ein wirklich gelehrtes Buch über Archäologie und eine Abhandlung über ein klassisches Thema als Unterhaltungslektüre betrachtete, war es recht lustig zu sehen, wie schwer es ihm fiel, leichtere Kost zu verdauen. Trotzdem blieb er dabei, und ich darf mit Stolz behaupten, daß ihm die Arbeit, die er sich auferlegt hatte, am Ende sogar Spaß zu machen schien.

Das Komische ist, daß ich mich kaum an die Bücher erinnern kann, die ich unmittelbar nach meiner Hochzeit geschrieben habe. Ich vermute, daß mich das alltägliche Leben in einer Weise beanspruchte, daß das Schreiben zu einer Beschäftigung wurde, der ich mich nur dann widmen konnte, wenn sich gerade eine Gelegenheit bot. Ich hatte nie einen Raum, der ausschließlich mein Zimmer gewesen wäre und in den ich mich zum Schreiben hätte zurückziehen können. Das brachte mich in den folgenden Jahren häufig in eine peinliche Situation, denn immer, wenn mich ein Reporter besuchte, wollte er mich zuallererst an meinem Arbeitsplatz fotografieren. «Bitte zeigen Sie mir doch, wo Sie Ihre Bücher schreiben.»

«Das ist ganz verschieden.»

«Aber Sie müssen doch einen Platz haben, wo Sie arbeiten?»

Doch damit konnte ich nicht dienen. Ich brauchte nichts weiter als einen festen Tisch und eine Schreibmaschine. Ich hatte mittlerweile angefangen, direkt in die Maschine zu schreiben, obwohl ich die einleitenden und zum Teil auch andere Kapitel immer noch handschriftlich aufsetzte und erst später abtippte. Ein Schlafzimmerwaschtisch mit Marmorplatte gab einen vorzüglichen Arbeitsplatz ab, aber zwischen den Mahlzeiten leistete mir auch der Eßzimmertisch gute Dienste.

Meistens merkte meine Familie, wenn sich bei mir eine neue Schaffensperiode ankündigte. «Aufgepaßt, die Missus ist wieder einmal am Brüten!» Carlo und Mary nannten mich immer Missus, und auch Rosalind nannte mich häufiger Missus als Mammi oder Mutter. Jedenfalls, sie alle merkten, wenn ich zu brüten begann, sahen mich hoffnungsvoll an und legten mir nahe, mich in ein Zimmer zurückzuziehen und zu arbeiten.

Schon viele Freunde haben mir gesagt: «Ich weiß nie, wann du deine Bücher schreibst, denn ich habe dich nie schreiben gesehen.» Ich benehme mich wohl, wie es Hunde tun, wenn sie einen Knochen ergattert haben: sie verkriechen sich und lassen sich eine Zeitlang nicht mehr sehen. Schuldbewußt und mit schmutzigen Schnauzen kommen sie zurück. Bei mir ist es ähnlich. Ich war immer ein wenig verlegen, wenn ich ein Buch anfing. Sobald ich dann allein war, die Tür hinter mir verschlossen und Auftrag gegeben hatte, mich nicht zu stören, konnte ich mich so richtig ins Zeug legen und konzentriert arbeiten.

Meine Produktion in den Jahren 1929 bis 1932 scheint nicht übel gewesen zu sein: nebst den Romanen, ließ ich auch zwei Bände Kurzgeschichten erscheinen. Der eine enthielt nur Geschichten von Mr. Quin – es sind meine liebsten. Ich schrieb sie nicht sehr oft und in Abständen von etwa drei oder vier Monaten. Den Zeitschriften sagten sie zu, und mir gefielen sie, aber ich wies alle Angebote zurück, eine Zeitungsserie daraus zu machen. Geschichten mit Mr. Quin wollte ich nur schreiben, wenn ich Lust dazu hatte. Er war eine Art Überbleibsel aus den Tagen der Harlequin-Columbine-Reihe.

Mr. Quin war eine Figur, die einfach in eine Geschichte hineinwanderte, seine bloße Anwesenheit genügte, um die Menschen zum Handeln zu zwingen. Es gab ein Minimum an Fakten, da und dort einen scheinbar unwichtigen Satz, und das genügte, um ihn als das auszuweisen, was er wirklich war: ein Mann im harlequinfarbenen Licht, das durch ein buntes Glasfenster auf ihn fiel; ein plötzliches Erscheinen oder Verschwinden. Er personifizierte immer die gleichen Dinge: er war ein Freund der Liebenden und stand mit dem Tod in Verbindung. Auch der kleine Mr. Satterthwaite, der «Delegierte» Mr. Quins, wurde zu einer meiner Lieblingsfiguren.

Unter dem Titel *Die Büchse der Pandora* hatte ich ebenfalls eine Sammlung von Kurzgeschichten erscheinen lassen. Jede dieser Geschichten war im Stil eines zu dieser Zeit bekannten Detektivs geschrieben. Manche erkenne ich heute gar nicht wieder. Ich erinnere mich an Thornley Colton, den blinden Detektiv, natürlich an Austin Freeman mit seinem herrlichen Fahrplan und, wie könnte es anders sein, an Sherlock Holmes. Es ist nicht uninteressant zu erkunden, wer von den zwölf Krimiautoren, die ich mir aussuchte, heute noch bekannt ist: einige Namen sind noch in unseren Tagen geläufig, andere sind der Vergessenheit anheimgefallen. Damals schienen sie mir allesamt, jeder auf seine Art, gut und unterhaltend zu schreiben. In der *Büchse der Pandora* kamen auch meine zwei jungen Spürhunde Tommy und Tuppence vor; sie waren die Hauptfiguren in meinem zweiten Buch *Ein gefährlicher Gegner* gewesen. Es machte mir Spaß, sie wieder einmal hervorzuholen.

Mord im Pfarrhaus erschien 1930, aber ich weiß nicht mehr, wo, wann und wie ich das Buch schrieb, warum ich es schrieb und was mir den Anstoß dazu gab, eine neue Figur als Detektiv zu präsentieren – Miss Marple. Ganz gewiß hatte ich damals nicht die Absicht, mich für den Rest meines Lebens mit ihr zu belasten. Ich ahnte nicht, daß sie eine Konkurrenz für Hercule Poirot werden würde.

Immer wieder schreiben mir die Leute und drängen mich, Miss Marple und Hercule Poirot miteinander bekannt zu machen – aber warum sollte ich? Ich bin ganz sicher, die beiden würden das gar nicht zu schätzen wissen. Hercule Poirot, ein Egoist reinsten Wassers, würde es sich verbitten, von einer alten Dame belehrt zu werden. Er war ein berufsmäßiger Detektiv und würde sich in Miss Marples Welt bestimmt nicht wohl fühlen. Nein, sie sind beide Stars und wahren ihre Exklusivität.

Ich halte es für möglich, daß Miss Marple ihre Entstehung dem Umstand verdankt, daß es mir solchen Spaß machte, Dr. Sheppards Schwester in *Alibi* zu kreieren. Sie war in diesem Buch meine Lieblingsfigur gewesen: eine neugierige, bissige alte Jungfer, die alles wußte und alles hörte; das ideale Detektivbüro für den Hausgebrauch. Als mein Buch für das Theater bearbeitet wurde, empfand ich es äußerst schmerzlich, daß man Caroline eliminierte. Statt ihrer bekam der gute Doktor eine andere Schwester, eine viel jüngere, die Poirot becircen sollte.

Als man mit dem Vorschlag an mich herantrat, hatte ich keine Ahnung, welch entsetzliche Qualen eine Änderung dieser Art bereitet. Ich hatte schon selbst ein Kriminalstück geschrieben, aber den Leuten von Hughes Massies Büro gefiel es nicht; sie meinten, ich sollte keine Zeit mehr darauf verschwenden. Ich hatte es *Black Coffee* genannt. Es war ein konventioneller Spionageroman, und trotz der vielen Klischees gar nicht übel. Aber dann schlug doch noch seine Stunde: ein Freund, Mr. Burman, den ich in Sunningdale kennengelernt und der etwas mit dem Royalty-Theater zu tun hatte, ließ mich wissen, daß die Möglichkeit bestand, das Stück aufzuführen.

Ich habe mich immer darüber gewundert, daß Poirot stets von ungewöhnlich großen oder dicken Männern gespielt wird. Charles Laughton war mit beträchtlicher Leibesfülle gesegnet und Francis Sullivan war breitschultrig, dicklich und 1,85 m groß. Er spielte den Poirot in *Black Coffee*. Das Stück wurde, glaube ich, im Everyman-Theater in Hampstead uraufgeführt; Joyce Bland, die ich immer für eine gute Schauspielerin gehalten habe, spielte die Lucia.

Black Coffee lief im West End nur vier oder fünf Monate, wurde jedoch zwanzig Jahre später abermals in den Spielplan aufgenommen.

Schauerstücke sind sich im Aufbau meist sehr ähnlich – nur das Feindbild ändert sich. Es gibt eine internationale Verbrecherbande nach Art von Conan Doyles Erzschurken Moriarty; zuerst waren es die Deutschen, die «Hunnen» des Ersten Weltkriegs, dann die Kommunisten und nach ihnen die Faschisten. Jetzt haben wir die Russen, wir haben die Chinesen, wir kehren zum internationalen Bandenkrieg zurück, und der Meisterverbrecher, der die Weltherrschaft anstrebt, ist nie weit vom Schuß.

Alibi hieß das erste Stück, das von Michael Morton für die Bühne bearbeitet wurde. Er besaß große Erfahrung im Einrichten von Theaterstücken, stieß aber bei mir schon mit seinem ersten Vorschlag auf Ablehnung: er wollte Poirot um zwanzig Jahre verjüngen, ihn «den schönen Poirot» nennen und ihm von mehreren jungen Mädchen den Hof machen lassen. Ich wehrte mich energisch dagegen, Poirots Persönlichkeit so völlig zu verändern. Gerald Du Maurier, der Produzent, stärkte mir den Rücken, und schließlich einigten wir uns darauf, die Person der Caroline, der Schwester des Arztes, zu eliminieren und durch ein hübsches junges Mädchen zu ersetzen. Wie ich schon sagte: diese Umstellung behagte mir ganz und gar nicht. Mir gefiel die Rolle, die Caroline im Leben des Dorfes spielte, und mir gefiel der Gedanke, das Geschehen im Dorf auf den Arzt und seine herrische Schwester zu projizieren.

Ich wußte es noch nicht, aber damals, in St. Mary Mead, wurde Miss Marple geboren, und mit ihr die Damen Hartnell und Wetherby, und Oberst Bantry und seine Frau; sie alle standen an der Schwelle meines Bewußtseins, bereit für das Leben und für die Bühne.

Wenn ich heute *Mord im Pfarrhaus* lese, gefällt es mir nicht mehr so gut wie damals, als ich es schrieb. Das Buch hat zu viele Personen und Nebenhandlungen. Die Hauptfabel ist gesund. Das Dorf ist der Wirklichkeit so nahe, wie es nur sein kann – und selbst in unseren Tagen gibt es noch Dörfer dieser Art. Kleine Mädchen aus Waisenhäusern und gut geschulte Dienstboten, die nach Höherem streben, sind dahingeschwunden, aber die Putzfrauen, die ihre Nachfolge angetreten haben, sind genauso wirklich und menschlich – wenn auch nicht annähernd so tüchtig wie ihre Vorgängerinnen.

Miss Marple drang ganz unbemerkt in mein Leben ein, ich nahm ihre Ankunft kaum zur Kenntnis. Ich schrieb eine Serie von sechs Kurzgeschichten für eine Zeitschrift und machte sechs Personen, die einmal in der Woche in einem kleinen Dorf zusammenkamen und sich über ein ungelöstes Verbrechen unterhielten, zu den Hauptgestalten. Ich begann mit Miss Jane Marple, einer alten Dame von der Art, wie meine Großmutter in Ealing sie zu Busenfreundinnen gehabt hatte und wie ich sie als kleines Mädchen an vielen Orten kennengelernt habe. Nicht daß Miss Marple ein Abbild meiner Großmutter gewesen wäre – sie war viel umständlicher und altjüngferlicher als meine Großmutter. Nur eines hatte sie mit ihr gemeinsam: so heiter und aufgeschlossen sie auch war, erwartete sie doch von ihren Mitmenschen immer nur das Schlechteste – und behielt gewöhnlich mit ihren düsteren Voraussagen recht.

Niemandem wäre es je gelungen, meiner Großmutter ihre Ersparnisse herauszulocken oder sie mit einem geschäftlichen Vorschlag zu übertölpeln. Sie würde ein pfiffiges Gesicht gemacht und uns später ihre Meinung kundgetan haben: «Ich kenne diese Sorte. Ich wußte, was er wollte. Ich werde ein paar Freundinnen zum Tee bitten und sie vor diesem jungen Mann warnen.»

Omas Prophezeiungen waren sehr gefürchtet. Seit etwa einem Jahr hatten meine Geschwister ein zahmes Eichhörnchen im Haus. Als Oma es eines Tages mit einem gebrochenen Pfötchen im Garten auflas, sagte sie: «Hört mir gut zu! Dieses Eichkätzchen wird in den nächsten Tagen in den Schornstein hinaufklettern!» Fünf Tage später kletterte es in den Schornstein hinauf.

Und dann die Geschichte mit dem Topf auf dem Bord über der Wohnzimmertür. «An deiner Stelle würde ich ihn nicht da oben stehenlassen, Clara», warnte Oma. «Einmal wird jemand die Tür zuknallen, oder der Wind wird sie zuwerfen, und der Topf fällt herunter.»

«Aber liebste Omatante, er steht schon seit zehn Monaten da oben.»

«Kann schon sein», bemerkte Großmutter.

Wenige Tage später hatten wir ein Unwetter, die Tür schlug zu und der Topf fiel herunter. Vielleicht konnte sie die Zukunft voraussehen. Jedenfalls stattete ich Miss Marple mit Omas prophetischen Gaben aus. Es fehlte Miss Marple nicht an Güte, aber sie traute den Menschen nicht. Sie wurde im Alter von fünfundsechzig oder siebzig geboren, was sich, wie schon bei Poirot, sehr ungünstig auswirkte, weil ich ihre Dienste noch viele Jahre in Anspruch nehmen mußte. Wäre ich imstande gewesen, die Zukunft zu deuten, ich würde mir einen frühreifen Schuljungen als Detektiv zugelegt haben; wir hätten dann gemeinsam altern können!

Für diese Reihe von sechs Geschichten gab ich Miss Marple fünf Gefährten. Zunächst ihren Neffen, einen modernen Romanautor, in dessen Büchern Sex und Inzest und schlüpfrige Schilderungen von Schlafzimmerszenen eine bedeutende Rolle spielten – Raymond West sah das Leben von seiner schmutzigsten Seite. Seiner lieben, netten alten Tante Jane bescheinigte er Weltfremdheit und behandelte sie mit nachsichtiger Güte. Mit von der Partie war eine junge Frau, eine moderne Malerin, die gerade dabei war, eine besondere Beziehung mit Raymond West einzugehen. Dazu kamen noch Mr. Pettigrew, ein schon älterer, nüchterner, pfiffiger Anwalt, ein Landarzt und ein Geistlicher.

Das von Miss Marple präsentierte Problem trug den ein wenig lächerlichen Titel *Der Daumenabdruck des heiligen Petrus*, und es ging dabei um einen Schellfisch. Einige Zeit später schrieb ich noch weitere sieben Geschichten mit Miss Marple; sie erschienen unter dem Titel *Der Dienstagabend-Club*.

Wie viele andere Bücher hinterließ auch *Das Haus an der Düne* so wenig Spuren in meinem Gedächtnis, daß ich mich nicht erinnern kann, es geschrieben zu haben. Möglicherweise hatte ich mir die Handlung bereits vorher ausgedacht; das ist immer meine Gewohnheit gewesen und trägt oft zu meiner Unsicherheit bei, wenn ich die Frage beantworten soll, wann ich ein Buch geschrieben habe oder wann es erschienen ist. Ideen kommen mir zu den unwahrscheinlichsten Zeiten: ich gehe eine Straße hinunter oder studiere mit Hingabe die Auslage eines Buchgeschäfts, und plötzlich schießt mir eine herrliche Idee durch den Kopf, und ich denke: «Ja, das wäre eine saubere Methode, ein Verbrechen zu vertuschen, ohne daß es jemand merkt.» Die praktischen Einzelheiten müssen natürlich noch ausgearbeitet werden, aber ich notiere die Idee sofort in ein Schulheft.

So weit, so gut – aber dann verlege ich das Schulheft unweigerlich. Für gewöhnlich hatte ich ein halbes Dutzend zur Hand. Ich machte mir Notizen über Einfälle, über Gifte und Drogen oder über geschickte Gaunereien, die ich in der Zeitung entdeckte. Natürlich würde ich mir eine Menge Arbeit erspart haben, wenn ich diese Eintragungen fein säuberlich sortiert und geordnet hätte. Trotzdem macht es mir Spaß, hin und wieder einen Stoß alter Hefte durchzublättern und Notizen wie diese zu finden: *Mögliche Fabel – mach es selbst – Mädchen und falsche Schwester – August* – und dazu einen vage angedeuteten Handlungsablauf. Um was es dabei geht, weiß ich nicht mehr, aber es regt mich oft an, wenn schon nicht die ursprüngliche Fabel auszuwerten, so doch wenigstens etwas anderes zu schreiben.

Dann gibt es auch noch jene Fabeln, die mir dauernd im Kopf herumgehen; ich denke an sie und spiele mit ihnen, denn ich weiß, daß ich eines Tages etwas mit ihnen anfangen werde. So eine Idee hatte ich auch einmal, nachdem ich Ruth Draper im Theater gesehen hatte. Wie begabt sie doch war, dachte ich, wie phantastisch sie ihre Rollen verkörperte; wie überzeugend sie sich aus einem zänkischen Weib in ein Bauernmädchen zu verwandeln wußte, das andächtig in einer Kathedrale kniete. Langes Nachdenken über sie führte mich dazu, *Dreizehn bei Tisch* zu schreiben.

Als ich anfing Detektivgeschichten zu schreiben, war es meine Sache nicht, den Übeltäter an den Pranger zu stellen oder ernsthaft über Verbrechen nachzudenken. Die Detektivgeschichte war die Geschichte einer Jagd, und sie hatte auch eine Moral; sie war tatsächlich nichts anderes als die klassische Jedermann-Moralität, die Niederlage des Bösen und der Sieg des Guten. Zur Zeit des Ersten Weltkriegs war der Übeltäter kein Held – damals aalten wir uns noch nicht in psychologischen Erklärungen. Wie alle, die Bücher schrieben oder Bücher lasen, war auch ich *gegen* den Verbrecher und *für* das unschuldige Opfer.

Als große Ausnahme galt Raffles, ein sportlicher Kricketspieler und erfolgreicher Geldschrankknacker, mit seinem Spießgesellen Bunny, der in seinem Gehabe an ein Kaninchen erinnerte. Raffles hat mich immer ein wenig abgestoßen, und wenn ich heute zurückdenke, ist mein Abscheu noch größer – wenngleich er zweifellos an die Tradition eines Robin Hood anknüpfte. Aber Raffles war eine heitere, unbeschwerte Ausnahme. Niemand hätte sich träumen lassen, daß man eines Tages Kriminalromane wegen ihrer Schilderungen von Gewalttaten lesen und die Brutalität genießen würde. Man hätte erwartet, daß die Öffentlichkeit, von Entsetzen gepackt, gegen solche literarischen Auswüchse Einspruch erheben würde; aber heute scheint Grausamkeit fast ein Teil unseres Alltags geworden zu sein. Ich frage mich immer noch, wie das möglich ist, wo doch die große Mehrheit der Leute, die man kennt, ob jung, ob alt, außerordentlich gütig und hilfsbereit ist; die «Hasser», wie ich sie nenne, stellen nur eine kleine Minderheit dar, die aber, wie alle Minderheiten, weit stärker in Erscheinung tritt, als es die Mehrheit tut.

Wer Kriminalromane schreibt, wird sich zwangsläufig für das Studium der Kriminologie interessieren. Mit besonderem Interesse lese ich Bücher von Leuten, die persönliche Verbindungen zu Kriminellen unterhalten und versucht haben, ihnen Wohltaten zu erweisen, sie zu «bessern», wie man das früher nannte – heute verwendet man wohl anspruchsvollere Bezeichnungen für diese Tätigkeit.

Eine der Freuden, die das Schreiben von Detektivgeschichten bietet, besteht darin, daß es so viele Arten gibt, die man wählen kann: den heiteren Thriller, höchst vergnüglich zu schreiben; die raffiniert ausgeklügelte Detektivgeschichte mit einer komplizierten Handlung – sie ist technisch interessant, erfordert viel Arbeit, wird aber immer lesenswert sein; und schließlich die Detektivgeschichten, die von einer Art Leidenschaft geprägt sind – von dem leidenschaftlichen Verlangen, dem Unschuldigen zur Seite zu stehen. Denn auf die Unschuldigen, nicht auf die Schuldigen, kommt es an.

Ich versage es mir, über Mörder ein Urteil zu fällen – aber sie sind ein Übel für die Gemeinschaft, sie reißen alles an sich und säen Haß. Ich will glauben, daß sie so geschaffen wurden, daß sie mit einem Geburtsfehler zur Welt gekommen sind und deshalb vielleicht sogar unser Mitleid verdienen; trotzdem darf man sie nicht schonen – genauso wenig, wie man im Mittelalter einen Mann schonen konnte, der sich aus einem von der Seuche heimgesuchten Marktflecken fortstahl und sich unter die Unschuldigen und Kinder eines nahen Dorfes mengte. Es gilt die Unschuldigen zu schützen; sie müssen in Frieden mit ihren Nachbarn leben können.

Niemand scheint sich der unschuldigen Opfer annehmen zu wollen, und das erschreckt mich. Wir lesen von einem Mordfall: eine gebrechliche, alte Frau in einem kleinen Tabakladen dreht sich um, will ein Päckchen Zigaretten für den jungen Rohling vom Regal nehmen, er greift sie von hinten an und schlägt sie tot – das Bild scheint niemanden zu erschüttern. Ihre Angst, ihre Qual, ihr furchtbares Ende scheint niemanden zu berühren. Keiner verschwendet einen Gedanken an das Opfer – die Leute empfinden nur Mitgefühl für den Mörder – weil er so jung ist.

Warum sollte man ihn nicht hinrichten? Wir haben in unserem Land Wölfe getötet; wir haben nicht versucht, den Wolf zu lehren, mit dem Lamm gemeinsam zu leben – ich glaube auch nicht, daß es uns gelungen wäre. Wir haben das Wildschwein in den Bergen gejagt, bevor es ins Tal herunterkommen und die Kinder am Bach töten konnte. Es waren unsere Feinde, und wir haben sie vernichtet.

Was können wir tun mit jenen, die angefault sind von Grausamkeit und Haß, denen das Leben eines anderen nichts bedeutet? Oft sind es Menschen aus gutem Hause; man hat ihnen alles geboten, sie haben eine gute Erziehung genossen – und doch sind sie Verbrecher geworden. Was kann man mit einem Mörder anfangen? Läßt sich Schlechtigkeit kurieren? Nein, nicht mit lebenslänglichem Zuchthaus – das ist gewiß eine weit grausamere Strafe, als es der Schierlingsbecher im alten Griechenland war. Die beste Antwort, die wir je auf diese Frage gefunden haben, war wohl die Verbannung – in ein großes weiträumiges Land, nur von primitiven Menschenwesen bevölkert, wo die Rechtsbrecher in einer einfacheren Umgebung leben konnten.

Blicken wir aber auch der Tatsache ins Auge, daß Charakterzüge, die wir heute als Fehler betrachten, einst Vorzüge waren. Ohne ein gerüttelt Maß an Grausamkeit und Unbarmherzigkeit hätte der Mensch vielleicht nicht überlebt; er wäre sehr bald dem Untergang geweiht gewesen. Der schlechte Mensch von heute könnte der erfolgreiche Mensch der Vergangenheit gewesen sein. Damals war er notwendig; heute ist er nicht mehr notwendig und stellt eine Gefahr dar.

Es gibt, so will mir scheinen, nur eine einzige Möglichkeit: man müßte diese Kreaturen im Interesse der Allgemeinheit zu gewissen Dienstleistungen verpflichten. Man könnte zum Beispiel dem Verbrecher die Wahl lassen, den Schierlingsbecher zu leeren oder aber sich für experimentelle Forschungsarbeiten zur Verfügung zu stellen. Es gibt viele Forschungsgebiete in der Medizin, wo menschliche Versuchskaninchen unbedingt erforderlich sind. Heute ist es doch so, daß der Wissenschaftler selbst sein eigenes Leben aufs Spiel setzt, aber es könnte Versuchspersonen geben, die dem sicheren Tod eine Anzahl von Experimenten vorziehen würden. Überleben sie sie, haben sie ihre Sünden abgebüßt und können, befreit vom Kainszeichen auf ihrer Stirn, als freie Männer in den Schoß der Gesellschaft zurückkehren.

Mag sein, daß sie ihr Leben deshalb nicht ändern würden; mag sein, sie sagen: «Ich habe eben Glück gehabt... Ich bin ungestraft davongekommen.» Aber vielleicht macht die Tatsache, daß die Gesellschaft jetzt *ihnen* zu Dank verpflichtet ist, doch einen kleinen Unterschied. Man sollte nie zuviel, aber man darf immer ein klein wenig hoffen. Zumindest hätten diese Menschen die Chance gehabt, eine edle Tat zu vollbringen und gleichzeitig der verdienten Strafe zu entgehen – es würde dann an ihnen liegen, einen neuen Anfang zu machen. Könnte es sein, daß sie ihr neues Leben ein bißchen anders beginnen? Wäre es nicht möglich, daß ein wenig Stolz ihre Herzen erfüllt?

Schlägt dies fehl, kann man nur sagen: Möge Gott ihnen verzeihen. Aber am wichtigsten sind immer noch die Unschuldigen, die offen und furchtlos in unserer Zeit leben und mit Recht verlangen können, vor Schaden bewahrt zu werden.

Vielleicht gibt es auch einmal einen operativen Eingriff, um die Schlechtigkeit zu heilen – schon heute kann man fremde Herzen einsetzen, kann man Menschen tiefkühlen – der Tag mag kommen, da man imstande ist, die Träger unserer Erbanlagen umzugruppieren oder unsere Zellen zu verändern.

Ich bin weit vom Thema Detektivgeschichte abgekommen, aber vielleicht erklärt mein Exkurs, warum ich größeres Interesse für den Geschädigten als für den Kriminellen habe. Je kraftvoller und lebendiger das Opfer, desto stärker und gerechter der Zorn, den ich um seinetwillen empfinde. Ich erlebe einen köstlichen Triumph, wenn es mir gelungen ist, einen Menschen, der beinahe an einem Verbrechen zugrunde gegangen wäre, aus dem Tal des Todes herauszuführen.

Auf der Rückkehr aus diesem Tal habe ich mich entschlossen, an diesem Buch nicht allzu viel zu ändern. Ich bin schließlich nicht mehr die Jüngste, und es gibt nichts Mühsameres, als alles, was man da geschrieben hat, noch einmal durchzugehen, umzudrehen und in die richtige Reihenfolge zu bringen. Vielleicht rede ich auch nur so vor mich hin – bei Schriftstellern kommt das schon mal vor. Man schlendert die Straße entlang, vorbei an all den Läden und Büros, die man besuchen wollte, spricht zu sich selbst – hoffentlich nicht zu laut –, rollt ausdrucksvoll die Augen und merkt plötzlich, daß die Leute einen anstarren und ängstlich zur Seite weichen – sie halten einen offenbar für verrückt.

Nun ja – es ist wohl das gleiche wie damals, als ich vier Jahre alt war und mich mit meinen Kätzchen unterhielt. Übrigens: ich unterhalte mich immer noch mit ihnen.

3

Wie besprochen, fuhr ich im März nach Ur. Max erwartete mich am Bahnhof. Ich hatte mich gefragt, ob ich Scheu empfinden sollte – wir waren ja vor unserer Trennung erst kurze Zeit verheiratet gewesen. Zu meiner freudigen Überraschung aber war alles so, als ob wir uns am Tag zuvor verabschiedet hätten. Max hatte mir ausführliche Briefe geschrieben, und ich war über die archäologischen Fortschritte der Arbeiten so gut informiert, wie man das von einem Laien erwarten konnte. Vor unserer Heimreise verbrachte ich noch ein paar Tage im Expeditionshaus. Len und Katharine begrüßten mich sehr herzlich, und Max führte mich überall herum.

Mit dem Wetter hatten wir Pech, denn ein heftiger Sandsturm fegte über das Land. Dabei fiel mir auf, daß der Sand Max' Augen nichts anhaben konnte. Während ich halb blind hinter ihm herstolperte, schritt Max mit weit offenen Augen voran und zeigte mir alles, was es zu sehen gab. Mein erster Gedanke war, mich ins Haus zu flüchten, aber ich stand die Strapazen tapfer durch, denn trotz meines großen Unbehagens interessierte es mich doch sehr, alles in Augenschein zu nehmen, worüber Max mir geschrieben hatte.

Für diese Saison waren die Ausgrabungen beendet, und wir beschlossen, über Persien nach Hause zu fahren. Es gab eine kleine deutsche Fluggesellschaft, die seit kurzer Zeit zwischen Bagdad und Persien verkehrte, und ihr vertrauten wir uns an. Es war nur eine einmotorige Maschine, und wir kamen uns sehr waghalsig vor. Vielleicht *waren* wir es auch – wir schienen immerzu Berggipfel anzupeilen!

Von Teheran flogen wir nach Shiraz, und ich erinnere mich noch, welch herrlichen Anblick die Stadt bot – ein smaragdgrünes

Juwel in einer Wüste grauer und brauner Tönungen. Je näher wir kamen, desto dunkler wurden die Farben, und schließlich landeten wir in einer grünen Stadt, die aus Oasen, Palmen und Gärten zu bestehen schien. Ich hatte nicht gewußt, wie viele Wüsten es in Persien gab, und jetzt begriff ich auch, warum die Perser Gärten so schätzten – weil es hier sehr schwer war, Gärten zu haben.

Ich entsinne mich, daß wir ein besonders schönes Haus besuchten. Viele Jahre später, bei unserem zweiten Besuch in Shiraz, versuchte ich es zu finden, aber vergeblich. Erst beim dritten Mal gelang es. Ich erkannte es daran wieder, daß in einem der Zimmer verschiedene Medaillons Decke und Wände schmückten. Das Haus war halb verfallen und nicht mehr bewohnt, aber immer noch schön. Ich verwendete es als Hintergrund für eine Kurzgeschichte mit dem Titel *The House at Shiraz*.

Von Shiraz fuhren wir mit dem Auto nach Isfahan. Es war eine lange Fahrt auf einer schlechten Straße quer durch die Wüste; ab und zu kamen wir durch ein kleines Dorf. Wir übernachteten in einem äußerst primitiven Rasthaus, wo es zum Schlafen nur eine Holzpritsche gab, über die wir einen Teppich breiteten. Der «Verwalter» war ein Bandit von zweifelhaftem Aussehen, dem einige zwielichtige Gestalten bei der Arbeit halfen.

Wir verbrachten eine überaus unbequeme Nacht. Man glaubt nicht, wie hart Bretter sein können, wenn man darauf schlafen muß; schon nach wenigen Stunden hat man blaue Flecken an Hüften, Ellbogen und Schultern. Als ich einmal sehr unbequem in einem Hotelbett in Bagdad schlief, ging ich der Ursache nach und stellte fest, daß man ein dickes Holzbrett unter die Matratze geschoben hatte, um dem Nachgeben der Sprungfedern entgegenzuwirken. Vor mir, klärte mich der Hausdiener auf, hatte eine irakische Dame das Zimmer bewohnt. Sie hatte nicht schlafen können, weil das Bett zu weich war. Man hatte das Brett untergeschoben, um ihr gefällig zu sein.

Wir setzten unsere Fahrt fort und kamen ziemlich erschöpft in Isfahan an, und seit damals ist Isfahan für mich die schönste Stadt der Welt. Nirgendwo sonst habe ich so herrliche Farben gesehen – Rosa, Blau und Gold – Blumen, Vögel, Arabesken, Märchenpaläste und überall die prachtvoll getönten Fliesen – es ist eine Stadt aus 1001 Nacht. Es dauerte fast zwanzig Jahre, bis ich sie wieder besuchte, und dann hatte ich schreckliche Angst hinzufahren, denn ich fürchtete, sie würde ganz anders aussehen; zum Glück hatte sie sich nur wenig verändert. Natürlich gab es modernere Straßen und auch etwas modernere Geschäfte, aber die edlen islamischen Bauten, die Höfe, die Fliesen und die Brunnen – sie alle waren noch da. Die Leute waren damals nicht mehr so fanatisch, und ich konnte das Innere vieler Moscheen besichtigen; früher war Fremden der Zutritt verboten gewesen.

Nach Teheran zurückgekehrt, beschlossen Max und ich, unsere Reise durch Rußland fortzusetzen – wenn es keine unüberwindlichen Schwierigkeiten in bezug auf Pässe, Visa, Geld und sonstige Formalitäten geben sollte. Mit dieser Absicht gingen wir zur *Bank of Iran*. Das Gebäude ist prächtig, man hält es eher für einen Sultanspalast als für ein Geldinstitut – und es war tatsächlich auch nicht leicht festzustellen, wo eigentlich die Bankgeschäfte abgewickelt wurden. Wenn man schließlich durch lange, von Springbrunnen gesäumte Kolonnaden in einen riesigen Vorraum gelangte, erblickte man in der Ferne einen Tisch, hinter welchem elegante, europäisch gekleidete junge Männer Eintragungen in große Bücher vornahmen. Allerdings erledigte man im Nahen Osten seine Bankgeschäfte nicht am Schalter; man wurde an einen Direktor verwiesen, an einen zweiten Direktor oder zumindest an jemanden, der wie ein Direktor aussah.

Ein Beamter rief einen der Bankboten, die in pittoresker Haltung und Kleidung herumstanden; dieser lud uns ein, auf einem riesigen Lederdiwan Platz zu nehmen, und verschwand. Nach einiger Zeit kam er wieder, bedeutete uns, ihm zu folgen, führte uns eine prächtige Marmortreppe hinauf und hieß uns vor einer mutmaßlich heiligen Tür warten. Er klopfte an, ging hinein und kehrte sogleich mit strahlendem Gesicht zurück; sein Ausdruck schien Entzücken darüber zu verraten, daß wir die Probe erfolgreich bestanden hatten. Wir betraten den Raum mit dem Gefühl, als Prinzenpaar von Äthiopien willkommen geheißen zu werden.

Ein wohlbeleibter, aber sehr charmanter Herr erhob sich, begrüßte uns in fließendem Englisch, lud uns zum Sitzen ein und bot uns Kaffee an. Er wollte wissen, wann wir angekommen waren, ob uns Teheran gefiel, von wo wir kamen, und erkundigte sich schließlich ganz beiläufig, was wir von ihm wünschten. Max ließ etwas von Reiseschecks verlauten. Der Bankdirektor betätigte eine kleine Glocke auf seinem Schreibtisch. Ein anderer Bote trat ein. «Herr Ibrahim soll kommen.» Es wurde Kaffee gebracht, und wir plauderten weiter über das Reisen, über die Politik und über den Stand der diesjährigen Ernten.

Dann erschien Herr Ibrahim. Er trug einen dunkelbraunen europäischen Anzug und war etwa dreißig Jahre alt. Der Bankdirektor informierte ihn über unsere Wünsche und legte uns sechs oder noch mehr Formulare vor, die wir unterschreiben mußten. Herr Ibrahim verschwand mit den Formularen, und wieder entspann sich ein längeres Gespräch. Max brachte die Rede auf unsere Absicht, nach Rußland zu fahren. Der Bankdirektor seufzte und hob abwehrend die Hände.

«Sie werden Schwierigkeiten haben», sagte er.

«Ja», sagte Max, «das habe ich erwartet, aber unmöglich ist es nicht, oder? Es ist doch nicht verboten, die Grenze zu überschreiten?»

«Soviel ich weiß, haben Sie drüben gegenwärtig keine diplomatischen Vertretungen.»

«Allerdings», gab Max zu, «ich weiß, daß wir dort keine Konsulate haben, aber soweit ich informiert bin, ist es Engländern nicht verboten, das Land zu betreten.»

«Nein, ein solches Verbot gibt es nicht. Natürlich müssen Sie Geld mitnehmen.»

Selbstverständlich, sagte Max, das habe er angenommen.

«Und alle Geldgeschäfte, die Sie mit uns machen, sind ungesetzlich», fügte der Bankdirektor traurig hinzu.

Das wunderte mich ein wenig. Es kam mir sonderbar vor, daß eine Bank eine finanzielle Transaktion durchführte, obwohl sie ungesetzlich war.

Der Bankdirektor erklärte es uns. «Sehen Sie», sagte er, «die Regierung ändert die Gesetze; sie ändert sie ununterbrochen. Außerdem widersprechen sich die Gesetze. Das eine Gesetz verbietet, Geld in einer bestimmten Form ins Ausland zu bringen, aber ein anderes legt fest, daß es nur so außer Landes gebracht werden kann – also was soll man tun? Man tut, was einem richtig erscheint. Aber Sie müssen sich über eines klar sein: ich kann zwar eine Transaktion durchführen, ich kann einen Mann in den Basar schicken, ich kann Ihnen das Geld verschaffen, das Sie für Ihre Reise brauchen – aber es ist alles ungesetzlich.»

Das verstünde er sehr gut, erwiderte Max. Das heiterte den Bankdirektor auf, und er sagte, er glaube, daß wir die Reise sehr genießen würden. «Sie wollen also mit dem Wagen zum Kaspischen Meer hinunter? Ja? Das ist eine wunderschöne Fahrt. In Rasht nehmen Sie dann das Schiff nach Baku. Es ist ein russiches Schiff. Ich weiß nichts darüber, überhaupt nichts, aber die Leute fahren damit.»

Nach dem Ton seiner Stimme zu urteilen, verschwanden die Passagiere dieses Schiffes im luftleeren Raum, und man wußte nicht, was dann mit ihnen geschah. «Sie werden nicht nur Geld mitnehmen müssen», warnte er uns, «sondern auch Proviant. Ich weiß nicht, ob es Möglichkeiten gibt, in Rußland Essen zu kaufen. Im Zug von Baku nach Batumi bekommen Sie nichts – Sie müssen alles mitnehmen.»

Nun betrat ein anderer Herr das Büro. Er war jünger als Herr Ibrahim, trug den gleichen dunkelbraunen Anzug und hieß Mahomet. Herr Mahomet brachte weitere Formulare, die Max unterschrieb, und verlangte etwas Geld von uns, um Stempelmarken kaufen zu können.

Herr Ibrahim kehrte zurück. Er brachte den von uns verlangten Betrag in großen Scheinen statt in kleinen Noten, um die wir gebeten hatten.

«Tja, das ist immer sehr schwierig», sagte er bekümmert, «wirklich sehr schwierig. Manchmal haben wir eine Menge von der einen Sorte, an anderen Tagen gar nichts. Es ist Glückssache, was der Kunde bekommt.» Wir hatten heute offenbar Pech.

Der Bankdirektor versuchte, uns aufzuheitern, indem er noch mehr Kaffee bestellte. «Das beste wäre», sagte er, «Sie würden nur Tomane nach Rußland mitnehmen. In Persien sind Tomane ungesetzlich, aber was sollen wir machen? Im Basar akzeptieren sie nichts anderes.»

Er schickte einen anderen Boten mit einem Großteil unserer neuen Banknoten in den Basar, um sie in Tomane wechseln zu lassen. Die Tomane entpuppten sich als Mariatheresientaler – reines Silber und sehr schwer.

«Sind Ihre Pässe in Ordnung?» fragte er.

«Ja.»

«Gelten sie auch für die Sowjetunion?» Ja, sagten wir, unsere Pässe galten für alle Länder Europas, einschließlich der Sowjetunion.

«Das wäre ja dann auch in Ordnung. Mit den Visa werden sie keine Schwierigkeiten haben. Sie müssen einen Wagen bestellen – das Hotel wird das für Sie erledigen –, und Sie müssen genügend Proviant für vier oder fünf Tage mitnehmen. Es ist eine lange Fahrt von Baku nach Batumi.»

Max erwähnte, daß er die Reise gerne in Tiflis unterbrechen wollte.

«Da müssen Sie sich erkundigen, wenn Sie Ihre Visa holen. Ich glaube nicht, daß das geht.»

Das ärgerte Max, aber er nahm es hin. Wir verabschiedeten uns von dem Bankdirektor und dankten ihm. Es waren zweieinhalb Stunden vergangen.

Die Verpflegung im Hotel war ziemlich eintönig. Was man auch bestellte, der Kellner hatte immer die gleiche Antwort bereit: «Heute haben wir sehr guten Kaviar – sehr gut, sehr frisch.» Bereitwillig bestellten wir Kaviar. Er war erstaunlich billig, und obwohl wir enorme Mengen vorgesetzt bekamen, kostete die Portion immer nur fünf Shilling. Wir streikten nur gelegentlich, wenn man uns auch zum Frühstück Kaviar servieren wollte. Irgendwie paßt Kaviar nicht zum Frühstück.

«Was gibt es zum Frühstück?» fragte ich.

«Kaviar – *très frais*.»

«Nein, ich möchte keinen Kaviar, ich möchte etwas anderes. Eier? Speck?»

«Wir haben sonst nichts. Aber es gibt Brot.»

«Gar nichts sonst? Wie steht es mit Eiern?»

«Kaviar, *très frais*», antwortete der Kellner mit fester Stimme.

Also aßen wir ein wenig Kaviar und viel Brot. Außer Kaviar wurde uns zum Mittagessen immer auch etwas angeboten, was sich *La Tourte* nannte: eine besonders süße Marmeladetorte, schwer verdaulich, aber von angenehmem Geschmack.

Wir fragten den Kellner, was wir als Proviant nach Rußland mitnehmen sollten. Er empfahl vor allem Kaviar. Wir erklärten uns bereit, zwei riesige Dosen mitzunehmen. Er schlug auch vor, sechs gebratene Enten einzupacken. Außerdem füllten wir Brot, Biskuits, ein paar Gläser Marmelade und ein Pfund Tee in unseren Korb – «für die Lokomotive», sagte der Kellner. Wir begriffen nicht ganz, was die Lokomotive damit zu tun hatte. War es vielleicht üblich, dem Lokomotivführer Tee anzubieten? Wir nahmen den Tee mit.

Nach dem Abendessen kamen wir mit einem jungen Franzosen und seiner Frau ins Gespräch. Als er hörte, daß wir die Absicht hatten, in die Sowjetunion zu fahren, schüttelte er entsetzt den Kopf. *«C'est impossible! C'est impossible pour Madame. Ce bateau, le bateau de Resht à Baku, ce bateau russe, c'est infect! Infect, Madame!»* Französisch ist eine wunderbare Sprache. In seinem Mund klang das Wort «infect» so schmutzig und verworfen, daß ich kaum daran zu denken wagte, unsere Absicht wahrzumachen und dieses Schiff zu besteigen.

«Sie können *Madame* eine solche Reise nicht zumuten», erklärte der Franzose resolut. Aber *Madame* blieb unerschrocken.

«Es wird schon nicht so ‹infect› sein», sagte ich später zu Max. «Außerdem haben wir genügend Insektenpulver und ähnliches Zeug dabei.»

Es war eine herrliche Fahrt zum Kaspischen Meer, zuerst ging es durch kahle und felsige Berggegenden, doch als wir auf der anderen Seite wieder herunterkamen, fanden wir uns in einer anderen Welt. Bei mildem und warmem Wetter und leichtem Regen kamen wir in Rasht an.

Wir waren ein bißchen nervös, als wir an Bord des russischen Dampfers gingen. Es war alles ganz anders als in Persien und im Irak. Erstens war das Schiff peinlich sauber; sauber wie ein Spital – und auch so eingerichtet. Die kleinen Kabinen enthielten hohe Eisenbetten mit harten Strohmatten und groben Baumwollaken, einen einfachen Zinnkrug und ein Waschbecken. Die Matrosen erinnerten mich an Roboter; sie schienen alle sechs Fuß groß zu sein, waren blond und hatten unbewegte Gesichter. Sie behandelten uns höflich, aber so, als ob wir nicht wirklich da wären. Keiner sprach mit uns, keiner blickte uns an, keiner beachtete uns.

Doch dann sahen wir, daß im Salon das Essen serviert wurde. Hoffnungsvoll gingen wir zur Tür und warfen einen Blick hinein. Niemand schien uns zu sehen, niemand machte uns ein Zeichen. Schließlich faßte sich Max ein Herz und fragte, ob wir auch etwas zu essen haben könnten. Man verstand ihn nicht. Max versuchte es mit Französisch, Arabisch und seinem bescheidenen Persisch, aber vergeblich. Schließlich deutete er entschlossen mit dem Finger auf seinen Mund – eine universale Geste, die nicht mißzuverstehen war. Sogleich schob der Mann zwei Stühle für uns zurecht, wir setzten uns und bekamen unser Essen vorgesetzt. Es war sehr gut, wenn auch einfach, und kostete ein Vermögen.

Dann kamen wir nach Baku, wo uns bereits ein Vertreter des staatlichen Reisebüros Intourist erwartete. Er war reizend, gut informiert und sprach fließend französisch. Er meinte, wir würden vielleicht gern eine Aufführung von *Faust* in der Oper sehen. Aber das wollte ich nicht. Ich hatte schließlich die lange Reise nach Rußland nicht unternommen, um *Faust* zu sehen. Er versprach, eine andere Form der Unterhaltung für uns zu arrangieren. Anstelle der Oper mußten wir verschiedene Bauplätze und halbfertige Wohnblöcke besichtigen.

Als wir von Bord gingen, kamen sechs roboterhafte Gepäckträger auf uns zu. Die Gebühr, sagte der Intouristmann, betrage einen Rubel für jedes Gepäckstück. Jeder Träger nahm eines. Ein Pechvogel bekam Max' schweren, mit Büchern vollgepackten Koffer zu fassen, ein Glückspilz hatte nur einen Regenschirm zu tragen – aber beide erhielten den gleichen Lohn.

Auch das Hotel war eine merkwürdige Angelegenheit, ein Relikt aus besseren Tagen. Die Einrichtung war imposant, aber altmodisch. Sie war weiß gestrichen und mit geschnitzten Rosen und Engelchen verziert. Aus nicht einleuchtenden Gründen stand alles mitten im Zimmer, so als ob irgendwelche Möbelpacker einfach einen Schrank, einen Tisch oder eine Kommode hineingeschoben und es dabei belassen hätten. Nicht einmal die Betten – wunderschöne und sehr bequeme Stilmöbel – standen an der Wand, und die Leintücher aus grober Baumwolle waren zu klein, um die ganze Matratze zu bedecken.

Am nächsten Morgen verlangte Max heißes Wasser zum Rasieren, hatte aber kein Glück. Das Stubenmädchen schüttelte energisch den Kopf und brachte uns einen großen Krug mit kaltem Wasser. Max wiederholte seine Bitte mehrmals und hielt seinen Rasierapparat ans Kinn, um zu zeigen, wozu er es brauchte. Die Frau schüttelte nur den Kopf und sah ihn schockiert und mißbilligend an.

«Ich fürchte», sagte ich, «du entpuppst dich als luxusliebender Aristokrat, wenn du heißes Wasser zum Rasieren willst. Gib es lieber auf.»

Die Stimmung in Baku erinnerte mich an einen Sonntag in Schottland. Kein munteres Leben und Treiben in den Straßen, die meisten Geschäfte geschlossen, und vor den wenigen, die offen waren, lange Menschenschlangen, die geduldig darauf warteten, mittelmäßige Waren zu erstehen.

Unser Intouristfreund brachte uns zum Schiff. Vor dem Fahrkartenschalter wartete eine Menschenschlange. «Ich kümmere mich inzwischen um die Platzkarten», sagte er und entfernte sich. Wir stellten uns ans Ende der Schlange.

Plötzlich klopfte uns jemand auf die Schulter. Es war eine Frau, die ganz vorn gestanden hatte. Ein breites Lächeln erhellte ihr Gesicht. Mit vielen eindringlichen Gesten forderte sie uns auf, uns an die Spitze der Schlange zu stellen. Das wollten wir nicht und blieben stehen, aber nun fingen auch alle anderen an, uns zu nötigen. Sie klopften uns auf Arme und Schulter, nickten und winkten, und schließlich nahm ein Mann uns einfach am Arm und schob uns nach vorn. Die Frau am Anfang der Schlange trat zur Seite, verneigte sich und lächelte. Wir kauften unsere Fahrkarten.

Der Intouristmann kam zurück. «Ach, Sie sind schon so weit», sagte er.

«Diese Leute waren so freundlich, uns vorzulassen», erklärte Max zweifelnd. «Ich wollte, Sie würden ihnen erklären, daß das nicht unsere Absicht war.»

«Ach, das tun sie gern. Es macht ihnen Spaß, sich hinten wieder anzustellen. Es ist eine interessante Beschäftigung, Schlange zu stehen. Es kann ihnen gar nicht lang genug dauern. Und sie sind immer sehr höflich zu Fremden.»

Das waren sie wirklich. Sie winkten uns zu, als wir zum Zug gingen. Der Bahnsteig war voller Menschen; erst später kamen wir drauf, daß außer uns praktisch niemand mitfuhr. Die Leute waren nur gekommen, um ihren Spaß zu haben und sich einen vergnügten Nachmittag zu machen. Wir stiegen ein. Der Intouristmann verabschiedete sich und versicherte uns, daß man uns in drei Tagen in Batumi erwarten und daß alles in Ordnung gehen würde.

«Wie ich sehe, haben Sie keinen Teekessel dabei», sagte er, «aber eine von den Frauen wird Ihnen sicher einen leihen.»

Was er damit meinte, begriffen wir erst, als der Zug nach zwei Stunden Fahrt das erste Mal hielt. Eine alte Frau in unserem Abteil klopfte mir heftig auf die Schulter, deutete auf ihren Teekessel und erklärte mir mit Hilfe eines Jungen, der in einer Ecke saß und deutsch sprach, daß man jetzt etwas Tee in den Kessel tun und zur Lokomotive gehen müsse, wo der Lokführer das nötige heiße Wasser dazu liefern würde. Wir hatten zwei Tassen mit, und die Frau versicherte uns, daß sie sich um den Rest kümmern würde. Sie kehrte mit dampfend heißem Tee zurück, und wir packten unsere Vorräte aus und boten unseren neuen Freunden davon an.

Mit unserem Proviant kamen wir ganz gut zurecht, was heißen soll, daß wir unsere Enten bewältigten, bevor sie verdarben; dazu aßen wir Brot, das bald sehr altbacken schmeckte. Wir hatten gehofft, unterwegs Brot kaufen zu können, aber das schien nicht möglich zu sein. Den Kaviar hatten wir natürlich so schnell wie möglich konsumiert. Am letzten Tag rückte das Gespenst des Hungers in greifbare Nähe, denn wir hatten nur noch einen Entenflügel und zwei Gläser Ananasmarmelade. Wenn man ein ganzes Glas Ananasmarmelade ohne etwas verzehrt, wird einem zwar übel, aber es stillt den Hunger!

Um Mitternacht und bei strömendem Regen kamen wir in Batumi an. Wir hatten natürlich kein Hotelzimmer reserviert. Mit dem Gepäck in der Hand traten wir in die Nacht hinaus. Von dem Intouristmann, der uns hätte erwarten sollen, war nichts zu sehen. Nur eine alte Pferdedroschke stand da. Höflich half uns der Kutscher beim Einsteigen und verstaute unser Gepäck um uns und auf uns. Dann sagten wir ihm, daß wir ein Hotel suchten. Er nickte ermutigend, knallte mit der Peitsche, und das klapprige Vehikel setzte sich in Bewegung.

Bald kamen wir zu einem Hotel, und der Kutscher bat uns mit Zeichen, doch erst einmal hineinzuschauen. Wir merkten rasch warum – es war kein Zimmer mehr frei. Wir fragten, wohin wir uns wenden sollten, aber der Mann schüttelte nur verständnislos den Kopf. Wir gingen hinaus, und der Kutscher fuhr wieder los. Wir versuchten es in vielen Hotels – in keinem war ein Zimmer zu haben.

Als wir zum achten kamen, sagte Max, daß wir jetzt offensivere Maßnahmen ergreifen müßten. Wir ließen uns einfach auf dem großen Plüschsofa in der Halle nieder und machten dumme, verständnislose Gesichter, als man uns sagte, daß kein Zimmer frei wäre. Der Portier und die Angestellten warfen die Hände in die Luft und sahen uns verzweifelt an. Nach einer Weile gaben sie es auf. Der Kutscher kam herein, stellte unser Gepäck neben uns auf den Boden, winkte uns freundlich zu und ging.

«Haben wir uns jetzt nicht selbst den Rückzug abgeschnitten?» fragte ich Max beklommen.

«Es ist unsere einzige Hoffnung», sagte Max. «Der Wagen ist weg, unser Gepäck ist da – jetzt werden sie sich etwas einfallen lassen müssen, wo sie uns unterbringen.»

Zwanzig Minuten vergingen, und plötzlich erschien ein Rettungsengel in Gestalt eines fast zwei Meter großen Riesen mit einem furchterregenden schwarzen Schnurrbart; er trug Reitstiefel und sah aus wie eine Figur aus einem russischen Ballett. Bewundernd starrte ich ihn an. Er lächelte uns zu, klopfte uns freundlich auf die Schulter und bedeutete uns, ihm zu folgen. Er stieg die Treppe zum obersten Stockwerk hinauf, stieß eine Klapptür zum Dach auf und hängte eine Leiter dran. Etwas unkonventionell, dachte ich, ließ mir aber nichts anmerken. Max zog mich hinter sich her, und wir standen auf dem Dach. Über die Dächer führte uns der Schnurrbärtige zum Nebenhaus hinüber und wieder durch eine Klapptür in ein Obergeschoß. Er brachte uns in eine geräumige, recht nett eingerichtete Dachkammer mit zwei Betten. Dann klopfte er auf die Betten, zeigte auf uns, verschwand und kam gleich darauf mit unserem Gepäck zurück. Zum Glück hatten wir nicht viel Gepäck bei uns; der Intouristmann hatte uns die großen Koffer in Baku abgenommen und uns versprochen, sie nach Batumi zu senden. Wir hofften, daß es klappen würde, aber im Augenblick dachten wir nur ans Schlafen.

Am nächsten Morgen gingen wir auf die Suche nach dem französischen Schiff, für das wir Passagen gebucht hatten und das noch am gleichen Tag nach Istanbul auslaufen sollte. Es war mir nie zum Bewußtsein gekommen, wie schwer es ist, den Weg zum Meer zu finden, wenn man es nicht von einem Berg oder Hügel aus sehen kann. Wir gingen zuerst in die eine Richtung, dann in die andere und schließlich in eine dritte, fragten auf französisch oder englisch oder deutsch nach «Schiff», «Dampfer», «Hafen» oder «Kai», aber niemand verstand uns. Am Ende kehrten wir unverrichteter Dinge ins Hotel zurück.

Max zeichnete ein Schiff auf ein Stück Papier, und unser Wirt erfaßte sofort den Sinn. Er führte uns in den Aufenthaltsraum im ersten Stock und gab uns zu verstehen, daß wir warten sollten. Nach einer halben Stunde kam er mit einem sehr alten Mann mit einer blauen Schirmmütze zurück, der uns auf französisch anredete. Dieser Greis war scheinbar einmal Portier in diesem Hotel gewesen und kümmerte sich gelegentlich immer noch um die Gäste. Er erklärte sich sofort bereit, uns zu unserem Schiff zu führen und uns das Gepäck zu tragen.

Zuerst aber mußten wir die Koffer haben, die mit dem Zug aus Baku gekommen sein sollten. Der Alte brachte uns geradewegs zu einem Haus, das zweifellos ein Gefängnis war; dort wurden wir in eine mit schweren Gitterstäben verschlossene Zelle geführt, wo unsere Koffer geduldig auf uns warteten. Der Alte sammelte sie ein, und wir machten uns auf den Weg zum Hafen. Unser Führer brummte und murrte die ganze Zeit, und wir wurden ein wenig nervös, denn wir hatten wirklich kein Interesse, die Regierung eines Landes zu kritisieren, in dem es keinen Konsul gab, der uns aus einer Patsche geholfen hätte.

Wir versuchten den Alten zum Schweigen zu bringen, aber er ließ sich nicht aufhalten. «Es ist nicht mehr wie früher», sagte er. «Was glauben Sie! Sehen Sie diesen Mantel, den ich anhabe? Es ist ein guter Mantel, ja, aber gehört er mir? Nein, er gehört der Regierung. Früher hatte ich nicht nur einen Mantel, ich hatte vier. Vielleicht waren sie nicht so gut wie dieser, aber sie waren *meine* Mäntel. Vier Mäntel – einen Wintermantel, einen Sommermantel, einen Regenmantel und einen Ausgehmantel. Vier Mäntel hatte ich!»

Schließlich senkte er ein wenig seine Stimme und fuhr fort: «Es ist hier streng verboten, dem Personal Trinkgeld zu geben. Sollten Sie aber doch die Absicht haben, mir etwas zu geben, könnten Sie das jetzt tun, während wir dieses Gäßchen hinuntergehen.» Dieser deutliche Wink ließ sich nicht überhören, und da er uns wirklich unschätzbare Dienste geleistet hatte, zeigten wir uns mit einer großzügigen Summe erkenntlich. Er dankte uns überschwenglich, setzte seine Klagen noch eine kleine Weile fort und deutete schließlich stolz auf den Hafen hinunter, wo ein schmuckes Schiff der *Messageries Maritimes* am Kai lag.

Wir hatten eine wunderschöne Fahrt durch das Schwarze Meer. Am besten erinnere ich mich an Inebolu, wo wir anlegten, um acht oder zehn entzückende kleine Braunbären an Bord zu nehmen. Wie man mir sagte, waren sie für den Zoo in Marseille bestimmt, und sie taten mir leid: sie waren noch so verspielt. Aber das Schicksal hätte es schlimmer mit ihnen meinen können – sonst wären sie vielleicht erschossen oder ausgestopft worden oder hätten sonst ein unerfreuliches Ende gefunden. So machten sie wenigstens eine schöne Reise. Ich muß immer noch lachen, wenn ich an den rauhen französischen Matrosen denke, der die kleinen Bären feierlich mit Milch aus einer Saugflasche ernährte.

4

Das nächste bedeutende Ereignis in unser beider Leben trat ein, als ich eingeladen wurde, das Wochenende bei Dr. und Mrs. Campbell-Thompson zu verbringen; ich sollte, bevor ich nach Ninive kommen durfte, auf Herz und Nieren geprüft werden. Max hatte sich praktisch schon entschlossen, im kommenden Herbst und Winter mit ihnen zu graben. Die Woolleys waren nicht sehr erfreut, daß er nicht mehr nach Ur kam, aber er war entschlossen, sich zu verändern.

C.T., wie man ihn nannte, hatte gewisse Tests, die er an seiner Umgebung ausprobierte. Einer davon war die Querfeldeinwanderung. Wenn er jemanden wie mich zu Besuch hatte, marschierte er mit dem Betreffenden an einem möglichst unfreundlichen Tag querfeldein über unebenes und schwieriges Gelände und achtete dabei genau darauf, welche Schuhe die Versuchsperson trug, ob und wie rasch sie ermüdete und ob sie sich bereit fand, durch Hecken zu kriechen und Gehölze zu durchstreifen. Nachdem ich im Dartmoor so viel gewandert war, bestand ich den Test erfolgreich. Unebenes Terrain schreckte mich nicht, aber ich war froh, daß wir nicht immerzu über gepflügte Felder gingen, denn das ist sehr ermüdend.

Dann wollte C.T. herausfinden, ob ich eine wählerische Esserin war, aber er entdeckte sehr bald, daß ich alles essen konnte, und auch das freute ihn. Daß er gern meine Kriminalromane las, tat ein übriges. Er kam offenbar zu dem Schluß, daß ich gut in den Betrieb in Ninive hineinpassen würde. Max sollte in den letzten Septembertagen hinunterfahren und ich ihm Ende Oktober folgen.

Ich legte mir einen Plan zurecht: ich wollte ein paar Wochen in Rhodos schreiben und ausspannen und dann mit dem Schiff nach Alexandretta reisen, wo ich den britischen Konsul kannte. Dort würde ich mir einen Wagen mieten und nach Aleppo fahren. In Aleppo wollte ich in den Zug steigen, der mich nach Nisibin-Nusaybin an der irakisch-türkischen Grenze bringen würde. Mit dem Auto waren es dann noch acht Stunden nach Mosul.

Es war ein guter Plan und fand Max' Zustimmung; er wollte mich in Mosul erwarten. Aber im Nahen Osten verlaufen die Dinge nur selten planmäßig. Im Mittelmeer kann die See sehr stürmisch sein, und nachdem wir den Hafen von Mersin angelaufen hatten, gingen die Wellen hoch, und ich lag stöhnend in meiner Koje. Der italienische Steward zeigte großes Mitgefühl und war sehr bekümmert, weil ich nichts mehr essen wollte. In Abständen steckte er den Kopf herein und versuchte mich mit irgendeiner Köstlichkeit zu verlocken – vergeblich.

Als wir uns Alexandretta näherten, rappelte ich mich auf, zog mich an, packte und taumelte auf Deck, um mich an der frischen Luft wieder zu erholen. Während ich noch dastand und den kalten frischen Wind auf mich einwirken ließ, wurde ich zum Kapitän gerufen. Er teilte mir mit, daß das Schiff Alexandretta nicht anlaufen könne. «Die See ist zu wild», sagte er. «Wir können nicht festmachen.» Das war wirklich schlimm. Wie es aussah, konnte ich mich nicht einmal mit dem Konsul in Verbindung setzen.

«Was soll ich tun?» fragte ich.

Der Kapitän zuckte die Achseln. «Sie werden mit uns nach Beirut fahren müssen.»

Ich war verzweifelt. Beirut lag in einer völlig anderen Richtung. Aber ich mußte mich damit abfinden.

«Wir berechnen Ihnen nichts dafür», sagte der Kapitän, um mich zu trösten. «Da wir hier nicht anlegen können, fahren Sie eben bis zum nächsten Hafen mit.»

Als wir nach Beirut kamen, hatte der Sturm ein wenig nachgelassen, aber der Seegang war immer noch stark. Ein entsetzlich langsamer Zug – die Reise dauerte gut sechzehn Stunden – brachte mich nach Aleppo. Es gab keine Toiletten im Zug, und wenn wir bei einer Station stehenblieben, wußte man nie, ob es im Bahnhof eine Toilette gab oder nicht. Volle sechzehn Stunden machte ich das mit . . .

Am nächsten Tag fuhr ich mit dem Orient-Expreß weiter bis nach Tell Kochek, das damals die Endstation der Bagdadbahn war. Hier zeigte sich, daß ich wirklich vom Pech verfolgt war. Das Wetter war so schlecht gewesen, daß der Regen die Gleise an zwei Stellen unterwaschen hatte. Ich mußte zwei Tage im Rasthaus verbringen und wußte nicht, was ich mit mir anfangen sollte. Ich spazierte um einen Drahtverhau herum, ging ein Stück in die Wüste hinaus und wieder zurück. Das Essen war immer das gleiche: Rühreier und zähes Huhn. Ich las das einzige Buch, das ich bei mir hatte; dann blieb mir nichts anderes übrig, als mich mit meinen Gedanken zu beschäftigen!

Endlich kam ich zum Rasthaus nach Mosul. Max stand schon auf der Treppe, um mich willkommen zu heißen.

«Hast du dir nicht schreckliche Sorgen gemacht, als ich vor drei Tagen nicht da war?» fragte ich ihn.

«Ach nein», antwortete er, «das kommt hier oft vor.»

Nun fuhren wir zu dem Haus, das die Campbell-Thompsons gemietet hatten. Es stand etwa eineinhalb Meilen von Mosul entfernt in der Nähe des großen Grabhügels von Ninive. Es war ein reizendes Haus, an das ich immer gern zurückdenke. Es hatte ein flaches Dach, ein eckiges Turmzimmer auf einer Seite und eine schöne Marmorveranda. Max und ich hatten das Zimmer im Obergeschoß. Es war spartanisch eingerichtet – von zwei Feldbetten abgesehen, hauptsächlich mit Orangenkisten. Rund um das kleine Haus waren eine Menge Rosenbüsche gepflanzt, und als ich ankam, sah ich viele Knospen. Morgen früh, dachte ich, werden sie offen sein; wie schön das sein wird! Aber nein, am nächsten Morgen sah ich immer noch Knospen. Ich konnte mir dieses Naturphänomen gar nicht erklären – die Rose ist doch kein Nachtblüher wie etwa die Königin der Nacht –, aber es stellte sich heraus, daß diese Rosen nur gezogen wurden, um Rosenöl zu gewinnen; um vier Uhr früh kamen Männer, um die eben aufblühenden Blüten zu pflücken. Bei Tagesanbruch waren nur mehr die neuen Knospen zu sehen.

Seine Arbeit verlangte von Max, daß er sehr viel ritt. Ich bezweifle, daß er große Erfahrung hatte, aber er behauptete, es zu können. Überdies hatte er in London Reitstunden genommen. Vielleicht wäre er vorsichtiger gewesen, hätte er schon früher gewußt, daß Sparsamkeit C.T.s große Leidenschaft war. In vieler Hinsicht ein sehr großzügiger Mann, zahlte er seinen Arbeitern wahre Hungerlöhne. Zu seinen Sparmaßnahmen gehörte auch, nie viel für ein Pferd auszugeben. Die Folge war, daß die von ihm gekauften Tiere oft recht unliebsame persönliche Eigenschaften hatten, die aber erst zum Vorschein kamen, nachdem der Verkäufer den Handel besiegelt hatte. Die Gäule bockten, bäumten sich auf, scheuten und ließen auch sonst keine Tricks aus. Max' Pferd war keine Ausnahme, und es war so etwas wie eine Zerreißprobe, wenn er am frühen Morgen den rutschigen schlammigen Pfad zum Gipfel hinaufreiten mußte. Aber alles ging gut, und er fiel nie vom Pferd.

Das tägliche Ritual begann um fünf Uhr früh. Max und C. T. stiegen aufs Dach und berieten sich. Dann gab Max dem Nachtwächter auf dem Grabhügel in Ninive mit der Lampe ein Signal, das ihm anzeigen sollte, ob das Wetter für eine Weiterführung der Arbeiten geeignet war. Diese Frage gab zu einiger Besorgnis Anlaß, denn es war Herbst, und die Regenzeit hatte eingesetzt. Ein Großteil der Arbeiter wohnte zwei oder drei Meilen von den Fundstätten entfernt, und das Signalfeuer auf dem Grabhügel zeigte ihnen an, ob sie ihr Haus verlassen mußten oder nicht. Zur gegebenen Zeit bestiegen C. T. und Max ihre Pferde und ritten zum Grabhügel hinauf.

Barbara Campbell-Thompson und ich gingen gegen acht Uhr zum Grabhügel hinauf und frühstückten dort: hartgekochte Eier, Tee und Landbrot. In diesen Oktobertagen war es noch angenehm warm, doch schon im Monat darauf wurde es kühl, und wir mußten uns warm anziehen. Die Gegend war wunderbar: Hügel und Berge in der Ferne, der finster blickende Dschebel Maqlub, manchmal auch die schneebedeckten kurdischen Berge. Auf der anderen Seite sah man den Tigris und Mosul mit seinen Minaretten. Dann kehrten wir ins Haus zurück und stiegen erst zum Picknick-Mittagessen wieder hinauf.

Einmal mußte ich mit C. T. einen Strauß ausfechten. Er gab am Ende höflich nach, aber ich fürchte, ich sank in seiner Achtung. Es ging einzig und allein darum, daß ich mir im Basar einen Tisch kaufen wollte. Ich konnte meine Kleider in Orangenkisten aufbewahren, ich konnte auf Orangenkisten sitzen, konnte eine Orangenkiste als Nachttisch verwenden, aber was ich haben mußte, wenn ich arbeiten wollte, das war ein solider Tisch, auf den ich meine Schreibmaschine stellen konnte, und der mir Platz für meine Beine bot. Es war nicht die Rede davon, daß C. T. für den Tisch zahlen sollte – *ich* wollte ihn mir kaufen –, aber er verachtete mich, weil ich bereit war, Geld für etwas auszugeben, das er nicht für unbedingt nötig hielt. Für mich aber war der Tisch unbedingt nötig.

Das Bücherschreiben, argumentierte ich, war meine Arbeit, und dazu brauchte ich nun einmal meine Werkzeuge: eine Schreibmaschine, einen Bleistift und einen Tisch, an dem ich sitzen konnte. C. T. gab nach, aber es bedrückte ihn zutiefst. Ich bestand nämlich auf einem soliden Tisch – nicht bloß ein Ding mit einer Platte und vier Beinen, das schon wackelte, wenn man es nur schief ansah –, und der kostete die unerhörte Summe von zehn Pfund. Ich glaube, er brauchte gute vierzehn Tage, um mir diesen extravaganten Luxus zu verzeihen. Aber als ich ihn dann hatte, war ich sehr glücklich, und C. T. pflegte sich angelegentlich nach meiner Arbeit zu erkundigen.

Max war vornehmlich zu dem Zweck nach Ninive gekommen, um einen tiefen Stollen durch den Grabhügel zu treiben. C. T. war von dieser Idee nicht annähernd so angetan wie Max, aber es war schon im voraus abgemacht worden, daß Max diesen Versuch machen dürfe. In der Archäologie war die Prähistorie plötzlich große Mode geworden; bisher waren alle Ausgrabungen rein historischer Natur gewesen, aber jetzt interessierte man sich leidenschaftlich für die prähistorische Kultur, über die man noch so wenig wußte.

Im ganzen Land untersuchte man kleine obskure Grabhügel, las Scherben bemalter Tongefäße auf, klassifizierte sie, sammelte sie in Säcken, verglich die einzelnen Muster – es war unerhört interessant!

Da es zur Zeit der Herstellung dieser Gefäße noch keine Schrift gegeben hatte, war es überaus schwer, sie in eine bestimmte Epoche einzuordnen; es ließ sich kaum feststellen, ob eine Art von Gefäßen einer anderen vorangegangen oder gefolgt war. In Ur hatte Woolley bis zur Sintflutschicht und noch tiefer gegraben, und die bemalten Tongefäße von Tell'Ubaid gaben den Anstoß zu wilden Spekulationen. Auch Max hatte sich von diesem Fieber anstecken lassen, und die Funde in unserem tiefen Stollen in Ninive waren auch aufregend, denn es stellte sich bald heraus, daß drei Viertel des riesigen, über fünfzig Meter hohen Grabhügels prähistorischen Ursprungs waren, was man bisher nicht vermutet hatte. Nur die oberen Schichten waren assyrischer Herkunft.

An einem unserer freien Tage mieteten wir einen Wagen und gingen auf die Suche nach dem großen Grabhügel von Nimrud, wo vor hundert Jahren Layard zuletzt gegraben hatte. Wir hatten mit Schwierigkeiten zu kämpfen, um die Stelle zu erreichen, denn die Straßen waren sehr schlecht. Wir mußten viel querfeldein fahren, und die *wadis* und die Bewässerungsgräben waren oft unpassierbar. Aber schließlich kamen wir doch hin – und was war das doch damals für ein herrliches Fleckchen Erde! Der Tigris war nur eine Meile weit weg, und auf dem gewaltigen Grabhügel der Akropolis ragten große assyrische Steinköpfe aus dem Boden. An einer Stelle war der mächtige Flügel eines Erdgeistes zu sehen. Es war eine hinreißend schöne Landschaft – friedlich, romantisch und von der Vergangenheit durchtränkt.

Max' Worte sind mir in Erinnerung geblieben: «Hier würde ich gerne graben, aber es müßte in großem Stil geschehen. Man müßte eine Menge Geld aufbringen, aber wenn ich könnte, dann wäre das der Grabhügel, den ich mir aussuchen würde.» Er seufzte. «Aber das werde ich wohl nie schaffen.»

Max' Buch liegt jetzt vor mir: *Nimrud and its Remains*. Wie froh bin ich, daß sein Herzenswunsch in Erfüllung gegangen ist! Nimrud ist aus seinem hundertjährigen Schlaf erwacht. Layard begann das Werk, mein Mann vollendete es.

Er hat Nimrud noch viele Geheimnisse entrissen: den großen befestigten Palast Salmanassars im Südosten der Stadt und die anderen Paläste. Die Geschichte Kalachs, der zeitweiligen militärischen Hauptstadt Assyriens, wurde offengelegt. Man weiß jetzt, welche Rolle Nimrud gespielt hat, außerdem sind die Museen der Welt um einige der schönsten Dinge reicher geworden, die Handwerker – ich würde sie eher Künstler nennen – je geschaffen haben: ich spreche von ganz besonders kunstvoll gearbeiteten Elfenbeinschnitzereien.

Viele habe ich selbst gesäubert. Ich hatte meine eigenen Werkzeuge: ein Holzstäbchen zum Nagelreinigen. Eine sehr feine Stricknadel, einmal auch einen Zahnbohrer, den mir ein Zahnarzt geschenkt hatte – und einen Tiegel Gesichtscreme, die sich ausgezeichnet dazu eignete, behutsam den Schmutz aus den Sprüngen zu entfernen, ohne das bröckelige Elfenbein zu beschädigen. Es kam zu einem solchen Ansturm auf meine Gesichtscreme, daß ich nach ein paar Wochen nichts mehr für mein armes Gesicht hatte!

Und dann einer der aufregendsten Tage meines Lebens: als die Arbeiter, die damit beschäftigt waren, einen assyrischen Brunnen freizulegen, schreiend ins Haus gestürzt kamen: «Wir haben eine Frau im Brunnen gefunden! Im Brunnen lag eine Frau!» Und schon brachten sie auf einem Stück Sackleinwand einen Berg von Schlamm herbei.

Ich hatte das Vergnügen, in einem großen Waschbecken vorsichtig den Schlamm herunterzuwaschen! Nach und nach kam der Kopf zum Vorschein, den der Schlick zweieinhalbtausend Jahre vor der Zersetzung bewahrt hatte. Da war er nun: der größte Elfenbeinkopf, der je gefunden worden war. Eine weiche hellbraune Farbe, das Haar schwarz, die sanft getönten Lippen einer der Jungfrauen der Akropolis. Die Dame im Brunnen, die Mona Lisa, wie der Direktor des irakischen Instituts für Altertümer sie nannte, hat jetzt ihren Platz im neuen Museum in Bagdad – sie ist einer der sensationellsten Funde, die je gemacht wurden.

Es kamen noch viele andere Elfenbeinschnitzereien zum Vorschein, einige vielleicht noch schöner als dieser Kopf, wenn auch nicht so spektakulär. Die Schmuckplatte mit Kühen, die ihre Kälber säugten; Elfenbeindamen, die, gleich einer bösen Jezabel, aus dem Fenster blicken; zwei wunderbare Platten mit einem Neger, der von einer Löwin zerrissen wird. In einem goldenen Lendenschurz, Goldspitzen im Haar, liegt er da, den Kopf wie in Ekstase erhoben, während die Löwin mordlustig über ihm steht. Im Hintergrund das Laubwerk des Gartens: Lapislazuli, Karneol und Gold formen Blüten und Blätter. Ein wahrer Glücksfall, daß zwei davon gefunden wurden. Eine ist jetzt im British Museum, die andere in Bagdad zu sehen.

Wenn man die wunderbaren Dinge sieht, die Menschen mit ihren Händen geformt haben, ist man stolz, der menschlichen Rasse anzugehören. Sie müssen Schöpfer gewesen sein, diese Menschen – sie müssen ein wenig Anteil gehabt haben an der Heiligkeit des allmächtigen Schöpfers, der die Welt schuf und alles, was in ihr war, und sah, daß es gut war. Aber er schuf nicht alles. Er ließ ungetan die Dinge, die von Menschenhand gefertigt werden sollten. Die Menschen sollten in seine Fußstapfen treten, denn sie waren nach seinem Ebenbild gemacht worden, und sie sollten sehen, was sie machten, und sehen, daß es gut war.

Der Stolz auf das Geschaffene ist etwas Außergewöhnliches. Selbst der Tischler, der uns einmal ein besonders scheußliches Handtuchgestell für eines unserer Expeditionshäuser machte, besaß diesen schöpferischen Geist. Als er gefragt wurde, warum er das Ding, entgegen unserem Auftrag, mit so riesigen Füßen ausgestattet hatte, antwortete er vorwurfsvoll: «Ich mußte es so machen, weil es so viel schöner war.» Nun, wir fanden es scheußlich, aber für ihn war es schön, und er investierte dort seinen schöpferischen Geist.

Dies sollte Dr. Campbell-Thompsons letzte Saison sein. Er selbst war eigentlich Inschriftenforscher, und daher weit mehr am geschriebenen Wort, an der historischen Aufzeichnung, als am archäologischen Aspekt der Ausgrabungen interessiert. Wie alle Inschriftenforscher hegte er stets die Hoffnung, auf umfangreiche Sammlungen von Tontafeln zu stoßen.

In Ninive war schon so viel ausgegraben worden, daß es schwerfiel, die einzelnen Bauten einzuordnen. Für Max waren diese Paläste nicht sonderlich interessant: sein Steckenpferd war der tiefe Stollen in die prähistorische Periode, weil man noch so wenig davon wußte.

Er hatte sich bereits einen Plan zurechtgelegt, den ich besonders reizvoll fand: in diesem Teil der Welt in Eigenregie einen kleinen Tumulus aufzugraben. Er mußte klein sein, weil es schwer sein würde, viel Geld aufzubringen, aber er glaubte, es ließe sich machen, und war fest überzeugt, daß es gemacht werden müsse. Er hatte daher auch besonders großes Interesse daran, seine Grabung bis zum jungfräulichen Boden voranzutreiben. Als dieser erreicht war, hatte er nur ein kleines Stück Grund, nur ein paar Meter im Durchmesser, als Basis. Ein paar Scherben waren angefallen – wegen der geringen Fläche nur wenige –, und sie gehörten einer anderen Periode an als jene, die man weiter oben ausgegraben hatte. Von diesem Zeitpunkt an wurde Ninive neu klassifiziert und die Funde in fünf Zeitabschnitte aufgeteilt. Jene Periode, in der die Keramiken auf der Töpferscheibe gefertigt wurden, enthielt wunderschöne Töpfe mit gemalten und eingeritzten Mustern. Gefäße wie etwa Becher waren besonders charakteristisch für diese Epoche und zeigten reizende und lebensvolle Malereien und Verzierungen. Dennoch waren die Keramiken selbst – ihre Struktur – von nicht annähernd so feiner Qualität wie jene, die viele tausend Jahre früher hergestellt werden konnten: wunderschöne, aprikosenfarbene, zarte Erzeugnisse, an die griechische Töpferei erinnernd, mit glatter, lasierter Oberfläche und vornehmlich geometrischen Zeichnungen, insbesondere Punktmustern. Sie waren, sagte Max, mit den in Tell Halaf in Syrien gefundenen Keramiken vergleichbar, von welchen man jedoch angenommen hatte, daß sie einer weit späteren Epoche angehörten; jedenfalls aber waren sie von feinerer Qualität.

Er veranlaßte die Arbeiter, die im Umkreis von zwei bis zwölf Kilometern wohnten, ihm verschiedene Keramiken aus ihren Dörfern zu bringen. Auf einigen Grabhügeln entsprachen sie größtenteils der Qualität der fünften Periode, und zusätzlich zu der bemalten Sorte gab es auch noch eine sehr schöne Art von Töpfen mit zart eingeritzten Zeichnungen. Dann tauchten noch schwarze und rote Gefäße auf, beide glatt und unbemalt.

Offensichtlich war die eine oder andere kleine Erderhebung, wie sie das Land bis zu den Bergen hin bedeckten, schon früh, noch bevor auf dem Plateau gearbeitet wurde, aufgegeben und verlassen worden: und diese feinen frühen Keramiken waren handgemacht. Insbesondere gab es da einen ganz kleinen Grabhügel – er hieß Arpachiyah und lag etwa vier Meilen östlich der großen Anlage von Ninive. Dort war kaum etwas Späteres zu finden als die feinen bemalten Scherben der zweiten Periode. Anscheinend war der Ort damals zum letzten Mal bewohnt gewesen.

Es muß ein sehr kleines und auch kaum ein bedeutendes Dorf gewesen sein, daher war es zweifelhaft, ob man viel finden würde. Dennoch, die Leute, die diese Keramiken machten, hatten dort gelebt. Ihre Tätigkeit mochte primitiv gewesen sein, aber die Keramiken waren es nicht: sie waren von feinster Qualität. Sie konnten sie nicht für die nahe gelegene große Stadt Ninive hergestellt haben, denn Ninive existierte noch nicht, als sie ihren Ton formten. Bis zu seiner Gründung sollten noch viele tausend Jahre vergehen. Warum also stellten sie diese Dinge her? Nur weil es ihnen Freude machte, etwas so Schönes zu produzieren?

Nach C. T.s Meinung beging Max einen großen Fehler, indem er der prähistorischen Zeit und all dem «modernen Geschwafel» über Keramiken so große Bedeutung zumaß. Historische Aufzeichnungen, sagte er, wären allein von Bedeutung: der Mensch, der seine eigene Geschichte erzählte, nicht in gesprochenen, sondern in geschriebenen Worten. In gewissem Sinn hatten sie beide recht: C. T., weil historische Aufzeichnungen tatsächlich einmalig aufschlußreich waren, und Max, weil man, um etwas Neues über die Geschichte des Menschen zu erfahren, sich an das halten muß, was er selbst erzählen kann – in diesem Fall mit seiner Hände Arbeit. Und auch ich hatte recht, als ich feststellte, daß die Keramiken in diesem kleinen Dorf wunderschön waren, und dies zum Mittelpunkt meiner Überlegungen machte. Und ich hatte recht, mir immer wieder die Frage nach dem Warum zu stellen, denn für Menschen wie mich sind diese Fragen das Salz des Lebens.

Ich hatte zum ersten Mal aktiv an einer Ausgrabung teilgenommen, und es war ein wunderbares Erlebnis. Mosul hatte mir gut gefallen, und ich hatte eine herzliche Beziehung zu C. T. und Barbara gefunden.

Ich konnte es kaum glauben, aber schon im Februar des folgenden Jahres gingen Max und ich wieder nach Mosul; diesmal logierten wir im Gästehaus. Es wurden Verhandlungen über Grabungen in Arpachiyah, unserem kleinen Grabhügel, geführt – im kleinen Arpachiyah, um das sich noch niemand kümmerte und von dem noch niemand etwas wußte, das aber später ein Begriff werden sollte, der in der ganzen archäologischen Welt Widerhall fand. Max hatte John Rose, der in Ur Architekt gewesen war, dazu überredet, mit uns zu arbeiten. Er war ein guter Freund von uns beiden: ein herrlicher Zeichner, ein ruhiges Gemüt und ein Mann von ebenso sanftem wie unwiderstehlichem Humor. Er hatte sich erst nicht entscheiden können, ob er sich uns anschließen sollte: zwar wollte er nicht nach Ur zurückkehren, war sich aber nicht im klaren darüber, ob er seine archäologische Tätigkeit fortsetzen oder wieder als Architekt arbeiten solle. Doch Max wies ihn darauf hin, daß es keine lange Expedition sein würde – zwei Monate höchstens – und daß er wahrscheinlich nicht viel zu tun haben würde.

«Sie können es praktisch als Urlaub ansehen», sagte er, «eine schöne Jahreszeit, hübsche Blumen, ein gutes Klima – keine Sandstürme wie in Ur –, Hügel und Berge. Es wird Ihnen gut gefallen. Eine richtige Erholung für Sie.» John ließ sich überzeugen.

«Es ist natürlich ein Glücksspiel», sagte Max. Für ihn war es eine schwere Zeit, denn er stand am Anfang seiner Karriere. Der Ausgang des Unternehmens würde entscheidend für seine Zukunft sein.

Es fing nicht sehr verheißungsvoll an. Das Wetter war miserabel. Es regnete in Strömen, und es war fast unmöglich, das Auto zu benützen; man konnte auch kaum feststellen, wem das Land gehörte, auf dem wir graben wollten. Im Nahen Osten sind Fragen des Grundbesitzes furchtbar schwer zu klären. Liegt das Land in einer gewissen Entfernung von einer Stadt, fällt es unter die Zuständigkeit des Scheichs, und man trifft alle Vereinbarungen – finanzieller und anderer Natur – mit ihm. Das als Tell eingestufte Land – das in der Antike bewohnt war – ist Eigentum der Regierung, nicht des Grundbesitzers. Da aber nicht anzunehmen war, daß es sich bei Arpachiyah um ein Tell handelte, mußten wir uns mit dem Grundbesitzer in Verbindung setzen.

Das schien eine einfache Sache zu sein. Ein großer behäbiger Mann kam daher und versicherte uns, er wäre der Besitzer. Aber am nächsten Tag erfuhren wir, daß das nicht stimmte – ein zweiter Vetter seiner Frau war der Besitzer. Am Tag darauf erfuhren wir, daß das Land nicht dem zweiten Vetter der Frau, sondern mehreren anderen Leuten gehörte. Am dritten Tag warf Max sich laut stöhnend auf das Bett. «Stell dir vor», sagte er, «es gibt neunzehn Eigentümer!»

«Dieses winzige Stück Land gehört neunzehn Leuten?» fragte ich ungläubig.

«Es scheint so.»

Am Ende gelang es uns, das ganze Durcheinander zu entwirren. Wir fanden die wirkliche Besitzerin – es war die zweite Base von der Tante des Vetters des Mannes der Tante von jemandem, die sich, außerstande, ihre eigenen Interessen wahrzunehmen, von ihrem Mann und diversen anderen Anverwandten vertreten lassen mußte! Mit Hilfe des Mutassarif von Mosul, des Instituts für Altertümer in Bagdad, des britischen Konsuls und einiger freiwilliger Helfer wurde die Geschichte ins Lot gebracht und ein äußerst strenger Vertrag geschlossen. Harte Strafen wurden den beiden Seiten für den Fall angedroht, daß sie das Übereinkommen nicht einhalten sollten. Was dem Mann der Eigentümerin dabei am besten gefiel, war die Einsetzung einer Klausel, wonach er, wenn unsere Arbeit in irgendeiner Weise behindert oder der Vertrag einseitig gelöst werden sollte, eine Entschädigung von tausend Pfund zu zahlen haben würde. Er begab sich unverzüglich zu seinen Freunden, um damit anzugeben.

«Es ist eine Angelegenheit von so großer Tragweite, daß ich tausend Pfund verliere, wenn ich das Vorhaben nicht bedingungslos unterstütze oder die Versprechungen nicht einhalte, die ich im Namen meiner Frau abgegeben habe.»

Die Leute waren ungemein beeindruckt.

«Tausend Pfund!» staunten sie. «Möglicherweise wird er tausend Pfund verlieren! Habt ihr das gehört? Sie können ihm tausend Pfund abknöpfen, wenn etwas schiefgeht!»

Wir mieteten ein kleines Haus, sehr ähnlich jenem, das wir mit den C. T.s bewohnt hatten. Wir hatten eine Köchin und einen Burschen, sowie einen großen bissigen Hund, der alle anderen Hunde in der Nachbarschaft sowie jeden, der sich dem Haus näherte, anbellte – und uns zur gegebenen Zeit sechs Junge bescherte. Wir hatten auch einen kleinen Lastwagen und, als Fahrer, einen Iren namens Gallagher. Er war nach dem Krieg von 1914 im Land geblieben und nie wieder in die Heimat zurückgekehrt. Er vermittelte uns nützliche und auch seltsame Informationen, wie etwa genaue Angaben über den Preis eines Menschenlebens. «Im Irak liegt er günstiger als in Persien», sagte er. «In Persien kostet es sieben Pfund, einen Menschen umbringen zu lassen. Im Irak nur drei Pfund.»

Gallagher erinnerte sich noch an seinen Kriegsdienst und unterzog die Hunde einem harten militärischen Training. Die sechs Jungen wurden namentlich aufgerufen und kamen einer nach dem anderen zur Küche. Swiss Miss war Max' Liebling und wurde immer als erste gerufen. Die Hündchen waren schrecklich häßlich, aber sie besaßen jenen Charme, der junge Hunde auf der ganzen Welt kennzeichnet. Nach dem Tee kamen sie auf die Veranda, wo wir sie mit viel Liebe von ihren Zecken befreiten. Am nächsten Tag waren sie wieder voll davon, aber wir taten unser Bestes.

Gallagher entpuppte sich auch als Leseratte. Ich ließ mir von meiner Schwester Bücherpakete schicken – regelmäßig jede Woche –, und gab sie ihm dann weiter. Er las sehr schnell, ohne einer bestimmten literarischen Gattung den Vorzug zu geben. Er las Biographien, Romane, Liebesgeschichten, Thriller, wissenschaftliche Werke, einfach alles.

Einmal erzählte er uns auch von seinem «Onkel Fred». «In Burma hat ihn ein Krokodil erwischt», berichtete er traurig. «Ich wußte wirklich nicht, was ich tun sollte. Am Ende hielten wir es für das beste, das Krokodil ausstopfen zu lassen. Das taten wir auch und schickten es seiner Witwe.»

Anfangs glaubte ich, er fabuliere, aber dann kam ich zu der Überzeugung, daß praktisch alles, was er erzählte, auf Wahrheit beruhte. Er gehörte eben zu jener Sorte Menschen, denen die unglaublichsten Dinge passieren.

Für uns war es eine sorgenvolle Zeit. Noch gab es keine Anhaltspunkte, die darauf hingewiesen hätten, daß Max' Rechnung aufgehen würde. Wir legten nur ein paar armselige Hütten frei – nicht einmal aus Lehmziegeln gebaut: Mauern aus Stampferde, zeitlich schwer einzustufen. Wir fanden eine große Anzahl bezaubernder Tonscherben sowie einige wunderschöne Obsidianmesser mit zart gekerbten Schneiden, aber nichts Außergewöhnliches.

John und Max machten sich gegenseitig Mut. Es wäre noch zu früh, um etwas Abschließendes zu sagen, meinten sie, aber bis zur Ankunft von Dr. Jordan, dem deutschen Direktor des Instituts für Altertümer in Bagdad, würden wir alle Schichten sauber ausgemessen und etikettiert und damit bewiesen haben, daß die Ausgrabungen ordnungsgemäß und wissenschaftlich einwandfrei durchgeführt worden waren.

Und dann, ganz unerwartet, kam der große Tag. Max stürzte ins

Haus zurück, um mich zu holen. «Ein wunderbarer Fund», rief er begeistert. «Wir haben eine abgebrannte Töpferwerkstatt entdeckt. Kommt mit. So etwas hast du noch nicht gesehen.»

Es war wirklich ein Glückstreffer. Die Töpferwerkstatt war verlassen worden, als sie brannte, und der Brand hatte sie vor der Zerstörung geschützt. Herrliche Teller, Vasen, Becher und Schüsseln – bunt bemalte Schalen – scharlachrot, schwarz und orange leuchteten sie in der Sonne – ein prachtvoller Anblick.

Von da an waren wir so rasend beschäftigt, daß wir nicht wußten, wie wir mit der Arbeit fertig werden sollten. Ein Gefäß nach dem anderen kam ans Licht. Durch den Einsturz des Daches war alles beschädigt worden, aber die Sachen waren da und ließen sich fast ausnahmslos restaurieren. Eine riesige brünierte Schüssel, dunkelrot, in der Mitte eine Rose mit Blättern, rundherum wohlgeformte geometrische Zeichnungen, war in 76 Stücke zerbrochen. Kein einziges fehlte, wir setzten sie zusammen, und jetzt bietet die Schüssel einen hinreißenden Anblick in einem Museum.

Ich war außer mir vor Freude. Auch Max und, in seiner stillen Art, John freuten sich unbändig. Aber wie hart mußten wir bis zum Ende der Saison arbeiten!

Im Herbst hatte ich etwas für meine Bildung getan und gelernt, nach Maßstab zu zeichnen. Ich hatte einen Kurs besucht und mich von einem reizenden kleinen Mann unterrichten lassen, der es nicht fassen konnte, daß ich so wenig wußte.

«Sie scheinen noch nie etwas von einem rechten Winkel gehört zu haben», sagte er mißbilligend. Ich gab es zu. Ich hatte noch nie etwas davon gehört.

«Das erschwert mir meine Aufgabe», sagte er.

Trotzdem lernte ich, maßgetreu zu zeichnen, und jetzt war die Zeit gekommen, meine Kenntnisse praktisch zu erproben. Natürlich brauchte ich zwei- oder dreimal so lang wie die anderen, aber John hatte Unterstützung bitter nötig, und ich konnte ihm diese Hilfe bieten.

Max mußte den ganzen Tag bei den Grabungen sein, während John zeichnete. «Ich fürchte, ich werde noch blind werden», sagte er, wenn er zum Abendessen die Treppe heruntergetorkelt kam. «Mir brennen die Augen, und ich bin so benommen, daß ich kaum gehen kann. Ich stehe seit acht Uhr früh am Zeichentisch.»

«Und nach dem Abendessen müssen wir weitermachen», bemerkte Max.

«Und Sie sind der Mann, der mir gesagt hat, daß das ein Urlaub für mich sein würde», hielt John ihm vorwurfsvoll entgegen.

Um das Ende der Saison zu feiern, beschlossen wir, ein Wettrennen für die Männer zu veranstalten. Das hatte es noch nie gegeben. Wir wollten mehrere wertvolle Preise aussetzen, und alle sollten teilnehmen können.

Es gab viel Gerede unter den Leuten. Einige der gesetzteren, älteren Männer fürchteten durch ihre Teilnahme an Würde zu verlieren, und Würde war immer sehr wichtig. Jüngeren Männern, vielleicht gar bartlosen Knaben einen Wettkampf zu liefern, das war etwas, das einem angesehenen Mann, einem Mann von Substanz übel anstand. Aber schließlich stimmten doch alle zu, und wir arbeiteten die Einzelheiten aus. Die Strecke sollte etwa drei Meilen lang sein und jenseits des Grabhügels von Ninive über den Khosr führen. Wir legten strenge Regeln fest. Das Wichtigste war, daß es keine *fouls* geben sollte; niemand durfte den anderen zu Fall bringen, stoßen oder ihm den Weg abschneiden.

Der erste Preis war eine Kuh mit Kalb, der zweite ein Schaf und der dritte eine Ziege. Dazu kamen noch mehrere kleine Preise – Hennen, Säcke mit Mehl und von hundert bis zu zehn Eiern. Jeder, der die ganze Strecke zurücklegte, bekam eine Handvoll Datteln und so viel Halwasüßigkeiten mit Sesamsamen, wie er mit beiden Händen tragen konnte. Alle Preise zusammen kosteten uns ganze zehn Pfund. Keine Frage – das waren noch Zeiten!

Der große Tag kam, und es war ein denkwürdiger Anblick. Natürlich stürmten alle zusammen los, als die Startpistole knallte, und die meisten fielen auf die Nase oder in den Khosr. Die anderen lösten sich aus der quirlenden Masse und liefen los. Es wurde viel gewettet, aber keiner der Favoriten kam unter die Sieger. Drei Außenseiter machten das Rennen und wurden stürmisch gefeiert. Der erste war ein kräftiger, athletisch gebauter Kerl, der zweite – ein sympathischer Gewinner – war ein sehr armer Mann, der immer halb verhungert aussah; und als Dritter kam ein Junge durchs Ziel. Am Abend gab es ein großes Fest: die Vorarbeiter tanzten, die Männer tanzten, und der Mann, der das Schaf gewonnen hatte, stach es sofort ab und bewirtete seine Familie und seine Freunde mit einem Festbraten. Es war ein großer Tag für die A.A.A.A., die Arpachiyah Amateur Athletic Association, wie wir den Verein nannten.

Als wir abreisten, verabschiedete man uns mit wohlmeinenden Zurufen: «Gott segne euch!» – «Kommt bald wieder!» – «Selig sind die Barmherzigen!» und so fort. Wir fuhren nach Bagdad, wo unsere Funde schon auf uns warteten. Max und John Rose packten sie aus, dann wurde aufgeteilt. Inzwischen war es Mai geworden und in Bagdad achtunddreißig Grad im Schatten! Die Hitze machte John zu schaffen, und er sah sehr schlecht aus. Ich hatte Glück, denn ich brauchte mich an der Packerei nicht zu beteiligen. Ich konnte im Hotel bleiben.

Die politische Lage in Bagdad verschlechterte sich. Zwar hofften wir noch, im nächsten Jahr wiederzukommen – sei es, um einen neuen Grabhügel in Angriff zu nehmen oder um in Arpachiyah noch ein bißchen weiterzugraben –, aber wir hatten unsere Zweifel, ob es überhaupt möglich sein würde. Nach unserer Abreise gab es Komplikationen bei der Verschiffung unserer Funde, und es kostete viel Mühe, die Kiste aus dem Land zu bringen. Am Ende einigte man sich, aber es dauerte viele Monate, und auch deshalb wurde uns nahegelegt, im nächsten Jahr nicht wiederzukommen. Einige Jahre lang wurde im Irak überhaupt nicht mehr gegraben; alles ging nach Syrien. Und so kam es, daß wir uns im nächsten Jahr entschlossen, eine geeignete Ausgrabungsstätte in Syrien zu suchen.

Ich erinnere mich noch an eine Episode, welche bereits die üblen Dinge ankündigte, die da noch kommen sollten. Wir waren zum Tee in Dr. Jordans Haus in Bagdad. Er war ein guter Pianist und spielte uns etwas von Beethoven vor. Er hatte einen edlen Kopf und ein liebenswürdiges, zuvorkommendes Wesen. Dann kam ganz zufällig die Rede auf die Juden. Sein Gesicht veränderte sich; veränderte sich auf eine erschreckende Weise, wie ich das noch nie bei einem Menschen erlebt hatte.

«Sie verstehen das nicht», sagte er. «Vielleicht sind unsere Juden anders als Ihre. Sie sind eine Gefahr. Man sollte sie ausrotten. Eine andere Möglichkeit gibt es nicht.»

Fassungslos starrte ich ihn an. Er meinte es ernst. Es war das erste Mal, daß ich Bekanntschaft mit dem machte, was bald darauf aus Deutschland auf uns zukommen sollte. Leute, die in diesen Jahren, 1932 und 1933, das Land bereisten, wußten vermutlich schon damals Bescheid, aber alle anderen hatten keine Ahnung, was sich dort zusammenbraute.

Als wir an diesem Tag in Dr. Jordans Wohnzimmer saßen und er Beethoven spielte, sah ich meinen ersten Nazi – und erfuhr erst später, daß seine Frau noch fanatischer war als er. Er hatte dort eine besondere Aufgabe zu erfüllen. Nicht nur versah er das Amt des Direktors des Instituts für Altertümer, nicht nur vertrat er die Interessen seines Landes – seine erste Pflicht bestand darin, seinen eigenen deutschen Botschafter zu bespitzeln. Es gibt Dinge im Leben, die einen traurig stimmen.

5

Im Vollgefühl unseres Triumphs kehrten wir nach England zurück, und Max machte sich sogleich daran, einen Bericht über unsere Erfolge zu verfassen. Ein Teil unserer Funde wurde im British Museum ausgestellt, und Max' Buch über Arpachiyah kam noch im gleichen Jahr heraus – man durfte mit der Veröffentlichung keine Zeit verlieren, meinte Max: alle Archäologen hatten die Neigung, mit ihren Veröffentlichungen zu lange zuzuwarten, aber neue Erkenntnisse sollten so rasch wie möglich der Öffentlichkeit zugänglich gemacht werden.

Als ich während des Zweiten Weltkriegs in London arbeitete, schrieb ich eine Chronik über jene Zeit, die wir in Syrien verbracht hatten. *Erinnerung an glückliche Tage* nannte ich das Buch, und es macht mir Freude, es hin und wieder durchzublättern. Es waren glückliche Jahre, wir genossen das Leben und hatten bei unseren Ausgrabungen schöne Erfolge zu verzeichnen.

Diese Jahre von 1930 bis 1938 waren besonders befriedigend, weil keinerlei Schatten sie trübten. Je mehr Arbeit man hat und je erfolgreicher man ist, desto weniger Muße bleibt einem. Es waren sorglose Jahre; es gab viel zu tun, gewiß, aber die Arbeit nahm uns noch nicht völlig in Anspruch. Ich schrieb Kriminalromane, Max schrieb archäologische Bücher, Berichte und Artikel. Wir waren emsig, aber wir lebten nicht unter ständigem Druck.

Da Max nicht so oft nach Devonshire kommen konnte, wie er wollte, verbrachten wir dort Rosalinds Ferien, lebten aber zumeist in London. Ich hatte mehrere Häuser, und wir zogen von einem ins andere und versuchten festzustellen, wo es uns am besten gefiel. Als wir einmal ein ganzes Jahr in Syrien waren, hatten Carlo und Mary ein passendes Haus gesucht und präsentierten mir bei meiner Rückkehr eine ganze Liste. Sie sagten, ich müsse unbedingt die Nummer 48 auf der Sheffield Terrace ansehen. Und wirklich: noch nie hatte ich mich so danach gesehnt, in einem Haus zu wohnen wie in diesem. Es hatte nicht viele Zimmer, aber sie waren alle groß und gut proportioniert. Es war genau das, was wir brauchten. Rechts vom Eingang lag ein großes Eßzimmer, links das Wohnzimmer. Im Hochparterre befanden sich Bad und Toilette, im ersten Stock rechts über dem Eßzimmer Bibliothek – mit reichlich Platz für lange Tische, die Papiere und Keramiken aufnehmen konnten. Links, über dem Wohnzimmer, war ein großes Doppelschlafzimmer für uns. Im zweiten Stock hatten wir noch zwei große Räume und eine Kammer für Rosalind, das große Zimmer über der Bibliothek sollte als Gästezimmer dienen; das linke nahm ich für mich als Arbeitszimmer und Aufenthaltsraum in Anspruch. Damit bereitete ich meiner Familie eine Überraschung, denn ich hatte noch nie daran gedacht, mir ein Refugium zuzulegen, aber sie mußten zugeben, daß es an der Zeit war, der armen Missus ein eigenes Zimmer zu gönnen.

Ich brauchte einen Platz, wo ich ungestört sein konnte. Ein Telefon konnte ich in meinem Zimmer nicht brauchen. Ich würde mir einen Flügel anschaffen, einen großen soliden Tisch, ein komfortables Sofa, einen harten Stuhl zum Maschinenschreiben, einen Lehnsessel und sonst gar nichts. Wenn ich zu Hause war, durfte der Staubsauger in diesem Geschoß nicht in Betrieb genommen werden, und solange das Haus nicht in Flammen stand, durfte mir niemand in die Nähe kommen. Zum ersten Mal hatte ich mein eigenes Zimmer, und ich genoß es die fünf oder sechs Jahre, bis wir im Krieg ausgebombt wurden.

Sheffield Terrace 48 war ein Haus, in dem das Glück wohnte; ich fühlte das, als ich es zum ersten Mal betrat. Wenn man in großen Räumen aufgewachsen ist, wie ich in unserem Ashfield, geht einem, glaube ich, diese Bewegungsfreiheit später sehr ab. Ich hatte in mehreren reizenden kleinen Häusern gelebt, aber sie waren eben nicht ganz das Richtige gewesen.

Max machte sich selbst eine kleine Freude, indem er sich einen neuen Kamin nach eigenen Vorstellungen in sein Arbeitszimmer einbauen ließ. Er hatte im Nahen Osten so viele Feuerstellen und Kamine aus gebrannten Ziegeln gesehen, daß er etwas davon zu verstehen meinte. Der Ofensetzer stand seinen Plänen skeptisch gegenüber. Bei Essen und Kaminen weiß man nie, sagte er, theorethisch sollten sie funktionieren, aber in der Praxis tun sie es oft nicht.

«Und der wird bestimmt nicht funktionieren, das kann ich Ihnen schon heute verraten», warnte er Max.

«Bauen Sie ihn genau nach diesem Plan», sagte Max. «Sie werden sehen.»

Und zu Mr. Withers großem Kummer, er funktionierte. Max' Kamin rauchte kein einziges Mal. In den Sims eingelassen war ein großer assyrischer Ziegel mit Keilschrift, der das Zimmer deutlich als das Refugium eines Archäologen kennzeichnete.

Nur eines störte mich nach unserem Einzug in Sheffield Terrace, und das war ein durchdringender Geruch im Schlafzimmer. Max roch es nicht, und Bessie meinte, ich bilde es mir nur ein, aber ich war ganz sicher: ich roch Gas. Max wies mich darauf hin, daß wir kein Gas im Haus hatten.

«Ich kann mir nicht helfen», sagte ich, «ich rieche Gas.»

Ich ließ einen Baumeister kommen und die Männer vom Gaswerk. Sie krochen auf dem Boden herum, schnupperten unter dem Bett und versicherten mir, ich bilde mir alles nur ein.

«Was es sein könnte – wenn es etwas ist –, denn ich rieche überhaupt nichts», sagte der Gasmann, «dann eine tote Maus oder eine tote Ratte. Aber ich glaube nicht, daß es eine Ratte ist, denn ich würde sie riechen. Aber es könnte eine Maus sein – eine sehr kleine Maus.»

«Könnte sein», gab ich zu.

«Wir werden den Fußboden aufreißen.»

Sie rissen den Fußboden auf, konnten aber keine tote Maus finden. Aber Gas oder Maus, es roch immer noch.

Ich ließ noch mehr Baumeister, Gasmänner und Klempner kommen. Am Ende haßten sie mich. Alle hatten die Nase voll von mir – Max, Rosalind, Carlo –, und alle redeten von «Mutters Einbildung». Aber Mutter wußte, was sie sagte, und ließ sich nicht beirren. Nachdem ich alle halb wahnsinnig gemacht hatte, behielt ich am Ende doch recht. Unter dem Fußboden des Schlafzimmers lag ein altes Gasrohr, aus dem Gas ausströmte. Wer das ausströmende Gas bezahlte, ließ sich nicht feststellen – in unserem Haus gab es keinen Zähler. Daß ich recht behalten hatte, machte mich so eingebildet, daß eine Zeit mit mir nicht zu reden war, aber auf meinen ausgezeichneten Geruchssinn war ich stolzer denn je zuvor.

Noch bevor wir Sheffield Terrace 48 kauften, hatten Max und ich ein Haus auf dem Land erworben. Es hatte sich als unpraktisch erwiesen, zu den Wochenenden nach Torquay hinunterzufahren. Wir wünschten uns jetzt ein Häuschen in der Nähe von London.

Max' Lieblingsgegenden in England lagen in der Nähe von Stockbridge, wo er als Junge gewohnt hatte, und rund um Oxford. Dort hatte er die glücklichste Zeit seines Lebens verbracht. Er kannte die ganze Umgebung, und er liebte die Themse. Also fuhren wir die Themse hinauf und hinunter, um ein Häuschen dieser Art zu suchen. Wir sahen uns in Goring, Wallingford und Pangbourne um. Objekte an der Themse waren schwer zu finden, denn entweder waren sie in einem scheußlichen spätviktorianischen Stil erbaut oder sie verschwanden im Winter unter einer Schneedecke.

Eines Tages sah ich eine Anzeige in der *Times*. Es war im Herbst, eine Woche bevor wir nach Syrien fahren wollten.

«Sieh mal, Max», sagte ich, «in Wallingford ist ein Haus zu verkaufen. Du weißt doch, wie gut Wallingford uns gefallen hat. Wenn das nun eines von den Häusern am Fluß wäre? Damals war nichts zu haben.» Wir riefen den Vermittler an und sausten hinunter.

Es war ein reizendes kleines Haus im Queen-Anne-Stil, etwas nahe an der Straße, aber dahinter lag, was Max schon immer als Ideal vorgeschwebt hatte, eine sanft zum Fluß abfallende Grasfläche. Es hatte fünf Schlafzimmer, drei Wohnzimmer und eine bemerkenswert schöne Küche. Als wir durch den strömenden Regen einen Blick durch das Fenster warfen, stach uns eine besonders schöne Libanonzeder ins Auge. Eigentlich stand sie auf einem Feld, das sich jedoch bis zu einem Zaun in der Nähe des Hauses erstreckte. Ich dachte mir, daß wir dort einen Rasen anlegen und die Heuwiese nach unten versetzen könnten. Auf diese Weise stünde die Zeder inmitten des Rasens, und an heißen Sommertagen würden wir dort unseren Tee trinken können.

Wir hatten keine Zeit zum Herumtrödeln. Das Haus war ungewöhnlich billig, und wir entschlossen uns an Ort und Stelle. Wir gingen zum Verwalter, unterschrieben alles Nötige, sprachen mit Anwälten und Katasterbeamten und kauften das Haus.

Bedauerlicherweise sahen wir das Haus erst nach neun Monaten wieder. Wir fuhren nach Syrien und fragten uns die ganze Zeit, ob wir nicht sehr töricht gewesen waren. Wir hatten ein kleines Häuschen kaufen wollen und statt dessen dieses Queen-Anne-Haus erstanden. Aber Wallingford war ein hübsches Städtchen, wenn auch die Bahnverbindung nicht sehr gut war. «Ich glaube, daß wir hier sehr glücklich sein werden», sagte Max.

Und wirklich, wir sind hier sehr glücklich – seit fast fünfunddreißig Jahren. Max' Bibliothek wurde auf die doppelte Größe erweitert, und er hat einen herrlichen Ausblick auf den Fluß. Winterbrook House in Wallingford ist Max' Haus und ist es immer gewesen. Ashfield war mein, und, so glaube ich, auch Rosalinds Haus.

So lebten wir dahin – Max mit seiner archäologischen Arbeit und seiner Begeisterung, und ich mit meiner schriftstellerischen Tätigkeit, der ich immer berufsmäßiger und daher mit stets geringerer Begeisterung nachging.

Zu Beginn war es eine aufregende Sache gewesen, Bücher zu schreiben – zum Teil darum, weil es für mich, die ich mich nicht als Schriftstellerin betrachtete, immer wieder erstaunlich war, daß ich imstande sein sollte, Bücher zu schreiben, die tatsächlich gedruckt wurden. Jetzt war es mein Beruf, Bücher zu schreiben. Man druckte sie nicht nur – man drängte mich ständig, weitere zu schreiben.

Jetzt hatte ich vor, einmal etwas anderes zu schreiben: keinen Kriminalroman. Ein bißchen schuldbewußt, aber mit sehr viel Vergnügen schrieb ich einen Roman mit dem Titel *Singendes Glas*. Das Buch hatte hauptsächlich mit Musik zu tun und ließ da und dort erkennen, daß ich, aus technischer Sicht gesehen, recht wenig über das Thema wußte. Es fand wohlwollende Kritik und verkaufte sich recht gut für ein «Erstlingswerk». Ich benützte das Pseudonym Mary Westmacott, und fünfzehn Jahre lang wußte niemand, daß ich die Verfasserin war.

Unter dem gleichen Pseudonym schrieb ich ein oder zwei Jahre später ein zweites Buch unter dem Titel *Das unvollendete Porträt*. Nur ein Mensch erriet mein Geheimnis: Nan Kon, geborene Watts. Nan hatte ein sehr gutes Gedächtnis, und eine Redewendung, die ich in Verbindung mit Kindern gebraucht hatte, sowie ein Gedicht im ersten Buch erregten ihre Aufmerksamkeit. Im stillen sagte sie sich: «Das hat Agatha geschrieben, ich bin ganz sicher.»

Eines Tages gab sie mir einen Rippenstoß und äußerte mit ein wenig gezierter Stimme: «Vor kurzem las ich ein Buch, das mir gut gefallen hat. Laß mal sehen – wie hieß es doch? *Klingendes Glas* – ja, so hieß es – *Klingendes Glas*!» Dann zwinkerte sie mir listig zu. Ich begleitete sie nach Hause, und bevor wir uns verabschiedeten, fragte ich sie: «Wie hast du das erraten? Mit dem *Singenden Glas*, meine ich.»

«Natürlich wußte ich, daß du es warst – ich weiß doch, wie du redest.»

Von Zeit zu Zeit schrieb ich Lieder, hauptsächlich Balladen, aber ich hatte keine Ahnung, daß ich das unglaubliche Glück haben sollte, mir in einem Alter, da man gemeinhin nicht mehr zu neuen Ufern aufbricht, ein völlig anderes Gebiet literarischen Schaffens zu erschließen.

Was mich dazu veranlaßte, war wohl mein Ärger über Leute, die meine Bücher auf eine Weise für die Bühne bearbeiteten, die mir mißfiel. Zwar hatte ich das Stück *Black Coffee* geschrieben, aber nie ernstlich daran gedacht, Bühnenautorin zu werden. Plötzlich fiel mir etwas ein: wenn mir die Art, wie andere Leute meine Bücher für die Bühne bearbeiteten, nicht zusagte, warum sollte ich nicht den Versuch unternehmen, sie selbst zu bearbeiten? Ich hatte den Eindruck, daß die Bearbeitungen meiner Bücher vor allem deshalb mißlangen, weil sie zu sehr am Text klebten. Ein Kriminalroman ist von einem Theaterstück ganz verschieden und weit schwerer zu bearbeiten als ein gewöhnlicher Roman. Er hat eine so verschlungene Handlung und meistens so viele Personen und irreführende Hinweise, daß die Sache einfach verwirrlich und überladen werden muß. Hier war Vereinfachung vonnöten.

Ich hatte das Buch *Letztes Weekend* – englischer Titel *Ten Little Niggers* – geschrieben, weil die Problemstellung so schwierig war, daß mich die Aufgabe reizte. Zehn Menschen sollten sterben, ohne daß es lächerlich wirkte, und ohne daß man den Mörder erraten konnte. Ich mußte sehr lange und gründlich planen, war aber dann mit meiner Arbeit zufrieden. Das Buch wurde freundlich aufgenommen und erhielt wohlwollende Kritiken, aber die größte Freude daran hatte *ich*, denn ich wußte besser als jeder Kritiker, wie schwer es gewesen war.

Und nun ging ich einen Schritt weiter. Es wäre doch eine fesselnde Aufgabe, dachte ich, ein Theaterstück daraus zu machen. Auf den ersten Blick schien es unmöglich, weil niemand übrig bleiben würde, der die Lösung bekanntgeben konnte. Ich mußte also den Handlungsablauf umformen, und das erschien mir durchaus machbar, wenn ich die Originalgeschichte in einem wesentlichen Punkt abänderte. Ich mußte nur zwei der unschuldigen Personen am Ende zusammenkommen lassen und wohlbehalten aus dem Geschehen herausführen. Das würde dem Geist des Kinderreims nicht widersprechen, denn es gibt eine Version der *Zehn kleinen Negerlein,* die mit den Worten endet: «Ein kleines Negerlein, das war nicht gern allein, nahm 'ne Frau und zog sich auf zehn kleine Negerlein.»

Ich schrieb das Stück, und Bertie Bayer interessierte sich dafür; er hatte schon früher *Alibi* mit Charles Laughton auf die Bühne gebracht. Irene Henschell führte Regie und wurde ihrer Aufgabe mehr als gerecht. Mich interessierte die Art ihrer Regieführung, weil sie sich so grundlegend von der Gerald Du Mauriers unterschied. Mein ungeschultes Auge sah anfangs nur ein ungeschicktes Umhertappen, so als ob sie sich ihrer Sache nicht sicher wäre. Aber dann begriff ich ihre Technik und wie richtig sie war. Sie tastete sich sozusagen an das Stück heran, sah es, ohne es zu hören; sah die Bewegungen und die Lichteffekte, sah, wie sich das Geschehen dem Publikum darbieten würde. Dann erst, gleichsam als nachträgliche Überlegung, konzentrierte sie sich auf den Text. Es war wirksam und sehr eindrucksvoll. Geschickt baute sie die Spannung auf, und die Art, wie sie mit Dreipunktscheinwerfern jene Szene beleuchtete, wo der Strom ausgefallen ist und alle mit brennenden

Kerzen um den Tisch sitzen, produzierte einen wunderbaren Effekt.

Es wurde gut gespielt, und man fühlte, wie die Spannung zunahm, spürte die Angst und das Mißtrauen, das zwischen den einzelnen Personen erwachte. Die Morde waren so in die Handlung eingewoben, daß sie niemals zum Lachen verleiteten und daß das Stück niemals auf die Ebene eines grotesken Thrillers abglitt. Ich sage nicht, daß es mir von allen meinen Büchern oder Stücken am besten gefällt, oder daß es mein bestes ist, aber ich bin der Meinung, daß es mehr als jedes andere mein handwerkliches Können unter Beweis stellt. Jedenfalls leitete *Letztes Weekend* meine Doppelkarriere als Schriftstellerin und Bühnenautorin ein. Damals faßte ich den Entschluß, daß in Zukunft niemand außer mir selbst meine Bücher bearbeiten würde: ich allein würde festlegen, welche Bücher bearbeitet werden sollten und welche sich dazu eigneten.

Das nächste, an dem ich mich, wenn auch erst einige Jahre später, versuchte, war *Das Eulenhaus*. Eines Tages fiel mir ein, daß sich daraus ein gutes Theaterstück machen lassen würde. In diesem Sinn äußerte ich mich auch zu Rosalind, der in meinem Leben die wichtige Rolle zufiel, ständig und erfolglos zu versuchen, mich zu entmutigen.

«*Das Eulenhaus* bearbeiten?» gab sie entsetzt zurück. «Es ist ein gutes Buch und es gefällt mir, aber du kannst unmöglich ein Theaterstück daraus machen!»

«O doch, das kann ich», erwiderte ich, durch ihren Widerstand angestachelt.

«Ich wollte, du würdest es lassen», seufzte Rosalind.

In mancher Hinsicht war *Das Eulenhaus* natürlich mehr ein Roman als eine Detektivgeschichte. Überdies hatte ich immer das Gefühl, das Buch damit verpfuscht zu haben, daß ich Poirot als handelnde Person einfügte. Ich war daran gewöhnt, Poirot in meinen Büchern zu haben, und so hatte ich ihn auch bei *Das Eulenhaus* dabei, obwohl er da eigentlich gar nicht hingehörte. Er spielte seine Rolle ganz ordentlich, aber ohne ihn, dachte ich, wäre das Buch besser geworden, und darum mußte er gehen, als ich mich daran machte, das Stück in großen Zügen festzulegen.

Peter Saunders, der seitdem in so vielen meiner Stücke Regie geführt hat, war der Mann, dem es gefiel, und als *Das Eulenhaus* mit großem Erfolg über die Bretter ging, war mein beruflicher Weg vorgezeichnet. Natürlich wußte ich, daß das Bücherschreiben mein eigentliches Fach war. Ich hegte nicht die geringsten Zweifel daran, daß ich immer wieder ein neues Buch würde produzieren können.

Man muß natürlich mit diesen schrecklichen drei oder vier Wochen rechnen, die es durchzustehen heißt, wenn man ein neues Buch in Angriff nimmt. Es ist eine Marter wie keine andere. Man sitzt in seinem Zimmer, knabbert an Bleistiften, betrachtet die Schreibmaschine, wandert auf und ab, wirft sich auf das Sofa und möchte am liebsten heulen. Dann läuft man aus dem Zimmer, belästigt irgend jemanden, der gerade mit etwas beschäftigt ist – meistens Max, weil er so gutmütig ist – und sagt: «Es ist schrecklich, Max, aber stell dir vor, ich habe das Schreiben verlernt – ich kann es nicht mehr! Ich werde nie wieder ein Buch schreiben!»

«O doch», tröstete er mich. Anfangs sagte er es mit einiger Besorgnis. Jetzt schweifen seine Augen zu seiner Arbeit zurück, während er noch beruhigend auf mich einredet!

«Ich bin ganz sicher. Mir fällt nichts ein. Ich hatte da eine Idee, aber die taugt auch nichts.»

«Du mußt dieses Stadium durchstehen. Das ist doch nichts Neues. Das gleiche hast du letztes Jahr gesagt. Und vorletztes Jahr.»

«Diesmal ist es anders», erwiderte ich mit Bestimmtheit.

Aber natürlich ist es nicht anders, es ist immer das gleiche. Ich vergesse nur immer wieder, wie es das letzte Mal war. Dieses graue Elend, diese Verzweiflung, diese absolute Unfähigkeit, auch nur etwas halbwegs Schöpferisches zu leisten! Aber wie es scheint, muß diese Phase seelischer Zerrissenheit überwunden werden. Es fällt mir nichts ein, und wenn ich ein Buch zur Hand nehme, kann ich es nicht richtig lesen. Setze ich mich über ein Kreuzworträtsel, kann ich mich nicht darauf konzentrieren; ein Gefühl lähmender Hoffnungslosigkeit überkommt mich.

Und dann höre ich plötzlich und ohne bestimmten Anlaß eine imaginäre Startpistole knallen. Ich beginne zu funktionieren, ich weiß, daß es los geht, daß der Nebel zerreißt. Ich weiß mit einem Mal ganz genau, was A zu B sagen wird. Ich gehe aus dem Haus, die Straße hinunter, rede laut mit mir selbst, wiederhole das Gespräch, das Maud mit Alywin führen wird, sehe die beiden vor mir, sehe den Mann, der hinter einem Baum lauert und sie belauscht, sehe den toten Fasan auf dem Boden, der Maud daran erinnert, daß sie etwas vergessen hat. Und ich platze fast vor Freude, wenn ich nach Hause komme; ich habe zwar noch keine Zeile geschrieben, aber ich bin siegessicher und ich bin *da*.

In diesem Augenblick machte es mir Freude, ein Theaterstück zu schreiben; einfach deshalb, weil ich nicht das Gefühl hatte, an ein Stück denken zu *müssen* – ich brauchte nur das Stück zu schreiben, an das ich bereits dachte. Zu schreiben sind Stücke viel leichter als Bücher, denn man sieht das Geschehen vor sich und wird nicht in langwierige Schilderungen verwickelt, die den Fortgang der Handlung so schrecklich hemmen. Die engen Grenzen der Bühne vereinfachen die Entwicklung. Man braucht der Heldin nicht treppauf und treppab, zum Tennisplatz und wieder zurück zu folgen; es erübrigt sich, ihre Gedankengänge zu wiederholen. Man braucht sich nur mit dem zu beschäftigen, was auf der Bühne gesehen, gehört und getan wird.

Mein Pensum von einem Buch pro Jahr würde ich immer bewältigen – dessen war ich sicher. Das Verfassen von Bühnenstücken wurde mein großes Abenteuer, denn ich mußte damit rechnen, sowohl Treffer wie auch Nieten zu produzieren. Man kann ein Erfolgsstück nach dem anderen schreiben und gleich darauf eine Serie von Mißerfolgen. Warum? In Wirklichkeit weiß es niemand. Ich habe das schon bei vielen Bühnenautoren erlebt. Ich habe ein Stück durchfallen gesehen, das nicht besser und nicht schlechter war als andere – einfach weil es dem Publikum nicht gefiel; weil es nicht in die Zeit paßte; weil die Besetzung zu wünschen übrig ließ. Ja, das Schreiben von Theaterstücken war nie etwas, das a priori von Erfolg gekrönt war. Es war jedes Mal ein großartiges Hasardspiel, und gerade das gefiel mir.

Nachdem ich *Das Eulenhaus* beendet hatte, war mir klar, daß ich sehr bald die Lust verspüren würde, ein anderes Stück zu schreiben, nur daß es diesmal nach Möglichkeit keine Bearbeitung sein sollte. Ich wollte von vornherein davon ausgehen, ein Theaterstück zu schreiben.

Rosalinds Aufenthalt in der Caledonia School war ein voller Erfolg. Es war, glaube ich, eine der bemerkenswertesten Schulen, die ich je gekannt habe. Sie verfügte über einen ausgezeichneten Lehrkörper, und der Unterricht ließ Rosalinds Anlagen uneingeschränkt zur Geltung kommen. Ende des Sommersemesters wurde sie als beste Schülerin gefeiert – zu Unrecht, wie sie mir sagte. Unter ihren Mitschülerinnen gab es auch eine junge Chinesin, die um vieles intelligenter war als sie. «Und ich kenne die Einstellung der Lehrerinnen: die beste Schülerin muß eine Engländerin sein.» Mit dieser Ansicht hatte sie wohl recht.

Von Caledonia ging Rosalind nach Benenden. Sie fand es sterbenslangweilig. Ich weiß nicht warum – es war, nach allem, was man so hörte, eine ausgezeichnete Schule. Rosalind war kein

Mensch, der um des Lernens willen lernte – sie strebte nicht nach Gelehrsamkeit. Am wenigsten lag ihr an den Fächern, die mich interessiert haben würden, wie etwa Geschichte, aber sie war gut in Mathematik. In Syrien bekam ich immer wieder Briefe von ihr, in welchen sie mich anflehte, sie wieder von Benenden fortzunehmen. «Noch ein Jahr hier halte ich nicht aus», schrieb sie. Aber da sie sich nun einmal für eine gründliche Ausbildung entschlossen hatte, mußte sie sie meiner Meinung nach auch zu Ende führen – und so antwortete ich ihr, daß sie zunächst ihre Abschlußprüfung bestehen müsse – dann könne sie Benenden verlassen und ihre Ausbildung irgendwo anders fortsetzen.

Miss Sheldon, Rosalinds Schulleiterin, hatte mir geschrieben und mitgeteilt, daß Rosalind die ernste Absicht habe, im nächsten Semester ihre Abschlußprüfung zu machen. Nach ihrem, Miss Sheldons, Dafürhalten hätte Rosalind keine Chance, sie zu bestehen, doch spräche nichts gegen einen Versuch. Miss Sheldons Voraussage bestätigte sich nicht, denn Rosalind bestand die Prüfung mit Leichtigkeit – und ich mußte mir nun den Kopf zerbrechen, wie es mit meiner fünfzehnjährigen Tochter weitergehen sollte.

Wir kamen überein, daß sie ihre Studien im Ausland fortsetzen sollte. Max und ich begaben uns auf eine äußerst ermüdende Reise, um verschiedene Möglichkeiten zu inspizieren: eine Familie in Paris, mit viel Sorgfalt erzogene Mädchen in Evian, nicht weniger als drei sehr renommierte Pädagogen in Lausanne, und ein Pensionat in Gstaad, wo die Mädchen skifahren und eislaufen konnten. Bei Informationsgesprächen stellte ich mich denkbar ungeschickt an. Kaum saß ich jemandem gegenüber, verschlug es mir die Rede. Was ich hätte sagen wollen, das war: «Soll ich Ihnen meine Tochter anvertrauen oder nicht? Wie um alles in der Welt soll ich herausfinden, ob sie sich bei Ihnen wohl fühlen wird?» Statt dessen stotterte ich herum und stellte mit vielen «Äh's» verbrämte, idiotische Fragen.

Nach langen Beratungen im Schoße der Familie einigten wir uns auf Mademoiselle Tschumis Pensionat in Gstaad. Es war ein einziges Fiasko. Rosalinds Briefe kamen zweimal in der Woche. «Dieses Internat ist schrecklich, Mutter. Die Mädchen hier – das kannst Du Dir nicht vorstellen. Sie tragen *snoods* – damit weißt Du alles.»

Ich wußte gar nichts. Ich sah nicht ein, warum die Mädchen keine *snoods* tragen sollten. Und ich hatte auch keine Ahnung, daß *snoods* eine moderne Bezeichnung für Haarschleifen war.

«Wir gehen in Zweierreihen spazieren – denk mal! In unserem Alter! Und wir dürfen keinen Fuß ins Dorf setzen, um etwas in einem Laden zu kaufen. Es ist schrecklich! Ein richtiges Gefängnis! Man lernt auch nichts. Und was diese Badezimmer angeht, von denen Du so geschwärmt hast – ein aufgelegter Schwindel! Sie werden nie benützt. Keine von uns hat bis jetzt auch nur ein einziges Bad nehmen können! Es gibt ja nicht einmal Heißwasser! Und zum Skifahren liegt das Dorf viel zu tief. Vielleicht im Februar, aber ich glaube nicht, daß man uns überhaupt Gelegenheit dazu geben wird!»

Wir befreiten Rosalind aus ihrer Haft und schickten sie zuerst in ein Pensionat nach Château d'Oex und dann zu einer netten, altmodischen Familie in Paris. Auf der Rückreise von Syrien holten wir sie dort ab und gaben der Hoffnung Ausdruck, daß sie inzwischen Französisch gelernt hätte. «Mehr oder weniger», sagte Rosalind, war jedoch sorgsam darauf bedacht, uns kein Wort in dieser Sprache hören zu lassen. Dann fiel ihr auf, daß der Taxifahrer, der uns von der Gare de Lyon zu Madame Laurents Haus bringen sollte, einen unnötigen Umweg machte. Rosalind kurbelte das Fenster herunter, steckte den Kopf hinaus, fragte ihn in korrektem und lebendigem Französisch, warum in aller Welt er diese Route gewählt hatte, und gab ihm genaue Anweisungen, wie er zu fahren hatte. Der Mann gab sich sofort geschlagen, und ich war sehr froh, etwas herausgefunden zu haben, das zu erkunden mich sonst vielleicht viel Mühe gekostet haben würde: daß Rosalind französisch parlieren konnte.

Madame Laurent und ich führten ein angeregtes Gespräch. Sie versicherte mir, daß Rosalind sich außerordentlich anständig betragen hatte, immer *très comme il faut,* aber, klagte sie, *«Madame, elle est d'une froideur – mais d'une froideur excessive! C'est peut-être le phlegme britannique.»*

Ich beeilte mich, ihr zu bestätigen, daß es nicht Gefühllosigkeit, sondern britisches Temperament war. Madame Laurent beteuerte, daß sie versucht hätte, wie eine Mutter zu Rosalind zu sein. *«Mais cette froideur – cette froideur anglaise!»*

Madame Laurent seufzte, als sie daran dachte, wie Rosalind die Ergüsse ihres übervollen Herzens zurückgewiesen hatte.

Rosalind blieben noch sechs Monate oder vielleicht ein Jahr, um ihre Ausbildung zu vervollkommnen. Sie verbrachte diese Zeit bei einer Familie in München, wo sie Deutsch lernte. Dann folgte eine Saison in London.

Sie hatte großen Erfolg, wurde mehrfach als bestaussehende Debütantin des Jahres bezeichnet und unterhielt sich prächtig. Meine persönliche Meinung ist, daß die Saison eine gute Wirkung auf sie hatte, und daß sie viel Sympathien und Selbstvertrauen in dieser Zeit gewann. Der Rummel ließ jedoch nie den Wunsch in ihr wach werden, diesen gesellschaftlichen Trubel ad infinitum mitzumachen. Sie hatte die Vergnügungen genossen, sagte sie, und nun war es genug.

Im Beisein von Susan North, ihrer besten Freundin, kam ich auf die Frage zu sprechen, was Rosalind nun anfangen wollte.

«Du mußt dir eine Beschäftigung suchen», erklärte ich diktatorisch. «Was du machst, ist mir gleich. Warum läßt du dich nicht als Masseuse ausbilden? Das könnte dir später zugute kommen. Du könntest auch lernen, wie man Blumen arrangiert.»

Schließlich kamen die Mädchen zu mir und teilten mir mit, daß sie sich für Fotografien interessierten. Ich war sehr froh; ich hatte selbst schon die Technik des Fotografierens studieren wollen. Bei den Ausgrabungen machte ich die meisten Aufnahmen und dachte mir, es könnte nicht schaden, wenn ich einen Kursus für Kunstfotografie, von der ich nicht viel Ahnung hatte, mitmachen würde. Begeistert verbreitete ich mich über das Thema, aber die Mädchen brachen in schallendes Gelächter aus.

«Wir sprechen von zwei verschiedenen Dingen», sagten sie. «Wir meinen keine Fotografie*kurse*.»

«Was meint ihr denn?» fragte ich verwundert.

«Wir wollen uns für Werbefotos aufnehmen lassen – in Badeanzügen und solchem Zeug.»

Ich war furchtbar schockiert und machte auch kein Hehl aus meiner Entrüstung.

«Du wirst dich nicht in Badeanzügen fotografieren lassen», erklärte ich in festem Ton. «Ich will davon nichts mehr hören.»

«Mutter ist so schrecklich altmodisch», seufzte Rosalind. «Viele Mädchen machen Werbefotos. Sie sind entsetzlich eifersüchtig aufeinander.»

«Und wir kennen ein paar Fotografen», fügte Susan hinzu. «Ich glaube, wir könnten einen dazu bringen, uns für eine Seifenreklame zu engagieren.»

Ich verweigerte auch weiterhin meine Zustimmung. Schließlich versprach Rosalind, darüber nachzudenken, ob sie einen Kurs besuchen sollte, eventuell einen, in dem sie Modellstehen lernen könnte – es brauchten ja keine Badeanzüge zu sein.

Also begab ich mich eines Tages in die Reinhardt School of

Commercial Photography und fand alles so aufregend, daß ich den Mädchen bei meiner Heimkehr gestehen mußte, *mich* und nicht sie angemeldet zu haben. Sie brüllten vor Lachen. «Jetzt hat es Mutter erwischt statt uns!» spöttelte Rosalind.

«Meine liebe Mrs. Mallowan», sagte Susan, «das wird Sie sehr ermüden.» Und wie recht sie behielt! Nachdem ich den ganzen Tag damit verbracht hatte, treppauf und treppab zu laufen, um meine Bilder zu entwickeln und immer wieder neu aufzunehmen, war ich erschöpft.

In der Reinhardt School of Photography gab es verschiedene Abteilungen, darunter auch eine für Werbefotografie, in der ich einen Kurs belegt hatte. Es war damals Mode, den Dingen ein Aussehen zu geben, das der Wirklichkeit möglichst wenig entsprach. Man legte sechs Eßlöffel auf einen Teller und kletterte auf eine Leiter, um Verkürzungs- und Verfälschungseffekte zu erzielen. Auch wurde die Tendenz spürbar, einen Gegenstand nicht in der Bildmitte zu plazieren, sondern irgendwo am linken Rand, oder auch nur Teile eines Gesichtes zu fotografieren. Das war damals sozusagen der *dernier cri*. Ich nahm einmal eine Holzschnitzerei in die Schule mit – einen Kopf aus Buchenholz – und fotografierte ihn mit allen möglichen Filtern – rot, grün, gelb – und staunte über die äußerst unterschiedlichen Effekte, die ich dadurch erzielte, daß ich verschiedene Kameras mit verschiedenen Filtern verwendete.

Der arme Max war der einzige, der meine Begeisterung nicht teilte. Fotografien, sagte er, müßten getreue Abbilder dessen sein, was sie darstellen sollten – bis ins kleinste Detail und in der richtigen Perspektive.

«Findest du nicht, daß die Halskette ein wenig bläßlich wirkt?»

«Das finde ich nicht», antwortete Max. «So wie du sie fotografiert hast, ist das Bild verschwommen und verzerrt.»

«Aber sie sieht doch so aufregend aus.»

«Ich brauche keine aufregenden Halsketten. Ich brauche ein genaues Bild. Und den Maßstab hast du auch vergessen.»

«Wenn ich den Maßstab ins Bild nehme, ist die künstlerische Qualität futsch.»

«Man muß die Größe des Objekts festhalten», belehrte mich Max. «Das ist sehr wichtig.»

«Kann man das nicht im Text beschreiben?»

«Das ist nicht dasselbe. Man muß den Maßstab sehen.»

Ich seufzte. Ich sah ein, daß meine künstlerischen Neigungen mich verleitet hatten, von dem Weg abzuweichen, der mir vorgezeichnet war. Ich ersuchte meinen Lehrer, mir in ein paar Privatstunden das Fotografieren in der richtigen Perspektive beizubringen. Er war davon nicht sehr angetan und bezweifelte, daß viel dabei herauskommen würde.

Eines hatte ich jedenfalls gelernt: es war im höchsten Grad unzulässig, etwas zu fotografieren und, wenn die Aufnahme mißlang, es erst später ein zweites Mal zu versuchen. In der Reinhardt School machte man gleichzeitig nie weniger als zehn Aufnahmen von einem Gegenstand, viele Leute machten zwanzig Aufnahmen. Es war sehr ermüdend, und ich kam so erschöpft nach Hause, daß ich wünschte, ich hätte nie mit diesen Kursen angefangen. Aber am nächsten Tag hatte ich die Strapazen schon wieder vergessen.

Einmal kam Rosalind auch mit nach Syrien, und ich glaube, daß es ihr bei unseren Grabungen gut gefiel. Max schlug ihr vor, ein paar Zeichnungen anzufertigen. Rosalind kann sehr gut zeichnen, und sie entledigte sich dieser Aufgabe mit viel Geschick. Nur leider ist Rosalind, im Gegensatz zu ihrer unbekümmert voranstürmenden Mutter, eine deklarierte Perfektionistin. Wenn etwas nicht ganz so aussah, wie sie es haben wollte, zerriß sie es sofort. Sie machte eine Anzahl von diesen Zeichnungen und sagte dann zu Max: «Die taugen nichts – ich werde sie zerreißen.»

«Du wirst sie nicht zerreißen», erklärte Max.

«Ich werde sie zerreißen.»

Es gab einen schrecklichen Streit, Rosalind bebte vor Wut, und auch Max wurde richtig zornig. Die Zeichnungen der bemalten Töpfe blieben erhalten und erschienen in Max' Buch von Tell Brak, aber Rosalind zeigte sich nie davon befriedigt.

Der Scheich verschaffte uns Pferde, und Rosalind ritt aus. Der junge Architekt Guilford Bell, der Neffe meiner australischen Freundin Aileen Bell, begleitete sie. Er war ein sehr netter Junge und verfertigte einige ausnehmend hübsche Zeichnungen der Amulette, die wir in Brak fanden.

Im folgenden Sommer kam Guilford auf ein paar Wochen zu uns nach Torquay, und eines Tages erfuhr ich, daß ein Haus zum Verkauf stand, das ich als Kind gekannt hatte: Greenway House am Dart, ein Haus, von dem meine Mutter behauptet hatte, es wäre die schönste unter all den Liegenschaften am Dart – und das war auch meine Meinung gewesen.

«Schauen wir es uns doch einmal an», schlug ich vor. «Ich würde es liebend gern wiedersehen.»

Also fuhren wir hin; das Haus und der ganze Besitz waren wirklich wunderschön. Ein weißes Haus aus der georgianischen Zeit, 1780 oder 1790 erbaut, mit einem Wald, der sich zum Dart hinabzog, mit vielen edlen Sträuchern und Bäumen – ein Idealhaus, ein Traumhaus. Ohne großes Interesse erkundigte ich mich nach dem Preis. Ich glaubte, mich verhört zu haben.

«Sechzehntausend Pfund, sagten Sie?»

«Sechstausend.»

«Sechstausend?» Ich konnte es kaum glauben. Auf der Heimfahrt redeten wir darüber. «Es ist unglaublich billig», sagte ich. «Es sind dreiunddreißig Morgen Land. Es scheint auch nicht schlecht erhalten zu sein. Die Zimmer müssen neu tapeziert werden, das ist alles.»

«Warum kaufst du es nicht?» fragte Max.

Daß gerade Max den Vorschlag machte, setzte mich so in Erstaunen, daß es mir die Sprache verschlug.

«Du machst dir doch schon seit einiger Zeit Sorgen um Ashfield, nicht wahr?»

Ich wußte, was er meinte. Ashfield, mein Heim, hatte sich verändert. Wo einst die Häuser unserer Nachbarn gestanden hatten – Villen der gleichen Art –, erhob sich jetzt eine große Oberschule, die uns den Blick auf die See verstellte. Die Kinder schrien und lärmten den ganzen Tag. Auf der anderen Seite hatten sie eine Nervenheilanstalt hingebaut. Manchmal drangen sonderbare Geräusche zu uns herüber, und plötzlich tauchten Patienten im Garten auf. Es war keine geschlossene Anstalt, und deshalb konnten sie sich frei bewegen, aber es gab einige unerfreuliche Zwischenfälle. Einmal erschien, einen Golfschläger schwenkend, ein sehniger Oberst im Pyjama und zeigte sich wild entschlossen, alle Maulwürfe zu erschlagen; am nächsten Tag kam er wieder, um einen Hund umzubringen, weil er gebellt hatte. Die Krankenschwestern entschuldigten sich, holten ihn zurück und sagten, er wäre ganz in Ordnung, nur ein wenig «gestört», aber es beunruhigte uns, und ein- oder zweimal bekamen Kinder, die bei uns zu Besuch waren, einen argen Schrecken.

Früher war das alles schon Stadtrand gewesen; nur noch drei Villen standen am Hang, und dann verlor sich die Straße im offenen Gelände. Die üppig gedeihenden grünen Felder, wo sich im Frühling Lämmchen getummelt hatten, waren von einer Unzahl kleiner Häuser verdrängt worden. Von unseren Bekannten wohnte keiner mehr in unserer Straße. Es war, als ob Ashfield sich selbst überlebt hätte.

Das war natürlich alles kein Grund, Greenway House zu kaufen. Aber es gefiel mir doch so gut! Ich hatte immer gewußt, daß Max Ashfield eigentlich nicht mochte. Er hat es mir nie gesagt, aber ich weiß es. Vielleicht war er irgendwie eifersüchtig, weil es ein Teil meines Lebens war, zu dem er keine Beziehung hatte.

Wir zogen Erkundigungen ein. Guilford half uns. Er besah sich das Haus fachmännisch und sagte: «Wenn Sie meinen Rat hören wollen, reißen Sie die Hälfte ab.»

«Die Hälfte abreißen?»

«Ja. Sehen Sie mal: der ganze hintere Flügel ist viktorianisch. Sie können das Haus lassen, wie es ist, und den Zusatzbau abreißen – das Billardzimmer, das Arbeitszimmer, alle diese Schlaf- und Badezimmer im oberen Stockwerk.»

«Wenn wir die viktorianischen Badezimmer abreißen, haben wir überhaupt keine mehr», wandte ich ein.

«Sie können leicht welche im Obergeschoß einrichten lassen. Und vergessen Sie nicht: Sie würden bedeutend weniger Steuern zahlen müssen.»

Und so kauften wir Greenway. Wir beauftragten Guilford mit der Änderung, und er plante einen stilvollen Umbau. Oben kam ein Badezimmer dazu und unten eine kleine Garderobe, aber den Rest ließ Guilford unberührt. Heute wünschte ich, ich hätte in die Zukunft blicken können – ich würde noch viel mehr abgerissen haben: die riesige Speisekammer, das große Gewölbe, in dem das Vieh geschlachtet wurde, das Holzlager, die verschiedenen Spülküchen. Statt dessen würde ich mir eine nette kleine Küche eingerichtet haben, nur wenige Schritte vom Eßzimmer entfernt, in der ich gut allein zurechtgekommen wäre. Aber mir kam damals nie der Gedanke, daß es eine Zeit geben würde, wo es kein Hauspersonal gab. Also ließen wir den Küchenflügel, wie er war. Sobald die Renovierungsarbeiten abgeschlossen und die Zimmer frisch gestrichen, beziehungsweise tapeziert waren, zogen wir ein.

Kurz darauf, noch während unserer ersten Hausbesitzereuphorie, brach der Zweite Weltkrieg aus. Er kam nicht mehr so aus heiterem Himmel wie der erste. München hatte uns gewarnt. Man vertraute zwar Chamberlains Versicherungen und glaubte ihm, als er sagte, wir würde «Frieden in unserer Zeit» haben.

Es sollte aber keinen «Frieden in unserer Zeit» geben.

ZEHNTES KAPITEL

DER ZWEITE WELTKRIEG

1

Und so lebten wir wieder in Kriegszeiten. Es war kein Krieg wie der erste. Der erste Krieg hatte einen Schock des Unverständnisses ausgelöst – er war etwas Unerhörtes – etwas Unmögliches gewesen, etwas, das es seit Menschengedenken nicht gegeben hatte und das es nie wieder geben würde. Dieser Krieg war anders.

Anfangs herrschte ungläubiges Staunen, weil nichts passierte. Man hatte erwartet, daß London schon in der ersten Nacht bombardiert werden würde. London wurde nicht bombardiert.

Zunächst versuchte jeder jeden anzurufen. Meine Freundin Peggy MacLeod, die Ärztin, die ich in Mosul kennengelernt hatte, rief mich von der Ostküste an, wo sie und ihr Mann praktizierten, und fragte an, ob ich wohl ihre Kinder bei mir aufnehmen würde.

«Wir haben solche Angst», sagte sie, «es heißt allgemein, daß es bei uns zuerst losgehen wird. Wenn du die Kinder zu dir nehmen kannst, setze ich mich gleich in den Wagen.» Das wäre in Ordnung, antwortete ich. Sie könne die Kinder bringen und, wenn sie wollte, das Kindermädchen noch dazu. Damit war die Sache erledigt.

Am nächsten Tag war Peggy MacLeod da; mit dem fünfjährigen David und der dreijährigen Crystal, meinem Patenkind, war sie ohne Aufenthalt quer durch England gefahren. Sie war völlig erschöpft. «Ich weiß nicht, was ich ohne Benzedrin gemacht hätte», sagte sie. «Sieh mal, ich habe noch davon. Ich lasse es dir besser hier. Du kannst sie vielleicht einmal brauchen, wenn du mit den Nerven fertig bist.» Ich besitze das kleine flache Döschen Benzedrin immer noch; ich habe die Tabletten nie verwendet. Ich habe sie behalten – für den Fall, daß ich wirklich einmal völlig erschöpft sein sollte.

Wir richteten uns mehr oder weniger auf die neuen Verhältnisse ein und harrten der Dinge, die da kommen sollten. Aber es kam nichts, und allmählich fanden wir zu unserem alten Leben zurück – nahmen allerdings auch einige zusätzliche, durch den Krieg bedingte Aktivitäten auf.

Max meldete sich zur Bürgerwehr, die damals eigentlich mehr das Gepräge einer komischen Oper hatte. Es gab kaum Schußwaffen – auf acht Mann kam, glaube ich, ein Gewehr. Max absolvierte jede Nacht seine Runden mit ihnen. Einige Männer unterhielten sich prächtig dabei – und so manche Ehefrau beobachtete die Tätigkeit, die ihr Ehegespons hinter dem Deckmantel der Landesverteidigung entfaltete, mit unverhohlenem Mißtrauen. Als die Zeit verstrich und nichts Aufregendes passierte, beschloß Max, in London vorstellig zu werden. Wie alle anderen auch, drängte er darauf, an die Front geschickt und vor eine Aufgabe gestellt zu werden, aber die Antworten waren immer die gleichen: «Im Augenblick liegt nichts vor.» – «Es wird niemand gebraucht.»

Ich ging ins Krankenhaus nach Torquay und fragte, ob sie mich in der Spitalapotheke arbeiten lassen würden. Ich wollte meine Kenntnisse auffrischen, um mich später einmal, wenn nötig, nützlich machen zu können. Da man ständig mit der Einlieferung von Bombenopfern rechnete, versicherte sich die Chefapothekerin gern meiner Dienste. Sie machte mich in bezug auf die verschiedenen Arzneien und Präparate, die jetzt in Verwendung standen, mit dem letzten Stand der Forschung vertraut. Im großen und ganzen war es wesentlich einfacher als in meiner Mädchenzeit. So viele Pillen und Tabletten und Pulver kamen schon fix und fertig verpackt.

Als der Krieg dann im Ernst losbrach, begann er weder in London noch an der Ostküste, sondern in unserer Gegend. David MacLeod, ein sehr kluger Junge, hatte eine Schwäche für Flugzeuge und half mir, die einzelnen Typen unterscheiden zu lernen. Er zeigte mir Bilder von Messerschmitts und anderen und machte mich auf Hurricanes und Spitfires aufmerksam, wenn sie über der Stadt kreisten.

«Weißt du es jetzt?» fragte er besorgt. «Was ist das für ein Typ da oben?»

Es war zwar nur ein Pünktchen am Himmel, aber ich wagte, die Maschine als Hurricane zu identifizieren.

«Aber nein», rügte er mich verdrießlich. «Immer sagst du was Falsches. Das ist eine Spitfire.»

Den Blick zum Himmel gerichtet, teilte er mir am nächsten Tag mit: «Das ist eine Messerschmitt, die jetzt herüberkommt.»

«Aber nein, Kind», widersprach ich, «es ist eine von unseren – eine Hurricane.»

«Es ist keine Hurricane.»

«Dann ist es eben eine Spitfire.»

«Es ist keine Spitfire, es ist eine Messerschmitt. Kannst du denn eine Hurricane oder eine Spitfire nicht von einer Messerschmitt unterscheiden?»

«Aber das kann gar keine Messerschmitt sein», sagte ich. Im selben Augenblick fielen zwei Bomben auf einen nahen Hügel.

David verzog weinerlich das Gesicht. «Ich habe dir ja gesagt, das ist eine Messerschmitt.»

Als die Kinder am gleichen Nachmittag in Begleitung der Kinderfrau mit der Fähre übersetzten, stieß plötzlich ein Flugzeug herab und belegte alle Schiffe auf dem Fluß mit Maschinengewehrfeuer. Kugeln pfiffen um Kinder und Kinderfrau, und die kleine Schar kam verstört wieder nach Hause. «Ich glaube, Sie sollten Mrs. MacLeod anrufen», sagte die Kinderfrau. Das tat ich, und wir beratschlagten, was zu tun wäre.

«Hier ist alles ruhig», versicherte mir Peggy. «Es kann natürlich jeden Moment losgehen. Ich glaube nicht, daß die Kinder zurückkommen sollten. Was meinst du?»

«Ich weiß es nicht», sagte ich.

David war ganz aufgeregt und wollte unbedingt sehen, wo die Bomben eingeschlagen hatten. Zwei waren auf Dittisham gefallen und ein paar andere auf einen Hang hinter Torquay. Eine von diesen fanden wir, als wir durch eine Menge Nesseln und ein oder zwei Hecken krochen und schließlich auf drei Bauern stießen, die alle einen Bombenkrater betrachteten sowie, in unmittelbarer Nähe, eine Bombe, die offenbar nicht explodiert war.

«Verflixt und zugenäht», schimpfte ein Bauer und versetzte der Bombe einen herzhaften Tritt, «richtig gemein ist das, diese Dinger hier abzuwerfen, richtig gemein!»

Er versetzte ihr noch einen Tritt. Meinem Gefühl nach hätte er das besser unterlassen sollen, aber offensichtlich wollte er seiner Verachtung für alles, was von Hitler kam, Ausdruck verleihen.

«Kann nicht mal richtig explodieren», meinte er geringschätzig.

Peggy rief mich wieder an, um mir zu sagen, daß ich die Kinder nach Colwyn Bay schicken sollte, wo ihre Großmutter wohnte. Dort schien es noch friedlich zu sein.

Die Kinder fuhren ab, und es tat mir schrecklich leid, sie zu verlieren. Bald darauf schrieb mir eine gewisse Mrs. Arbuthnot und schlug mir vor, ihr das Haus zu vermieten. Jetzt, da der Bombenkrieg begonnen hatte, wurden Kinder in verschiedene Teile Englands evakuiert. Sie wollte im Haus Greenway ein Kinderheim für die aus St. Pancras evakuierten Kinder einrichten.

Der Krieg schien sich verlagert zu haben; bei uns fielen keine Bomben mehr. Einige Zeit später trafen Mr. und Mrs. Arbuthnot ein, übernahmen meinen Butler und seine Frau und stellten zwei Krankenschwestern ein, die für zehn Kleinkinder sorgen sollten. Ich beschloß, nach London zu fahren, zu Max, der bei der türkischen Fürsorge arbeitete.

Knapp nach den Luftangriffen kam ich in London an. Max holte mich vom Paddington-Bahnhof ab und brachte mich in eine Wohnung in der Half Moon Street. «Tut mir leid», entschuldigte er sich, «es ist hier nicht sehr gemütlich. Aber wir können uns ja etwas anderes suchen.»

Was mich störte, als ich ankam, war die Tatsache, daß das Haus wie ein einsamer Zahn in die Höhe ragte – zu beiden Seiten fehlten die Nebenhäuser. Vor etwa zehn Tagen waren sie von Bomben in Schutt und Asche gelegt worden. Ich kann nicht behaupten, daß ich mich hier sehr wohl fühlte – es stank schrecklich nach Unrat, Fett und billigem Parfum.

Nach einer Woche übersiedelten wir auf den Park Place in eine nicht gerade billige Etagenwohnung mit Bedienung. Dort blieben wir einige Zeit wohnen, während ringsum die Bomben explodierten. Besonders leid taten mir die Kellner, die am Abend die Mahlzeiten servieren und dann unter Lebensgefahr nach Hause gehen mußten.

Wenig später fragten unsere Mieter von der Sheffield Terrace an, ob sie den Mietvertrag lösen könnten – und so zogen wir wieder dort ein.

Rosalind meldete sich bei den W.A.A.F., dem Frauenhilfsdienst der Luftwaffe, ließ aber einen bedauerlichen Mangel an Takt erkennen. Als man sie fragte, warum sie dienen wollte, antwortete sie: «Weil man ja schließlich etwas tun muß, und eine Dienststelle ist so gut wie die andere.» Dies war wohl eine sehr freimütige Äußerung, die jedoch, fürchte ich, eher kühl aufgenommen wurde. Nachdem sie kurze Zeit Mahlzeiten in Schulen abgeliefert und in irgendeinem Büro gearbeitet hatte, entschloß sie sich, zum A.T.S., dem Frauenhilfsdienst des Heeres überzuwechseln. Dort, meinte sie, würden sie einen nicht so herumkommandieren wie bei den W.A.A.F.

Zu seiner großen Freude – und mit Hilfe unseres Freundes, des Professors der Ägyptologie, Stephen Glanville – kam Max zur Luftwaffe. Die beiden teilten ein Büro im Luftfahrtministerium und rauchten – Max seine Pfeife – ohne Pause.

Die Ereignisse überstürzten sich in verwirrender Folge. Ich erinnere mich, daß das Haus auf der Sheffield Terrace an einem Wochenende, als wir nicht in London waren, Bombenschäden erlitt. Eine Bombe ging genau gegenüber, auf der anderen Straßenseite nieder und zerstörte drei Häuser. Die Wirkung der Bombe auf Nummer 48 bestand darin, daß sie das Kellergeschoß aufriß und Dach und Dachboden beschädigte. Das Erdgeschoß und die oberen zwei Stockwerke blieben heil. Mein Steinway-Flügel war nie wieder derselbe.

Da Max und ich immer im Schlafzimmer schliefen und nie in den Keller hinuntergingen, würden wir nicht zu Schaden gekommen sein, selbst wenn wir im Haus gewesen wären. Ich selbst war den ganzen Krieg über nie in einem Luftschutzkeller. Ich hatte stets Angst, unter der Erde eingeschlossen zu werden – und darum schlief ich, ganz gleich, wo ich mich befand, immer in meinem Bett. Schließlich gewöhnte ich mich an die Luftangriffe – und wachte kaum mehr auf.

«Ach, da sind sie wieder», murmelte ich und drehte mich auf die andere Seite.

Eine der unangenehmen Folgen des Bombenkriegs war, daß ich mich nach Lagerraum umsehen mußte, den es jedoch in London kaum mehr gab. Wie das Haus jetzt dastand, konnte man nicht mehr durch die Eingangstür und gelangte nur über eine Leiter ins Innere. Schließlich kam ich auf die Idee, die Möbel in Wallingford einzulagern, auf dem gedeckten Squashplatz, den wir vor ein oder zwei Jahren hatten bauen lassen. Es gelang mir, jemanden zu finden, der alles nach Wallingford brachte.

Max und ich nahmen eine Wohnung in Hampstead – in den Lawn Road Flats –, und ich trat meinen Posten als Apothekerin im University College Hospital an.

Als Max mir mitteilte, was er, glaube ich, schon seit einiger Zeit wußte, nämlich, daß man ihn in den Nahen Osten schicken würde, vermutlich nach Libyen oder nach Ägypten, war ich froh für ihn. Ich wußte, wie viel ihm daran lag, und es schien mir auch ganz richtig zu sein, daß man sich entschlossen hatte, seine Kenntnisse des Arabischen zu nutzen. Es war seit zehn Jahren unsere erste Trennung.

Obschon Max nun fort war, lebte es sich recht angenehm in den Lawn Road Flats, da sehr nette Leute im Haus wohnten. Es gab auch ein kleines Restaurant, in dem eine gepflegte und behagliche Atmosphäre herrschte. Vor dem Fenster meines Schlafzimmers – es lag im zweiten Stock – lief eine mit Bäumen und Sträuchern bewachsene Böschung. Genau mir gegenüber stand ein großer silberner Kirschbaum mit einem pyramidenförmigen Wipfel. Er war mir besonders ans Herz gewachsen. Im Frühjahr war der Baum eines der Dinge, die mich aufmunterten, wenn ich am Morgen erwachte.

Beim A.T.S. füllte Rosalind eine Unzahl Formulare aus: Daten, Namen, Örtlichkeiten und all die unnötigen Informationen, über die das Beamtentum nun einmal verfügen will. Und dann teilte sie mir eines Morgens mit: «Ich habe die ganzen Formulare zerrissen. Ich gehe nicht zum A.T.S.»

«Also wirklich, Rosalind», sagte ich ärgerlich, «du mußt dir darüber klar werden, was du eigentlich willst. Es ist mir völlig gleich, wozu du dich entschließt, aber fang nicht alles mögliche an, ohne es zu Ende zu führen.»

«Mir ist eben etwas Besseres eingefallen», antwortete Rosalind, und fügte mit jenem Widerstreben hinzu, das allen jungen Leuten ihrer Generation eigen zu sein scheint, wenn es darum geht, ihren Eltern eine Mitteilung zu machen: «Wenn du es wissen willst, ich werde kommenden Dienstag Hubert Prichard heiraten.»

Von der Tatsache abgesehen, daß der Hochzeitstag schon für den kommenden Dienstag festgesetzt war, kam mir diese Nachricht nicht ganz überraschend.

Hubert Prichard war Berufsoffizier, Major und Waliser. Rosalind hatte ihn bei meiner Schwester kennengelernt, wo er als Freund meines Neffen Jack zu Besuch gewesen war. Einmal war er auch bei uns in Torquay zu Besuch gewesen, und ich konnte ihn sehr gut leiden; er war still, dunkelhaarig, äußerst intelligent und züchtete Windhunde. Er war nun schon seit einiger Zeit mit Rosalind befreundet, aber ich hatte die Hoffnung, daß etwas daraus werden würde, eigentlich schon aufgegeben.

«Ich nehme an, du willst auch zur Hochzeit kommen, Mutter?» sagte Rosalind.

«Natürlich will ich zur Hochzeit kommen», antwortete ich.

«Ich dachte es mir . . . Aber es wäre wirklich nicht nötig. Ich meine, es wäre einfacher und auch weniger anstrengend für dich, wenn du nicht kämst. Wir müssen oben in Denbigh heiraten, weil er keinen Urlaub bekommt.»

«Das ist in Ordnung», versicherte ich ihr. «Ich komme nach Denbigh.»

«Willst du wirklich?»

«Jawohl», antwortete ich mit fester Stimme. «Es überrascht mich einigermaßen, daß du mich schon jetzt von deiner Hochzeit in Kenntnis setzt, statt es mir erst nachher mitzuteilen.»

Rosalind errötete, und ich wußte, daß ich die Wahrheit erraten hatte.

«Vermutlich hat Hubert dich dazu überredet», sagte ich.

«Naja», gab Rosalind zu, «gewissermaßen. Er hat mich auch darauf aufmerksam gemacht, daß ich noch nicht einundzwanzig bin.»

«Also schön», sagte ich, «du wirst dich damit abfinden müssen, daß ich dabei bin.»

Ich fuhr mit Rosalind nach Denbigh hinauf. Am nächsten Morgen holte Hubert uns vom Hotel ab. Er kam mit einem Kameraden, und zusammen gingen wir aufs Standesamt, wo die Feier mit einem Minimum an Zeremoniell über die Bühne ging. Eine kleine Schwierigkeit ergab sich, als der ältliche Standesbeamte sich standhaft weigerte, zu glauben, daß wir Namen und Titel von Rosalinds Vater richtig angegeben hatten: «Oberst Archibald Christie, C.M.G., D.S.O., R.F.C.»

«Wenn er in der Luftwaffe war, kann er kein Oberst sein», sagte der Beamte. «Er muß Oberleutnant sein.»

«Nein, er ist kein Oberleutnant.» Rosalind tat ihr Bestes, ihn davon zu überzeugen, daß es vor zwanzig Jahren noch keine Royal Air Force gegeben hatte, aber er sagte immer wieder, daß er nie etwas davon gehört hätte. Erst als auch ich für die Richtigkeit der Angaben bürgte, bequemte sich der Wackere, die Eintragungen vorzunehmen.

2

Die Zeit verstrich, und wir empfanden sie nun nicht mehr so sehr wie einen Alptraum, sondern wie etwas, das schon immer so gewesen war. Es war ganz natürlich, damit zu rechnen, daß man selbst bald sterben konnte, daß die Menschen, die einem am nächsten standen, bald sterben konnten, und daß man vom Tod guter Freunde hören würde. Zerbrochene Fenster, Bomben, später auch V-Waffen und Raketen, nach drei Jahren Krieg gehörte das eben dazu und war nichts Außergewöhnliches – ein Teil des Alltags. Man konnte sich keine Zeit mehr vorstellen, da es keinen Krieg mehr geben würde.

Über Mangel an Beschäftigung hatte ich nicht zu klagen. Ich arbeitete zwei ganze und drei halbe Tage und abwechselnd auch Sonnabend vormittag im Spital. Die restliche Zeit schrieb ich.

Ich hatte beschlossen, zwei Bücher gleichzeitig zu schreiben, denn eine der Schwierigkeiten, mit denen der Schreiber eines Buches zu kämpfen hat, besteht darin, daß es einem langweilig wird. Dann muß man es weglegen und etwas anderes tun – aber ich hatte nichts anderes zu tun, und auch keine Lust, einfach dazusitzen und zu brüten. Ich glaubte fest, daß ich frisch bleiben würde, wenn ich abwechselnd an zwei Büchern schriebe. Das eine war *Die Tote in der Bibliothek* – ich hatte es schon seit geraumer Zeit schreiben wollen – und das andere *Rotkäppchen und der böse Wolf,* ein Spionageroman und in gewissem Sinn eine Fortsetzung meines zweitens Buches *Ein gefährlicher Gegner,* auch wieder mit Tommy und Tuppence, die jetzt bereits eine Tochter und einen erwachsenen Sohn hatten. Ein Ehepaar in mittleren Jahren, feierten sie ein großes Comeback und spürten wieder mit Begeisterung Spione auf.

Anders als manche Kollegen hatte ich nie Schwierigkeiten, während des Krieges zu schreiben. Ich kapselte mich ab. Ich konnte im Buch mit den Menschen leben, über die ich schrieb, konnte ihren Gesprächen lauschen und sehen, wie sie sich in den Räumlichkeiten bewegten, die ich für sie erfunden hatte.

Hin und wieder verbrachte ich einige Tage bei dem Schauspieler Francis Sullivan und seiner Frau. Sie hatten ein Haus in Haslemere, mitten in einem Kastanienwäldchen.

Ich fand es immer erholsam, in Kriegszeiten mit Schauspielern zusammen zu sein, denn für sie gibt es nur die Welt des Theaters und sonst keine. Der Krieg war für sie ein einziger Alptraum, der sie daran hinderte, ihr eigenes Leben zu leben, und darum redeten sie immer nur vom Theater, was es in der Welt des Theaters Neues gab, wer bei der Truppenbetreuung mitmachte – es war wunderbar erfrischend.

Dann kehrte ich wieder in die Lawn Road zurück. Ich hielt mir ein Kissen vors Gesicht, um mich vor splitterndem Glas zu schützen, und auf einem Stuhl neben mir lag mein kostbarster Besitz: mein Pelzmantel und eine Wärmflasche – eine Gummiwärmflasche, etwas zu jener Zeit Unersetzbares. Damit war ich für alle Notfälle gerüstet.

Dann geschah etwas Unerwartetes. Die Admiralität teilte mir mit, daß sie sich genötigt sah, innerhalb kürzester Frist Greenway in Besitz zu nehmen.

Ich fuhr hinunter und wurde von einem höflichen jungen Marineleutnant empfangen. Er könne kaum Zeit für mich erübrigen, sagte er, und auch Mrs. Arbuthnots mißliche Lage rührte ihn nicht. Nachdem sie zuerst versucht hatte, sich dem Räumungsbefehl zu widersetzen, kämpfte sie jetzt um Zeit, um mit Hilfe des Gesundheitsministeriums einen Platz zu finden, wohin sie ihr Kinderheim verlegen konnte, aber in Auseinandersetzungen mit der Admiralität zog das Gesundheitsministerium immer den kürzeren. Alle mußten ausziehen, und ich stand da und sollte die gesamte Einrichtung des Hauses fortschaffen. Nur leider gab es keinen Ort, wo ich sie hätte hinschaffen können. Niemand hatte Platz; die Lagerhäuser waren bis zur Decke voll. Ich setzte mich mit der Admiralität in Verbindung, und man gestattete mir, den Salon zu behalten, wo ich dann die ganzen Möbel einlagerte, und dazu noch einen kleinen Raum im Obergeschoß.

Während die Möbel herumgeschoben wurden, nahm mich Hannaford, der alte Gärtner, beiseite: «Kommen Sie, sehen Sie sich mal an, was ich Ihnen aufgehoben habe; sie hat nichts bemerkt.»

Ich hatte keine Ahnung, wer «sie» war, begleitete ihn aber zum Glockenturm über den Stallungen. Dann führte er mich durch eine Art Geheimgang und zeigte mir dann stolz eine riesige Menge Zwiebeln auf dem mit Stroh bedeckten Fußboden sowie ganze Körbe von Äpfeln.

«Bevor sie abgereist ist, ist sie zu mir gekommen und hat gefragt, wie es mit Zwiebeln und Äpfeln stünde, die würde sie mitnehmen, aber ich dachte gar nicht daran, sie ihr zu geben – bei Gott, ich dachte nicht daran. Ich sagte ihr, wir hätten eine schlechte Ernte gehabt. Naja, ein bißchen was habe ich ihr gegeben. Die Äpfel sind ja schließlich *hier* gewachsen und die Zwiebeln auch – sollte sie die etwa mitnehmen nach den Midlands oder an die Ostküste oder wo sie sonst hin ist?»

Hannafords feudale Gesinnung rührte mich, obwohl mir das Ganze sehr ungelegen kam. Es wäre mir tausendmal lieber gewesen, wenn Mrs. Arbuthnot alle Äpfel und Zwiebeln mitgenommen hätte; jetzt hatte ich sie auf dem Hals. Hannaford stand dabei und hechelte freudig wie ein Apportierhund, der etwas aus dem Fluß geholt hat, was man gar nicht haben wollte.

Wir packten die Äpfel in Kisten, und ich schickte sie Verwandten, die Kinder hatten, und die sich vielleicht freuen würden. Mit zweihundert Zwiebeln in die Lawn Road zurückzukehren, wagte ich nicht. Ich versuchte sie einigen Spitälern anzuhängen, aber es gab so viele Zwiebeln, daß keiner sie nehmen wollte.

Zwar war es unsere Admiralität, die die Verhandlungen geführt hatte, Greenways «Besatzer» aber sollte die Marine der Vereinigten Staaten sein. Maypool, das große Haus oben am Berg, würde die Mannschaft aufnehmen, die Offiziere der Flotte würden ihre Unterkunft in unserem Haus haben.

Ich kann mich gar nicht lobend genug über die Liebenswürdigkeit der Amerikaner aussprechen und über die Art, wie sie das Haus pflegten. Daß sie die Küche in ein Schlachtfeld verwandelten, war natürlich unvermeidlich – schließlich mußte für vierzig Menschen gekocht werden, und sie installierten ein paar gräßlich qualmende Herde –, aber mit unseren Mahagonitüren gingen sie sehr sorgfältig um – der Kommandant ließ sie sogar mit Sperrholz verkleiden. Eine große Anzahl der Offiziere kam aus Louisiana, und die herrlichen Magnolien, insbesondere die *magnolia grandiflora*, trugen dazu bei, daß sie sich wie zu Hause fühlten.

Von allen meinen Häusern war im dritten Kriegsjahr kein einziges für mich verfügbar. Die Admiralität hatte Greenway mit Beschlag belegt; in Wallingford wimmelte es von Evakuierten, und als diese nach London zurückkehrten, vermietete ich das Haus an ein befreundetes Ehepaar, einen älteren Invaliden und seine Frau, ihre Tochter und deren Kind. Das Haus in der Campden Street 48 hatte ich mit sehr gutem Gewinn verkauft. Ich hatte Carlo gebeten, es den Interessenten zu zeigen. «Unter 3500 Pfund gebe ich es nicht her», hatte ich ihr gesagt. Das war damals ein stolzer Preis. Carlo war recht zufrieden mit sich selbst, als sie zurückkam. «Ich habe 500 Pfund aufgeschlagen», berichtete sie mir. «Das haben die Leute verdient.»

«Was heißt das, sie haben es verdient?»

«Sie waren taktlos», antwortete Carlo, die mit schottischer Heftigkeit auf das reagierte, was sie Unverschämtheit nannte.

«Sie haben sich vor mir geringschätzig über gewisse Dinge geäußert. Das hätten sie nicht tun sollen. ‹Eine entsetzliche Dekoration›, sagten sie. ‹Diese geblümten Tapeten – na, die werde ich bald los sein!› – ‹Was manche Leute für komische Ideen haben – diese Trennwand wegzureißen!› Und da wollte ich ihnen eine Lektion erteilen», fügte Carlo hinzu, «und erhöhte den Preis um 500 Pfund.» Die Leute zahlten, ohne lange nachzudenken.

Im Haus Greenway habe ich meine eigene Kriegsgedenkstätte. In der Bibliothek, die die Offiziere als Speisesaal benützten, hat ein Künstler oberhalb der Regale ein Fresko an die Wände gemalt. Es zeigte die verschiedenen Orte, die die Flottille besucht hat – Key West, Bermuda, Nassau, Marokko und so weiter – und endete mit einer übertrieben romantischen Darstellung des Waldes rund um Greenway; das weiße Haus schimmert durch die Bäume. Der Kommandant schrieb mir und fragte mich, ob ich das Fresko übermalt und die Wände in ihren früheren Zustand versetzt haben wollte. Eilig antwortete ich ihm, daß es eine historische Erinnerung für mich sein würde, und daß ich froh wäre, sie zu haben. Über dem Kaminsims prangen die Köpfe von Winston Churchill, Stalin und Präsident Roosevelt. Ich wollte, ich wüßte den Namen des Künstlers.

Als ich Greenway den Rücken kehrte, zweifelte ich nicht daran, daß es von einer Bombe getroffen und ich es nie wiedersehen würde, aber glücklicherweise täuschten mich meine Ahnungen. Greenway blieb heil. Anstelle der Speisekammern wurden vierzehn Toiletten angebaut, und es kostete mich einige Mühe, bis ich die Admiralität so weit hatte, daß sie sie wieder abtragen ließ.

3

In Cheshire in einem Sanatorium, nicht weit vom Haus meiner Schwester, wurde mein Enkel Mathew am 21. September 1943 geboren. Punkie, Rosalind immer sehr zugetan, war ganz begeistert, daß sie sich entschlossen hatte, das Baby bei ihr zur Welt zu bringen. Meine Schwester war die unermüdlichste Frau, die ich je gekannt habe, eine Art menschlicher Dynamo. Seit dem Tod ihres Schwiegervaters lebten sie und James auf Abney, einem riesigen Haus mit vierzehn Schlafzimmern, Unmengen von Salons und, als ich das erste Mal hinkam, vierzehn Dienstboten. Jetzt war nur noch ein früheres Küchenmädchen – mittlerweile verheiratet – im Haus; es kam jeden Tag und kochte die Mahlzeiten.

Wenn ich bei ihr wohnte, hörte ich meine Schwester schon um halb sechs Uhr früh herumrumoren. Sie brachte das ganze Haus in Ordnung – fegte und staubte ab, räumte auf, kehrte die Kamine, putzte das Messing und polierte die Möbel, und fing dann an, Tee zu kochen. Nach dem Frühstück machte sie die Badezimmer sauber und lüftete die Schlafzimmer. Gegen halb elf war die Hausarbeit getan, und sie eilte in den Gemüsegarten – hier wuchsen Kartoffeln, Erbsen, Buschbohnen und Feuerbohnen, Spargel, Mohrrüben und was man sonst noch brauchte. Kein Unkraut wagte es, in Punkies Gemüsegarten einzudringen. Für die Rosen und Blumenbeete im Garten rund um das Haus galt das gleiche.

Sie hatte sich eines Chow-Chows angenommen, dessen Herr, ein Offizier, sich nicht um ihn kümmern konnte, und der Hund schlief im Billardzimmer. Als sie eines Morgens hinunterkam und einen Blick ins Billardzimmer warf, sah sie den Chow-Chow ruhig in seinem Körbchen sitzen, aber im Fußboden war eine riesige Grube, und darin lag ganz gemütlich eine Bombe. In der Nacht waren eine Menge Brandbomben auf das Dach gefallen, und alle hatten mitgeholfen, die Feuer zu löschen. In der allgemeinen Verwirrung war diese Bombe unbemerkt ins Billardzimmer gefallen und nicht explodiert.

Meine Schwester rief den Entminungsdienst an. Die Männer besahen sich das Ding und erklärten, das Haus müsse in zwanzig Minuten geräumt sein.

«Nehmen Sie nur das Notwendigste mit!»

«Und was glaubst du, habe ich mitgenommen?» fragte mich meine Schwester. «In solchen Augenblicken kann man ja gar nicht klar denken.»

«Was hast du mitgenommen?»

«Zuerst einmal Nigels und Ronnies persönliche Sachen» – das waren die zwei Offiziere, die damals bei ihr einquartiert waren – «weil ich dachte, es wäre schrecklich, wenn sie sie verlieren würden. Dann nahm ich meine Zahnbürste und mein Waschzeug – und dann fiel mir einfach nichts mehr ein. Ich sah mich im ganzen Haus um, aber in meinem Kopf herrschte völlige Leere. Schließlich nahm ich den großen Wachsblumenstrauß aus dem Salon.»

«Ich wußte gar nicht, daß dir das Ding so ans Herz gewachsen ist.»

«Ist es auch gar nicht. Das ist ja das Komische.»

«Hast du keinen Schmuck mitgenommen oder einen Pelzmantel?»

«Daran dachte ich überhaupt nicht.»

Die Bombe wurde weggebracht und entschärft, und glücklicherweise gab es keine Zwischenfälle dieser Art mehr.

Als es soweit war, bekam ich ein Telegramm von Punkie und fuhr eiligst hinauf. Stolz lag Rosalind in ihrem Bett und fing gleich an, mit der Kraft und Größe ihres Babys zu prahlen.

«Er ist ein Monstrum», sagte sie, helles Entzücken im Gesicht, «ein Riesenbaby!»

Ich besah mir das Monstrum. Glücklich und zufrieden lag es da, ein leises Grinsen in seinem runzligen Gesicht; vermutlich war es ein Wind, aber es sah nach Gutmütigkeit aus.

«Findest du nicht auch?» sagte Rosalind. «Sie haben es mir

gesagt, aber ich habe wieder vergessen, wie schwer er war – er ist ein richtiges Monstrum.»

So hatte sie nun ihr Baby, und alle waren glücklich und zufrieden. Und als Hubert und sein getreuer Bursche kamen, um den Kleinen zu sehen, herrschte eitel Wonne. Hubert freute sich wie ein Schneekönig, und Rosalind mit ihm.

Es war vereinbart worden, daß Rosalind nach der Geburt des Babys in Wales leben würde. Huberts Vater war im Dezember 1942 gestorben, und seine Mutter wollte in ein kleineres Haus übersiedeln. Rosalind sollte noch drei Wochen in Cheshire bleiben, und dann würde ihr eine Kinderfrau, die gerade «frei» war, zur Seite stehen, wenn sie sich in Wales häuslich einrichtete. Auch ich würde ihr, wenn es soweit war, dabei helfen.

Im Krieg war nichts einfach. Rosalind und die Kinderfrau kamen nach London, und ich brachte sie in der Campden Street unter. Da Rosalind noch ein wenig schwach war, kam ich jeden Tag von Hampstead herüber und kochte ihnen das Abendessen, anfangs auch das Frühstück, aber nachdem die Kinderfrau sich ihrer Stellung als «Krankenschwester-die-keine-Hausarbeit-verrichtet» sicher war, erklärte sie sich bereit, für das Frühstück zu sorgen. Leider wurde es mit den Bomben wieder schlimmer. Nacht für Nacht saßen wir in banger Erwartung. Für eine junge Mutter war das besonders qualvoll, und ich wünschte, ich hätte Winterbrook House oder Greenway zu meiner Verfügung gehabt.

Max war jetzt in Nordafrika. Er hatte in Ägypten angefangen, war aber nun in Tripolis stationiert. Später wurde er in die Fezzan-Wüste abkommandiert. Die Post funktionierte sehr langsam, und manchmal hörte ich einen Monat lang nichts von ihm. Auch mein Neffe Jack war außer Landes – in Persien.

Stephen Glanville war immer noch in London, und ich war froh, ihn in meiner Nähe zu wissen. Manchmal rief er mich im Krankenhaus an und lud mich in sein Haus in Highgate zum Abendessen ein. Meistens feierten wir es, wenn einer von uns ein Lebensmittelpaket bekommen hatte.

«Ich habe Butter aus Amerika bekommen – kannst du eine Dose Suppe mitnehmen?»

«Eine Tante hat mir zwei Dosen Hummer geschickt, und ein ganzes Dutzend Eier – braune Eier!»

Eines Tages kündigte er mir *frische* Heringe an – von der Ostküste. Wir traten in seine Küche und Stephen öffnete das Päckchen. Doch ach! O Heringe, die ihr einmal köstlich frisch gewesen wart! Sie taugten nur noch für den Abfalleimer. Ein trauriger Abend.

Freunde und Bekannte verschwanden allmählich von der Bildfläche. Es war kaum noch möglich, mit ihnen in Verbindung zu bleiben; selbst guten Freunden schrieb man nur noch selten.

Zwei nahe Freunde, die ich doch recht häufig sah, waren Sidney und Mary Smith. Er war Konservator der ägyptischen und assyrischen Abteilung im British Museum, von äußerst origineller Denkweise. Seine Ansichten standen stets im Gegensatz zu den Meinungen anderer Leute, und wenn ich eine halbe Stunde mit ihm diskutiert hatte, war ich von seinen Ideen so angeregt, daß mir der Kopf schwirrte. Er reizte mich ständig zum Widerspruch, so daß ich über jeden einzelnen Punkt mit ihm debattieren mußte. Er konnte und wollte niemandem zustimmen. Wenn er einen Menschen ablehnte oder nicht mochte, ließ er sich nicht umstimmen. Wurde man aber einmal als Freund anerkannt, blieb man ein Freund. Mary, seine Gattin, war eine talentierte Malerin und eine sehr schöne Frau, mit prachtvollem grauem Haar und einem langen schlanken Hals, und sie besaß einen erfrischend gesunden Menschenverstand.

Die Smiths waren sehr gut zu mir. Sie wohnten nicht weit weg, und ich war immer gern gesehen, wenn ich nach dem Krankenhaus zu ihnen kam, um eine Stunde mit Sidney zu plaudern. Er lieh mir Bücher, von denen er annahm, daß sie mich interessieren würden. Gleich einem griechischen Philosophen der Antike saß er in seinem Lehnstuhl, und ich, einem bescheidenen Jünger gleich, zu seinen Füßen.

Meine Krimis gefielen ihm, aber auch hier unterschied sich sein Urteil von dem der anderen. Wo ich das Gefühl hatte, daß mir etwas nicht so recht gelungen war, bemerkte er oft: «Das ist das beste Kapitel in Ihrem Buch.» Wo mir etwas zusagte, lautete seine Meinung häufig: «Nein, ich habe schon Besseres von Ihnen gelesen.»

«Ich habe mir da etwas für dich ausgedacht», eröffnete mir Stephen Glanville eines Tages.

«So? Was ist es denn?»

«Ich möchte, daß du einen Krimi schreibst, der im alten Ägypten spielt.»

«Im alten Ägypten?»

«Ja.»

«Aber das kann ich nicht!»

«O doch, du kannst es. Ich sehe keinen Grund, warum eine Detektivgeschichte nicht genauso gut im alten Ägypten spielen sollte wie im England des Jahres 1943.»

Ich verstand, worauf er hinaus wollte. Wo und in welchem Jahrhundert sie leben, die Menschen sind immer gleich.

«Es wäre doch so interessant», meinte er. «Du solltest einen solchen Krimi schreiben, damit jemand, der gerne Detektivgeschichten, aber auch gerne über jene Zeit liest, ein doppeltes Vergnügen hat.»

Ich wiederholte, daß ich so etwas nicht schreiben könne. Ich wüßte einfach nicht genug. Aber Stephen war ein sehr beredter Mann, und als der Abend zu Ende ging, hatte er mich schon fast überzeugt.

«Du hast viel über Ägypten gelesen», sagte er. «Deine Interessen konzentrieren sich nicht nur auf Mesopotamien.»

Ich mußte zugeben, daß Breasteds *The Dawn of Conscience* zu den Büchern gehörte, die mir seinerzeit viel gegeben hatten, und daß ich mich, als ich das Stück über Echnaton schrieb, mit ägyptischer Geschichte befaßt hatte.

«Aber du müßtest mir ein paar Ideen in bezug auf Zeit und Ort geben», sagte ich mit kraftloser Stimme.

«Also hier», sagte Stephen, «hier hätten wir schon die eine oder andere Episode . . .» Er nahm ein Buch aus dem Regal und wies mich auf einige Passagen hin. Dann gab er mir noch ein halbes Dutzend Bücher dazu, fuhr mich und die Bücher nach Hause und verabschiedete sich mit den Worten: «Morgen ist Sonnabend. Du hast ein ganzes Wochenende vor dir, um gemütlich zu schmökern. Vielleicht findest du etwas, woran sich deine Phantasie entzünden kann.»

Tatsächlich fand ich drei möglicherweise interessante Ausgangspunkte. Dabei handelte es sich weder um besonders bekannte Episoden noch um bekannte Persönlichkeiten, denn meines Erachtens ist es gerade das, was historische Romane so unecht erscheinen läßt. Schließlich weiß man ja nicht, was König Thutmosis oder Königin Hatschepsut für Leute waren, und so zu tun, als wüßte man es, ist schlechthin anmaßend. Man kann aber eine Phantasiegestalt in jener Zeit ansiedeln, und das geht auch ganz glatt, wenn man das lokale Kolorit und die gefühlsmäßige Einstellung der betreffenden Periode kennt. Eine der drei Alternativen, die ich ausgewählt hatte, betraf eine Begebenheit in der Zeit der vierten Dynastie, eine zweite war um vieles später einzuordnen, und die dritte, für die ich mich schließlich entschied, basierte auf erst vor kurzem veröffentlichten Briefen eines Ka-Priesters der elften Dynastie.

Diese Briefe zeichneten ein perfektes Bild einer Familie: der Vater, starrsinnig, kleinlich, verärgert über seine Söhne, die sich seinen Wünschen und Anordnungen nicht fügen wollten; die Söhne, der eine beflissen, aber nicht eben sehr aufgeweckt, der andere zur Heftigkeit neigend, großspurig und zügellos. In den Briefen an seine beiden Söhne schrieb der Vater, wie er sich um eine gewisse ältere Frau kümmern mußte, offenbar eine jener armen Verwandten, die zu allen Zeiten im Schoße einer Familie gelebt haben; die Familienoberhäupter behandeln sie stets zuvorkommend, während die Kinder sie für gewöhnlich ablehnen, weil sie oft nur Schmarotzer und Unruhestifter in ihnen sehen.

Der Alte erteilte ihnen genaue Anweisungen, wie sie mit dem Öl und wie mit der Gerste verfahren sollten. Sie sollten sich nicht von diesem oder jenem in bezug auf gewisse Lebensmittel übervorteilen lassen. Ich sah die Familie immer deutlicher vor mir. Ich fügte eine Tochter hinzu, das eine oder andere Detail aus anderen Texten, wie zum Beispiel die Ankunft einer neuen Frau, in die sich der Vater vernarrte. Ein verwöhnter kleiner Junge und eine habgierige, aber listige Großmutter rundeten das Bild ab.

Frohgemut machte ich mich an die Arbeit. Im Augenblick hatte ich nichts anderes vor. Das *Letzte Weekend* lief mit großem Erfolg im St.-James-Theater, bis dieses von einer Bombe zerstört wurde; anschließend spielte man das Stück noch monatelang in Cambridge.

Keine Frage, daß Stephen mich dazu gedrängt hatte, dieses Buch zu schreiben, und keine Frage, daß ich es schreiben mußte, wenn Stephen es sich in den Kopf gesetzt hatte, daß ich einen Kriminalroman produzieren sollte, der im alten Ägypten spielte.

Er hat es in den folgenden Wochen und Monaten sicher oft bedauert, mich für diese Sache begeistert zu haben. Ständig rief ich ihn an und richtete Fragen an ihn, die zu stellen mich keine drei Minuten kostete, während er für gewöhnlich in acht verschiedenen Büchern nachschlagen mußte, um die Antwort zu finden. «Was haben diese Menschen gegessen? Wie haben sie ihr Fleisch zubereitet? Gab es besondere Gerichte für besondere Festlichkeiten? Nahmen Männer und Frauen ihre Mahlzeiten gemeinsam ein? Wie haben ihre Schlafräume ausgesehen?»

«Ach du liebe Zeit!» stöhnte Stephen, schlug nach und wies mich darauf hin, daß man sehr viel aus den wenigen vorhandenen Belegen herleiten müsse. Auf Bildern konnte man sehen, wie Seevögel am Spieß serviert, wie Brot geschnitten, wie Trauben gepflückt wurden – und so fort. Ich bekam jedenfalls so viel Material zusammen, daß meine Schilderungen des täglichen Lebens jener Zeit echt klangen. Aber dann hatte ich noch mehr Fragen.

«Haben sie ihre Mahlzeiten bei Tisch eingenommen oder sind sie am Boden gesessen? Haben die Frauen ihre eigenen Räume gehabt? Haben sie die Wäsche in Schränken oder in Kommoden aufbewahrt? Wie haben ihre Häuser ausgesehen?»

In einem Punkt, die Lösung des Knotens betreffend, erhob Stephen gewisse Einwände, und ich bedaure, sagen zu müssen, daß ich am Ende nachgab. Daß ich das tat, ärgert mich noch heute. Er war seiner Sache so sicher, daß ich gegen meinen Willen an der Richtigkeit meines Standpunkts zu zweifeln begann. Ich mochte Leuten schon in allen möglichen Dingen nachgegeben haben, aber bis dahin hatte ich mich noch nie von jemandem beeinflussen lassen, wenn es darum ging, wie ich etwas schreiben sollte. Damals – und gegen besseres Wissen – gab ich nach. Es mag ein strittiger Punkt gewesen sein, aber ich glaube, ich würde das Ende immer noch umschreiben wollen – man muß eben von Anfang an fest bleiben, sonst macht man sich später Vorwürfe. Hemmend wirkte sich für mich die Dankbarkeit aus, die ich für Stephen empfand, weil er sich so viel Mühe gemacht hatte, und schließlich war es ja seine Idee gewesen. Ich gab dem Buch den Titel *Rächende Geister*.

Kurz darauf schrieb ich das einzige Buch, das mich restlos befriedigt hat. Es war eine neue Mary Westmacott und der Roman, den ich schon immer hatte schreiben wollen, den ich deutlich vor meinem geistigen Auge sah. Es war die Geschichte einer Frau, die eine klare Vorstellung ihrer selbst, ihrer Persönlichkeit hat. Aber diese Vorstellung ist völlig falsch, und dies wird dem Leser durch ihre Handlungen, ihre Gefühle und Gedanken offenbar. Sie wird sozusagen ständig mit sich selbst konfrontiert, sie erkennt sich zwar nicht wieder, wird aber zunehmend unsicher. Die Tatsache, daß sie zum ersten Mal in ihrem Leben allein ist – vier oder fünf Tage vollständig allein –, gibt ihr Gelegenheit, ihrer wahren Identität nachzuspüren.

Auch der Ort der Handlung, der mir bisher gefehlt hatte, war gefunden. Es würde eines dieser Rasthäuser in Mesopotamien sein – sie sitzt fest, sie kann nicht weiterfahren, es ist niemand da außer den Eingeborenen, die kaum ihre Sprache sprechen, die ihr das Essen bringen und grinsend nicken. Sie ist völlig isoliert, eine Gefangene. Die einzigen zwei Bücher in ihrem Gepäck hat sie gelesen, und jetzt sitzt sie da und denkt über sich nach. Die Geschichte beginnt, als sie London verläßt, um eine Tochter zu besuchen, die im Nahen Osten verheiratet ist. Der Zug rollt langsam aus der Halle, und sie sieht ihrem Mann nach, der ihr bereits den Rücken zugekehrt hat. Ein plötzlicher Schmerz durchfährt sie, denn er geht den Bahnsteig hinunter wie ein Mann, der sich unendlich erleichtert fühlt, von einer schweren Last befreit, und der sich schon auf seinen Urlaub von der Ehe freut. Es kommt so überraschend für sie, daß sie ihren Augen nicht traut. Natürlich ist das alles nur Unsinn, natürlich wird sie Rodney sehr fehlen, und doch – die Saat des Zweifels ist gesät und wird Unruhe in ihrem Herzen erwecken. Und wenn sie dann ganz allein ist und anfängt nachzudenken, enthüllt sich ihr allmählich das wahre Gefüge ihres Lebens. So wie ich es haben wollte, würde der technische Aufbau des Buches nicht eben einfach zu meistern sein: leicht und flüssig, in alltäglicher Ausdrucksweise und doch mit zunehmender Spannung, mit wachsendem Unbehagen und jenem Gefühl – das uns alle, glaube ich, irgend einmal bewegt hat – dem Gefühl des Wer bin ich? Was bin ich wirklich? Die Menschen, die ich liebe – wie denken sie eigentlich über mich? Denken sie über mich so wie ich glaube, daß sie über mich denken?

In drei Tagen hatte ich das Buch geschrieben. Am dritten Tag, einem Montag, ließ ich mich im Krankenhaus entschuldigen; ich wagte es nicht, meine Arbeit zu unterbrechen – ich mußte weitermachen, bis die letzte Zeile geschrieben war. Es war kein langes Buch, aber es hatte schon lange Zeit in meinen Kopf geherbergt.

Es ist ein sonderbares Gefühl, wenn man ein Buch sechs oder sieben Jahre mit sich herumträgt und weiß, daß man es eines Tages schreiben wird. Eigentlich ist es schon da, es muß nur noch klarer aus dem Nebel hervortreten. Die handelnden Personen sind alle da, in den Seitenkulissen warten sie auf das Stichwort, das sie auf die Bühne ruft – und dann, ganz plötzlich, ertönt das Kommando: jetzt!

Ich hatte solche Angst vor Unterbrechungen, daß ich gleich nach dem ersten auch das letzte Kapitel schrieb! So genau wußte ich, wo ich hinauswollte, daß ich mich genötigt fühlte, es unverzüglich zu Papier zu bringen.

Ich glaube nicht, daß ich jemals so müde gewesen bin. Nachdem ich die letzte Zeile geschrieben und festgestellt hatte, daß ich im letzten Kapitel kein Wort ändern mußte, fiel ich aufs Bett und schlief, wenn ich mich recht entsinne, volle vierundzwanzig Stunden. Dann stand ich auf, verzehrte ein gewaltiges Abendbrot und konnte schon am folgenden Tag wieder meinen Dienst im Krankenhaus aufnehmen.

Ich sah so angegriffen aus, daß sich dort alle Leute Sorgen um mich machten. «Sie müssen wirklich krank gewesen sein», sagten sie. «Sie haben schreckliche Ringe unter den Augen.» Es war nur Müdigkeit und Erschöpfung, aber es war mir diese Müdigkeit und Erschöpfung wert, daß ich zur Abwechslung einmal keine Schwierigkeiten beim Schreiben selbst gehabt hatte.

Ich nannte das Buch *Ein Frühling ohne dich* – englischer Titel *Absent in the Spring* – nach jenem Sonett Shakespeares, das mit den Worten beginnt: «*From you have I been absent in the spring.*» Ich kann natürlich selbst nicht beurteilen, wie es wirklich ist. Es mag dumm sein, schlecht geschrieben, ein Machwerk. Aber es birgt echtes und aufrichtiges Gefühl, ich habe es so geschrieben, wie ich es schreiben wollte, und das ist die stolzeste Genugtuung, die ein Autor empfinden kann.

Wenige Jahre später schrieb ich ein weiteres Buch unter dem Pseudonym Mary Westmacott – es hieß *Die Rose und die Eibe*. Ich lese es stets mit Vergnügen, obwohl es nicht dasselbe Engagement verrät wie *Ein Frühling ohne dich*. Doch auch diesem Buch liegt ein Gedanke zugrunde, der mir lange Zeit im Kopf herumging – seit 1929, um genau zu sein. Es war nur ein flüchtiges, unvollkommenes Bild, aber ich wußte, daß es eines Tages Leben gewinnen würde.

Man fragt sich, wo diese Dinge herkommen – ich meine jene, die man glaubt, schreiben zu müssen. Sie kommen, denke ich, in Augenblicken, da man sich Gott am nächsten fühlt, da einem erlaubt ist, ein wenig teilzuhaben an der Herrlichkeit der Schöpfung. Man befindet sich im Einklang mit dem Allmächtigen – wie an einem siebenten Tag, wo man sieht, daß es gut ist, was man geschaffen hat.

Noch einmal wich ich von meiner gewohnten literarischen Tätigkeit ab. Ich schrieb ein Buch aus meiner nostalgischen Stimmung heraus – weil ich von Max getrennt war, weil ich so selten Nachricht von ihm bekam, und weil ich mit so bittersüßen Erinnerungen an die Tage zurückdachte, die wir in Arpachiyah in Syrien verbracht hatten. Ich wollte die Vergangenheit aufleben lassen – darum schrieb ich *Erinnerungen an glückliche Tage*, ein heiteres, sorgloses Buch; aber es hielt jene Zeiten fest und fing die kleinen Torheiten ein, die ich schon fast vergessen hatte. Das Publikum nahm das Buch sehr gut auf. Wegen des Papiermangels war die Auflage begrenzt.

Sidney Smith war natürlich dagegen: «Das können Sie doch nicht drucken lassen, Agatha!»

«Ich werde es drucken lassen», erwiderte ich.

«Nein», sagte er, «das sollten Sie nicht tun.»

«Warum nicht?» Sidney Smith sah mich mißbilligend an.

«Max könnte etwas dagegen haben.»

Zweifelnd überlegte ich.

«Ich glaube nicht, daß er etwas dagegen haben wird. Ihm wird es wahrscheinlich auch Freude machen, an alle unsere Abenteuer erinnert zu werden. Ich würde niemals versuchen, ein seriöses Buch über ein archäologisches Thema zu schreiben; ich weiß, daß ich zu viele dumme Fehler machen würde. Aber das hier ist etwas anderes, etwas Persönliches. Ich werde es drucken lassen. Ich will etwas haben, woran ich festhalten kann. Man kann sich auf sein eigenes Gedächtnis nicht verlassen. Die Dinge entgleiten einem. Darum muß das Buch erscheinen.»

«Ja dann!» sagte Sidney. Seine Zweifel waren nicht beseitigt, aber sein «Ja dann!» war schon ein großes Entgegenkommen.

«Unsinn!» mischte Mary sich ein. «Natürlich soll sie es drucken lassen! Warum nicht? Es ist sehr unterhaltend, und ich verstehe, was Sie meinen, nämlich daß man sich gerne an Dinge erinnert und darüber nachliest.»

Aber auch meine Verleger waren nicht begeistert. Sie begegneten dem Buch mit Mißtrauen, äußerten ihre Besorgnis und hatten offenbar Angst, ich könnte nicht mehr zu bändigen sein. Sie hatten die Bücher der Mary Westmacott immer schon mit scheelen Augen angesehen. Sie wehrten sich gegen *Erinnerungen an glückliche Tage,* wie sie sich gegen alles wehrten, was mich davon abhalten könnte, weiterhin Kriminalromane zu schreiben. Trotzdem war das Buch ein Erfolg, und ich glaube, sie bedauerten es, daß sie nicht genügend Papier hatten. Ich veröffentlichte es unter dem Namen Agatha Christie Mallowan; es sollte nicht mit meinen Detektivgeschichten in einen Topf geworfen werden.

4

Es gibt Dinge, die man sich nur ungern ins Gedächtnis zurückruft. Man akzeptiert sie, weil sie nun einmal geschehen sind, aber man will nicht an sie denken.

Rosalind rief mich eines Tages an und teilte mir mit, daß

Hubert, der schon seit einiger Zeit in Frankreich kämpfte, als vermißt gemeldet worden, möglicherweise aber gefallen war.

Das ist, glaube ich, das Grausamste, das man einer jungen Frau in Kriegszeiten antun kann. Diese entsetzliche Ungewißheit. Es ist schlimm genug, wenn du erfährst, daß dein Mann gefallen ist, aber du mußt damit leben, und du weißt, daß du das mußt. Grausam, über die Maßen grausam ist es, jemandem trügerische Hoffnungen zu machen . . . Und niemand kann dir helfen.

Ich fuhr hinauf und blieb einige Zeit bei ihr in Pwllywrach. Ich glaube nicht, daß Rosalind noch viel Hoffnung hatte. Sie war schon immer ein Mensch gewesen, der das Schlimmste erwartete. Und ich glaubte auch, daß Hubert schon immer etwas Seltsames an sich hatte – es war nicht eigentlich Melancholie, sondern er hatte den Ausdruck eines Menschen, dem kein langes Leben bestimmt ist. Er war ein liebenswerter Mann und mir gegenüber immer sehr aufmerksam. Ich wollte, ich hätte Gelegenheit gehabt, ihn besser kennenzulernen; nur einige wenige Besuche, einige wenige Begegnungen – das war nicht genug.

Es dauerte viele Monate bis wir wieder Nachricht bekamen. Rosalind hatte sie, glaube ich, schon volle vierundzwanzig Stunden bevor sie mir etwas sagte. Sie hatte sich nicht anders als sonst verhalten; sie ist immer ein äußerst tapferer Mensch gewesen. Sie tat es sehr ungern, aber sie wußte, daß es getan werden mußte, und so reichte sie mir mit den Worten «Das sollte ich dich wohl lesen lassen» ein Telegramm, aus dem hervorging, daß Hubert nun offiziell für tot erklärt worden war.

Einem geliebten Wesen, wenn es leidet, nicht helfen zu können, das ist eines der traurigsten Dinge im Leben und am schwersten zu ertragen. Man kann etwas tun, um die körperlichen Leiden eines Menschen zu lindern, aber nur wenig, um seelische Schmerzen zu mildern. Kann sein, daß ich einen Fehler machte, aber ich dachte, ich könnte Rosalind am besten helfen, wenn ich so wenig wie möglich redete und mich ihr gegenüber nicht anders verhielt als bisher. *Mir* wäre es so am liebsten gewesen, aber man kann natürlich nicht wissen, wie ein anderer empfindet. Instinkt ist nicht unfehlbar. Man möchte unter allen Umständen vermeiden, dem Menschen, den man liebt, weh zu tun – irgend etwas falsch zu machen. Man hofft, das Richtige zu tun, aber man kann nicht sicher sein.

Sie blieb in dem großen leeren Haus in Pwllywrach wohnen, zusammen mit Mathew, einem reizenden und, in meiner Erinnerung, stets fröhlichen kleinen Jungen. Ich war so froh, daß Hubert seinen Sohn gesehen, daß er von seinem Sohn gewußt hatte; weit bedrückender aber war das Wissen, daß er nicht zurückkommen und seinen Sohn, den er sich so gewünscht hatte, aufziehen würde.

Zuweilen steigt besinnungslose Wut in einem auf, wenn man an den Krieg denkt. In England haben wir in einem zu kurzen Zeitabstand zu viel Krieg gehabt. Als der erste Krieg kam, waren wir überrascht, wir konnten es kaum fassen; er schien so unnötig zu sein. Aber wir hofften und glaubten, nun sei die Gefahr beseitigt und nie wieder würde der Wunsch, einen Krieg zu führen, im Herzen der Deutschen Eingang finden. Und doch war es so – aus historischen Dokumenten wissen wir heute, daß Deutschland in der Zwischenkriegszeit den Zweiten Weltkrieg vorbereitete.

Was bleibt, ist die Überzeugung, daß der Krieg keine Lösung bringt; daß es sich ebenso katastrophal auswirkt, ob man einen Krieg gewinnt oder verliert. Ich finde, daß Krieg früher einmal eine gewisse Berechtigung hatte; damals, als ein Volk, wenn es nicht streitbar war, fürchten mußte, sich nicht fortpflanzen zu können und auszusterben. Bescheiden, sanftmütig und unterwürfig zu sein, hieß das Schicksal herausfordern; der Krieg war eine Notwendigkeit, denn den einen oder den anderen drohte der Untergang. Wie jedes Tier mußte auch das Volk um sein Territorium kämpfen. Der Krieg brachte reiche Beute: Sklaven, Land, Nahrung, Frauen – alles, was man zum Überleben brauchte. Jetzt aber müssen wir lernen, den Krieg zu vermeiden – nicht, weil wir nettere Leute sind oder weil es uns schmerzt, anderen weh zu tun, sondern weil der Krieg nicht mehr einträglich ist. Wir werden den Krieg nicht überleben, sondern, gleich unseren Feinden, von ihm verschlungen werden. Die Zeit der Tiger ist vorbei. Jetzt kommt zweifellos die Zeit der Gauner und Scharlatane, der Diebe, Räuber und Betrüger, aber das ist besser – es ist ein Schritt vorwärts.

Wir erleben, so will mir scheinen, den Anbruch einer Zeit des guten Willens. Es läßt uns nicht kalt, wenn wir von Erdbeben hören, von spektakulären Katastrophen. Wir haben den aufrichtigen Wunsch zu helfen. Das ist, meine ich, eine echte Errungenschaft, und sie sollte in eine bestimmte Richtung führen. Nicht gleich – es gibt keine raschen Entwicklungen –, aber die Hoffnung besteht. In jener so oft zitierten Dreiheit – Glaube, Liebe, Hoffnung – schenken wir der dritten Tugend zuweilen recht wenig Beachtung. Vom Glauben, könnte man sagen, haben wir fast schon zu viel gehabt – der Glaube kann uns hart, bitter und unversöhnlich machen; man kann ihn auch mißbrauchen. Daß die Liebe das Wesentliche ist, wissen wir in unseren Herzen. Aber wie oft vergessen wir, daß es auch die Hoffnung gibt, wie selten denken wir an die Hoffnung? Wir sind zu nahe daran zu verzweifeln, uns in die Worte zu flüchten: «Was hat das alles noch für einen Sinn?» Hoffnung ist die Tugend, die wir in der heutigen Zeit mehr als alles andere pflegen sollten.

Wir haben uns einen Wohlfahrtsstaat geschaffen; ihm verdanken wir Freiheit von Not und Furcht, Sicherheit, unser tägliches Brot und ein bißchen mehr als unser tägliches Brot; und doch habe ich den Eindruck, daß es den Menschen in diesem Wohlfahrtsstaat jeden Tag schwerer fällt, der Zukunft beruhigt entgegenzusehen. Nichts scheint uns mehr der Mühe wert zu sein. Warum? Weil wir nicht mehr um unsere Existenz bangen müssen? Ist das Leben ganz und gar uninteressant geworden? Wir wissen es nicht mehr zu schätzen, daß wir am Leben sind.

Nun ja. Ich selbst bin ein hoffnungsvoller Mensch. Hoffnung ist, glaube ich, die einzige Tugend, die ich mir nie rauben lassen würde. Das ist auch ein Grund, warum ich das Zusammensein mit meinem lieben Mathew immer über alles geschätzt habe. Ein unverbesserlich optimistischer Grundzug hat stets sein Wesen bestimmt. Er war in seiner Vorbereitungsschule, als Max ihn einmal fragte, ob er sich eine Chance ausrechnete, in die Kricketmannschaft aufgenommen zu werden. «Naja», antwortete Mathew mit einem Lächeln, «man soll nie die Hoffnung aufgeben.»

Etwas in dieser Art sollte man sich, meine ich, als Leitsatz für sein ganzes Leben zu eigen machen. Ich war richtig wütend, als man mir von einem Ehepaar in mittleren Jahren erzählte, das bei Kriegsausbruch in Frankreich lebte. Als sie dachten, die Deutschen würden bei ihrem Feldzug durch Frankreich auch in ihre Nähe kommen, sahen sie für sich nur noch eine Möglichkeit, nämlich sich das Leben zu nehmen – was sie dann auch taten. Diese Verschwendung! So ein Jammer! Mit ihrem Selbstmord taten sie niemandem etwas Gutes. Sie hätten eine schwierige Zeit, eine Zeit der Entbehrungen überstehen können. Warum sollte man vor seinem Tod alle Hoffnung fahren lassen?

Das erinnert mich an die Geschichte von den zwei Fröschen, die in einen Milcheimer fielen. Meine amerikanische Patentante hat sie mir vor vielen Jahren erzählt. «Ich ertrinke, ich ertrinke!» rief der eine; «*Ich* werde nicht ertrinken!» der andere. «Wie willst du denn das anfangen, daß du nicht ertrinkst?» fragte der erste. «Nun, ich werde strampeln und strampeln und noch einmal strampeln», antwortete der zweite Frosch. Am nächsten Morgen hatte der erste aufgegeben und war ertrunken; der andere, der die ganze Nacht gestrampelt hatte, saß auf einem Butterberg im Eimer.

In den letzten Kriegsjahren machte sich eine gewisse Unrast bemerkbar. Mit der Landung in der Normandie hatte man in stärkerem Maß das Gefühl, daß der Krieg zu Ende gehen könnte, und viele Leute, die das Gegenteil behauptet hatten, sahen sich genötigt, ihre Worte zurückzunehmen.

Auch mich ergriff diese Unrast. Die meisten Patienten waren in Krankenhäuser außerhalb Londons verlegt worden; zurück blieben nur die ambulanten Fälle. Es war überhaupt nicht so wie im letzten Krieg, als man Verwundete verarztete, wie sie aus den Schützengräben kamen. Die halbe Zeit verwendete man damit, Epileptikern große Mengen von Pillen zu verabreichen – sicherlich eine notwendige Maßnahme, aber es fehlte die innere Beziehung zum Krieg, die doch, so meinten viele, eine Voraussetzung gewesen wäre. Die Mütter brachten ihre Babies zur Fürsorge – und hätten oft besser daran getan, sie zu Hause zu behalten. Auch die Chefapothekerin vertrat diese Ansicht.

Zu dieser Zeit erwog ich, mich an ein oder zwei Vorhaben zu beteiligen, die mein Interesse geweckt hatten. Das eine betraf eine nachrichtendienstliche Tätigkeit als Fotografin. Man stattete mich mit einem imponierenden Ausweis aus, der es mir ermöglichte, meilenlange Gänge unter dem Kriegsministerium zu durchwandern – bis ich schließlich von einem würdevollen jungen Leutnant in Empfang genommen wurde, der mir eine Heidenangst einjagte. Zwar verfügte ich über eine langjährige Erfahrung im Fotografieren, aber von Luftbildtechnik hatte ich keinen Schimmer. Infolgedessen war ich nicht in der Lage, die mir vorgelegten Luftaufnahmen zu bestimmen. Eine von Oslo war die einzige, bei der ich halbwegs sicher war, aber da hatte ich schon so oft danebengeraten, daß ich nichts mehr zu sagen wagte. Der junge Offizier seufzte, sah mich an wie die Schwachsinnige, als die ich ihm erscheinen mußte, und murmelte: «Vielleicht sollten Sie doch besser auch weiterhin im Krankenhaus arbeiten.» Klein und häßlich zog ich wieder ab.

Bei Kriegsbeginn hatte Graham Greene mir geschrieben und mich gefragt, ob ich propagandistisch tätig werden wollte. Ich hielt mich nicht dafür geeignet, denn mir fehlt jene Engstirnigkeit, die einem eigen sein muß, um in einem Streitfall nur eine Seite zu sehen. Nichts könnte wirkungsloser sein als eine laue Propagandistin. Man muß behaupten können, Herr X wäre ein ausgemachter Schurke – und auch davon überzeugt sein.

Aber ich wurde mit jedem Tag unruhiger. Ich wollte eine Arbeit haben, die wenigstens etwas mit dem Krieg zu tun hatte. Ein Arzt in Wendover suchte eine Apothekerin; ich hatte Freunde, die in der Nähe wohnten. Das wäre vielleicht das Richtige gewesen, und ich lebte ja gern auf dem Land. Wenn aber Max aus Nordafrika zurückkam – und nach drei Jahren lag das durchaus im Bereich des Möglichen –, müßte ich meinen Doktor vernachlässigen.

Auch beim Theater hatte ich ein Projekt laufen. Es bestand die Möglichkeit, im Rahmen der Truppenbetreuung als eine Art Hilfsregisseurin oder so ähnlich an einer Tournee durch Nordafrika teilzunehmen. Die Idee bezauberte mich. Es wäre eine feine Sache gewesen, nach Nordafrika zu fahren. Dennoch blieb ich daheim, denn etwa vierzehn Tage bevor ich England hätte verlassen sollen, bekam ich einen Brief von Max, in dem er mir mitteilte, daß er sehr wahrscheinlich in zwei oder drei Wochen aus Afrika nach London zurückkommen würde. Wie schrecklich, wenn ich in dem Moment mit meiner Truppe in Ägypten eingetroffen wäre, da er sich nach England einschiffte!

Die folgenden Wochen waren qualvoll. Das Warten versetzte mich in einen Zustand gesteigerter Erregung. In zwei Wochen, in drei ... Ich sagte mir, daß diese Dinge immer länger dauern, als man angenommen hat.

Ich verbrachte eine Woche bei Rosalind in Wales und kam Sonntag nacht mit einem Spätzug zurück. Es war einer jener ungeheizten eiskalten Züge, wie man sie im Krieg in Kauf nehmen mußte. Vom Bahnhof Paddington aus gelangte ich auf Umwegen nach Hampstead, und von dort war es nicht mehr allzu weit zu den Lawn Road Flats. In der einen Hand meinen Koffer, in der anderen ein Päckchen mit Heringen machte ich mich auf den Heimweg. Fröstelnd und müde kam ich nach Hause, drehte die Heizung an, warf meinen Mantel ab und stellte den Koffer nieder. Dann legte ich die Heringe in die Bratpfanne. Plötzlich hörte ich ein ganz eigenartiges Klirren und Rasseln auf dem Gang. Ich ging auf den Treppenabsatz hinaus und blickte die Stiege hinunter. Die Gestalt, die heraufkam, war mit allen nur vorstellbaren Dingen behangen – es schien einfach unmöglich, daß jemand so viel klapperndes Zeug mit sich herumschleppen konnte. Aber ich rätselte keinen Augenblick darüber, wer es wohl sein mochte – es war mein Mann! Zwei Minuten später wußte ich, daß alle meine Befürchtungen, daß sich etwas verändert, daß er sich geändert haben könnte, grundlos gewesen waren. Ich hatte Max wieder, und es war, als ob er gestern fortgegangen wäre. Er war wieder da. *Wir* waren wieder da. Ein scharfer Geruch nach angebrannten Heringen stieg uns in die Nase, und wir stürzten in die Wohnung.

«Was ißt du denn da?» fragte Max.

«Heringe», antwortete ich. «Willst du auch einen?» Dann sahen wir uns an. «Max!» rief ich. «Du hast zwanzig Pfund zugenommen!»

«Stimmt genau. Aber du bist auch nicht schlanker geworden.»

«Das sind die Kartoffeln», sagte ich. «Wenn man kein Fleisch bekommt, ißt man zuviel Kartoffeln und zuviel Brot.»

So war das eben. Zusammen hatten wir in den drei Jahren vierzig Pfund zugenommen. Es schien unlogisch. Eigentlich hätte es gerade umgekehrt sein müssen.

«In der Wüste sollte man doch abnehmen», sagte ich. Das wäre ein Irrglaube, erklärte Max, denn dort hatte man nichts anderes zu tun, als herumzusitzen, ölige Mahlzeiten zu sich zu nehmen und Bier zu trinken.

Was war das doch für ein herrlicher Abend! Wir aßen angebrannte Heringe und waren glücklich.

ELFTES KAPITEL

HERBST

1

Ich schreibe diese Zeilen im Jahre 1965. Und was ich damals erlebt habe, liegt zwanzig Jahre zurück. Zwanzig Jahre, doch es scheinen keine zwanzig Jahre zu sein. Und auch die Kriegsjahre waren keine richtigen Jahre. Sie waren ein Alptraum, in dem die Wirklichkeit zum Stehen kam. Noch einige Zeit danach pflegte ich zu sagen: «Ja, dies oder das geschah vor fünf Jahren.» Aber eigentlich hätte ich immer noch fünf Jahre dazuschlagen müssen. Und wenn ich jetzt von ein paar Jahren spreche, meine ich eine ganze Menge Jahre. Wie für alle Alten hat die Zeit auch für mich eine andere Dimension angenommen.

Mit dem Ende des Krieges gegen Deutschland begann das Leben wieder für mich. Der Krieg gegen Japan ging weiter, aber es war nicht mehr unser Krieg. Dann hieß es, die Scherben aufzulesen – die Bruchstücke, Splitter und Scherben unseres Lebens.

Nach einem kurzen Urlaub kehrte Max ins Luftfahrtministerium zurück. Die Admiralität beschloß, Greenway freizugeben – wie üblich ohne vorherige Ankündigung –, und der Tag, den sie für die Übergabe bestimmten, war ausgerechnet der Weihnachtstag. Einen ungünstigeren Termin hätten sie sich gar nicht aussuchen können. Um ein Haar hätten wir aber dabei einen guten Fischzug gemacht. Der Generator, der uns den Strom lieferte, lief nur noch auf Sparflamme, als die Admiralität das Haus übernahm. Der amerikanische Kommandant hatte mir mehrfach versichert, er fürchte, die Maschine würde in Kürze den Geist aufgeben. «Aber wenn es soweit ist», sagte er, «bekommen Sie einen nagelneuen. Sie können sich schon jetzt darauf freuen.» Leider wurde Greenway drei Wochen vor diesem Termin freigegeben, und der neue Generator war noch nicht installiert.

Greenway war wunderschön, als wir an einem sonnigen Wintertag wieder hinunter fuhren – aber auch vollkommen verwildert – wie ein exotischer Dschungel. Die Wege waren verschwunden, der Küchengarten, wo wir Mohrrüben und Kopfsalat gezogen hatten, war von Unkraut überwuchert, und niemand hatte die Obstbäume gepflegt. Der Anblick stimmte uns traurig, aber die Schönheit des Ganzen war erhalten geblieben. Die Küche allerdings befand sich in einem unbeschreiblichen Zustand, und im Gang unten standen, wie schon erwähnt, vierzehn Toiletten.

Ich hatte einen sehr tüchtigen Mann, der bei der Admiralität unsere Interessen vertrat, und ich darf sagen, daß das keine leichte Sache war. Mr. Adams war mein getreuer Paladin. Er war der einzige, so hatte mir jemand versichert, der imstande wäre, einen Bock zu melken oder der Admiralität Geld abzuluchsen.

Unter dem absurden Vorwand, Greenway wäre erst ein oder zwei Jahre vor der Requirierung frisch gestrichen worden, weigerten sie sich, die für einen Neuanstrich nötigen Mittel ganz zu bezahlen – sie wollten nur für einen Teil der Kosten aufkommen. Wie soll man drei Viertel eines Zimmers streichen? Es ergab sich schließlich, daß das Bootshaus starke Schäden erlitten hatte – es fehlten Mauersteine, die Stiegen waren zusammengebrochen –, das waren bauliche Schäden, und die *mußten* sie bezahlen. Mit diesem Geld konnte ich wenigstens die Küche wieder instandsetzen.

Auch um die Toiletten wogte ein erbitterter Kampf, denn die Admiralität nahm den Standpunkt ein, die WCs stellten einen Wertzuwachs dar, aus dem eine Forderung an mich erwüchse! Ich wies darauf hin, daß vierzehn Toiletten im Küchengang, die kein Mensch brauchte, nicht als Verbesserung der Wohnverhältnisse anzusehen waren. Wir brauchten die große Speise- und Vorratskammer und den Holzschuppen, die sich ursprünglich an dieser Stelle befunden hatten. Die Admiralität konterte mit dem Argument, daß die Toiletten eine enorme Verbesserung darstellen würden, sobald das Haus in eine Mädchenschule umgewandelt war. Ich antwortete mit der Feststellung, daß Greenway nicht in eine Mädchenschule umgewandelt werden würde. *Eine* Toilette könnten sie stehenlassen, stimmte ich gnädig zu. Nein, dazu waren sie nicht bereit. Entweder würden sie alle Toiletten abtragen oder mir die Installationskosten mit den übrigen Schäden verrechnen. Also entschied ich, wie die Schwarze Königin in *Alice hinter den Spiegeln*: «Fort mit allem!»

Für die Admiralität bedeutete das viele Ungelegenheiten und eine Stange Geld, aber sie mußten sie abtragen lassen. Dann wurden sie von Mr. Adams genötigt, ihre Leute zurückzuschicken und die Toiletten anständig abzutragen, denn die erste Arbeitsgruppe hatte alle möglichen Rohre und Zeug zurückgelassen. Auch mußten sie die Beschläge für die Vorratskammer ersetzen.

Zur gegebenen Zeit kamen auch die Möbelpacker und stellten im ganzen Haus die Möbel wieder auf ihren Platz. Überraschend wenig war beschädigt worden – von den Teppichen abgesehen, an denen die Motten sich gütlich getan hatten. Die Packer waren zwar beauftragt gewesen, die Teppiche einzumotten, hatten sich aber in ihrer optimistischen Beurteilung der Lage nicht daran gehalten: «Bis Weihnachten ist der Krieg zu Ende.» Einige Bücher hatten unter der Feuchtigkeit gelitten – allerdings erstaunlich wenige. Auch im Salon war nichts durch das Dach gekommen, und die Möbel befanden sich in gutem Zustand.

Wie schön war Greenway in seiner verblichenen Pracht – aber ich fragte mich, ob wir wohl je wieder die Wege sauber bekommen beziehungsweise imstande sein würden, festzustellen, wie sie angelegt gewesen waren. Mit jedem Tag wurde der Besitz mehr zu einer Wildnis und wurde auch von der Nachbarschaft als solche angesehen. Immer wieder mußten wir Leute von der Auffahrt wegschikken. Im Frühling kamen sie daherspaziert, rissen ganze Zweige von Rhododendren aus und beschädigten unbekümmert die Sträucher. Nachdem die Admiralität ausgezogen war, stand das Haus eine Zeitlang leer. Wir wohnten in London, denn Max arbeitete ja noch im Ministerium. Wir hatten keinen Verwalter, und die Leute bedienten sich einfach – Blumen zu pflücken genügte ihnen nicht – sie mußten ganze Zweige abbrechen.

Endlich konnten wir aber doch wieder einziehen, und das Leben begann von neuem, wenn auch nicht so wie früher. Sicher, wir fühlten uns erleichtert, daß endlich wieder Frieden war, aber es gab keine Gewißheit, daß dieser Friede – oder sonst etwas – auch Bestand haben würde. Geschäftlich hatten wir Ärger. Formulare mußten ausgefüllt, Verträge ausgearbeitet und unterschrieben, Steuerschwierigkeiten bereinigt werden – allerhand Krimskrams, den man gar nicht richtig verstand.

Erst jetzt wird mir so richtig bewußt, daß ich in den Kriegsjahren eine unglaubliche Menge von Zeug produzierte. Das lag wahrscheinlich daran, daß es so wenig Zerstreuungen gesellschaftlicher Natur gab; man ging abends praktisch nie aus.

Zusätzlich zu den bereits erwähnten hatte ich in den ersten Kriegsjahren auch noch zwei weitere Bücher geschrieben – angesichts der Möglichkeit, daß ich bei den Luftangriffen ums Leben kommen könnte, was ja in höchstem Grade wahrscheinlich war, da ich in London arbeitete. Das eine mit Hercule Poirot war für Rosalind, das andere mit Miss Marple für Max bestimmt. Ich deponierte die zwei Manuskripte, nachdem ich sie hoch versichert hatte, in einem Banktresor, zusammen mit einer Schenkungsurkunde für Rosalind und Max.

«Wenn ihr vom Begräbnis oder von der Messe zurückkommt», erklärte ich ihnen, «wird euch der Gedanke aufmuntern, daß ihr die zwei Bücher habt.» Sie meinten, *ich* wäre ihnen lieber, und ich sagte: «Das will ich auch hoffen!» Wir mußten alle sehr lachen.

Ich verstehe nicht, warum die Leute immer so verlegen werden, wenn sie über etwas sprechen müssen, was mit dem Tod zu tun hat. Der liebe Edmund Cork, mein Agent, wandte immer das Gesicht ab, wenn ich die Frage stellte: «Ja, aber was ist, wenn ich sterbe?» Nach allem, was Anwälte und Steuerberater mir über Erbschaftssteuern erzählten – wovon ich kaum mehr als die Hälfte verstand –, würde mein Hinscheiden eine echte Katastrophe für die Angehörigen meiner Familie bedeuten, und sie konnten nur hoffen, mich so lang wie nur möglich am Leben zu erhalten!

Die Steuern waren mittlerweile so hoch geworden, daß ich keine Veranlassung mehr sah, mich so zu plagen: ein Buch im Jahr war mehr als genug. Wenn ich zwei Bücher im Jahr schrieb, würde ich kaum mehr verdienen als mit einem und mir nur zusätzliche Arbeit aufbürden. Sollte sich etwas anbieten, das außerhalb des Gewohnten lag und mich wirklich interessierte, wäre das natürlich etwas anderes.

Etwa zu dieser Zeit rief die BBC an und wollte wissen, ob ich ein kurzes Hörspiel für ein Programm schreiben würde, das sie aus irgendeinem Anlaß, der mit Queen Mary zu tun hatte, auszustrahlen beabsichtigten. Die Königin hatte den Wunsch ausgesprochen, etwas von mir dabeizuhaben, weil sie meine Bücher so gerne las. Ich dachte angestrengt nach, lief im Zimmer auf und ab, rief zurück und sagte zu. Das Hörspiel hieß *Die Mausefalle.* Und soviel ich weiß, gefiel es Queen Mary.

Das hätte das Ende der Geschichte sein können, aber bald darauf schlug mir jemand vor, eine Kurzgeschichte daraus zu machen. Dem Stück *Das Eulenhaus*, das ich für die Bühne bearbeitet hatte, war – unter Peter Saunders' Regie – ein voller Erfolg beschieden gewesen. Mir hatte die Sache so viel Freude gemacht, daß ich daran dachte, einen zweiten Versuch als Bühnenautorin zu unternehmen. Warum nicht statt eines Buches ein Theaterstück schreiben? Viel mehr Spaß. Ein Buch im Jahr würde mich meiner finanziellen Sorgen entheben, und so konnte ich mich nun in einem ganz anderen Medium versuchen.

Je mehr ich an *Die Mausefalle* dachte, desto deutlicher sah ich die Möglichkeit vor mir, aus einem Hörspiel von zwanzig Minuten

Dauer einen abendfüllenden Thriller zu machen. Was *Die Mausefalle* anderen Stücken voraus hat, ist, so meine ich, die Tatsache, daß es aus einer gedrängten Darstellung heraus entstanden ist. Es war schon alles da, bevor ich noch anfing, und damit war ein gesunder Aufbau gewährleistet.

Was den Titel angeht, bin ich meinem Schwiegersohn Anthony Hicks zu großem Dank verpflichtet. Ich habe Anthony bisher nicht erwähnt, aber er gehört eigentlich nicht zu meinen Erinnerungen, denn er weilt unter uns – und ich wüßte nicht, wie ich ohne ihn auskommen sollte. Nicht nur ist er einer der gütigsten Menschen, die ich kenne – er ist eine sehr bemerkenswerte und interessante Persönlichkeit. Er hat Ideen. Er kann jede Tischgesellschaft munter machen, indem er ein «Problem» anschneidet. Es dauert keine zwei Minuten, und schon ist eine lebhafte Diskussion im Gange.

Er hat Sanskrit und Tibetanisch studiert und kann sich intelligent über Schmetterlinge, seltene Pflanzen, Rechtsfragen, Briefmarken, Vögel, Porzellan, Antiquitäten und atmosphärische Störungen unterhalten. Wenn er einen Fehler hat, so den, daß er zu ausführlich über Wein spricht, aber ich bin natürlich voreingenommen, denn ich mag das Zeug nicht.

Ich werde immer gefragt, worauf ich den Erfolg der *Mausefalle* zurückführe. Von der logischen Antwort «Glück!» abgesehen – denn zu mindestens neunzig Prozent ist es Glück – habe ich nur die eine Erklärung, daß für fast jeden Geschmack gesorgt ist. Junge Menschen finden Gefallen daran, alte Menschen finden Gefallen daran; es hat Mathew und seinen Freunden in Eton und es hat Universitätsprofessoren aus Oxford gefallen. Das Stück ist gut konstruiert. Die Handlung entwickelt sich in einer Weise, daß man erfahren möchte, was jetzt passieren wird, und daß man nie genau weiß, was die nächsten Minuten bringen werden. Und obwohl bei allen Stücken, die längere Zeit laufen, die Gefahr besteht, daß sie gespielt werden, als ob die handelnden Personen Karikaturen wären, könnten die Figuren in der *Mausefalle* wirkliche Menschen sein.

Es gab tatsächlich einmal einen Fall, wo drei Kinder, die von der Fürsorge auf einem Bauernhof untergebracht worden waren, dort vernachlässigt und mißhandelt wurden. Ein Kind starb, und man fürchtete, daß ein leicht krimineller Junge mit dem Wunsch aufwachsen würde, Rache zu üben. Viele werden sich auch an einen anderen Mordfall erinnern: ein Mann hatte lange Jahre einen seit seiner Kindheit gehegten Groll gegen einen anderen zurückgestaut, war dann wiedergekommen, um sich zu rächen. Dieser Teil der Handlung war also nicht unmöglich.

Und schließlich die Personen: eine junge Frau, vom Leben verbittert, fest entschlossen, nur für die Zukunft zu leben; der junge Mann, der dem Leben nicht die Stirn bieten kann und sich danach sehnt, bemuttert zu werden; und der kindische Junge, der sich an der grausamen Frau rächen will, die Jimmy weh getan hat – und an seiner jungen Lehrerin; sie alle scheinen mir echt und natürlich zu sein.

Richard Attenborough und seine entzückende Frau, Sheila Aim, spielten die Hauptrollen in der ersten Inszenierung. Welch herrliche Vorstellung gaben sie doch! Sie glaubten an das Stück, und Richard Attenborough verlieh seiner Rolle viel gedankliche Tiefe. Ich genoß die Proben – ich genoß alles.

Dann kam die Premiere. Ich muß gestehen, ich hatte nicht das Gefühl, daß es ein großer Erfolg sein würde – auch nicht annähernd. Es lief ganz gut, dachte ich, aber ich fürchtete, mich zwischen zwei Stühle gesetzt zu haben. Ich hatte zu viele komische Szenen eingebaut, es wurde zuviel gelacht – und das mußte auf Kosten der Spannung gehen. Ja, ich erinnere mich, ich war ein wenig deprimiert.

Aber Peter Saunders nickte mir ermutigend zu und sagte: «Keine Bange! Ich schätze, daß es über ein Jahr laufen wird – ich tippe auf vierzehn Monate.»

«So lange nicht», widersprach ich. «Acht Monate vielleicht. Ja, ich rechne mit acht Monaten.»

Und jetzt, da ich diese Zeilen schreibe, geht das dreizehnte Jahr zu Ende. Die Besetzungen sind unzählige Male ausgetauscht worden. Das Ambassadors-Theater hat mittlerweile neue Sitze bekommen – und einen neuen Vorhang. Wie ich höre, müssen neue Dekorationen angeschafft werden, die alten sind schon abgenutzt. Und die Leute gehen immer noch hin.

Ich finde es unglaublich. Warum sollte ein anspruchsloses, vergnügliches Stück dreizehn Jahre lang gespielt werden? Kein Zweifel, es gibt noch Wunder.

Und wer streicht den Gewinn ein? Vor allem natürlich das Finanzamt, aber davon abgesehen, wer ist der Gewinner? Ich habe die Rechte vieler meiner Bücher und Geschichten anderen Leuten gegeben. Das Abdrucksrecht für *Sanctuary,* einen Fortsetzungsroman, hatte ich einem Hilfsfonds der Westminsterabtei überlassen, und andere Geschichten sind an verschiedene Freunde gegangen.

Sich hinzusetzen und etwas zu schreiben, und den Erlös dann ohne viel Umstände in die Hände eines anderen gelangen zu lassen, ist ein weit beglückenderes und natürlicheres Erlebnis als das simple Ausstellen eines Schecks. Man mag einwenden, daß es aufs gleiche herauskommt, aber es ist nicht das gleiche. Eines meiner Bücher gehört dem Neffen meines Mannes; es ist schon viele Jahre her, daß ich es geschrieben habe, aber es bringt ihnen immer noch ein hübsches Sümmchen ein. Meinen Anteil an den Filmrechten von *Zeugin der Anklage* schenkte ich Rosalind.

Mein Enkel bekam das Stück *Die Mausefalle*. Mathew war immer das Sonntagskind der Familie, und so war es nicht verwunderlich, daß er das große Los zog.

Besondere Freude machte mir das Schreiben eines Kurzromans – ich glaube, so nennt man das: er liegt umfangmäßig zwischen Roman und Kurzgeschichte; der Erlös diente zum Ankauf eines bemalten Fensters für meine Ortskirche in Churston Ferrers. Es ist eine reizende kleine Kirche, und das Ostfenster aus gewöhnlichem Glas erinnerte mich immer an eine Zahnlücke. Ich sah es jeden Sonntag und stellte mir vor, wie hübsch es sich in bunten Farben machen würde. Von der Glasmalerei verstand ich nichts, aber nach einigem Suchen fand ich einen Künstler namens Patterson, der in Bideford lebte und mir eine Zeichnung für das Fenster schickte, die mir ausnehmend gut gefiel. Ich bewunderte die Farben: statt dem gewöhnlichen Rot und Blau verwendete er vornehmlich Mauve und Blaßgrün, meine Lieblingsfarben. Ich wollte den Guten Hirten als zentrale Gestalt haben. Über diesen Punkt gab es eine kleine Meinungsverschiedenheit mit der Diözese von Exeter und auch mit Mr. Patterson; das zentrale Thema eines Ostfensters müsse, so wurde mir bedeutet, die Kreuzigung sein. Am Ende erlaubte mir die Diözese, nachdem sie eine kleine Untersuchung angestellt hatte, dann doch, Jesus als Guten Hirten darzustellen, weil es ja eine Landpfarre war. Es sollte ein beglückendes Fenster werden und den Kindern Freude machen, wenn sie es betrachteten. So steht also der Gute Hirte mit seinem Lämmchen in der Mitte, und auf den Seitenteilen sind die Krippe mit der Jungfrau und dem Kind, die Schäfer auf dem Feld und die Fischer mit ihrem Netz im Boot zu sehen. Mr. Patterson hat ein schönes Fenster gemacht. Es wird, so hoffe ich, die Jahrhunderte überdauern, denn es ist ein einfaches Bild. Es macht mich stolz und demütig zugleich, daß es mir vergönnt war, den Erlös aus meiner Arbeit diesem guten Zweck zuzuführen.

2

Ein Theaterabend ist mir besonders deutlich im Gedächtnis haften geblieben; die Premiere von *Zeugin der Anklage.* Ich irre mich nicht, wenn ich sage, daß es die einzige Premiere war, die ich wirklich genossen habe.

Premieren sind für gewöhnlich qualvoll und kaum zu ertragen. Für den Autor gibt es nur zwei Gründe dabeizusein. Der eine ist – sozusagen ein edles Motiv – daß die armen Schauspieler die Vorstellung durchstehen müssen, und wenn etwas schiefgeht, ist es nur fair, daß der Autor da ist, um den Schmerz mit ihnen zu teilen. Ich erlebte eine solche Katastrophe bei der Premiere von *Alibi.* Das Manuskript verlangt, daß der Butler und der Arzt an die versperrte Tür eines Arbeitszimmers klopfen und dann, von Panik ergriffen, die Tür aufbrechen. Aber an diesem Abend wartete die Tür nicht darauf, aufgebrochen zu werden – sie öffnete sich bereitwillig, noch bevor einer der beiden auch nur eine Faust erhoben hätte, und gab den Blick auf die Leiche frei, die sich eben anschickte, die entsprechende Stellung einzunehmen! Seitdem habe ich höllische Angst vor versperrten Türen, vor Lichtern, die angehen, wenn der ganze Witz darin besteht, daß sie ausgehen, und vor Lichtern, die nicht angehen, wenn der ganze Witz darin besteht, daß sie angehen. Das sind die echten Katastrophen im Theateralltag.

Der zweite Grund ist natürlich die Neugier. Ich weiß, daß ich todunglücklich, daß ich mir selbst zuwider sein werde; daß mir kein Fehler, kein Schnitzer, kein «Schwimmen», kein Versprecher entgehen wird. Aber ich gehe, weil mich die Neugier dazu treibt. Andere Leute können mir zwar davon erzählen – doch ich muß es selbst wissen! Fröstelnd sitze ich da, es überläuft mich abwechselnd heiß und kalt, und ich hoffe zu Gott, daß mich da oben auf der Galerie, wo ich mich versteckt halte, niemand erkennt.

Die Premiere von *Zeugin der Anklage* war keineswegs qualvoll. Es war eines meiner Stücke, das mir selbst am besten gefällt. Eigentlich wollte ich es gar nicht schreiben; ich hatte schreckliche Angst davor. Peter Saunders mit seiner unvergleichlichen Überzeugungskraft nötigte mich dazu. «Natürlich können Sie es schreiben.»

«Ich habe keine Ahnung von Gerichtsverfahren. Ich werde mich lächerlich machen.»

«Es ist doch ganz einfach. Sie können darüber nachlesen, und wir werden uns einen Strafverteidiger suchen, der Sie auf etwaige Fehler und Mängel hinweist.»

«Ich könnte unmöglich eine Szene im Gerichtssaal schreiben.»

«Natürlich können Sie. Sie haben schon genügend solcher Szenen gesehen. Und Sie können Prozeßberichte studieren.»

«Ach, ich weiß nicht ... Ich glaube, das kann ich nicht.»

Peter Saunders sagte immer wieder, daß ich es sehr wohl könne und ich gleich anfangen müsse, weil er das Stück schnell haben wollte. Fasziniert gab ich der Macht der Suggestion nach und las eine Unmenge von Prozeßberichten; ich überschüttete Anwälte und Verteidiger mit Fragen – und hatte plötzlich das Gefühl, daß es mir richtig Spaß machen könnte. Der wunderbare Augenblick war gekommen, der zwar meistens nicht lange währt, aber den Autor mit gewaltigem Schwung vorantreibt, so wie eine brausende Welle den Schwimmer ans Ufer trägt. «Das ist gut ... so fange ich an ... das ist spannend ... und wie geht es jetzt weiter?» Dies ist der unbezahlbare Augenblick, da ich das Ganze sehe – nicht auf der Bühne, sondern vor meinem geistigen Auge. Ich sehe den verzweifelten jungen Mann auf der Anklagebank und die geheimnisvolle Frau, die in den Zeugenstand getreten ist, um auszusagen – für die Krone, nicht für ihren Liebhaber. Selten habe ich etwas so schnell geschrieben – ich brauchte nicht mehr als zwei oder drei Wochen dazu.

Natürlich mußte ich einiges ändern – und wie eine Löwin um den Schluß kämpfen, den ich mir ausgedacht hatte. Keinem gefiel er, keiner wollte ihn haben, alle meinten, er würde das Ganze kaputt machen. «Damit kommen Sie nicht durch», sagten sie und verlangten ein anderes Ende – am liebsten jenes, mit dem ich vor Jahren die Kurzgeschichte abgeschlossen hatte. Aber eine Kurzgeschichte ist kein Theaterstück. In der Kurzgeschichte gab es weder eine Szene im Gerichtssaal noch einen Mordprozeß. Es war bloß eine Skizze gewesen mit einem Angeklagten und einer geheimnisvollen Zeugin als Hauptpersonen. Ich blieb bei meiner Entscheidung. Ich kann mich manchmal nicht durchsetzen, ich bin auch oft nicht genügend von meinen Ideen überzeugt, aber diesmal blieb ich fest! Ich wollte diesen Schluß haben, und es lag mir so viel daran, daß ich es ablehnte, das Stück mit einem anderen Ausgang spielen zu lassen.

Man ließ mir meinen Willen, und es war ein großer Erfolg. Manche Leute sagten, ich hätte das Publikum an der Nase herumgeführt, aber ich weiß, daß das nicht stimmt. Es war ein logisches Ende. So hätte es ausgehen können, und so würde es meiner Meinung nach auch ausgegangen sein.

Ein Strafverteidiger und sein Bürovorsteher standen mir mit Rat und Tat zur Seite und kamen auch zweimal zu den Proben. Der Bürovorsteher übte die schärfste Kritik. «Also wenn Sie mich fragen», sagte er, «ist das ja alles falsch, denn so ein Prozeß würde mindestens drei oder vier Tage dauern. Das können Sie doch nicht in eine Zeitspanne von ein oder zwei Stunden hineinquetschen.» Er hatte natürlich völlig recht, und wir mußten ihm erklären, daß Gerichtssaalszenen in Theaterstücken das Vorrecht dichterischer Freiheit genießen, und daß drei Tage eben auf eine Zeitspanne reduziert werden müssen, die nach Stunden und nicht nach Tagen gerechnet wird. Es mochte helfen, wenn hin und wieder der Vorhang fiel, aber in *Zeugin der Anklage* war die im Gerichtssaal gewahrte Kontinuität doch sehr wertvoll.

Jedenfalls, ich genoß den Premierenabend. Bei keinem anderen Bühnenstück, das ich geschrieben habe, kam die Besetzung meiner eigenen Vorstellung so nahe: Derek Bloomfield als der junge Angeklagte; die Justizbeamten, die ich mir nie so recht vorstellen konnte, weil ich von Gerichtsverfahren keine große Ahnung hatte, und die plötzlich lebendig wurden; und Patricia Jessel, die die schwerste Rolle hatte; keine Frage, daß der Erfolg des Stückes von ihr abhing. Ich hätte keine perfektere Darstellerin finden können. Die Rolle war sehr anspruchsvoll, besonders im ersten Akt, wo der Text einem nicht weiterhilft. Er darf nur zögernd und zurückhaltend gesprochen werden, und die ganze schauspielerische Kraft, die Verstocktheit, das Bösartige, muß in Blicken und Gesten zum Ausdruck kommen. Ich bin noch heute der Überzeugung, daß ihre Romaine Helder eine der besten Leistungen war, die ich je auf der Bühne gesehen habe.

Ich war glücklich, unsagbar glücklich, berauscht vom Applaus des Publikums. Wie es meine Gewohnheit war, verließ ich das Theater, nachdem sich der Vorhang gesenkt hatte. In wenigen Minuten, während ich mich noch nach meinem Wagen umsah, umringten mich freundliche Menschen, gewöhnliche Theaterbesucher, die mich erkannt hatten, mir auf den Rücken klopften und mich mit Lob überschütteten. «Das Beste, was Sie bisher geschrieben haben!» – «Erstklassig!» – «Prima!» – «Ein großer Erfolg!» – «Es hat mir wunderbar gefallen!» Sie zückten Autogrammbücher, und ich unterschrieb munter drauflos. Ja, es war ein denkwürdiger Abend. Ich bin noch immer stolz auf den Erfolg. Hin und wieder tue ich einen Griff in die Kiste meiner Erinnerungen, hole ihn hervor, betrachte ihn und sage mir: «Das war die Premiere aller Premieren!»

Ein anderes Ereignis, auf das ich mit Stolz und, ich gestehe es, mit Wehmut zurückblicke, war der zehnte Jahrestag der *Mausefalle*. Es gab eine Party, es mußte wohl eine Party geben, und ich – ich mußte daran teilnehmen. Ich habe nichts gegen kleine Parties, im Kreise der Schauspieler etwa; ich befinde mich unter Freunden, und so unbehaglich ich mich auch fühlen mag, ich kann es durchstehen. Dies aber war eine große, eine Superparty, mit allem, was an Parties so abstoßend ist: Menschenmassen, Fernsehen, Scheinwerfer, Fotografen. Reporter und lange Reden. Niemand war ungeeigneter als ich, den Ehrengast zu spielen. Aber ich sah ein, daß ich nicht ausweichen konnte. Ich würde nicht gerade eine Rede halten müssen, aber doch ein paar Worte sprechen – etwas, das ich noch nie getan hatte. Ich kann keine Reden halten, ich halte auch keine Reden, und ich werde nie Reden halten, denn ich wäre eine miserable Rednerin.

Ich versuchte jetzt, mir etwas zurechtzulegen, gab es wieder auf, denn wenn ich erst darüber nachdachte, würde es noch schlimmer werden. Wenn es so weit war, würde ich etwas sagen *müssen*, ganz gleich was, und unglaubwürdiger als eine vorbereitete Rede konnte es auch nicht klingen.

Die Party nahm einen für mich unglücklichen Anfang. Peter Saunders hatte mich gebeten, schon eine halbe Stunde vor der festgesetzten Zeit ins Savoy zu kommen. (Wie ich herausfand, als ich hinkam, sollte ich einer Zerreißprobe durch Fotografen ausgesetzt werden. An sich keine üble Sache und durchaus vertretbar, aber ich konnte nicht ahnen, daß es sich um eine so große Veranstaltung handeln würde.) Ich tat, wie mir geheißen, und traf pünktlich im Savoy ein. Als ich aber versuchte, den für die Party reservierten Saal zu betreten, wurde ich abgewiesen. «Noch kein Einlaß, Madam. Der Saal wird erst in zwanzig Minuten geöffnet.» Ich zog mich zurück. Warum ich den Satz «Ich bin Mrs. Christie, und man hat mich gebeten, schon früher zu kommen» nicht über die Lippen brachte, weiß ich nicht. Es war meine entsetzliche Schüchternheit, der ich nicht Herr zu werden vermochte.

Das ist besonders dumm, weil ich bei gewöhnlichen gesellschaftlichen Anlässen durchaus nicht schüchtern bin. Ich mag keine großen Parties, aber ich kann hingehen, und was ich dabei empfinde, ist eigentlich nicht Schüchternheit. In Wirklichkeit ist es ein Gefühl – ich weiß nicht, ob das für alle Autoren zutrifft, aber ich denke schon – als ob ich mich für etwas ausgebe, das ich nicht bin, denn auch heute noch kann ich nicht mit Bestimmtheit behaupten, eine Autorin zu sein. Vielleicht geht es mir ein wenig so wie meinem Enkel Mathew, der sich, als er zwei Jahre alt war, eine gewisse innere Sicherheit gab, indem er laut vor sich hinsagte: «Das ist Mathew, der jetzt die Treppe heruntersteigt.» So kam ich also ins Savoy und sagte mir: «Das ist Agatha, die so tut, als wäre sie eine erfolgreiche Bühnenautorin, die jetzt zu ihrer eigenen großen Party geht, die so aussehen muß, als wäre sie eine Persönlichkeit, und eine Rede halten soll, die sie nicht halten kann, und überhaupt etwas sein muß, was sie nicht ist.»

Ich wurde also abgewiesen, machte kehrt und wanderte trübsinnig durch die Gänge des Savoy, wobei ich mich bemühte, so viel Mut zu fassen, um vor den Portier hinzutreten und ihm – wie Margot Asquith es einmal getan hat – zuzurufen: «Ich bin ich!» Zum Glück kam mir Verity Hudson, Peter Saunders' Sekretärin, zu Hilfe. Sie lachte – sie konnte sich das Lachen nicht verbeißen –, und Peter Saunders lachte noch mehr. Ich wurde in den Saal geführt, wo ich mich genötigt sah, einfältig lächelnd Schauspielerinnen abzuküssen und jene Verletzung meiner Eitelkeit hinzunehmen, die dann kommt, wenn ich meine Wange an die einer jungen und hübschen Schauspielerin drücke und genau weiß, daß wir am nächsten Tag auf den Theaterseiten aller Zeitungen zu finden sein werden – sie strahlend schön, im Vollgefühl ihres Erfolgs, und ich schlicht und einfach entsetzlich.

Alles ging gut, wenn auch nicht so gut, wie es gegangen sein würde, wenn der Star der Party etwas schauspielerisches Talent besessen hätte und imstande gewesen wäre, seine Rolle gut zu spielen. Jedenfalls hielt ich meine «Rede», ohne daß mir ein Mißgeschick widerfahren wäre. Es waren nur ein paar Worte, aber die Partygäste nahmen sie freundlich auf; sie sagten, ich hätte mich gut aus der Affäre gezogen. Das glaubte ich ihnen zwar nicht ganz, aber ich denke doch, daß es reichte. Die Leute bedauerten meine Unerfahrenheit, erkannten aber, daß ich mein Bestes getan hatte. Meine Tochter, das muß ich vermerken, war nicht dieser Meinung. «Du hättest dich mehr anstrengen sollen, Mutter, und dir schon vorher etwas zurechtlegen.» Doch sie ist sie und ich bin ich, und wenn ich mir vorher etwas zurechtlege, führt das oft zu größeren Fehlschlägen, als wenn ich mich von meiner Eingebung leiten lasse – wobei ich auch noch mit der Ritterlichkeit meiner Zuhörer rechnen kann.

«Heute abend haben Sie Theatergeschichte gemacht», munterte Peter Saunders mich auf. Und das ist auch richtig – in einem gewissen Sinn.

3

Vor einigen Jahren, als Sir James und Lady Bowker dort residierten, waren wir in der Botschaft in Wien zu Gast. Als Reporter kamen, um ein Interview mit mir zu machen, nahm Elsa Bowker mich streng ins Gebet.

«Aber Agatha!» rief sie mit ihrem köstlichen fremdländischen Akzent. «Ich verstehe Sie nicht! Ich an Ihrer Stelle wäre entzückt, ich wäre stolz. Ja, ja, würde ich sagen, kommt, kommt herein und setzt euch! Ich weiß, ich habe etwas Wunderbares geschaffen. Ich bin die beste Kriminalromanautorin der Welt. Ja, darauf bin ich stolz. Ja, ja, natürlich will ich euch alles sagen. Furchtbar gern.» Sie machte eine Pause. «Wenn ich Sie wäre, Agatha, ich könnte gar nicht aufhören, über meine Bücher und Theaterstücke zu reden.»

Ich mußte herzlich lachen. «Ich wünschte, Elsa», sagte ich, «wir könnten für die nächste halbe Stunde die Rollen tauschen. Sie würden mit dem Interview spielend fertig werden, und die Reporter würden begeistert von Ihnen sein. Aber ich tauge einfach nicht dazu, mich in der Öffentlichkeit zu produzieren.»

Im großen und ganzen bin ich klug gewesen, nichts in der Öffentlichkeit zu tun, außer wenn es unbedingt notwendig war, oder wenn ich mit meiner Ablehnung die Gefühle der Leute verletzt hätte. Wenn man etwas nicht gut kann, ist es vernünftiger, es gar nicht erst zu versuchen, und ich sehe nicht ein, warum sich Schriftsteller in der Öffentlichkeit betätigen sollten – es gehört nicht zu ihrem Handwerk. Es gibt viele Berufe, für die persönliches Auftreten und *public relations* wichtig sind – für Schauspieler zum Beispiel oder für Persönlichkeiten des öffentlichen Lebens. Schriftsteller haben zu schreiben, nichts weiter. Es sind schüchterne und reservierte Geschöpfe – sie bedürfen der Ermutigung.

Das dritte Stück aus meiner Feder, das nun in London aufgeführt werden sollte – alle zur gleichen Zeit –, war *Das Spinnennetz.* Ich schrieb es für Margaret Lockwood. Peter Saunders hatte mich gebeten, mit ihr Verbindung aufzunehmen und darüber zu reden. Der Gedanke, daß ich ein Stück für sie schreiben würde, gefalle ihr, sagte sie, und ich fragte sie, welche Art von Stück sie bevorzuge. Sie erklärte sofort, daß sie keine verruchte und melodramatische Gestalt mehr verkörpern wolle, und daß sie in der letzten Zeit eine Menge Filme gemacht habe, in welchen sie die «Böse» gewesen war. Sie wolle eine Komödie haben. Ich glaube, daß sie recht hatte, denn sie besitzt eine natürliche Begabung für das komödiantische wie auch für das dramatische Fach. Sie ist eine sehr gute Schauspielerin und beherrscht die Kunst, den Handlungsablauf zeitlich richtig abzustimmen und damit Schwerpunkte zu setzen.

Es machte mir Freude, die Rolle der Clarissa in *Das Spinnennetz* zu schreiben. Das Stück lief über zwei Jahre, und ich war sehr zufrieden. Wenn Margaret Lockwood den Polizeiinspektor an der Nase herumführte, war sie reizend.

Später schrieb ich ein Stück mit dem Titel *The Unexpected Guest* und ein zweites, das zwar beim Publikum nicht ankam, mich aber restlos befriedigte. Es kam mit dem Titel *Verdict* auf die Bühne – ein schlechter Titel, der nicht aus meiner Feder stammte. Ich halte es immer noch für das beste Stück, das ich geschrieben habe – ausgenommen *Zeugin der Anklage*. Ich erlitt Schiffbruch damit, weil es weder eine Detektivgeschichte noch ein Thriller war. Es *hatte* mit Mord zu tun, aber es wollte vor allem zeigen, daß ein Idealist immer gefährlich ist, daß er unter Umständen jene vernichtet, die er liebt. Und es stellt die Frage, wie weit man Menschen, die man liebt, einem Dogma opfern kann, an das sie nicht glauben.

Von meinen Kriminalromanen sind es *Das krumme Haus* und *Feuerprobe der Unschuld,* die mich mehr als alle anderen zufriedenstellen. Als ich sie vor kurzem durchblätterte, fand ich zu meiner Überraschung noch einen anderen, der mir wirklich gut gefällt, *Die Schattenhand.* Es ist interessant, etwas zu lesen, was man vor siebzehn oder achtzehn Jahren geschrieben hat. Man ändert seine Ansichten. Manche Bücher halten der Zeit stand, manche nicht.

Eine junge indische Journalistin, die mich einmal interviewte, stellte mir unter vielen dummen Fragen auch diese: «Haben Sie je ein Buch geschrieben und veröffentlicht, das Sie für wirklich schlecht halten?» Empört erwiderte ich, daß ich das nie getan hätte. Kein Buch, sagte ich, war genau, wie ich es haben wollte, und ich war nie ganz zufrieden damit, aber wenn ich ein Buch für wirklich schlecht hielte, würde ich es nicht veröffentlichen.

Einmal, glaube ich, war ich schon nahe daran – ich denke da an den *Blauen Express.* Sooft ich den Roman lese, finde ich den Stil abgedroschen, banal und voller Klischees und die Handlung uninteressant. Ich bedaure, sagen zu müssen, daß es vielen Leuten gefällt. Aber es heißt ja immer, daß Autoren ihre eigenen Bücher nicht zu beurteilen vermögen.

Wie traurig wird es sein, wenn ich nicht mehr schreiben kann! Aber ich will nicht unbescheiden sein. Schließlich ist es ein großes Glück, wenn man mit fünfundsiebzig noch imstande ist, Bücher zu schreiben. Man sollte zufrieden sein und sich ins Privatleben zurückziehen. Ich habe wahrhaftig mit dem Gedanken gespielt, mich dieses Jahr zur Ruhe zu setzen, aber die Tatsache, daß mein letztes Buch sich besser verkauft hat als alle bisherigen, war für mich Grund genug, doch weiterzumachen; es schien mir ein wenig töricht, gerade jetzt aufzuhören.

Ich habe auch die zweite Blüte genossen, die dann beginnt, wenn man das durch Emotionen und mannigfaltige persönliche Beziehungen geprägte Leben beendet und plötzlich – mit fünfzig Jahren etwa – entdeckt, daß sich ein völlig neues Leben vor einem auftut, voll von Dingen, die man studieren, über die man nachdenken und lesen kann. Man stellt fest, daß man gerne Kunstausstellungen, Konzerte und die Oper besucht, und zwar ebenso begeistert wie mit zwanzig oder fünfundzwanzig Jahren. Eine Zeitlang hat das persönliche Leben alle Kraft beansprucht, aber jetzt kommt eine neue Freiheit, entstehen neue Interessen. Natürlich muß man das zunehmende Alter in Kauf nehmen – man gewöhnt sich daran, daß fast ständig etwas weh tut: Hexenschuß im Kreuz, Rheumatismus im Genick oder Arthritis in den Knien – alle diese Dinge müssen ertragen werden. Doch die Dankbarkeit für das Geschenk des Lebens ist, glaube ich, in diesen Jahren kraftvoller und tiefgreifender als je zuvor. Ihr ist die leuchtende Wirklichkeit von Träumen zu eigen – und immer noch genieße ich meine Träume mit Freude und Wohlbehagen.

4

Im Jahre 1948 erhob die Archäologie abermals ihr gelehrtes Haupt. Alle Welt sprach von möglichen Expeditionen und machte Pläne, um den Nahen Osten zu besuchen. Für Grabungen im Irak war die Zeit wieder günstig.

Vor dem Krieg hatte Syrien die schönsten Funde geliefert, aber jetzt boten der Irak und das Institut für Altertümer in Bagdad günstige Konditionen. Zwar beanspruchte das Museum in Bagdad alle außergewöhnlichen Funde für sich, doch die «Duplikate», wie man sie nannte, würden aufgeteilt werden, und der Ausgraber durfte mit einem gerechten Anteil rechnen. Max wurde Professor am Archäologischen Institut der Londoner Universität und richtete einen Lehrstuhl für Westasiatische Archäologie ein. Für die Feldarbeit würden auch so noch einige Monate im Jahr bleiben.

Mit großer Begeisterung brachen wir nach zehnjähriger Pause wieder auf, um unsere Arbeit im Nahen Osten fortzusetzen. Diesmal gab es keinen Orient-Expreß! Es war nicht mehr die billigste Art zu reisen – und es gab auch keine direkten Wagen mehr. Diesmal flogen wir – und machten uns mit der eintönigen Routine einer Flugreise vertraut. Daß man auf diese Weise viel Zeit sparte, war nicht zu leugnen – man flog von London nach Bagdad, und damit war alles erledigt. In den ersten Jahren übernachtete man noch da und dort unterwegs, aber es war, das konnte man deutlich erkennen, der Beginn eines strengen und freudlosen Terminplans, der sich durch außerordentliche Langeweile und beträchtliche Kosten auszeichnete.

Wie auch immer: wir kamen nach Bagdad, Max, ich und Robert Hamilton, der mit den Campbell-Thompsons gegraben hatte und später Konservator am Museum in Jerusalem geworden war. Wir besuchten Fundstätten im Norden, im Einzugsgebiet des Großen und des Kleinen Zab, bis wir die pittoreske Stadt Erbil erreichten. Von dort ging es weiter in Richtung Mosul, und unterwegs machten wir auch einen Abstecher nach Nimrud.

Nimrud besaß immer noch den gleichen Liebreiz, wie ich ihn von unserem Besuch vor langer Zeit in Erinnerung hatte. Diesmal untersuchte Max die Anlage mit besonderem Eifer. Wir besichtigten noch andere Grabhügel und fuhren dann nach Mosul weiter.

Und dann gab Max endlich seine Pläne bekannt und erklärte unumwunden, daß er nichts anderes im Sinn habe, als in Nimrud zu graben. «Es ist ein großes Gelände und ein historisches Gelände – und hier *muß* gegraben werden. Seit annähernd hundert Jahren, seit Layard, hat keiner mehr daran gerührt, und Layard selbst ist über die Randbezirke nicht hinausgekommen. Er hat ein paar schöne Elfenbeinschnitzereien gefunden – aber es muß noch haufenweise davon geben. Nimrud ist eine der drei Hauptstädte Assyriens. Assur war die religiöse, Ninive die politische und Nimrud oder Kalach, wie man es damals nannte, die militärische Hauptstadt. Man wird viele Leute benötigen, eine Menge Geld, und man wird viele Jahre dazu brauchen.»

Ich fragte ihn, ob er von der prähistorischen Töpferei mittlerweile genug hätte. Ja, sagte er, es wären nun schon so viele Fragen beantwortet worden, daß er sich jetzt ausschließlich für Nimrud als historische Fundstätte interessiere.

«Es wird den gleichen Rang wie Tut-ench-Amuns Grab, Knossos auf Kreta und Ur einnehmen. Für eine solche Fundstätte hat man das Recht, Geld zu verlangen.»

Wir bekamen Geld; anfangs nicht viel, doch je mehr wir fanden, desto reichlicher floß die Quelle! Das Metropolitan Museum in New York war unser großzügigster Gönner, aber es kamen auch Spenden und Zuwendungen von der Gertrude Bell School of Archaeology im Irak, vom Ashmolean Museum in Oxford, vom Museum of Science and Industry in Birmingham und von der Fitzwilliam-Stiftung in Cambridge.

In diesem Jahr, noch in diesem Monat wird das Buch meines Mannes *Nimrud and its Remains* erscheinen. Er hat zehn Jahre daran gearbeitet und immer gefürchtet, er könnte nicht lange genug leben, um es zu Ende zu bringen. Das Leben ist so ungewiß, und unerfreuliche Dinge wie Koronarthrombose, Hypertonie und wie diese modernen Leiden alle heißen, scheinen ständig auf der Lauer zu liegen – insbesondere bei den Männern. Aber es ist alles gutgegangen. Das Buch ist sein Lebenswerk. Ich bin stolz auf ihn und freue mich mit ihm. Es kommt mir wie ein Wunder vor, daß wir beide, jeder in seinem Fach, erfolgreich waren.

Nichts könnte gegensätzlicher sein als unsere Fachgebiete. Ich bin ein Bücherwurm, er ist ein intellektueller Schöngeist, und doch ergänzen wir uns und haben einander häufig geholfen. Er hat mich oft nach meiner Meinung über gewisse Punkte gefragt, und obwohl ich immer nur ein Amateur sein werde, verstehe ich doch eine ganze Menge von seinem Wissensgebiet. «Ist dir eigentlich klar», sagte er einmal vor vielen Jahren zu mir, als ich meinem Bedauern Ausdruck gab, daß ich mich nicht schon als junges Mädchen mit Archäologie befaßt hatte, «daß es in ganz England kaum eine Frau gibt, die so viel über prähistorische Töpferei weiß wie du?»

Das mochte damals gestimmt haben, aber es blieb nicht dabei. Ich werde nie eine professionelle Einstellung dazu haben oder auf das Jahr genau die Regierungszeiten der assyrischen Könige hersagen können, aber ich bin lebhaft an den persönlichen Aspekten dessen interessiert, was die Archäologie uns offenbart. Es freut mich, wenn ich einen kleinen Hund unter einer Türschwelle begraben finde, die die Inschrift trägt: «Denk nicht lange nach, beiß ihn!» Ein prächtiger Leitsatz für einen Wachhund: ich sehe, wie jemand die Worte in den Ton ritzt, ich höre die Umstehenden lachen. Die Vertragstäfelchen sind besonders interessant: man erfährt aus ihnen, wie und wo ein Mann sich als Sklave verdingte oder unter welchen Bedingungen man einen Sohn adoptierte. Man erlebt mit, wie Salmanassar seinen Zoo aufbaut, indem er von seinen Feldzügen seltene Tiere nach Hause schickt. Gefräßig wie immer, war ich entzückt, als wir eine Stele fanden, auf der der König die Speisen aufzählt, die es bei einem Festmahl zu essen gegeben hatte. Sonderbar erschien mir, daß wohl hundert Schafe und sechshundert Kühe verzehrt wurden, aber nur zwanzig Laibe Brot. Warum nur so wenig?

Ich war nie eine Wissenschaftlerin in dem Sinn, daß ich mich für Gesteinsschichten und Pläne interessiert hätte, die von der modernen archäologischen Schule so begeistert diskutiert werden. Ich gebe offen zu, daß mein Interesse den Gegenständen gilt, die aus der Erde kommen und Zeugnis ablegen vom handwerklichen Können und von der Kunstfertigkeit der Alten. Der wissenschaftliche Aspekt mag wichtiger sein, aber für mich gibt es nichts Faszinierenderes als das Werk menschlicher Hände.

Wir hatten dem Scheich einen Teil seines Hauses abgemietet, das zwischen dem Tell und dem Tigris stand. Unten hatten wir einen Raum zum Essen und um Dinge abzustellen, daneben eine Küche, oben ein größeres Zimmer für Max und mich, und ein kleineres für Robert. Abends mußte ich im Eßzimmer die Aufnahmen entwikkeln, und Max und Robert zogen sich in die oberen Räume zurück. Sooft sie durchs Zimmer gingen, fielen Lehmbröckchen von der Decke und in die Entwicklerschale. Wütend lief ich hinauf: «Vergeßt gefälligst nicht, daß ich unten arbeite. Jedesmal, wenn ihr euch bewegt, fällt Lehm von der Decke. Könnt ihr nicht miteinander reden, ohne euch zu bewegen?»

Aber sie gerieten immer wieder in Fahrt, und einer sprang auf, um ein Buch aus dem Koffer zu holen und nachzuschlagen – und schon fiel mir der getrocknete Lehm wieder auf den Kopf.

Im Hof war ein Storchennest, und beim Paaren schlugen die Tiere mit den Flügeln und machten einen entsetzlichen Lärm. Im Nahen Osten genießen die Störche hohes Ansehen, und man zollt ihnen großen Respekt.

Als wir nach der ersten Saison Nimrud verließen, war alles schon vorbereitet, um auf dem Grabhügel ein Haus aus Lehmziegeln zu bauen. Die Ziegel wurden geformt und zum Trocknen gelegt, das Material für das Dach war bestellt.

Als wir im nächsten Jahr wieder kamen, waren wir sehr stolz auf unser Haus. Es bestand aus einer Küche, einem großen Eß- und Wohnzimmer, einem Zeichenbüro und einem Abstellraum für unsere Funde. Wir schliefen in Zelten. Ein oder zwei Jahre später bauten wir an: ein kleines Büro mit einem Schreibtisch und einem

Fenster, durch das am Zahltag die Löhne ausgezahlt wurden; auf der anderen Seite war ein Arbeitstisch für den Inschriftenforscher. Daneben lagen das Zeichenbüro, ein Arbeitsraum mit Regalen, wo beschädigte Funde repariert wurden, und schließlich die gewohnte Hundehütte, in der die Fotografin ihre Tätigkeit ausüben durfte. Hin und wieder wurden wir von furchtbaren Sandstürmen überrascht. Wir eilten unverzüglich ins Freie und hielten mit aller Kraft die Zelte fest, während sämtliche Mülleimerdeckel davonflogen. Am Ende brachen die Zelte mit lautem Geknatter zusammen und begruben regelmäßig einen von uns unter sich.

Wieder ein oder zwei Jahre später bat ich höflich um die Erlaubnis, einen eigenen kleinen Raum anbauen zu dürfen. Die Kosten dafür würde ich selbst tragen. Für fünfzig Pfund ließ ich mir einen kleinen Raum aus Lehmziegeln bauen, und dort fing ich an, dieses Buch zu schreiben. Das Zimmerchen besaß ein Fenster, einen Tisch, einen Stuhl und die schäbigen Überreste eines alten Lehnsessels, so klapprig, daß es mir schwerfiel, darauf zu sitzen, aber immer noch recht bequem. An der Wand hatte ich zwei Bilder von irakischen Künstlern hängen. Das eine zeigte eine trübselige Kuh neben einem Baum, das andere ein Kaleidoskop aller nur vorstellbaren Farben; erst bei genauerem Hinsehen erkannte man Männer, die zwei Esel durch den Sumpf führten – ein, wie mir schien, faszinierendes Bild. Am Ende ließ ich es in Nimrud zurück, weil es allen so gut gefiel. Ich möchte es heute noch gerne wiederhaben.

Wir hatten eine bemerkenswerte Aufeinanderfolge von Köchen, unter ihnen auch einen Wahnsinnigen. Er kam aus Portugiesisch-Indien. Er kochte gut, wurde aber mit der Zeit immer stiller. Schließlich kamen die Küchenjungen zu uns; sie machten sich Sorgen um Joseph – er benahm sich so sonderbar. Eines Tages war er verschwunden. Wir suchten nach ihm und benachrichtigten die Polizei, aber am Ende waren es die Leute des Scheichs, die ihn zurückbrachten. Er rechtfertigte sein Verschwinden damit, daß der Herr ihm einen Befehl erteilt hatte, dem er gehorchen mußte. Jetzt aber war ihm gesagt worden, daß er zurückkommen müsse, um in Erfahrung zu bringen, welche neuen Befehle der Herr für ihn hätte. In seiner geistigen Verwirrung schien er den Allmächtigen mit Max zu verwechseln. Er schritt feierlich um das Haus herum, fiel vor Max auf die Knie, der gerade einigen Arbeitern etwas erklärte, und brachte ihn in peinliche Verlegenheit, indem er den Aufschlag seiner Hose küßte.

«Stehen Sie auf, Joseph», sagte Max.

«Ich werde tun, was du mir befiehlst, o Herr. Sage mir, wo ich hingehen soll, und ich werde hingehen. Schicke mich nach Basra, und ich werde nach Basra gehen. Trage mir auf, Bagdad zu besuchen, und ich werde Bagdad besuchen; gebiete mir, aufzubrechen nach den Schneewüsten des Nordens, und ich werde nach den Schneewüsten des Nordens aufbrechen.»

«Und ich sage dir», nahm Max die Rolle des Allmächtigen an, «du sollst dich in die Küche begeben und Speisen kochen für uns.»

«Ich gehe, o Herr», antwortete Joseph, küßte noch einmal Max' Hosenaufschlag und begab sich in die Küche. Leider schienen die himmlischen Leitungen nicht so recht zu funktionieren, denn er bekam dauernd neue Befehle, auf Grund welcher er in der Gegend umherstrolchte. Schließlich mußten wir ihn nach Bagdad zurückschicken. Wir nähten ihm sein Geld in die Jacke ein und schickten seiner Familie ein Telegramm.

Daniel, unser zweiter Diener, sagte, er hätte ein wenig Erfahrung mit Kochen, und machte sich erbötig, uns in den letzten drei Wochen der Saison zu verköstigen. Die Folge war, daß wir ständig unter Magenbeschwerden litten. Er setzte uns vor, was er «Schottische Eier» nannte; äußerst unverdaulich und in einem höchst sonderbaren Fett zubereitet. Noch bevor er ging, fiel er bei uns in Ungnade, und das kam so: er hatte einen Streit mit unserem Fahrer, der ihn daraufhin verpetzte und uns mitteilte, daß er bereits vierundzwanzig Dosen Sardinen und noch viele andere Delikatessen in seinem Gepäck verstaut hatte. Max las Daniel die Leviten und tat ihm kund, daß er sowohl als Christ wie auch als Diener versagt, daß er den christlichen Glauben in den Augen der Araber herabgewürdigt hätte, und daß wir ihn nie wieder anstellen würden. Er war der schlechteste Diener, den wir je hatten.

«Sie sind der einzige gute Mensch hier», sagte er zu Harry Sags, einem unserer Inschriftenforscher. «Sie lesen die Bibel – ich habe Sie beobachtet. Und weil Sie ein guter Mensch sind, werden Sie mir Ihre beste Hose schenken.»

«Was du nicht sagst», erwiderte Harry Saggs. «Ich denke nicht daran.»

«Sie handeln christlich, wenn Sie mir Ihre beste Hose geben.»

«Du bekommst weder meine beste noch meine schlechteste Hose», sagte Harry Saggs. «Ich brauche beide Paare.» Daniel zog sich zurück, um einem anderen seine Wünsche vorzutragen. Er war schrecklich faul und reinigte die Schuhe immer erst nach Einbruch der Dunkelheit, weil niemand merken sollte, daß er sie gar nicht putzte, sondern nur einfach dasaß, rauchte und den lieben Gott einen guten Mann sein ließ.

Unser bester Diener war Michael, der im englischen Konsulat in Mosul gearbeitet htte. Mit seiner Frau hatte er große Schwierigkeiten. Einmal versuchte sie, ihn zu erstechen. Schließlich überredete ihn ein Arzt dazu, sie nach Bagdad zu schicken.

«Er hat mir geschrieben», erzählte Michael eines Tages, «und er sagt, es wäre nur eine Geldfrage. Wenn ich ihm zweihundert Pfund bezahle, wird er versuchen, sie zu heilen.»

Max riet ihm, sie in ein Krankenhaus zu bringen und sich nicht von Kurpfuschern ausnehmen zu lassen.

«Nein», widersprach Michael, «das ist ein sehr bedeutender Mann. Er wohnt in einer großen Straße in einem großen Haus. Er muß der beste sein.»

In den ersten drei oder vier Jahren war das Leben in Nimrud verhältnismäßig einfach. Oft schloß uns das schlechte Wetter von der sogenannten Straßen ab – und hielt uns eine Menge Besucher vom Leib. Bis dann wegen der zunehmenden Bedeutung unserer Ausgrabungen eine Art Seitenstraße angelegt wurde, die uns mit der Hauptstraße nach Mosul verband.

Das war sehr bedauerlich. In den letzten drei Jahren hätten wir eigens jemanden einstellen müssen, um die Leute herumzuführen, ihnen Tee und Kaffee anzubieten, und ähnliches. Ganze Autobusse mit Schulkindern rollten an. Das bereitete uns das ärgste Kopfzerbrechen, weil es große Aushöhlungen gab, die leicht einbrechen konnten, wenn man nicht genau wußte, wo man hintrat. Wir flehten die Lehrer an, die Kinder von den Ausgrabungen fernzuhalten, aber die machten sich die gewohnte Einstellung des «Inshallah, es wird schon alles gutgehen», zu eigen. Mit der Zeit brachten viele Eltern auch ihre Babies zur Arbeit mit.

«Das ist ja ein richtiges Findelhaus», sagte Robert Hamilton und sah sich verdrießlich im Zeichenbüro um, in dem drei tragbare Kinderbettchen mit quäkenden Babies standen. Er seufzte.

Wir protestierten lautstark. «Daß gerade Sie das sagen, Robert, Sie, ein Vater von fünf Kindern! Sie sind doch am besten geeignet, die Aufsicht über unsere Kinderkrippe zu übernehmen. Oder wollen Sie es vielleicht diesen Junggesellen überlassen, für die Babies zu sorgen?» Robert warf uns einen vernichtenden Blick zu und zog sich zurück.

Es war eine schöne Zeit. Wir hatten unseren Spaß, doch wurde das Leben mit jedem Jahr komplizierter, anspruchsvoller und städtischer.

Wegen der vielen großen Aufschüttungen verlor der Grabhügel selbst seine frühere Schönheit. Dahin war jene unschuldige Schlichtheit, als noch Muttergestein aus dem mit Hahnenfuß übersäten grünen Gras hervorstand. Aber immer noch kamen im Frühling die Bienenspechte – entzückende, kleine gold-, grün- und orangefarbene Vögelchen – und ein wenig später die Tümmlertauben, die eine sonderbare Art haben, sich im Flug überschlagend, unerwartet und unbeholfen vom Himmel zu fallen. Es geht die Sage, die Göttin Ischtar hätte ihnen zur Strafe die Flügel durchgebissen, weil die Tauben sie einmal beleidigt hätten.

Jetzt schläft Nimrud.

Mit unseren Planierraupen haben wir der Stadt tiefe Narben geschlagen. Eines Tages werden die Wunden verheilt sein, und aus der aufgebrochenen Erde werden Frühlingsblumen sprießen.

Hier stand einst Kalach, die große Stadt. Dann schlief Kalach . . .

Layard kam und störte die Ruhe. Und wieder schlief Kalach-Nimrud . . .

Es kamen Max Mallowan und seine Frau. Und wieder schläft Kalach . . .

Wer wird als nächster hier die Ruhe stören?

Wir wissen es nicht.

Ich habe noch nicht von unserem Haus in Bagdad gesprochen. Wir hatten ein altes türkisches Haus am Westufer des Tigris. Daß wir es so liebten und kein Verlangen nach einer dieser modernen Betonkisten trugen, zeuge von einem recht sonderbaren Geschmack, meinten die Leute, aber mit seinem Hof und den Palmen, die bis zum Balkongeländer hinaufreichten, war der Aufenthalt in unserem türkischen Haus kühl und wohltuend. Hinter uns befanden sich künstlich bewässerte Palmengärten und eine aus *tutti* (Ölkanister) zusammengenagelte Hütte. Die Kinder spielten in den Gärten, und die Frauen kamen zum Fluß, um ihre Töpfe und Schüsseln zu waschen. In Bagdad lebt arm und reich sehr nah zusammen.

Unglaublich, wie diese Stadt gewachsen ist. Die meisten modernen Bauten sind abstoßend häßlich und für das Klima völlig ungeeignet. In der heißesten Zeit des Tages geht man nicht mehr in den kühlen *sirdab* hinunter; die Fenster sind nicht mehr die kleinen Öffnungen nahe der Decke, die das Sonnenlicht nicht einlassen. Mag sein, die sanitären Einrichtungen sind jetzt besser – schlechter könnten sie gar nicht werden – aber ich bezweifle es. Die modernen Waschbecken, Wannen und Toiletten sehen ja recht gut aus, aber die Kanalisation ist mehr als primitiv. Die Abwässer werden wie eh und je in den Tigris geleitet, und die Wasserzufuhr scheint wie schon immer völlig unzulänglich zu sein. Schöne elegante Badezimmer mit Einrichtungen, die nicht funktionieren, wirken ganz besonders frustrierend auf den Benützer.

Ich muß von dem ersten Besuch erzählen, den wir Arpachiyah nach fünfzehnjähriger Pause abstatteten. Wir wurden sofort wiedererkannt. Das ganze Dorf war auf den Beinen. «Erinnern Sie sich an mich?» fragte ein Mann. «Ich war der Korbträger, als Sie fortgingen. Jetzt bin ich vierundzwanzig, habe eine Frau und einen erwachsenen Sohn – da, sehen Sie?»

Sie wunderten sich, daß Max sich nicht an jedes Gesicht und an jeden Namen erinnern konnte.

Als ich einmal mit dem kleinen Lkw nach Mosul unterwegs war, hielt ein Polizist mit seinem Stöckchen plötzlich den ganzen Verkehr auf. «Mama! Mama!» rief er, kam auf den Lkw zu, ergriff meine Hand und schüttelte sie heftig.

«Wie ich mich freue, dich zu sehen, Mama! Ich bin Ali! Ich bin Ali, der Küchenjunge – erinnerst du ich? Ja? Jetzt bin ich Polizist!»

Und immer, wenn ich nach Mosul kam, stieß ich auf Ali. Sowie er uns erkannte, hielt er den Verkehr auf, wir begrüßten uns, und erst dann ging es weiter – natürlich hatten wir Vorfahrt. Wie gut ist es, solche Freunde zu haben! Warmherzige, einfache Menschen; sie verstehen es, das Leben zu genießen, sie können so gut über alles lachen, und sie sind außerordentlich gastfreundlich. Wenn man durch ein Dorf kommt, in dem einer der Arbeiter wohnt, kommt er aus seinem Haus gelaufen und besteht darauf, daß man ein Glas saure Milch mit ihm trinkt. Die feinen *effendis* in der Stadt fallen einem manchmal lästig, aber die Leute auf dem Land sind feine Kerle und gute Freunde.

Wie sehr habe ich diesen Teil der Welt geliebt!

Ich liebe ihn immer noch und werde ihn immer lieben.

EPILOG

Das Verlangen, meine Autobiographie zu schreiben, überkam mich ganz plötzlich in meinem «Haus» in Nimrud, Beit Agatha.

Ich habe den Blick zurückgewendet auf das, was ich damals schrieb, und ich bin zufrieden. Ich habe getan, was ich tun wollte. Ich habe eine Reise gemacht – nicht so sehr eine in die Vergangenheit *zurück*, als vielmehr eine Reise *vorwärts* – ich habe am Anfang angefangen, bei jenem Ich, das sich auf eine Reise in die Zukunft begeben sollte. Weder Zeit noch Raum haben mich eingeengt. Ich konnte verweilen, wo ich verweilen wollte, konnte nach Belieben und Laune vor und zurück springen.

Ich habe mich an das erinnert, an das ich mich erinnern wollte; auch an viele lächerliche Begebenheiten, und ich könnte keinen vernünftigen Grund angeben, warum ich sie in diese Biographie aufgenommen habe. So sind wir Menschen eben geschaffen.

Jetzt, da ich fünfundsiebzig Jahre alt geworden bin, scheint es mir an der Zeit, den Schlußstrich zu ziehen. Denn mehr ist, soweit es das Leben angeht, nicht mehr zu sagen.

Die beste Zeit meines Lebens habe ich hinter mir, und ich warte jetzt auf den Ruf, der unweigerlich kommen wird. Und dann – dann setze ich meinen Weg fort, wohin auch immer er führen mag. Glücklicherweise braucht man sich darüber nicht den Kopf zu zerbrechen.

Ich bin auf den Tod vorbereitet. Ich war ganz besonders vom Glück begünstigt. Ich habe meinen Mann, meine Tochter, meinen Enkel, meinen liebenswürdigen Schwiegersohn – die Menschen, die meine Welt ausmachen. Noch befinde ich mich nicht in dem Zustand, wo ich allen Leuten auf die Nerven gehe.

Ich habe schon immer die Eskimos bewundert. Eines Tages wird der lieben alten Mutter ein köstliches Mahl vorgesetzt, und dann geht sie fort – und kommt nicht wieder zurück . . .

Man sollte stolz sein, das Leben auf solche Weise beschließen zu können – mit Würde und Entschlossenheit!

Es ist natürlich keine Kunst, so großartige Worte hinzuschreiben. Wie wird es nun wirklich weitergehen? Wahrscheinlich werde ich dreiundneunzig werden und alle Leute verrückt machen, weil ich nicht hören kann, was sie zu mir sagen, werde mich bitter über die modernen Hörapparate beklagen, unzählige Fragen stellen, die Antworten sofort wieder vergessen und die gleichen Fragen noch einmal stellen. Ich werde mich heftig mit meiner geduldigen Krankenschwester zanken und sie beschuldigen, mich vergiften zu wollen, oder mich aus einem gepflegten Heim für vornehme alte Damen davonstehlen und meiner armen Familie ständig Unannehmlichkeiten machen. Und wenn ich dann endlich an einer Lungenentzündung sterbe, wird ein Raunen anheben: «Man muß zugeben, es ist eine Erlösung . . .» Und es wird (für die Hinterbliebenen) eine Erlösung sein.

Aber bis dahin und während ich geruhsam im Vorzimmer des Sensenmannes warte, genieße ich mein Leben – wenngleich ich mit jedem Jahr einen oder mehrere Posten von der Liste meiner Vergnügungen streichen muß.

Schluß ist jetzt mit langen Spaziergängen, mit Baden im Meer (wie bedauerlich!), mit Filetsteaks, Äpfeln und Brombeeren (wegen der Zähne) und mit dem Lesen von Kleingedrucktem. Aber es ist mir noch viel Schönes geblieben: Opern und Konzerte, Lesen, Träume aller Art – und daß verhältnismäßig oft junge Leute zu Besuch kommen und überraschend nett zu mir sind. Am schönsten ist es, in der Sonne zu sitzen – zu dösen . . . Und da kommen dann wieder die Erinnerungen. «Ich erinnere mich, ich erinnere mich an das Haus meiner Geburt . . .»

Immer wieder kommen meine Gedanken dahin zurück. Ashfield.

O ma chère maison, mon nid, mon gîte
Le passé l'habite . . . O! ma chère maison . . .

Das bedeutet mir so viel. Wenn ich träume, träume ich kaum jemals von Greenway oder Winterbrook. Immer wieder ist es Ashfield, die alte vertraute Umgebung, in der mein Leben begann – auch wenn die Menschen, die meine Träume bevölkern, die Menschen von heute sind. Jede Einzelheit ist mir noch gegenwärtig: der ausgefranste rote Vorhang, der die Küche vom Gang trennte, der Läufer auf der Treppe, das große schäbige Schulzimmer mit seiner blauen, goldgeprägten Tapete.

Vor ein oder zwei Jahren besuchte ich – nein, nicht Ashfield, sondern die Stelle, wo Ashfield gestanden hatte. Ich wußte, daß ich früher oder später diesen Besuch machen mußte. Auch wenn es weh tat.

Es ist jetzt drei Jahre her, daß mir jemand schrieb und zu erkunden suchte, ob ich wisse, daß Ashfield abgerissen werden und einer neuen Siedlung Platz machen sollte. Der Briefschreiber fragte, ob ich nicht etwas unternehmen könne, um es zu retten – ich hätte doch einmal in diesem Haus gewohnt.

Ich ging zu meinem Anwalt. Ich fragte ihn, ob es möglich wäre, das Haus zu kaufen und vielleicht einem Altersheim zu schenken. Aber es war nicht möglich. Vier oder fünf große Villen mit Gärten waren *en bloc* verkauft worden; sie alle sollten abgerissen und neue «Wohnbauten» errichtet werden. Es gab keine Rettung für mein liebes Ashfield.

Es dauerte eineinhalb Jahre, bis ich den Mut fand, die Barton Road hinaufzufahren . . .

Es war nichts da, was meine Erinnerung wachgerufen hätte. Es waren die schäbigsten, scheußlichsten kleinen Häuser, die ich je gesehen hatte. Von den großen Bäumen war keiner geblieben. Die Eichen im Wäldchen waren fort, die mächtige Rotbuche, der Mammutbaum, die Elmen, die an den Küchengarten angrenzten – ich hätte beim besten Willen nicht sagen können, wo das Haus gestanden hatte. Und dann fiel mein Blick auf den einzigen Hinweis – die traurigen Reste dessen, was einst eine Schuppentanne gewesen war und jetzt in einem unordentlichen Hinterhof ums Überleben kämpfte. Keine Spur mehr von einem Garten. Alles war Asphalt. Kein Grashalm ließ sich blicken.

«Tapfere Schuppentanne», sagte ich und wandte mich ab.

Aber nachdem ich gesehen hatte, was geschehen war, lag es mir nicht mehr so schwer auf der Seele. Ashfield hatte einmal existiert, aber seine Zeit war abgelaufen. Und weil das, was existiert hat, in Ewigkeit weiterbesteht, darum ist Ashfield immer noch Ashfield. Es schmerzt mich nicht mehr, daran zu denken.

Vielleicht wird ein Kind einmal an einem Plastikspielzeug lutschen, auf einem Mülleimerdeckel herumhämmern und ein anderes Kind mit blonden Ringellocken und einem ernsten Gesicht anstarren. Das ernste Kind wird neben einer Schuppentanne stehen und einen Reifen in der Hand halten; es wird das Plastikraumschiff bewundern, an dem das erste Kind lutscht, und das erste Kind wird den Reifen betrachten. Es weiß nicht, was ein Reifen ist. Und es wird nie erfahren, daß es einen Geist gesehen hat . . .

Lebwohl, mein liebes Ashfield.

«Danke für das gute Essen, lieber Gott», sagen die Kinder.

Was kann ich als Fünfundsiebzigjährige sagen? «Danke, lieber Gott, für mein gutes Leben, für all die Liebe, die mir geschenkt wurde.»

Wallingford, 11. Oktober 1965

8

9

12

13